KARL JASPERS

DER PHILOSOPHISCHE GLAUBE ANGESICHTS DER OFFENBARUNG

Karl Jaspers

DER PHILOSOPHISCHE GLAUBE ANGESICHTS DER OFFENBARUNG

R. Piper & Co. Verlag
München Zürich

Dem Schweizerischen Nationalfonds zur Förderung der wissenschaftlichen Forschung spreche ich meinen Dank aus für die Besoldung eines Assistenten. Herrn stud. phil. Willy Feess danke ich für seine gewissenhafte Abschrift des Manuskripts und einige Verbesserungsvorschläge.

ISBN 3-492-01311-2
3. Auflage, 14.–18. Tausend 1984

Satz: Presse-Druck- und Verlags-GmbH, Augsburg
Druck und Bindung: Clausen & Bosse, Leck
Printed in Germany

Gertrud Jaspers gewidmet

VORWORT

Die Möglichkeit, zu glauben, ist heute in zahllosen Menschen verborgen. Nicht mehr durch gegenwärtige Propheten findet dieser Glaube das ihm entsprechende Wort. Er ist zuerst in den Einzelnen wirklich, aber in der Anonymität. Ihm hilft philosophisches Denken.

Unsere Grundfragen sind Fragen der Menschheit geworden. Die kirchliche Autorität biblischen Offenbarungsglaubens tut mit ihren gegenwärtigen Gestalten immer weniger Menschen in ihrem Innersten genug. Sie wird nie die Menschen des Erdballs, nicht einmal die des Abendlands einigen. Durch bald zwei Jahrtausende hat der kirchlich geformte christliche Offenbarungsglaube nicht das Ethos der Wahrheit so zu verwirklichen vermocht, daß er durch Handlungen, Lebenspraxis, Denken, persönliche Gestalten Überzeugungskraft für alle gewonnen hätte.

Nur in der Freiheit können Menschen einmütig werden. Wir suchen heute den Boden, auf dem Menschen aus allen Glaubensherkünften sich über die Welt hin sinnvoll begegnen könnten, bereit, ihre je eigene geschichtliche Überlieferung neu anzueignen, zu reinigen, zu verwandeln, aber nicht preiszugeben. Der gemeinsame Boden für die Vielfachheit des Glaubens wäre allein die Klarheit der Denkungsart, die Wahrhaftigkeit und ein gemeinsames Grundwissen. Erst diese ermöglichen die grenzenlose Kommunikation, in der die Glaubensursprünge vermöge ihres Ernstes einander anziehen.

Die heute allverbreitete Sprache der rationalen Aufgeklärtheit verbindet nicht. Sie macht vielmehr beschränkt und unfrei. Sie liefert die Mittel des sophistischen Scheins, in dem der Betrugszustand der Welt sich erhält. Allein das unendlich fortschreitende, in jeden Horizont eintretende, nie vollendete Aufklären macht frei.

Man behauptet, die moderne Wissenschaft werde uns Menschen

einigen. Sie ist in der Tat für alle gültig, wird mit Recht allgemein anerkannt. Doch sie verbindet die Menschen nur in ihrem Verstand, nicht als sie selbst. Sie bringt mit der Einmütigkeit in ihrem Erkennen nicht auch schon den gemeinsamen Boden des Lebens selber.

Das wissenschaftliche Wissen und das technische Können sind eine bewunderungswürdige, hinreißende und noch für den Widerstrebenden unumgängliche Sache. Aber diese ist in ihren Folgen und ihrem Selbstverständnis zweideutig. Sie ist zur Gefahr für den Menschen und für sein bloßes Dasein geworden. Ihre Helligkeit ist eine paradoxe Verdunkelung des Wesentlichen. Aber auch aus diesem Dunkel, wie aus jedem früheren, vermag der Mensch, der im Philosophieren eigentlich Mensch wird, zu seinem ewigen Ursprung zurückzufinden. In ihm kann er sich gründen, wenn er in der Zeit, mit der Geburt jedes Einzelnen, immer wieder unter anderen Bedingungen, von neuem anfangen muß. Heute soll er seine Wissenschaft und Technik meistern.

Diese Schrift möchte aus dem Ursprung philosophischen Glaubens sprechen, der lebendig ist, seitdem Menschen denken. Sie möchte bezeugen, daß der Verlust des Offenbarungsglaubens keineswegs die immer neue Aneignung des unersetzlichen Wahrheitsgehaltes der Bibel ausschließt. Vielmehr steht in der Situation unserer Tage die Verwandlung der biblischen Religion für uns Abendländer, der anderen Religionen für deren Gläubige, der Philosophie für alle, fast greifbar vor Augen.

Der Titel dieser Schrift lautet: »Der philosophische Glaube *angesichts* der Offenbarung«; sollten beide für immer unvereinbar sein, so spreche ich von der einen Seite her, aber von der anderen betroffen. Der Titel »Philosophischer Glaube *und* Offenbarung« wäre ungemäß. Denn er würde einen überlegenen Standpunkt außerhalb beider beanspruchen, den ich nicht einnehme. Sollten aber philosophischer Glaube und Offenbarungsglaube sich treffen können, ohne in eins zusammenzufallen, so möchte ich zu denken versuchen, was dieser Möglichkeit hilft.

Basel, Juni 1962 Karl Jaspers

INHALTSÜBERSICHT

EINLEITUNG

ERSTER TEIL

Aus der Geschichte des Glaubens und der Kirche:
Der Begriffskreis um den Offenbarungsglauben

ZWEITER TEIL

Statt des alten Gegensatzes von Vernunfterkenntnis und Glaubenserkenntnis die moderne Dreigliederung: Wissenschaft, Philosophie, Theologie

DRITTER TEIL

Aus dem philosophischen Grundwissen (der Philosophie der Weisen des Umgreifenden)

VIERTER TEIL

Vom Wesen der Chiffern

FÜNFTER TEIL

Der Kampf im Reich der Chiffern

II. Chiffern der Immanenz

SECHSTER TEIL

Befreiung und Freiheit des Menschen heute

SIEBENTER TEIL

Können philosophischer Glaube und Offenbarungsglaube sich treffen?

EINLEITUNG

Ein Ausgangspunkt des Fragens ist: Wie finden wir uns in der Welt? Woher kommen wir? Was sind wir?

(1) Werfen wir zuerst einen Blick auf Antworten, die uns gegeben werden durch objektive Beobachtung unserer Herkunft: erstens aus der Entwicklung des Kindes, zweitens aus der Geschichte, drittens aus der Welt. Auf diesen Wegen werden uns zwar interessante Tatsachen bekannt, aber sie geben keine Antwort auf den Sinn unserer Frage, lenken vielmehr von ihm ab. Denn hier bleibt der Mensch ein Gegenstand der Biologie, Psychologie, Geschichte, Kosmologie.

Wir sehen die Entwicklung des neugeborenen Kindes. Der Mensch zeigt sich als ein Lebewesen unter anderen. Jedoch wird beobachtet (Portmann), daß ihm eine Besonderheit eignet. Schon seine biologische Entwicklung ist abhängig von der Weise des Aufwachsens in einer menschlich-geschichtlichen Umwelt. Die biologischen und psychologischen Beobachtungen stoßen jedoch bald auf Realitäten, die zu erfassen einen Sprung in der Weise der Beobachtung fordert und einen Sprung in der Realität selber anzeigt. Denn die Beobachtung wandelt sich, wo der Mensch im Unterschied von allen anderen Lebewesen in der Kommunikation als er selbst uns begegnet. Der Säugling zeigt die ersten leisen Keime plötzlich. Es ist immer wieder dies Staunen erweckende Geheimnis: Die bloße Beobachtung wird durchbrochen, wenn ein Mensch versteht, spricht, antwortet, unantastbar in eigener Würde, anders wie jedes Tier. Kommunikation ist mehr als Beobachtung. Auch mit Tieren ist eine Art Umgang möglich, gleichsam in Frage und Antwort. Eine Intelligenz, die aus den Augen blickt, in denen ein Verschlossenes sich auszudrücken scheint und doch nicht ausdrücken kann, berührt uns. Ein Dackel und erst recht ein Affe kann unheimlich sein. Aber doch bleibt der Sprung zwischen der Verhaltensforschung, die auch dem Menschen gegenüber möglich ist, wenn man ihn als Menschen verschwinden läßt, und dem sprachlichen Umgang in Gegenseitigkeit. Auf die reichen Ergebnisse tierpsychologischer und kinderpsychologischer Forschung kann ich nicht einmal hinweisen. Das Entscheidende ist: Der Gang der menschlichen Lebensentwicklung ist von Anfang bis zum Ende biologisch und psychologisch gebunden, besonders eindrucksvoll in der Pubertät. Aber in dieser Bindung geschieht etwas, was aus einem anderen Ursprung kommt, das nicht in die Kontinuität des biologischen und psychologischen Ablaufs aufgeht. Die Form des Wissens von uns als einem Anderen, das wir beobachten, erreicht nicht das, was wir eigentlich selbst sind. –

Die Beobachtung zeigt weiter unsere Herkunft aus der Geschichte, die in nicht auslotbare Vergangenheit zurückweist. Wir lernen Menschenwelten der Vergangenheit, ihre Schöpfungen, ihre Vergänglichkeit, ihr Absinken in die Vergessenheit kennen, aus der uns nur Bruchstücke erlauben, das Gewesene zu einem winzigen Teil zu erinnern und zu vergegenwärtigen. Wenn vereinzelte Kausalverhältnisse und Sinnbeziehungen in historischer Forschung fortschreitend sichtbar werden, so begreifen wir doch den geschichtlichen Prozeß im Ganzen nicht, weder die erste Entstehung, noch irgendeinen der schöpferischen Schritte, noch eine das Ganze übergreifende Notwendigkeit.

Ein historischer Totalprozeß ist oft den Menschen vor Augen gestanden, für den Offenbarungsglauben als Gang von Adams Fall bis zum Endgericht, für eine empirische Auffassung als Fortschritt des Wissens und Könnens, Veränderung der Arbeitstechnik und der Gesellschaft, für einige Philosophen als Fortschritt im Bewußtsein der Freiheit und ihre Verwirklichung, oft unter der Idee einer Vollendung in der Welt oder eines Endes der Welt. Dann gilt der Gang der Geschichte als ein notwendiger. Ihm gegenüber als einem ohne mich bestimmten, unausweichlichen Prozeß habe ich nur die Wahl, das Notwendige mit zu tun, oder als nichtig beiseite geworfen zu werden.

Aber wir begreifen uns keineswegs aus der Geschichte. Wäre sie ein notwendiger (geistiger oder materieller) Prozeß, dann würden Menschen nicht in ihn eingreifen und ihn ändern, höchstens beschleunigen und verlangsamen können, was eine gleichgültige Sache wäre. Aber diese Eingriffe, die großen verwandelnden geistigen Schöpfungen beruhen auf der Freiheit des Menschen. Sie sind nicht von der Geschichte gemacht, sondern entspringen der Freiheit selber und werden ihrerseits zu Faktoren der Geschichte.

Was Menschen wollen und wollen werden, kann nie im Ganzen gewußt sein. Wir können nicht als Erkennende außerhalb oder über dem Ganzen stehen. Gesamtüberblicke der Geschichte sind bestenfalls Schemata einer Idee des Ganzen. Aber auch diese Idee des Ganzen ist niemals die Wirklichkeit der Geschichte selber.

Das Totalwissen von der Geschichte würde eine Totalplanung ermöglichen, und der Mensch würde für den Menschen ein nach seinen Zwecken formbares und verwandelbares Material. Der Mensch würde über das Menschsein verfügen. Da dies die Preisgabe der menschlichen Freiheit voraussetzt, kann solches Machenwollen des Menschen ihn nur zerstören; es würde schließlich das Ende des Menschen herbeiführen. Denn die Freiheit läßt sich nicht hervorbringen. Nur Bedingungen für sie können entstehen oder geplant werden. Durch sie kann Freiheit möglich oder unmöglich werden. Die Bedingungen mögen da sein, sie bringen nichts hervor. Die Freiheit kommt aus anderem Ursprung. –

Die Beobachtung zeigt schließlich, daß Menschen unter den Lebewesen auf der Erde und mit ihnen aus der Natur der Welt entstanden sein müssen. Aber die Herkunft der Welt selber ist unbegreiflich. Die Forschung dringt in der Welt vor ins Unabsehbare, aber sie erfaßt nicht die Welt. Die Welt ist für die Forschung bodenlos.

Das menschliche Erkennen dringt in den Kosmos vor, in die Ferne bis zu den äußersten Sternnebeln, in die Nähe bis zum materiellen Ort im Gehirn, an den in der Welt von Raum und Zeit das Bewußtsein, der Geist, die Freiheit gebunden sind. Das gleiche Geheimnis weht uns an aus den fernsten Fernen des Kosmos und aus der mikroskopisch sich zeigenden Struktur der Hirnmaterie. In beiden weicht in aller Erhellung ein Unerhelltes zurück.

Nie gelangen wir auf diesem Wege an das Innere. Würden wir die Gehirnmaterie bis in ihre feinste Struktur kennen, immer würde sie den Sprung schon zur Innerlichkeit der Sinnesempfindung und des Bewußtseins als unbegreiflich stehen lassen. Dieser Innerlichkeit sind wir uns gewiß. Von einem Inneren der Welt haben wir nicht die leiseste Kunde, nicht das geringste Zeichen.

Die Lehre des Descartes von zwei Substanzen, der äußeren des Raums und der inneren des Bewußtseins (extensio und cogitatio), geht von einer unter diesem Gesichtspunkt unmittelbarer Erfahrung richtigen Feststellung aus. Diese besagt: Nach Erkenntnis des Faktums, daß unser Gehirn Bedingung unserer Innerlichkeit, unserer

Seele, unserer Freiheit in der Welt ist, zeigt sich: Als äußere Materie steht der winzige Gehirnteil der Masse des Kosmos gegenüber. Als innere Wirklichkeit aber umgreift das erkennende Bewußtsein diesen Kosmos. Das heißt aber: die objektive materielle Welt ist nicht etwa von einem Gehirnteil umgriffen, sondern ist Gegenstand für etwas, dem auch dieser Gehirnteil Objekt werden kann. Die Forschung dringt in die Unendlichkeit der Materie, der weltweiten, atomaren Materie und der winzigen, strukturierten Hirnmaterie. Sie gelangt nie an eine Grenze, aber auf diesen Wegen auch nie in das Innere.

Alles philosophische Totalwissen in einer objektiven Metaphysik muß sich in einem Zirkel bewegen. Die Qualität des Zirkels macht den Gehalt aus. In unserem Falle ist es ein materieller Zirkel: ein winziger Teil der Welt erkennt die gesamte Welt, die ihn hervorbringt; das Gehirn als Materie birgt die Welt in sich, aus der es entstanden ist. Oder ist vielmehr ein anderer Ursprung wirksam, der diesen Zirkel als materiellen voraussetzt, aber als solchen durchbricht? –

Werden des Kindes, Geschichte, Kosmos sollten der Beobachtung unsere Herkunft zeigen. In allen drei Fällen von Wißbarkeiten finden wir Tatsachen, die uns mächtig anziehen, aber nie genug tun. Denn jedesmal stoßen wir an die Grenze, an der die klar werdende Forschung den Gegenstand, den sie zu haben meinte – den Menschen selbst –, verliert.

Es ist unmöglich, aus der Objektivierung einer Herkunft zu begreifen, was wir sind. Keine erkennbare Herkunft macht mich selbst mir begreiflich. Immer erfassen wir unser Dasein in seiner Objektivität nur nach der Seite seiner Erkennbarkeit, ohne Möglichkeit des Abschlusses dieser ins Unendliche vordringenden Forschung.

Durch den physiologisch-psychologischen Prozeß des Lebens, durch Überlieferung, durch Geschichte werden wir in der Welt gleichsam wach, sind aber nicht als wir selbst aus der Welt zu begreifen.

Was sind wir? Wer sind wir? Wie finden wir uns in der Welt? Das erfahren wir nicht im beobachtenden Zusehen gegenüber einem Anderen, sondern in der Reflexion auf uns selbst und die Welt.

(2) Das ist auf einfache Weise in kurzen Sätzen durch alle historischen Zeiten geschehen, ein Zeichen, daß es den Menschen als Menschen angeht. Wir wählen einige Beispiele:

(a) Ein mittelalterlicher Spruch lautet:

Ich komme, ich weiß nicht woher,
Ich bin, ich weiß nicht wer,
Ich sterb, ich weiß nicht wann,
Ich geh, ich weiß nicht wohin,
Mich wundert's, daß ich fröhlich bin.

Der Spruch ist nicht »christlich«. Denn der Offenbarungsglaube gibt auf alles eine Antwort. Er lebt aus den herrlichen Verheißungen und würde vielleicht seine Antwort schließen: mich wundert's, daß ich traurig bin.

Aus der Frage kam bei nordischen Menschen die Bereitschaft, christlichen Verheißungen zu folgen. Beda erzählt (Kirchengeschichte 2. Buch, Kap. 13): Im Rat eines angelsächsischen Königs, der 627 n. Chr. über Annahme oder Ablehnung des Christentums entscheiden sollte, sprach einer der Fürsten: Mein König, das gegenwärtige Leben der Menschen auf Erden scheint mir im Vergleich zu jener Zeit, die uns unbekannt ist, so zu sein, wie wenn du dich zur Winterszeit mit deinen Fürsten zu Tisch setzest. Mitten auf dem Herde brennt das Feuer und wärmt den Saal, draußen aber tobt der Sturm des Schneegestöbers. Da kommt ein Sperling herangeflogen und durchfliegt schnell, an der einen Tür herein, an der andern hinaus, den Saal. Während des Augenblicks, wo er drinnen ist, bleibt er vom Wintersturm verschont. Hat er jedoch rasch den kleinen Raum, wo es angenehmer ist, durchflogen, so entschwindet er deinen Augen und kehrt aus dem Winter in den Winter zurück. So ist auch dieses Menschenleben nur wie ein einziger Augenblick. Was ihm vorangegangen ist und was ihm folgt, wissen wir nicht. Wenn uns also diese neue Religion größere Gewißheit darüber verschafft, so ist es meines Dafürhaltens recht, ihr zu folgen.

Die Überlegung dieser Männer, warum sie es mit der christlichen Religion versuchen sollen, ist ohne Glaubensimpuls überaus rational aus der Sorge um das, was nach dem Tode sein könnte. Aber das Gleichnis vom Sperling zeigt, wie ernst ihnen in der Reflexion die unheimliche Situation unseres Daseins erschien.

(b) Was die Welt, in der wir uns finden, im Ganzen ist, woher sie kommt, wohin sie geht, das wissen wir nicht, und werden wir nie wissen. Aber die Frage schon bringt den Menschen in eine neue innere Verfassung. Antworten sind gegeben worden, die in frühen Zeiten schon nichts anderes waren als die Vertiefung der Frage. Im Rigveda, den ältesten Texten Indiens, finden sich folgende Sätze (Deußen, Upanischaden, Kleine Ausgabe S. 3 ff. Oldenberg, Buddha, S. 17 ff.):

»Da war nicht Nichtsein und auch Sein nicht, ... nicht Tod und nicht Unsterblichkeit war damals ... Von keinem Wind bewegt das Eine atmet ... Nichts anderes war als dies nur ... Doch wem ist auszuforschen es gelungen, wer hat, woher die Schöpfung stammt, vernommen? Die Götter reichen nicht in jene Ferne – ... Von wo, von wannen diese Schöpfung ist gekommen, ob sie geschaffen, ob sie ungeschaffen, das weiß nur er, der Allbeschauer droben im höchsten Himmel – oder weiß auch er es nicht?«

Die reinen, unüberbietbaren Grundgedanken sind vielleicht in Menschen jederzeit zu finden. Wie sekundär ist die Bedeutung von Zeitaltern und Geschichte! Wir wissen im wesentlichen nicht mehr als jener indische Weise vor dreitausend Jahren in dem, wovon er betroffen war und wir betroffen sind.

(c) Was wir selbst sind, ist so geheimnisvoll wie die Welt. Wenn unser Erkennen der Weltrealitäten sich in den Jahrtausenden und in den letzten Jahrhunderten unermeßlich erweitert hat, wissen wir, was wir selbst eigentlich sind, heute so wenig wie damals. Die Grundfrage, die schon in früher Kindheit, den Einzelnen verwundernd und ihn verwandelnd, auftreten kann, ist zu allen Zeiten in vielfachen Worten als ergreifende Frage ausgesprochen. So im Mahabharata (Jacobi S. 92): »Unwissend ist der Mensch, nicht Herr über Lust und Leid seiner selbst, von Gott geschickt ...« So bei Augustin: »Ich bin in die Welt geworfen.« »Ich bin mir selbst zur Frage geworden.«

Wir sind mehr als all unser Erkennen. Mit dem von uns Erkannten stehen wir vor einem Unerkannten, uns unendlich Übergreifenden. Geheimnis ist die Welt und ein jeder sich selbst.

(d) Die historischen Beispiele ließen sich vermehren. Worum aber es sich handelt, ist dem Menschen als Menschen eigen. Die besonderen Gestalten sind in der Weise ihres Betroffenseins, ihres Fragens und Antwortens ungemein verschieden. Was aber ist das Gleichbleibende in aller historischen Mannigfaltigkeit?

Erstens: Mit solchen fragenden Anschauungen ist der Mensch erst eigentlich erwacht. Vorher lebte er in der Welt wie in einem Schleier, der nur verbirgt, was eigentlich ist. Das Unenthüllbare ahnt er noch nicht, während er sich in den Verhüllungen als unbefragten Selbstverständlichkeiten bewegt.

Zweitens: Mit diesem Fragen macht der Mensch einen Sprung.

Nun erst beginnt das Leben des eigentlichen Menschen. Er hat das Bewußtsein seiner Existenz gewonnen. Vor dem Sprung ist er nur der Möglichkeit nach Mensch, jetzt erst wirklich. Hat diese Vergewisserung begonnen, so ist nichts mehr selbstverständlich. Das vorher fraglose Dasein ist in die nun sogleich grenzenlose Fraglichkeit gelangt, auf die jeweils eine Tat, ein Schaffen, eine Liebe, eine Gemeinschaft antwortet in einem nicht aufhörenden Prozeß.

Nun erst tritt der Mensch in das bewußte Wagnis seiner Geschichte. Es soll sich ihm zeigen, was ist. Es soll offenbar werden. Es kann nicht nichts sein. Ich selbst bin nicht umsonst, nicht für nichts in dieses Dasein gelangt. Aber es bedeutet etwas, das über alles bestimmte Bedeuten hinausliegt.

Drittens: Mit der Frage ist ein mächtiger Antrieb verbunden. Mit dem Staunen tritt zugleich der Wille auf: aus dem grenzenlosen Unheil zum unendlichen Heil.

Der Drang, aus dem Ursprung der Dinge zu erfahren, was ist und was sein kann und was werden mag, hat ein einziges Ziel, das vielfach auszusprechen ist: Wir möchten des Ursprungs gewiß werden, zu ihm zurückkehren, in ihm geborgen sein, Genüge darin finden, daß er ist. Wir möchten vom Ursprung her das in ihm gesuchte Ziel erblicken, in seinem Lichte unsern Weg finden. Wir möchten durch den Zug vom Sein her den Aufschwung erfahren, im Strom des Werdens der Ewigkeit teilhaftig werden.

Es ist wechselweise: Der Drang zu wissen, was eigentlich ist, ist der Wille zu sich selbst; das Bewußtsein, selbst nicht eigentlich zu sein, drängt zum Sein. Das Selbstsein will, um selbst zu werden, über sich hinaus. Das erzeugt die unendliche Unruhe des Menschen. Er möchte so denken, so handeln, so leben, daß zu ihm kommt, was ihn rettet. Dessen fernste Fühlbarkeit schon gewährt ihm eine unvergleichliche Ruhe.

(3) In der Abstraktion bringt uns die Selbstbesinnung zwei untrennbare Momente zum Bewußtsein: ich bin denkend, – ich bin frei.

(a) *Ich bin denkend.* Alles, was ist, ist für mich, indem ich es denke.

Was ist das Sein, das nichts von sich weiß und von niemandem gewußt werden könnte? Es ist, als ob es nicht wäre.

So werde ich mir bewußt, gleichsam das Auge in der Welt zu sein und das Licht, in dem dies Auge sieht, und dies gemeinschaftlich mit anderen Menschen, ihren Augen und ihrem Licht, das mir begegnet. Mit anderen Menschen gehöre ich zu der einzigen uns bekannten Art von lebendigen Wesen, die dieses Licht in der Welt sind, darin unendlich verschieden von allen anderen Lebewesen.

Worin dieses Leben mir verwandt ist, das ist objektiv die gemeinsame biologische Realität, ist subjektiv ein mögliches, unbestimmtes Sicheinsfühlen mit dem Lebendigen, wie mit aller Weltwirklichkeit überhaupt, auch mit dem Anorganischen, ein Sicheinsfühlen, das aber nicht Kommunikation werden kann. Es fehlt in der Weise des Umgangs mit ihm das Sprechen und Denken im Licht des Miteinanderwissens.

(b) Mir denkend bewußt, bin ich zugleich gewiß: *ich bin frei.* Soweit ich frei bin, werde ich und wird durch mich, was ich in meiner Umwelt erwirken kann.

Aber die Freiheit selbst habe ich nicht durch mich. Ich habe mich nicht selbst geschaffen. Ich bin nicht durch mich selbst.

Ich bin ich selbst in meiner Freiheit, indem das, wodurch ich frei bin, durch meine Freiheit selber gespürt und zugleich mit meiner Freiheit gedacht wird.

Ich kann die Möglichkeit der Freiheit verspielen, mich in der Unfreiheit fangen lassen durch Fesseln, die ich durch Preisgabe meiner Freiheit erzeuge. Ich kann die Freiheit nicht etwa durch eine absolute Freiheit, die ich selbst wäre, hervorbringen. Vielmehr kommt mir in meiner Freiheit entgegen, wodurch ich frei bin.

Meine ich die absolute Freiheit in meiner Willkür zu besitzen, so bewirke ich durch sie vielmehr meine Unfreiheit. Denn Freiheit, erfüllt von einem ins Helle drängenden Gehalt, ist nur da als Gang ins Dunkle, das sich erhellt. Willkür, als die Form der beliebigen Wahl, ist der Gang ins Dunkle, das nur immer dunkler wird. Er endet in dem Ausgeliefertsein an die erkennbaren Prozesse des biologischen und psychologischen und soziologischen Daseins.

Wenn unsere andere Herkunft uns bewußt wird, die vor aller Welt und über alle Welt hinaus ist, in der Welt aber nicht Gegenstand werden kann, dann erfahren wir in gesteigerter Helligkeit unsere Verantwortung. Wir öffnen uns für dieses andere, das wir im Sinne von Weltsein nicht wissen können.

Die wesentliche Folge dieser Selbstvergewisserung dessen, wie wir in der Welt uns finden, ist diese: die Welt ist für uns nicht alles, aber es gibt auch keine andere, zweite Welt. In Formen dieser Welt als Chiffern kommt uns zum Bewußtsein, was aus unserer eigentlichen Herkunft uns anspricht, auf sie weist, uns ihr verbindet.

Die Erscheinungshaftigkeit des Daseins

Eine uralte philosophische Einsicht, die von Kant zur endgültigen Klarheit gebracht ist, sei vorweggenommen. Das Auge in der Welt und das Licht, das wir sind und in dem wir sehen, bedeutet die Weise des Seins für uns:

Alles, was für uns ist, was wahrgenommen und gedacht wird, ist Sein für uns in den Formen, in denen wir es durch unser Bewußtsein überhaupt auffassen. Es ist Erscheinung als sinnlich gegenwärtige Realität in den Formen von Raum und Zeit, als Erkenntnis in den Formen der Denkbarkeit durch Kategorien. Die Erscheinung ist hervorgebracht vom Bewußtsein überhaupt, aber nur ihren Formen nach, nicht dem Dasein nach. Sie ist zwar Erscheinung, aber kein Schein. Die Formen werden von einem Entgegenkommenden, an sich Unzugänglichen erfüllt. Erst dadurch ist die Realität der Erscheinung.

Das Bewußtsein überhaupt, das der Ursprung der Formen des uns Erscheinenden ist, ist selber das eine mit sich Identische, das Allumfassende und Allgemeine, an dem ein jeder in mehr oder weniger großem Umfang Anteil hat, wenn er Realität erfaßt und richtig erkennt.

Die Erscheinungshaftigkeit der Welt überhaupt, der Erscheinungscharakter von Raum und Zeit und von aller Erkennbarkeit der Dinge in der Welt bedeutet nicht eine Unterscheidung der Welt als einer scheinbaren von einer anderen Welt als der wirklichen. Es gibt nur eine Welt. Aber diese Welt ist Erscheinung, nicht das absolute Sein selber. Das »Sein an sich« ist ein Grenzbegriff unseres Erkennens, kein Gegenstand für uns. Dieser Begriff zeigt nur unser Befangensein in der Erscheinung an, ohne etwas anderes zu erkennen.

Allein unsere Freiheit hat einen unmittelbaren Bezug zum Sein selber, ist daher aber auch für unsere Erkenntnis der Dinge in der Welt nicht da, ist kein Gegenstand empirischer Erforschbarkeit.

Mit der Einsicht in die Erscheinungshaftigkeit der Welt gewinnt alles objektive Erkennen als solches einen anderen Sinn. Im Gegensatz zu der geläufigen Meinung und der als Erleben unauslöschlichen Erfahrung, die Dinge selber zu erkennen, bezieht sich alle Erkenntnis nur auf die gegenständlich werdenden Erscheinungen in der Welt. Auch alles zugrunde liegend Gedachte gehört als Gedachtes zur Erscheinung.

Die Frage geht weiter: Was bedeutet dies, daß wir uns finden in einer Erscheinungswelt? Sind wir in diese so reale, reiche, herrliche und schreckliche Welt, über die wir nicht hinausblicken, gleichsam von anderswoher wie in ein Gefängnis geworfen, das erst die philosophische Einsicht als Gefangenschaft in den Anschauungsformen und Denkformen begreift? Leben wir wie in einem Traum? Ist dessen philosophisches Bewußtwerden wie der erste Ansatz eines Erwachens zu dem hin, woher wir gekommen sind? Oder ist umgekehrt dieses Leben in der Erscheinungswelt das Erwachen aus dem Dunkel des unvordenklichen Unbewußten, die einzige Helligkeit, die es gibt?

Die Antwort: Für uns Menschen gemeinsam gibt es keine andere Helligkeit als die in unserer Erscheinungswelt.

Offenbarung

(1) Für die Vergewisserung der Situation, in der wir uns finden, berufen wir uns auf keine Offenbarung. Offenbarung kommt aus anderer Quelle. Ob es sie gibt und was sie ist, das ist durch kein Wissen und keine menschliche Vergewisserung zu beantworten.

Nicht die Offenbarung, wohl aber der Offenbarungsglaube ist als empirische Erscheinung zu erforschen. Dabei aber ist nicht von der Wirklichkeit und Wahrheit der Offenbarung, sondern nur von der Realität des Offenbarungsglaubens die Rede. Aber auch durch den Glauben selber kann die Offenbarung nicht als allgemeingültig für alle, sondern nur als unbedingt gültig für den Glaubenden und die Gemeinschaft der Gläubigen entschieden werden. Der Offenbarungsglaube hat sich historisch in allen seinen Gestalten als gültig immer nur für begrenzte Kreise innerhalb der Menschheit erwiesen. Sein Anspruch auf Allgemeingültigkeit seiner einen Wahrheit war vergeblich.

Wir fragen in diesem Buche: wie spricht in den Formen des Weltseins, in der Sprache dieser Welt das, was vor der Welt und über der Welt ist? Spricht es überhaupt? Spricht es ohne Offenbarung? Oder spricht es nur durch Offenbarung?

Wir erfahren unsere Freiheit und uns selbst, die aus der Welt nicht zu begreifen sind. Wir erfahren in der Welt die Grenzsituationen von Tod, Kampf, Schuld, Zufall, die uns erwecken. Das alles geschieht ohne Offenbarung.

Hören wir nun von Menschen, daß sie durch etwas, das in die Welt einbricht, nämlich durch die von ihnen geglaubte Offenbarung, Antwort erfahren auf die uns als Menschen wesentlichen Fragen, so sind wir betroffen. So war es jederzeit und ist es auch heute.

So erfuhren und sprachen die jüdischen Propheten – Moses, die Unheils- und Heilspropheten, Jesus –, so auf andere Weise Buddha. Die Situation des Menschen wurde aufgebrochen, nicht zum wißbaren, erforschbaren Grunde hin, sondern als Erfahrung vor der Wirklichkeit, die sich dem Menschen zeigt, ohne daß er sie zu begreifen vermag, aber so, daß sie durch ihn Sprache gewinnt.

(2) Ich glaube nicht an Offenbarung und habe es nie, soweit mir bewußt ist, auch nur der Möglichkeit nach getan. Warum aber ist der Offenbarungsglaube ernst zu nehmen auch für den, dem dieser Glaube nicht gegeben ist? Schon wegen der Tatsache seiner mächtigen Wirkung in der Geschichte und wegen des hohen sittlichen und geistigen Ranges mancher offenbarungsgläubiger Menschen. Doch das ist in bezug auf den Sinn des Offenbarungsanspruchs selber doch äußerlich gedacht. Wesentlich ist: Wenn von Menschen ihnen zuteil gewordene Offenbarungen kundgegeben wurden, oder wenn an Menschen als an Offenbarungen geglaubt wurde, so bleiben wir nicht gleichgültig, wenn der Inhalt solcher Offenbarungen von so hohem Gewicht ist, daß er bis heute existentiell unumgängliche Bedeutung hat. Auf dem Boden des Offenbarungsglaubens sind Gehalte, Antriebe, Werke, Handlungen erwachsen, die dann auch ohne ihn in ihrer Wahrheit menschlich zugänglich sind.

Dazu kommt die Anziehungskraft des Nichtverstandenen. Die Vergeblichkeit unseres Verstehens beruhigt uns nicht. Wenn wir staunen, was aus diesem Glauben heraus verkündet, gedacht, getan wurde, bleiben wir in Unruhe.

Man hat den Offenbarungsglauben nicht ernst genommen. In einer Aufklärung, die mit der großen eigentlichen Aufklärung Platos und Kants nicht verwechselt werden darf, sagt man, es sei nichts als wirklich anzuerkennen als was seine Realität für unsere Sinne ausweist, und was durch Operationen des Verstandes bewiesen wird. Für dieses Seins- und Selbstbewußtsein des bloßen Verstandes sind Offenbarung ebenso wie die Philosophie die großen Irrungen in der Geschichte, die man früher etwa unter dem Titel »Wahnideen im Völkerleben« behandelt hat. Heute spricht so der dem »Wahn« sich überlegen fühlende Wissenschaftsaberglaube, dem die Unterscheidung fehlt dessen, was durch

Wissenschaften wirklich erkannt und erkennbar ist (und damit an Methode, Kritik, Begründung gebunden bleibt), von dem, was in der Pseudowissenschaft als bloße Meinung umläuft, als ob Erkenntnis vorläge.

Heute ist für den wahrhaftigen Menschen, den Offenbarungsgläubigen wie den Philosophen, unerläßlich: Was wissenschaftlich erkennbar ist, darf er nicht umgehen. Es bedarf aber der methodischen Erfahrung, um wissenschaftlich zuverlässig urteilen zu können. Damit wird, trotz des Fortschritts ins Unendliche, das Bewußtsein von den Grenzen des Wissens erworben und befestigt.

Im Gegensatz zum Aufweis der Grenzen, die uns in den hellen und weiten Raum von Existenz und Transzendenz bringen, gibt es aber seit alters eine diabolische Methode: dem Menschen seine Grenzen zu zeigen dadurch, daß man ihn intellektuell verwirrt, in den bodenlosen Skeptizismus und die Verzweiflung am Wissenkönnen führt, um dann als Rettung anzubieten etwas Absolutes, Hinzunehmendes, Unbegründetes, dem zu gehorchen, das aber nicht mehr zu befragen ist.

Der Offenbarungsglaube, den wir ernst nehmen, hat einen ursprünglich anderen Charakter. Er ist nicht der Verzweiflung am Denken entsprungen und selber nicht gedankenlos. Er war ein denkender Glaube. Was er in seinen großen Gestalten – Augustin, Anselm, Thomas, Cusanus – gedacht hat, ist an Rang, das heißt an Gehalt, Gründlichkeit, Scharfsinn, Methode jedem anderen Denken gewachsen, als ein ganz anderes zwar, aber als Denken.

Die Folge des in den Wissenschaften durch sie selbst erzeugten Grenzbewußtseins ist nicht, daß nunmehr der Raum frei sei für beliebige Möglichkeiten, für Wunderglauben und schwärmende Phantastik. Wenn Behauptungen sich auf in der Welt erfahrbare Dinge beziehen (wie etwa leibliche Auferstehung), dann werden diese vielmehr in die wissenschaftlichen Methoden der Forschung einbezogen und unterliegen deren Kritik. Das Denken, dessen Inhalte ihrer Natur nach diesem Raum nicht zugehören, hat einen anderen Charakter, andere Methoden, anderen Sinn, ist keineswegs beliebig. Es hat einen tieferen Grund als alle Dinge der empirischen Welt in Raum und Zeit.

Dieses Denken heißt, wenn es aus einer geschichtlich bestimmten Offenbarung erfolgt und durch sie begrenzt wird, Theologie, wenn es aus dem Ursprung des Menschseins geschieht, Philosophie.

Philosophierend eigne ich mir biblische Wahrheit an in meiner Auslegung. Diese bindet sich nicht an Instanzen, die die Offenbarung vertreten und als Autorität die allein richtige Auslegung für sich in Anspruch nehmen. Die Offenbarung selber wird der Philosophie zur Chiffer. Die Philosophie widersteht der theologischen Dogmatik.

(3) Ich höre zwei entgegengesetzte Vorwürfe:

Der Offenbarungsgläubige sagt: Diese Philosophie kennt kein »festes Behaupten«, darum verliert sie allen Inhalt. Wenn die Offenbarung nicht verläßlich ist, dann bleibt nichts. Wenn alles in die Schwebe gelangt, dann wird uns alles genommen. Wir sinken ins Bodenlose. Daher halten wir fest. Wir lassen nicht von Offenbarung und Verheißung, lassen uns nicht losreißen von Gott. Wir glauben und haben dadurch allein Kraft, Ethos, unser Heil, unsere Befreiung.

Antwort: Die Alternative ist nicht anzuerkennen. Die Kraft, das Sichgeschenktwerden, das Ethos, die Befreiung und die Freiheit, der Ernst des Unbedingten sind möglich, auch wenn das genommen wird, was der Offenbarungsgläubige so entschieden bekennt und festhält.

Aber es könnte die Aufgabe in unserer menschlichen Grundsituation sein (in der Chiffer zu sprechen: in die uns Gott, sich selber verbergend, gestellt hat), daß wir nicht durch irgendeine Selbsttäuschung, nicht durch irgendeine Verschleierung ausweichen sollen. Die Offenbarungsgläubigen werden in konkreten Handlungen, Verhaltungsweisen, von ihnen ausgesprochenen Sätzen, unter die Frage der Philosophie gestellt: Kann das, was ihr behauptet und festhaltet, vielleicht nur ergriffen werden von dem Menschen, der sich an einer entscheidenden Stelle täuscht? Verlangt ihr vielleicht, was nicht möglich ist? Wendet sich die Wahrheit, die Gott von uns fordert, vielleicht gegen Erscheinungen des Offenbarungsglaubens, die von Menschen in seinem Namen behauptet werden? Endgültig kann die Frage nie beantwortet werden.

Der entgegengesetzte Vorwurf lautet: Was ich philosophierend ausführe, läuft doch auf den einen Punkt zu: Offenbarung ist das Erwünschte, wenn es nur möglich ist, sie zu glauben. Philosophie wird Erzieherin zur Offenbarung hin.

Wenn das geschieht, wehre ich nicht ab. Denn Philosophie macht nicht, wie der Offenbarungsglaube, Propaganda, sondern läßt jeden Menschen als ihn selbst in seinem Entschlusse frei. Die Philosophie verkündet nicht und überredet nicht. In der Philosophie treffen sich freie Menschen als Schicksalsgefährten. Daß mein Philosophieren zum Offenbarungsglauben führen solle, ist ganz und gar nicht meine Absicht. Ich selber kann nicht anders als mit Kant denken: Wäre

Offenbarung Realität, so wäre sie das Unheil für die geschaffene Freiheit des Menschen.

Trotzdem will ich kein Denken, das am Ende eine Offenbarung ausschließt – wenn es mir auch unmöglich scheint, daß ich sie je glauben könnte. Der philosophische Glaube ist eigener Ursprung. Aber er läßt Offenbarung als Möglichkeit für andere gelten, obgleich er sie nicht verstehen kann. Er will nicht Feindschaft, sondern Redlichkeit, will nicht Abbruch, sondern Kommunikation, will nicht Gewalt, sondern Liberalität.

Übersicht des Buches

(1) Zunächst zähle ich die sieben Hauptteile auf:

Im *ersten Teil* werden aus der Geschichte des Glaubens und der Kirche Tatsachen herausgehoben, Ereignisse, Denkinhalte, Organisationsformen. Sie sind grundsätzlich als Tatsachen wissenschaftlich feststellbar. Sie zu erkennen ist, unabhängig vom Glauben, für jedermann übereinstimmend möglich. Wir suchen uns den Begriffskreis zu klären, der sich um den Offenbarungsglauben gelegt hat.

Im *zweiten Teil* stellen wir einen geistigen Tatbestand vor Augen, dessen Klarheit wir für alles heutige Denken von höchster Wichtigkeit halten. Die moderne Wissenschaft hat erstmalig in der Geschichte die universale Wissenschaftlichkeit verwirklicht. Sie hat das Bewußtsein ihrer Methoden, ihrer Grenzen, ihres Sinns. Wissenschaft unterscheidet sich sowohl von Philosophie wie von Theologie. Die alte Trennung von Vernunfterkenntnis und Glaubenserkenntnis trifft nicht mehr das Wesentliche. Philosophie und Wissenschaft sind nicht dasselbe. Der selbständige philosophische Ursprung kann, wie noch nie in früheren Zeiten, zum Bewußtsein kommen.

Im *dritten Teil* wird ein philosophisches »Grundwissen« entworfen. Es gibt philosophische Einsichten, die mit der Absicht vorgetragen werden, in ihnen einen für alle Menschen gemeinsamen Boden finden zu können. Diese Absicht kann ihr Ziel dann nicht erreichen, wenn es sich um Glaubensgehalte handelt. Aber wenn dieses Grundwissen nur eine Erhellung dessen sein will, wie wir alle uns in der Welt finden, und der Formen, in denen alles aufgefangen wird, was Gehalt für uns hat, dann ist nicht mehr eine Erkenntnis des Seins selbst gemeint, nicht des Systems des Ganzen, sondern die philosophische Grundorientierung im Sein, im Hinblick auf Dasein, Bewußtsein, Geist, auf Welt und Transzendenz, auf Existenz und Vernunft.

Dieses Grundwissen ist zwar nicht allgemeingültig wie wissenschaftliche Erkenntnisse; das zeigt sich daran, daß es bisher in keiner Gestalt allgemein verbreitet und einmütig anerkannt wurde. Jedoch handelt es sich um ein Gebiet philosophischen Denkens, auf dem begründete Hoffnung auf Einmütigkeit der Menschen als Menschen unsere Gedanken führt. Sie wäre das Medium der uneingeschränkten Kommunikation ganz verschiedener Glaubens- und Lebensverfassungen. Sie selber ist zwar nie vollendet, sondern, wie Wissenschaften, auf dem Wege des Fortschreitens. Aber es wäre ein immer noch werdendes philosophisches Grundwissen möglich als Raum, in dem alle Weisen der Einsicht sich treffen können.

Im *vierten Teil* beginnt das Thema, das uns als die Mitte dieses Buches gilt, die Erörterung des Reiches der Chiffern. Der Glaube versteht sich in einer Sprache, in der Transzendenz spricht und angesprochen wird. Diese Sprache ist vielfältig und vieldeutig.

Sie hat ihre Herrschaft in der Geschichte der Menschheit jederzeit in irgendeiner Gestalt, bestimmt geformt oder verworren. Die Weise dieser Herrschaft aber ist grundsätzlich von zweierlei Art. Entweder erhebt die Transzendenz als Leibhaftigkeit ihren Anspruch in der Welt, und dieser Anspruch wird, weil er leibhaftig ist, auch zur leibhaftigen, physischen Gewalt, oder die der Leibhaftigkeit entkleideten Chiffern treffen mit ihrer Sprache den Ernst der immer persönlichen Existenz. Entweder tritt der Anspruch als festes Behaupten auf, dem anderes Behaupten kommunikationslos gegenübersteht, oder die Chiffern bleiben im Schweben, entkleidet auch der Allgemeingültigkeit, erst recht der Absolutheit, und werden jeweils geschichtlich wirklich.

Das Reich der Chiffern wird seinem Wesen nach im *vierten Teil* gezeigt, im *fünften Teil* als Kampf der Chiffern in konkreten Gestalten als Erscheinung existentieller Selbstvergewisserungen angeeignet. In diesem Teil möchte ich das Schwergewicht dessen sehen, was in diesem Buch erörtert wird.

Im *sechsten Teil* wird die geistige Situation der Zeit zum Thema, unsere gegenwärtige Situation, in der wir dies alles denken. Wir stellen die Frage: haben die Befreiungen, die vollzogen wurden, auch die Freiheit zur Folge?

Wir schließen im *siebenten Teil* mit der Frage, ob philosophischer

Glaube und Offenbarungsglaube sich treffen können, ohne identisch zu werden. Wenn solches Treffen möglich wäre, so jedenfalls nur durch uneingeschränkte Wahrhaftigkeit gegen sich selbst und den anderen. Diese Wahrhaftigkeit ist keines Menschen Besitz. Um sie muß ein jeder sein Leben lang mit sich selber kämpfen im Kampfe mit den anderen. Nur in solcher Wahrhaftigkeit könnte erwachsen, was kein Kompromiß, keine Toleranz und keine Intoleranz, kein schonendes Schweigen und kein plötzliches Urteilen zu erreichen vermag, das Einmütigwerden von Menschen im nicht aufhörenden liebenden Kampf.

(2) Erörterungen zu dieser Einteilung des Buches

Wir gehen vier Wege oder Denkungsarten. *Erstens:* Orientierung in Tatsachen und Begriffen (erster und zweiter Teil) mit dem Charakter der relativen Oberflächlichkeit des nur zusehenden Denkens. *Zweitens:* Vergewisserung des philosophischen Grundwissens, durch das wir uns bewußt werden, wie wir uns in der Welt finden in der Weite und Tiefe der Gegenwärtigkeit des Umgreifenden (dritter Teil). *Drittens:* Entfaltung des Reiches der Chiffern, Klärung ihres Wesens, Aufzeigung ihrer Gehalte, Überschreiten auch der Chiffern (vierter und fünfter Teil). *Viertens:* Besinnung auf die gegenwärtige geschichtliche Situation mit der Frage nach dem, was ist und werden kann, nach unseren Aufgaben (sechster und siebenter Teil).

Zusehende Betrachtung – Sichüberzeugen von philosophischen Voraussetzungen – Aneignen von Chiffern – Fragen nach Freiheit und Glauben in unserer Zeit, – das sind vier Grundhaltungen denkenden Tuns. Wenn wir sie trennen, so gehören sie doch insgesamt einer einzigen Denkungsart an, dem philosophischen Glauben, der die Wege des Zusehens, des Sichvergewisserns von Grundstrukturen, des Hörens auf Chiffern, der Vergegenwärtigung der Gegenwart geht, um sich selbst, der in der Unbestimmtheit bleiben muß, in Bestimmbarkeiten zu verstehen. Die Trennung der Wege bringt daher eine jeweilige Akzentuierung, welche Überschneidungen nicht vermeidet, weil die eine philosophische Denkungsart auf allen Wegen sich mitteilt. Was einmal nur mit zur Sprache kommt, ist das anderemal die Hauptsache. Das gemeinsame Eine, das immer mitsprechen sollte, ist selber nirgends Thema oder Gegenstand.

Eine andere Übersicht: Die ersten drei Teile führen ein in unsere denkende Verfassung. Der vierte und fünfte Teil lassen uns die Chiffern hören. Die letzten zwei Teile fragen dem Heute zugewandt: nach dem Glauben in der Befreiung, nach der Beziehung des philosophischen zum Offenbarungsglauben. Sie stellen Ziele auf, die als Unmöglichkeiten erscheinen: die innere Verfassung: sie soll zur existentiellen Freiheit aller führen, – die Beziehung von Philosophie zum Offenbarungsglauben: sie soll die Möglichkeit eines Bundes zwischen ihnen nicht verlieren.

Der Aufbau des Buches ist als ein selber wesentlicher Ordnungsgedanke gemeint: Unschwer ließe sich die Ordnung und Unterordnung auflösen. Der Text würde zu einer losen Folge von Essays werden, der gegenüber der Leser erst nachdenken muß, welche Ordnung sie beherrscht.

(3) Charakter unserer Darstellungen

Einige Hinweise möchten veranlassen, beim Lesen sich zu besinnen auf das, was getan wird.

(a) *Geläufiges Denken und Umwendung:* Eine philosophische Schrift vereint zwei Denkweisen, die wohl auf einzelnen Wegen, aber nicht im Ganzen getrennt werden können: das in geläufigen Gedankenformen ohne weiteres Verstandene und das, was durch eine Umwendung des Denkens selber ein neues Denken ist.

Die Darstellung sollte beide Denkweisen zur möglichen Einfachheit bringen: Einmal das Wißbare zu straffer Schematik der für unsere Absicht wesentlichen Punkte (man darf sich nicht verlieren an die unendliche Verwicklung des historisch Realen; diesem sich hinzugeben ist unerläßlich für historische Forschung und zur Befriedigung der Wahrhaftigkeit unseres Realitätsbewußtseins, aber nicht für die Aufgabe dieser Schrift) – und dann das durch Denken auf Grund der Umwendung zu Vollziehende zu der Konzentration einer je mit einem einzigen Gedankenakt zusammengreifenden Bewegung.

Die beiden Denkweisen halten sich gegenseitig am Zügel. Ohne die Gegenwärtigkeit der Realitäten verströmt das durch die Umwendung befreite Denken ins Leere. Ohne die aus der Umwendung erwachsene Denkungsart legen die Realitäten in Fesseln und ziehen ins Endlose.

Da die Lektüre nur im Mitdenken auf dem Wege über die je besonderen Gedanken zur Einsicht in die Denkungsart im Ganzen führt, möchte der Autor den Zusammentritt des Gedachten, soweit es möglich ist, auch technisch erleichtern. Die ausdrücklichen Bezeichnungen der Schritte, die pedantisch anmutenden Dispositionsangaben sollen der Aufmerksamkeit dienen, damit sie die jeweiligen Positionen sowohl in ihren Teilen wie im Zusammenhang auffasse.

(b) *Was die Darstellungen nicht leisten und was ihr Sinn ist:* Die Themata dieses Buches umkreisen in näheren und ferneren Abständen das, was selber nicht ein definiertes Etwas werden kann. Von ihm her, hoffe ich, werden die Gedankengänge um so entschiedener – nämlich nicht nur durch rationale, sondern mit deren Hilfe durch existentielle Logik – geführt.

Wenn die Deduktion eines Ganzen aus einem Prinzip und wenn die widerspruchslose Ordnung der Gedanken auf Teilbereiche beschränkt, für das Ganze des Philosophierens aber vergeblich bleibt, dann liegt die philosophische Aufgabe anders:

Auf dem Wege über die objektive Betrachtung werden Tatsachen vor einem Vergessen bewahrt, das alles Weitere unwahr machen würde.

Auf dem Wege über die Vergewisserung des immer unfertigen, daher im Fortschritt bleibenden Grundwissens werden wir gerettet aus unseren objektiv sich schließenden Entwürfen eines Totalwissens.

Auf dem Wege über die Vergewisserung der Wahrheit, die wir selbst sein können, gewinnen wir unseren geschichtlichen Grund.

Wohl rede ich also auf weite Strecken betrachtend von den Dingen, auch vom Offenbarungsglauben und vom philosophischen Glauben; wohl vollziehe ich Gedanken, die als gültige Sachverhalte auftreten; wohl suche ich mich durch die Erfahrung meiner selbst der Wahrheit zu vergewissern in Aussagen über existentielle Möglichkeiten.

Was ist das Ziel? Keineswegs ein nicht mögliches und daher auch nicht vorhandenes philosophisches Wissen, das man in Besitz nehmen könnte, ohne selbst zu sein. Das immer vorläufige Ziel des in Büchern niedergelegten Philosophierens ist vielmehr die Klärung von Voraussetzungen, die Entfaltung von Möglichkeiten, der Entwurf von Bildern, die Konstruktion von Gedanken, kurz: ein Denken, das den philosophischen Raum erzeugt, in dem die Philosophie wirklich wird nur dadurch, daß der Einzelne sich selbst verwirklicht, den Mut seiner Liebe gewinnt, seine Gemeinschaft findet, seine von ihm nie gewußte, aber ihn führende Bestimmung in der Welt erfüllt, seinen Ort im Meer des Seins spürt, seine je einzige Geschichtlichkeit erfährt in der Geschichtlichkeit der Erscheinung aller Dinge. Das Entscheidende kann in allen Darstellungen nur indirekt gesagt sein. Daher haben die Sätze, die nicht in der Sphäre zwingend richtiger allgemeingültiger Wissenschaft liegen, trotz ihrer behauptenden Formulierung den Sinn einer Frage an das Selbstsein. Erst wenn dieses im Zuhörenden wie im Mitteilenden antwortet durch jenes Mitdenken, das inneres Handeln wird, gewinnen die Darstellungen ihren philosophischen Gehalt.

(c) *Das Historische:* Auf das Historische wird Bezug genommen nicht um des historischen Wissens willen. Wir sehen historische Tatbestände von noch gegenwärtiger Wirkungskraft. Wir sehen Mächte am Werke, denen wir ins Angesicht blicken. Sie alle sind in Menschen da, an Menschen gebunden und damit im Ursprung des Menschen mitgeboren. Noch wo wir uns gegen sie wehren, sind wir selber in ihnen. Sie zu sehen, steigert die eigenen Möglichkeiten.

Manche Gedanken begegnen uns historisch in unüberholbarer Konsequenz und Größe. In dem, was Menschen dachten, erkennen wir wieder, was wir, ohne es schon zu wissen, suchten. In ihrer Aneignung und Abwehr kommen wir zu unserem Denken eigener Verantwortung.

(d) *Festes Behaupten und methodologisches Bewußtsein:* Der Satz als solcher ist Behauptung. Er erhebt den Anspruch auf Zustimmung schlechthin. Eine Darstellung, die diese unumgängliche Sprachform zugleich als Denkverfassung zum Grunde hätte, würde bedeuten: Hinführung auf feste Sätze, auf feste Positionen. In ihnen liegt die Befriedigung des Lesers, solche Positionen zu gewinnen, denen er in dogmatischen Gedankenbewegungen sich anschließen kann. Ihm wird etwas in die Hand gegeben. Er braucht als er selbst nichts zu tun.

Dieses Verfahren ist dem Lernenden in den Gebieten rationaler Gegenstandserkenntnis, wo diese eine Vollendung erreicht hat, gemäß. Es kann auch philosophischen Gedankengebilden eigen sein. Hier aber wird die Steigerung der Darstellung zur Mitteilung absoluter Erkenntnis eine Täuschung. Sie erleichtert und beschränkt zugleich.

Anders ist die Darstellung, die etwas mitteilen will, was selber nicht geradezu als Gegenstand da ist. Sie zeigt eine Denkungsart, die aus einem Ursprung wirkt und diesen Ursprung zu vergegenwärtigen sucht, ohne daß das, worauf es ankommt, Gegenstand werden kann.

Dann ist in der Darstellung selber schon anzustreben, daß der Denkende vom Gedachten, der Leser vom Dargestellten zur Distanz gebracht wird. Das geschieht dadurch, daß das, was denkend getan wird, zugleich in der Reflexion zum Bewußtsein gelangt. Dies Bewußtsein nennen wir das methodologische Bewußtsein. Es hilft uns, Herr unserer eigenen Gedanken zu bleiben. Wir werden nicht mehr in die Fesseln gebunden, zu denen alles Gedachte, indem es sich absolut setzt, für uns zu werden droht.

Das methodologische Bewußtsein hält unseren Blick frei, macht bereit für neue Horizonte.

Das methodologische Bewußtsein aber seiner selbst wegen zu pflegen, gar die Erkenntnis und das Philosophieren zu ersetzen durch Nachdenken über Methoden, ist fruchtlos. Es bringt Denken und Erfahren zum Erlöschen. Das erste, allein Gehalt bringende ist die Gegenwärtigkeit im Umgreifenden, die Ergriffenheit von der geschichtlichen Situation, die Kraft, in ihr Erkenntnis und Sprache zu finden. Das methodologische Bewußtsein kommt nach, prüft und reinigt, macht Sinn und Grenzen des Gedachten klar.

In unserem Buch wird das methodologische Bewußtsein durch Zwischenbemerkungen und durch längere Abschnitte ausdrücklich. Es möchte aber die Stimmung des Ganzen durchdringen.

Spreche ich, wie es in der Natur der Mitteilung durch Sätze liegt, scheinbar diktatorisch, so wird dies für den verstehenden Leser aufgehoben durch den Sinn der Denkungsart, wie sie in dem Nacheinander der Teile sich zeigt. Dies wird man dadurch aufweisen können, daß sich durchgehend scheinbare Widersprüche zeigen, die doch ihren Sinn haben. Sie sind aufgehoben durch den Bezug auf das Eine, selber nicht Definierbare, das auf so vielfache Weise ausgesprochen wird, auf die kommunikative Denkungsart, auf die existentielle Vernunft, auf den philosophischen Glauben, auf dies Eine, worin, was eigentlich ist, gegenwärtig wird.

ERSTER TEIL

Aus der Geschichte des Glaubens und der Kirche: Der Begriffskreis um den Offenbarungsglauben

Aus der Realität der dreitausendjährigen biblischen Religion und des fast zweitausendjährigen Christentums hebe ich wenige, für unseren Zweck wesentliche Züge heraus. Es ist alles unermeßlich viel reicher, auch wieder anders als es in solcher Skizze sichtbar wird, die der Vereinfachungen und Schematisierungen sich bedient. Der Geschichtswissenschaft verdanken wir die Bereitstellung der Dokumente, ihre kritische Analyse, die Nachschlagewerke und die Darstellungen. Aber auch diese Wissenschaft kann niemals die Wirklichkeit selber in ihrer Unendlichkeit sowohl der Realitäten wie der Deutbarkeiten zeigen. Auch sie selber braucht Vereinfachungen und Schematisierungen.

Unsere Aufgabe ist bescheiden: Durch Betonung bekannter Dinge soll für die Betrachtung ein historischer Horizont sichtbar werden, innerhalb dessen jene Dinge liegen, die zu kennen für unsere weiteren Erörterungen wichtig ist.

a. Der vielfache Ursprung des Offenbarungsbegriffs

Offenbarung hat, von außen gesehen, mehrere Gestalten:

1. Die *Propheten* verkündeten, was Gott ihnen sagt und durch sie fordert.

2. *Apostel* bezeugten, daß Gott in Christus auf Erden erschienen, gekreuzigt und auferstanden sei. Sie bezeugen das Heilsgeschehen.

3. *Kirchen* und *Priester* erklärten Texte für inspiriert und für das Wort Gottes. Durch ihren Ursprung sind sie von allem anderen Schrifttum grundsätzlich zu unterscheiden.

Die drei Weisen der Offenbarung sind Sache des Glaubens. Die kritische Auffassung möchte sie sich deutlicher machen. Dann kann sie – für den Glaubenden wie für den Nichtglaubenden – um so entschiedener den Sprung zum Glauben wahrnehmen. Denn der Glaube meint etwas radikal anderes als das, was ein kritischer Zweifel etwa übrigläßt. Diese Kritik ist in den drei Fällen verschieden:

Zu 1. Die *Propheten* verkünden, daß sie Gottes Stimme gehört haben. Die anderen glauben, daß den Propheten von Gott kundgeworden sei, was sie sagen. Die Propheten erfahren selber, die Offenbarungsgläubigen glauben ihnen. Die Propheten können nicht zweifeln an der Unmittelbarkeit ihrer Erfahrung. Die anderen hören von ihnen, gläubig oder ungläubig. Der Glaube an die Offenbarung der Propheten ist daher nicht von dem Charakter der den Propheten selber zuteil gewordenen Offenbarung.

In der Tat ist die Erscheinung der Propheten auch für den, der nicht die Offenbarung glaubt, von gewaltigem Eindruck: Sie haben sich wirklich von Gott überwältigt gefühlt. Viele leisteten ihrer Berufung Widerstand. Die Last war zu groß, der Schrecken zu ungeheuer. Sie wollten entrinnen, sie konnten sich nicht entziehen. Die Ergriffenheit der Propheten ergreift noch uns als eine unter den Bedingungen jenes Zeitalters ohne Unredlichkeit und ohne Wahnsinn mögliche Erscheinung.

Der tiefe Gehalt ihrer Worte, bis heute unüberboten, einige von ewiger Gültigkeit, der wir uns nicht verschließen können, war ihnen selber, wenn sie nachdachten, wohl unbegreiflich groß: dieser Sinn konnte nicht ihre Erfindung, nicht Menschenwerk sein. Sie beugten sich dem Größeren, Umgreifenden, als dessen Werkzeug sie sich fühlten. Und was hätte es für die Menschen bedeutet, wenn sie bloß als ihre Meinung, ihre Einsicht, ihre Forderung vorgebracht hätten, was gültig für alle war! Der Sinn dessen, was sie zu sagen hatten, wäre als bloßes Menschenwerk verdorben. Er konnte die Menschen nur erreichen, wenn er von Gott selber kam. Nur durch Berufung auf Gott konnten sie wagen, solche Dinge zu sagen.

Die Erfahrung solcher Offenbarung kann man deuten als Chiffer des Geheimnisses: wie kann im Menschen der Sprung erfolgen aus dem Dämmer seiner gewohnten, bewußtlosen Ordnungen zur Höhe der einfachen und wesentlichen sittlichen Gesetzgebung, – zur Einsicht in das Dasein von Mensch und Welt – zum Entschluß in der konkreten Situation – zum Wissen von der Notwendigkeit der Umkehr aller? (Griechische Denker haben denselben Sprung getan ohne die Offenbarungschiffer, aber nicht weniger mit der Erfahrung des Rätsels in diesem Sprung).

Zu 2. Die Bezeugung durch die *Apostel* ist ihr Glaube und erzeugt durch Verkündigung diesen Glauben. Sie wollen nicht durch Angabe nachprüfbarer historischer Tatsachen beweisen, sondern das verkündigen, worin ihnen historische und geglaubte Tatsachen, empirische Geschichte und Heilsgeschehen unkritisch in eins zusammenfallen. Paulus spricht die Situation der verkündigenden Predigt aus: »Wie aber sollen sie den anrufen, an den sie nicht glauben? Wie sollen sie aber an den glauben, von dem sie nichts gehört haben? Wie sollen sie aber hören ohne Prediger? Wie sollen sie aber predigen, wo sie nicht gesandt werden? ... So kommt der Glaube aus der Predigt, das Predigen aber durch das Wort Gottes.« (Römer *10*, 14 ff.)

Die Apostel stehen in Analogie zu den Propheten; aber sie verkünden nicht die Offenbarung von Gottes Willen und Wort, die ihnen zuteil wurde, sondern sie verkünden den Auferstandenen, den Gott, der Mensch geworden ist. Sie beziehen sich nicht auf Gott, sondern auf Christus. Christus ist für sie dasselbe wie Gott. Das war unerhört neu, »für die Juden ein Skandal, für die Griechen eine Torheit«.

Jesus als Mensch steht in der Reihe der Propheten: er verkündigt das Reich Gottes, das Weltende, das Ethos der Bergpredigt und eine menschliche Grundverfassung im Gottesglauben, die nicht so radikal neu ist wie die Verkündung Christi durch die Apostel.

In der Zeit kritischer Geschichtsforschung wird das Vorliegen apostolischer Bezeugung, die als Glaubensbezeugung unkritisch in eins mit dem Bezeugen historischer Tatsachen gemeint war, als historisches Zeugnis fragwürdig. Wenn man versucht, mit den historischen Methoden, raffiniert wie Untersuchungsrichter, herauszubekommen, was als historisch tatsächlich mit mehr oder weniger großer Wahrscheinlichkeit gelten darf, so hat man das, worauf es für den Offenbarungsglauben ankommt und was nur für diesen Glauben da ist, verlassen. Kierkegaard zog als erster die Konsequenz: die historische Forschung ist für den Glauben gleichgültig, ihre Ergebnisse sind für ihn belanglos, die Beschäftigung mit ihr zieht eher vom Glauben ab als daß sie zu ihm hinführt. Nicht das historisch fragwürdige Zeugnis, sondern die Bezeugung des Glaubens ist zu hören; durch sie spricht die Offenbarung. –

Zu 3. *Inspiration* ist eine Erfahrung. In neuerer Zeit hat sie Nietzsche von sich berichtet: »Man hört, man sieht nicht; man nimmt, man fragt nicht, wer da gibt; wie ein Blitz leuchtet ein Gedanke auf, mit Notwendigkeit ... ein vollkommenes Außersichsein mit dem distinktesten Bewußtsein einer Unzahl feiner Schauder ... ein Lichtüberfluß ... ein Instinkt rhythmischer Verhältnisse ... das Bedürfnis nach einem weitgespannten Rhythmus ist beinahe das Maß für die Gewalt der Inspiration ... Alles geschieht im höchsten Grade unfreiwillig, aber wie in einem Sturme von Freiheitsgefühl ... Die Unfreiwilligkeit des Bildes, des Gleichnisses ist das merkwürdigste. Man hat keinen Begriff mehr, was Bild, was Gleichnis ist. Alles bietet sich als der nächste, der richtigste, der einfachste Ausdruck.«

Aber solche Inspirationserfahrung mag ein Leitfaden für den Glauben an die Inspiration der Bibel sein. Etwas ganz anderes ist jedenfalls der Prozeß der Kanonisierung der Heiligen Schrift, die im Laufe von Generationen aus einer umfangreichen Schriftenmasse ausgewählt wurde. Die Fragen sind: Wird ausgewählt durch die in langer Zeit Gewohnheit gewordene Wertschätzung breiterer Kreise, durch die Qualität der Schriften, durch Zufall? Oder wird dieser Prozeß selber als die von Gott gelenkte Auslese des von ihm Inspirierten geglaubt?

Immer ist der grundsätzliche Unterschied zwischen den Propheten, Aposteln, Priestern und allen anderen Gläubigen. Diese glauben nicht aus erster Hand, sondern auf Grund der Mitteilung von jenen, die Zeugnis geben. Dieses Zeugnis zu glauben ist von der Art, daß dem Glaubenden die Bedingung seines Glaubenkönnens gegeben sein muß. Diese Bedingung ist für den Zuschauenden, Kommunikation Suchenden das erstaunlichste. Er kann sie nicht begreifen; sie ist das »aus erster Hand« bei allen Glaubenden. Aber er muß sie befragen; sie ist für die anderen nicht ein eindeutiger, überall gleicher, fester, unberührbarer Punkt.

b. Offenbarungsglaube und Glaube überhaupt

Historisch gibt es den Offenbarungsglauben und den philosophischen Glauben, beide in vielfachen Gestalten. Den Offenbarungsglauben sehen wir in den Formen, die sich auf die Bibel gründen, ferner im Islam, im Hinduismus, Konfuzianismus. Ist Glaube der allgemeine Begriff, unter den der philosophische und der Offenbarungsglaube fallen, und Offenbarungsglaube der allgemeine Begriff, unter den als ein Fall neben anderen der christliche Offenbarungsglaube gehört?

1. *Der Gattungsbegriff der Offenbarung* ist zu bestimmen als die

unmittelbare, zeitlich und räumlich lokalisierte Kundgabe Gottes durch Wort, Forderung, Handlung, Ereignis. Gott gibt seine Gebote, er stiftet Gemeinschaft, er erscheint unter Menschen, er gründet den Kultus. Es geschieht durch objektiven Einbruch von außen.

Der Inhalt der Offenbarung hat keinen überall gleichen, der allgemeinen religiösen Natur des Menschen entspringenden Charakter. Er gilt jeweils in der bestimmten Gestalt mit besonderen Vorstellungen, Forderungen, Riten, Heiligkeiten, die als unveränderlich gelten.

Der Gattungsbegriff bedeutet, daß die in der Geschichte aufgetretenen Offenbarungsreligionen von außen gesehen nebeneinander stehen, während sie von innen gesehen jede sich nicht als Fall, sondern als die einzige und ganze Wahrheit begreifen.

Würde Offenbarung ein Allgemeinbegriff sein, dann gäbe es in der Tat mehrere Offenbarungen, unter denen die biblische ein Fall wäre. Für den Glaubenden aber handelt es sich nicht um die Abstraktion eines Offenbarungsbegriffs im allgemeinen, sondern um die Wirklichkeit eines absolut Geschichtlichen.

2. Der *Begriff des Glaubens überhaupt* läßt sich so bestimmen:

Glaube ist nicht ein Wissen von etwas, das ich habe, sondern die Gewißheit, die mich führt.

Durch Glauben lebe ich aus dem Ursprung, der in gedachten Glaubensinhalten zu mir spricht. Untrennbar ist der Glaube, durch den ich glaube, und der Glaubensinhalt, den ich mir vorstelle. Subjekt und Objekt des Glaubens sind eins. Glaubend zu leben und glaubend an etwas zu leben sind nur miteinander möglich.

Glaube ich, so will ich den Glaubensinhalt denken. Will ich aber den Glaubensinhalt nicht nur denken, sondern als Wissensbesitz in Dogmen und Bekenntnissen haben, der mir zur Verfügung steht, gleichgültig, was ich selber bin, dann soll er mir die Gewißheit als Sicherheit geben, ohne daß aus mir selbst der Ursprung des Glaubens entgegenkommt. Daher kann ich, vor der Transzendenz und mir selbst versagend, glaubenslos im Willen zum Glauben, in der Angst des Auf-mich-selbst-Angewiesenseins mit den anderen gemeinschaftlich, durch Gemeinschaft getragen und gesichert, »glauben«, was wir als Glaubensinhalt bekennen.

Glaube kann nicht durch einen Gedanken erzwungen, auch nicht als bloßer Inhalt angegeben und mitgeteilt werden. Glaube ist die Kraft, in der ich mir gewiß bin aus einem Grunde, den ich wohl bewahren, aber nicht herstellen kann.

Glaube kann das Umgreifende heißen, das Ganze, das unerschütterlich ist, erschüttert erst, wenn die eine Seite, bloß die des glaubenden Subjekts oder bloß die des geglaubten Objekts, für sich genommen wird.

Glaube ist der Grund vor aller Erkenntnis. Er wird im Erkennen heller, aber nie bewiesen.

3. Gegen den Gattungsbegriff sowohl von Offenbarung wie von Glauben überhaupt wendet sich der *christliche Offenbarungsglaube*, sofern er in diese Begriffe eingeschlossen werden sollte. Es gibt nur einen Glauben und nur eine Offenbarung, die einzige Offenbarung, die durch das Wort der Bibel und die Tradition bezeugt ist. Für diesen Glauben ist die historische Betrachtung verschiedener Offenbarungsansprüche nicht maßgebend. Er erhebt den Wahrheitsanspruch eines keinen religionsgeschichtlichen, religionsphilosophischen, religionspsychologischen Kategorien Zugehörenden.

Die Offenbarung fällt aus ihnen allen heraus, steht zu allem Denkbaren, Vergleichbaren, Allgemeinen und mehrfach Vorkommenden gleichsam quer. Die Offenbarung gibt es nicht als Realität, die untersuchbar wäre. Sie kann auf eine selber unbegreifliche Weise gehört und dann vom Hörenden bezeugt werden auf eine Weise, die keine Verwandtschaft mit irgendeinem andern Zeugnis hat.

Wenn aber doch von der christlichen Offenbarung gesprochen wird, muß es unumgänglich sogleich in allgemeinen Kategorien getan werden. Wird die Einzigkeit und Ausschließlichkeit der christlichen Offenbarung im Reden von ihr beansprucht, so muß sie durch Gedanken eines Allgemeinen begründet werden. Das geschieht in der Propaganda des Glaubens für Menschen, die die Einzigkeit noch nicht hören. Die Glaubenden verkündigen nicht nur, sondern wollen überreden, Wege führen, auf denen man dieses Einzigen ansichtig werden soll. Dann ist die Rede von den spezifischen Charakteren, die das Christentum von allen anderen Religionen unterscheiden.

(a) Man erzählt die Geschichte: Die Worte Gottes – seinen Bund mit Israel, dem Gottesvolke – seine Verheißungen – sein Sprechen durch die Propheten – die Erscheinung Christi und die frohe Botschaft. Man weist auf die heiligen Schriften und die Realität der Kirche. Aber die Einmaligkeit, die jede Geschichte, und auch die Geschichte anderer Offenbarungsreligionen und die Geschichte jeder Wirklichkeit ist, reicht für die Einzigkeit und Ausschließlichkeit der christlichen Offenbarung nicht aus.

Dieser Anspruch ist vielmehr selber offenbart: er ist der Anspruch Gottes. Es wird darauf hingewiesen, daß in allen sogenannten Offenbarungsreligionen nie solcher Anspruch erhoben worden sei.

(b) Ausgezeichnet ist der christliche Glaube dadurch, daß Gott dem Glaubenden persönlicher Gott, diese Person als Person das Absolute ist. Als Person spricht Gott an, fordert, zürnt, ist gnädig und barmherzig. In allen Religionen gibt es persönliche Götter, in der christlichen Religion ist es der eine persönliche Gott, zugleich das Ein und Alles, das Letzte, Unüberschreitbare.

(c) Die ursprünglichen Offenbarer in Indien und China sehen, was ist, kraft ihrer überlegenen Weisheit und kraft der übermenschlichen Gewalt ihres Schauens. Propheten und Apostel dagegen hören Gottes Stimme, sind beauftragt, fühlen sich als Werkzeuge seines Willens. Jene asiatischen Gestalten sind zu einem großen Teil mythisch, diese abendländischen sind Menschen von Fleisch und Blut.

(d) Die christliche Offenbarung macht eine weitere Auszeichnung geltend: Durch kein Denken, kein Erleben, kein Wollen kann ich erreichen, daß ich die Offenbarung glaube. Sie wird nur dem zuteil, dem Gott die Gnade gibt, sie glauben zu können. Nicht der Mensch kann Gott suchen und ihn von sich aus gleichsam berühren, sondern allein Gott ergreift den Menschen, den er sich auserwählt.

Damit ist ein spezifisch christlicher Widerspruch verbunden. Gott bleibt verborgen, obgleich er sich offenbart. Der einzelne Mensch ist angewiesen auf Gottes Gnade, die Offenbarung glauben zu können, und doch ist von ihm gefordert, zu glauben. Daher ist er schuldig, wenn er nicht glaubt, weil er sich dem Wirken des offenbaren Willens Gottes verschließt. Die Offenbarung wird für jeden Menschen, an den die Verkündigung gelangt, zum Gericht. Die Gnade Gottes ist zugleich Forderung Gottes.

Ob man diese oder andere Merkmale nennt, die den Offenbarungsglauben biblischer Herkunft in seiner Einzigkeit charakterisieren sollen, jedesmal wird doch etwas in allgemeinen Kategorien gesagt. Die berechtigte Frage ist, ob das auf diese Weise allgemein Gedachte nicht auch sonst historisch vorkommt. Was hier in der Mitte steht, kommt anderswo vorübergehend vor. Will man sich von der Einzigkeit durch Anschauung und Denken überzeugen, so wird man nie weiter kommen, als die historische Einmaligkeit wie die Einmaligkeit aller anderen historischen Erscheinungen aufzufassen.

4. Nun lehrt aber die Geschichte, daß die Aussagen der Gläubigen,

die sich alle auf die Bibel berufen, so wenig übereinstimmen, daß die Spaltungen unter Verketzerung und Verdammung der Gegner durch alle Zeiten ein Grundzug der christlichen Realität sind. Die Frage ist, *was »das Christentum« sei.*

Wir unterscheiden: erstens den Offenbarungsglauben, der den Menschen eignet, die selbst eine Offenbarung empfangen zu haben meinen (eine Erscheinung überall auf der Erde, die auch heute noch vorkommt), zweitens den durch kirchliche Autorität bestätigten und garantierten Offenbarungsglauben (alle Offenbarung liegt dann in der Vergangenheit), drittens den Glauben, der, gegründet auf biblische Überlieferung, die Offenbarung nicht als Realität spezifischer Handlungen des leibhaftigen Gottes glaubt, sondern nur in Chiffern aneignet.

Die erste Form des Glaubens ist ein universales, psychologisches und historisches, nicht spezifisch christliches Phänomen. Gemeinsam mit institutionellen Religionen tritt sie unscharf heraus als Moment alles kultischen und priesterlichen Wesens. Die zweite Form des Glaubens, gegründet auf die Kirche, hat den christlichen Offenbarungsgedanken herausgearbeitet und in einer Ausschließlichkeit so scharf bestimmt, daß es für sie nur christliche Offenbarung gibt. Die dritte Form des Glaubens bedarf der Offenbarung nicht und kann sich doch geschichtlich auf die Bibel gründen.

Das Christentum umfaßt alles, was, gegründet auf die Bibel, in Ostkirchen und Westkirchen, in vielen Konfessionen, in liebestätigen, undogmatischen Quäkern und in fanatischen Calvinisten, in Franz von Assisi und in den im Namen Gottes folternden und mordenden Inquisitoren wirklich war. Der geschichtliche christliche Raum umfaßt das ganze Abendland und noch mehr.

Wir Abendländer alle sind Christen, weil in diesem Raum geprägt, durch die Herkunft in unserer Seele bewegt, in unseren Entschlüssen und Zielsetzungen bestimmt, und mit Bildern und Vorstellungen erfüllt, die auf die Bibel zurückgehen. Man spricht besser von biblischer Religion, die die Juden nicht weniger als die Christen aller Art und noch in einem gewissen Sinne, wenn auch weiter abliegend, den Islam umfaßt. Dessen wird man sich bewußt, wenn man sich eine Weile in indische und chinesische Geisteswelt vertieft, Abstand gewinnt und nun von fern her das Gemeinsame dieser ganzen biblisch bestimmten Welt sieht.

In diesem Raum aber, der das Gemeinsame hat, auf die Bibel gegründet zu sein, ist die Frage nach dem Wesen des Christentums nicht zu beantworten ohne die Gewaltsamkeit einer es für sich beanspruchenden Sondergruppe. Die meisten dieser Sondergruppen glauben, verkünden und vertreten nach ihrer Meinung die eigentliche unverfälschte Offenbarung.

Die Menschheit ist Zeuge eines Jahrhunderte währenden, immer unentschiedenen Kampfes um das wahre Christentum, eines oft sehr »unchristlichen« Kampfes. Juden und Christen stoßen sich ab und Christen untereinander. Vergeblich nennen sich Kirchen katholisch (griechisch-katholisch, römisch-katholisch). Sie bleiben doch nur besondere Erscheinungen. Vergeblich trennen sich die Protestanten, um allein auf das Bibelwort gegründet gemeinschaftlich die wahren Christen zu sein. Sie spalten sich schnell in eine Menge von abweichenden Denominationen. Es gibt kein gemeinsames Merkmal wahren Christentums, nicht einmal den Glauben an Jesus als menschgewordenen Gott. Es gibt das Christentum nur in Sondergruppen.

Das alles hat einen Grund darin, daß die Bibel der literarische Niederschlag der einzigartigen religiösen Erfahrung eines Jahrtausends ist, der seinen Abschluß fand im ersten oder zweiten Jahrhundert nach Christus mit der endgültigen Fixierung des Kanons. Die Bibel ist, wie das Leben selber, unendlich vieldeutig, für jede Situation und Position mit Texten bereit. Stets haben Gegner sich – gleichen Rechtes – mit Bibeltexten rechtfertigen können. Die Bibel selber verlangt Aneignung, Wahl, Abstoßung – Vergegenwärtigung, Verwandlung. Sie ist für den Gedanken kein fester Ausgangspunkt, sondern für die Existenz des Menschen die Kraft, ihn im Innersten zum Ernst zu bringen. Sie läßt an das Äußerste der totalen Infragestellung gelangen. Sie erlaubt nicht, irgendeine Not zu verschleiern. Sie führt den redlichen Menschen an den Abgrund, an dem sie die Möglichkeit eines unbegreiflichen Vertrauens erweckt.

Daher dürfen wir Abendländer aus der biblischen Religion zu leben glauben, für dieses Leben viele Gestaltungen, Wege, Grundsätze zulassen, den Besitzanspruch aber jeder Gruppe, jeder Kirche, welche auch immer sie sei, verwehren.

Ein Theologe mag verachtend sagen: wer die Bibel liest, ist noch kein Christ. Ich antworte: niemand und keine Instanz weiß, wer ein Christ ist; wir sind alle Christen (biblisch glaubende Menschen), und jedem ist es zuzubilligen, der Christ zu sein behauptet. Wir brauchen uns nicht hinauswerfen zu lassen aus dem Hause, das seit einem

Jahrtausend das unserer Väter ist. Es kommt darauf an, wie einer die Bibel liest und was dadurch aus ihm wird.

Es kann geschehen, daß ein Mann wie Kierkegaard allen Zeitgenossen bestreitet, Christen zu sein, am meisten den Pfarrern und Theologen, und daß er selbst für sich das Christsein nicht einmal in Anspruch nimmt. Es kann sein, daß Kirchen und Theologen uns das Christentum absprechen, aber für sich in Anspruch nehmen. Man muß den einen wie den andern stehen lassen, aber, sofern sie überhaupt zuhören, ihnen widersprechen. Die Scheu verlangt, historisch die biblischen Religionen in ihrer ganzen Vieldeutigkeit und Unbestimmtheit zu sehen, dann (trotz allem Schrecklichen) anzuerkennen, was in ihnen an grenzenloser Wahrhaftigkeit, Liebeskraft und Freiheit wirklich war. Es ist das, was gemeinsam sein könnte und dann selber das Blut der Philosophie wäre. Nur das eine dürfen wir verwehren: daß eine Instanz die Entscheidung darüber in Anspruch nehme, was Christentum sei und wer ein Christ sei. In der Welt soll als Christ gelten, wer sich dafür hält.

Da die Überlieferung an Organisation gebunden ist, die Überlieferung der biblischen Religion an Kirchen, Gemeinden, Sekten, so wird, wer sich als Abendländer dem Grunde verbunden weiß, einer solchen Organisation (sei sie römisch-katholisch, jüdisch, protestantisch usw.) zugehören, damit die Überlieferung stattfinde und der Ort bleibe, von dem möglicherweise das Pneuma, wenn es wieder wirksam würde, in die Völker gelangte.

Die Konfession wird gleichgültig, ist nur geschichtlich für die eigene Herkunft von Belang. Das Verbindende ist die von Vernunft durchglühte biblische Religion, die niemand für sich allein hat. Quer durch alle Konfessionen hindurch geht die der Möglichkeit nach tiefere Verbindung, durch die die unausweichliche Enge jeder Konfession gesprengt wird.

c. Offenbarung und Denken

(a) Die Offenbarung im Ursprung wird verstanden. Dieses Verstehen heißt Theologie. Voraussetzung der Theologie ist die Wirklichkeit der Offenbarung. Wo ist sie zu finden?

Man denkt wohl: in der Realität Jesu, wie sie in den Synoptikern mit den Mitteln historischer Kritik zu finden ist. Aber Jesus ist als

Realität ein Mensch, historisch der letzte der jüdischen Propheten, wie diese verkündigend, Gottes Willen aussprechend, Unheil und Gericht voraussagend, Buße fordernd. Jesus hat weder sich als Messias erklärt, noch sich selbst zum Sakrament gemacht durch Einsetzung des Abendmahls, noch eine Kirche gestiftet.

Man meint, in der ersten Verkündigung der Apostel (dem Kerygma) die Offenbarung zu haben. Sie beginnt mit der Auffassung Jesu als des Christus, seiner messianischen Bedeutung, auf Grund des Glaubens an seine Auferstehung.

Man unterscheidet die Offenbarung von ihrem Verständnis. Das Verständnis des Kerygma entfaltet erst die Theologie. Und dieses theologische Verständnis, das aber im Verhältnis zur Offenbarung selber schon im Neuen Testament beginnt, erlaubt und fordert Kritik und Diskussion, ob recht verstanden sei.

Da aber das Kerygma selber in menschlicher Sprache mitgeteilt wird, ist es auch schon Verstehen und damit Theologie, so weit auch zurückgegangen wird: wir hören in menschlicher Sprache. Eine Grenze zwischen dem, dem zu gehorchen ist, und dem, was kritisch zu diskutieren ist, zwischen der Offenbarung und dem Verständnis der Offenbarung, ist nicht zu bestimmen. Das, was hier das Gehorsam Fordernde ist, liegt vor der allgemein verständlichen Sprache. Es ist auch in der Offenbarung des Kerygma von Anfang an schon verborgen. Es ist der Bezugspunkt, der in der Sprache zwar gemeint wird, aber selbst nicht in dieser Sprache sich mitteilen kann.

Einen klaren Offenbarungsbegriff vermag der Offenbarungsungläubige nicht zu gewinnen. Was definiert wird, trifft immer zu wenig oder zu viel. Aber was nicht angemessen definiert werden kann, ist doch als Glaube von Menschen da.

Weder der Offenbarungsglaube noch die Offenbarung ist ein eindeutig feststellbarer Tatbestand, mit dem man operieren kann wie mit Dingen, die in der Welt vorkommen. Daher ist die Betroffenheit vom Offenbarungsglauben grundsätzlich anders als die von dem Gehalt menschlicher Ordnungen, Philosophien, Wissenschaften.

(b) Die Offenbarung, die geglaubt wird, ist Kundgabe oder Handlung Gottes. Über sie kann nicht hinausgefragt werden, ihr ist zu gehorchen. Der Glaube an Offenbarung aber, der sich seiner bewußt wird, seine Gewißheit mitteilt, denkt.

Er ist sich gewiß, daß in der Offenbarung selber der Grund ihres Gedachtwerdens liegt. Sie selber ist Wort im Sinne des ursprünglichen

Logos. Ohne zu denken, was ihm offenbart wird, könnte der Denkende die Gehalte seines Glaubens weder zu eigen gewinnen noch mitteilen. Das Denken ist ihm nicht ein Hinzukommendes, sondern schon in der Offenbarung mitgegeben. Daher kann zwar nicht über die Offenbarung hinausgefragt, aber in sie hineingefragt werden, ohne Grenze. Die Antwort wird zuletzt immer das vernünftig Denkbare, der Logos selbst sein. Auf dem ursprünglichen Logos-sein beruht die Möglichkeit aller Auslegung.

Das ist nicht die einzige Antwort. Denken kann sich nicht ohne allgemeine Begriffe vollziehen. Aber die Offenbarung gilt als absolut geschichtlich. Daher ist sie durch allgemeine Gedanken nicht erreichbar und nicht erschöpfbar. Alles Offenbarungsdenken kreist um etwas, das es im Denken nicht fassen kann und niemals wird fassen können. Daher ist dieses Denken wandelbar, während es sich für bezogen hält auf ein Unwandelbares, Unveränderliches.

(c) Offenbarung ist da im behauptenden Wort und im Befehl. Die Antwort des Glaubenden ist Bekenntnis und Gehorsam.

Auf die Frage, ob Vernunft (Denken) oder Offenbarung den Vorrang habe, antwortet dann der Glaube entweder: die Offenbarung hat den Vorrang, die Vernunft hat sich zu unterwerfen, oder: sie sind beide ineins, beide miteinander je in dem anderen gegeben. Sie können sich gar nicht widersprechen. Bekenntnis ist zugleich Erkenntnis, Gehorsam zugleich Freiheit. Gegen diese Thesen sagt eine dritte: Die Vernunft hat den Vorrang; wo die Offenbarung der Vernunft widerspricht, kann die Offenbarung nicht Offenbarung Gottes sein.

So ist in der Tat durch alle Zeiten des Offenbarungsglaubens das Denken am Werk ohne je aus den Schwierigkeiten herauszukommen, es sei denn durch einen geistigen Gewaltakt: ich glaube das Absurde, weil es offenbart ist; oder umgekehrt: aus der Gewißheit meiner Vernunft als der einzigen Quelle meiner Einsicht und meines guten Willens verleugne ich nicht nur für mich, sondern überhaupt alle Offenbarung. Diese Alternative verwerfen wir, wie sich zeigen wird.

1. *Über den Wortsinn von Theologie und Philosophie und die Unterscheidung von Vernunft und Glaube*

Wort und Sache der Theologie sind eine Schöpfung der griechischen Denker. Aristoteles nennt die alten, von Göttern kündenden Dichter und Kosmogoniker, zumal die Orphiker, Theologen. Er selbst nennt seine Philosophie, wo sie vom ersten unbewegten Beweger handelt, Theologie. Den Stoikern wird die Theologie zur höchsten Disziplin innerhalb der Physik. In Rom (seit Panaitios) unterschieden sie im Blick auf die Realität eine dichterische (mythische), eine politische (praktische) und eine physische (spekulative) Theologie.

Als die Christen mit der griechischen Philosophie in Berührung kamen, in der antiken Bildungswelt zur Geltung drängten und selbst denkend zur Klarheit ihres Glaubens gelangen wollten, hielten sie ihre Verkündigung für die wahre Philosophie und nannten sie so. Mit dem Begriff Theologie meinten sie zunächst die heidnischen philosophischen Lehren, dann aber die an deren Stelle tretende christliche Gotteslehre.

In der Westkirche hatte das Wort Theologie weder bei Augustin noch in den Jahrhunderten nach ihm eine spezifisch kirchliche Bedeutung. Eine Scheidung von Theologie und Philosophie wird gar nicht erwogen, weil sie sachlich ausgeschlossen ist. Denn alles Erkennen ist durch Erleuchtung von Gott her, darum alle Erkenntnis in Gott gegründet. Das vernünftige Denken, selber durch das göttliche Licht erhellt, führt von sich aus auch zur offenbarten Wahrheit, wenn der Glaube es bewegt. Bei Augustin und Anselm ist es das gleiche. Im Denken als solchem liegt der Zug zur Gottheit. Von ihr her wird der Weg geführt. Eine Scheidung von Philosophie und Theologie würde der Philosophie den Gehalt, der Theologie die Vernunft nehmen. Es ist die eine große Einheit in der Allgegenwart Gottes, die ewige Wahrheit in allem hochgemuten Denken.

Das wurde anders seit dem 12. Jahrhundert. Abälard spricht gelegentlich von der Theologie als der sacra eruditio, die sich mit der Schrift befaßt, im Unterschied von den philosophischen Gebieten. Hugo von St. Viktor unterscheidet die theologia mundana, die höchste der philosophischen Disziplinen, von der theologia divina, die Gott aus der Inkarnation und den Sakramenten erkennt. Aber nirgends ist hier ein Gegensatz im Erkenntnisbegriff selbst.

Bei Bonaventura wird der methodische Gegensatz vielleicht schärfer bewußt. Die Theologie als sacra doctrina geht von Gott aus. Die Philosophie führt zu Gott hin. Jedoch ist der Wortgebrauch von Theologie auch anders, so wenn ihm Theologie (Reden von Gott) mit der Heiligen Schrift zusammenfällt, oder wenn alle Wissenschaften auf die Theologie zurückgeführt werden und die Philosophie nach trinitarischen Prinzipien gegliedert wird.

Bis dahin blieb doch immer noch die fraglose augustinisch-anselmische Einheit von Denken und Glauben. Ein Gegensatz im Sinne von Schwierigkeiten war zwar längst in ketzerischen Denkern (Berengar von Tours u. a.) entstanden, hatte aber nicht zu grundsätzlichen methodologischen Überlegungen geführt. Die Widersprüche und ihre Überwindung zugleich wurden (auf dem Weg von Abälard her) in einer bis heute das römisch-katholische Denken bestimmenden Form von Thomas von Aquino begriffen. Die sacra doctrina führt zwar bei ihm nur selten den Titel Theologie. Aber bei ihm wird der bis dahin im Hintergrund gebliebene und unbestimmte Gegensatz von Glauben und Wissen zu dem einer Offenbarungswissenschaft vom Übervernünftigen (Theologie) und einer Wissenschaft der menschlichen Vernunft (Philosophie). Der Gegensatz wird zugleich in einer bequemen Weise überwunden. Wie das Reich der Natur überwölbt ist vom Reich der Gnade, so das philosophische Erkennen vom theologischen Erkennen. Ein endgültiger Widerspruch beider kann nie (denn beides kommt von Gott) und darf daher nie auftreten. Die grundsätzliche Unterscheidung konnte aber nur gewonnen werden durch Preisgabe des augustinischen Erkenntnisbegriffs. Das Denken ist im Gegensatz zu Augustin nicht mehr selber schon Erleuchtung durch Gott, sondern natürliche Verstandesarbeit. Das Denken verliert den in ihm selber liegenden Glanz des Übersinnlichen und wird als eigener Schöpfungsbereich, gleichsam als der richtige, gesunde, natürliche Menschenverstand anerkannt. Die Rettung der Theologie vor den sich gegen sie kehrenden Widersprüchen des Denkens geschieht um den Preis, dieses Denken selber zum bloßen Verstand zu erniedrigen. Zwar wird dadurch die Rezeption der aristotelischen Welterkenntnis ermöglicht, aber in einer Stimmung der unphilosophischen Rationalität. Die entwertende Freigabe hat zur Folge, daß Thomas in der Theologie faktisch philosophische Methoden anwendet, und daß die Theologie dieselben Gegenstände wie die Philosophie hat (mit Ausnahme der Mysterien der Offenbarung und der Sakramente), aber diese Gegenstände nun in Beziehung auf die im Lichte der durch Offenbarung gegebenen höheren Prinzipien betrachtet.

Durch Thomas ist die Theologie als kirchliche Wissenschaft auf dem Boden der Offenbarung im Gegensatz zur Philosophie als menschlicher Wissenschaft auf dem Boden von Sinneswahrnehmung und Verstandesdenken konstituiert. In der Folge wird dann Theologie zur allgemeinen Bezeichnung der kirchlichen Wissenschaft.

Die scheinbar so klare thomistische Scheidung und Verbindung von Theologie und Philosophie erwies sich als trügerisch. Es gab keine Ruhe. Das Denken und das weltliche Erkennen brandeten unablässig gegen den Fels kirchlichen Denkens und unterhöhlten ihn. Ein neuer Rettungsversuch trat auf mit der Lehre von der doppelten Wahrheit: Vernunft und Glaube haben keine Beziehung zueinander. Sie haben beide in ihrem Felde recht. Sie können sich widersprechen, aber das ist gleichgültig, da die eine Wahrheit im Bereich der anderen keine Geltung beansprucht. Praktisch hat die Lehre von der doppelten Wahrheit, klar betont oder unklar verschleiert, in den folgenden Jahrhunderten bis heute eine große Rolle gespielt.

Die schöne, harmonische, unüberbietbar großartige Ordnung des Thomas bestätigte die Welt und alle ihre Bereiche, dachte ihre Maße und Grenzen, ließ sie strahlen in dem Glanze ihres Geschaffenseins. Sie ließ die Welt frei in jedem zu ihr gehörenden positiven Sinn und hielt sie unter Führung des durch die Kirche sprechenden Gottes, der die Welt gut geschaffen und außerdem sich selbst direkt offenbart hat. Nun konnten, scheinbar ohne Widerspruch, Gott und Welt, Offenbarung und Vernunft, gebunden in ihre Rangordnung, anerkannt werden. Die Welt in der Vielfachheit und Eigengesetzlichkeit ihrer Bereiche, der Mensch in seiner Humanität, die Kultur als der auf Gott bezogene Sinn der menschlichen Gebilde und Einrichtungen durften sich entfalten (und bekamen alle das Beiwort christlich). Die große Harmonie wurde möglich, obgleich der Sündenfall mit seinen Folgen den tiefen Schatten warf. Der Sündenfall konnte alles Üble und Böse begreiflich machen, die Glaubenserkenntnis aber zugleich die Befreiung von ihm zeigen, ohne daß eine totale Verderbnis der Welt und des Menschen behauptet und darum beide verneint werden mußten.

Aber im neutestamentlichen Denken lagen Motive (vom Protestantismus betont), die anders lenkten. Die Welt wird in ihrer Eigengesetzlichkeit freigegeben als das Reich der Sünde. Für die Ewigkeit gibt es die Rechtfertigung allein durch den Glauben. In dieser Welt, die durch den Sündenfall ganz und gar verdorben ist, müssen wir leben, indem wir den Eigenschaften der weltlichen Bereiche unterworfen sind und in ihnen sündigen. Allein im Glauben, außerhalb der Welt erlöst zu werden, ist die Hoffnung, die hier in dieser Welt tapfer im unausweichlichen Sündigen sein läßt (Luther: pecca fortiter). Die Welt ist zwar nicht, wie in antiker Gnosis, geradezu ein feindseliges Gegenprinzip. Aber sie ist durch die Verderbtheit infolge des Sündenfalls in dem jetzigen Zustand davon kaum wesentlich unterschieden. Die ganze menschliche Geschichte gilt als eine Reihe der Akte menschlichen Hochmuts und Eigenwillens. Eine Führung in der Welt kann es nicht geben außer dem Glauben, der, unabhängig von der Welt, in der Welt den Menschen zwar weltlich da sein, aber über sie hinaus anderswo sein Leben haben läßt. Die Vernunft ist selber verdorben. Wahr ist nur das weltlos einsame oder gemeinsam betende Bezogensein auf Gottes Ewigkeit.

Solche Verantwortungslosigkeit gegenüber der Welt, die im Namen Gottes auftritt, war unerträglich. Darum kehrten auch in der protestantischen Welt die Versuche wieder, die Welt als Welt zu bejahen. Darum lebt Thomas so kräftig bis heute. Darum war man immer wieder angesprochen von philosophischen Denkungsarten, die, wie Aristoteles den Nus, die Stoiker den Logos, so das eine göttliche Prinzip dachten, das die Welt in sich schließt. Die größten harmonisierenden Versuche waren die von Leibniz und Hegel, der Hegels um so eindrucksvoller, als er alle Negativitäten, alle Schrecken sieht und deutend hineinnimmt. Er läßt die Offenbarung, für die Vernunft durchsichtig geworden und begriffen, aufgehen in dem vernünftigen Gang des Geistes durch die Geschichte. Gott ist der Geist, die Vernunft, die im Grund aller Dinge liegt. Dieser Geist ist einer und kommt, sich selbst entfaltend, in Natur, Mensch und Geschichte zur Erscheinung. Auch der Glaube hat seinen Ort in der Stufenreihe der Wahrheitsmomente, die sämtlich in dem einen spekulativen Denken der Philosophie zur durchsichtigen Gegenwärtigkeit kommen. Alles ist versöhnt. Was immer es gibt, es hat seinen Ort und sein Recht, seine Grenze und seine Aufhebung. Vernunft ist nicht ein verderbtes, widergöttlich gewordenes Denken, nicht Auflehnung gegen Offenbarung, sondern der eine allumfassende Ursprung. –

Alle historisch gegebenen Weisen, in denen das Verhältnis von Vernunft und Glaube zuerst aufgestellt, dann durchgedacht und gelöst oder als unlösbar begriffen wird, können nicht befriedigen. Kann man hier zu besserer Einsicht gelangen? Die gewaltige Leistung der Theologie kann entmutigen. Sie hat ein außerordentlich reiches, geistig intensives, verstandesscharfes und systematisches Denken entwickelt und als Glaubenserkenntnis eine bewunderungswürdige Literatur erzeugt. Obgleich dies nur geschehen konnte unter Aneignung der griechischen und weiterhin aller für sie brauchbaren späteren Philosophie, hat sie doch eigene Topoi und Bahnen des Denkens hervorgebracht, die ihren Sinn behalten, auch wenn der Offenbarungsglaube verschwunden ist.

Im zweiten Teil (über Theologie, Wissenschaft, Philosophie) wird versucht, ein Moment der besseren Einsicht zu zeigen, die die Geschichte schon gezeitigt hat. Das entscheidende Ereignis, das das frühere Denken nicht kennen konnte, und dessen Kunde – so wunderlich das klingen mag – die moderne Theologie und manche Philosophie noch nicht erreicht hat, ist die Verwirklichung und das Bewußtsein der spezifisch modernen Wissenschaften. Die Einsicht in Methoden und Grenzen dieser eigentlichen Wissenschaften lassen die im Kampf von Glaube und Vernunft erfahrenen Schwierigkeiten zu einem wesentlichen Teil verschwinden, aus einem tiefen Ursprung aber in anderer Gestalt wieder erscheinen. Eine Unklarheit im Grunde der jahrhundertelangen Diskussion über Vernunft und Glaube, Philosophie und Theologie kann sich aufhellen und allgemeingültig begriffen werden.

2. Begriffe von »christlicher Philosophie«

(a) Wenn Philosophie und Offenbarungsglaube im Bewußtsein des Denkens nicht getrennt sind – wie bei Augustin, Anselm, Cusanus –, so kann man in historischer Anschauung solches Denken christliche Philosophie nennen. Für uns ist es Philosophie, in die die christliche Offenbarung als ein wesentlicher Grund hineingenommen wurde.

(b) Wenn aber Philosophie und Theologie für das Selbstbewußtsein des Denkens grundsätzlich getrennt sind, wie zumeist seit Thomas von Aquino, dann nennen manche die Gestalten einer scheinbar selbständig gewordenen Philosophie, wie es die moderne thomistische Philosophie geworden zu sein behauptet, doch christlich. Aber eine solche »christliche Philosophie« ist keine eigentliche Philosophie mehr. Sie stimmt in der sachlichen Haltung überein mit der heutigen »wissenschaftlichen« Philosophie. Es ist nur der wesentliche Unterschied, daß der thomistische Denker seinen Glaubensgrund in Kirche und Offenbarung hat, der moderne »wissenschaftliche« Philosoph aber, unter Verlust des philosophischen Glaubens, in etwas, das mit dieser Wissenschaft der Philosophie nichts zu tun hat.

Die thomistische und die wissenschaftliche Philosophie stehen heute im unerkannten Bunde gegen eigentliche Philosophie. Beide haben das umgreifende Denken der Vernunft verlassen und beschränken sich auf Verstand und Erfahrung. Sie meinen ihre Sätze mit natürlichen Mitteln zu beweisen, nicht nur wie die Wissenschaften, sondern als Wissenschaften. Sie meinen »Sachverhalte«, »Erscheinungen« – jedoch endlos, beliebig, führungslos – zu erforschen und treffen sich auf einem gemeinsamen, weder wissenschaftlichen noch philosophischen Boden des vermeintlich philosophischen Handwerks, in gemeinsamer Gegnerschaft gegen die Philosophie selber.

Der große Unterschied aber bleibt zwischen der christlichen, glaubenden und der bloß wissenschaftlichen, glaubenslosen Philosophie. Die christliche ist ausdrücklich abhängig. Sie will grundsätzlich nie in Gegensatz zum formulierten Glauben der Kirche treten, unterwirft sich, wo ein Konflikt auftritt, behauptet aber, daß sie kein sacrificium intellectus vollziehe, da philosophische Wahrheit und Glaubenswahrheit sich, weil beide von Gott stammen, nicht widersprechen können. Die andere, glaubenslose Philosophie erklärt sich ausdrücklich für unabhängig, ohne ihre Zufallsabhängigkeiten in ihrer existentiellen Konfusion zu bemerken.

Die christliche thomistische Philosophie ist als Philosophie nicht ernst, da sie ihren Ernst im kirchlichen Offenbarungsglauben hat. Die große eigentliche Philosophie in der Unabhängigkeit, das Denken des philosophischen Glaubens aus drei Jahrtausenden, nennt sie Religionsersatz.

In der Wirrnis könnte man daran denken, zurückzukehren zu den hohen Wegen des einheitlichen Denkens eines Augustin, Anselm, Cusanus. Doch das ist in der heutigen geistigen Situation unmöglich, es sei denn, daß der Denker von den Unumgänglichkeiten dieser Situation, besonders von dem Sinn und der Wirklichkeit der Wissenschaften keine Kenntnis nimmt und dann ein romantisch beschränktes, heute skurril anmutendes Denken erreicht.

(c) Philosophie kann schließlich christliche Philosophie heißen, weil sie dem Raum des Abendlandes angehört. Sehen wir sie von der griechischen oder gar von der indischen und chinesischen Philosophie her, so spüren wir die alldurchdringende Atmosphäre, die noch bis zu den Skeptikern und Materialisten fühlbar ist. Diese Benennung als christliche Philosophie ist daher von unbestimmt weitem Sinn und trifft eine historische Lokalisation.

In den beschriebenen drei Weisen von »christlicher Philosophie« zu sprechen, hat Sinn. Keinen Sinn jedoch hat es, wenn »christliche Philosophie« etwa besagen soll: in solcher Philosophie begründe die

Philosophie den Offenbarungsglauben (das ist vergeblich) oder: der Offenbarungsglaube begründe in ihm selber die Philosophie (das ist ebenso unmöglich; der Schein in dem philosophisch großen Denken Augustins, Anselms, des Cusanus trügt).

3. *Die Wahrheitsfrage an die Offenbarung*

Der Sinn der Offenbarung läßt sich nicht durch Vernunft begründen. Die Vernunft erklärt sich zwar als Philosophie für selbständig. Sie hat ihren eigenen in sich selbst gegründeten Ursprung. Aber dem »Sinn« und der »Wirklichkeit« der Offenbarung gegenüber ist sie nicht die oberste Instanz darüber, ob es Offenbarung gibt oder nicht. Denn Offenbarung geht wie der Ursprung der Philosophie aller Begründung vorher. Diese Ursprünglichkeit ist die Voraussetzung allen Begründens.

Keine Vernunftinstanz kann a priori ableiten, daß Offenbarung sein kann und daß diese gleichsam einen vorgegebenen Ort unseres Denkens erfülllt. Sie ist nicht möglich und nicht unmöglich. Sie kommt als etwas ganz Anderes gegenüber allem Denken und Erfahren von außen. Wäre sie nicht geschehen, könnte niemand auf die Möglichkeit ihres Eintretens kommen. Gottes Handeln ist durch nichts Allgemeines als möglich vorauszusagen oder nachträglich zu begreifen. Die Rechtfertigung der Offenbarung liegt allein darin, sie zu hören, darin, das von Gott Bewirkte anzunehmen.

Aber von Anfang an haben die Gläubigen auch begründet und haben damit nicht aufgehört bis heute. Zwar liegt der Grund der Wahrheit der Offenbarung allein in ihr selber. Aber es wird begründend darauf hingewiesen, wie sie der Grund von Erscheinungen ist, durch die sie in der Welt wirkt. So geschieht es in folgenden Beispielen:

(1) Der Grund liegt im Zeugnis des Heiligen Geistes, das ich in mir selber finde, wenn das Zeugnis der Offenbarung von außen an mich herantritt. Durch dies Zeugnis des Geistes, nicht durch Vernunft, wird ihre Wahrheit gesehen und erkannt. Die Vernunft ist verderbt und kann die reine Sprache des Heiligen Geistes verwirren.

(2) Der Grund liegt im Zeugnis der Gemeinde. Diese kann daher von Augustin angeredet werden: vestra sanctitas. Dies Zeugnis der Gemeinde ist nicht ein psychologisch oder soziologisch angemessen zu begreifendes Erlebnis, sondern ist der Heilige Geist, der in der Gemeinde durch sie wirkt. Aus unvordenklichem Grunde, durch Über-

lieferung, Heilige Schrift und heilige Gebräuche getragen ist die Gemeinde von der Offenbarung ergriffen, die ihr anvertraut ist seit dem Bund mit Gott. Diese Wirklichkeit liegt vor jedem Denken, wenn sie auch sogleich im Denken gegenwärtig ist. Sie ist kein Vorurteil im Sinne einer zu behebenden Täuschung, als einer unhaltbaren Voraussetzung, sondern ein Vorurteil in unvordenklicher Wirklichkeit.

(3) Der Grund liegt in Gottes Bund mit den Gläubigen als einem geschichtlichen Ereignis. Dieser Bund leitet seinen Anspruch her aus einem Akt ihrer Ahnen, der einem Akte Gottes entgegenkam. »Sie sagten zu Moses: sprich du mit uns und wir wollen hören; nicht spreche mit uns Gott, damit wir nicht sterben.« In diesem Satz ist ausdrücklich als Quelle der Offenbarung nicht die unmittelbare Beziehung des einzelnen Menschen oder Volkes zu Gott, sondern die mittelbare Beziehung zu Gott ausgesprochen. Dieser Offenbarungsglaube begründet sich nicht in einem Schauen, nicht in einer mystischen unio, sondern im Glauben an die Wahrheit der Vermittlung. Der Offenbarungsgläubige glaubt durch die Vermittlung, die von Moses über die Propheten zu den Aposteln in verschiedener Weise stattfindet. Er gründet sich nicht unmittelbar auf Gott, sondern auf das Zeugnis. Diese Form des Glaubens ist ein Glaube in Distanz. Die Wahrheit liegt in dem, was durch den Glaubensentschluß als Vermittlung (Zeugnis, Tradition) anerkannt wird. Diese Wahrheitsbegründung versteht die Wahrheit durch Zitat aus der Heiligen Schrift.

Alle historischen Beispiele zeigen, daß Offenbarung nur durch Offenbarung, nicht durch ein Anderes begründet wird. Es muß so sein. Auch der philosophische Glaube kann sich nicht auf ein Anderes beziehen, durch das er begründet wäre. Wo es dem Menschen wirklich ernst wird, da ist es sein Wagnis und Schicksal, woraufhin und wodurch er leben will.

d. Offenbarung und Autorität

1. *Autorität überhaupt*

Ein Mensch allein kann nicht leben. In Gemeinschaft aber ist er nie ohne eine verbindende Autorität, der der Einzelne, es nicht wissend, folgt, ohne sich darum unfrei zu fühlen. Es gibt Maßstäbe, die faktisch anerkannt werden, ohne bestimmt gedacht zu sein. Ein Substanzgefühl, der gemeinschaftliche Boden, begründet die Zusammengehörigkeit und eine Ordnung des Daseins.

(a) Diese Autorität ist die Lebenswirklichkeit in China, in Indien, in der Antike, im abendländischen Mittelalter gewesen. Sie kam dem Einzelnen vom Erwachen seines Bewußtseins an als eine bestehende, bleibende, ihn bergende Welt entgegen. Die Vorstellungen, Symbole, Handlungsweisen, Gewohnheiten deuten und rechtfertigen alle Dinge. Es herrscht die Selbstverständlichkeit, ohne zu fragen in Gemeinschaft am Gemeinsamen teilzunehmen. Die Landschaft ist geheiligt. So war die fromme Landschaft der Griechen, geformt und übersät mit je eigenen, besonderen Heiligtümern, der hellenistisch-römischen Welt, des Mittelalters (in Resten bis heute), in China, nicht im kolonisierten Nordamerika. Das Vergangene, mythisch geworden, ist gegenwärtig in Sitten und Bräuchen, in Sprechweisen und Einrichtungen. Revolutionen können stattfinden, einzelne Autoritäten bedroht werden, aber das geschieht innerhalb der bleibenden, unerschütterlichen Autorität des Ganzen der Welt, die als unveränderlich bewußt ist. Die größten Schrecken, die Erbarmungslosigkeit von Natur und Menschen, die Grausamkeit und das Massensterben, alles ist gleichsam natürlich und aufgehoben in dem einen Ganzen: der Menschheit und ihrer Welt. Das Menschenleben vollzieht sich in dieser allumfassenden vielgestaltigen Autorität, die wie die Luft ist, die alle atmen.

Ein Moment dieser Autorität sind in aller Geschichte die religiösen Handlungen, Kulte, Vorstellungen. Sie werden von den Kirchen zu eigen gemacht und je auf geschichtlich besondere Weise gestaltet. Sie sind nicht unser Thema. Ich weise nur auf diese mächtige Wirklichkeit: Die Liturgien, das Beten, Singen, Predigen (Verkündigen) – Heiligung von Geburt, Eheschließung, Tod (Taufe, Trauung, Bestattung), – die Heiligung des Jahresganges, der Sonntage und Feiertage – die Sakramente: Abendmahl – die Lehre – die Ordnung umfassender Gemeinschaften.

(b) Erst das technische Zeitalter, allein dieses, hat den Einbruch in diese gesamte Welt von Autorität gebracht. Es ist so eingreifend, wie man sich nur den Anfang des Menschseins im »prometheischen Zeitalter« vorstellen mag. Wir stehen mitten darin. Noch gibt es bei uns wie auf der ganzen Erde die immer noch starken, aber immer schwächer werdenden und für den Gang der Dinge fast gleichgültigen Reste der alten autoritären Welten. Die ursprüngliche Technik, die zum Menschsein gehört und doch vor Jahrtausenden schon mit Staunen und Schrecken gesehen wurde, hat einer grundsätzlich anderen, neuen Technik Platz gemacht. Diese auf die Naturwissenschaft gegründete, alles in ihren Bereich ziehende, ständig fortschreitende und ruhelos verwandelnde Technik hat mit ihrer Beherrschung des Lebens den Einbruch in alle bisherige Autorität zur Folge gehabt.

Unverändert aber bleibt das Grundphänomen: Der Mensch braucht eine im Ganzen ihn lenkende autoritäre Lebenswelt. Ist diese auch in der technischen Welt möglich? Ist ein Unterschied dieser neuen bezwingenden Welt von allen früheren?

Wurden einst die Autoritäten, die doch die Freiheit in sich schlossen, schwach, weil die Mächtigen in ihrer Erscheinung unglaubwürdig durch Ungerechtigkeit, Willkür und persönliches Verderben schienen, dann wurden sie geschützt durch Gewalt und Zwang. Was aber geschützt wurde, hatte trotz der Korruptionen noch selber Gehalt und Fülle und Tiefe.

Die Autorität des technischen Zeitalters aber ist die technische Arbeitsorganisation. Sie hat die Tendenz, in der reinen Zweckhaftigkeit der auf normierte Leistung hin kooperierenden Menschen jede gehaltvolle autoritäre Substanz und damit auch die personale Erscheinung der Autorität zu vernichten. Die technische Arbeitswelt kennt nur Leistungspflicht. Ihre Erfüllung ist Lebensbedingung und – wenn dies Wort hier überhaupt noch einen Sinn hat – Ehre zugleich. Sie ist beschränkt auf den Arbeitsbereich und die die Arbeit fördernden Lebensbedingungen. Sie läßt das Leben im Ganzen zerfallen in disziplinierte Arbeitszeit und mehr oder weniger ratlose Freizeit. Für diese entsteht eine Analogie zur früheren gemeinschaftlichen Autorität: eine Lebenspraxis, in der man tun, reden, leben, sich zeigen und sich zum Ausdruck bringen möchte wie alle andern. An die Stelle substantieller Rangordnungen früherer Autorität tritt das Prestige durch eine andere Rangordnung, die bestimmt ist durch die dem Einzelnen zur Verfügung stehenden Konsummittel und ihr Zeigen durch den Besitz von Autos, Apparaten, Haus, Kleidern usw. Es gilt eine Umgangsform mit Geboten wie: nett mit einander sein! nicht zudringlich fragen! lächeln! Es gilt der Lebensgenuß mit den Unterhaltungsmitteln, mit »Festen« (man mißbraucht dies Wort wie »Feier« für massenhafte Veranstaltungen, ohne daß diese einen Grund haben in heiligen Ordnungen). Man will Bewegung und Wechsel als solche. Man braucht das Gefühl, mit der Masse und zugleich das, gegen die Masse zu sein, auch das letztere noch in der Form des ersteren. Man ist Masse und Elite zugleich. Aber dabei werden immer mehr Menschen ratlos. Sie geben sich preis an die Gewaltsamkeit, an Wissenschaftsaberglauben. Nicht mehr suchen diese Menschen Zuflucht in den Armen der Kirche, nicht mehr wagen und erfüllen sie ihr Menschsein in der Helligkeit des Philosophierens, sondern suchen Heil in Pseudowissenschaften wie der Psychoanalyse, in der an die Stelle des existentiellen Opfers das Geldopfer an die Analytiker tritt.

(c) Nun aber zeigt sich das technische Zeitalter in zwei entgegengesetzten Möglichkeiten, in den Völkern, die die technische Welt selber hervorgebracht haben, und in den Völkern, die sie als etwas ihnen Fremdes plötzlich übernehmen. Für beide ist im technischen Zeitalter die Autorität in Gestalt des Überkommenen unhaltbar, beide erfahren eine Krise des Menschseins. Aber das Verhältnis zur bisherigen Autorität ist bei beiden völlig verschieden.

Die Völker, die das technische Zeitalter hervorgebracht haben, kennen aus eigener Erfahrung die seit dem 18. Jahrhundert langsam einsetzende, dann schneller werdende, heute sich überstürzende Bewegung in der Verwandlung ihres gesamten Zustandes. Innerhalb ihrer zwar langsam zerbröckelnden, aber heute noch keineswegs machtlosen überkommenen Autoritätswelt haben sie das Neue nicht nur frühe erkannt, sondern auch begriffen, daß sie keineswegs einem notwendigen Verderben preisgegeben sind. Sie haben mit Erfolg praktische Wege beschritten, die die Vollendung des Unheils, die neue Weise der Versklavung, der Entwürdigung von Menschen, die Ungerechtigkeiten, die Unwahrhaftigkeit der verschleiernden Rechtfertigungen bekämpfen und befinden sich auf dem Wege dieses fortdauernden Kampfes. Sie haben sich die Aufgabe gestellt, die technische Arbeitswelt unter politische Ordnung zu bringen, Freiheit und Gerechtigkeit zu fördern. Das ist auf die Dauer mit Erfolg nur möglich, wenn alle an der Politik teilhaben, in ihr mitdenken und sie verantworten. Im Rahmen der Ordnung des Ganzen unter Gesetzen werden mit der weiter schreitenden Wandlung der technischen Arbeitswelt auch neue Gesetze notwendig. Daher ist die Idee eines politischen Zustandes maßgebend, in dem die Bürger erzogen sind zur politischen Urteilskraft, um durch ihre Repräsentanten die gesetzlichen Formen zu finden, die auf dem Boden der technischen Arbeitswelt die Freiheit für die Möglichkeiten des Menschseins offenhalten. Menschen müssen in Ordnungen leben, sollen aber nicht unterworfen sein. Sie besitzen die gesetzlich gezügelten Mittel des Kampfes um ihre Freiheit, damit sie leben, unternehmen, wagen, verwirklichen, was Menschen zu Menschen macht in unvoraussehbaren Gestalten.

Ganz anders die übrigen Völker. Plötzlich ist das technische Zeitalter von außen über sie hereingebrochen. Es ist ihrem bisherigen Dasein fremd. Die Wissenschaft und Technik, die heute alles umgestalten, hätten sie selber vielleicht nie geschaffen. Sie übernahmen ein Fertiges. Ihre eigene Überlieferung, die eigenen Autoritäten haben damit nichts zu tun. Soweit die technische Welt einbricht, werden diese Autoritäten gleich völlig vernichtet.

Der Einbruch wird begehrt, weil Macht, Geltung, Herrschaft in der Welt ohne Technik nicht mehr möglich ist. Die Völker ergreifen die vom Abendland geschaffenen Mittel, um sie schließlich gegen das sie einst vergewaltigende und verachtende Abendland zu kehren, nun mit der Chance, ihrerseits durch die technisch arbeitenden und ausgerüsteten Menschenmassen zur Weltherrschaft und Unterwerfung des Abendlandes zu gelangen.

Das Nachholen der technischen Arbeitswelt erfordert besondere Mittel. Was das Abendland selber Schritt für Schritt getan hat, das soll jetzt in einem einzigen Akt geschehen: Nur durch Zwang und Gewalt können die aus ganz anderen autoritären Überlieferungen kommenden Menschen zu den Arbeitsmenschen verwandelt werden, welche die Technik braucht. Die totale Herrschaft ist, so scheint es, das einzige, jedenfalls das einzige schnell wirksame Mittel, die Widerstände der Völker gegen die technische Organisation des Produktionsbetriebes zu brechen. Dabei werden die Völker nicht mehr durch Abendländer vergewaltigt. Bei ihrer Selbstvergewaltigung aber lernen sie lesen und schreiben, erwerben Kenntnisse und Können. Sie sehen die Wunder der technischen Wirklichkeiten und Möglichkeiten und werden zum Teil von Enthusiasmus ergriffen.

Nur das Abendland steht mit seinem technischen Zeitalter in der eigenen Geschichte. Die übrige Menschheit ist von einem ihr nicht eigenen Geiste überfallen, dem sie sich gierig überläßt. Für das Abendland ist es ein Ende, das aus seiner Herkunft die Mächte des neuen Anfangs bestimmen kann. Für die übrige Menschheit ist es ein Anfang, der einen völligen Abbruch von der eigenen Überlieferung bedeutet.

Das Abendland allein und nur dieses hat den politischen Freiheitsgedanken hervorgebracht, hier und da auch verwirklicht. Der übrigen

Menschheit ist dieser Gedanke ursprünglich fremd. Was in totaler Herrschaft verwirklicht wird, das ist in seinen Ansätzen vom Abendland immer zugleich auch bekämpft worden. In ihr liegt etwas, das der übrigen Menschheit von Natur selbstverständlich ist. Der politische Kampf um Wahrheit, Freiheit, Gerechtigkeit ist nur im Abendlande ein seit zweieinhalb Jahrtausenden sich wiederholendes Ereignis. Heute steht die Menschheit vor der Frage: Wird die totale Herrschaft dieses Feuer des Abendlandes zum Erlöschen bringen oder wird der Weg ständigen Bemühens zur Freiheit, Gerechtigkeit, Wahrheit trotz ständigen Versagens weiter gegangen? Wird an die Stelle früherer lebendiger Autorität nunmehr eine erst durch Technik mögliche leblose totale Autorität treten? Wird statt einer die Freiheit sichernden organisierten Arbeitswelt eine durch Gewalt und Terror gelenkte entstehen? Wird aus der Kontinuität der geistig-sittlichen, frommen Überlieferung eine neue gehaltvolle Autorität sich gründen, die die Arbeitswelt im Sinne der Menschenwürde lenkt? Wird das Abendland nicht nur der Ursprung des technischen Zeitalters sein, sondern auch der Ursprung der Erhellung des auf Transzendenz gegründeten Menschseins werden, welche die Wiederaneignung und Neugestaltung aller großen Überlieferungen der Menschheit durch diese selber veranlaßt?

Die vom Totalitarismus beherrschten oder die in chaotischen Zuständen dahinlebenden Völker erleiden ihr Schicksal in besinnungsloser Tätigkeit oder passivem Dulden. Die in politischer Freiheit lebenden Völker haben die Aufgabe, um Wahrheit und Wahrhaftigkeit, um Gerechtigkeit und Freiheit zu kämpfen. Trotz des immer unzureichenden Ergebnisses sollen sie weiter schreiten auf diesem Wege. Trotz ständiger Unzufriedenheit mit sich und trotz der ungeheuren Gefahren sollen sie mutig in die Zukunft blicken kraft der Gewißheit des Vernunftglaubens.

Wie in der politisch freien Welt die Autorität, die die Freiheit in sich schließt, als die Gemeinschaft des Glaubens an die Möglichkeit menschlicher Daseinsordnung wirksam wird, das ist die Schicksalsfrage nicht nur der freien Welt selbst, sondern der Menschheit. Diese Autorität kann nicht der Offenbarungsglaube sein, weil nur eine kleine Minderheit der Abendländer (und diese wiederum sind nur ein Bruchteil der Menschenmilliarden) sich wirklich zu ihm bekennt.

(d) Gegen jede bestimmte Autorität traten Mächte auf. Geschichtlich geschah es aus der Tiefe des Grundes, der diese Autorität selber entsprungen war. Sie wandten sich gegen sie, wenn sie verknöcherte, nicht mehr aus Glauben gelebt, schließlich durch bloße Gewalt gehalten wurde. Jederzeit aber kam die Gegenmacht aus der Vernunft gegen die Autorität, wenn diese die Vernunft nicht in sich barg, sondern gegen sie stand, sie nicht zum Wachsen ermutigte, sondern einengte. Dann erzwang die Autorität die innere Gewaltsamkeit des sacrificium intellectus.

Die ursprüngliche Autorität bewahrt die Freiheit im Gehorsam durch die Erfahrung der Einheit des eigenen Willens mit der Fülle des umgreifenden Ganzen. Später aber verfestigt sich Autorität in Formen ihrer Wirkung, begrenzt sich durch Ausschluß derer, die sich nicht fügen. Sie sichert sich durch Zwang gegen Abweichungen und gegen neue lebendige Kräfte. Sie stirbt geistig ab.

Dieser sich wiederholende Prozeß hat seinen Grund in dem durch Freiheit notwendigen Wandel aller menschlichen Dinge. Die Zustände scheitern sowohl wenn sie nicht Formen relativer Dauer gewinnen, als auch wenn sie erstarren und unwahr werden in der Gewalt. Alle Zustände müssen ein Ende haben. Sie können in der Zeit keine Vollendung erreichen. Die menschlichen Dinge scheitern am Chaos wie an der totalen Ordnung. Sie leben solange sie vor diesen beiden Grenzen stehen und nicht an eine von beiden verfallen. Eine Lösung gibt es nicht, sondern allein den Gang durch die Zeiten mit dem ständigen Ringen um eine jeweilige Lösung. Das Chaos zieht in die Verwirrung, in der nichts bleibt. Die totale Ordnung zieht in die Starre, welche alsbald zerbricht. Beide schließen die existentiellen Möglichkeiten aus, denn das Chaos duldet keinen Bestand, die eine Ordnung keine Wahrheit. Dem Menschen ist das Dasein nur gegeben, wenn er Ordnungen aus dem Einen findet, aber Wahrheit in der Offenheit des Vielfachen.

Daher ist die Freiheit des geistigen Kampfes das Wesen des Menschseins. Bedingung aber ist die Selbstzügelung der Freiheit (die durch eigentliche Autorität von innen her bindet), die Aufgeschlossenheit ohne Grenze, die Wahrhaftigkeit des Sprechens, die Beschränkung des eigenen Machtwillens durch die Idee, die ihn führt und die Freiheit durch ihre Erfüllung erst berechtigt. Dazu ist notwendig die Selbstkritik des Denkens und die Vernichtung der im Denken drohenden Sophistik. Bleibt dieses Binden von innen her aus, so zwingt die Gewalt von außen.

Wenn wir so reden, sehen wir dem zu, was historisch geschieht. In solchem Zusehen zu leben ist unmöglich. Man meint zu wissen, wie es sei. Es ist nicht geradezu unrichtig. Aber das, worauf es ankommt, und was in einem Satz wie dem folgenden durch die betrachtende Form schon wieder verfehlend gesagt wird, ist dieses: Der Mensch muß in Freiheit er selbst sein als zugehörig zu der ursprünglichen Wirklichkeit seiner Existenz, zu der die ihr gemäße Autorität gehört, die einen schlechthin geschichtlichen Charakter hat.

Warum ist dieser Satz nicht angemessen? Weil das, was er treffen möchte, sich als Gegenstand des Gemeintseins entzieht. Der Satz scheint zu sagen, daß ich diesen meinen geschichtlichen Charakter erkennen und damit bestimmen könne und mich nun zu ihm als dem Gewußten und Gekannten gegen andere Geschichtlichkeit stellen solle. Damit würde ich mich als ein historisch Gewußtes gewaltsam abschließen. Die geschichtliche Existenz fordert aber vielmehr allseitige Offenheit und Kommunikationsbereitschaft. Was ich sein will, das werde ich existentiell gerade dann nicht, wenn ich es will. Will ich Persönlichkeit sein und bemühe mich darum, so werde ich Schauspieler einer Persönlichkeit. Will ich urspünglich sein, so werde ich es gerade nicht. Messe ich mein Tun und Denken am Ursprung, so habe ich den Maßstab nicht in der Hand. Ich kann reflektierend mich im Selbstsein erhellen, aber weder wissen noch hervorbringen. Es ist die unaufhebbare Unruhe des Nichtwissenkönnens dessen, woran alles liegt. Sie wird zur Ruhe in Augenblicken, die die Gewißheit aus dem Ursprung erfahren lassen – unobjektivierbar, nicht garantiert.

Ich kehre zur Betrachtung zurück. Freiheit ist – im Unterschied von Willkür – nur durch Autorität. Substantielle Autorität ist nur durch Freiheit in der Bindung.

Kann Autorität aus Einsicht in ihre Notwendigkeit konstituiert werden? Eine rational geplante, gemachte, nicht geschichtliche Autorität kann immer nur gewaltsam sein. Sie bleibt ohne Gehalt. Partikularer Gehorsam als Befolgung von bestimmten Weisungen (berechtigt und unumgänglich bei gemeinsamen, zweckhaften Unternehmungen) macht den Menschen nicht unfrei; dieser Gehorsam wird als ein begrenzter in Freiheit für das gemeinsam gewollte Ziel beschlossen. Dagegen macht der totale Gehorsam unfrei, weil durch ihn der Mensch aufhört, er selbst zu werden; jede gemachte Autorität verlangt diesen totalen Gehorsam.

Mit dem Verlust der geschichtlichen Autorität aber wird auch die Freiheit verloren. Denn Freiheit ist nicht aus dem Nichts. Angewiesen auf das Nichts kann sie ihren Gehalt und damit sich selbst nicht finden. Sie bleibt Willkür, und diese ist bei objektiv psychologischer Betrachtung den Notwendigkeiten unterworfen, durch die ihr der Weg zur Freiheit genommen wird.

Die Einheit von Freiheit und Autorität, im Ursprung als Ideal vorgestellt, kann nicht bleiben. Freiheit und Autorität spalten sich. Dann kämpfen sie miteinander, behaupten sich als je selbständige gegeneinander, während sie doch nur miteinander auch beide wahrhaftig sein können. Der Wille zur Autorität als Gewalt zerstört mit der Freiheit sich selber. Der Wille zur Freiheit als Willkür zerstört auch die Freiheit.

Der Kampf in der Spaltung von Autorität und Freiheit stellt sich immer wieder her. Ihre anscheinend vollendete Einheit sind historisch Augenblicke der Höhe und des Übergangs.

2. *Offenbarung und Autorität*

(a) Autoritäten als bindende Mächte gibt es ohne Offenbarungsglauben. Allen diesen gegenüber erhebt die kirchliche Autorität einen grundsätzlich anderen Anspruch. Die von der Kirche verwaltete Offenbarung ist nicht eine Autorität wie andere, die zu ihnen hinzukäme, sondern die einzige des einen, offenbarten Gottes selber. Die Autorität Gottes ist von der Kirche in Anspruch genommen in der Weise, wie sie von ihr ausgelegt wird.

Die anderen Autoritäten werden zu eigen gemacht, aber als abgeleitete kontrolliert. Sie tragen ihren Namen Autorität (des Ursprünglichen, Anfangenden, Beherrschenden) zu Unrecht, wenn sie Eigenständigkeit beanspruchen wollen, zu Recht, sofern durch sie das Wort der einen Autorität spricht.

Quelle dieser Autorität ist allein das Wort Gottes in der Bibel und dessen Tradition. Andere religiöse Autoritäten hatten sich wohl berufen auf »alte Sprüche« (palaioi logoi), auf die Deutung von Mythen, auf Einsetzung durch einen der Götter, Heroen, Stifter. Sie entbehrten der gegenwärtigen und für alle Menschen gültigen Entscheidungsinstanz, blieben vielmehr gegenüber der Mythenwelt in einer freien Bewegung auslegender Aneignung und Fortbildung. Erst die Offenbarung als einzige, wenn sie durch die Kirche bestimmt wurde, brachte die neue totale Autorität.

(b) Die Entstehung der christlichen Autorität bis zu dem Punkte, daß sie den weltlichen Mächten mit Erfolg Weisungen erteilen und ihre eigenen Ziele durch deren Gewalt verwirklichen konnte, ist ein

Prozeß von Jahrhunderten. Das geschah durch todesmutiges Verkünden und Bekennen der Gläubigen, die noch nicht kämpften, sondern litten, jede Gewalt verwarfen, aber als Märtyrer auf sich nahmen.

Der Kampf war zunächst allein geistig. Die Gläubigen dachten die Offenbarung und was aus ihr folgt, entwickelten ihre Theologie, eigneten sich die Philosophie für ihre Zwecke an, bekämpften sie aber im Ganzen. Sie wurden zu einer Gemeinschaft, deren glaubende Lebenskräfte unerschöpflich schienen. Die geistige Energie ihres Denkens und die praktische Energie, den Glauben – auch mit allen Mitteln der Propaganda – zur Geltung zu bringen, waren so groß, daß sie bisher zu jeder geistig schaffenden Epoche in Beziehung traten. Noch im Kampfe konnten Offenbarungsglaube und philosophischer Glaube solidarisch scheinen, wo aus der Macht der Unbedingtheit beiden der Widerhall vom einen dem anderen entgegenschlug. Es war als ob ursprünglich verwandte, gegenseitig von einander nicht abhängige Kräfte sich begegneten. Trotz des Kampfes durch Jahrtausende möchte man denken, daß sie zwar einander nicht im gemeinsamen einen Glauben finden, wohl aber die gemeinsame Aufgabe erkennen könnten, so aufeinander zu hören und so miteinander zu kämpfen, daß sie beide reiner werden.

In jenen ersten Jahrhunderten lebte die Kirche, immer wieder an die Grenze des Untergangs getrieben, in Konkurrenz mit anderen Mysterienreligionen und gnostisch-kosmischen Denkungsweisen, die sie entweder in ihr eigenes großartiges Gebäude aufnahm oder als Häresie erklärte. Daß sie darin zur Einheit ihrer Katholizität (wenigstens in weitem Umfang) kam, hat der Offenbarung erst jene absolute Autorität für alle verschafft, die dann lange Zeiten das Abendland geistig beherrscht hat, wenn auch in ständiger Spannung mit Weltmächten. Wie sie aus all den verwirrenden spekulativen Phantasien, den mächtigen Kulten (wie dem des Mithras), aus den in Extreme treibenden Sekten (Marcion, Montanus, Manichäer) alles, was irgend den Menschen als Menschen angehen konnte, irgendeine wesentliche Sprache schuf, aus einer umgreifenden Überlegenheit anzueignen und zu überwinden vermochte, gibt ein historisches Bild, das den Betrachter zur Bewunderung zwingt.

(c) Daß diese Autorität als Märtyrerreligion entstanden ist, ist ein Symptom ihres von Anfang an – nach außen wie nach innen – kämpferischen Charakters. Er ist schon bei den Aposteln peinlich wahrnehmbar. Er hatte zur Folge, daß diese Kirchenreligion, sobald sie die weltliche Herrschaft erreichte, ihrerseits durch ihre Vernichtungsakte gegen Ketzer und Ungläubige sehr viel mehr Märtyrer geschaffen hat, als je in ihrer Gründungszeit für sie selber den Tod erlitten haben. Der Buddhismus hat keine Märtyrer. Buddhisten sind in China verfolgt worden, aber sie haben es erlitten, ohne kämpfende Märtyrer gegen die Umwelt zu stellen. Der Islam war von vornherein Kriegerreligion, eroberte und unterwarf. Märtyrer sind ihm fremd. Die Kirche aber hat sich aufgefaßt als ecclesia militans (die sich durch Märtyrer bezeugte) und triumphans (die Märtyrer schuf). Welchen Stolz sie entwickelte, ist symbolisch in den berühmten Statuen der Kirche und Synagoge am Straßburger Münster sichtbar: In der Gestalt der Kirche der strahlende Hochmut der vermeintlich Wissenden (in Christus Gott selber sehend), in der Synagoge das Menschengeschick, in der »Blindheit« des erfüllten Nichtwissens (den unsichtbaren Gott nie erblickend) zu scheitern. Die Synagoge ist so liebevoll dargestellt, daß man fragen möchte: hat der Künstler es gefühlt und heimlich sein Herz zur Wahrheit dieser Synagoge schlagen lassen?

(d) Die Einheitsidee ist als solche hinreißend. Ihre Wahrheit beschwingt im Ursprung das Leben, Handeln und Schaffen. Aus der transzendenten Führung der geschichtlich vielfachen Existenz steht sie zwar in der Kommunikation vor Augen, ist aber nicht für alle identisch. Wenn sie dann sich umsetzt in die Vereinheitlichung der Welt gegen den Pluralismus, wird sie zur Vergewaltigung. Dann ist sie nicht jene transzendente wahre, sondern in der Welt usurpierte Einheit. Zwar baut solche Einheit vielleicht gewaltige Werke, aber sie führt unausweichlich zur Vernichtung der Freiheit und ihrer schöpferischen Möglichkeiten. Mag sich noch so viel Großartiges in diesen Vorgängen zeigen: es ist eine Analogie zwischen dem Imperium Romanum, der katholischen Kirche, dem kirchlichen Bunde mit dem Feudalismus im Mittelalter, mit dem politischen Absolutismus des 17. Jahrhunderts, mit der bürgerlichen Welt des 19. Jahrhunderts. Freiheit war im Kampfe gegen sie alle.

(e) Die Kirche besitzt zur Erzwingung ihrer Autorität ein einzigartiges Machtmittel, das schon vor ihrer weltlichen Herrschaft bestand: die Exkommunikation aus ihrer Gemeinschaft, der anzugehören für die Gläubigen doch wie das Leben selber war. Durch die Drohung dieses Ausschlusses wurden die Gläubigen zum Gehorsam gezwungen. Dadurch hat die Kirche in den Jahrhunderten des Mittelalters ihre Institution unbesiegbar gehalten. Sie gründete sich auf die

Offenbarung, auf ihre tiefe Ueberlieferung, auf ihr damaliges Monopol des Wissens und Denkens, auf die Gegenwart des Heiligen überall. Die Gläubigen wurden bezwungen durch Drohung von Bann, Interdikt, von Fegefeuer und Hölle. Diese indirekte Gewalt ist noch heute in Resten mächtig bei gläubigen Katholiken. Es gibt von seiten der Priester menschlich unbegreifliche, grausame Eingriffe in die Seele und die Entschlüsse.

(f) Als die Kirche längst unerschütterlich war, wirkte in ihr fort, worauf sie sich gründete: das Christentum des Neuen Testaments. Der Widerspruch der faktischen Kirchlichkeit und des ursprünglichen Christentums war unauflösbar. Daher erneuerten sich die Energien der Gründungszeit in Bewegungen gegen die Kirche, von gleichem Opfermut getragen und von dem gleichen Pneuma durchdrungen. Soweit diese Energien nicht von der Kirche aufgefangen wurden, sind ihre Träger und ihre Schriften zum größten Teil vergessen. Nur in Auswahl erfahren wir von ihnen. Die Gewalt der Kirche hat diesen Austilgungsakt vollzogen. Alle siegreichen Mächte in der Welt haben das Vorurteil, daß dies zum Vergessen Gebrachte auch des Vergessens wert war. Dagegen steht unser anderes Urteil, daß in der Welt unendlich viel Großes durch Vernichtung und Vergessen der Erinnerung für immer entzogen wurde. Das Vorurteil zugunsten der Siegreichen ist unmenschlich, unbiblisch, unchristlich, es ist kirchlich.

3. *Augustins Grundgedanken zur Autorität*

Augustin begründet die Notwendigkeit der Autorität durch die Schwäche der menschlichen Geisteskraft. Nicht einmal der geistig Mächtigste, der zudem genügend Muße zum spekulativen Denken hat, erwirbt die Wahrheit. Selbst wenn er es vermöchte, darf doch das, was alle Menschen angeht, nicht von ihm abhängen. Daher werden wir alle nicht durch Schlußfolgerungen des Denkens, sondern allein durch Glauben der Wahrheit und Seligkeit gewiß. Und dieser Glaube ist nur durch göttliche Autorität möglich.

Gibt es aber solche Autorität? Wenn ja, wie ist sie, fragt Augustin, zu erkennen? Wem soll man glauben? Etwa dem Weisen? Wie soll man den echten vom falschen Weisen unterscheiden? Das ist unmöglich. Die wahre Autorität ist nur Christus. Denn nur er hat durch Wunder auch die blöden Augen zur Anerkennung seiner Autorität genötigt. Ihm allein glauben wir.

Was aber bedeutet Glaube? Er ist, sagt Augustin, ein mangelhaftes

Wissen, angewiesen auf Autorität. In unserem gegenwärtigen Zustand, in der Zeit, können wir nur glauben, erst in der Ewigkeit können wir schauen. Daß wir zum ewigen Leben kommen, ist uns verheißen. Wir kommen dahin durch die »Wahrheit«. Unser Glaube ist von unmittelbarer Erfassung der Wahrheit so verschieden wie Sterblichkeit von der Ewigkeit. Wenn wir einst zum Schauen kommen, dann wird, wie auf den Glauben die unverhüllte Wahrheit folgt, auf die Sterblichkeit die Ewigkeit folgen.

Die Wahrheit ist also verhüllt, aber sie ist als Autorität in Christus offenbar. Bis jene Ewigkeit uns die unverhüllte Schau der Wahrheit gewährt, darf »kein Mißklang bestehen zwischen dem sterblichen Leben des Glaubens und dem ewigen Leben der unverhüllten Wahrheit«. Daher hat die Wahrheit, die ewig ist, von der Erde einen Anfang genommen, indem der Sohn Gottes in die Welt kam und unseren Glauben auf seine eigene Person gerichtet hat. Gott hat in Christus unsere Sterblichkeit angenommen, ohne seine Ewigkeit zu verlieren. Er nahm einen Anfang wie wir und verharrte zugleich in seiner Ewigkeit. »Wir könnten ja, weil wir einen Anfang genommen haben, nicht in das Reich des Ewigen eingehen, wenn nicht ein Ewiger einen Anfang genommen hätte wie wir und so mit uns verbunden wäre und uns zu seiner Ewigkeit hinführte.« Daß er einen Anfang nahm und starb, ist das, was wir von uns selber wissen. Daß er auferstand und auffuhr, das erhoffen wir für uns von der Zukunft, weil wir glauben, daß sie an ihm geschehen (de trinitate IV, 24 übersetzt von Schmaus).

Hier in Christus liegt, wie der Ursprung aller Hoffnung, so die einzige Autorität. Der Mensch kann nicht, auf sich gestützt, die Wahrheit finden. Für ihn beginnt die Wahrheit mit der Autorität.

Der Mensch, der stark im Denken ist, täuscht sich am leichtesten über seine geistige Selbständigkeit. Er schadet durch sein Beispiel den Schwächeren, und durch seine Lieblosigkeit raubt er auch sich selbst das göttliche Licht, das ihm wie jedem Menschen in den höchsten Fragen notwendig ist.

Die Autorität ist, so dürfen wir Augustin verstehen, durch Vernunft weder zu erreichen noch hervorzubringen, noch zu beurteilen. Sie ist eine einzige, umgreifende. Sie wird im ursprünglichen Glaubensakt ergriffen durch den Gehorsam, der allem Fragen nach ihr und allem Denken zu ihr hin vorhergeht.

Nun liegt in der christlichen Gedankenwelt Augustins ein Widerspruch: Für die Autorität entscheidend ist, daß die unsichtbare Wahrheit, die dem geistigen Auge immer nahe ist, auch den fleischlichen Augen sichtbar wurde, um der Krankheit des Menschseins zu helfen. Das Göttliche trat für ihn in die Zeitlichkeit. In sichtbaren Heilsmitteln ließ es sich herab zu unserer Schwäche. Dem steht entgegen der andere ebenso, philosophisch allein wesentliche Gedanke Augustins. Die zeitliche, leibhaftige Sichtbarkeit ist doch nicht Offenbarheit, sondern Chiffer. Wenn nämlich unsere Vernunft, unfähig, die göttlichen Dinge zu schauen, zu ihnen hindrängt, so wird sie vom Licht der Wahrheit zurückgeworfen. Sie wird umgewendet zurück in die Vertrautheit ihrer Finsternis. Dann suchen wir Zuflucht in der Dämmerung, gemäß der Zuteilung der unsagbaren Weisheit; dann begegnet uns jene Dunkelheit der Autorität und antwortet liebreich durch die Wunder der Dinge und die Worte der Schrift wie durch Zeichen (signis) der Wahrheit und durch Schatten (umbris) (de mor. eccl. I, 11. Migne I, 1315).

Es scheint hin und her zu gehen: Gott leibhaftig sinnlich sichtbar in der Zeit, und Gott unsichtbar, nicht einmal dem geistigen Auge sichtbar, wenn auch nahe, nur in Zeichen und Schatten spürbar. – Gott leiblich und geistig – zeitlich und ewig. Er ist Autorität, wenn er leibhaftig wird, er ist der Leibhaftigkeit enthoben, wenn er nicht gesehen, nicht gewußt, sondern geglaubt wird, und dann keine Autorität in der Welt hat.

Es bedarf eines weiteren Grundgedankens, wenn die Autorität festen Boden gewinnen soll.

e. Die Kirche

1. *Ein Satz Augustins*

Augustin hat den großartig einfachen Satz geschrieben (Migne 8, 176): ego vero Evangelio non crederem, nisi me catholicae Ecclesiae commoveret auctoritas (ich würde wahrhaftig dem Evangelium nicht glauben, wenn mich nicht die Autorität der katholischen Kirche dazu bewegen würde).

(a) Das heißt: Das Christliche ist kirchlich. Was es vorkirchlich und außerkirchlich ist, ist Deutung und Aneignung Einzelner unabhängig vom Anspruch der allein wahren Auslegung durch die Kirche. Der christliche Offenbarungsglaube ist geschichtlich real als kirchlicher

Glaube so wie die theologische Dogmatik real ist als kirchliche Dogmatik. Grund des Glaubens ist zwar die Offenbarung, aber so wie sie durch die Kirche erkannt und gesichert wird. Die Revolution des Protestantismus, der zunächst die Tradition der Kirche zugunsten der alleinigen Geltung der Bibel verwarf, stellte alsbald die Kirchlichkeit, wenn auch in verkümmerter Gestalt, wieder her und wurde damit ihrem ursprünglichen Sinn untreu.

Die Gegenwart der Kirche ist mehr als Überlieferungsform, Verwaltung, Lehre. Sie ist als corpus mysticum Christi. Christus selber ist nicht Vergangenheit, sondern Gegenwart. Diese gegenwärtige Inkarnation Christi im Leibe der Kirche macht die Kirche auf eine einzige Weise heilig. Der nicht so Glaubende kann das kaum verstehen, es aber in seinen Folgen beobachten:

Für den Glaubenden ist faktisch zuerst die Kirche, nur durch sie ist Gott für ihn der Grund. Daher wird die Trennung von der Kirche als die Trennung von Gott selbst erfahren. Denn der Glaube an Gott ist nur im Glauben an die Kirche wirklich. Der Glaube an die Kirche setzt Freiheit und Existenz in den Rahmen der Kirche. In Konflikten mit ihr entscheidet nur sie.

Daß die Kirche trotz aller Verirrungen und Verbrechen ihrer Amtsträger bis heute fortbesteht, gilt als Zeichen ihrer göttlichen Herkunft. Der Priester mag als Mensch sein, wie er will, er kann als diese Person in die Hölle gelangen. Als Priester hat er den Charakter indelebilis dank der kirchlichen Priesterweihe und hat dank ihr »magische« Fähigkeiten in der Verwaltung der Gnadenwirkungen. Angesichts der Verderbnisse in der Kirche, die man schon in den ersten Jahrhunderten mit Schrecken sah, dachte Origenes die Kirche als das Haus der Hure Rahab, das bei der Zerstörung Jerichos von Gott geschützt wurde. Man spricht gar von einer Solidarität der Gläubigen mit den Sünden der Kirche. All das zeigt: Nichts kann den Kirchenglauben wankend machen, kein Unsinn, kein Verbrechen im Bereich der Kirche. Sie bleibt das Unbefragbare, Unüberwindliche, dessen Garantie und Autorität für Augustin der letzte Grund ist, aus dem er dem Evangelium Glauben schenkt.

(b) Was in irgendeinem Sinne »Offenbarung« genannt wird, ist nicht schon die Offenbarung, die die Kirche meint. Offenbarung ist nicht die Wahrnehmung des »Numinosen«, wenn ein Ereignis, ein Gegenstand, ein Ort, eine Handlung aus dem natürlichen Gang der Dinge als Ausnahme herausfällt, als Wunder, als das unbestimmt Unheimliche, Ergreifende, Schaurige, Beängstigende, Beglückende erlebt wird. Offenbarung ist auch nicht die persönliche Inspiration, auf die einzelne Menschen bis heute sich berufen. Schließlich ist Offenbarung auch nicht die Erfahrung des durch Zufälle nicht begreiflichen Schicksals im persönlichen Gelingen, im Entrinnen aus Gefahr, im Sichtreffen von Menschen zu unlöslicher Gemeinschaft, im Lebensgang, der im Rückblick als Fügung erscheint, oder von einem teuflischen Dämon von Unheil zu Unheil geführt schien.

Ganz anders als all dies ist die objektive Offenbarung als Geltung für alle. Nur diese ist gebunden an Kirche und Priestertum. Die Offenbarung ist abgeschlossen. Sie liegt vor in kanonisierten Büchern und in der Gegenwärtigkeit allein der Kirche, deren Urteil alles, was einen Offenbarungscharakter haben könnte, unterliegt, die bei der Auslegung der heiligen Bücher allein zur endgültigen Entscheidung berechtigt ist. Offenbarung ist die durch die Kirche bestätigte Ereignisfolge der Handlungen Gottes in der Geschichte und der verheißenen oder angedrohten Zukunft diesseits und jenseits.

c) Da der Gehalt der Offenbarung nicht unmittelbar, wie er aus der Schrift an den Einzelnen gelangt, gelten darf, sondern erst vermittelt durch die gegenwärtige Autorität der gemeinschaftlichen Kirche seine Gewißheit hat, wird die Kirche die zugleich vereinende und kontrollierende Instanz. Wie das geschieht, hat sich in der Geschichte sehr verwandelt. Im Mittelalter gab es das reiche Leben des Christentums, die immer neuen Mönchsorden, die ständig revoltierende Kraft des Glaubensernstes im Denken des Glaubens. Die Kirche sah sich in der Mitte einer strömenden Flut, aus der sie aufnahm und eingliederte, was ihre eigene Existenz nicht gefährdete, sie vielmehr mit frischem Blut erfüllte. Die Verwirklichungen und Schöpfungen, die nicht ihr, sondern der Spontaneität des christlichen Lebens entsprangen, verwandelte sie in eigene Kraft. Von ihr bestätigt, bekamen jene neuen Bewegungen eine sie in der Welt steigernde, aber innerlich meist auch schwächende Geltung. Die Größe der Kirche lag im Umgang mit diesem Leben und Denken, das ihr ständig entgegengebracht wurde. Alle Ursprünglichkeit stand damals zu Beginn zweideutig da, bevor sie entweder die Formen gewann, durch die sie eingegliedert oder als ketzerisch vernichtet wurde.

Heute scheint es umgekehrt. Alles muß von der Kirche ausgehen und von den Orden. Die Völker erwarten allein von ihr, was sie einst selber ihr entgegenbrachten. Die Bemühung um Werbung der

Kräfte in den Völkern, den »Laien«, erzeugen nur einen unter günstigen Umständen noch beruhigten vorläufigen Zustand weiteren Dahinlebens. Die Kirchen verwalten nicht mehr einen ihnen zuströmenden Reichtum, sondern sollen selber hervorbringen, was sie nicht können. So wenig wie die Philosophie sind die Kirchen bisher zum geistigen Kern des Ernstes der modernen Welt geworden. Die Wandlungen des gesamten Weltzustandes, die Ereignisse in den einzelnen, auf sich zurückgeworfenen Menschen, deren Umkehrungen und Entschlüsse, deren wirkliche innere Verfassung, all dies Wesentliche geschieht durchweg außerhalb und neben den Kirchen, auch in den konfessionell zu ihnen gehörenden Menschen. Es geschieht auch außerhalb der bisher noch versagenden Philosophie, die sich auf ihre zu Hobbies gewordenen Beschäftigungen mit den sogenannten Sachen beschränkt. Beide lassen sich auf die neue Situation der Menschheit und auf deren unerhörte Forderungen kaum ein. Die den Kirchen in aller Welt und der Philosophie heute gemeinsame Rhetorik, manchmal anmutend wie das betäubende Trommeln der Naturvölker zur Abwehr böser Geister, ist überdeckender Lärm. Das alles läuft weiter neben der Wucht des Weltgeschehens und neben der Existenz des einzelnen Menschen. Der Abgrund zwischen dem Reden und Tun »als ob« und der Wirklichkeit selber scheint gespenstisch.

2. Die Einheit christlichen Glaubens durch die Kirche

Wenn wir historisch vom christlichen Offenbarungsglauben sprechen, muß in der Mitte die Kirche stehen. Der Einzigkeitsanspruch der katholischen Kirche ist selber ein entscheidender Glaubensinhalt. Die Einheit des Offenbarungsglaubens ist historisch ein Erzeugnis der Kirche. Daß der christliche Glaube auch nur im Neuen Testament eine Einheit sei, ist objektiv nicht richtig. Er ist aber auch nicht ein zufälliges Konglomerat übernommener Vorstellungen. Jedoch bleibt es vergeblich, die Einheit, den Bezugspunkt dieses Glaubens als einen identischen in der Vielfachheit seiner Äußerungen objektiv fassen zu wollen. Die Einheit ist nur als Einheit der gewordenen Kirche zu fassen und hat sich mit dieser historisch entwickelt.

Das historische Werden der Urgemeinde, die Entstehung des christlichen Glaubens, der nicht schon in der Verkündigung durch Jesus da war, sondern erst als Verkündigung des Christus, des Auferstandenen durch die Apostel, liegt historisch in fast völligem Dunkel. Die Berichte von Erscheinungen des auferstandenen Jesus-Christus und seiner Himmelfahrt dokumentieren in Legenden und Mythen, was der Glaubensinhalt ist.

Das Entscheidende ist der Satz: Gott ist Mensch geworden. Da aber dieser Satz als solcher unverständlich ist, es vielmehr gefordert wird zu sagen, was das heiße, wie das geschehen sei, so ist der Satz Ausgang einer vielfachen, an Formulierungen reichen Theologie, der sogenannten Christologie. Sie hat in Dogmenkämpfen die Kirche erschüttert, bis, unter Ausscheidung der rational eindeutigen, häretisch genannten Formeln, von der Kirche alle sich widersprechenden Momente in die Einheit des Mysteriums hineingezogen wurden. Die Einheit des Glaubens ist eine Fiktion der Kirche, die diese Einheit erst realisierte.

Diese zur Einheit hinführende Entwicklung ist im ganzen nicht als notwendig zu begreifen und insofern ein Wunder (analog anderen großen Bewegungen, wie die zu den Weltreichen hin, wie die Kunstentwicklungen zu klassischen Gipfeln und Wendepunkten, wie die zusammenhängenden philosophischen Entwicklungen, die ihren Anfang und ihr Ende haben). So ist die christliche Kirche wohl zu Teilen begreiflich aus den Zuflüssen der religiösen, philosophischen, politischen Motive. Sie ist begreiflich aus der Aufnahme von fast allem menschlich Ansprechenden und aus der Ausschließung nur dessen, was ihren eigenen Bestand vernichten würde. Aber das Ganze erscheint im historischen Rückblick wie ein Plan, den doch niemand gehabt hat. Der unbewußte Plan scheint sich selber zu tragen und auf lange Zeiten hin sich immer wieder herzustellen. Was von niemandem als Ganzes eingerichtet ist, steht als ein Gebilde von innerer Folgerichtigkeit und Weisheit vor Augen, vor dem man staunt und bewundert, je mehr man sich darein vertieft.

Historisch ist das Neue Testament der Schluß der religiösen Erfahrungen und Verwirklichungen aus jüdischer Tiefe der Seele, ist Jesus der letzte der jüdischen Propheten. Die christliche Kirche, ein neuer Anfang, gründet sich auf die gesamte Bibel (die Bestrebungen, das Christentum allein auf das Neue Testament zu gründen, sind gescheitert). Diese Entwicklung der Kirche im ständigen Umgang mit der gesamten Bibel hat ihre großartige Wirkung überhaupt erst ermöglicht. Allein mit dem Neuen Testament wäre das Christentum als wunderliche Sekte ohne Weltgehalt, angeklagt als odium generis humani (Tacitus), längst verschwunden. Ich spreche daher – auf das Faktische blickend – lieber von biblischer als von christlicher Religion

Aber auch die Bibel allein genügt nicht, um das christliche Abendland zu ermöglichen. Erst griechische Philosophie und römische Rechtsorganisation, Verwaltung und Politik und die hellenistische, besonders stoische Ordnung der menschlichen Dinge, allen irgendwo ihren Ort gebend, vermochten jenen universalen (katholischen) Charakter zu entfalten, der so prägekräftig war, weil er sich allem zuwandte.

Wo immer im Glauben und in der Lebenspraxis etwas Besonderes (etwa das Mönchtum) sich den Vorrang geben wollte, griff die Kirche ein. Weil die Kirche universal und absolut ist, ist sie kein Besonderes, aber gibt jedem Besonderen seinen Sinn und sein Recht.

Das Urchristentum, das das Ende der Welt noch für die damals lebende Generation unmittelbar vor sich sah, und das Sicheinlassen auf die Welt, die zu gestalten war und in der man sich einrichten mußte, stehen in unaufhebbarer Spannung sich gegenüber. Daß diese durch die Geschichte des Christentums geht, ist der ständige Stachel, der ihre Fruchtbarkeit erzeugt, aber auch der Grund immer neuer Unwahrhaftigkeiten. Die Einheit wurde auch hier niemals als Dauer erreicht.

Staunend vor dem Gesamtbild der christlichen Geschichte vergleicht man dieses wohl mit analogen großen religiösen Erscheinungen, etwa mit der Jahrtausende alten ägyptischen Religion, oder dem Konfuzianismus. Dann zeigt sich jedenfalls: zeitliche Dauer ist kein Beweis für Wahrheit. Ägyptische Religion und Konfuzianismus haben länger gedauert als das Christentum bis heute und sind nicht mehr da. Der Buddhismus ist ein halbes Jahrtausend älter als das Christentum, beide sind noch da. Aber beide stehen heute vor derselben Frage, ob ihr Ende bevorstehe oder ob sie einen radikalen Wandel vollziehen.

Christentum wie Buddhismus haben in ihrer Realität außerordentliche Wandlungen durchgemacht. Unter den Bedingungen des technisch-wissenschaftlichen Zeitalters können sie nicht bleiben, wie sie sind. Die Wandlung ihrer Erscheinung wird tiefer sein als irgendeine der früheren, oder sie sterben ab. Es wird wie eine Neugeburt sein, wenn der eigentliche Ernst die Fassade der religiösen Konventionen und die Gewohnheiten der Völker durchbricht. Dadurch könnte das Versinken des Menschen, das wir heute beobachten und in der Zukunft schaudernd für möglich halten, aufgehalten und schließlich durch eine neue große, für uns noch nicht angemessen vorstellbare Gestalt des Menschseins überwunden werden.

Ich kehre zum Thema der Kirche zurück und versuche einen Blick auf die ungeplanten Prinzipien der Kirche, ihre geistigen und ihre politischen Methoden. Wenn wir aber die Momente dieses Plans schematisieren, sehen wir, daß sie gegenüber dem Glaubensgehalt und dem Ernste, solange diese in zweifelloser Größe da waren, äußerliche Erscheinungen des historischen Zusammenhangs sind.

Ich beschränke mich auf die katholische Kirche, in der die Sache zur höchsten Vollendung und Stabilität gebracht ist. Entstanden in den ersten Jahrhunderten, trat durch Konstantin die große Umkehr zur Herrschaft ein. Die Kirche wurde aus der verfolgten zur triumphierenden. Die Massen liefen ihr zu. Der Aggregatzustand, der Rang des Ganzen wandelte sich. Aber nach dieser Wendung setzten sich doch die Methoden des Glaubens an die Kirche fort.

3. Die geistigen Methoden der Kirche

Voraussetzung ist: Es gibt nur eine Wahrheit des Glaubens, die christliche; einzig sie ist nicht nur im Anspruch allgemeingültig, sondern auch wirklich allgemein (katholisch). Was mit dem gleichen Anspruch der Unbedingtheit auftritt, ist Unwahrheit, Blindheit, Bosheit. Es muß daher durch Verkündigung, Lehre, Überzeugung (geistige Methoden) und schließlich durch Zwang und Gewalt (politische Methoden) überwunden werden.

(a) Was in der ganzen Welt vor der Zeit des christlichen Glaubens und heute außer ihm an Wahrheit auftritt, hat selber etwas in sich vom katholischen Charakter. Es wird darum aufgenommen. Vor der biblischen Offenbarung gibt es eine Uroffenbarung. Die menschliche Seele überall ist von Natur schon christlich (anima naturaliter christiana). Katholische Methode ist die Offenheit für das zunächst fremd Scheinende, die Bereitschaft, in die heidnischen Glaubensweisen deutend einzutreten und in ihnen Momente des christlichen Glaubens zu entdecken.

(b) Jeder innerhalb der christlichen Welt auftretende Gedanke hat seine Wahrheit unter der Bedingung, daß die Macht der Kirche, aufgefaßt als Gottes Walten, in ihrer Unentbehrlichkeit und Unersetzbarkeit für die Wahrheit selber aus dem Gedanken entweder hervorgeht oder doch nicht beeinträchtigt wird.

Zum Beispiel: In der Frage von Willensfreiheit und Gnade sind im Abendland die tiefsten Gedanken gedacht (Paulus, Augustin, Luther). Alle kommen zum Gedanken der Prädestination und der gratia irresistibilis. Die Kirche wehrt sie ab, weil durch diese Lehre die Sakramente und Gnadenmittel der Kirche überflüssig würden. Sie verwirft aber ebenfalls die Lehre des Pelagius von der Macht der sittlichen Vernunft, die den freien Willen des Menschen fordert. Denn auch dann braucht der Mensch keine Gnade durch Sakramente. Man kann sagen: Die Kirchenlehre entscheidet nicht, sondern unterscheidet und nimmt alles auf gewisse Weise auch an. Weder Prädestination noch Freiheit, sondern ein beweglicher Semipelagianismus unter Berufung auf Augustin (dessen Prädestinationsgedanken sie aber nie angenommen hat).

Ein anderes Beispiel: Die Theorie spricht von der anima naturaliter christiana (die Seele ist von Natur christlich) und nimmt die ewige Seligkeit auch derer an, die zu Gott hin leben, sei es unbekannt mit der christlichen Verkündigung, sei es außerhalb der Kirche. Aber dagegen steht: extra ecclesiam nulla salus (außerhalb der Kirche ist kein Heil). Die Kirche vermag beide Thesen zu verbinden.

Man darf allgemein sagen: Nach den Erschütterungen durch die großen gläubigen Denker wird die kirchliche Dogmatik immer folgendes tun: Sie nimmt das Entgegengesetzte auf, um je nach Lage den einen oder anderen Standpunkt einnehmen zu können. Sie ermöglicht dies erstens durch Lehren von einem Mittleren, von dem her beide Gegensätze verworfen werden können, zweitens durch Aufstellung des Mysteriums, dessen Geheimnis nur in scheinbaren Widersprüchen Denkinhalt wird, d.h. zur Erscheinung kommt. Diese Aufgeschlossenheit ist den Widersprüchen gewachsen durch alle Verfahren, die man complexio oppositorum (Vereinigung der Gegensätze) nennt. In Theorie und Praxis braucht sie dieses Prinzip der Synthese, aber bezogen auf das Ausschließliche, das nur als Mysterium faßbar ist. Wir sehen beides: ein Prinzip der Prinzipienlosigkeit in der Bereitstellung aller Möglichkeiten, und den ungreifbaren Punkt der unbedingten Einheit. In der scheinbar unentschiedenen Offenheit für alles wirkt eine faktische Entschiedenheit. Die Argumentationen läßt man sich bewegen, bis in einer konkreten Lage eine Entscheidung notwendig wird, die dann endgültig ist (Roma locuta, causa finita). Aber die Methode kirchlichen Denkens sucht in ihrem gewaltigen Gebäude doch die Gedanken in möglichst weitem Umfang offenzuhalten. Denn Eindeutigkeit und Verfestigung hat die Folge, nicht mehr jeder Lage gewachsen zu sein. Die typische Situation ist: der katholische Denker faßt die Gegensätze auf, stellt sich über sie: »weder –

noch« und »sowohl – als auch«, verwirft die vorgebrachte Position als Einseitigkeit, erkennt aber in ihr ein Moment der Wahrheit, macht in den Alternativen übersehene Unterscheidungen der Begriffe und entscheidet schließlich im Übersteigen aller bloßen Alternativen. Thomas von Aquino ist der Meister dieser Methode geworden.

Die Methode entartet in die unzähligen Unterscheidungen, mit der Folge der endlosen Diskussion. Einfache Tatbestände werden vernebelt, das Denken durch solches Denken selber aufgehoben, beides zugunsten der Rechtfertigungen oder Angriffe, deren man bedarf. Dazu gehört auch die Ablenkung durch scheinbare philologische Gründlichkeit mit dem Ersticken in Zitaten.

(c) Der Grund der Glaubenswahrheit liegt objektiv in den heiligen Büchern, danach unter Einschränkung bei den Kirchenvätern, in den Bekenntnisformeln und in den verbindlichen Entscheidungen Roms und der Konzilien. Im Zweifelsfall liegt die Entscheidung über die weitere richtige Auslegung dieser Quellen allein bei der Kirche.

Die Führung dieser Auslegung hat der Heilige Geist, oder, subjektiv ausgedrückt, ein »sensus catholicus«, der instinktiv das trifft, was für die möglichste Weite der Wahrheit und für die Wahrung der Einheit und Macht der Kirche zugleich richtig ist.

(d) Ein nicht ausdrückliches, aber faktisches Übergewicht haben Vorstellungen, ohne die die Kirche die Seelen nicht in ihrer Macht behielte, weil die erzeugte Angst in die Arme der Kirche drängt.

Die ewigen Höllenstrafen: Die Kirche hat unerbittlich die Lehre des Origenes verworfen, nach der durch die Wiederherstellung aller Dinge (apokatastasis panton) die Höllenstrafen zeitlich begrenzt sind. Sie hat die Zwischenmöglichkeit des zeitlich begrenzten Fegefeuers und die Hilfe der Gnadenmittel festgehalten, aber die ewigen Höllenstrafen nie preisgegeben. Dadurch blieben die Seelen in ihrer Hand. Nietzsche hat darauf hingewiesen (4, 70–72), daß die Kirche die allverbreiteten Vorstellungen von den Höllenstrafen als das »fruchtbarste Ei ihrer Macht« ergriff. Epikur hatte vergeblich versucht, davon zu befreien. So brachte die Kirche »die Furchtsamen auf ihre Seite, die stärksten Anhänger eines neuen Glaubens«.

Der Selbstmord: Er wird von der Kirche leidenschaftlich verworfen. Denn er bezeugt die Unabhängigkeit des Menschen. Die ewigen Höllenstrafen gelten dem Selbstmörder. Er hat sich den Gnadenmitteln der Kirche entzogen. Seine Wirklichkeit ist eine gefährliche Orientierung für andere Menschen.

Die Methoden der Seelenlenkung sind großartig entwickelt und nirgends in der Welt zu solcher Höhe gebracht wie in der Beichte. Weil der Priester in das Innere der Seele dringt und dies in Vollmacht seines Amtes, nicht als ein bloßer Mensch, vermag er den Gläubigen unter unerhörten Druck zu setzen. Eltern etwa werden haftbar gemacht und mit dem Fegefeuer bedroht, wenn sie nicht dafür sorgen, daß auch ihre erwachsenen Kinder der Kirche treu bleiben. Der Priester dringt in die Todesstunde, sei es hilfreich, sei es quälend. Man beobachtet bis heute, daß glaubenslos werdende Katholiken an diesem Punkte wieder umkehren, als ob eine innere Kette sie hielte. Und mancher denkt »für alle Fälle«. Groethuysen hat an Dokumenten gezeigt, wie erschreckt Priester im 17. Jahrhundert waren, als sie wahrnahmen, daß Menschen in der Todesstunde ohne sie sein konnten. Sie fühlten den Boden unter sich wanken. Denn dieser Beweis des Sterbenkönnens war die große existentielle Widerlegung dieser geistigen Methode des Seelenzwangs. Giordano Bruno bespie das Kruzifix, das ihm von Priestern, seinen Mördern, auf dem Scheiterhaufen zu seinem vermeintlichen Heil vorgehalten wurde.

(e) Die Methode der Seelenlenkung ist die Verbindung von Strenge und Läßlichkeit. Die Strenge liegt im Grundsätzlichen (z. B. Verbot der Ehescheidung) und in der Durchführung konkreter Verwaltungsakte (z. B. Verbot der Arbeiterpriester in Frankreich), in den ewigen Höllenstrafen, in der Forderung, die Dogmen in ihrer ganzen Menge zu glauben. Dies manifestiert sich überzeugend in der wirklichen Askese aller Grade bei Mönchen und Geistlichen.

Die Strenge hat zugleich ein freundliches Antlitz: Die Kirche kennt die Mittel der Beichte und Buße und Heilung. Dem Menschen wird die Last des schlechten Gewissens durch Befreiung seitens der Kirche genommen. Sie hat den weiten Sinn für das zu Duldende, ist dem Durchschnitt der Menschen angepaßt. Sie kennt das Lebenlassen, die Anerkennung der Herrlichkeit der Schöpfung in ihrer Natürlichkeit. Sie erlaubt, in sie einzugehen unter der Bedingung des Gehorsams gegen die Kirche. Sie gibt dem Zerstreuten, Zerfließenden, Unentschiedenen Halt, ohne den Menschen zu überfordern, sie macht leicht: »Den Ketzern furchtbar, doch den Sündern mild.«

Dies alles aber kann sie nur wagen, indem sie dafür sorgt, daß ihre unerbittliche Strenge nicht vergessen wird. Daher hält sie die unüberschreitbaren Grenzen gegenwärtig, die dem Glaubenden das Unbedingte fühlbar machen.

Welche Weisheit, unter der Voraussetzung, daß man keinen Glauben an die Möglichkeiten des Menschen in seiner transzendent gegründeten freien Existenz, an sein ehrliches und grenzenloses Sichoffenbarwerden hat! Aber welche Schuld, wenn sie die Verschlossenheit des sich verschleiernden Menschen fördert, das Sich-selber-durchsichtig-werden verhindert, indem sie es ersetzt!

4. Die politischen Methoden der Kirche

Die tiefste Verwandlung des Christentums ist der Übergang zu politischen Ansprüchen. Er begann früh mit der Kirche als solcher. Durch Konstantin gelangte sie plötzlich zu staatlicher Macht. Im Mittelalter konnte das Papsttum eine Weile die Weltherrschaft beanspruchen. Bis heute dauert in vielfach abgewandelten Gestalten der politische Anspruch an.

Die Verkündigung und die Vorbildlichkeit der Gläubigen wurde ergänzt und nicht selten ersetzt durch Zwang und Gewalt. Zwar wurde immer wieder betont, der Glaube könne und dürfe nicht erzwungen werden. Auch Augustin hat jahrzehntelang diesen Standpunkt eingenommen, bis er im Donatistenstreit überging zur Beanspruchung der Staatsgewalt für kirchliche Zwecke (coge intrare – zwinge sie, in die Kirche einzutreten), was er mit der Methode allegorischer Bibelauslegung aus einer Stelle des Neuen Testaments widervernünftig rechtfertigte. Eine schaurige Umkehrung des neutestamentlichen Christentums in sein Gegenteil! Die kirchliche Grundgesinnung hat diesen Weg nicht preisgegeben. In der protestantischen Zeit nahm er die zynische Form an: cuius regio, eius religio, das heißt die Konfession des Fürsten bestimmt die der Bevölkerung des Landes. Diese zwangsweise Verbindung von Thron und Altar wurde später unter dem Druck der öffentlichen Meinung der Neuzeit preisgegeben und nahm eine mildere Form an.

Aber auch heute noch geschieht die ständige Einwirkung der Kirchen auf politische Fragen und Handlungen. Eine Folge ist etwa die Nutzung der Politik zur Ämterpatronage zugunsten Kirchengläubiger, eventuell proportional zum Mitgliederstand der Konfessionen eines Landes unter Benachteiligung der nicht kirchlich praktizierenden Christen, mit der Gefahr der Zerstörung freien geistigen Lebens.

Das Grundphänomen ist: Eine Menschengruppe, die Kirche, macht die Berufung auf Gott zum Mittel ihrer weltlichen Macht und Selbstbehauptung. Der menschliche Machtanspruch verkleidet sich in den

Anspruch Gottes. Ein weltlicher Anspruch im Kampf wird fälschlich geheiligt. Er wird als Anspruch Gottes absolut. Die Folge ist: durch kirchliche Politik werden Kommunikation, Friede, Treue tödlich getroffen. Mit Glaubenskämpfern kann man nicht reden.

(a) Autorität, Macht und Gewalt: Autorität bezwingt als wahre Autorität innerlich. Hört diese Innerlichkeit auf, so schwindet auch die äußere Autorität. In ihrer Gefährdung greift sie zur Gewalt.

Autorität ist in ihrem Gehalte mehr als irgendein Einzelner will und weiß. Autorität umgreift, ist nicht partikular, sondern total. Sie spricht geschichtlich in jeweils bestimmten Erscheinungsformen. Ihre Fülle übergreift den Befehlenden und den Gehorchenden, denn auch der jeweils Befehlende fühlt sich ihr unterworfen. Sie bindet ein innerlich freies, ihr entgegenwachsendes Tun der Menschen.

Autorität gewinnt aber Dauer in der Zeit durch Gewalt, die entweder innerlich zwingt durch Druck auf die Seele oder äußerlich durch physische Gewalt. Ohne Bund mit der Gewalt würde die Autorität nur Auserlesene umfassen. Sollen alle in der Kontinuität ihres Daseins (nicht nur in verschwindenden hohen Augenblicken) ergriffen werden, so bedarf die Autorität auch der Mittel des Zwangs.

Autorität, die sich behauptet, ist daher die Vereinigung des Freiwilligen mit dem Zwang. Die Freiwilligkeit weiß sich innerlich gebunden gegenüber ungeschriebenen Gesetzen, gegenüber den Gestalten der Wahrheit in geistigen Gebilden, gegenüber ehrfurchtgebietenden Ordnungen, Ämtern, Formen. Der Zwang kontrolliert, steht schweigend im Hintergrund und setzt sich im Grenzfall mit Gewalt durch. Daher liegt in der Autorität eine Spannung durch die zu ihr gehörende Freiheit. Das konkrete Tun, das seinem Sinne nach frei ist, folgt damit der Autorität.

Die Einheit von Autorität und Macht, die über Gewalt verfügt, ist das Lebensproblem der Völker. Der Gehalt der Autorität gibt ihnen den Rang, die Macht gibt ihnen die Dauer.

Autorität ist geschichtlich erwachsen. Sie läßt sich nicht absichtlich machen, sondern nur finden und erneuern aus der Tiefe der Überlieferung, die aus gegenwärtigem Ursprung sich in gewandelter Gestalt wiedererkennt.

Bloße Autorität, im Sinne einer reinen Idealität, ist eine Macht für den Einzelnen, der aber durch sie allein noch nicht in der Gemeinschaft aller ist; sie geht verloren, weil die Ohnmacht des Einzelnen sie vergeblich bewahrt. Bloße Macht ist Despotie, die die Autorität ihres Gehaltes beraubt, daher keine durch die innere Verfassung der Menschen getragene Dauer haben kann. Trennen sich also Autorität und Macht, so gehen beide zugleich verloren.

(b) Die äußersten Zwangsmethoden: Die Kirche hat, als sie die Macht dazu besaß, die Ketzer mit dem Tode bestraft. Sie haben nach kirchlichem Denken verdient, nicht allein von der Kirche durch Exkommunikation, sondern aus der Welt durch Hinrichtung ausgeschlossen zu werden (non solum ab Ecclesia per excommunicationem separari, sed etiam per mortem a mundo excludi, Thomas von Aquino Summa theol. II, II, quaest. XI art. 3). Das geschieht, nachdem die Kirche die Exkommunikation ausgesprochen hat, durch weltliches Urteil (judicio saeculari), denn die Kirche, als Wirklichkeit christlicher Liebe, befleckt sich nicht mit Blut.

Das, was seit Urzeiten, am Maßstab menschlichen Vernunftglaubens beurteilt, als religiöses Morden durch die Geschichte geht, was von manchen antiken Philosophen als solches erkannt wurde, was seinen Grund in Aberglauben, in Machtwillen und in psychologischen Trieben hat, dem ist auch der christliche Kirchenglaube lange Zeiten verfallen. Er hat den Vorgang in einen Rechtsprozeß gekleidet, in den Methoden der Inquisition (vom 12. bis zum 17. Jahrhundert). Diese Jahrhunderte währende Wirklichkeit zeigt den Geist des Kirchenzwanges, der sichtbar wird, wenn die soziologischen und politischen Bedingungen ihm Raum geben. Jederzeit zwar standen mächtige Stimmen großer Christen dagegen. Aber die raffinierte Entfaltung dieser Methoden ist eine vorher nie dagewesene Vergewaltigung der Seelen und Völker. Aus den Massen der Völker kam doch zugleich eine Lust an Folter und Hinrichtung, am Geheimnis und Terror entgegen. Gelegentlich, wenn die Angst aller zu groß wurde, schritt aber die Volkswut zur Ermordung von Inquisitoren.

Diesem Geist entsprach das Prozeßverfahren: Man fordert zu Denunziationen auf, auch zu anonymen. Vor dem Angeklagten werden die Zeugen geheimgehalten. Es gibt keinen Verteidiger. Die Folterung, um die Selbstbeschuldigungen zu erzwingen, wird in allen Graden und mit sadistisch erfundenen mannigfachen Mitteln vollzogen. Das Schuldbekenntnis soll aber freiwillig sein, daher gilt es erst, wenn es nach der Folter wiederholt wird. Was der Angeklagte auch immer sagt und tut, alles wird in der Tat zum Beweis seiner Schuld: wenn er gesteht, so ist er schuldig kraft seines Geständnisses; wenn er trotz aller Folter heroisch verweigert, die Unwahrheit zu sagen, ist er schuldig, weil er das nur mit des Teufels Hilfe vermag. Daher war Verdacht schon so gut wie Verurteilung.

Gegenstand der Anklage waren nicht nur Häresie und Schisma, sondern auch Hexerei und Zauberei und Teufelskult, also außer der Opposition gegen die Kirche irreale Taten, deren Existenz selber nur Gegenstand des kirchlich sanktionierten Aberglaubens war.

Die historische Methode, aus dem Geist der Zeiten zu verstehen und in dem Sinne eines sich für überlegen haltenden historischen Urteils gleichsam zu rechtfertigen, vergißt, daß es jederzeit die andern Menschen gab, die begriffen. Wir verraten sie, die mit uns im Bunde sind, an den vermeintlich zwingenden Geist der Zeit. Diese historische Haltung erzeugt, wenn sie sich absolut setzt, jene innere Widerstandslosigkeit, die wir schaudernd kennengelernt haben.

Es gibt die Beispiele des Kirchlichen, in dem doch die Quelle der biblischen Religionen fließen sollte: die Inquisition; die Kreuzzüge; die Religionskriege; das Handeln der Papstkirche gegen die Albigenser, gegen Giordano Bruno, den großen Märtyrer der modernen Philosophie, heldenhafter als irgendein christlicher Märtyrer, insofern er auf sich selbst stehen mußte kraft des philosophischen Glaubens, weder die Gewißheit der Offenbarung noch die Gemeinschaft einer Kirche besaß, sondern allein vor Gott stand; dann Luthers Hetzschriften gegen die Bauern, seine Ratschläge gegen die Juden (die Hitler genau ausgeführt hat); Calvins Kirchenregiment, insbesondere sein Verhalten gegen Servet; Bann und Denunziation Spinozas seitens der jüdischen Synagoge. Diese wenigen Beispiele des Kirchlichen überzeugen, daß alles Kirchliche als Organisation von Macht und als ein mögliches Operationsmittel des Fanatismus und des Aberglaubens das tiefste Mißtrauen verdient, obgleich es in der Welt für die Überlieferung unerläßlich ist.

(c) Das Kirchliche ist totalitär, aber von dem modernen Prinzip totaler Herrschaft doch grundsätzlich unterschieden: Die Kirche gründet sich auf heilige Schriften, die durch ihren Gehalt stets ein Gegengewicht gegen die totalitäre Tendenz bringen, Menschenwürde und Freiheit und Gerechtigkeit nie ganz verlieren lassen. Ihre Schrecken geschahen in einer Atmosphäre des Aberglaubens voller Geheimnisse und Bedeutungen, die modernen Schrecken aber in einer Atmosphäre des Aberglaubens der Verstandesaufklärung. Dem kirchlichen totalitären Anspruch standen nicht die unbeschränkten Machtmittel des technischen Zeitalters in den Händen des Staates zur Verfügung, die

heute nirgends mehr wie in früherer Zeit als Arm der Kirche dienen.

Wenn der totalitäre Anspruch der Kirche einst die Methoden entwickelt hat, die heute von der totalen Herrschaft noch ungleich raffinierter angewendet werden, so werden sie in unserer Zeit von den Kirchen radikal verworfen, zumal ihnen der »Arm der weltlichen Gewalt« nicht mehr zur Verfügung steht. Aber der kirchliche Glaube besitzt auch heute noch die Naivität alles Totalitären, sich für den alleinigen, bevollmächtigten, unfehlbaren Träger der Wahrheit zu halten. Innerlich verweigert er den »Heiden«, den Ungläubigen, den Ketzern die Gleichberechtigung.

(d) Das Spezifische in den Methoden der kirchlichen Politik: Die Kirche hat nie eigene Heere gehabt, nie die großen Mittel der Gewalt (mit Ausnahme einst des kleinen Kirchenstaates, dessen Interessen dann sogar die katholische Kirche sich unterwerfen konnte). Sie muß daher indirekt wirken. Sie benutzt den Glauben von Personen und Völkern, um ihre Forderungen durchzusetzen.

Lange Jahrhunderte war die geistige Überlegenheit des Klerus und der Mönche so groß, daß sie unentbehrlich für die faktische Verwaltung und die Geschäfte der Politik waren. Sie allein entfalteten die Grundauffassung der Herrschaftsordnungen, die Begründungen des Handelns und die Legitimierungen durch die Kirche. Sie entwickelten das kirchliche Recht. Die Ansprüche wurden durch die Konstantinische Schenkung und durch die Sammlung der Isidorischen Dekretalen unterbaut. Daß es sich hier um Fälschungen handelte, ist nicht wesentlich. Die Sache im ganzen war keine Fälschung im Sinne von Betrug, sondern das große Unheil der Verwandlung und Verfälschung des ursprünglichen Christentums in die politische Kirche.

Für die Erkenntnis kirchlichen politischen Denkens ist die verwickelte Geschichte der Kirche höchst interessant. Die Einheit der Kirche wurde durch das Papsttum in inneren Auseinandersetzungen (z. B. der Überwindung der innerkirchlichen Demokratie der konziliaren Bewegung) gesichert. Sie wurde verwaltungstechnisch und finanztechnisch durchgeführt. Bei Gefährdung und Minderung durch Abspaltungen (der Ostkirche, des Protestantismus) wurde sie in ihrem eigenen engeren Umkreis nur um so mehr befestigt. Je nach der sozialen, wirtschaftlichen und politischen Struktur des Abendlandes fand sie ihre Anpassungen (an den Feudalismus, an den Absolutismus, an den bürgerlichen Nationalismus, an die parlamentarische Demokratie, an den Sozialismus).

Die Kirche steht heute noch da. Seit dem 18. Jahrhundert konnte es scheinen, daß sie durch die Fluten der geistig überlegenen Welt freien Denkens und Forschens, humaner Weite, dichterischer und philosophischer Größe des Abendlandes überspült würde. Aber diese Fluten sind abgeflossen, und wie ein Fels tauchte unverändert das geistig-politische Gebilde der Kirche wieder auf.

Und wieder braucht sie ihre politischen Methoden. Wie von jeher sucht sie durch die gläubigen Massen zu wirken. Heute ist sie aber an die Grenze gestoßen, daß wohl einzelne Geistliche, nicht aber Bevölkerungen zum Martyrium bereit sind. Daher muß sie in der Anpassung sehr weit nachgeben (wie beispielhaft in der Zeit des Nationalsozialismus), um die materiellen Daseinsinteressen ihrer Gläubigen nicht allzusehr zu schädigen. Sie ist an die zweite Grenze gestoßen, daß sie im Raum der jetzt maßgebenden Weltpolitik, als ein relativ kleines Gebilde, befangen in ihrer Überlieferung, durch eigene politische Weitsicht und Klugheit den Weltaufgaben nicht mehr gewachsen scheint. Sie täuscht sich radikal über die Realitäten, wie etwa in dem Hitlerpakt 1933.

Zum Abschluss der historischen Erörterungen

Unsere historischen Betrachtungen waren, obgleich wir sie hier und da vorwegnehmend überschritten, an sich oberflächlich. Das, worauf es eigentlich ankommt, entglitt ihnen. Denn in dem Maße als wir rein historisch sehen, entfernt sich uns das, worum eigentlich es sich handelt. In dem Maße aber, als wir das Historische nutzen, um aus ihm zu hören, was uns selbst angeht, kommen wir in Berührung mit dem Überhistorischen in der Historie.

Die Objektivierungen des historischen Wissens sind der Vordergrund, in dem sich abspielt, was durch Motive aus dem existentiellen Grund bewegt wird. Erst dort treffen wir selbst das andere Selbst. Erst dort stehen wir im Kampf der Mächte. Würden wir im Vordergrund bleiben, so würde uns die Existenz der Menschen verschwinden, die selber zeitlos ist. Würde aber der Vordergrund verschwinden, so würde der Grund selber verstummen. Ohne die Objektivierungen des Vordergrunds können die Mächte, durch die wir als wir selbst unseres Ursprungs gewiß werden, nicht Sprache gewinnen. Was nicht zur Erscheinung kommt, ist, als ob es nicht wäre.

Der historische Vordergrund darf uns nicht genügen. Die Gefahr der historischen Objektivierung ist, daß wir mit dem, was wir wissen, das, was Ernst und Wirklichkeit war, für das eigene Bewußtsein ausschließen, wie die Philosophie mit dem, wovon sie redet, das, worauf es ankommt, nicht nur fördert, sondern auch gefährdet.

Die Befriedigung in Betrachtung der unendlichen Mannigfaltigkeit des Historischen, als ein Übergang berechtigt, wird zur existentiellen Ablenkung. Die Erfassung der Objektivität des Faktischen ist zwar Bedingung, um das Überhistorische zu hören, aber rein als solche verschleiert sie es. Die Erscheinungen zu sehen, ist unerläßlich. Ohne uns an ihnen zu orientieren, würden wir irreal bleiben. Wir müssen Geschichte und Menschenwelt, in der wir leben, kennen.

In Betrachtung der Geschichte zu verharren, Freude am Schönen und Großen, Antipathie gegen das Gemeine und Kleine zu erfahren, das öffnet noch nicht den Grund, sondern nur eine humanistische Bildungswelt, eine zweite Welt, schwebend in der wirklichen. Der humanistische Umgang ist uns willkommen als freies, nur an Texte und Monumente sich bindendes Spiel im Betrachten, als Grund und Weg zur Erforschung des Tatsächlichen, als Genuß des Verstehens. Aber wir spüren Gefahr in der inneren Verfassung, die, dem Reichtum des Herrlichen und Schrecklichen zugewandt, unwillkürlich in sich verharrt.

Diese Verfassung, ehrfürchtig vor dem, was sie jeweils für groß hält, tut doch den Menschen als Menschen Unrecht. Sie stellt sie in einer Objektivierung vor sich hin und beurteilt sie in solcher Gestalt als vermeintliche Instanz, die die Weltgeschichte sieht und richtet.

Dann aber: Wir sollen in Berührung kommen mit dem Wesentlichen. Das kann erst geschehen, wenn wir durch die Erscheinungen hindurch übergeschichtlich mit dem in Kommunikation kommen, was als Ernst der Menschen so zu uns spricht, daß wir selber anders werden. Wo wir diese Sprache hören, ändert sich der Umgang mit den historischen Erscheinungen. Dann verzichten wir auf die Unendlichkeit des uns gleichgültig werdenden Nur-historischen, wissend, daß zwar überall Götter sind, wir aber nicht als übermenschliche Wesen die Fähigkeit haben, uns von allem ansprechen zu lassen. Wir folgen nicht mehr nur den Emotionen des Zuschauens, sondern dem, was uns bewegt zum Selbstwerden im inneren und äußeren Handeln. Wir wissen, ein jeder in seiner Weise, die Beschränktheit in unseren Möglichkeiten des Existierens, aber wir wissen nicht, wie weit unsere Offenheit uns wird gelangen lassen.

Unsere kurzen Darstellungen lenkten auf Beurteilungen hin. Denn historisches Verstehen schließt mögliche Beurteilungen in sich. Woher aber diese eigentlich kommen, wurde noch nicht klar. Sie blieben selber vordergründig.

Eine Grenze historischer Darstellung liegt schon im Sprechen durch allgemeine Begriffe, die als solche nicht die geschichtliche Wirklichkeit angemessen treffen. Unser Fragen durch Begriffe ging auf ein Allgemeines, aber um den Anspruch des Nichtallgemeinen fühlbar werden zu lassen. Dieser Anspruch, eben weil er nicht allgemein faßbar ist, kann auch nicht als allgemeingültiger angenommen werden. So kamen wir bei der Frage nach der Offenbarung zum Offenbarungsglauben und zum Glauben überhaupt als Allgemeinbegriffen, bei der Frage nach dem Denken der Offenbarung zum Denken überhaupt, bei der Frage nach der Autorität der Offenbarung zur Frage nach dem Sinn von Autorität überhaupt, bei der Frage nach der Wirklichkeit der Autorität in der Kirche zur Frage nach der Kirche überhaupt. Dabei mußte verlorengehen, was wirklich für den ist, der geschichtlich aus eigener Existenz darin steht. Aber es kam zur Sprache, in der zu reden und zu antworten auch der Darinstehende nicht verweigern kann, wenn er nicht den Kommunikationsabbruch vollziehen will, der das eigentlich Menschenfeindliche ist.

ZWEITER TEIL

Statt des alten Gegensatzes von Vernunfterkenntnis und Glaubenserkenntnis die moderne Dreigliederung: Wissenschaft, Philosophie, Theologie

1. Die Folge der modernen universalen Wissenschaftlichkeit für die Philosophie

Die unermeßliche geistige Schöpfung philosophischen und theologischen Denkens, das aus bald drei Jahrtausenden zu uns spricht, ist für uns nicht nur Gegenstand der Bewunderung. Sie enthält Wahrheit, die immer von neuem angeeignet und aus dem Vergessenwerden gerettet werden muß.

Aber in unserer gesamten Denkverfassung, in der Ordnung und Struktur unseres Denkens und Erkennens ist eine Wandlung eingetreten, die alles in ein neues Licht bringt. Es geschah durch ein Ereignis der letzten Jahrhunderte, für das es früher, auch bei den Griechen, nur vorbereitende Ansätze gab. Dies Ereignis ist die moderne Wissenschaft.

Moderne Wissenschaft ist erstens methodische Erkenntnis mit dem Wissen von der jeweiligen Methode. Zweitens ist sie zwingend gewiß: niemand, der versteht, kann sich der Erkenntnis ohne einen Gewaltakt der Unwahrhaftigkeit entziehen. Drittens ist sie allgemeingültig, und zwar nicht nur, wie alle frühere Erkenntnis, im Anspruch, sondern faktisch: wissenschaftliche Erkenntnisse allein breiten sich als einsichtig für alle aus. Viertens ist sie universal: sie erfaßt alles, was als Realität und Denkbarkeit vorkommt.

Die Erfahrung der modernen Wissenschaft erzeugt eine innere Verfassung, die wir Wissenschaftlichkeit nennen. Wissenschaftlichkeit weiß zugleich mit dem Wissen dessen Grenzen: sie weiß mit der Gewißheit auch die Ungewißheit; sie sieht den Bereich und die Voraussetzungen jeder Methode; sie erkennt, daß die Art ihrer Erkenntnis jeweils nur durch Beschränkung und Verzicht gelingt und nie das Ganze des Seins erreicht.

Soweit Wissenschaft reicht, ist sie wegen ihrer zwingenden Gültigkeit unumgänglich. Ihr auszuweichen wird zur Unwahrhaftigkeit.

Wenn die uns zugängliche Wahrheit einen weiten Raum hat außerhalb der Wissenschaften (nämlich in Philosophie und Theologie), so ist doch auch diese nicht mehr Wahrheit, wenn sie in ihren Aussagen wissenschaftliche Erkenntnis verletzt.

Die universale Wissenschaftlichkeit ist in unserem Zeitalter möglich geworden und hier und da als innere Verfassung verwirklicht. Zwar ist sie in allen Wissenschaften auf dem Wege zu sich, aber auch heute noch nicht allgemein und zuverlässig angeeignet. Gelehrte und Forscher verwirklichen sie manchmal nur auf ihrem eigenen Gebiet. Das verbreitete und öffentliche Denken hat mehr an unkritischer Aufklärung als an dieser wissenschaftlichen Verfassung teil.

Die universale Wissenschaftlichkeit ist nicht Universalwissenschaft. Als Universalwissenschaft trat lange Zeiten die Philosophie auf; sie besaß dementsprechend ein Weltbild. Beides ist durch die moderne Wissenschaftlichkeit zerstört. Durch sie ist die gesamte überlieferte Wahrheit gleichsam in einen anderen Zustand versetzt. Wie ein einziges Hormon einen ganzen Organismus verwandelt, ohne ihn zu zerstören, so die moderne Wissenschaftlichkeit das gesamte überlieferte Denken. Dieses muß in seiner großen lebendigen Wahrheit nicht preisgegeben werden. Sie trägt unser Menschsein; ohne sie würden wir uns selbst verlieren. Aber die moderne Wissenschaftlichkeit ist da. Sie ist keineswegs tödlich, wo sie in Reinheit wirklich ist. Sie wird tödlich, wenn sie abgewehrt wird. Denn dann können in einer Atmosphäre von Unredlichkeit, in einer Verwirrung durch falsche Aufklärung die Glaubensursprünge der Philosophie und Theologie in einem wissenschaftswidrigen Gewande sich nicht halten.

Beide müssen ihre Gestalt, ihr Selbstbewußtsein, die Klarheit ihrer Methoden unter der Bedingung der neuen durch die universale Wissenschaftlichkeit entstandenen Situation wandeln. Philosophie ist nicht mehr selber Wissenschaft. Sie ist ein selbständiger Ursprung zwischen Wissenschaft und Offenbarungsglauben. Die Wahrheit dieses Satzes ist entscheidend für die Behandlung aller unserer Fragen.

(1) Die moderne wissenschaftliche Entwicklung: In den letzten Jahrhunderten wurden folgende Schritte getan: Die moderne Wissenschaft stellte sich auf sich selbst, und zwar am auffälligsten als mathematische Naturwissenschaft (der Repräsentant ist Galilei). Der tiefe Eindruck dieser neuen Erkenntnisweise, die durch mathematische Entwürfe und deren Bestätigung oder Widerlegung mittels Experiment und Beobachtung vor sich geht, hatte zur Folge ihre Verabsolu-

tierung zur einzigen Wissenschaft oder wurde zum Vorbild für alle anderen.

Aber der Sinn der modernen Wissenschaft war von Anfang an umfassender. Er ist die Idee des mit jeweils spezifischen Methoden vorgehenden, zwingenden und allgemeingültigen Erkennens, das auf alles gerichtet ist, was uns in der Realität vorkommt, gegenständlich und denkbar wird. Es bleibt stets partikular auf Dinge in der Welt gerichtet und schreitet ins Unendliche fort. Was auf diese Weise erkannt wurde, setzte sich, als allgemeingültig richtig, im Unterschied von den meisten früheren Wahrheitsbehauptungen, auch faktisch allgemein durch. Nicht nur mathematische Naturwissenschaft, auch Biologie und Geschichte, die Gesamtheit der in keinem System endgültig zu ordnenden und abzuschließenden Wissenschaften gelangten auf diese Wege.

Überall trat nun die Spannung auf zwischen dem unmittelbaren Genuß, der schauend und denkend die sich darbietende Wirklichkeit formuliert, und der Exaktheit der Wissenschaft, die eindringt, forschend untersucht, verstehend und kausal in ständiger Wechselwirkung von Entwurf und Bestätigung oder Widerlegung durch reale Erscheinungen erkennt. Jenes Sehen vollendet sich in seiner Gegenwärtigkeit, dieses Forschen weiß sich, je großartiger es sich vollzieht und je klarer es sich bewußt wird, immer nur auf dem Wege, auf dem die eindrucksvollsten Erkenntnisse doch immer nur Schritte und für den bewußtesten Forscher nur Anfänge sind. Dem Forscher kam es darauf an, das wissenschaftlich Mögliche rein herauszuarbeiten.

Diese Spannung hat bis heute ihren Grund in einem Grundtatbestand allen Forschens. Die modernen Wissenschaften sind erwachsen je in einem von eigentümlicher philosophischer Substanz erfüllten Raum: in der weltfrommen Liebe zur Natur erwuchsen die Motive zu den Naturwissenschaften, in der tiefsinnigen Naturphilosophie der Alchemie die Chemie, in der Anschauung des Allebens die Biologie, in dem humanistischen Bildungswillen durch geschichtliche Aneignung des Klassischen die philologischen und historischen Wissenschaften. Überall ist die Freude an Wirklichkeiten der Ursprung für den Willen, sie genau zu kennen und zu erkennen. Dann aber können sich die Wissenschaften, unter Preisgabe der Spannung, von diesem Grunde lösen. Sie werden Betrieb, Technik, philologische Stoffkonsumtion. In gesteigerter methodischer Akribie kann ihr Sinn verloren gehen. Wo die Wissenschaften ihren Sinn bewahren, bleiben sie im Forscher getragen von dem, was nicht Wissenschaft, sondern Philosophie ist, und das er überwindet, indem er es verwandelt, nicht indem er es vernichtet.

Diese Spannung führt in jedem Erkenntnisgebiet zu eigentümlichen Schwierigkeiten. Ein Beispiel sind die historischen Geisteswissenschaften: Diese bewegen sich auf zwei wissenschaftlichen Ebenen. Mit dem philosophischen Humanismus erwuchs die Philologie, die Kritik, die Feststellung historischer Realitäten, die Editionstechnik, die Sprachforschung, das antiquarische Wissen. Dies alles wurde der wissenschaftlich klare, unerläßliche Unterbau. Auf der zweiten Ebene, dem Sinnverstehen selber in seinem ganzen Umfang und seiner ganzen Tiefe, war der Weg aus der humanistischen Bildungsverfassung zur Wissenschaft schwieriger. Angewiesen auf das kongeniale Dabeisein und auf das Formulierenkönnen, wurden außerordentliche hermeneutische Leistungen hervorgebracht, etwa in Hegel und der Romantik. Das Verfahren sollte in der »historischen Schule« Wissenschaft werden. Aber solange die Methoden zur Kontrolle der Richtigkeit des Verstehens und das Bewußtsein der Vielfachheit der Verstehensmöglichkeiten noch mangelhaft und nicht ständig gegenwärtig waren, blieben die Erkenntnisse noch verstrickt in willkürliche Anschauungen. Ein wesentlicher Schritt innerhalb der modernen Wissenschaftlichkeit ist daher die Konstituierung der sinnverstehenden Wissenschaften des Geistes durch die faktische und theoretische Klärung der bis dahin genial geübten, aber wissenschaftlich unklaren Methoden des Verstehens (ein Repräsentant dieses Schrittes ist Max Weber).

Das Ergebnis der letzten Jahrhunderte ist: Durch große Forscher wurde die Selbständigkeit, die Unabhängigkeit, die Richtigkeit der wissenschaftlichen Erkenntnis auf allen Gebieten, also universal, erstrebt und auf vielen erreicht, wenn auch noch keineswegs allgemein verwirklicht.

Mit dieser Verwirklichung aber wurde offenbar, daß die Frage nach dem Sinn der Wissenschaften (warum sie sein sollen, was dazu treibt, ihnen zu dienen) nicht durch die Wissenschaft selber beantwortet werden konnte. Die Antwort, sie sei Selbstzweck, genügte nicht gegen die Angriffe auf die Wissenschaft: sie ergehe sich in überflüssigen Mühen, sei Wissen vom Nichtwissenswerten, sie erzeuge für das Leben verderbliche Denkungsweisen, sie höhle die menschliche Substanz aus, und schließlich: sie sei der Weg zur Zerstörung des Daseins der Menschheit überhaupt.

Die Rede von der Wissenschaft als Selbstzweck war in der Tat der Hinweis auf einen Glaubensgrund, der in der Philosophie liegt.

(2) Die neue Erfahrung der Eigenständigkeit der Philosophie: Durch ihre Selbstkritik erfuhren die Wissenschaften ihre Grenzen, zeigte sich aber auch auf neue Weise die Eigenständigkeit der Philosophie. Diese ist nicht Wissenschaft im Sinne der modernen Wissenschaften. Was zu diesen gehört, scheidet vielmehr aus der Philosophie aus. Was der Philosophie bleibt und was von jeher ihre Substanz war, ist Erkennen nicht im Sinne der Allgemeingültigkeit für jeden Verstand, sondern ist Denkbewegung der Erhellung philosophischen Glaubens.

Historisch hat Philosophie bis in die neueren Jahrhunderte die Wissenschaften in sich getragen, als ob Philosophie und Wissenschaft dasselbe seien. Solange beide in ihrer Betätigung »natürlicher Vernunft« als Einheit galten, gab es die Frage nach der Eigenständigkeit der Philosophie und der Unterscheidung von Philosophie und Wissenschaft nicht.

Nach ihrer Trennung durch Einsicht in den ganz verschiedenen Ursprung ihrer Wahrheit und der daraus entspringenden Trennung der Methoden ihres Erkennens gehören sie in der Tat unlösbar zusammen. Daß Wissenschaft überhaupt sein soll, der Ernst und die Gefahr des Wissenwollens (das sapere aude), die Unbedingtheit des Dabeiseins sind nur philosophisch zu erhellen und entspringen dem Glauben.

Der selbständige Ursprung der Philosophie ist durch die Jahrtausende seit den Anfängen der griechischen Philosophie da. Er wurde in das Denken des Offenbarungsglaubens hineingenommen, dann aber als selbständiger Glaubensursprung von diesem geleugnet. Die Philosophie hat ihre große Überlieferung auf Grund ihrer Schriften, die wie ein Analogon der heiligen Bücher sind, und sie fließt innerhalb des Offenbarungsdenkens als Strom aus eigener Quelle trotz des Offenbarungsgedankens weiter.

Gegen die Tendenzen, die Philosophie verschwinden zu lassen einerseits zugunsten der exakten und zwingenden eigentlichen Wissenschaften, andererseits zugunsten von Glaubensgehorsam und Glaubenserkenntnis, stützen philosophierende Menschen sich vermöge eigener Einsicht auf diese ihre große und einzige Überlieferung, aus der auch fast das ganze theologische Denken als Denken lebt.

Der für die Wahrheit ihres Denkens entscheidende Punkt liegt in Wissenschaften und Philosophie anders. In den Wissenschaften liegt er ganz und gar in der gegenständlichen Sache, im Gedachten, im

Urteil. In der Philosophie liegt er in der Wirklichkeit des inneren und äußeren Handelns, in der Verfassung der Seele, im Entschluß.

Die Verifikation ist in den Wissenschaften auf gegenständliche Forschung, auf Untersuchung, Probe angewiesen, in der Philosophie auf die Wirklichkeit der Existenz.

Was in der Philosophie ihre Wirklichkeit ist, für das gibt es die Vorarbeiten in der philosophischen Denkarbeit: in der philosophischen Logik, im Umgang mit den großen Philosophen, in den philosophischen Gebilden des Gedankens als einer Sprache, die, recht gehört, den philosophischen Aufschwung ermöglicht.

(3) Wann Wissenschaft und wann Philosophie sich gegen die Offenbarungserkenntnis der Theologie wenden: Als die Philosophie zu neuer Selbstbehauptung kam, differenzierte sich die Gegnerschaft gegen den Offenbarungsglauben.

Wenn der Offenbarungsglaube in seiner Theologie Behauptungen aufstellt über empirisch allgemeingültig feststellbare Tatsachen, da ist er immer im Unrecht gegen die methodisch zwingende Wissenschaft. Wo diese Wissenschaft widerspricht und der wissenschaftlich denkende Mensch bei Aneignung der Methode ihre Erkenntnis einsehen muß, da bleibt nur: der Wissenschaft zu folgen oder das sacrificium intellectus zu vollziehen. Während das sacrificium für eine vernünftige Existenz unerträglich ist, ist das Anerkennen wissenschaftlicher Erkenntnis keineswegs das Ende des Offenbarungsglaubens. Denn dieser selbst ist von wissenschaftlicher Erkenntnis nicht erreichbar, bleibt aber auch von ihr unberührt. Er ist weder erkennbar noch bekämpfbar, wenn er verzichtet auf die Verkehrungen, die ihm im Selbstmißverständnis ständig unterlaufen sind. Wenn Wissen der Wissenschaft gegen Glaubensaussagen steht, so hat der Glaube verloren. Dann aber hatte er vorher schon sich in eine Erscheinung des Denkens eingelassen, die nicht mehr er selbst ist.

Anders aber, wenn Philosophie sich gegen den sie verneinenden Offenbarungsglauben wehrt. Da steht nicht Wissen gegen Glaube, sondern Glaube gegen Glaube. Dann aber bedeutet philosophische Gegnerschaft nicht Verneinung, sondern Verweigerung der Aneignung und Gefolgschaft. Nur dogmatische Theologie und dogmatische Philosophie, beide unheilvoll pochend auf die unwahre Absolutheit ihres vermeintlich gewußten Grundes, schließen sich aus. Offenbarungsglaube und Vernunftglaube als solche stehen polar zueinander, sind betroffen voneinander, verstehen sich zwar nicht restlos, aber hören nicht auf im Versuch, sich zu verstehen. Was der je einzelne Mensch in sich für sich selbst verwirft, das kann er im Anderen als dessen Glauben doch anerkennen.

(4) Die verbreiteten falschen Vorstellungen von Philosophie heute: Die Reinigung des erkennenden Bewußtseins ist unter den Bedingungen der Wissenschaft und aus dem Ursprung der Philosophie grundsätzlich vollzogen. Aber sie ist noch nicht wirklich in der Breite der modernen Bildung, nicht in allen Forschern, nicht in allen Dozenten der Philosophie und nicht im Denken der Völker. Daher ist das grundsätzlich schon Überwundene noch faktisch gültig als geläufige Meinung.

So wird die Philosophie heute durch Theologie und Schulphilosophie und durch die konventionelle öffentliche Meinung in die falsche Stellung gedrängt, als sei sie eine Wissenschaft, klassifiziert als Fach in einer Fakultät. Man behandelt die Philosophie als eine objektive Forschung, die mit den Mitteln des Verstandes ihre Gegenstände allgemeingültig erkennt. So erwartet man, daß sie wie andere Wissenschaften im Fortschreiten sei, daher den je neuesten und höchsten bisherigen Standpunkt habe. So nimmt man die Haltung an, sie um ihre Ergebnisse zu befragen. Man möchte sie nutzen. Oder man verachtet sie, da jener Fortschritt gar nicht stattfindet und sie ja doch nichts »weiß«. Man verschweigt dies aus traditionellem Respekt und kümmert sich um diese veraltete Angelegenheit nicht mehr.

Solches Bild der Philosophie hat diese selber in vielen ihrer Vertreter sich gefallen lassen. Sie geriet dahin durch ihre eigene Selbstvergessenheit. Es wurde möglich durch die Meinung, der Mensch gründe sich und alles, was er denkt und tut, auf den reinen Verstand. Diese Gründung im ganzen soll Philosophie sein. Ihr gegenüber, außerhalb des Verstandes sieht man »Gefühle«, die die wissenschaftliche Philosophie nichts angehen. Oder man redet von einer »Privatmetaphysik«, von der man nicht sprechen solle. Oder man nennt das Mysterium des Glaubens etwas Unbegreifliches, das man, wie Hobbes sagte, schlucken müsse wie Pillen, die einem gut tun, aber nicht zerkaut werden dürfen, weil sie dann Ekel erregen und ausgespuckt werden.

Wahr ist, daß Philosophie sich gründet auf denkende Vergewisserung, auf etwas, was dem Menschen einsichtig wird durch Vernunft, die den Verstand gebraucht, und daß dies nicht aus dem Leeren geschieht.

Die Philosophie ist außer Sicht geraten. Warum? Weil heute sie selber, sich vergessend, nicht mehr ihrer Aufgabe genug tut. Sie erhellt nicht mehr das, woraus der Mensch lebt, versäumt das Denken, das vermöge dieser Erhellung das Leben trägt. Sie ergreift nicht im Denken ihren eigenen Ursprung. Das geschieht, wenn sie abgleitet in bloße Sachlichkeit gegenständlichen, vermeintlichen Wissens, in das endlose Diskutieren ohne erfüllenden Gehalt. Ihr Denken verliert die Kraft des mit ihm vollzogenen inneren Handelns. Der Philosophierende denkt nicht mehr aus totaler Ergriffenheit. Sein Denken wird unverbindlich. Dadurch wird es existentiell matt, auch wenn es logisch scharf, literarisch gekonnt ist. Es hört auf, Philosophie zu sein.

So war es schon einmal in der Spätantike, im Zeitalter Augustins. Dem Ernste Augustins konnte die Philosophie damals in ihren bequemen rationalen Geläufigkeiten, in der Endlosigkeit der Gedanken, in Dogmatismus und Skepsis sich wiederholend, verfallen an bloße Formulierungen schulmäßiger Lehren und Lernbarkeiten, nicht mehr genug tun, trotz der von ihm hoch geachteten und philosophisch ernsten neuplatonischen Spekulation. In Augustin fand das philosophische Denken wieder seinen ganzen Ernst. Augustins neue, ursprüngliche Philosophie nahm die Gehalte biblischen Denkens und der biblischen Offenbarung aus dem gesamten Umfang der biblischen Texte in sich auf. Es war wie eine Blutauffrischung der Philosophie durch den christlichen Glauben, der damals noch in der Lebendigkeit des Werdens war.

Von einem solchen Denker wurden nicht Philosophie und Theologie – nicht einmal Natur und Übernatur – so wie später getrennt: Philosophie und Theologie waren eins bei Augustin, später auf andere Weise bei Scotus Eriugena, bei Anselm, bei Cusanus. Vor ihnen kann man fragen: Ist die Offenbarung nicht selber natürlich? Ist das Natürliche nicht selber übernatürlich? Die natürliche Einsicht (das lumen naturale) hat selber einen übernatürlichen Grund.

Als die Unterscheidung von natürlicher Erkenntnis und Offenbarungserkenntnis endgültig vollzogen wurde, schien die Philosophie zunächst verloren einerseits an bloße Verstandeserkenntnis, andererseits an das Mysterium.

Die Philosophie mußte sich von neuem auf sich selbst und ihren Ursprung besinnen. Die Verstandeserkenntnis, das heißt die Wissenschaft gilt übereinstimmend für alle Menschen, daher auch für Theologie und Philosophie. Losgelöst von Offenbarung und Theologie und deren Grund im Heiligen Geist kennt aber die Philosophie das innere

Zeugnis ihres Geistes, der Vernunft, der Existenz. Dieses kann für Menschen der Ursprung und die letzte Instanz von Einsicht und Entscheidung sein. Die Philosophie mußte angesichts des endgültig dogmatisierten Offenbarungsglaubens sich klar werden, daß sie mit ihm nicht mehr auf die Weise eins werden kann, wie sie es einmal im Stadium seines Werdens sein konnte.

2. Die Situation im philosophischen Denken des Offenbarungsglaubens

Wissenschaft hat mit Offenbarungsglauben nichts zu tun, wohl aber Philosophie. In welcher Situation findet sich das philosophische Denken, das sich seines eigenen Ursprungs bewußt geworden ist, vor der Offenbarung?

Wir haben uns im ersten Teil dieser Schrift vergegenwärtigt: Der *Glaube* an Offenbarung ist als *Tatsache* in der Welt. Was aber Offenbarung sei, versteht nur der Glaubende. Philosophie aber läßt seit Sokrates den Menschen unterscheiden, was er versteht und was er nicht versteht. Was er nicht versteht, verleugnet er darum nicht und braucht er nicht als gleichgültig beiseite liegen zu lassen.

Kann das philosophische Denken wenigstens das Nichtverstandene gleichsam von außen wiedererkennen? Kann der Nichtglaubende die Offenbarung als etwas, das geglaubt, aber auch nur vom Glaubenden verstanden wird, seinerseits doch umkreisen und befragen? Dann sieht für ihn die Realität der Offenbarung so aus: Offenbarung ist eine direkte Mitteilung oder Handlung Gottes in Raum und Zeit, an bestimmten Orten historisch lokalisiert. Offenbarung gilt als eine Wirklichkeit, deren eine Seite als Realität der profanen Geschichte angehört, während sie selber heilige Geschichte ist, die nur der Glaubende sieht. Dem Glaubenden fallen heilige und profane Geschichte in eins. Daher will er aus der geschichtlichen Überlieferung wissen, wie es war. Er meint die Realität, aber zugleich meint er darin etwas ganz Anderes, das als Wirklichkeit bleibt und gewiß ist, auch wenn das Historische ungewiß und unklar wird. Daher das große Interesse des Glaubenden für das historisch Faktische, in dem die Offenbarung vorliegen soll, und zugleich die Unwichtigkeit dieses Faktischen, wenn es sich um die Offenbarung selbst handelt. Denn diese wird geglaubt und nicht durch historischen Erweis gewußt.

Wenn die direkte Mitteilung Gottes in der Offenbarung als Realität da wäre, so wie eine Mitteilung von Menschen an Menschen, dann könnte sie wie andere historische Tatsachen mehr oder weniger sicher dokumentarisch bewiesen werden. Da sie aber nur für den Glauben da ist, muß die direkte Mitteilung Gottes von vornherein einen grundsätzlich anderen Charakter haben als direkte menschliche Mitteilung. Sie ist eine Wirklichkeit, die so wenig gewiß da ist, daß es das »Verdienstliche« des Glaubens ist, sie zu glauben (obgleich dieses Glaubenkönnen nicht frei ist, sondern selber von dem sich offenbarenden Gotte durch den Akt seiner Gnade gegeben wird). Aber die Offenbarungswirklichkeit ist doch in dem Maße auch als Realität da, daß es »Schuld« des Menschen ist, sie nicht zu glauben (obgleich dieses Nichtglaubenkönnen auf dem Ausbleiben der das Glaubenkönnen verleihenden Gnade Gottes beruht).

Diese allgemeine Bestimmung der Offenbarung als direkte Mitteilung oder Handlung Gottes an einem Ort in Raum und Zeit, die doch als einzigartige auch wieder nicht direkt ist, genügt nun aber durchaus nicht.

Erstens gestattet der christliche Offenbarungsglaube nicht, seine Offenbarung mit anderen Offenbarungen unter den Gattungsbegriff zu subsumieren. Christliche Offenbarung ist eine einzige. Sie sprengt den Gattungsbegriff. Nur diese eine Offenbarung ist wahr.

Zweitens ist die Offenbarung geglaubt innerhalb einer Kirche. Der Glaube ist Element einer Kultusgemeinde, in der Gott gegenwärtig ist an diesem Ort zu dieser Zeit und in Handlungen, die vom Priester und von der Gemeinde vollzogen werden. Das ist zwar ein Grundzug aller Religionen. Kein Offenbarungsglaube ist ohne Kultusgemeinde. Aber die christliche Kultusgemeinde ist charakterisiert durch bestimmte Sakramente, durch eine bestimmte Verkündigung des Wortes, durch ein formuliertes Bekenntnis.

Drittens ist christliche Kirche dadurch, daß sie durch die eine, einzige, bestimmte Offenbarung gegründet ist, paradox in der Zeit und über der Zeit. Die Kirche ist *in der Zeit*, weil zu bestimmter Zeit gestiftet, nicht von Menschen, sondern von Gott. Sie ist ausgebreitet durch Mission in die Weite des bewohnten Raums, organisiert in immer neuen Gemeinden. Sie hat also Geschichte, bezieht sich auf diese (Tradition) und leitet die spezifische Vollmacht (Autorität) ihrer beamteten Vertreter (Priester, Pfarrer) von der ursprünglichen Berufung der Apostel her. Aber diese christliche Kirche ist zugleich *über der*

Zeit. Denn sie ist in der Zeit die Vorwegnahme des Endes der Zeit und der Geschichte (ist getragen vom eschatologischen Bewußtsein) und macht den Gläubigen heimisch in dem ewigen Reich, das nicht von dieser Welt ist. Es wird hereinbrechen als Weltende und Weltgericht. Aber es ist auch schon da in der sinnlichen Wirklichkeit von Gemeinschaft, Verkündigung, Tempel, heiligen Handlungen.

Im Philosophieren müssen wir uns hüten, durch eine Abschwächung des Offenbarungsbegriffs eine vorzeitige, falsche Einmütigkeit zu erzeugen. Der Begriff der Offenbarung, wie er uns von Glaubenden mitgeteilt wird, darf nicht nahegebracht, im Scheinverständnis zugänglich gemacht werden. Eine Abschwächung bis zur Nivellierung der christlichen Offenbarung ist die Gleichsetzung mit dem »Offenbarwerden« aller Dinge in der Einsicht, in der dichterischen und künstlerischen Schöpfung – ist ferner die Gleichsetzung mit den großen Schritten des menschlichen Geistes in der Geschichte, mit diesem unvoraussehbaren und auch im Rückblick nicht begreifbaren Neuauftreten menschlicher Grundhaltungen.

Eine Abschwächung ist es auch, Offenbarung im Sinne des Offenbarungsglaubens gleichzusetzen mit Erfahrungen, die dem Menschen als Menschen eigen sind, zum Beispiel: Ich erfahre das »Wunder«, wenn ich mir in meiner Freiheit geschenkt werde. Wenn ich nach allen Orientierungen, Reflexionen, Argumenten in einer Situation zu dem Entschluß komme, der selber doch nicht rational genügend abzuleiten ist, so geschieht etwas, das ich von mir aus nicht erzwingen kann. Meinem Denken geht das Gewisse und Unbegreifliche vorher, das erst im Denken heller wird und sogar der wissenschaftlichen Forschung erst ihren Sinn gibt. Meine Liebe ist nicht mehr nur, kommend und gehend, vitale Bewegung, sondern in ihr liegt der Ursprung des Entschlusses, der geschichtlich, nicht begreiflich, selber kein Fall, in keinem andern Fall wiederholbar, sondern nur in sich selbst die eigene Wiederholung ihrer Ursprünglichkeit ist. Mag der Sprachgebrauch sagen: es ist mir eine Offenbarung oder wie eine Offenbarung: der Sprachgebrauch ist schlecht, wenn er an christliche Offenbarung erinnert. Es ist eine Selbsttäuschung und wider den guten Geschmack, wenn man von Offenbarung, Gnade redet, ohne daß der spezifische Charakter des Offenbarungsglaubens gemeint ist.

Die Abschwächung verwirrt. Hier liegt ein Entweder-Oder: Wahrhaftigkeit fordert das Eingeständnis, daß ich nicht an Offenbarung glaube. Dies ist zwar bedingt durch den nie vollendeten Prozeß der echten Aufklärung, hat aber seinen wesentlichen Ursprung in der Wirklichkeit der Gottheit selbst. Wie diese erfahren werden kann, das ist durch die Bibel, die selber Menschenwerk und daher auch voll von Irrungen ist, das ist durch Plato und Spinoza und Kant bewußt geworden. An deren Maßstab, entscheidend am Maßstab der in der Substanz verstandenen Bibel, habe ich nicht den Antrieb, an Offenbarung glauben zu wollen, nicht den Drang, die Offenbarung in irgendeiner der dargebotenen Formen als Wirklichkeit zu erfahren und dann zu bekennen, daß ich an sie glaube. Wohl aber ist der Antrieb, dies erstaunliche Phänomen des Offenbarungsglaubens immer wieder zu sehen, zu befragen und – vergeblich – zu verstehen.

Für den Verstehenden, der unterscheidet, was er versteht und was er nicht versteht, ist nun entscheidend, daß das Nichtverstandene für ihn nicht nichts ist. Es macht ihn betroffen, zumal dann, wenn der Offenbarungsglaube in für ihn hochstehenden und liebenswerten Menschen seit Jahrtausenden wirklich ist und Folgen hat.

Die Wahrhaftigkeit des Philosophierens verlangt von sich, den Offenbarungsglauben in der Schärfe seiner Unverstehbarkeit bestehen zu lassen. Er ist in seinen Aussagen für rationales Denken voller Widersprüche, erscheint im Handeln und Existieren durch Unvereinbarkeiten. Diese Widersprüche und Unvereinbarkeiten aber werden selber zum Element des Glaubens, werden gesteigert und bewußt gemacht (vom credo quia absurdum Tertullians bis zu Kierkegaards Paradox und dem Glauben kraft des Absurden). Die Offenbarung offenbart, aber so, daß sie verbirgt.

Von Anfang an standen Offenbarungsglaube und das, was er »natürliche Vernunft« nennt, in Spannung zueinander. Aber verschleiernd für unser Problem ist die Selbstverständlichkeit, mit der von natürlicher Vernunft gesprochen wird, als ob wissenschaftliche Erkenntnis und philosophische Einsicht dasselbe sei.

3. Die Frage, was natürliche Vernunft sei

Ist der Offenbarungsglaube oder die ihm gewisse Offenbarung unnatürlich, widernatürlich, übernatürlich? Diese Entgegensetzung hat nur Sinn, wenn man weiß, was man unter »natürlicher Vernunft« versteht und was unter »Offenbarung«, die nicht natürlich ist.

(1) Die Unterscheidung ist zuerst gedacht vom Offenbarungs-

glauben her. Offenbarungstheologie charakterisiert ihre Gegner, das heißt die, die sich der durch sie ausgelegten Offenbarung nicht unterwerfen, als Menschen, die sich auf das Natürliche beschränken, das im Denken als solchem, in dem Verstand, in der Welterkenntnis und in der Spekulation des Seins liegt. Das letztere nennt sie natürliche Theologie. Dieses ganze Natürliche aber sei, wenn es sich selbst genügen wolle, Verlorenheit. Das Heil sei erst im Übernatürlichen, das in der Offenbarung gegeben, im Glauben ergriffen wird. Erst von dort her erhält auch das Natürliche im Ganzen seinen relativen Sinn, während der glaubende Gehorsam sich Gott unterwirft, der übernatürlich spricht durch die geschichtlich einmaligen Propheten und Apostel und eine sich überliefernde Autorität, welche von Menschen in Anspruch genommen wird, die die Kirche bevollmächtigt.

(2) Was aber heißt »Natur« und »natürliches Denken«, wie sie von sich selbst her gedacht werden? Der Begriff in seiner Vieldeutigkeit stammt aus der stoischen Philosophie. Er umfaßt alles, was im Menschen und was in der Welt liegt, das Sein und das Sollen, die Notwendigkeit und die Freiheit, den Logos, der eins ist mit der Gottheit, als Pneuma die Welt durchströmt, im Denken und in der Praxis dem Menschen als Menschen zugänglich wird durch das, was er selbst als Wirkung und Teil der Gottnatur ist. Dieser Naturbegriff war allumfassend. Er ließ nichts außer sich, kannte keine andere Möglichkeit. Auch das, was in christlicher Theologie als Gegensatz von Natur und Übernatur auftritt, liegt in dieser einen »Natur«. Die Stoiker meinten die religiösen Kulte, die Götter, die Magie, die Divination »natürlich« zu begreifen.

Diese stoische Seinsauslegung ist die historische Herkunft des so unbestimmten, alle Gegensätze in sich schließenden, geläufigen Naturbegriffs. Wir eignen uns nur die These an: Für das Philosophieren ist zugänglich, was Menschen überhaupt, überall in der Welt, zugänglich ist, weil sie als Menschen der Welt, allem Sein und sich selbst offen sind.

Demgegenüber ist eine Übernatur (oder Widernatur oder Unnatur), wie sie die Theologie des Offenbarungsglaubens denkt, nicht in den Menschen als Menschen gelegt. Die Offenbarung kommt von außen, indem der Gott an einer Stelle in Raum und Zeit sich offenbart. Der Mensch von sich aus kann ihn nicht finden. Denn er ist seiner »Natur« nach nicht offen für diesen Gott. Gott zeigt sich ihm niemals, außer wenn er in Beziehung tritt zu diesem Ort und dieser

Zeit und diesen Menschen, die historisch da gewesen sind und ihn bezeugen. Durch den göttlichen Akt von außen wandelt sich der Mensch in einer besonderen einzigartigen Weise der Umkehr, die Bekehrung heißt. Nicht durch eigenen Vollzug, wie im Philosophieren, gelingt ihm die Umkehr. Er wird ein neuer Mensch. Den anderen Menschen auf dem Erdball bleibt Offenbarung und Bekehrung entweder aus dem Grund, daß die Verkündigung nicht bis zu ihnen gedrungen ist, unbekannt, oder sie wird ihnen nur äußerlich bekannt im staunenden Blick auf den Bekehrungsvorgang, den sie nicht begreifen.

Das psychologische Verstehen reicht nicht dorthin, sondern trifft nur die allerdings massenhaften Ableitungen oder täuschenden Ersatzbildungen. Jenes Etwas, das im Kern geschehen ist und geschieht, und das wir angesichts der außerordentlichen, für uns faßlichen Folgewirklichkeit von Jahrtausenden nicht leugnen können, bleibt uns fremd. Wenn wir für Augenblicke geneigt werden, es doch mit psychologischem Verstehen als weltgeschichtliche Illusion aufzulösen, so spüren wir alsbald unser Versagen, auch dann, wenn wir gegenüber manchen Realitäten, die sich christlich nennen, und Menschen, die die Offenbarung zu glauben behaupten, recht haben mögen.

(3) In jedem Falle bleibt der Kern, den wir nicht begreifen, entgegen seinem universalen Anspruch, tatsächlich beschränkt auf Menschengruppen, die kirchlich organisiert sind. Sie behaupten den spezifisch heiligen Charakter ihres Glaubensinhalts und ihrer damit zusammenhängenden religiösen Handlungen im Unterschied von allem bloß Natürlichen.

Dabei geschieht das Merkwürdige: Die offenbarungsgläubige Theologie entnimmt im Aufbau ihrer Glaubenserkenntnis der Philosophie, die sie »natürlich« nennt, die meisten ihrer Denkformen und viele ihrer existentiellen Impulse. Was in diesem philosophischen natürlichen Denken die Transzendenz, die Gottheit, das Umgreifende, die Wirklichkeit heißt und in sublimen Gedankenoperationen seit den Anfängen der griechischen, indischen, chinesischen Philosophie berührt wurde, das nimmt sie als ihr Eigentum. Dann pflegt aber die Theologie ihre Gegner, denen sie Methoden und Gehalte des Denkens entlehnt hat, abwertend zu charakterisieren: sie stehen in halber Wahrheit, im Entscheidenden ohne Wahrheit. Daß dem Gegner abgestritten wird, was ihm selber zu eigen gehört, das ist in allen christlichen Jahrhunderten dasselbe. Über die Philosophie wird auch heute von Theologen das Urteil in schärfsten Formulierungen bis zur völligen Verneinung gesprochen.

Und doch bewegen beide sich in einem gemeinsamen Denkraum. Wir fragen: Ist etwa ein eigentümliches Denken, das philosophisch – spekulative, der Philosophie und Theologie gemeinsam? Oder ist das Denken des Offenbarungsglaubens ein spezifisches Denken, das sogar als Denken nur vom Gläubigen vollzogen werden kann? Dann könnten wir, die der Offenbarung nicht glauben, es nicht verstehen. Aber es teilt sich doch mit in Denkformen, die wir kennen. Deshalb meinen wir es denkend verstehen zu müssen. Das würde in jenem gemeinsamen Raum der Spekulation geschehen, der für den bloßen Verstand, der doch auch dort bei jedem Schritte gebraucht wird, unzugänglich ist. Die Geschichte lehrt, daß damit Offenbarungsgläubigen nicht Genüge geleistet wird.

(4) Wenn die Philosophie und ihre Sache von der Theologie »natürlich« genannt wird, so wehrt sie sich. Denn solche »Natürlichkeit« als ein von einem andern Wirklichen Unterschiedenes würde die Philosophie ergänzungsbedürftig machen. Dies möchte eine Theologie, die die Philosophie als Vorstufe, als Mittel zuläßt, aber sie damit ihres Eigenwesens beraubt und zu einer Wissenschaft degradiert. Philosophierend sollen wir uns nicht gedankenlos den Kategorien der Theologen unterwerfen, die unser Tun von einem höheren Standpunkt aus zu übersehen meinen und als bloße »Natur«, »natürliche Vernunft«, es damit beschränkend, charakterisieren. Die Philosophie darf nicht in der Enge einer unterschiedenen Natürlichkeit absterben.

Die »Natur« des Menschen ist nicht schon erschöpft mit dem, was er als Gegenstand physiologischer und psychologischer Erforschbarkeit ist. Die »natürliche« Vernunft ist nicht erschöpft mit dem bloßen Verstand als dem Punkt des Bewußtseins überhaupt, das zu richtiger zwingender Erkenntnis fähig ist. Die »Natur« des Menschen ist vielmehr sein Wesen, das im Sichgeschenktwerden als Existenz die Welt erblickt, einsieht, was ist, von den Chiffern bewegt wird, sich entscheidet im Entschluß. Der Bezug auf Transzendenz ist das, woraus wir leben. In diesem Bezug wissen wir uns auf einem Wege oder wir suchen ihn oder erlangen ein unbestimmbares Vertrauen. Was der »natürliche« Mensch sei, ist offen. Es gibt keine vom Übernatürlichen geschiedene bloße Natürlichkeit.

Dem Philosophierenden wird die Erfahrung, daß die Realität einer Offenbarung, die von Gott ausgeht und doch der menschlichen

Interpretation bedarf, dem Gottesgedanken selber nicht entspricht.

Sich dem Offenbarungsglauben zu versagen, ist nicht die Folge von Gottlosigkeit, sondern die Folge des Glaubens der von der Transzendenz als frei geschaffenen Existenz.

Der philosophische Glaube, folgend der ihm zugänglichen Wahrheit und der Ferne der allen Menschen aus der Verborgenheit zugewandten Transzendenz, muß auf die reale Offenbarung verzichten zugunsten der Chiffern in der Bewegung ihrer Vieldeutigkeit. Dieser philosophische Glaube, in vielen Gestalten auftretend, wird nicht Autorität, nicht Dogma, bleibt angewiesen auf Kommunikation unter Menschen, die notwendig miteinander reden, aber nicht notwendig miteinander beten müssen.

DRITTER TEIL

Aus dem philosophischen Grundwissen (der Philosophie der Weisen des Umgreifenden)

Unser Dreierschema: Theologie, Wissenschaft, Philosophie (Offenbarungsglaube, Verstandeserkenntnis, philosophischer Glaube) operierte wie mit festen Punkten. Wenn auch in dem gemeinten Sinne nicht falsch, bedarf dieses Schema eines Hintergrundes philosophischer Grundgedanken.

In der Einleitung dieses Buches wurde versucht, den unendlichen Horizont zu zeigen, innerhalb dessen unsere Fragen liegen: wie uns das Weltsein gleichsam aufbricht und bodenlos wird, wie alle Wißbarkeiten und alle Konstruktionen des Ganzen in die Schwebe geraten.

Jetzt möchte ich zum Bewußtsein bringen, wie wir uns in der Welt finden. Dies bedarf einer ausführlichen Entwicklung, die ich an mehreren Orten meiner Schriften (vor allem in »Von der Wahrheit«, 2. Aufl., München 1958, S. 47–222, 602–709) versucht habe. Hier folgt eine knappe Zusammenfassung.

a. Die Weisen des Umgreifenden

1. *Bewußtsein* ist das Grundphänomen der *Spaltung in Subjekt und Objekt:* wir sind bewußt auf Gegenstände, sie meinend, gerichtet. Es ist ein einzigartiges Gegenüber, das mit keiner Beziehung zwischen Gegenständen vergleichbar ist.

Was nicht in diese Spaltung tritt, ist für uns, als ob es nicht wäre. Ohne diese Spaltung wird nichts für uns denkbar. Wovon immer wir sprechen, es ist durch das Sprechen in die Spaltung getreten.

Was wirklich ist, wird Erscheinung für uns im Bewußtsein. Was *unbewußt* oder bewußtlos ist, wird aus den Erscheinungen im Bewußtsein erschlossen. Nur soweit es ins Bewußtsein wirkt, sich in ihm zeigt, ist es für uns eine Weise von Wirklichkeit.

Die Subjekt-Objekt-Spaltung ist die Stätte, an der alles, was ist und sein kann, für uns erscheint. Durch die Vergewisserung der Subjekt-Objekt-Spaltung als dieser Stätte wird uns zugleich die *Erscheinungshaftigkeit* von allem, was in ihr auftritt, bewußt.

Diese Stätte ist grundsätzlich zu erhellen: was und in welchem Sinne hier Erscheinungen sind; in welchen ursprünglich verschiedenen Dimensionen die Erscheinungen in das Licht dieser Stätte kommen und damit für uns sind.

2. Was in Subjekt und Objekt gespalten die Stätte der Erscheinung wird, nennen wir das *Umgreifende*.

Wenn wir es vergegenwärtigen, so denken wir es, als ob es selber – wider seine Wirklichkeit – Objekt werden könnte, oder als ob es das Subjekt wäre, das wir als Objekt vor Augen bringen. Gestatten wir uns diese Unumgänglichkeit des Denkweges, so zeigt sich:

Das Umgreifende denken wir entweder von der Subjektseite her: dann ist es das Sein, das wir sind und worin uns jede Seinsweise vorkommt, unser *Dasein*, das *Bewußtsein überhaupt*, der *Geist*. Oder wir denken es von der Objektseite her: dann ist es das Sein, in dem und wodurch wir sind: die *Welt*.

Dieses gesamte, nirgends sich schließende, daher ungeschlossene Schwebende heißt das Sein der Immanenz. Erst durch einen *Sprung* von dorther betreten wir den Boden, auf dem nach der Subjektseite das Umgreifende das Selbstsein der *Existenz* ist, nach der Objektseite das Umgreifende der *Transzendenz*.

Wir vergegenwärtigen diese Weisen des Umgreifenden (Bewußtsein überhaupt, Dasein, Geist, Existenz – Welt und Transzendenz):

3. *Bewußtsein überhaupt* nennen wir im individuell variierenden, erlebenden, wirklichen Bewußtsein das allen *gemeinsame Bewußtsein*. Es ist nicht die zufällige Subjektivität der vielen, sondern die eine Subjektivität, die das Allgemeine und Allgemeingültige *gegenständlich* erfaßt. Dieses Bewußtsein überhaupt ist der Punkt, in dem jeder jeden anderen vertreten kann, ein dem Sinne nach einziger, an dem alle mehr oder weniger teilhaben. Ihm zeigt sich, was denkbar ist und erkennbar wird, in den ihm eigenen Formen der Denkbarkeit überhaupt, in den zu ihm gehörenden Strukturen und Kategorien.

Als *individuelles* Bewußtsein unseres lebendigen Daseins sind wir, in der Enge der Vereinzelung, umgreifend nur als das Bewußtsein dieses jeweiligen Daseins. Als Bewußtsein *überhaupt* dagegen nehmen wir teil an einem Unwirklichen, aber Gültigen, der allgemeingültigen Richtigkeit des Erkennens, und sind als solches Bewußtsein grundsätzlich ein der Möglichkeit nach grenzenlos Umgreifendes.

Bewußtsein überhaupt ist das Umgreifende, das wir sind nicht als das mehrfache, ähnliche und artweise verschiedene lebendige Bewußtsein, sondern das wir sind als das eine, mit sich identische, Identisches meinende und richtig erkennende Bewußtsein, das allen endlichen denkenden Wesen gemeinsam ist.

Das Bewußtsein überhaupt ist als solches nicht real. Wir konstruieren es als das vollendete Bewußtsein, als das wissende Innehaben, das eines ist und das All in sich faßt. Niemand besitzt es, wir alle haben daran teil.

Die Realität, die wir sind, ist Dasein, als das das Bewußtsein in endloser Vielfachheit vorkommt. Bewußtsein, obgleich nur Realität in diesem Dasein, ist aber zugleich Gültigkeit, soweit es Bewußtsein überhaupt wird. Das Bewußtsein als Dasein ist immer zugleich beschränkt, gestört, verkehrt.

Erst von dem einen Bewußtsein überhaupt her wird uns das empirische Bewußtsein in seiner Mannigfaltigkeit deutlich. Wir erkennen es als psychologische Realität, eindringend in seine unendliche Vielfachheit.

Wir vergegenwärtigen das Bewußtsein in den Stufen seiner Helligkeit. So unterscheiden wir das Bewußtsein als Innerlichkeit im Erleben des Lebens, das uns mit den Tieren gemeinsam ist. Es kann unbewußt heißen, sofern es nicht auf Gegenstände denkend gerichtet und seiner selbst nicht bewußt ist. Solche Unbewußtheit reicht in für uns unübersehbaren Stufen bis zurück an den Anfang des Lebens.

Wir sehen, wie in Augenblicken (etwa bei Affen) diese Innerlichkeit an meinendes Bewußtsein streifen kann, aber sofort wieder versinkt. Man sieht die erfinderische Handlung zugleich mit dem Blick der Intelligenz im Auge des Tieres.

Das menschliche Bewußtsein hat seinen Ursprung zugleich mit der Sprache, ist gebunden an Sprache. Es ist selber der einzige Ort in der Welt, von dem her alle anderen Bewußtseinsrealitäten als nicht eigentlich angemessen zu vergegenwärtigende Weisen der Innerlichkeit des Erlebens von dem eigenen Bewußtsein des meinenden Denkens unterschieden werden.

4. *Dasein* ist in seiner *Umwelt,* auf die es reagiert und in die es

hineinwirkt. Es vollzieht als solches noch kein denkendes Meinen von Gegenständen, macht dieses Denken aber, wenn es als Bewußtsein überhaupt im Menschen aufgetreten ist, es sich unterwerfend, zum Mittel seiner Interessen.

Dasein findet sich als Erleben eines Lebens in seiner Welt ohne Reflexion auf sich. In der Unmittelbarkeit dieses Sichfindens ist es fraglos da, ist es die Realität, in die alles treten muß, was für uns real werden soll, so wie das Bewußtsein überhaupt die Stätte ist, in die alles treten muß, was gedacht werden soll.

Wollen wir uns des Daseins, es unterscheidend, vergewissern, wie es für uns, die wir es denken, sofern wir mehr als Dasein sind, aussieht, so sagen wir etwa: Dasein als Leben in einer Welt ist ein Ganzes aus Innenwelt und Umwelt (von Uexküll) – je relativ in sich als Dasein geschlossen, aber ungeschlossen, sofern es nur durch anderes und in bezug auf anderes Dasein möglich ist –, es entsteht und vergeht, hat Anfang und Ende in einer objektiven Zeit, während es selber seine eigene Zeit und seinen eigenen Raum hat und, in beiden erfüllt und bewegt, nicht darüber hinausgelangt – es ist Drang, Trieb, Begehren, will sein Glück, erlebt Augenblicke der Vollkommenheit und den tötenden Schmerz – es steht in der Unruhe des Kämpfens, sich zu behaupten, sich zu erweitern und jenes ungreifbare Glück zu erreichen – es ist je einmaliges, einzelnes Dasein, in das es, zum Bewußtsein erwacht, hineinblickt wie in eine Unendlichkeit unergründlichen Dunkels – es könnte auch nicht da sein und wird sich des Geheimnisses des Zufalls, daß es als dieses da ist, bewußt.

Wir beziehen das Dasein unwillkürlich auf ein Verengtes, den lebendigen Leib, die Innerlichkeit des Erlebens, die Subjektivität des Wahrnehmens eines Außen durch ein Innen, das Finden und Hervorbringen einer Umwelt. Aber wir verlieren das Staunen nicht vor dem »ich bin da«. Unsere Besinnung soll das Geheimnis weder verschleiern noch bewegungslos stehen lassen.

5. *Geist* sind wir als das Umgreifende, als das wir durch Phantasie Gebilde entwerfen und in Werken die Gestalten einer sinnerfüllten Welt verwirklichen. Er ist unterschieden von der rationalen Berechenbarkeit und dem Machen von Werkzeugen und Maschinen durch das Bewußtsein überhaupt. Im Gegensatz zum Dunkel des Irrationalen des Daseins aber ist er das Offenbarwerdenlassen in der Bewegung des Verstehens und Verstandenwerdens.

Das *rationale* Verstehen trifft den Sinn des vom Bewußtsein überhaupt Gedachten. Das *psychologische* Verstehen trifft die Daseinsmotive. Das *geistige* Verstehen trifft die Sinngehalte, die im schöpferischen Hervorbringen gefunden werden als ein entgegenkommendes Gültiges.

Die Gehalte werden mitteilbar, indem der Geist sich des gegenständlich Wißbaren, des sinnlich Anschaubaren, des zweckhaft Getanen als der ihn aufnehmenden Medien bedient. Er wird darin (Sinnlichkeit, Gegenstand, Zweck übergreifend) schauend seiner Gehalte inne.

Das Subjekt des Geistes ist die Phantasie. Sie spielt in ihren Schöpfungen. Sie schafft die Bedeutungen. Sie macht greifbar in Symbolen. Sie gibt allem, was sein kann, Sprache. Das Subjekt des Geistes ist nicht das »ich denke« des Bewußtseins überhaupt, sondern das jeweils unvertretbare Individuum, das sich in der persönlichen Gestalt von einem unpersönlichen Objektiven ergriffen weiß.

Das Objekt des Geistes ist das im Schaffen nicht eigentlich Geschaffene, sondern Gefundene. Diese seine objektive Form ist die Macht eines zusammenhaltenden Ganzen, wirksam durch Ordnung, Grenzsetzung und Maß.

Die Phantasie des Geistes, als nur subjektive chaotisch, bewältigt als objektive die Realität unseres Daseins, die Endlosigkeit des Denkens und ihre eigene Fülle dadurch, daß sie alles zu einem jeweilig Geschlossenen werden läßt. Seine umgreifende Wirklichkeit eignet verstehend an, gliedert ein, aber scheidet das jeweils Fremde aus.

So verwirklicht der Geist als Ganzheit eine je von ihm durchdrungene Welt im Kunstwerk und in der Dichtung (geschlossen gewordenes Unendliches), im Beruf, im Bau des Staates, in den Wissenschaften (offen im unendlichen Fortschritt).

Das Ganze heißt Idee. Geschlossen ist sie die eigentliche Idee des Geistes (die Hegelsche Idee). Offen ist sie die Vernunftidee (die Kantische Idee). Dort ist sie als unendliche, aber geschlossene Vollendung und Vollendbarkeit. Hier ist sie die unendliche Aufgabe, die, im vorwegnehmenden Gegenwärtigsein ihres Gehalts, unabschließbar ins Offene drängt.

6. *Existenz:* Das daseiende Leben, das »ich denke« des Bewußtseins überhaupt, die schaffende Phantasie des Geistes gehören, obgleich auseinander unableitbar, zusammen. Geist ist nicht ohne denkendes Bewußtsein überhaupt und ohne lebendiges Dasein möglich. Nur das Dasein scheint – im Leben der Tiere, nicht im Menschen

– ohne die beiden anderen Umgreifenden dessen, was wir sind, sein zu können. Denn die objektive Phantasie des Lebendigen in seinen Gestaltungen ist nur ein Analogon der Phantasie des bewußten Geistes. –

Mit diesen drei Ursprüngen sind wir noch nicht das, was wir sein können. Es überfällt uns ein Ungenügen:

Dasein ist das zerrinnende Leben aus nichts in nichts. Nach dem Jubel des sich einen Augenblick vollendenden Lebens, nach dem Schmerz der Hinfälligkeit überfällt es die Langeweile der Wiederholung und das erschreckende Wissen, als Dasein schon den Keim des Verderbens in sich zu haben.

Bewußtsein überhaupt denkt endlos auch das Gleichgültige. Nach der Befriedigung an zwingender Richtigkeit ergreift es die Öde des bloß Richtigen.

Geist kann in dem Zauber seiner Schöpfungen die Herrlichkeit von Seifenblasen sehen. Die Fülle der in der Phantasie sich abschließenden Harmonie kann den Bruch aller Vollendung an der Realität erfahren. Der Reichtum der sich häufenden Ganzheiten wird schal, die Freiheit des schönen Spiels zur Spielerei. –

Wir sind mit den drei Umgreifenden noch nicht wir selbst, bleiben ohne Führung, gewinnen keinen Boden. Oder sind sie alles? Bin ich am Ende nirgends ich selbst? Ist die Grenze der drei (Dasein, Bewußtsein überhaupt, Geist) nur die Leere des Nichts? Falle ich in diesen Abgrund? Bin ich nur der rücksichtslose Eigenwille meines lebendigen Daseins, nur ein vertretbarer Punkt richtigen Denkens, nur das Blühen eines Geistes in schöner Täuschung?

Der Grund des Selbstseins, die Verborgenheit, aus der ich mir entgegenkomme, das, als was ich frei mich selbst hervorbringe, indem ich mir geschenkt werde, ist in jenen drei Umgreifenden, wenn sie nichts als diese sind, verschwunden. Diesen Grund aber, diese Freiheit, dies, daß ich ich selbst sein, mit anderem Selbst in Kommunikation ich selbst werden kann, nennen wir mögliche Existenz.

Existenz ist in keiner Anschaulichkeit als solche zu beobachten. Während Dasein ist als Realität der biologischen Erscheinung, das Bewußtsein überhaupt sich zeigt in den aufzeigbaren Kategorien und Methoden des Denkens durch das Werk der Wissenschaften, der Geist sichtbar ist in seinen Schöpfungen, hat Existenz keine zu ihr gehörende faßbare Objektivität. Sie ist auf die drei Weisen des Umgreifenden, als ihr Medium der Erscheinung angewiesen. Existenz kann nicht Objekt werden, daher nicht Gegenstand einer Wissenschaft (wie Leben, Denken, Geist). –

In den drei Weisen gibt es eindeutige Mitteilbarkeit. Existenz kann sich in diesen drei Medien nur indirekt mitteilen. Daher gibt es die unbestimmbare Grenze der Mitteilung und die unbegreifliche Kommunikation. Zur existentiellen Mitteilung gehört das unbeabsichtigte Schweigen als erfülltes Schweigen, in dem in der Tat die verläßlichste Kommunikation erfolgt. Darum gibt es in ihr auch durch Unoffenheit und absichtliches Schweigen den Verrat, der jedoch niemals objektiv nachweisbar ist und niemals vorgeworfen werden kann. Im Augenblick, in dem man ihn beim Partner feststellen möchte, begeht man selbst den Verrat, der darin liegt, daß man nicht offen bleibt, nicht bereit, daß man aus der Situation in der Zeit ein Endgültiges macht. Etwas ganz Anderes als absichtliches Schweigen (als absichtliche, auf das Schweigen und bloße Andeuten ein Verstehen und Antwort erwartende, daher fälschliche indirekete Mitteilung) ist die stumme Weise des Nichtmitteilenkönnens, die sich selbst wie dem anderen nicht sagen kann, was ist, sehnsüchtig und ratlos und ohne Sprache bleibt. Aber dies Schweigen kann eine Tiefe gegenwärtig werden lassen, die durch direkte Mitteilung, weil sie nicht möglich ist, auch nicht bestätigt zu werden braucht. Sie ist beschränkt auf die intimste Gemeinschaft. In der Welt gewinnt Erscheinung nur das, was mitteilbar ist, was Sprache wird. Sonst ist es in der Welt wie nichts, bleibt außer der Welt auch dann, wenn es in seinen Folgen aus der Intimität der Kommunikation heraus vielleicht außerordentlich, aber unnachweisbar sich zeigt. Was in indirekter Mitteilung geschieht, kann bei objektiver Erörterung geleugnet werden. Es darf nicht erwartet werden. Aus ihr kann nichts gerechtfertigt werden.

Dasein, Bewußtsein überhaupt und Geist zeigen sich ohne weiteres, wir brauchen uns in ihnen nur dessen zu vergewissern, was wir schon sind. Die Vergewisserung der möglichen Existenz aber ist selber schon ein Moment des Erscheinens eines Andersgewordenseins, einer Umkehr. Jener Weisen inne zu werden, brauchen wir nicht anders zu werden. Existenz aber ist nicht von gleicher zwingender Gegenwärtigkeit wie jene. Existenz kann ausbleiben, aber bezeugt sich auch dann noch durch eine Unruhe, die aus der Verlorenheit zurückdrängt. –

Wir vergewissern uns jedes Umgreifenden nur dadurch, daß wir es sind, der Existenz aber dadurch, daß wir sie sein können. Sie muß der Möglichkeit nach in uns wach sein, wenn wir von ihr, sie umkreisend, sprechen. Umkreisen wir, was Existenz sei:

1) Existenz ist *nicht Sosein, sondern Seinkönnen,* das heißt: ich bin nicht Existenz, sondern mögliche Existenz. Ich habe mich nicht, sondern komme zu mir.

Existenz steht ständig in der Wahl, zu sein oder nicht zu sein. Ich bin nur im Ernst des Entschlusses. Ich bin nicht nur da, nicht nur der Punkt eines Bewußtseins überhaupt, nicht nur der Ort geistiger Schöpfungen, sondern in diesen allen kann ich ich selbst oder in ihnen verloren sein.

2) Schon das Bewußtsein überhaupt ist das Dreisein: das *Subjekt* des »ich denke« ist auf *Gegenstände* gerichtet und ist darin auf sich selbst bezogen im *Selbstbewußtsein.*

In dieser Struktur liegt existentiell eine tiefere: Existenz ist das *Selbst, das sich zu sich selbst verhält* und *darin* sich *auf die Macht bezogen* weiß, *durch die es gesetzt* ist (Kierkegaard).

Sie ist Freiheit (nicht die Freiheit der Willkür des Daseins, nicht das Einstimmen in die Richtigkeit des Bewußtseins überhaupt, nicht die in Ordnungen des Geistes schaffende Phantasie) auf eine unfaßliche Weise: sie ist Freiheit, die nicht durch sich selbst ist, sondern die sich ausbleiben kann. Sie ist Freiheit nicht ohne die Transzendenz, durch die sie sich geschenkt weiß.

Der Ort der Transzendenz oder die Transzendenz selbst ist das Allumgreifende und als solches Verborgene, das für Existenz und allein für Existenz in der Erfahrung ihrer Freiheit Wirklichkeit ist. Existenz ist nicht ohne Transzendenz. Dies ist gleichsam die Struktur der Existenz, abgesehen davon wie Transzendenz im Raum des Bewußtseins überhaupt und des Geistes auch immer vorgestellt und gedacht wird.

3) Existenz ist als der *je Einzelne,* als dieses Selbst, unvertretbar und unersetzbar.

In den Kategorien »das Allgemeine und das Individuum« scheint die Existenz als das Individuum bestimmt. In den Kategorien »Wesen und Wirklichkeit« (essentia und existentia) scheint die Existenz als Wirklichkeit bestimmt. In diese Kategorien aber ist der Sinn der Einzigkeit und Unvertretbarkeit hineinzunehmen.

Das geschieht nicht, wenn das Allgemeine und das Wesen als das Erste, Bleibende, eigentlich Seiende gilt, und das Einzelne als verschwindender Fall. Wenn man aber umkehrt und sagt: das erste ist die Existenz, sie geht dem Allgemeinen, dem Wesen vorher – so ist auch das falsch, sofern der Einzelne er selbst nur durch das Allgemeine ist.

Sowie man unter Existenz den Gegenstand der Erfahrung als die Realität des Individuellen, der Einzeldinge versteht, die in der Welt vorgefunden werden, so ist das nicht die Existenz des Selbstseins, sondern das brutale Vorhandensein von Einzelnem in der Welt, das als Existenz fälschlich verklärt wird. Das Faktum ist noch nicht »Existenz«.

Das »individuum est ineffabile« gilt für beides. Aber die »Existenz« ist nicht Einzelding, dessen Realität als objektiver Gegenstand unendlich ist, sondern Wirklichkeit, die als Aufgabe ihrer selbst unendlich ist. Existenz ist nicht nur Vorgang in der Welt, sondern Ursprung von anderswoher, der in der Welt zur Erscheinung kommt.

Sowie man die Existenz als das Umgreifende des je einzelnen umgreifenden Daseins nimmt, blickt man zwar tiefer als im bloßen Anschauen des gegenständlich vorkommenden Faktischen. Aber Dasein ist noch nicht Existenz. Daß ich da bin, dies Sichfinden als Leben in der Welt, ist noch nicht die Selbstvergewisserung der Existenz.

Sowie ich mein Entscheidenkönnen bemerke, nicht bloß als Wahlfähigkeit der Willkür im Dasein, sondern als die Möglichkeit des Entschlusses, durch dessen Notwendigkeit ich ich selbst bin, sehe ich im Grunde dieses Entscheidenkönnens die mögliche Existenz: was ich bin, das werde ich durch meine Entscheidungen. Wenn ich aber die Freiheit der Existenz schon in der Willkür sehe oder in der Bejahung des richtig Gedachten, so habe ich die existentielle Freiheit verfehlt. Denn die Wahl im Seinkönnen der Existenz heißt: eigentlich sein können vor der Transzendenz. Eine Schöpfung seiner selbst aus dem Nichts der Willkür oder der allgemeinen Richtigkeit ist phantastisch.

Denn wenn das Seinkönnen der Existenz als absolutes Sein verstanden wird, als ob es aus dem Nichts durch seine Wahl erst Sein und dieses Sein würde, so widerspricht dies der geschichtlichen Grunderfahrung: Existenz ist Seinkönnen des Entschlusses im Sichgeschenktwerden, nicht aus dem Nichts, sondern vor der Transzendenz.

Im Rahmen der Kategorien von essentia und existentia und des Allgemeinen und des Individuums wird also dann eine falsche kategoriale Simplifikation gefunden, wenn die Existenz ins Dasein, in die Willkür, in die Zustimmung zum Allgemeingültigen gesetzt wird. Dann wird sie als sie selbst fallengelassen in das Nichts. Die Existenz selbst ist mehr. Sie kann mit Kategorien nie angemessen getroffen werden. Was »ich bin« heißt, wenn darin mögliche Existenz (nicht nur Dasein) liegt, und was ihre Bezogenheit auf Transzendenz bedeutet, das spricht Dante aus[1] von der Seligkeit der Engel, in denen kein Rest der möglichen, sondern nur wirkliche Existenz ist (für uns nur ein Gleichnis): »In ihnen kann der Glanz Gottes rückglänzend sagen: ich bestehe (subsisto).« Subsistere ist synonym mit existere. Der Satz will sagen: nicht »ich bin da«, unbezüglich, sich selbst genügend, sondern das »ich bin« (subsisto), auf Transzendenz bezüglich, trifft, was wir seit Kierkegaard Existenz nennen.

4) *Die Existenz ist geschichtlich.* Dasein und Geist sind geschichtlich als bloße Vielfachheit des endlos Besonderen im Werden durch Kausalitäten und Verstehbarkeiten, die ins Unendliche, niemals abgeschlossen, erforschbar sind (objektiv historisch), dann als für sich begründet durch ein Schon-vorher-sein in dieser Besonderheit des Überkommenen in dieser Situation (subjektiv geschichtlich). Die Geschichtlichkeit der Existenz aber ist das Übernehmen der Gestalt des Daseins, des Geistes, des Bewußtseins überhaupt, an die sie als diese gebunden ist. Existenz durchdringt das Dasein in seiner Zufälligkeit, dieses zu mir Gehörende, das ich in seiner Objektivierung zugleich erkennen kann (ins Unendliche). Bin ich aber existentiell in der Zeitlichkeit des Daseins, so bin ich zugleich darüber hinaus. Existenz im Kleid ihrer zeitlichen Verwirklichung ist Geschichtlichkeit, die (im Unterschied von der objektiven und subjektiven Geschichtlichkeit von Dasein und Geist) die Koinzidenz von Zeitlichkeit und Ewigkeit ist. Im Unterschied von Geschichte als dem bloß Vergehenden mit der Kontinuität und mit dem Abreißen von Überlieferungen ist Existenz das Zusichkommen des Selbst in der Zeit als ein Gegenwärtigwerden von Ewigem.

5) *Existenz ist nur in Kommunikation von Existenzen.* Als sich isolierendes Fürsichsein ist Selbstsein nicht mehr es selbst. Es kommt zu sich nur, wenn, in der Kommunikation mit anderem Selbst, dieses zu sich kommt. Daher gehört zur Existenz die kämpfende Liebe. In ihr verzichtet der Mensch auf die bloße Selbstbehauptung, holt sich aus jedem Zorn wieder heraus, bändigt den Stolz des Verletztseins. Denn in keiner sich isolierenden Wahrheit ist noch Wahrheit.

6) *Ich kann nicht durch Wissen, daß ich existiere, wirkliche Exi-*

[1] Paradies 29, 15.

stenz sein. Will ich es wissen, so verschwinde ich als Existenz. Alles in bezug auf Existenz Gesagte, Getane, Gestaltete bleibt indirekt. Das Indirekte ist nicht eine Veranstaltung, die ich unternehme, sondern bleibt die unüberwindbare Indirektheit auch vor mir selbst. Nur im rückhaltlosen Willen zu jeder möglichen Direktheit, zum Aufheben jeder Indirektheit, wird die Indirektheit wahr.

Daher wird unter Menschen immer auch wieder das Bewußtsein auftreten: das Wesentliche ist noch nicht gesagt, das Eigentliche noch nicht getan. Nicht weil es versäumt wäre, sondern weil auch dann, wenn alles möglich Scheinende gesagt und getan wurde (was nie geschehen kann), es doch nie ausreicht.

7) Existenz, *weil sie sich geschenkt weiß,* ist *im Grunde verborgen.* Warum liebe ich? Warum glaube ich? Warum bin ich entschlossen?

Diese Fragen sind nie, mag man noch so viele Voraussetzungen, Bedingungen, Motive des Erscheinens in der Welt angeben, beantwortbar. Jede Antwort macht die radikale Unbeantwortbarkeit bewußt.

Es gibt zwar kein sinnvolles Verbot zu fragen, wohl aber die Erfahrung des Klarwerdens: die Wirklichkeit der Existenz ist für unser Erkennen grundlos.

Was sich so in seiner Grundlosigkeit zeigt, ist Ursprung für uns, aber kein Gegenstand, keine Feststellbarkeit, keine Sichtbarkeit.

Will man etwa abwehren: man solle nicht durch Reflexion an das Unergründbare rühren; – Frage und Forschung zerstörten hier das, was wirklich sei; – so ist vielmehr umgekehrt zu sagen: das Eigentliche offenbart sich in seiner Verborgenheit nur um so entschiedener dem Denken (wenn es philosophisch, nicht abstrakt und nicht rationalistisch ist): das wesentliche Bleibende, quer zur Zeit – es ist unantastbar – mit dem Denken (im inneren Handeln) kommt es nur wirksamer hervor; zwar ist die Unmittelbarkeit des Vergänglichen der Zersetzung durch Frage und Reflexion ausgesetzt, aber durch Denken im Sich-selbst-offenbar-werden wird das Ursprüngliche nur wirklicher in der Erscheinung.

7. *Welt und Transzendenz:* Das Umgreifende, das das Sein selber ist, umgriffen von dem, was wir als Umgreifende sind, heißt Welt und Transzendenz.

Für das natürliche Verhalten sind sie das erste. Sie sind nicht von uns hervorgebracht. Sie sind nicht bloßes Ausgelegtsein durch die Auslegung, die wir vollziehen. Sie bringen uns hervor, die wir ein winziger Teil der Welt, ein verschwindend Vorübergehendes in ihr sind, und die wir als Existenz uns nicht durch uns, sondern durch die Transzendenz gesetzt wissen.

Das Umgreifende, das das Sein selbst ist, ist zugleich ein solches, das auf keine Weise für uns Objekt wird.

In der Welt gehen wir nach allen Seiten und finden in ihr ins Unendliche die uns erkennbaren Dinge. Die Welt selber im ganzen ist nicht verstehbar und nicht ihr angemessen denkbar; sie ist für unser Wissen kein Gegenstand, sondern nur eine Idee als Aufgabe für das Forschen.

Die Transzendenz aber erforschen wir überhaupt nicht, wir werden von ihr – im Gleichnis gesprochen – berührt und berühren sie als das Andere, das Umgreifende alles Umgreifenden.

b. Besinnung auf die Weise dieses Grundwissens

1. *Rückblick:* Die Grunderfahrungen des Sichfindens in der Welt waren diese: *Ich bin da* in meiner Umwelt, unter den Mächten und Kräften in Raum und Zeit, mich behauptend und erliegend.

Ich bin denkend. Es gibt die zwingende Richtigkeit für das Denken im Bewußtsein überhaupt.

Es erwächst eine Welt der Phantasie, an mich herankommend und durch mich hervorgebracht: *ich bin Geist.*

Das Gesamte aus diesen drei Ursprüngen ist die *Welt.* Sie tut der Frage, wie ich mich in der Welt finde, aber nicht genug. Denn ich bin mir meiner Freiheit bewußt, in der ich zu mir komme als mögliche *Existenz.* Im Bewußtwerden meiner Freiheit wird mir die Macht gewiß, von der ich mir in meiner Freiheit geschenkt werde, die *Transzendenz.* Ich bin nicht durch mich selbst. Ich habe mich nicht selbst geschaffen.

Es ist der Sprung zwischen Immanenz und Transzendenz: dort Dasein, Bewußtsein überhaupt, Geist und Welt – hier Existenz und Transzendenz.

2. *Die Eigenständigkeit der Ursprünge:* Es kommt darauf an, der Ursprünglichkeit der Grunderfahrungen sich bewußt zu werden. In jeder Weise des Umgreifenden vergewissern wir uns eines solchen Ursprungs, den wir nicht auf anderes zurückführen können.

Zur Klarheit unseres Selbstbewußtseins und Seinsbewußtseins

(beide voneinander untrennbar) müssen wir jede Weise des Umgreifenden spüren, uns ihr hingeben, sie in uns erwecken.

Alles Umkreisen und Wahrnehmen der Erscheinungen, alles Hinweisen setzt diese Grunderfahrungen voraus, die ihrerseits durch solche Erhellung gesteigert werden. Aber die Vergewisserung des Grundwissens trifft nur die Form der Grunderfahrungen. Erst mit ihrer Erfüllung werden sie wirklich werden.

3. *In jeder Weise des Umgreifenden hat Wahrheit einen ihr eigentümlichen Sinn:* im *Bewußtsein überhaupt* den der zwingenden Allgemeingültigkeit für jedes »ich denke«; – im *Dasein* den der Erfüllung von Leben, Selbstbehauptung, Glück und Sichdarstellen von je diesem einzelnen Dasein; – im *Geist* den der Bewegung des Sinnverstehens (im ursprünglichen Auslegen und hervorbringenden Finden der Gestalten) und des Verstehens des Verstandenen (in der Auslegung der Auslegungen); – in der *Existenz* den des Identischwerdens mit dem Ursprung in der Unbedingtheit des geschichtlichen Entschlusses durch die ins Unendliche sich vertiefende Wiederholung der Liebe und der Vernunft.

In der *Mitteilung* der Wahrheit vollzieht sich Verständigung oder Abstoßen: im *Bewußtsein überhaupt* die Gemeinsamkeit zwingender Erkenntnis zwischen den vertretbaren Punkten; – im *Dasein* die Interessen der Selbstbehauptung und Selbsterweiterung, wenn sie koinzidieren oder sich ausschließen; – im *Geist* die Gemeinsamkeit der freien, unverbindlichen Lust im Spiel der Formen der Gestalten, Bewegungen, Vorstellungen, der Gebärden und des Benehmens; – in der *Existenz* das kommunikative liebende Kämpfen oder die kämpfende Liebe zwischen Menschen, die unvertretbar jeder als sie selbst da und mit dem anderen in der Ewigkeit verbunden sind.

In jeder Weise des Umgreifenden entscheidet eine andere Wahrheit. Haben sie einen gemeinsamen Grund? Wenn ja, dann im Umgreifenden aller Umgreifenden, in der Transzendenz.

4. *Sinn des Grundwissens:* Das Grundwissen dessen, wie wir uns in der Welt finden, verzichtet auf ein Totalwissen, das es nicht gibt.

Daher dient solches Grundwissen nicht zum Ausgangspunkt einer Deduktion zwecks Ableitung aller Dinge. Es dient vielmehr als Werkzeug zu Unterscheidungen in der je besonderen Situation theoretischer Forschung oder lebendiger Praxis.

Das Grundwissen vermag seinen Sinn zu erfüllen nicht durch eine lernbare Methode, sondern durch die Kraft der Fragestellung, die jedesmal zu einem neuen Finden des je Besonderen führen muß. Es lehrt Verwechslungen und Verwirrungen meiden in der Ursprünglichkeit selber, die wir sind und sein können. Das Grundwissen erhellt durch kritische Unterscheidung dort, wohin zulänglich definierte Begriffe nicht reichen. Es fördert die Klarheit unseres Lebens. Es vollzieht eine Auflockerung in unserem Bewußtsein und erzeugt Offenheit.

5. *Die Unangemessenheit der unvermeidlichen Objektivierung im Sprechen vom Umgreifenden.* – Alles, was objektiv wird, liegt im Umgreifenden, das selber nicht Objekt ist. Das Umgreifende, das Subjekt und Objekt in sich faßt, also weder Subjekt noch Objekt ist, wird aber, wenn wir von ihm sprechen, selber zum Objekt unseres Denkens. Im Denken des Umgreifenden müssen wir es unausweichlich einen Augenblick zum Objekt machen, weil wir aus der Subjekt-Objekt-Spaltung nicht heraus können. Indem wir denken, sind wir immer schon wieder in ihr darin.

Ein sachlich gegenständliches Meinen soll mit sich selber über sich hinaus sein in dem, worin es gegründet ist. Wir sprechen von etwas, das als Gegenstand nicht das zeigt, was durch ihn gegenwärtig werden soll.

Wir können nur in Gegenständlichkeiten sprechen. Ungegenständliches Sprechen und Denken gibt es nicht. Aber im Gegenständlichen und im Subjekt schwingt mit ein Übergegenständliches und Übersubjektives. Haften wir am Gegenständlichen als solchem, so geht unser Denken alsbald sinnlose Bahnen ins Endlose, Gehaltlose.

Wir denken daher das Umgreifende mit der Absicht, dieses Objektivierte, Vergegenständlichte rückgängig zu machen. Durch das zwar fälschende, aber unumgängliche Verfahren selber möchten wir uns des Umgreifenden vergewissern. Versuchen wir, das Umgreifende zu vergegenwärtigen, das wir sind, das aber als Gegenstand der Erkenntnis nicht erreichbar ist, das vielmehr auch im Medium des Gegenständlichen für uns, die wir alles übergreifen, vorkommt, so vollziehen wir ein Denken, das uns ständig zugleich nimmt, was es zu geben scheint. Wir müssen es denken im Gegenständlichen, aber als Gegenstand verschwindet es.

Das ist die Paradoxie, daß wir, das Umgreifende denkend, doch im Denken, also in der Spaltung bleibend, es als ein Gegenständliches denken, während wir das Umgreifende meinen. Dieser Versuch ist der einzig mögliche, im Bewußtsein der Grenze, die man denkend nicht überschreiten kann, trotz dieser Grenze sich dessen zu vergewissern, was ist, ohne Gegenstand zu werden. Dadurch, daß es offenbar wird, ist es vielmehr immer Gegenstand (Objekt) und Ich (Subjekt) zugleich.

Wird die Objektivierung eines Umgreifenden festgehalten, so ist der philosophische Sinn des Gedankens verschwunden. Zum Beispiel: Es geschieht die Objektivierung der Existenzerhellung zu einem Wissen von Existenz. Dann werden die als Anruf zum Freiseinkönnen entwickelten Begriffe verkehrt zu einem Mittel, Menschen (menschliches Handeln und Denken) existentiell beurteilend zu subsumieren. Dann will einer töricht wissen, ob er auch wirkliche Existenz sei. Dann wird das innere Handeln, als das und für das das existenzerhellende Philosophieren erfolgt, aufgehoben zugunsten eines vermeintlichen (wenn auch phantastischen) Wissens von etwas, dann wird die Philosophie zu einer Art Psychologie.

6. *Die Paradoxien des wechselweisen Sichumgreifens.* – In der Vergegenwärtigung des Umgreifenden geraten wir also sogleich wieder in die Subjekt-Objekt-Spaltung. Aber nicht nur dies. Sie wird uns auch noch zum Leitfaden der Gliederung dessen, was der Gedanke des Umgreifenden trifft. Das Umgreifende, das wir sind, stellt sich gegenüber dem Umgreifenden, das das Sein selber ist: das eine Umgreifende umgreift das andere. Vom umgreifenden Sein her wird umgriffen das Sein, das wir sind. Vom Umgreifenden, das wir sind, wird das Sein umgriffen.

Dieses wechselweise Umgreifen – das eine Umgreifende, das im Ausgesagtwerden sich sogleich wieder in die unausweichliche Doppelheit aller Denkbarkeiten fangen lassen muß –, wird auf großartig einfache Weise von Dante ausgesprochen, als er das Verhältnis Gottes zu den ihn umgebenden Engelchören vor Augen hat: Gott, der »von dem, was er umschließt, selbst umschlossen scheinet«, oder dasselbe: »umschlossen scheint's von dem, was es umschließt«[1].

[1] Paradies 30, 12.

c. Vernunft

Der Weisen des Umgreifenden sind *viele.* Nur die Formel vom Umgreifenden alles Umgreifenden trifft, aber erreicht nicht das Eine.

1. *Die Vielfachheit und Unabschließbarkeit.* – Jede Weise des Umgreifenden läßt in sich wieder eine Vielfachheit erscheinen. Dasein und Geist sind in der unübersehbaren Individualisierung unendlich vieler. Das Bewußtsein überhaupt ist zwar dem Sinne nach eines, aber in der Erscheinung gebunden an die Zahllosigkeit der an ihm teilnehmenden denkenden Punkte. Existenz ist in dem Zueinander und Gegeneinander vieler Existenzen. Die Welt ist zerrissen in die Mannigfaltigkeit der Aspekte, Erforschbarkeiten, Gegenstandssphären. Die eine Transzendenz spricht in der Vielfachheit der geschichtlichen Erscheinung der Chiffern für die sie hörenden und sehenden Existenzen und ist, als das Eine der Wirklichkeit selbst, unzugänglich.

Die Weisen des Umgreifenden schließen sich für uns nicht zu einem geschlossenen Organismus eines einen Ganzen. Wir sehen in ihnen nicht die Harmonie einer Vollendung. Ihre Vergegenwärtigung ist *nur ein Werkzeug,* uns im Sein, in dem wir uns finden, nach den Weisen seiner Gegenwärtigkeit zu vergewissern.

Wir begreifen mit ihnen die Unabschließbarkeit des Ganzen und die Unlösbarkeit des Problems des einen Ganzen für unser Erkennen.

Wir sehen die radikalen Widersprüche. Wir mögen sie in allen Weisen der Dialektik (entweder in der im Widerspruch der Paradoxie sich öffnenden, oder in der im Kreis der Vollendung sich schließenden, oder in der im Streit sich bewegenden Dialektik) uns vor Augen bringen. Es bleiben die radikalen Spannungen. Wir gelangen an den Grenzen zum Äußersten einer jeden Weise des Umgreifenden.

Das Werkzeug weitet unser Bewußtsein aus in jede mögliche Sinndimension, aber es ist als Werkzeug selber unabgeschlossen.

2. *Der Wille zum Einen.* – Indem wir dies alles aussprechen, fühlen wir doch den untilgbaren Willen zum Einen, dorthin, wo alles zu allem gehört, miteinander in Verbindung steht, wo nichts umsonst, vergeblich, überflüssig ist, wo nichts herausfällt und nichts vergessen wird.

Das Ziel ist als erreicht für uns nicht denkbar und nicht vorstellbar. Es vorwegnehmend zu behaupten, zerstört es.

Aber, daß wir den Traum des Einen entwerfen und dabei scheitern, hebt nicht auf, daß er geträumt wird, und daß er für uns ein

Gewicht hat, als ob sein Gegenstand wirklich, er selber ein Wahrtraum wäre. Da diese Wirklichkeit aber doch nur im Traum besteht, haben wir in uns ein anderes: die Vernunft, die uns ständig bewegt, das Band zu finden, und die uns beschwingt, es zu verwirklichen, im kleinsten Umkreis dessen, in dem wir da sind, im weitesten Horizont dessen, was wir als möglich denken und dadurch fördern können.

Ist die Transzendenz das Umgreifende alles Umgreifenden, die Existenz der Boden, so die Vernunft das in der Zeit sich verwirklichende Band. Sie setzt sich dem Zerfallen entgegen. Was immer uns als getrennt entgegenkommt, und was wir im Denken trennen, und was sich in radikalen Unvereinbarkeiten abzustoßen scheint, das soll aufeinander bezogen werden. Wir sehen unsere Aufgabe, die Aufgabe der Philosophie darin, auf den Weg des Verbindens, der Kommunikation zu gelangen. Alle Weisen des Umgreifenden, im Sein selbst umgriffen von der Transzendenz, werden in uns umgriffen vom Band aller Weisen des Umgreifenden, der Vernunft.

3. *Wesen der Vernunft.* – In der Philosophie ist das Höchste die Vernunft, die doch für sich allein nichts ist.

In jeder Weise des Umgreifenden treten Kräfte auf, die zum Durchbruch drängen, als ob Fesseln wären, in deren Zerreißen erst die Wahrheit sich zeige.

Die Vernunft aber ist das umgreifende Band, das, was auseinanderfallen will, uns vereinigen läßt. Sie weist den Weg, auf dem wir bauend verwirklichen.

Sie ist, wie in der Transzendenz das Umgreifende alles Umgreifenden ist, so in der Immanenz das, was allem voraus ist, das sich verabsolutieren möchte. Sie läßt kein absolutes Auseinanderfallen, kein Zerrissenbleiben, das endgültig wäre, zu. Sie will nicht dulden, daß etwas unwiderruflich durchbräche, aus dem Sein herausfiele, ins Bodenlose versänke und verschwände.

4. *Vernunft ist kein System.* – Das aber, was jeden Durchbruch wieder auffangen kann, ist für uns keine gegebene Ordnung, die als ewig feststehende erkannt werden könnte. Es ist kein Gebäude, das, wie wir es auch fänden, doch immer zu sprengen wäre. Es ist kein System, das, wie es auch konstruiert würde, doch überschritten werden müßte. Für uns, in der Zeit, in allen Weisen des Umgreifenden, ist die Vernunft werdend, aber so, daß sie sich in einer Ewigkeit, die ist, zu finden meint.

Alle möglichen und wirklichen Standpunkte, auch das Vernunftlose und Vernunftwidrige, gewinnen gleichsam ihren Ort in dem Raum, der selber kein Standpunkt mehr ist.

5. *Vernunft ohne Subjekt-Objekt-Spaltung.* – Wie ist denn im Umgreifenden der Vernunft das Subjekt-Objekt-Verhältnis? Was ist hier Subjekt, was Objekt in der Spaltung? Die Antwort muß sein: Hier ist die Struktur grundsätzlich anders als in allen Weisen des Umgreifenden. Die Vernunft tritt in alle Weisen der Subjekt-Objekt-Spaltung mit ein, aber in sich selbst ist sie ohne solche Spaltung. Daher ist sie wie nichts, wenn sie nicht in den Medien der anderen Weisen des Umgreifenden zur Wirklichkeit kommt. Sie findet nicht eine neue andere Objektivität als ein neues Subjekt, das dieser gegenüberstände.

Sie wirkt im Bunde mit der Existenz, die ihr den Ernst verleiht. Sie ist Bewegung in der Welt, gezogen von dem Einen, das über alles Denkbare hinaus ist und worauf alles gerichtet ist.

6. *Vernunft und Verstand.* – Verstand ist noch nicht Vernunft. Daß im Sprachgebrauch verständig und vernünftig kaum unterschieden werden, erschwert die philosophische Formulierung dessen, was der Mensch als Mensch denkend tut oder doch zu tun vermag.

Der Verstand bestimmt, fixiert, beschränkt und macht dadurch klar und deutlich. Die Vernunft öffnet, bewegt, kennt kein Ausruhen in einem Gewußten.

Aber die Vernunft tut keinen Schritt ohne Verstand. Sie will die unablässige Erweiterung des Bewußtseins überhaupt. Sie gibt den Verstand nirgends preis. Verstandesverachtung ist zugleich Vernunftverachtung. Unter dem Antrieb der Vernunft kann der Verstand durch sich selbst sich überschreiten, indem er bis an seine Grenzen dringt, an denen der Überschritt stattfindet, der den Verstand weder verläßt noch vergißt, sondern mit ihm mehr als Verstand, eben Vernunft ist.

7. *Vernunft ist das Philosophieren.* – Das klingt außerordentlich. Ist Vernunft vielleicht eine Imagination wie so manche Träume der Philosophie? Wird hier einem Ungreifbaren nicht Unmögliches aufgebürdet? Wird nicht nach der Vergegenwärtigung der Weisen des Umgreifenden in der Immanenz und in der Transzendenz, nach der Erörterung dessen, was ist und was wir sind, noch einmal ein Schritt getan dorthin, wo von einem Bande die Rede, aber in der Tat nichts ist? Es scheint uns der Atem auszugehen, wo nicht einmal mehr ein Objekt und ein Subjekt einander gegenüberstehen. Denn nicht so, wie

das »ich denke« dem Gedachten, wie Dasein der Umwelt, wie Phantasie der geistigen Gestalt, wie Existenz der Transzendenz gegenüberstand, steht hier Vernunft einem Vernunftgegenstand gegenüber.

Und hier in der Unfestigkeit soll alles Philosophieren einen festen Punkt haben, wo doch kein Nagel ist, an den man die Dinge hängen kann, wo nur Bewegung ist und kein Substrat, wo unfaßlich ist, was alles fassen soll?

In der Tat: Hier in diesem Umgreifenden liegt der Raum der Bewegung, in die zu gelangen Aufgabe des Philosophierens ist. Aber es kann sich hier im luftleeren Raum nicht erfüllen, sondern tritt ein in alle Weisen des Umgreifenden, deren Gehalte erst klar und rein werden, indem sie nach allen Seiten das Band suchen, an dem sie zum Einen gelangen.

d. Charakteristik dieser Vergewisserung

1. *Selbstvergewisserung des Erscheinens.* – Diese Selbstvergewisserung ist weder idealistisch noch realistisch, weder metaphysisch noch ontologisch. Sie besagt nichts über das, was man wohl wissen möchte: ob und was Gott sei, was der Grund der Welt, was das Grundgeschehen und was das ewige Sein sei.

Sie ist nur der Versuch des Vergewisserns dessen, wie und worin wir uns finden. Sie zeigt die *Weisen des Erscheinens* für uns und unserer selbst. Alles, was ist, muß dorthin gelangen, wenn es für uns sein soll. Es muß darin gegenwärtig werden.

Hobbes schreibt[1]: »Von allen Erscheinungen, die uns vertraut sind, ist das Erscheinen selbst, das phainesthai, das Wunderbarste, nämlich daß von den Körpern in der Natur einige (die Menschen) Bilder von fast allen Dingen, andere dagegen keine davon besitzen« (für Hobbes zwar liegt das Erscheinen nur in den Sinneswahrnehmungen; daher schreibt er nicht nur Menschen, sondern auch Tieren dieses Erfahren der Erscheinung zu; dies aber ist eine offensichtliche Beschränkung des Erscheinens). Das Erscheinen nennt Hobbes, der solche Ausdrücke selten gebraucht, »wunderbar«. Es ist das, wovon wir stets ausgehen und wohin wir zurückkehren. Diese Gegenwärtigkeit des Erscheinens ist aus nichts anderem zu begreifen.

[1] De corpore, Kap. 25.

Dieser Grundtatbestand, daß etwas erscheint (oder anders: sich zeigt, sich offenbart, da ist, Sprache wird), ist, so gewiß er gegenwärtig ist, so sehr im Ganzen das Geheimnis.

2. *Das Erhellen des Weges zum Geheimnis durch das philosophische Grundwissen.* – Das Geheimnis wird uns heller, wenn wir das Erscheinen als solches zum Bewußtsein bringen: wie es stattfindet in der Mannigfaltigkeit seiner Gestalten, in den Grundzügen, die ihm als Erscheinen zukommen.

Aller Mühe dieses Denkens meinen wir vielleicht uns überheben zu können, wenn wir uns ergreifen lassen von dem Unmittelbaren der Sinne und des Verstandesdenkens, der Anschaulichkeit, des Mythus, von dem, was in technisch verwertbarer Gegenstandserkenntnis und was in der Dichtung und Kunst, im Kultus ohne weiteres für uns da ist, unbezweifelbar in seiner Fülle und Wahrheit. Man sagt, dies alles werde durch Reflexion nur verunklärt und eigentlich schon in Frage gestellt.

Solche Haltung verweigert sich dem Weg des Menschen. Sie ist eine Versuchung. Denn sie scheint uns zu retten. Aber in der Form der unbefragten Unmittelbarkeit ist Wahrheit immer auch täuschend. Sie läßt in Verwirrung geraten. Wenn sie einmal trotz Reflexionslosigkeit rein bleibt, so ist sie doch schutzlos gegenüber einbrechenden Verkehrungen. Sie bedarf der Prüfung durch Denken im Grundwissen von dem, worin wir uns finden.

Wenn die Unmittelbarkeit des Ergriffenwerdens aufgenommen ist in die Weite aller Weisen des Umgreifenden, dann schwindet der Trug blinder Selbstbehauptung des Daseins, der bloße Zauber des Geistes, das bloße Behaupten des argumentierenden Verstandes, der Stolz des Schon-in-der-Wahrheit-Stehens eines Glaubens.

Die falschen Geheimnisse werden durchsichtig in dem Maße, als das wahre, allumfassende Geheimnis gegenwärtig wird im Denken.

3. *Nicht Ontologie, sondern Periechontologie.* – In der Vergegenwärtigung der Weisen des Umgreifenden suchen wir nicht die Stufen in Kategorien eines objektiv Vorkommenden (wie die großen metaphysischen Stufenlehren seit Aristoteles), sondern die Räume des Umgreifenden. Das heißt: wir suchen nicht Seinsschichten, sondern die Ursprünge des Subjekt-Objekt-Verhältnisses, nicht *ontologisch* eine Welt gegenständlicher Bestimmungen, sondern *periechontologisch* den Grund dessen, woraus Subjekt-Objekt entspringen, ineins miteinander und aufeinander bezogen.

4. *Die Beziehungen der Ursprungsverschiedenheiten.* – Unsere Darstellung der Weisen des Umgreifenden zeigte in der Kürze nur eine Reihe. Aber keineswegs stehen diese Weisen als ein Aggregat auf einer gleichen Ebene nebeneinander. Zwischen den Weisen des Umgreifenden der Weltwirklichkeit (Bewußtsein überhaupt, Dasein, Geist – Welt) und den Weisen des Umgreifenden der die Welt überschreitenden Wirklichkeit (Existenz – Transzendenz) liegt ein Sprung. Die Beziehung aller Weisen aufeinander, ihr gegenseitiges Sichdurchdringen ist eine vielfache, hier nicht zu entwickelnde. Jede Weise kann sich zum Mittelpunkt aufwerfen und damit alles falsch werden lassen. Zwar ist am Ende das Umgreifende eines, das Umgreifende alles Umgreifenden, die Transzendenz; als solche sprechen wir sie an, auf sie beziehen wir uns unmittelbar, sofern wir mögliche Existenz sind. Aber gegenwärtig wird sie uns in den vielen Weisen des Umgreifenden, die alle sich gegenseitig zur Ergänzung fordern, nicht aus sich bestehen und nicht in sich abschließbar sind.

Aber aus der Transzendenz vermögen wir sie nicht abzuleiten und die Transzendenz selbst nicht angemessen im Gedanken zu erreichen.

Die Weisen des Umgreifenden sind die Grundwirklichkeiten, in deren Spannung wir faktisch leben.

e. Die Umwendung

1. *Orientierung in der Welt und in uns selbst.* – Wir orientieren uns in der Welt, Realität erkennend, Natur gestaltend, Natur beherrschend. Wir durchbrechen Fiktionen, um die Realität selber zu fassen, uns selber als psychologische Lebewesen, die in der Welt vorkommen, einschließend. Der Weg führt, unser Wissen ständig erweiternd, unser Machenkönnen steigernd ins Unabsehbare.

Grenzvorstellungen sind: daß die Weltraumschiffahrt das Weltall zum Wohnsitz und zum Felde der Vernunftwesen macht, die bisher nur die Erde in Besitz nahmen (eine heute trotz aller Satelliten physisch und biologisch utopische Vorstellung), daß alles Leben auf der Erde vernichtet werde (was heute möglich scheint) oder der Erdball selber durch atomare Kettenreaktion verschwinde (was heute noch nicht im Raum des Möglichen liegt), daß die Verwandlung des Menschen selber in seinem psychophysischen Wesen nach Plan des Menschen durch Herstellung neuer Lebensbedingungen und Züchtung geschehe. Diese vorwegnehmenden Orientierungen sind zwar daseinswichtig, verändern aber nicht grundsätzlich unser Daseins- und Existenzbewußtsein.

Demgegenüber gibt es die ganz andere Orientierung in uns. Wir sind die Stätte, für die alles, was für uns ist und werden kann, seine Erscheinungsform annimmt. Wir nennen diese Orientierung die Vergegenwärtigung des Umgreifenden. Durch sie wissen wir ineins von der Stätte mit ihren Aufnahmeorganen und dem, was darin aufgenommen wird. Es geschieht auf so verschiedene Weise, wie es Weisen des Umgreifenden gibt, die die Auffassungsorgane und das Aufgefaßte zugleich sind.

2. *Die philosophische Grundoperation.* – Zu dieser zweiten, der philosophischen Orientierung brauchen wir die Gegenständlichkeit, um mit ihr das Ungegenständliche zu vergewissern. Dieses Denken hat also zwei Seiten: erstens die Herausarbeitung der zur Vergegenwärtigung der Weisen des Umgreifenden dienenden, mannigfachen Sachlichkeiten, zweitens die Zurücknahme aus den Gegenständlichkeiten, um des Umgreifenden sich zu vergewissern. Die Umwendung selber braucht zunächst diese Gegenständlichkeiten, ohne die sie sich nichts zum Bewußtsein bringen kann, aber sie braucht zugleich die Rückwendung aus ihnen.

Oder anders gesagt: die Umwendung vollzieht sich, indem sie das Umgreifende ausspricht in Gegenständen, die als solche keinen Bestand haben dürfen. Oder wieder anders: die Umwendung bringt zu ihrer Erhellung hervor, was sie wieder verschwinden lassen muß, wenn sie selber gelingt. Dies Gelingen ist fühlbar in der wachsenden Kraft der Weisen des Umgreifenden selber, aus denen immer von neuem die Wirklichkeit gegenwärtig wird, die uns trägt.

Was im Denken getan wird, um durch die Weisen des Umgreifenden uns dessen zu vergewissern, wie wir uns in der Welt finden, nennen wir die philosophische Grundoperation. Sie vollzieht aus der Subjekt-Objekt-Spaltung, in der wir auf Gegenstände gerichtet und an sie gebunden sind, die Umwendung in das Umgreifende, das weder Subjekt noch Objekt ist, sondern beides in sich schließt. Wenn im Denken des Umgreifenden dieses selber unausweichlich Gegenstand wird, erzwingt der philosophische Sinn zugleich die Umwendung ins Gegenstandslose.

Die Umwendung verlangt, wenn sie sich klarwerden soll, das Mittel gegenständlichen Denkens, das als solches sie wieder zu vernichten droht. Die Grundoperation, als solche ausgesagt, verführt durch die Aussagen zu einem Wissen von etwas, wenn nicht ihr gegenstandsfreies Innewerden, das zugleich ihr Ursprung ist, dies ständig verwehrt dadurch, daß sie das Denken und Sprechen in ihrer Gewalt hat.

In der Antinomie, daß das Umgreifende, das Subjekt und Objekt in sich schließt, doch wieder gedacht wird, also ein für ein Subjekt bestehendes Objekt zu werden scheint, kann nur die ständig wiederholte Grundoperation zu jener Gegenwärtigkeit führen, in der kein Subjekt mehr einen Standpunkt einnimmt, von dem aus das Ganze wieder objektiv denkbar wird, sondern in der das Umgreifende in allen seinen Weisen selber wirkt.

Der philosophische Anspruch ist: Statt in einem objektiven Wissen die Dinge, wie sie an sich sind, vor uns zu haben, statt die Welt im Weltbild, den Menschen im Menschenbild endgültig vorzustellen, statt ein System des Seins zu denken, müssen wir zur Vergewisserung dessen, wie wir uns in der Welt finden und was uns Welt ist, dies alles vollziehen, aber auch als jeweilige Befangenheit im Objektiven begreifen.

Die Grundoperation hebt uns heraus aus der Fesselung an das Objekt und aus der Beschränkung im Subjekt. Denn das Umgreifende schließt in sich das Subjekt und Objekt, in die es sich spaltet, wenn es sich offenbar wird (Denken – Gegenstand, Dasein – Umwelt, Existenz – Transzendenz). Damit zugleich werden also die Grunderfahrungen in der Ursprungsverschiedenheit der Weisen des Umgreifenden vollzogen.

3. *Die Umwendung durch die Grundoperation ist ein Moment der Umkehr.* – Die Umwendung, die die philosophische Grundoperation zugleich vollzieht und bewußt macht, ist ein Moment der Umkehr, durch die wir als Menschen erst zu eigentlichen Menschen werden.

Sind wir uns der Bodenlosigkeit der Welt, der Unergründlichkeit unserer Herkunft, der Einzigartigkeit des Menschseins in der Welt, dieses Auges und Lichtes im dunklen All, dieser Sprache in der sonst stummen Welt, und sind wir uns selber ungewiß in dem Sein unserer Freiheit als Nicht-durch-sich-selbst-Sein, sondern als Sichgeschenktwerden, dann schafft uns die philosophische Grundoperation gleichsam den Raum, in dem dies alles seinen Ort und seinen Sinn hat.

4. *Das Bewußtsein nach der Umwendung.* – Wenn unser Grundwissen in der Umwendung sich klar geworden ist, dann kann uns

alles, was für uns ist, wie eine Verschleierung dessen erscheinen, was eigentlich ist, oder als die Verschlossenheit des eigentlich Wirklichen.

Die Folge kann sein, daß wir das Leben erfahren, als ob es ein Traum sei. Oder gerade umgekehrt: weil wir den Traum als Traum erfassen, werden wir wach im Bewußtsein des Umgreifenden, in dem wir alles, was nur ist, überschreiten.

Aber die Zweideutigkeit des gegenständlichen Ungegenständlichseins kehrt in neuer Gestalt wieder: Ist Wachwerden die Befreiung aus der Subjekt-Objekt-Spaltung zum Innewerden des Umgreifenden? Oder ist Wachwerden das Eintreten in die Spaltung, durch die erst offenbar wird, was in der Ungespaltenheit des Umgreifenden dunkel und stumm bliebe, so als ob es nicht sei? Wachwerden ist nur beides in einem: in dem in der Zeit unvollendbaren Prozeß des unablässigen Eintritts in die Subjekt-Objekt-Spaltung, in der es überhaupt erst Klarwerden für uns gibt, und in der ständigen Vergewisserung des Umgreifenden, aus dem erst alles Sein und Tun in der Spaltung Gehalt hat. Wir schlafen in der vom Umgreifenden verlassenen Scheinhelligkeit bloßer Objektivität und bloßer Subjektivität. Wir schlafen auch in der Dunkelheit des ruhenden, bewegungslosen Umgreifenden.

5. *Die Verkehrung des in der Umwendung vollzogenen Denkens.* – Im Gegensatz zur befreienden Umwendung gerät das Philosophieren in eine durch es selber beschränkende Verkehrung, wenn die Sprache der Erhellung unserer Grundsituation verwandelt wird in Seinsaussagen.

Dann wird die Grundfrage: was ist das Sein? nicht mehr durch Vergewisserung der Stätte des Offenbarwerdens des Seins beantwortet, sondern die Antwort durch Objektivierung der an dieser Stätte gewonnenen Vergegenwärtigung in Seinsaussagen, in eine Ontologie verwandelt.

In der Geschichte des abendländischen Philosophierens sind ständig Sachlichkeiten aufgetreten, die unerläßlich für seinen Gang sind. Diese Sachlichkeiten werden entweder Gegenstände der Forschung wissenschaftlichen Charakters und gewinnen dann einen eigenständigen, von der Philosophie unabhängigen Grund. Oder sie sind Chiffern, die nicht Seinserkenntnis, sondern schwebende und verschwindende Sprache der Transzendenz bedeuten.

Wenn aber weder Wissenschaft erreicht wird noch der Chiffercharakter ansprechend ist, dann treten jene Verfestigungen der sogenannten Lehrstücke auf. Sie werden als Lernbarkeiten behandelt. In ihrer Asche mag noch immer ein Funke verborgen sein. Aber der Umgang mit ihr und den Verstandesarbeiten, die diese erstorbenen Begrifflichkeiten gleichsam umrühren und sie in endlosen Beziehungen und Permutationen abwandeln, hat etwas Quälendes (denn es findet keine philosophische Besinnung mehr statt) und hat etwas Bedrückendes, da doch die verlorene Philosophie so nahe ist, aber als Leichnam.

So birgt das große Schema: Welt, Mensch, Gott, das Sein (die in den philosophischen Disziplinen der Kosmologie, Anthropologie, Theologie, Ontologie behandelt wurden) zwar eine vom Ursprung her unverlierbare Wahrheit. Aber in der vollendeten Objektivierung ist in einem logisch strukturierten Scheinwissen der Gehalt verloren an eine leblose Begrifflichkeit.

Allgemein läßt sich für das Philosophieren sagen: Im Unterschied vom bloßen Bewußtsein überhaupt der Wissenschaft ist seine objektive Sachlichkeit darüber hinaus gebunden an die Existenz des Denkenden und an seine Erfahrung in allen Weisen des Umgreifenden.

f. Subjektivismus – Objektivismus

Es gehört seit der deutschen idealistischen Philosophie zu den Topoi der Kritik, ein philosophisches oder theologisches Denken des Subjektivismus zu bezichtigen. Die dieser Kritik zugrunde liegenden Antriebe fassen wir hier noch nicht ins Auge, wohl aber die Voraussetzungen, unter denen die sich in solchen Topoi aussprechenden Mächte sinnvoll erörtert werden können.

1. *Das Überschreiten der Subjekt-Objekt-Spaltung.* – Im Umgreifenden erfolgt die Selbstvergewisserung des Subjekts zugleich mit der des Objekts und beider in der Vielfachheit ihres Sinnes. Selbstvergewisserung ist zugleich Seinsvergewisserung.

Wenn wir uns der Erscheinungen als ermöglicht durch die Spaltung bewußt werden, so wissen wir uns in der Subjekt-Objekt-Spaltung, in der allein sich uns zeigt, was ist, doch zugleich wie in einem Gefängnis. Obgleich erst durch die Spaltung die für uns mögliche Klarheit entsteht, möchten wir doch aus dem Gefängnis heraus. Wir möchten die Subjekt-Objekt-Spaltung überschreiten, in ihren Grund, in den Ursprung aller Dinge und unserer selbst gelangen. Dies Hinausschreiten aus dem Gefängnis scheint auf zwei Wegen möglich:

Erstens durch Eintritt in die *mystische* Erfahrung. Die mystische unio von Subjekt und Objekt läßt das Ich in jeder Gestalt zugleich mit den Gegenständen verschwinden. Dort hört mit der Spaltung zugleich auch die Sprache und mit ihr die Kommunikation auf und das, was in Kommunikation treten könnte. Von unserer Welt der Erscheinung in der Spaltung her gesehen ist dort nichts, sind es nur wunderliche Erlebnisse, psychologisch zu beschreiben, ohne einen gemeinschaftlichen Sinn. Denn jeder versinkt in die als unendliche Seligkeit, als vollendete Klarheit reinen Lichts geschilderte Zuständlichkeit als in seine eigene, in der die Eigenheit zwar aufgehoben, aber durch keine Gemeinschaft erfüllt ist.

Zweitens erfolgt das Hinausschreiten über die Spaltung durch das Innewerden des Umgreifenden als solchen. Wenn dies Hinausschreiten, statt in abstrakten Hinweisen, in der Verfassung des denkenden Menschen selber vollzogen wird, dann ist durch diese philosophische Grundoperation eine Umwendung des menschlichen Selbstbewußtseins eingetreten. Während wir faktisch in der Subjekt-Objekt-Spaltung bleiben, wird uns diese doch auf eine Weise bewußt, daß wir an die Grenze gelangen, an der wir unseren Zustand im Umgreifenden als die Wirklichkeit spüren, deren bewußt zu werden uns verwandelt. Denn im Gefängnis vom Gefängnis zu wissen, befreit zwar nicht von der Realität in der Zeit, aber befreit durch das Denken dahin, wo wir Ursprung und Ziel zwar nicht erkennen, aber als einer uns bestimmenden Macht innewerden. Dadurch werden in der Spaltung die Erscheinungen selber heller, wird in ihnen das Umgreifende gegenwärtiger. Das Gefängnis wird nicht gesprengt, wie durch die unio mystica, die in eine Unzugänglichkeit fallen läßt. Aber wenn das Gefängnis erkannt, gleichsam auch von außen gesehen wird, ist es selber durchstrahlt. Die Entfaltung der Erscheinungen in der Zeit im Lichte des Umgreifenden läßt das Gefängnis immer weniger Gefängnis sein.

2. *Das falsche Ausspielen von Subjektivität und Objektivität gegeneinander.* – Es ist ein häufiger Streit: der eine wirft dem anderen vor, daß er die Objektivität in der Subjektivität verschwinden lasse, oder daß er als er selbst verschwinde in der behaupteten Objektivität.

Ein Beispiel: Ich hatte geschrieben: »Fanatiker überhören die Vieldeutigkeit in allen Erfahrungen von Gottes Stimme. Wer gewiß weiß, was Gott sagt und will, macht Gott zu einem Wesen in der Welt, über das er verfügt, und ist damit auf dem Wege zum Aberglauben.« Damit wollte ich sagen: Wenn ich weiß, was Gott sagt und will, und mich darauf berufe zur Rechtfertigung meiner Forderungen an andere, so habe ich Gott zum Objekt gemacht, wie das »ich denke« im Bewußtsein überhaupt seinen Gegenstand, den es erkennt. Gott zum Objekt in diesem Sinne machen, ist, Gott zum Götzen machen. Dies Tun heißt Aberglaube. Die Forderungen Gottes als gewußte, allgemeingültige aussprechen, ist die Begründung von Ansprüchen durch das Absolute, das die Ansprüche selber absolut macht, also weiterer Prüfung entzieht. Dies Tun heißt Fanatismus. – Ein Theologe[1] übt daran Kritik. Er meint: bei der Auffassung, daß ein Glaube, der in ein bestimmtes Credo festgelegt werde, dann in eine Gegenständlichkeit, in ein Wissen verwandelt und nicht mehr reiner Glaube sei, »stehen wir vor der eigentümlichen Tatsache, daß die Wahrheit, vollständig als Überzeugung verstanden, ihr objektives Korrelat vermißt. Ich bin nicht überzeugt hinsichtlich einer Wahrheit, die von sich aus gilt, sondern meine Überzeugung selber ist die Wahrheit. Gerne bezieht sich Jaspers auf den Satz Kierkegaards: die Subjektivität ist die Wahrheit«.

Bei solcher Kritik kann man – denke ich – sich wohl verständigen, wenn man nur die spezifische Subjekt-Objekt-Beziehung ins Auge faßt. Nicht die »Überzeugung« nur subjektiven Charakters ist die Wahrheit, sondern die Überzeugung zusammen mit ihrem Objekt. Im Bewußtsein überhaupt, das richtig oder unrichtig von Gegenständen weiß, ist dieses Subjekt der allgemeine, vertretbare Punkt dieses Bewußtseins. Für den Gottesglauben aber ist dieses Subjekt die mögliche Existenz. Wenn den Chiffern der Transzendenz nicht die Unbedingtheit einer geschichtlichen Existenz entspricht, sind sie ein Rascheln vertrockneter Blätter. Wenn von Chiffern gesprochen wird wie von erkennbaren oder offenbarten objektiven Gegenständen, ohne daß im gleichen Augenblick das Subjekt als Existenz in ihrem Ernst gegenwärtig ist, dann bleibt allerdings übrig Aberglauben und Fanatismus. Kierkegaards Satz »Die Subjektivität ist die Wahrheit« ist bei ihm bewußt provozierend geschrieben gegenüber den Philosophen, Theologen und Pfarrern, die nur »dozieren«. Gerade Kierkegaard hat die Objektivität in dieser existentiellen Subjektivität festgehalten, indem er ihren hier grundsätzlich anderen Charakter bewußt machte.

Die Erscheinungen, die uns in der Spaltung vorkommen, haben durchaus verschiedene Weisen ihrer Objektivität, die den entsprechenden, durchaus verschiedenen Weisen der Subjektivität sich zeigen.

Die Vergewisserung der Weisen des Umgreifenden ermöglicht es, das Ausspielen von Subjekt und Objekt, von Subjektivität und Objektivität gegeneinander abzuwehren. Es ist erstens falsch, Subjekt und

[1] Hendrik van Oyen, Theologische Zeitschrift 1957.

Objekt auf eine einzige Weise zu nehmen. Es ist zweitens falsch, den der Subjektivität zu bezichtigen, der auf die zu einer spezifischen Objektivität gehörende Subjektivität hinweist, oder eine vermeintlich subjektfreie Objektivität für die Wahrheit zu halten. Jedesmal ist vielmehr zu fragen: welches Subjekt und welches Objekt? Immer gehören beide zueinander und sind nicht ohne einander.

In jeder Weise des Umgreifenden ist die Spaltung von Subjekt-Objekt und die Beziehung beider aufeinander eine eigentümliche: Im *Bewußtsein überhaupt:* das meinende Gerichtetsein auf Gegenstände. Im *Dasein:* als Bezug von Innenwelt und Umwelt. Im *Geist:* der Bezug von Phantasie und Gebilde. In der *Existenz:* ich selbst als Freiheit in bezug auf die Transzendenz, durch die ich bin.

Immer gilt für die Erscheinungen: kein Subjekt ohne Objekt, kein Objekt ohne Subjekt. Denn das Umgreifende, das in der Spaltung erscheint, läßt stets eine Weise des Subjektseins einer Weise des Objektseins gegenüberstehen, so das Dasein der Umwelt, das Bewußtsein überhaupt den denkend gemeinten Gegenständen in der Welt, den Geist den Gestalten. Nach dem Sprunge aus dieser Immanenz stehen sich analog Existenz und Transzendenz gegenüber: keine Existenz ohne Bezug auf Transzendenz.

g. Der Sprung von der Immanenz zur Transzendenz

Die Welt ist für unsere Erkenntnis kein in sich geschlossenes Ganzes, kein harmonisches Totalgeschehen, keine durchgehende Zweckhaftigkeit in einem eindeutigen Verursachungsgewebe. Sie ist nicht aus sich begreifbar. Wäre die Welt die Einheit dieser Totalität, so wäre sie das Sein selber, außer dem nichts anderes wäre.

Für die wissenschaftliche Erkenntnis ist die Welt bodenlos. Diese Einsicht erst schafft dem Denken den Raum für die Freiheit der Existenz, und der Existenz das Bewußtsein der Möglichkeit ihres Sprunges von der Welt zur Transzendenz.

Dieser Sprung hat außerordentliche Folgen: Wir werden zuerst *frei für die Welt.* Denn erst wenn die Welt als Ganzes sich nicht schließt, brechen wir durch jedes Weltbild, jedes Weltgehäuse, das uns einfangen und die Welt beschränken möchte, hindurch, um voranzuschreiten zur unbeschränkten Erkenntnis dessen, was in der Welt entgegenkommt, fortschreitend ins Unabsehbare.

Damit werden wir zugleich *frei für uns selbst in der Welt.* Obgleich wir als Dasein in unserer Realität ganz aus der Welt stammen, haben wir als mögliche Existenz einen Ursprung außer der Welt. Von ihm her wirken wir in der Welt.

Wir werden schließlich *frei für uns selbst in bezug auf Transzendenz.* Zur Schwebe gelangt in allem Weltsein, berühren wir den Boden in der Transzendenz. Hier ist die Zuflucht. Von dorther in die Welt zurückkehrend, ergreifen wir die Aufgaben, die uns auf dem Wege durch die Welt in unseren Situationen zuwachsen.

Die Welt lastet nicht mehr als das an sich Seiende. Alle Totalvorstellungen werden als irrig durchschaut (ob Mechanismus, ob Biologismus, ob realdialektischer Weltprozeß). Sie bewahren alle nur einen Charakter von Aspekten in bestimmten Perspektiven. Für unsere Einsicht fällt jede beherrschende Totaltheorie fort, während viele Theorien eine begrenzte Fruchtbarkeit für empirische Erkenntnis in der Welt haben. Es entsteht eine Offenheit für alles, was in der Welt wirklich ist, eine von Vorentwürfen des Ganzen freie Bereitschaft zu jeder neuen Erfahrung.

Wenn man in jeder Subjekt-Objekt-Spaltung das Objekt gegenüber dem Subjekt transzendent nennt, so wird der Begriff der Transzendenz zur Gleichgültigkeit nivelliert. Wenn aber Transzendenz nur für Existenz, das heißt die Objektseite dessen ist, dessen Subjektseite Existenz heißt, so ist diese Transzendenz weder für das Bewußtsein überhaupt als Geltung noch ist sie im Dasein als reales Objekt.

Wo ich Transzendenz als wirklich erfahre, dort bin ich als ich selbst, als Existenz, wirklich. Wenn ich aber als Dasein, Bewußtsein überhaupt, Geist die Transzendenz als wirklich behaupte, so ist sie im Sinne der zu diesen Weisen des Umgreifenden gehörenden Wirklichkeiten vielmehr eine Fiktion. Sie ist dort überflüssig oder eine Illusion.

h. Abwehr der Verkehrungen zur einen Wahrheit

1. Der Sinn der Selbstvergewisserung des Umgreifenden im philosophischen Glauben. – Der Versuch der Selbstvergewisserung dessen, worin und wie wir uns finden, ist nicht selber schon die Philosophie: denn er entwickelt noch nicht die Gehalte der Wahrheit, sondern nur die Formen und die Richtungen, in denen Wahrheit uns gegenwärtig wird. Aber er ist ein wesentliches Moment der Philosophie: denn in dem rückhaltlosen Willen zu dieser Selbstvergewisserung liegt ein Ansatz des Glaubens: die Bereitschaft zu unbegrenzter Offenheit.

Im Unterschied von einem *Glaubensgehorsam*, der das Nichtverstehbare hinnimmt in Gestalten endlicher Erscheinung und ihnen sich als der Gottheit selber unterwirft, ist der *philosophische Glaube* schon in dem vorbereitenden Versuch der Vergewisserung der Weisen des Umgreifenden vielmehr der Wille, sich selbst zu überzeugen durch Gegenwärtigkeit. Die Erfahrung der Grenzen, aber als Grenzen, die wir in Gestalten ergreifen, die entsprechend unserem Denkenkönnen zerbrechen, läßt diese Gestalten nie zu Objektivitäten werden, die Gehorsam fordern.

Nun ist aber diese Vergewisserung selber auch im Grundsätzlichen nie fertig, nicht endgültig festzulegen. Nicht nur ist die bloße Meinung einer Selbstvergewisserung, weil jeder sie haben darf, höchst fragwürdig. Auch die besonnenste Selbstvergewisserung im ganzen untersteht noch wieder der Befragung, verfestigt sich nur als vorläufiges Schema. Sie ist in Analogie zu den Wissenschaften in Bewegung. Sie ist als Wahrheit verloren, wenn sie dogmatisch wird.

Der Versuch als Ganzes ist der immer zu wiederholende Angriff auf unsere Neigung, uns weiteren Denkens zu überheben. Er richtet sich gegen unsere Angst, im Denken auf etwas zu stoßen, das bedroht, gewohnte Sicherheiten aufhebt, unerfüllbare Forderungen stellt, weswegen es wohl heißt: nicht zu viel denken, Reflexion macht krank!

2. *Verkehrung zur einen Wahrheit.* – Es scheint selbstverständlich, daß die Wahrheit eine ist.

Das trifft zu im Denken des *Bewußtseins überhaupt.* Das Gedachte ist jeweils richtig oder unrichtig.

Es trifft zu auf die Idee der einen Wahrheit in der *Vernunft,* die auf sie zu ins Unendliche fortschreitet, von dort her nur ein Licht in die Gegenwärtigkeit dieser Bewegung wirft, aber sich selber nicht vorwegnehmen läßt.

Es trifft zu auf die Wahrheit der *Existenz,* sofern sie je eine und als solche nicht wißbar ist, während die Gemeinschaft aller möglichen Existenzen nur in der Idee grenzenloser Kommunikation des substantiell Vielfachen ein Antrieb für die Vernunft sein kann.

Nicht aber ist die Wahrheit dann getroffen, wenn sie in einer einzigen Gestalt als Philosophie behauptet oder als durch Fortschritt der Philosophie möglich angesehen wird. Im entwickelten philosophischen Dogmatismus ist dann die Wahrheit verloren.

Die eine Wahrheit ist auch nicht dort, wo sie als offenbart gilt (und außer ihr kein Heil sein soll). Diese Wahrheit gilt für die in ihr sich vereinigenden Gruppen der sie Glaubenden, nicht für alle Menschen. Im entwickelten theologischen Dogmatismus ist dann die Wahrheit verloren.

Die dogmatischen Verkehrungen sind zu deuten als Weisen, die Wahrheit eines Umgreifenden in der Form der Wahrheit eines anderen Umgreifenden haben zu wollen: philosophische und theologische Wahrheit in der Form des allgemeingültigen Bewußtseins überhaupt. Die Vertauschung oder das Ineinanderfließenlassen des Wahrheitssinns verschiedener Umgreifenden zerstört die Wahrheit.

3. Die Fälschlichkeit einer einen Wahrheit entsteht durch Verabsolutierung einzelner Weisen des Umgreifenden. – Denn nur mit und in der Gesamtheit der Umgreifenden könnte Wahrheit die eine und vollendete sein. Man kann ein Schema entwerfen der Erscheinungen, in denen durch Loslösung und Isolierung eines Umgreifenden eine je spezifische Gestalt der fälschlichen einen Wahrheit entsteht:

Das *Dasein* wird verabsolutiert im sogenannten Pragmatismus, Biologismus, Psychologismus und Soziologismus, das *Bewußtsein überhaupt* im Rationalismus, der *Geist* in der »Bildung«, die *Existenz* im Existentialismus (der Nihilismus wird), die *Welt* im Materialismus, Naturalismus, Idealismus, Pantheismus, die *Transzendenz* im Akosmismus.

Nur die Vernunft ist nicht zu verabsolutieren. Für sich allein ist sie nichts. In ihrer Bewegung durch alle Weisen des Umgreifenden ist sie nicht zu übertreiben. Sie kann nie genug sein. Sie ist auch nicht zu überschreiten. Je weiter sie vordringt, desto wahrer wird sie. Sie hat keine eigene zu ihr gehörende Objektivierung und Subjektivierung.

i. Skeptizismus?

Als Skeptiker gilt, wer in der Philosophie nicht eine systematisch entwickelte Überzeugung in unantastbaren, weil der Meinung nach endgültig begründeten Sätzen zuläßt, und im Offenbarungsglauben, wer nicht durch ein Bekenntnis den einen wahren Glauben ausspricht und festhält. Skeptizismus ist dann ein Scheltwort. Der Vorwurf macht den damit Getroffenen verdächtig. Er ist kein verläßlicher Mensch. Er führt ein verlorenes Leben. Er ist gefährlich, weil er zersetzt. – Einige Erörterungen über Skepsis und Skeptizismus scheinen angemessen:

1. *Vergewisserung des Umgreifenden ist Glaubensvergewisserung.* – Die Vergewisserung der Weisen des Umgreifenden, damit des Erscheinens, in dem wir uns finden, hebt die Sicherheit unseres natürlichen Seinsbewußtseins auf, sofern dieses die Realität in faßlicher Weise endgültig vor Augen zu haben meint. Sie zieht uns den gewohnten Boden weg.

Aber solche Vergewisserung will nicht Skeptizismus, sondern *Glaubensvergewisserung.* Sie erlaubt, uns gleichsam zu befreien aus der Gefangenschaft in der Subjekt-Objekt-Spaltung dadurch, daß wir uns ihrer bewußt werden. Sie löst uns aus der Verfangenheit in die Objektivierungen dadurch, daß wir jede in ihrer Besonderheit begreifen. Sie löst uns aus der Bindung an das Ich dadurch, daß wir jede gedachte Form des »ich« erkennen als etwas, das wir nicht eigentlich »selbst« sind. Durch die Vergewisserung der Subjekt-Objekt-Spaltung schwingen wir uns, in ihr bleibend, über sie hinaus.

Durch diese Loslösung gelangen wir erst in die Situation des Philosophierens, dessen Sinn von uns ein Schweben verlangt, orientiert am Boden, von dem wir uns lösten, hin zur eigentlichen Wahrheit.

Die Erfüllung vom Umgreifenden, in dem weder Objekt noch Subjekt verloren, vielmehr beide in Einem gegenwärtig bleiben, nennen wir Glauben im weitesten Sinn und seine Vergewisserung Glaubensvergewisserung. Glauben in einem gesteigerten, die Immanenz übergreifenden Sinn treffen wir in der Vergewisserung von Existenz und Transzendenz. Die Vergewisserung der Vernunft als des im Philosophieren unerläßlichen Sinns erhellt den Vernunftglauben, der dem philosophischen Glauben als der ihm eigensten Kraft zugehört.

2. *Zerrissenheit und Einheit.* – Die Einheit ist zerschlagen in mehrere Weisen des Umgreifenden. Diese sind nicht aus *einem Prinzip* zu deduzieren. Die Welt ist vielmehr für die Wissenschaften, das Sein des Umgreifenden ist für die Selbstvergewisserung *zerrissen.* Ist jedoch die Vielfachheit das letzte, dann wäre mit der Einheit auch die Wahrheit verloren.

Aber die Vergewisserung des Vielen ist nicht Gleichgültigkeit gegen Einheit, sondern der Wille zur wahren Einheit. In jeder vorzeitigen, sich oft verführend darbietenden Einheit ist die Wahrheit selbst nicht erreicht. Durch die Erfahrung der Zerrissenheit werden wir, weil sie unerträglich ist, zu jener Einheit gedrängt, die durch keine Frage mehr fragwürdig werden kann. Wir fragen nach der einen, wahren Einheit, weil wir nur in ihr Ruhe gewinnen.

3. *Das »Leben als Experiment« läßt ein leeres Ich im Skeptizismus übrig.* – In der Ungewißheit, in der wir uns finden, hat das Leben einen Charakter, den man mit dem Wort *»es ist ein Experiment«* falsch bezeichnet. Der veranstaltende Experimentator wäre selber Experiment und Experimentator zugleich. Wer aber den Ernst seines Weges in der Welt dadurch preisgibt, daß er seine Entschlüsse insgesamt als Versuche auffaßt und sich selbst als den Veranstalter im Hintergrund vermeintlich unberührt hält, der verliert die Möglichkeit der Treue im Übernehmen der Geschichtlichkeit in der Kontinuität. Er verliert das Selbstsein. Als nur Versuchender ist er weder für andere noch für sich da. Denn jenes sich vermeintlich im Hintergrund bewahrende Ich, das nicht eintritt in seine Existenz, sondern alles nur als Vordergrund seiner Experimente behandelt, ist ein bloßer Punkt und eigentlich Nichtsein, in dem nichts gerettet wird. Wenn ein »substantieller« Skeptiker das vielleicht, uns unbegreiflich, tun könnte, so will der philosophische Glaube sich vielmehr einsenken in das Dasein, um in ihm geschichtlich mit anderer Existenz zum Selbst zu kommen.

Das Geschehenlassen des Lebens, als ob ich nicht dabei sei, scheint mit dem Verzicht auf die Welt zugunsten eines »außer der Welt« der faktische Verlust der Existenz zu sein. Dann gibt es in der Praxis kein entscheidendes Entweder-Oder mehr, keinen unbedingten Entschluß. Der »Entschluß« aber zur Wahl jener Möglichkeit, durch die die Welt und das In-der-Welt-Sein gleichgültig werden, wäre auch dann, wenn er realisiert wird, kein existentieller Entschluß mehr.

Denn ein Entschluß, der nicht in der Weltwirklichkeit entscheidet und wirkt, scheint kein Entschluß der Existenz, sondern eines Anderen, Wunderlichen, eines in der Kommunikation nicht Faßlichen, eines in jedem Umgreifenden unverläßlichen Nichtseins eines »Ich« zu sein, eine Weise des Skeptizismus, der Nihilismus geworden ist.

An dieser Grenze aber zögern wir wieder. Was uns nicht zu sein scheint, was in der Welt auf Anspruch verzichtet, das liegt zwar außerhalb des Horizonts der von uns versuchten Vergewisserung der Weisen des Umgreifenden, bleibt aber als Möglichkeit – wie die Möglichkeit der Offenbarung – eine für uns unbeantwortbare Frage.

4. *Skepsis als Weg der Philosophie.* – Skepsis ist ein unerläßlicher *Weg* im Philosophieren. Eigentliche Philosophie muß daher einem philosophischen Dogmatiker als Skeptizismus erscheinen.

Es ist skeptische Bewegung, aber kein Skeptizismus, wenn wir in den Wissenschaften methodische Kritik üben, um das Maximum der uns jeweils möglichen Richtigkeit zu erreichen. Skeptische Bewegung ist es auch, aber nicht Skeptizismus, wenn wir in der Philosophie die Aussagen, die den Charakter wissenschaftlicher Erkenntnis annehmen, ohne zu einer methodischen allgemeingültigen Wissenschaft werden zu können, als objektive Erkenntnis verwerfen.

Skeptizismus aber ist es, jeden Sinn solcher Aussagen zu verneinen. Weil sie nicht Wissenschaft sind, sind sie nicht als Spielerei überhaupt zu verwerfen. Sie sind ihrer Form nach rückgängig zu machen, ihrem Gehalt nach aber zu prüfen.

5. *Skepsis als Weg des Offenbarungsglaubens.* – Vielleicht ist auch dem Offenbarungsgläubigen die Skepsis ein unerläßlicher *Weg* des Glaubens selber. Wer nicht »bekennt«, braucht noch kein Skeptiker zu sein. Vielleicht kann der Glaube selbst das formulierte Bekenntnis verwehren. Das Bekennen scheint, sofern es absolute Wahrheit in Form von Sätzen in menschlicher Sprache ausdrückt, ein verhängnisvolles Tun zu sein. Denn es trennt die Menschen, öffnet den Abgrund der Kommunikationslosigkeit, wenn mit dem Bekenntnis der Anspruch erhoben wird, die anderen sollten an ihm als der Sprache der absoluten Wahrheit teilnehmen.

Nicht Skeptizismus wendet sich gegen das Bekennen in Sätzen (statt in Handlungen und Leben), sondern der Glaube selber, der skeptisch auf dem Wege seiner Aussagen bleibt.

6. *Der unentschiedene Skeptizismus.* – Eine Verwässerung des Philosophierens ist der unentschiedene Skeptizismus, der, obwohl in skeptischer Manier verfahrend, doch nicht skeptisch sein will. Ein durchschnittliches Denken Gebildeter kann das, was in ihm philosophischer Glaube ist, mangels der Unterscheidung der Weisen des Umgreifenden nicht angemessen aussprechen. Es pflegt in den Formulierungen zwischen Skeptizismus und Dogmatismus hin und her zu gehen. Dafür sind Sätze Ciceros und der sogenannten akademischen Skepsis ein Beispiel. Wenn Cicero etwa darstellt, was Epikureer, Stoiker, Akademiker über die Götter meinen, so sagt er: »Wohl kann möglich sein, daß keine einzige dieser Meinungen, nicht aber, daß mehr als eine die Wahrheit sei.« Philosophisch ist das von demselben Range wie der des Vortrags eines Philosophieprofessors über Unsterblichkeit, den ich in meiner Jugend hörte, staunend vor der ihm nicht bewußten ironischen Selbstvernichtung: Nach subtilen Erörterungen im Stil

wissenschaftlicher Begründung durch Logik und Erfahrungstatsachen kam er zu dem Ergebnis, daß etwa 70% der Gründe für, 30% gegen Unsterblichkeit sprächen.

Mit den Akademikern sagt Cicero: »Wir sind nicht Leute, die nichts für wahr annehmen, sondern die nur behaupten, alles Wahre habe einen Beisatz von Falschem, was mit ihm so große Ähnlichkeit habe, daß an demselben sich kein sicheres Merkmal, um es zu beurteilen und ihm beizupflichten, finde. Daraus hat sich der Satz ergeben: Vieles sei wahrscheinlich, was, obgleich es nicht durchaus begriffen werden könne, dennoch, weil es ein gewisses klares und lichtvolles Aussehen habe, dem Leben des Weisen zur Richtschnur diene.« Ahnungslose Unphilosophie des unentschiedenen Skeptizismus!

Praktisch wirklich wird der Skeptizismus in dem Maße, als einzelne Weisen des Umgreifenden verkümmern, und vor allem durch das Verkümmern der Gegenwärtigkeit des Umgreifenden alles Umgreifenden.

k. Die geschichtliche Vielfachheit ursprünglicher Weisen des Grundwissens

Die Strukturen dessen, als was und wie und worin wir uns finden, sind historisch so verschieden gedacht worden, daß man an ihrem Zueinandergehören zweifeln könnte. Schon jede Benennung dessen, was wir als das Gemeinsame in der Verschiedenheit meinen, ist fragwürdig. Nennen wir es das Selbst- und Weltverständnis, so beruht schon diese Benennung auf bestimmten Kategorien.

Wir leben immer in einem Grundwissen. Dieses ist mehr oder weniger klar. Großen geschichtlichen Gemeinschaften ist es gegenwärtig in allen Stufen von unbestimmten Gefühlen über Bilder bis zur systematischen Entfaltung in der Philosophie. Es ist dann jeweils wie eine einzige große Selbstverständlichkeit.

Werden aber in gegenseitiger Berührung und in historischem Wissen alle Weisen des Grundwissens bewußt, dann hört die Selbstverständlichkeit und die Gewißheit der einen Wahrheit auf. Jetzt sind zwei Bewegungen möglich:

Entweder bleibt das Vielerlei. Scheinbar kann man nun an allen Weisen des Grundwissens teilnehmen. Da man sie kennt, läßt man sie sich in Redewendungen zufliegen, um einen Augenblick sie mitzusprechen. Der Zustand ist zerstreut. In ihm ist kein Zusammenhang und keine Kontinuität.

Oder die Kunde von den geschichtlichen Weisen des Grundwissens und das verstehende Eindringen in sie wird auch bei aller inneren Beteiligung als bloße Kunde unterschieden von dem, worin ich selber mein umgreifendes Bewußtsein habe.

Die bisherigen Weisen des Grundwissens waren verbunden mit dem jeweiligen Gehalt eines Seinswissens. Sie waren eine Ontologie. Unser modernes Grundwissen kann solchen Anspruch nicht erheben. Es gewinnt einen anderen Charakter, weil es nicht Ontologie als Wissen vom Sein, sondern Periechontologie als Vergewisserung des Umgreifenden meint.

Nennen wir die großen historischen Gestalten des Seinsbewußtseins ein Grundwissen, so sind sie alle mehr als unser Versuch des modernen philosophischen Vergewisserns des Umgreifenden. Denn sie sind alle, weil schon erfüllt mit dem ganzen Gehalt, für sich selbst genug, abgeschlossen, lebentragend, den Denkenden in sich bergend.

Sie sind aber alle auch weniger als der moderne Versuch der Vergegenwärtigung aller Weisen des Umgreifenden. Denn sie stehen alle in einer Beschränkung. Es ist zwar nicht ein Fortschritt im Gehalt der Wahrheit, wenn wir in unserem Zeitalter die Souveränität über alle diese Weisen gewinnen. Die Weite bedeutet eher zunächst Verlust. Aber das Denken der Formen aller Weisen in ihren Ursprüngen und Dimensionen und Bedingungen bringt die Weite, ohne die uns ein je bestimmter Gehalt fragwürdig wird. Trotzdem ist die Weise des Grundwissens als Form aller Weisen des Umgreifenden selber ein wesentlicher Gehalt. Denn es erweckt die Ursprünge, spannt gleichsam den Raum aus, in dem alles, was uns als Gehalt erfüllt, seinen Ort und seine kritische Kontrolle durch Bewußtheit findet.

Das Grundwissen ist daher in seiner jeweiligen Gestalt zugleich eine Weise der inneren Verfassung des es denkenden und in ihm lebenden Menschen.

Auch das Grundwissen der Weisen des Umgreifenden entspricht einer inneren Verfassung. Aber einer solchen, die nur den Raum weitet, auf die Ursprünge weist und der Ergänzung bedarf durch die Erfüllung dieses Raumes.

Die großen historischen Gestalten des Grundwissens sind selber schon die Erfüllung, die moderne Gestalt nicht.

I. Die Idee des allgemeinen Grundwissens

1. *Die Idee.* – Wir können einen verschiedenen Glauben haben, aber uns darin verstehen, daß wir glauben, so wie wir uns als Dasein behaupten, darin aber die Selbstbehauptung des Anderen verstehen können.

Mit der Vergegenwärtigung der Weisen des Umgreifenden erhellen wir den uns Menschen gemeinsamen Raum, in dem wir einander mitteilen, was wir meinen, wollen und was für uns ist.

Der Absicht nach liegt solche Selbstvergewisserung vor aller gehaltvollen geschichtlich bestimmten Philosophie. Sie möchte das gemeinsam zu Erfassende, das gemeinsam Mögliche.

Die Idee ist: wenn wir das Umgreifende als das uns Gemeinsame vergewissern, in dem wir uns treffen, so können wir uns gegenseitig frei lassen in den Ursprüngen, aus denen wir leben, den unübersehbar mannigfaltigen und getrennten.

Die Idee dieses Grundwissens ist, im ständig zu erweiternden Wissen aller geschichtlich schon verwirklichten Möglichkeiten nicht notwendig eine neue Weise dieser geschichtlichen Gestalten zu konstituieren, sondern der Situation entsprechend, in die wir heute hineingeboren sind, das zu tun, was dem Wissenden übrig bleibt: Herausgerissen aus allen bisherigen Glaubensselbstverständlichkeiten kann der Mensch weder eine solche wiederherstellen (eine künstliche Wiederherstellung würde eine unehrlich gewordene Tradition vergeblich zu halten versuchen) noch eine neue nach Plan machen. Etwas anderes kann entstehen: Im Umgang mit der verstehend angeeigneten Überlieferung der Ursprünge und der geistigen Verwirklichungen, im Besitz solchen verstehenden Wissens, fähig zu der unendlichen Reflexion, muß der Mensch seinen Ernst in neuer Gestalt gründen, die ein in der Mitteilung allgemein verbindendes formales Grundwissen als Voraussetzung sucht.

Es gibt bisher nicht eine einzige, allgemein anerkannte Grundstruktur dessen, als was und worin wir uns finden. Jede der großen geschichtlichen Gestalten scheint ihre eigene Struktur zu haben, der gegenüber einer anderen etwas Inkommensurables eigen ist.

Bei der historisch analysierenden Betrachtung scheint jeder eine bestimmte Beschränkung zuzugehören, eine Blindheit für anderes, eine Absolutheit, die das andere nur anverwandeln, nicht bestehen lassen kann.

Utopisch scheint es, nach einer Grundstruktur zu suchen, wie wir sie in den Weisen des Umgreifenden entwerfen. Der Sinn solchen Entwurfs ist nicht das Selbstverständnis eines Glaubens, auch nicht die Beschreibung des historisch Gegebenen, auch nicht die Abstraktion des Allgemeinen des in allen Glaubenswirklichkeiten enthaltenen gemeinsamen Glaubensinhalts in einer vermeintlich von jedermann anzuerkennenden Verdünnung.

Daher das Schwebende des Entwurfs, der nur für diesen Augenblick der Mitteilung zu einer nur vorübergehenden Festigkeit gerinnt. Daher aber auch die Aneignung von längst ausgesprochenen Grunderfahrungen.

Daher ist der Entwurf kein Ordnungsplan für die historisch gegebenen Glaubensmöglichkeiten, sondern er ist ein Mittel der Kommunikation.

Wenn das Hinhören auf die Mitteilungen Glaubender in der gesamten Menschheit für den Entwurf des Grundwissens selber notwendig ist, so nicht nur wegen des Betroffenseins von jedem Ernst, der uns begegnet. Wir möchten keine Dimension der ursprünglichen, gemeinsamen formalen Möglichkeiten verlieren. Wir möchten unsere immer noch nicht genügende Offenheit erweitern.

Es ist die Frage, ob alle Menschen auf dem Erdball sich schließlich gemeinsam gründen könnten auf die allgemeine Vernunft, die wesentlich als die Form des Sichverbindens überhaupt entworfen ist. Ist ein gemeinsamer Rahmen von größter Weite möglich, innerhalb dessen die Kommunikation geschichtlich heterogenen Glaubens und seines Selbstverständnisses geschehen könnte, ohne sich preiszugeben, vielmehr um sich selber aus der eigenen Tiefe zu verwandeln in die neuen Gestalten, die unter den Bedingungen des nun anbrechenden Erdzeitalters den Ernst der Menschen gründen?

Das Selbstverständnis der großen Glaubensgestalten der Menschheit ruhte bisher auf metaphysischen, ontologischen, Offenbarungsvoraussetzungen, die sich entweder gegenseitig hinnahmen, keineswegs verstanden, oder aber im Nichtverstehen sich gegenseitig leidenschaftlich bekämpften. Sie könnten nur in Gegenseitigkeit zum vollen Verständnis ihrer selbst und des anderen gebracht werden, wenn ein Rahmen der Mitteilbarkeit sie verbände, in dem kein geschichtlicher Glaubensursprung verloren ginge oder sich preisgeben müßte.

2. *Grundwissen und Wissenschaft.* – Obgleich die Entwicklung des

Grundwissens nicht wie die Wissenschaften zu zwingender, allgemeingültiger Erkenntnis führt, will sie doch selber noch keinen Glauben aussprechen. Sie liegt auf der Grenze wissenschaftlicher Erkenntnis und existentieller Philosophie.

Der Wissenschaft vergleichbar ist, daß dieses Grundwissen nie abgeschlossen ist. Es nimmt keine endgültige Form an. Wenn wir es uns bewußt machen, bleiben wir in der Prüfung.

Das Grundwissen arbeitet die Formen aus, in denen wir selbst für uns in der Welt sind, vergleichbar den Formen oder Kategorien, in denen alles für das Bewußtsein überhaupt Denkbare erscheint. Diese Kategorien, die die gesamte Welt des Denkbaren bestimmen, werden zu einer spezifischen Gruppe innerhalb des Bewußtseins überhaupt, die nun übergriffen wird. Die Denkarbeit des Gegenständlichen wird eingeschlossen in die Weisen des Umgreifenden, die mit ihrer Vergewisserung zwar in den Bereich der Denkbarkeit gezogen werden, aber unangemessen. Verglichen mit der Gegenständlichkeit des Erkennbaren bewegt sich diese Vergewisserung vermittels von Gegenständlichkeiten auf das Ungegenständliche des umgreifend Gegenwärtigen hin. Weil sie an den Grenzen, wo alles gegenständliche Wissen aufhört, sich bewegt, kann sie nicht zwingende Wissenschaft werden.

Die Ausarbeitung der Weisen des Umgreifenden bedeutet daher nicht, mit ihnen im Grund der Dinge Bescheid wissen zu können. Sie entwirft ein Schema, das immer einen vorläufigen, daher einen abwandelbaren, zu erweiternden und zu vertiefenden Charakter haben muß. Der Entwurf geschieht nicht aus einem Prinzip, hat keine Garantie seiner Vollständigkeit, wird kein geschlossenes System, obgleich er im Schema sich diese Gestalt vorübergehend geben muß.

Die Einsicht in die Weisen des Umgreifenden bringt in die Schwebe und ist selber in der Schwebe.

3. *Grundwissen und Existenz.* – In der Vergewisserung des Umgreifenden sind wir noch nicht das Umgreifende selber. Die Unterscheidung von Denkentwurf und Wirklichkeit macht deutlich: das Aussprechen bringt alles in Relativität, das Darinsein selber ist nicht zu wissen. Der Relativität der Aussagen im Denken des Umgreifenden entspricht der Ernst des Existierens.

Daher gibt es keine Verkündigung des Umgreifenden, das als Wahrheit zu wissen genügen könnte. Das Wort des Wissens darf den Entschluß der Wirklichkeit nicht ersetzen.

Aber im Denken des Umgreifenden rückt unser Bewußtsein näher an das, was wir eigentlich wollen, ohne es geradezu sagen zu können.

Denn die Wirklichkeit selber ist schlechthin geschichtlich, nicht allgemein. Der Entschluß ist nicht abzuleiten aus einem Allgemeinen. Aber er drängt dazu, im Allgemeinen sich heller zu werden, durch Allgemeines sich erwecken zu lassen.

Würde man dem Entwurf des Umgreifenden Entscheidungslosigkeit vorwerfen, so ist die Antwort: Entscheidung liegt nicht im Gedachten, das vielmehr als solches in bloße Möglichkeit verwandelt. Sie liegt allein in der geschichtlichen Existenz selber. Denken ist nur Orientierung und Erhellung. Es ist ein Mittel. Daher bezeugt sich Philosophie nicht schon in einer Stringenz der gedanklichen Entfaltung, sondern erst in der Lebenspraxis des Denkenden.

4. *Einwand gegen die Idee des einen Grundwissens.* – Der *Einwand* lautet: Jedes Grundwissen, auch das heute versuchte, ist faktisch eine Glaubensäußerung unter anderen und nicht die einzige.

Wie jeder Glaubensursprung sich für den eigentlichen und allein wahren hält, so auch der Ursprung dieses Grundwissens.

Es ist eine Selbsttäuschung, gleichsam vor allem Glauben und über allen Glauben hinaus ein allgemeines Grundwissen gewinnen zu können.

In diesem philosophischen Versuch, der weder Wissenschaft noch Glaube sein soll, der heraustreten möchte aus der Glaubensbindung, um allgemeine, verbindende Wahrheit zu beanspruchen, verbirgt sich nur ein abstrakter Glaube.

Der Glaubenscharakter zeigt sich auch daran, daß ein solches Grundwissen keineswegs allgemein angenommen wird.

Antwort: Dieser Einwand selber ist abstrakt. Denn er läßt sich nicht auf die konkrete Vergegenwärtigung dieses Grundwissens ein, nicht auf den Versuch.

Aber der Einwand ist nicht grundlos. Denn es handelt sich nicht um zwingende Wissenschaft. Nur ist der Schluß nicht gültig: also ist auch hier, wie bei aller Philosophie, schon der Glaube maßgebend.

In der Tat ist ein Glaube im Grunde wirksam. Aber dieser Glaube meint keinen Glaubensinhalt, der andere ausschließt. Er ist nur der Glaube an die Möglichkeit, sich uneingeschränkt gegenseitig zu verstehen. Er ist der Glaube, der sagt: Wahrheit ist, was uns verbindet.

Daher wird in den Weisen des Umgreifenden vergegenwärtigt, wie wir uns finden, mit dem Ziel, auch durch die Klarheit des Trennenden und durch das Wissen von den Ursprüngen vernichtenden

Kampfes im Ganzen die Wege zu finden, diese Kämpfe zu beschränken und zu verwandeln.

Dieses Ziel verlangt eine alloffene Vergegenwärtigung, in der ein jeder sich der Weite seiner Möglichkeiten bewußt wird. Aber es verlangt nicht einen bestimmten Glaubensinhalt, eine Weise des absoluten Grundwissens. Daher bedeutet der Entwurf dieser modernen Gestalt des Grundwissens nicht die Verkündigung einer nun endgültig erreichten Einsicht, sondern das Ausstrecken der Hände. Das Verlangen ist, dieses Grundwissen, das Bedingung eines allgemeinen Sichverbindens ist, selber in der Verbindung zu entfalten.

Das allerdings geht nicht durch eine nur intellektuelle Arbeit. Vorausgesetzt ist das uns Führende, auf das wir hören, ohne es selber hervorbringen zu können. Wir setzen im Philosophieren wie in der Lebenspraxis Menschen voraus, nicht intellektuelle Apparate, Funktionäre, Exponenten, Roboter.

Die begrifflichen Figuren vom Umgreifenden, die man zeichnet, haben ihren Sinn durch keinen Gegenstand, der durch sie getroffen würde, und durch keine Subjektivität, die sich etwa darin ausdrücken möchte.

Es ist im Denkenden eine Macht gegenwärtig, die nicht er, und die doch in ihm selbst ist. Sie drängt auf Selbstverständnis und Mitteilbarkeit. Man muß sie mit einem Namen nennen und kann sie damit doch nicht angemessen treffen: Nennen wir sie Vernunft, so ist sie zwar wesentlich, aber nicht genügend. Der Denkende durchschaut diese andere Macht nicht. Aber er spürt ihre Gegenwärtigkeit in seinen Antrieben. Sie läßt keine Ruhe. Die Vernunft ist als solche noch nicht schöpferisch im Sinne geistiger Werkgestaltung, aber mächtig als das, wodurch alles erst einen Sinn bekommt. Sie reagiert auf die Ereignisse und Situationen. Sie ist nur in der Bewegung durch die Erscheinungen zu erfahren. Sie weist hin auf das Beständige quer zur Zeit, den Bezugspunkt, auf den hin und von dem her der Gehalt der Wahrheit in der konkreten geschichtlichen Gestalt offenbar wird.

VIERTER TEIL

Vom Wesen der Chiffern

(1) Chiffern leuchten in den Grund der Dinge. Sie sind nicht Erkenntnis. Was in ihnen gedacht wird, ist Vision und Deutung. Sie entziehen sich allgemeingültiger Erfahrung und Verifizierbarkeit. Ihre Wahrheit liegt im Zusammenhang mit der Existenz. Die Zugkraft von der Transzendenz her auf Existenz wird in ihnen Sprache. Sie öffnen Räume des Seins. Sie erhellen, wozu ich mich entschließe. Sie steigern oder dämpfen die Bewegungen in meinem Seins- und Selbstbewußtsein.

(2) Im Bewußtsein überhaupt denken wir solche Gegenstände, die wir als reale Dinge in der Welt als der Punkt des allgemeinen Denkens forschend erkennen. Sie sind, unabhängig von uns selbst, in eindeutigen Begriffen zu erfassen.

Als Existenz denken wir zur Transzendenz hin in Gegenständen, die wir Chiffern nennen. Es geschieht zwar im Medium des Bewußtseins überhaupt, das Bedingung aller Helligkeit ist dadurch, daß wir in Gegenständlichkeiten erblicken, vorstellen, denken. In diesem Medium aber denken wir in Chiffern hin zur Transzendenz und hören wir ihre Sprache, die wir so in der nie vollendeten Eindringlichkeit erfahren dadurch, daß wir in Klarheit zu uns selbst kommen. Was immer ist und geschieht, was wir selbst sind, was Transzendenz ist, alles erscheint im Spiegel des Bewußtseins überhaupt.

Die Chiffern haben einen ehrwürdigen Charakter. In ihren geschichtlichen Gestalten haben Menschen die Wahrheit der Wirklichkeit erblickt. In ihrem Lichte und unter ihrer Führung haben sie gelebt. Es waren ungemein verschiedene Weisen der inneren Verfassung, der unbefragten Selbstverständlichkeiten.

(3) Wenn wir von Chiffern sprechen, so meinen wir damit ausdrücklich, daß es sich nicht um Dinge, Sachen, Sachverhalte, Reali-

täten handelt. Aber die Inhalte der Chiffern haben, so scheint es, zumeist als Realitäten gegolten wie die physischen Realitäten in Raum und Zeit. Man lebte unter ihrem Druck wie unter dem Druck physisch drohender Realitäten. Als solche haben sie Völker und Zeitalter bezwungen.

Der große Schritt, mit dem der Mensch selbst sich verwandelt, wird getan, wenn die vermeintliche Leibhaftigkeit des Transzendenten als täuschende Realität preisgegeben wird zugunsten des Hörens der vieldeutigen Sprache der Chiffern. Die gedachten und anschaulichen Inhalte werden ihrer objektiven Realität entkleidet. Statt handfester Greifbarkeiten bleiben Chiffern in unendlichem Wandel des Deutens und der Deutbarkeit.

Vorher waren die Inhalte der Chiffern selber die letzte Instanz, jetzt bedürfen sie einer Instanz über ihnen, die entscheidet, ob Wahrheit in diesem Augenblick und in diesen Grenzen durch sie spricht. Die Instanz ist das Philosophieren und die Lebenspraxis der Existenz.

(4) Wir können heute alle historisch aufgetretenen Chiffern kennen, während früher die Völker, in begrenzten Chiffernkreisen eingeschlossen, die der anderen nicht kannten. Wir gehören heute keiner der Chiffernwelten, uns ihnen unterwerfend, an. Sind wir aber damit nicht von allen Chiffern verlassen? Wir kennen sie als Gegenstände unseres unverbindlichen ästhetischen Genusses, oder als Gegenstände unserer historischen Neugier und Wissenslust, oder als Gegenstände einer Psychologie, die die Herrlichkeiten dieser Überlieferung in ihre banalen Kategorien schüttet, um sie als Reizmittel zu brauchen.

Aber was heißt kennen? Wir kennen die Chiffern in Sammlung und Ordnung der Mythologien und Offenbarungen. Aber dies äußere Kennen wird innerlich, wenn wir in der eigenen Existenz von ihnen betroffen werden. Im ersten Fall haben wir sie wie ein endloses Material zur Verfügung, im zweiten Fall sondern sie sich nach Tiefe, Rang und Weise der Deutbarkeit.

Die geschichtlichen Chiffern sprechen zu uns heute unter der Voraussetzung, daß wir sie, indem wir sie in den uns zugänglichen Tiefen erfassen, in der Schwebe halten, ihren Inhalt weder als Realität noch als zwingendes Wissen behandeln. Dann erhellen sie unseren Raum und lassen im entscheidenden Augenblick ihre Leuchtkraft als Sprache der Transzendenz strahlen.

Das Ungenügen aller Chiffern aber zeigt sich darin, daß ich mich an sie nur wie an Bilder oder an Leitfäden im existentiellen Augenblick halten kann, nicht an sie als eine Realität, die als solche mich sichert. Denn ich bleibe immer angewiesen darauf, daß ich mir geschenkt werde aus anderem Ursprung: im Liebenkönnen, in der Vernunft, in einem unbegründbaren Vertrauen.

(5) Es kommt auf Wahrhaftigkeit an, um die Chiffern rein zu eigen zu gewinnen. Dann verwechseln wir sie nicht mit leibhaftigen Realitäten und nicht mit Verkehrungen des spekulativen Gedankens zur Erkenntnis von Gegenständen.

Sind wir in die Schwebe der Chiffern gelangt, so bewegen wir uns – in Überwindung der ästhetisch genießenden und neugierig historischen Haltung – in den uns ansprechenden, aber doch immer noch unverbindlichen Möglichkeiten. In dem Maße als die Verbindlichkeit für Existenz wächst, wird es mit den Chiffern ernst. Wir erfahren den unendlichen existenziell wirksamen Reichtum der Chiffernwelt, die gegenwärtig ist in der großen Dichtung, Kunst, spekulativen Philosophie, in den Mythen und Offenbarungen.

Hier erfahren wir die Freiheit des Geistes, der die Macht ist, zur Sprache zu bringen. Wir erfahren aber auch die Zweideutigkeit dieser geistigen Schöpfung. Wie die Technik des Verstandes, so kann das Hervorbringen des Geistes zum Guten und zum Bösen gebraucht werden. Chiffern können existentiell zum Aufschwung bringen oder den Trotz der Transzendenzlosigkeit aussprechen oder luziferisch zum Absturz in das Nichtige verführen.

Vom frühesten Denken an lebt der Mensch auch schon in Chiffern. Erst wenn seine Welt und sein Wissen in Unterscheidungen hell wird, erfährt er die Aufgabe, dieses Reich der Sprache rein werden zu lassen. Er will Wahrheit und Wahrhaftigkeit. Daher will er den Unterschied von Realität und Chiffern in Strenge festhalten. Nun scheint als Grundverkehrung die Verwandlung der schwebenden Sprache der Chiffern in die Leibhaftigkeit von Realität. Chiffern sind nie die Wirklichkeit der Transzendenz selber, sondern deren mögliche Sprache. Der Glaube will Reinheit. Er will nicht durch Verwechslungen getrübt werden.

(6) Wir wollen in diesem vierten Teil vom Wesen der Chiffern und dem Sinn ihrer Interpretation sprechen. Der Gehalt einzelner Chiffern ist Thema des fünften Teils.

1. Existenz und Transzendenz haben keine ihnen eigentümlich zugehörende Erscheinung

(1) Wenn die Erscheinung sich gliedert nach den Weisen des Umgreifenden, dann ist für unser Wahrheitsbewußtsein ihre Trennung und Verbindung gleicherweise notwendig. Wesentlich ist dieses: *Existenz* kommt nur in Erscheinungen der Immanenz sich zum Bewußtsein, *Transzendenz* selber aber erscheint nicht. An die Stelle ihrer Erscheinung tritt die Sprache der Chiffern.

Wenn der Mensch als mögliche Existenz denkend auf Transzendenz gerichtet ist, so geschieht dies wieder notwendig in Erscheinungen, nämlich in einem Vorstellen und Denken von Gegenständlichkeiten im Medium der Subjekt-Objekt-Spaltung des Bewußtseins überhaupt. Ohne diese werden wir bewußtlos und denken nicht mehr.

Die Gegenständlichkeiten, in denen wir das Ungegenständliche von Existenz und Transzendenz denken, nennen wir Signa der Existenz und Chiffern der Transzendenz. Ich unterscheide also Phänomene der Realität, Signa der Existenz, Chiffern der Transzendenz:

Erstens: So unterschiedliche *Phänomene der Realität,* wie etwa die in Natur, Seelenleben, Gesellschaft, Geschichte, sind allgemeingültig zu beschreiben. Voraussetzung ist eine unpersönliche Verstehensfähigkeit in der sinnlichen Wahrnehmungsfähigkeit. Jeder, dem gezeigt wird, überzeugt sich, weil er wie jeder andere sieht. Er kann subjektive Abweichungen als solche erkennen und korrigieren.

Zweitens: Ein *Signum der Existenz* ist Freiheit. Wo Freiheit ist, endet das zwingende Aufzeigen. Denn in diesem nur analogisch so zu nennenden »Aufzeigen« der Freiheit ist Existenz selbst beteiligt. Was gezeigt wird, ist zugleich Betroffenheit für Existenz. Ich erkenne in solchem Aufzeigen durch Signa wieder, was ich, wenn ich ich selbst oder nicht ich selbst bin, positiv und negativ erfahre. Das »Sehen« ist hier die Antwort, mit der ich nicht nur als denkendes und sehendes Wesen überhaupt, sondern im Mittun meines möglichen »ich selbst« innerlich handle.

Sofern das Denken auch hier unumgänglich objektiviert (etwa in weiteren Signa wie Entschluß, Wahl, Kommunikation, Eigenwille, Sichverschließen, Sichoffenbarwerden, Umkehr), ist jedesmal der Leitfaden eine erscheinende Objektivität, eine psychologische Tatsächlichkeit des Verstehbaren, eine bestimmte, d. h. definierbare Begrifflichkeit. Aber mit diesen Objektivierungen wird etwas gegenwärtig, das mir in solchem Denken dann verschwindet, wenn ich den Leitfaden für das Gemeinte nehme. Die Worte dieses vergegenständlichenden Leitfadens heißen Signa der Existenz, im Unterschied von den Kategorien des gegenständlich Gedachten und Aussagbaren.

Drittens: Wie die Gegenstände zum denkenden Bewußtsein, verhält sich Transzendenz zur Existenz. Die Vorstellungen, Bilder, Gedanken im Medium des Bewußtseins überhaupt, in denen ich als mögliche Existenz eine Sprache der Transzendenz höre, nennen wir *Chiffern der Transzendenz*. –

Was Erscheinung ist, wird in Begriffen beschrieben und gedacht. Was ich eigentlich bin und sein kann als ich selbst, wird durch Signa getroffen. Was eigentliche Wirklichkeit und nur für Existenz erfahrbar ist, wird in Chiffern gegenwärtig.

Da wir aus der Welt nicht heraustreten können, außer in den inkommunikablen mystischen Erfahrungen, in denen Ich und Gegenstände, Subjekt und Objekt, Mensch und Welt, Erscheinungen überhaupt verschwinden, bedürfen wir in der Welt der Signa und Chiffern, um uns des Wesentlichen als des Wirksamen bewußt zu werden, das wir sein können und durch das wir sind.

Die Aufeinanderfolge der drei: Phänomene, Signa, Chiffern ist derart, daß das je Folgende auf das Frühere als Mittel des Verständnisses angewiesen ist. Daher ist von uns im Sprechen gefordert, die Leitfäden zu benutzen, ohne die keine Sprache der Chiffern wirklich wird, so die Phänomene für die Signa und Chiffern, so die Signa der Existenzerhellung für die Bezüge zur Transzendenz. Aber auch im Ineinander der drei ist die Trennung des Sinns nicht zu vergessen. Sonst geraten wir in die existentielle Konfusion von Wissen (der Phänomene), von Existenzerhellung (durch Signa), von Beschwören der Transzendenz (durch Chiffern).

Wenn wir von Zeichen, Symbolen, Chiffern reden, so kann man unterscheiden: Zeichen sei definierbare Bedeutung eines Anderen, als solches auch unmittelbar Zugänglichen; Symbol sei die Gegenwart eines Anderen in anschaulicher Fülle, in der das Bedeuten und das Bedeutete untrennbar eines, das Symbolisierte nur im Symbol erst selber da ist; Chiffer sei Sprache des Transzendenten, das nur durch Sprache, nicht durch die Identität von Sache und Symbol im Symbol selbst zugänglich ist.

Wir ziehen das Wort Chiffer dem Worte Symbol vor. Chiffer bedeutet »Sprache«, Sprache der Wirklichkeit, die nur so gehört wird und angesprochen werden kann. Symbol dagegen bedeutet eine Vertretung für ein Anderes, auch wenn dieses nur im Symbol und auf keine andere Weise da sein kann. In Symbolen sind wir meinend auf das Andere gerichtet, das dadurch Gegenstand wird und in diesem gegenwärtig ist. Aber Symbole können Moment der Chiffernsprache werden. Dann sind sie hineingenommen in die Bewegung des Denkens auf die Transzendenz hin oder von ihr her. Dann verlieren sie ihre verführende Substantialität, aber versinken auch nicht in die Blässe »bloßer Symbole«.

(2) Wir leben in einer Welt vieldeutiger, sich wandelnder, keine Vollendung findender Bedeutungen. Alles, was erscheint, kann Chiffer werden. Aber wir drängen in der Erscheinung über die Erscheinung hinaus, in den Chiffern über die Chiffern hinaus. Wir haben eine ganz andere als die gegenständliche Erfahrung: unsere Freiheit. Diese erscheint nicht als solche, wenn auch ihre Folgen erscheinen. Es gibt keine Freiheit der Existenz, die als vorhanden erwiesen und erforschbar wäre. Aber sie zeigt sich gegenwärtig in einer Gewißheit, die über alle Erscheinungen des Weltseins hinausliegt. Ihre Erfahrung ist keine Erfahrung von Etwas, das ich dann wüßte, sondern in einem ganz anderen Sinne von Erfahrung die Grunderfahrung des Selbstseins und seiner Verantwortung.

Aber wenn wir uns der eigentlichen Freiheit gewiß werden, so zugleich dessen, daß Freiheit nicht durch sich selbst ist, sondern sich geschenkt wird. Das Bewußtsein der täuschenden Gewißheit, Freiheit allein aus ihrem eigenen Ursprung, ohne Grund, absolut durch sie selbst zu sein, wird zerschlagen durch die Erfahrung, sich ausbleiben zu können. Freiheit, je entschiedener sie ihrer selbst gewiß ist, ist zugleich der Transzendenz gewiß, durch die sie ist.

Wenn die Freiheit der Existenz und die Transzendenz keine eigenen ihnen zugehörende Erscheinungen haben, so könnte man von Analoga der Erscheinungen reden. Diese sind solche Gegenwärtigkeiten, die die Erscheinungen durchbrechen, selber aber nicht als Erscheinungen zum Gegenstand des Wissens werden. Dann könnte man sagen: Dem Analogon der »Erscheinung« der Freiheit der Existenz in der Wirklichkeit des Menschen entspricht das Analogon einer »Erscheinung« der Transzendenz in der Sprache der Chiffern. Denn: was von Freiheit in Signen gesagt wird, ist keinem Verstande verständlich, sondern nur dem Selbstsein der Existenz, die sich darin wiedererkennt. Was in den Chiffern spricht, hört kein Verstand, der sinnlich reale Erfahrung und Beweise will, sondern nur die Freiheit der Existenz, der sich in dieser Sprache Transzendenz mitteilt.

(3) Ist Freiheit der Existenz die einzige »Erfahrung«, der sich

die Transzendenz zeigt? Liegen etwa in den Stimmungen und Gestalten und Ereignissen der Natur und unserer eigenen Natur, in der Hingerissenheit von unserer elementaren Natur und in dem Überwältigtwerden von ihr Erfahrungen der Transzendenz selber? Sind sie nicht gegenwärtiger, erfüllender, bewegender als alle bloß erforschte Natur und können nicht sogar die Erforschbarkeiten zu einem Moment der Steigerungen jener unmittelbaren Erfahrung im Durchbruch werden?

Die Antwort auf diese Fragen ist von großem Gewicht und größten Folgen. An dieser Stelle unserer Erörterungen wird die Einsicht in das Wesen der Chiffern schon zu einer Entscheidung auch in bezug auf den Gehalt der Chiffernwelt selber. Was einst im Kampf des prophetischen Gottesgedankens gegen die Naturkulte, im Kampfe Jahwes gegen Baal eine historische Erscheinung hatte, kehrt immer wieder. In der Sprache der Chiffern findet ein Kampf des Glaubens statt, nicht etwa ein Kampf von Glaubensbekenntnissen, sondern von Lebensverwirklichungen, ein Kampf, der nicht nur zwischen Glaubensgemeinschaften, sondern in jeder einzelnen Existenz geführt wird und lange unentschieden bleiben kann. Die *eine* Transzendenz und die dämonischen Mächte, der Zug zur Transzendenz hin und von ihr fort, sind kein Problem rationaler, sondern existentieller Entscheidung, und zwar nicht einer allgemeingültig formulierten, sondern der jeweils konkreten. Für diese können folgende Erörterungen eine Vorbereitung sein.

Von mystischen Erleuchtungen ist hier noch nicht die Rede, sondern von dem »Erleben« dessen, was als Grund der »Natur« uns übergreift. Ein in sich hineinziehendes Dunkel wird erfahren, als ob es das Eigentliche wäre.

Dieses ist nicht das Dunkel, in das die Naturforschung objektivierend zu erforschbaren Gegenständen eindringt, ins Unendliche hinein, nach jeder Klärung eines Dunkels vor neuen Dunkelheiten stehend. Es ist vielmehr das Umgreifende des Daseins, das wir sind. Es wird uns auf eine grundsätzlich andere Weise hell, indem wir uns hineinstürzen. Dann ist die Natur selber als wir selber da, nicht als objektivierbare Naturrealität.

Wir erforschen unsere Natur biologisch und psychologisch. *Biologisch* etwa ist real das Geschlecht, dann das, was sich als Rasse bis heute der klaren Bestimmung entzieht. *Psychologisch* wird etwa gesprochen von den Antrieben zum Leben und zum Sterben, zum Vernichten und zum Vernichtetwerden, zum Quälen und zum Gequältwerden, kurz vom Lebensjubel und vom Todesdrang. Als biologische und psychologische sind diese Tatbestände Erscheinungen. Soweit ich sie erkenne, kann ich sie in die Beherrschbarkeit und Machbarkeit hineinziehen. Man kann denken, mit Hilfe der Wissenschaft auf technischem Wege Geschlecht und Rasse zu züchten, den Menschen wie alles Lebendige und alles Leblose zu verwandeln für gesetzte Zwecke. Aber wer ist der Mensch, der den Menschen verwandelt? Wer ist der Macher, der auf dem Wege der Forschung das macht, was er selber ist und sein kann? Die Vorstellungen vom Roboter bemächtigen sich heute der Meinungen, die dazu führen, daß der so denkende Mensch zum Ergebnis kommt, es sei ja doch alles nichts, weil es sich durch Apparate, Stoffe, Operationen, Spritzen herstellen lasse oder einst herstellen lassen werde.

Hier wird verwechselt. Denn die Erscheinung, die für die Forschung da ist und die wir Realität nennen, ist nicht die Wirklichkeit, die wir selbst sind. Wir tragen in uns einen technischen Verstand, der außerordentliches vermag in bezug auf alle Erscheinungen, die einem jeweils bestimmbaren Forschungsfeld in dessen Bereich zugänglich sind. Dazu gehören auch die biologischen und psychologischen Erscheinungen unseres Daseins. Aber weder sind wir selbst mit diesem Erkennen, Können und Machen erschöpft, noch sind die Erscheinungen selber erschöpft mit den im Sinne von Technik (der Biotechnik, Psychotechnik) manipulierbaren Erscheinungen. Da aber der moderne öffentlich gemeinsame Verstand vor der Wirklichkeit der Existenz und Transzendenz wie hermetisch verschlossen zu sein scheint, und, solange wir nur ihm folgen, er uns preisgibt an die Erforschbarkeiten, ist das, wovon wir philosophierend sprechen, ihm unzugänglich.

Gegen den phantastischen Unsinn, der von den zum Aberglauben gewordenen Wissenschaften erzeugt wurde, stelle ich einen anderen, vom Standpunkt dieses realen Wissens gesehen, phantastischen Unsinn: Die Erscheinungswelt wird durchbrochen durch das unmittelbare Erleben der Natur, in der blutwarmen Nähe des Wirklichen. Geschlecht und Rasse und alle jene psychologischen Antriebe sind zwar als Erforschbarkeiten da, aber sie können Erscheinungen eines nicht Erforschbaren sein, das in Forschungsbegriffen nicht eingefangen wird. Es ist gleichsam eine Inkarnation. Die Worte werden doppeldeutig. Natur, Geschlecht, Rasse, Triebe usw. sind Tatbestände. Aber dieselben Worte werden anders, unbestimmbar, als Zeiger gebraucht: »Natur« ist dann das umgreifende, unobjektivierbare Dasein. Geschlecht ist in der biologischen Erscheinung des Geschlechts ein aus dem Ursprung der Natur übergreifendes, alldurchdringendes Lebenselement. Rasse ist Erscheinung eines je besonderen Daseins aus diesem Grunde der Natur. Die Begriffe, die nur auf die Erscheinungswelt passen, dienen jetzt als Zeichen eines Grundes dieser Welt, der nicht als ein Zugrundeliegendes erschließbar, aber im Durchbruch durch die Erscheinungen existentiell erfahrbar scheint. Dieses Andere ist über alle Erscheinungen hinaus die Wirklichkeit selber.

Wie aber verhält sich die Tiefe dieses Dunkels der Natur, das im Durchbruch durch die Erscheinungen, durch die Verstandeserkennbarkeit und durch die Vernunftwahrheit in sich hineinzieht und den Gezogenen so unendlich zweideutig befriedigt, zur Transzendenz? Kann die Transzendenz allem sich verbinden oder durch alles sprechen, was im Durchbruch durch Naturerscheinungen aus dem Grunde der Natur erfahren wird? Wer dürfte antworten! Die Transzendenz als Sagbarkeit läßt nichts endgültig Bestand haben. Vor der Unermeßlichkeit der Transzendenz müssen wir uns bescheiden, auch wenn wir den Bezug dorthin nicht anders als durch Vernunft, Liebe, Helligkeit und die ihren Entschluß wiederholende Existenz zu gewinnen meinen. Wir sehen das Andere. Die Wahrhaftigkeit verpflichtet uns, wenn auch mit Schrecken, es in seiner unerbittlichen Radikalität zu erblicken. Was hier erfahren wird, wird Sprache in Chiffern, die es als »Mächte« und als »Leidenschaft zur Nacht«[1] und wie immer sonst treffen und nicht treffen.

Warum reden wir von dem, von dem nicht zu reden ist, weil dies in der Sprache von den Dingen der Erscheinungswelt doch falsch wird? Weil Erfahrungen des Daseins mitteilbar werden sollen. Diese Erfahrungen sind selber keine »empirischen« Erfahrungen im Sinne eines Allgemeinen. Wenn es sie gibt – als Durchbrüche durch die Erscheinungswelt im Gewande von leibhaftigen Erscheinungen –, dann haben sie einen wunderlichen Charakter. Sie geraten ebenso schnell außer Sicht, wie sie ergreifend gegenwärtig sein können. Diese »Erfahrungen«, wie sie von sich aus sind, dürfen mit den biologisch und psychologisch gewußten Erscheinungen nicht verwechselt werden. Lassen wir uns verleiten, unsere eigentlichen Erfahrungen des Dunkels unserer Natur zu identifizieren mit diesem Bereich der erkannten oder erkennbaren biologischen und psychologischen Tatbestände, dann verlieren wir das, worin wir vielleicht vermöge einer Anverwandlung wir selbst sein könnten. Wir entziehen uns der über die realen Erscheinungen hinausgehenden, in ihr inkarnierten Wirklichkeit zugunsten eines vermeintlichen Wissens, das hier in der Praxis zu einer blicklosen Brutalität führt.

Was ich vom Durchbruch durch die Erscheinungen in das Dunkel der umgreifenden Natur unseres Daseins schrieb, ist nicht nur selber dunkel. Es führt als rationale Sprache so lange in die Irre, als es nicht, im Gegensatz zur fortschreitenden Erkenntnis der Natur, in großen schwebenden Chiffern vieldeutig hörbar wird. Denn was immer hier im Überschreiten der Erscheinungen erfahren werden mag, wird uns mitteilbar nur wieder in Chiffern aus dieser Erscheinungswelt selber, in der davon, daraus, darüber, daraufhin gesprochen wird.

Ich fasse zusammen: Die Frage ist, ob die gesamte Erfahrung unseres Naturseins aufgenommen werden kann in die Erforschbarkeit, oder ob in ihr etwas bezwingt, das überwältigend da sein kann, aber als erforschbar verloren wäre. Der empirischen Forschung sind keine Grenzen gesetzt. Aber die Erfahrung unseres Naturseins geht ihr vorher, übergreift sie, geht nie in ihr auf, wird nicht ihr Gegenstand.

[1] Meine »Philosophie« Band III, 102–115 (3. Aufl.).

Das Entscheidende ist, wovon wir ausgingen: Nur die Freiheit bezieht sich auf Transzendenz. Auch dieses Erfahren unseres Naturseins im Überschreiten der Erscheinungswelt ist nur dann nicht bloß freiheitsfremde, sich selber täuschende Realität eines Verfallenseins an Natur, sondern Wirklichkeit und Wahrheit, wenn das so Erfahrene aus unserer Freiheit ergriffen, dadurch mit uns identisch werden kann.

Es sind leibhaftige Erfahrungen, die erst, wenn sie durch Freiheit Chiffern werden, ihre lastende Wucht verloren haben, ihrer Zugkraft in das absolute Dunkel beraubt sind, durch die Helle der Vernunft in das Gesetz des Tages hineingenommen werden.

(4) Im Raum solcher Erörterungen werden Signa und Chiffern zweideutig. Erscheinung hat zweifache Bedeutung: das Gegenstandsein für unser Wissen und das Gegenwärtigsein ohne Gegenstand. Da das die Erscheinung (als Wißbarkeit) Durchbrechende doch selber Erscheinung (als Gegenwärtigkeit des Erlebens) sein muß, wird die Frage, ob diese Erscheinung nicht wie alle Erscheinungen beschreibbar und erforschbar sei, durch den Hinweis auf diese zweifache Bedeutung des Wortes »Erscheinung« zu beantworten sein.

Auch die Freiheit hat diese Zweideutigkeit: sie ist Gegenstand, sofern sie psychologisch als Willkür, soziologisch als politische Freiheit, psychopathologisch als Beraubung der freien Willensbestimmung gegenständlich wird; sie ist kein Gegenstand in der Welt, auch nicht für die Psychologie, wenn sie als eigentliche, als existentielle Freiheit unbestimmbar gemeint wird.

Aber beide, sowohl Freiheit wie jenes von Freiheit ergriffene Durchbrechen der Erscheinung, treten durch Realitäten, die nicht nur diese sind, durch Mitteilbarkeit in die Erscheinung.

(5) Wenn Existenz und Transzendenz keine ihnen eigentümlich zugehörende Erscheinung haben, so sind sie doch nur durch Erscheinungen für uns wirklich. Was nicht durch Erscheinung in der Welt zur Mitteilbarkeit gebracht wird, das ist für andere, als ob es nicht wäre. Wenn es in der Verschlossenheit des Einzelnen das ihm allein Wesentliche sein könnte, so ist die Frage, ob das in Wirklichkeit und Wahrheit möglich ist. Unser Urteil muß sich wieder bescheiden, denn wir wissen nicht, was alles, uns unbegreiflich, sein kann. Aber wir dürfen den, der diesen Weg der Verschlossenheit in seiner inkommunikablen Wesentlichkeit beschreitet, während er doch faktisch in der Welt lebt, in seinen Erscheinungen, die er der Welt zeigt, und in der Weise seines Umgangs mit uns den Fragen aussetzen.

Bei der Bescheidung im Urteil über solche Möglichkeit denken wir doch für uns selbst: Es gehört zum Menschen als Menschen die große Verführung, der wir ein Leben lang mit unserem Philosophieren widerstehen möchten: als ob wir »metaphysisch« in monadischer Vereinzelung leben könnten – als ob wir uns in unserem Innersten entziehen und dort unausgesprochen die Kommunikation verweigern dürften – als ob wir in einer Einsamkeit uns verschanzen könnten, die uns den Stolz der Qual in der Unberührbarkeit ermöglichen würde – als ob wir, wenn wir in die Aufgeschlossenheit des Liebenkönnens gelangen wollen, leben dürften ohne das Wagnis des Sichpreisgebens – als ob wir uns ohne Folgen täuschen könnten über die selbstverschuldete Einsamkeit heimlicher Verzweiflung – als ob wir Deserteure aus der Welt sein könnten, in der wir doch unser Dasein haben.

Wir werden wirklich nur in dem Maße, als wir in die Erscheinungswelt eintreten, in der die Mitteilbarkeit Bedingung von Wahrheit ist. Auch was nur in indirekter Mitteilung zum Anderen und im Selbstverständnis zu uns selbst gelangt, ist dadurch schon Erscheinung in der Welt geworden.

In einem Gleichnis ausgesprochen: Wie die moderne Physik ihre großartige theoretische Spekulation doch in der Welt der klassischen Physik durch Realität von Beobachtung und Experiment bewähren muß oder nichtig ist, so gewinnt jede Erfahrung des Transzendierens über die Erscheinungswelt doch nur in dieser ihre Wirklichkeit durch Mitteilbarkeit und kommunikative Bewährung.

Daher gilt für uns, alles in die Erscheinung zu bringen, deren Helligkeit selber uns doch zugleich als eine Art von Gefangensein philosophisch bewußt wird. Diese Paradoxie durchwaltet unsere Existenz. Sie wird im Hören der Chiffern zu der uns vergönnten erfüllten Klarheit gebracht.

2. Chiffer und Leibhaftigkeit

(1) Chiffern sind geistige Realität in unserer Sprache, in Philosophie und Dichtung und Kunstwerken, aber sie sind nie die Leibhaftigkeit der Transzendenz selber. Das Leibhaftigwerden der Chifferninhalte ist daher die Grundverwechslung in unserem Umgang mit Transzendenz. Wird so die Wirklichkeit der Transzendenz eingefangen in die Realität, dann geht sie selber uns verloren.

(2) Offenbarung scheint die wirksamste Form jener Verwechslung zu sein. Im Rahmen der Vergewisserung der Weisen des Umgreifenden hat Offenbarung keinen Ort. Hier ist es nicht vorstellbar und nicht denkbar, daß Transzendenz eine spezifische Inkarnation als göttliche Realität in der Welt, unterschieden von aller anderen Realität, als göttliche Offenbarung, gebunden an Ort und Zeit, finden könnte. Dieses Nichtkönnen besagt nur die Unmöglichkeit für uns, die wir in den Weisen des Umgreifenden, in ihrer Trennung und Verbindung und Spannung leben.

Für uns ist etwas Anderes möglich: im Bewußtsein der Erscheinungshaftigkeit von allem, was wir wissen, sich der Gegenwärtigkeit des ganz Anderen zu vergewissern, durch das alles ist und wir selber sind.

Das Grundwissen des Umgreifenden, in dem wir die uns vergönnten weitesten Horizonte suchen, hat auch für den Offenbarungsglauben einen Sinn. Es läßt die Offenbarung in ihrer ganzen Fremdheit und, wenn gedacht, als rational absurd fühlbar werden. Der Offenbarungsglaube wird sich bewußt, etwas Außerordentliches, für Menschen, wie sie sich in der Welt unter Menschen finden, Unmögliches zu vollziehen. In seiner Selbstverständlichkeit, seiner Konventionalisierung und Bequemlichkeit aber erkennen wir ihn kaum wieder.

Offenbarungsglaube sieht den Einbruch der Transzendenz in die Welt zur direkten Mitteilung durch die nun zeitlich und örtlich gebundene leibhaftige Realität. Sie soll ein einziges Mal und für immer die Wirklichkeit Gottes sein. Der Anspruch der absoluten Wahrheit verlangt auch im Falle des Nichtverstehens Gehorsam und Unterwerfung. Obgleich dieser Anspruch in der Welt immer nur von Menschen erhoben wird, behaupten diese, er komme von Gott.

(3) In allen Religionen und Offenbarungsreligionen gilt das »Sakrale«. Das Heilige, das Numinose, das Sinnlich-Übersinnliche, das Kraftvolle, das Magische erscheinen in reich abgewandelten Möglichkeiten. Nun ist die Frage: Sind die sakralen Handlungen, die magischen Operationen, das Opfer, ist das Gebet, ist die Anbetung, ist die Predigt als Verkündigung des Wortes nicht an Leibhaftigkeit Gottes oder göttlicher Mächte gebunden? Gehört es nicht zur Grundverfassung des Menschen, daß er im Kultus, Ritus, Gebet sich dorthin wendet? Sind nicht schon sakral alle Feiern, die Feste im Wandel des Jahres, die bestätigenden Handlungen im Gang des je einzelnen Lebens von der Geburt bis zum Tode? Ist dort nicht immer die Gegenwart

des Göttlichen? Geht das Göttliche nicht leibhaftig durch den Raum, in dem die Gemeinschaft an ihm teilnimmt? Streifen wir mit der Leugnung der Leibhaftigkeit des Göttlichen nicht alles Sakrale zugleich ab?

Die gewaltige Realität des Sakralen beherrscht die menschliche Geschichte in unendlich mannigfachen Gestalten. Sollten wir es wagen, sie zu verleugnen und als überwunden zu behandeln? Wir sehen, daß das »kultische Bedürfnis« immer wieder da ist und daß es sogar in atheistischen Gesellschaften durch allerhand Gemächte wie »Jugendfeiern«, rituelle Formen der Parteifeste und dergl. praktisch anerkannt wird. Hören nicht Ernst, Würde, Fülle des Lebens auf ohne die Steigerung zu Feiern!

Real aber ist im Abendlande auch die immer geringer werdende Beteiligung an der kirchlichen Praxis. Die meisten lassen sich zwar zur Ehe trauen, werden getauft und kirchlich bestattet. Man schätzt aber in den Städten nur auf fünf Prozent, örtlich mehr oder weniger, die Zahl der kirchlich regelmäßig Praktizierenden. Nun ist kein Zweifel, daß diese Abkehr oft nur Gedankenlosigkeit ist, ein Absturz in den Rationalismus des verabsolutierten Leistungsbetriebes, ergänzt durch den Vergnügungsbetrieb, also in die Vergessenheit seiner selbst und des Grundes aller Dinge. Wer auf die kirchlichen Formen verzichtet, kann das ungestraft nur tun, wenn er die Kraft hat zur philosophischen Meditation. Die tägliche Besinnung, die Durchdringung des Tagesganges und seiner Erfahrungen mit der Auswirkung solcher Besinnung, eine innere Verfassung, durch die das Umgreifende immer wieder gegenwärtig wird, ist Voraussetzung eines existentiellen Daseins. Dazu aber ist weder die Leibhaftigkeit noch das Sakrale eine unbedingte Notwendigkeit. Doch von der philosophischen Besinnung her wird die Neigung zum Sakralen gerechtfertigt unter der Voraussetzung, daß sie nicht verführt zu jener Leibhaftigkeit und ihren Verstrickungen. Der Kultus und das Sakrale ist als ein Leben mit Chiffern möglich.

(4) Die Vergewisserung des Umgreifenden, worin wir uns finden, wird nicht nur von der Offenbarung durchbrochen, sondern auch vom indischen (buddhistischen und hinduistischen) Nirwana. Das anscheinend Unvergleichbare von Offenbarung und Nirwana hat gemeinsam: alles, was ist, Welt, Denkbarkeit, Erkennbarkeit ist unzulänglich und wird überschritten; das, wohin überschritten oder wovon ergriffen wird, ist gegenwärtig erfahren; die Menschen solcher Erfahrung bleiben auf ihre Weise in der Welt. Zunächst weil sie nun einmal

da sind und der Selbstmord nach indischer Einsicht nicht zum Ziele führt, nach christlichem Glauben verboten ist und die ewigen Höllenstrafen zur Folge hat; vor allem aber auch in der Absicht der Rettung der Anderen durch Lehre und Verkündigung, schließlich durch ihr Vorbild in der ethischen Wirkung auf ihre Umwelt.

Das Nirwana läßt alles, Welt, Götter, Gott, alle Weisen des Umgreifenden einschließlich des Bezugs von Existenz zu Transzendenz, zu etwas werden, das nicht eigentlich, sondern Spiel, Zauber, Schleier der Maja ist. In der Welt, von ihr her gesehen, erscheint das Nirwana vollkommen eintönig, wie Nichts. Die Offenbarung dagegen ist erstens vielfach, bei Juden, Christen, Islam, zweitens wirkt sie mit Forderungen und Verheißungen in der Welt; sie wird Moment der größten Lebendigkeit und Spannung im Weltlichen selber, das gar nicht gleichgültig, gar nicht Schein, sondern Stätte ewiger Entscheidung ist.

Das Nirwana hebt für sich selbst alle Leibhaftigkeit auf. Der Weg zu ihm hin kennt nur Chiffern. Die Offenbarung wird leibhaftig durch Inkarnation Gottes. Sie läßt nicht zu, sich in eine Chiffer verwandeln zu lassen.

(5) Die Realität als Erscheinung unterscheiden wir von der Wirklichkeit der Existenz und Transzendenz. Die Wirklichkeit der Transzendenz hat vor der Realität in Raum und Zeit den Vorrang der Unveränderlichkeit gegenüber den sich wandelnden und verschwindenden Realitäten.

Das Leben als Naturwesen, verhaftet allein der Leibhaftigkeit, ist glaubensloses Leben als Dasein in Raum und Zeit, in den empirischen Erkennbarkeiten, in der Welt. Das Leben mit den Chiffern ist glaubendes Leben der Existenz, die durch sie denkend sich bezieht auf Wirklichkeit, die nicht der Welt angehört.

Ohne Leibhaftigkeit verliere ich das Dasein in der Zeit, ohne Chiffern verdunkelt sich die Existenz.

Nun ist das Entscheidende: Für den philosophischen Glauben sind alle Weisen des Umgreifenden, insbesondere Existenz in bezug auf Transzendenz möglich und wirklich ohne Offenbarung. Ein Theologe sagt dazu: Wer so denkt, dem ist es ganz unmöglich, mit einer konkreten Bewegung Gottes auf die Welt und auf den Menschen hin als einer sinnvollen Realität zu rechnen. Eben dies aber ist es, woran dem Offenbarungsglauben alles liegt. Dieses wirkliche Reden und Erscheinen Gottes würde als Chiffer seinen Sinn verlieren. Die Auffassung der Offenbarungsgeschichte als Chiffer wäre das Ende dessen, was der theologische Offenbarungsglaube im Auge hat. Der philosophische Aufschwung zur Transzendenz kann dafür keinen Ersatz leisten.

Ich antworte: Es handelt sich nicht um einen Ersatz. Es ließe sich mit gleichem Recht sagen, der Offenbarungsglaube sei kein Ersatz für den philosophischen Glauben. Weil der Mensch seine Situation nicht ertrage, daher als sinnliches Wesen nach Leibhaftigkeit auch dort dränge, wo sie eine Verkehrung dessen zur Folge haben würde, woran alles gelegen ist, suche er für den großen, vor der verborgenen Transzendenz in seiner Lage gleichsam geforderten Glauben den Ersatz im erleichternden Offenbarungsglauben. Diese meine Entgegnung halte ich jedoch für ebenso falsch wie die diffamierende Ersatztheorie einer allzu selbstgewissen Theologie.

Ich antworte weiter: Es ist nicht denkbar, daß die Wirklichkeit der Transzendenz dergestalt Realität in der Welt werde, daß sie als handelnder Gott leibhaftig, in Zeit und Raum lokalisiert, von diesem historischen Punkt her in die Welt hineinwirkt, unterschieden von allen anderen Realitäten, die sämtlich nicht Gott und nicht Handlungen Gottes sind. Wenn das nicht zu denken ist, soll es dann als Realität geglaubt werden? Doch Realität wird nicht geglaubt, sondern von endlichen Sinneswesen erfahren. Theologen haben daher mit Recht darauf hingewiesen: der Mensch könne in der Tat denkend, verstehend, sich überzeugend keinen Weg finden, an dessen Ende dann die Realität der Offenbarung stehe. Vielmehr sei es umgekehrt: das erste sei die Handlung Gottes, diese sei das Faktum für den Glauben. Gott selber gebe durch seine Gnade die Bedingung des Glaubenkönnens. Da Gott faktisch sich offenbart habe, sei es des Menschen Sache, gehorsam im Glauben zu sein.

Was sollen wir tun? Glauben wollen, was wir nicht glauben können? Wem Gott diese Gnade nicht gibt, der kann ohne Unredlichkeit nicht glauben. Er darf es nicht, wenn Wahrhaftigkeit als erste und ursprünglichste Forderung erfahren wird. Er kann den Glaubenden, der behauptet, einer solchen Gnade teilhaftig geworden zu sein, nicht verstehen. Er hört in allen Aussagen des Offenbarungsgläubigen die Behauptung der Leibhaftigkeit Gottes. Leibhaftigkeit aber trifft für ihn nur zu auf Erscheinung in Raum und Zeit. Die Einsicht in die Erscheinungshaftigkeit von allem, was in Raum und Zeit ist, schließt die spezifische Realität Gottes in einer bestimmten Erscheinung für ihn aus.

(6) Die große Frage ist: Kann, was seine leibhaftige Realität ver-

liert, als nur sprechende Chiffer noch wirksam sein? Bewahrt die Chiffer eine Kraft des Erweckens und Führens im Hinzeigen auf den Grund der Dinge, die der Kraft der Leibhaftigkeit gewachsen oder gar überlegen ist?

Ein Beispiel: Die ewigen Höllenstrafen erzeugten eine gewaltige Angst und bändigten. Hat ihre Chiffer noch Gewicht, wenn im Augenblick der Entscheidung nicht die zukünftige Gefahr der Hölle droht, sondern die unvorstellbare Ewigkeit im Entschluß zur Entscheidung drängt? Offenbart sich dann nicht vielmehr klarer und entschiedener als unter dem Druck der Angst vor ewigen Höllenstrafen, daß das, was der Mensch tut, ewiges Gewicht hat, daß er selbst sich gewinnt oder sich verlorengeht? Erfährt er Schuld und Strafe nicht mehr zeitlich auseinandergelegt – jetzt die böse Tat, in Zukunft die Hölle –, sondern im gleichen Tun vereint, als Offenbarwerden der Ewigkeit im Augenblick, des Unwiderruflichen, das in der Chiffer ewiger Höllenstrafen vorgestellt wird?

Es ist der Schritt aus der Sklaverei unter der Leibhaftigkeit der Vorstellungen und unter den sinnlichen Ängsten zur Freiheit in den Raum der Chiffern. Dort finden die existentiellen, ursprünglichen Entscheidungen dessen statt, was ewig ist.

Dann lebt, was Wahrheitsgehalt in der Leibhaftigkeit war, in den Chiffern nur um so reiner fort. Die Entschiedenheit ist nicht mehr bestimmt durch Angst vor etwas, sondern durch die ganz andere Angst der Freiheit selber um sich selbst und die Ewigkeit. Was reine Chiffer wird nach Abwerfen der Leibhaftigkeit, wird nun erst wahr in dem Raum, in dem Existenz sich zeigt durch ihr Tun.

Aber sind nicht alle diese Dinge, die einst Schreckgespenster oder falsche Beruhigungen waren, zu Märchen geworden? Man glaubt sie doch nicht mehr in der Weise, wie sie einst und anfänglich geglaubt wurden. Die große Frage des existentiellen Schicksals ist in der Tat, ob wir nicht reiner, freier, ernster, kommunikativer glauben könnten als je, auch wenn wir noch nicht so glauben.

In der Vergangenheit waren die Chiffern das Maßgebende. Ihre Kraft war es, die die Glaubenden traf, die ihrerseits sie aus ihrem Glauben hervorbrachten. Die Leibhaftigkeit war für die Menge, ohne daß von den denkenden Gläubigen, die Philosophen waren, die Frage nach ihr gestellt wurde. Die geistige Situation der früheren Zeitalter erzwang die Frage noch nicht, wenn sie auch vereinzelt auftreten konnte. Die öffentliche Sprache war die Chiffernsprache. Sie war die

Luft des Lebens. Heute scheint es anders: Die Chiffernsprache ist nicht mehr an die Leibhaftigkeit geknüpft. Diese ist in der realistisch-wissenschaftlichen Welterhellung nicht unverändert aufrecht zu erhalten.

Leibhaftige Realität des Transzendenten stört jetzt den menschlichen Gang der Dinge. Chiffern beflügeln ihn, den Gang der Liebe und der Vernunft.

Die Leibhaftigkeit stärkt zwar die physisch-psychische vitale Kraft, aber sie schwächt die Wahrhaftigkeit und damit die existentielle Kraft. Die Leibhaftigkeit vermag sogar den eigentlich Nichtglaubenden zu halten. Die der Leibhaftigkeit entkleideten Chiffern aber reinigen den Glauben der freien Existenz.

Der Glaubenslose und der die Leibhaftigkeit Glaubende begnügen sich mit der sinnlich gegenwärtigen Energie als solcher. Die freie Existenz braucht die Sprache der Chiffern. Als sinnliches Vernunftwesen kann sie die Sprache nicht entbehren. Wie für die Sprache überhaupt der sinnliche Anhalt des Sprechens notwendig ist, so für die Erhellung unserer transzendierenden Existenz das Vorstellen und Denken der Chiffern. Was uns als Sinnenwesen unentbehrlich ist, gehört der Welt und der Zeit an. Aber in ihm, das in der Wahrheit der transzendenten Wirklichkeit, in der Ewigkeit wieder verschwindet, vergewissern wir uns dessen, was durch die Gestalt solcher Vergewisserung nur für uns, nicht an sich ist.

Daß aber mit dem Wegfall der Leibhaftigkeit heute die Chiffernsprache selber verkümmert, ist ein Unheil der Zeit. Die Luft, in der wir atmen, ist nicht nur dünn geworden, sondern verunreinigt durch wissenschaftsabergläubische Vorstellungen. Die Einsicht in das Wesen der Chiffern ist eine Voraussetzung für die Chance, daß die Chiffern ihre existentielle Kraft und den Reichtum ihrer Sprache wiedergewinnen.

3. Geschichtlichkeit, Chiffer, Offenbarung

Der Offenbarungsglaube beruft sich auf die geschichtliche Offenbarung. Geschichtlichkeit, daher Einmaligkeit sei das Wesen der eigentlichen Wahrheit. Das Denken in Chiffern spricht ebenso: nicht als allgemeine, sondern als geschichtliche Sprache haben sie ihre Kraft.

Klarheit in bezug auf Geschichtlichkeit kann verhindern, daß die Offenbarung durch eine philosophisch »natürliche« Geschichtlichkeit scheinbar näher gebracht und dadurch in ihrem Wesen verschleiert wird.

(1) Das Wort »geschichtlich« hat eine ungemein verschiedene Bedeutung. So heißt *erstens* die Unendlichkeit und Unerschöpflichkeit alles Konkreten, das je eines ist, »individuum est ineffabile«. *Zweitens* heißt geschichtlich die Vielfachheit und unendliche Mannigfaltigkeit des Geschehens. Es ist objektiv das Historische, wird erblickt und dargestellt im Erinnerten und dokumentarisch Belegten und dadurch Gegenwärtigen. Es ist eine Endlosigkeit. Keine Erinnerung hält fest, was alles geschehen und gewesen ist, wer gelebt und was er getan hat. Der Zufall der in der Gegenwart bewahrten, wieder aufgefundenen, wieder ausgegrabenen Reste setzt dem geschichtlichen Erinnern eine Grenze. Diese Reste selber aber sind schon endlos und in keinem erinnernden Kopf zu vereinen. Die Auffassung und Darstellung des Übriggebliebenen ist gebunden an Wahrnehmungsfähigkeit, an Denkkategorien, an Interesse des jeweils Erinnernden. *Drittens* heißt Geschichte eben dies, was je einzelnen Menschen oder Gruppen oder Völkern oder vielleicht einmal einer Menschheit wesentlich ist als Wissen von der Herkunft. Sie reicht von der Geschichte eines Einzelnen, seiner Familie bis zum »Theater der Weltgeschichte« im ganzen. Was hier objektiv erforscht und in der Darstellung erzählt wird, hat seine Bedeutung für den inneren Kampf dieser Gemeinschaft um sich selber im äußeren Kampf der Selbstbehauptung in der Welt. Hier soll nicht vergessen werden, weil das Gewesene und Getane die Gegenwärtigen bewegt. Die Aneignung des Hohen, die Reinigung vom Niedrigen bestimmen die Wahl des Weges in die Zukunft. Die hohen Forderungen der als Ahnen Anerkannten werden gehört und in das Leben aufgenommen. Die schuldvollen Taten und Zustände, Motive und Entschlüsse in der Vergangenheit werden als Realität durchschaut und übernommen, um in Abkehr von dem Nichtvergessenen den wahren Weg zu finden. Der Wandel der Auffassung der eigenen Vergangenheit geschieht aus dem Willen, nunmehr in neuer Situation die rechten Entschlüsse zu fassen. Die bloß historische Darstellung wird zum verantwortlichen geschichtlichen Bewußtsein, in dem ein Wille des Adels oder der Niedertracht, der Wahrhaftigkeit oder der Verschleierung sich kund gibt. *Viertens* sprechen wir von existentieller Geschichtlichkeit, der Identität des Einzelnen mit sich selbst in der Zeitfolge, aber quer zur Zeit. Sie ist objektiv nicht zu fassen. Sie erscheint als sein Lebensgang, ist sich seiner gewiß in der Identität eines

Ewigen in seiner geschichtlichen Gestalt. *Fünftens* wird die totale Geschichtlichkeit allen Daseins, des Kosmos und der Menschheit bewußt gegenüber der Unveränderlichkeit des Ewigen. Die Objektivierung des Einmaligen blickt auf die wirklichen Naturphänomene, die nicht aus dem Allgemeinen von Naturgesetzen ableitbar sind. Von der individuellen Einzigartigkeit dieser Landschaft hier, dieses Baumes über die meteorologischen Erscheinungen bis zur Anordnung des Kosmos.

Ganz anders die Geschichtlichkeit der Offenbarung. Sie ist die der Einmaligkeit der »Geschichte Gottes in der Zeit«, dessen Ewigkeit in der Zeit durch Offenbarung. Es entsteht eine »heilige Geschichte«. Sie kann nicht bezeugt werden als Realität wie alle anderen geschichtlichen Erscheinungen. Bezeugt werden kann nur: »wir haben geglaubt, daß ...« Sie erhebt einen von jedem anderen Anspruch unterschiedenen Anspruch der einzigen, ausschließenden Absolutheit dieser Heilsgeschichte.

(2) Denken wir als Bewußtsein überhaupt, so immer in Begriffen. Das Geschichtliche ist die Grenze des allgemein Denkbaren. Es weicht zurück vor der Aufhebung in Begriffen. Das zeigt sich in unserem Verhalten zu anderen Menschen und zu uns selbst.

Auf dem Boden des Allgemeinen bewegen wir uns mit dem Anspruch einer Allgemeingültigkeit unseres Sprechens. In der Mitteilung des Objektiven als Allgemeingültigen, zur Vollendung gebracht in der Mitteilung wissenschaftlicher Erkenntnisse, gehört die Auslöschung unseres subjektiven Selbst zur unpersönlichen, reinen Betrachtung der Sache. Dieses Selbst ist nur noch in der Verläßlichkeit des Willens zur Objektivität da. Wenn aber diese Haltung sinnwidrig alles in den Schein der Sachlichkeit und Objektivität auflöst und es zum guten Ton des Umgangs wird, sich selbst zu verbergen, in Masken der konventionell verlangten Typen zu leben, mit denen wir schließlich uns selbst verwechseln, dann wird unser Dasein nicht zur Existenz gelangen. Wir weichen aus, wir stellen uns nicht selbst. Der Umgang führt nicht in die Tiefe einer möglichen Geschichtlichkeit.

Im Umgang mit mir selbst in meiner Situation hat das Allgemeine im verständigen Planen seine unerläßliche Bedeutung beim Finden und Erfüllen des Lebenswegs. Aber ich selbst in meiner Geschichtlichkeit werde erst wirklich, wenn ich horche auf das, was mir zugehört, was in den Zufällen an mich herankommt, in neuen Situationen als Chance oder Sperre sich zeigt. Besonders in der Jugend ist dieses

Warten und Zugreifen, Hineinwagen und Zurückweichen in dieser geheimnisvollen Welt zugleich das beschwingende »man weiß nicht, was noch werden mag«. Es begründet Unruhe und Vertrauen. Die Zufälle sind mehr als Zufälle, zwar nicht für das Wissen, aber für das Bewußtwerden der eigenen, einmaligen Geschichtlichkeit. Diese ist durch kein Planen im ganzen vorwegzunehmen. Sie enthüllt sich kraft des eigenen Sicheinsenkens in die Wirklichkeit.

Die Stoiker sprachen von der Vorsehung der Weltvernunft, mit der der philosophische Weise im Einklang ist. Der Offenbarungsglaube sieht in dieser Vorsehung die Führung des Gottes, der sich offenbart.

Der philosophische Mensch erfährt seine Geschichtlichkeit in seinem Umgang mit den Zufällen und gewinnt in dem Miteinander seiner Spontaneität und des jeweils Gegebenen, seines Wagemuts und seiner Schranken einen in Chiffern zweideutig sich erhellenden Bezug auf Transzendenz. Der Offenbarungsgläubige erfährt darin die Fügung des bestimmten, einen, offenbarten Gottes. In der Geschichtlichkeit selber zeigt sich wieder der Sprung zwischen dem philosophischen und dem Offenbarungsglauben.

(3) Die Chiffern sind geschichtlich. Als allgemeine verlieren sie an Substanz. Aber ohne die Struktur eines Allgemeinen haben sie keinen Bestand. Sie sprechen zu uns in der konkreten Gestalt, in der sie geschichtlich an uns herantreten, nicht schon in Abstraktionen. Werden sie in Typen geschildert, nehme ich sie nur wahr in einem verblaßten, schematisierten Zustand. Im Reden über sie sind sie selber nur noch von fern her als Möglichkeit ihres geschichtlichen Wesens hörbar. Das Sammeln steht dem Einmaligen im Wege. Das getrocknete Herbarium vermittelt nur die Schatten der Erscheinung der lebendigen Gewächse. Chiffern werden mir geschichtlich gegenwärtig, sei es in der Ruhe des Verweilens, sei es in plötzlichem Überfallensein. Sie verschwinden im Durcheilen ihrer Anhäufungen und in ihren endlosen Typisierungen. Dann tritt die leere Müdigkeit ein, die Chiffern werden sprachlos.

(4) Jede Leibhaftigkeit hat als Gegenstand der Sinne einen allgemeinen Charakter und ist daher ersetzbar. Leibhaftigkeit gewinnt ihre Auszeichnung, wenn sie im geschichtlichen Bewußtsein aufgenommen ist und dann erst ihr einmaliges, unersetzliches Wesen hat.

Was geschichtlich ist, ist auch leibhaftig. Der Offenbarungsglaube gründet in absolut einziger, mit keiner anderen vergleichbarer geschichtlicher Leibhaftigkeit. Der offenbarte Gott ist nicht nur einst leibhaftig gewesen, sondern noch in jeder folgenden Gegenwart leibhaftig. Diese Leibhaftigkeit Gottes begann in der Zeit. Die Chiffer aber, die im offenbarten Gott als »der Ewige« spricht, diese mächtige, fordernde, behütende, bezwingende Chiffer ist nicht an die Leibhaftigkeit der Offenbarung gebunden.

Auch die Chiffern sind geschichtlich, aber ihre Leibhaftigkeit ist nur die des Daseins ihrer Sprache, dieser vieldeutigen, geschichtlich bewegten Sprache, die eine Sprache zu nennen selber ein Gleichnis ist, und die nicht die Sprache eines Sprechenden ist.

(5) Die Wahrheit der Chiffer, die die Entscheidung der Existenz im Augenblick erhellt, aber nicht erzwingt, hat ihr Maß daran, ob dieser Augenblick mit seinem Entschluß als die eigene Entscheidung für immer anerkannt und übernommen wird, ob ich mit ihr identisch bin und mich in der Wiederholung ursprünglich erneuere. Was alles wir nur verstehend erleben und was wir damit noch unverbindlich tun, hat Gewicht erst, wenn es aufgenommen wird in die Kontinuität einer Existenz, die durch die Erschütterungen hindurch ihren je eigenen Weg in Gemeinschaft findet.

Aber ich bleibe auf dem Wege und bin nicht im Besitz. Statt der Identität meiner mit mir selbst kann eine Trennung von mir einsetzen. Was ich in einer Tat, in einer Lebenspraxis war, das will ich nicht sein. Zwar muß ich sie übernehmen, aber ich vollziehe die Trennung in einer Umkehr meiner selbst. Geschieht das im Ernst, dann muß ich doch leben mit etwas, das ich nie mehr loswerden kann. Ich bin ein Anderer als zu Anfang. Die Umkehr gründet ein Leben, das übernehmen muß, was mir fremd geworden ist und doch zu mir gehört. Die Umkehr ist wahr mit dem neuen Blick, der neuen Urteilskraft, durch die geschieht, was die Umkehr bezeugt. Das Gewesene wird trotz Wiedergeburt übernommen, nicht abgestoßen, als ob es nicht gewesen sei. Ich bin nicht befreit in einem absoluten Sinn (solche Befreiung ist weder durch eigenen Entschluß noch durch Gnade möglich). Vielmehr trage ich die Folgen des Getanen und Gelebten, die ich nicht abwälzen, sondern nur sehen, mit meinen Möglichkeiten gestalten und verwandeln kann. Dies existentielle Geschehen ist selber in Chiffern erhellt, die in der Grenzsituation der unumgänglichen Schuld entspringen, durch die die Existenz in ihrer bleibenden Fragwürdigkeit erst zu sich selbst kommt.

Die Wahrheit der Chiffern bezeugt sich durch keine Erkenntnis, keine Einsicht, sondern allein durch ihre erhellende Kraft in der existentiellen Geschichte des je Einzelnen.

(1) *»Offenbarung des Wortes Gottes überhaupt ist göttliche Zeichengebung«*[1]. Ich frage nach dem Unterschied dieser Zeichen von allen anderen Zeichen, die wir Chiffern nennen. Die Zeichen der Offenbarung sollen Zeichen einer verborgenen Offenbarungshandlung sein, die Chiffern wären Zeichen der verborgenen Transzendenz. Offenbarungshandlung Gottes und Transzendenz sind gleich verborgen. Aber die Zeichen der Offenbarungshandlung soll ich als Zeichen einer Realität verstehen, die Chiffern der Transzendenz kann ich nicht als solche Zeichen verstehen. Der Unterschied der Zeichen der Offenbarung und der Chiffern der Transzendenz ist der, daß dort die zeitliche Realität eines Aktes der Gottheit Zeichen gibt, die eindeutig sind, hier die Transzendenz sich in vieldeutigen Chiffern kundgibt. Wenn aber die Zeichen eindeutig als solche der realen Offenbarung gelten, so sind sie das, was die Verborgenheit aufhebt: einzigartige Zeichen, selber schon die Realität Gottes. Was aber auf diese Weise Zeichen und Realität heißt, ist beides nicht in dem Sinne, in dem diese Worte allgemein verstehbar sind.

Ich kann nicht ausweichen. Offenbarung ist entweder die zeitlich-räumlich bestimmte Handlung Gottes (als die sie vom Glaubenden behauptet wird) und dann nicht mehr Chiffer, sondern Realität. Oder sie ist Chiffer, steht dann neben anderen Chiffern und ist nicht mehr reale Offenbarung. Denn soweit die Offenbarung nur in Zeichen spricht, ist sie so lange keine spezifische Realität, als diese Zeichen selber nicht eines grundsätzlich anderen Wesens sind als alle Zeichen der Transzendenz sonst. Allein durch die Realität Gottes, der in der zeitlich bestimmten Offenbarungshandlung und ihren Zeichen selbst da ist, wäre die Offenbarung unterschieden von den Chiffern der Transzendenz, der möglichen Sprache aller Dinge und der freien menschlichen Hervorbringung. – Ich frage mich, ob, was der Theologe Zeichen nennt, etwa dasselbe sei, was uns Chiffer heißt. Ist die Offenbarung als zeitlich realer Akt Gottes gemeint oder selber als Chiffer? Das wohl keinesfalls, aber wie steht es dann?

[1] *Karl Barth, Zwischen den Zeiten* Jg. 7 (1929) S. 432. Der Theologe möge mir verzeihen, wenn ich auf den folgenden Seiten einige seiner Sätze in meinem für ihn gewiß törichten Sinn beklopfe, töricht, weil meine Sätze für ihn, wie ich vermute, doch wohl nur Ausdruck eines verständnislosen und beklagenswerten Unglaubens sein können.

(2) Die Zwischenschaltung:

Nur die Realität in zeitlicher und räumlicher Lokalisation Gottes könnte Offenbarung sein. Diese Offenbarungsrealität aber wäre gleichsam Zwischenschaltung zwischen dem verborgenen Gott und der Existenz des Menschen. Sie wäre eine Vermittlung über den Abgrund zwischen Gott und Mensch hin, der in Christus offenbarte Gott der »Mittler«. Aber ist dieser Mittler nicht ebenso verborgen wie Gott selbst, zwar eine außerordentliche, leuchtende und wahre Chiffer des Menschen Jesus, aber nicht die Realität Gottes selber? Und wäre dann dies »Vermittlung« Genannte in der Tat eine überflüssige Zwischenschaltung, die nur verdeckt, daß das als Realität Unerreichbare, die Gottheit, nun doch als Realität da sein soll?

Der Mensch überall in der Welt hört und sieht und denkt die schwebenden vieldeutigen Chiffern der Transzendenz, die nie Gott selbst, sondern nur eine Sprache sind. Wird ihm aber die Offenbarungsrealität ihrerseits wieder nur durch Zeichen kund, so würde sie ihm verborgen bleiben wie die Transzendenz selbst. Die Zeichen wären dann bezogen nicht auf die Transzendenz, sondern auf die zwischengeschaltete raumzeitliche Realität. Diese selber soll Gott sein. Jesus selber soll Mensch und als Christus zugleich Gott sein. Das ist nach Spinoza ebenso gut verstehbar, vielmehr so widersinnig wie der Satz: der Kreis ist Quadrat. Spinoza war vielleicht einer der Menschen stärksten, unbeirrbaren Gottesglaubens in den neueren Jahrhunderten.

Diese zwischengeschaltete Offenbarungsrealität soll in Zeichen zugänglich sein. Diese Zeichen aber sind nicht mehr bezogen auf die verborgene Gottheit, sondern auf die spezifische Realität Gottes in der Welt, auf den Eintritt Gottes in die Welt an dieser ausgezeichneten Stelle. Sie treffen einen in der Welt fiktiven Punkt, der die Realität der Transzendenz und zeitlich-räumliche Realität zugleich sein soll. Daß diese Identität nicht sein kann, kommt darin zum Ausdruck, daß der Theologe in Zeichen von der zeitlichen Realität des Offenbarungsaktes spricht, statt von der Transzendenz. Für etwas, das in der Welt lokalisiert und aus aller anderen Realität – die in Geschichte und Schrifttum bezeugt wurde – herausgenommen ist, aber doch real da sein soll, soll es noch Zeichen geben, die an seine Stelle treten. Die Zwischenschaltung ist dann überflüssig. Denn die Transzendenz bleibt verborgen in dieser Offenbarkeit. Und sie scheint unmöglicher Gegenstand eines Glaubens. Denn entweder ist die Offenbarung leibhaftig die Realität Gottes oder die Offenbarung ist gar nicht.

Wenn die Offenbarungsrealität sich nur in Zeichen kundgibt, dann gibt es zwei Transzendenzen, von denen das gleiche gesagt wird: nicht selbst, sondern in Zeichen sind sie da, beide im »verbergenden Offenbaren«.

Entweder ist die Offenbarungsrealität da, für den Sinn zu tasten, wie für den ungläubigen Thomas, der dadurch glaubend wird, oder sie ist verborgen wie die Transzendenz selbst und nur eine Chiffer und nicht mehr Offenbarungsrealität. Der Mensch kann sie nur wahrnehmen durch einen neuen, ganz anderen, menschlich nicht verständlichen Glauben, der – nach einer dogmatischen Theorie – nur einigen, nicht allen Menschen durch die Gnade Gottes zuteil wird.

(3) Die Feststellung der Offenbarungsrealität durch Bezeugung:

»Uns genügt die Feststellung, daß der Christus des Paulus und der Synoptiker die Sakramente tatsächlich eingesetzt hat, und zwar nur Taufe und Abendmahl.«[1] Tatsächlich? »Tatsächlich« ist hier doch nur, daß Paulus und die Synoptiker von der Einsetzung sprechen und deren Worte (etwas abweichend) mitteilen. Ist dieses tatsächliche Dokument ein beweisendes Zeugnis, daß Jesus diese Einsetzung vollzogen hat? Nein, dies ist bei historischer Analyse sogar sehr unwahrscheinlich. Der Theologe von Soden zieht den Schluß dieser Erkenntnis: das Sakrament steht nicht am Anfang einer Entwicklung, sondern am Ende. »Jesus hat sich nicht selbst zum Sakrament gemacht.« Das aber ist gleichgültig für den Offenbarungsgläubigen. Ihm kommt es gar nicht auf Jesus an. »Christus, der auch das Sakrament einsetzt, ist der Christus der Propheten und Apostel. Also nicht der von diesem Zeugnis abstrahierte, historische Jesus. Diese unmaßgeblich konstruierte Größe ist hier wie anderweitig theologisch belanglos. Der die Sakramente eingesetzt hat, ist der Kyrios, den wir nicht dem Fleische nach kennen, sondern im Geiste durch das Zeugnis des Wortes seiner Berufenen.«[2] So schreibt Karl Barth in der Nachfolge Kierkegaards. Dieser sagte, alles Historische verwerfend, nur auf den einen Satz käme es an, daß Gott Mensch wurde. Zur gleichen Auffassung kommt, ohne Glauben, der forschende Theologe Overbeck: »Nur ein Wahn kann das Christentum mit Jesus als historischer Person beginnen lassen.«

Wenn es aber belanglos ist, ob Jesus die Einsetzung vollzogen hat, es vielmehr als »Tatsache« gilt, was von Aposteln verstanden und bezeugt ist, in bezug nicht auf Jesus, sondern auf Christus (schon der Apostel Paulus hat nicht Jesus selbst gesehen, sondern nur den auf dem Wege vor Damaskus ihm erscheinenden Christus), warum hat dann dieser Bezeugungsprozeß eine Zeitdauer gehabt und ein Ende? Warum kann sich solche Weise des Zeugnisses nicht fortsetzen, können nicht z. B. weitere Sakramente als eingesetzt bezeugt werden? Doch offensichtlich durch Urteil einer Instanz in der Welt, die jene ersten Zeugnisse anerkennt, den Zeugnisprozeß aber für abgeschlossen, den Kanon als fixiert erklärt?

Es kommt dem Theologen auf die qualitative Heraushebung an. Diese Zeichen oder Chiffern sind andere Chiffern, diese Worte andere Worte, diese Schriften andere Schriften als Chiffern, Worte, Schriften sonst. Nur in ihnen ist die Realität Gottes, alles andere ist Menschenwerk oder natürliches Geschehen.

Dies aber bedeutet: Gott ist nicht mehr verborgen. Ich habe nicht nur Bild und Gleichnis von ihm (was doch schon der biblische Gott untersagt), sondern ihn selber. Der Offenbarungsglaube ist in der Tat nicht mehr der Glaube an den verborgenen Gott. Von ihm weiß ich im biblischen und philosophischen Glauben mich mir geschenkt, aber unmittelbar, nicht durch irgendeine Vermittlung, die als Vermittlung selber schon Gott sein soll.

Hier gelten nicht freie, schwebende Chiffern, sondern Gehorsam. »Wir haben uns, die Kirche hat sich an die ihr anbefohlenen Zeichen zu halten.«[3]

[1] Barth, l. c. S. 447. – [2] l. c. S. 447. – [3] l. c. S. 448.

(4) Kultus, Sakrament, Kirche:

Nicht durch irgendein Denken vermag man der Realität näher zu kommen, die in der Leibhaftigkeit Gottes vom Gläubigen erfahren wird. Karl Barth erinnert[1] daran, daß noch im 5. Jahrhundert die Belehrung über die Sakramente erst nach ihrem Empfang stattfand (man könnte an die griechischen Mysterien denken, die nach Aristoteles nicht Lehre bringen, sondern Handlung zeigen, nicht Legomena, sondern Dromena sind). Verrat wäre es gewesen, sagt Ambrosius, schon vorher darüber zu belehren. Der Ahnungslose wird besser erleuchtet, als wenn ihm eine Rede darüber vorausgegangen wäre. »Die menschliche Rede hat zu schweigen, damit vorerst etwas geschehe.«

Die Realität ist in der Welt der Kultus und die Kirche. Offenbarung und Wort Gottes sind nicht privat zu empfangen. Die Realität gewinnen sie erst durch die Gegenwart des Heiligen in einer Institution.

So ist das Wort erst durch die Vollmacht zur Verkündigung »Gottes Wort«, ist das Sakrament erst durch den kirchlichen Akt (unter Wiederholung der biblischen Einsetzungsworte) die Realität, welche allerdings vollendet wird durch die jeweils neue, vom Hörer des Wortes oder dem Empfänger des Sakraments erfahrene, gegenwärtig darin sich kundgebende Offenbarung Gottes. Aber wehe dem, der dabei ist und diese Erfahrung nicht macht! Die Wahrheit des Sakraments »ist wie die Wahrheit des Predigtwortes jeden Augenblick und jedem Einzelnen gegenüber von Gott selbst abhängig. Gottes einsetzende Kraft kann dem Einzelnen zum Gericht werden, das Zeugnis des Heiligen Geistes kann ihn ... zur Linken stellen, es kann ihm zur Verstockung dienen. Gnade wäre nicht Gnade, wenn wir Gott gegenüber anders dran wären«[2].

Beim Kultus ist die Aussonderung von Ort, Zeit, Sinn, als nunmehr heilig, aus der übrigen Welt offensichtlich. So ist es in allen Religionen auf der ganzen Welt. Der Offenbarungsglaube aber will sich von ihnen unterscheiden. Die Sakramente nennt er Zeichen, aber diese Zeichen sind herausgenommen aus allen andern Zeichen. Sie stehen nicht in der Reihe der Chiffern der Transzendenz, sondern als Akte Gottes sind sie ausgesondert. Karl Barth wendet sich daher gegen alle, die wie Wiclif »der Christenheit jauchzend verkündigen, daß alles Sichtbare, das uns umgibt, recht verstanden, nichts anderes als eben Sakrament, sichtbares Zeichen des unsichtbaren Gottes sei«. »Es ist ein wohlgemeinter Unfug, wenn man meint, das Sakrament damit begründen und empfehlen zu können, daß es ja so schön und einleuchtend in einer Reihe mit allen möglichen anderen in der Natur vorfindlichen oder durch die Kultur aufgerichteten Symbolen stehe ... Mit aller Schärfe muß hier gesagt werden: das mit anderen Symbolen und wären es die tiefsinnigsten und ehrwürdigsten in eine Reihe gestellte, das als eine »sinnhaltige« Angelegenheit neben anderem behandelte Sakrament ist nicht mehr Sakrament, wie Jesus Christus, in die Reihe der religiösen Persönlich-

[1] Karl Barth, l. c. S. 426. – [2] l. c. S. 449.

keiten gestellt ... nicht mehr Jesus Christus ist. Was hat unsere Erkenntnis von allerlei Sinngehalten mit einem uns von Gott gegebenen Zeichen zu tun?«[1]

Daher spielt bei der Deutung der Taufe nicht etwa die herrliche, reiche Symbolik des Wassers eine Rolle, sondern allein dies: daß Gott aus natürlichen Dingen Zeichen einer ganz anderen Sprache macht. In Gottes Wort war es so, »daß Dinge dieser Welt, also geschaffene und vergängliche Dinge, nicht das waren und wirkten, was sie entsprechend ihrem Wesen als diese und diese Dinge wirken können, sondern in ihrem natürlichen Wesen und doch über ihr natürliches Wesen hinaus waren sie zugleich Buchstaben, geformt zu einem Wort, das Gott zu mir gesprochen hatte, so wie ich es vernehmen konnte, und dies mein menschliches Auge, mein nur für die Finsternis taugliches Eulenauge ... fand sich begabt, sie als Buchstaben und Wort zu lesen und so, in dem meiner Finsternis angemessenen Licht, im Gleichnis des Geschaffenen, ist Gottes Wort kraft seiner Kondeszendenz zu mir gekommen und habe ich es mir sagen lassen«[2].

Aber der Theologe deutet doch zugleich diese Zeichen des Sakraments. Wir sind »in der Taufe einfach ins Wasser gestoßen und wieder herausgezogen«, »bekommen im Abendmahl Brot zu essen und Wein zu trinken«. Dort gilt »das Untergetauchtwerden im Wasser der Taufe als Zeichen unseres Sterbens und Auferstehens mit Christus«, hier »das Essen und Trinken von Brot und Wein des Abendmahls als Zeichen unserer Erhaltung durch seine Hingabe, durch seinen Gang zum Vater«[3].

Das wäre eine Weise allegorischer Deutung, die jedes wahre Symbol als Chiffer tötet und zu einem überflüssigen bloßen Zeichen herabsetzt. Eben das aber ist nicht gemeint. Denn es ist die Realität darin, »indem hier stumm und gerade so beredt die Natur aufsteht gegen alles Zerdenken und Zerreden der Wahrheit, und uns auf den Anfang zurückwirft«, – aber nicht, wie der Leser denken könnte, auf den der Natur, vielmehr »von allem Erkennen auf jenes große Erkanntwerden«. Das soll das Sakrament sein. Dieses hütet das Geheimnis Gottes und ist zugleich seine Offenbarung.

Wieder komme ich in der Folge solcher Sätze von einem Staunen ins andere, ohne im Verstehen einen Schritt voranzugelangen. Und ich werde belehrt durch die allgemeinen Sätze von Verstocktheit, Beiseitegestelltsein, Gericht.

Was mir in eigener Erfahrung und Beobachtung als Kultus und Verkündigung begegnet ist, sehe ich ganz anders. Das Entscheidende schien mir, ob der Kultus in Handlung, Gebet, Meditation selber als Chiffer vollzogen wird, oder ob er als Realität des gegenwärtigen Gottes gilt. Gilt der Kultus als Chiffer, so schien mir die Feierlichkeit, der Ernst, das Gewicht, aber in schwebender Freiheit, doch in ganzer Kraft möglich. Gilt das Erfahrene

[1] Karl Barth, l. c. S. 441.
[2] l. c. S. 432.
[3] l. c. S. 491.

aber als Realität Gottes, so schien mir Magie vorzuliegen, das heißt eine Kausalität ohne Kausalität, eine Realität ohne Realität. Diese ist zwar bezwingend eindrucksvoll für den in Gehorsam Glaubenden, aber in der Welt ohne andere Folgen als die in der Seele des Glaubenden, der nun, ob er schwebende Chiffern oder magische Realität erfahren hat, anders lebt und handelt und denkt und dadurch in der Welt bezeugt, was jene Erfahrung bedeutet.

5. Chiffer und Dialektik

(1) Zunächst eine kurze Bemerkung über Dialektik überhaupt:

Wo immer ein Widerspruch für das Denken auftritt, soll er aufgehoben werden. Das Denken erträgt ihn nicht. Wo er nicht in einer Alternative zugunsten der einen Seite, der richtigen gegen die falsche aufgehoben werden kann, da wird er in einer Bewegung ergriffen, die dialektisch heißt. Diese will ihn zugleich bewahren und überwinden: entweder durch eine Synthesis des Widersprechenden, um dessen »Versöhnung« zu finden, oder durch Aufreißen und Steigerung des Widerspruchs über die Paradoxie in die Absurdität, um gerade mit dieser die Wahrheit und Wirklichkeit zu treffen.

Alles Denken, ob philosophisch oder theologisch, tritt von Anfang an in die Dialektik, auch ohne es methodologisch zu wissen. Dialektisches Denken aber kann nicht nur tiefe Einsicht hervorbringen, sondern ungemein leicht zu einer spezifischen Sophistik werden.

Dialektik als Methode der Behandlung bestehender Widersprüche, nämlich diese nicht dadurch zu lösen, daß die eine Seite der Alternative für wahr, die andere für falsch erkannt wird, sondern dadurch, daß beide Gegensätze bewahrt werden, ist ein bis heute noch nicht übersehbares Reich von Formen der Gedankenbewegung. Es ist noch immer die große, ungelöste Aufgabe, die Ursprünge der dialektischen Gebilde und damit die Art ihrer Evidenz in ihrer Mannigfaltigkeit zu zeigen, damit ihren jeweiligen Sinn zu begrenzen und ihre Anwendung sauber zu gestalten. Die Erhellung der Weisen und der Gebiete der Dialektik, bei Hegel am reichsten entwickelt, ist auch bei ihm gerade nicht methodisch geklärt, sondern in der ganzen Vielfachheit von tiefen Bewegungen bis zu lächerlichen Tricks vollzogen. Marx und Kierkegaard haben aus dem Hegelschen Denken sich genährt, mit ihm sich geschult. Aber beide haben etwas anderes daraus gemacht, beide ergiebig und erstaunlich und hinreißend.

Heute ist die Dialektik im Marxismus und in der Theologie am Werke als ein Zauberschlüssel. Sie wird wie etwas methodisch Absolutes, nicht mehr zu Überschreitendes behandelt. Es ist, als ob denkende Menschen heute sich ihrer nicht erwehren, weil sie die Methode nicht methodisch durchleuchten können. Sie wird als etwas Selbstverständliches, Bekanntes vorausgesetzt.

Aber in jedem einzelnen Falle ist die Frage: In welchem bestimmten und begrenzten Sinn ist hier eine Weise der Evidenz gegenwärtig? Ist etwa die dialektische Redeweise ein Mittel, Widersprüche als unwesentlich zuzulassen, sich ihnen zu entziehen, um in der Tat etwas ganz Undialektisches, eine unhaltbare Leibhaftigkeit des Soseins Gottes zu schützen, oder um eine für den Augenblick erwünschte eindeutige Forderung, sie als Moment der Bewegung zur Vollendung hin deutend, mit scheinbarem Tiefsinn zu verschleiern? Denn mit dieser Dialektik läßt sich der das Denken preisgebende Gehorsam gegen einen Gott fordern, der doch als geglaubter für die Menschheit insgesamt nur als eine Erscheinung unter anderen auftritt. Und mit der Dialektik läßt sich die brutale, je nach Situation wechselnde Parteilinie rechtfertigen, wenn man die Dialektik als Realdialektik des Geschehens, als die Notwendigkeit auffaßt, die als die einzige allbeherrschende Kausalität, als Monokausalität, die Freiheit des Menschen in die Unterwerfung unter das Diktat der von der Parteiinstanz erkannten Notwendigkeit verkehrt.

(2) Die Dialektik scheint der Schwierigkeit des Offenbarungsglaubens Herr zu werden. Der Widerspruch, daß die Offenbarungsrealität da ist und nicht da ist, behauptet und verleugnet wird, gilt als notwendig für die Göttlichkeit der Offenbarung. Man spricht vom verbergenden Offenbaren, vom verhüllenden Enthüllen. Die Theologie ist voll solcher Wendungen wie simul justus, simul peccator; freiwillig gehorsam.

Der moderne Theologe schreibt: »Mysterium (in der altkirchlichen Sprache von den Sakramenten gesagt) ist der paradoxe Begriff der verborgenen und gerade so offenbaren Wahrheit ... der schlechterdings nur für sich selbst redenden Wahrheit ... Nur ihre Offenbarung in der Verborgenheit, in indirekter Mitteilung, in der Verhüllung, ihre Offenbarung für den Glauben, ist ihre Offenbarung. Das Wort Gottes im Zeichen kann keine andere Enthüllung Gottes bedeuten als eine solche, die auch und gerade seine Verhüllung ist ... Das große christliche Mysterium oder Sakrament ist die Fleischwerdung des Wortes in Jesus Christus«[1].

[1] Karl Barth, l. c. S. 439.

Damit ist entschieden die ursprüngliche, vor allem Denken liegende, ohne Denken zu erfahrende Realität bezeichnet. An dieser Stelle liegt »der archimedische Punkt, wo Gott mir offenbar wird, und von wo aus ich es im Gehorsam wagen muß, mich selbst als begnadet zu verstehen«, und dieser Punkt »muß grundsätzlich Zeichen sein«, wie hier im Sakrament so sonst im Wort.

(3) Der Philosoph scheint auf gleiche Weise zu denken. Wir werden von den Paradoxien genauer im fünften Teil hören. Der verborgene Gott spricht in den Chiffern, aber so, daß an keiner Stelle die Chiffer dadurch, daß sie eindeutig direktes Wort in der Zeit wird, den Charakter der Realität in einem anderen Sinn als dem des vieldeutig Schwebenden der Chiffern sonst gewinnt. Die dialektische Denkweise ist eine Form für die Mitteilung von Chiffern der Transzendenz, die in jener vieldeutigen Schwebe den Menschen ansprechen, aber ihn nicht sich unterwerfen.

Schwebende, vieldeutige Sprache dessen, was in menschlicher Sprache aufgefaßt und mitteilbar wird, muß verstanden werden, ohne eindeutig verstanden werden zu können. Ganz anders die direkte Kundgabe von Gottes Willen (etwa in der Einsetzung von Taufe und Abendmahl, im Missionsauftrag und in der Verheißung usw.): hier tritt eine Sprache auf, die, als Realität in der Zeit, eindeutig Gehorsam fordert. Jene schwebende Sprache der Chiffern, die selber nur gleichnisweise eine Sprache heißt, und diese Realität der unmittelbaren Gottesmitteilung, beide sind nicht als dasselbe zu vereinigen. Zwischen dem Sinn von beiden liegt ein Abgrund.

Der Offenbarungsglaube ist in der Gewißheit der greifbaren Realität dessen, worauf er sich stützt, allem Zweifel unzugänglich, weil er die sicherste, alles überwältigende, die Welt ihr gegenüber als wesenlos verschwinden lassende Realität vor sich hat. Aber er wird in der Welt nicht nur von außen angegriffen. Er ist selber von der Realisierung der Offenbarung zugleich ergriffen und vom Zweifel angefochten. Er möchte den Boden festhalten, aber ihn zugleich gegen den Vorwurf dieser gegenständlichen Realisierung einer Chiffer zum handgreiflichen Sein Gottes schützen. Die Dialektik scheint die beste Methode, dies Unmögliche zu leisten.

Nun aber ist die Frage: wird etwa die Dialektik als Aussageform vom theologischen Denken mißbraucht, um das ganz Undialektische der leibhaftigen Realität doch als den festen Punkt zu retten? Es handelt sich doch um Realität, nicht um vieldeutige Chiffer. Wird der

Theologe dieses möglichen Mißbrauchs aus der Kraft seines redlichen Denkens sich bewußt, so bleibt ihm der großartig klärende Versuch, den möglichen Mißbrauch aufzuheben durch die Offenheit seiner Aussage, die den Inhalt der Offenbarung, ihre Sprache und Deutung für paradox und darüber hinaus für absurd erklärt, und die Behauptung, gerade diese Absurdität sei die angemessene Aussageweise für das, worum es sich hier handelt. So Kierkegaard.

Wird aber die dem Menschen unerträgliche Konsequenz Kierkegaards, des großen Dialektikers, nicht gezogen und damit auch nicht seine anderen, praktischen Konsequenzen, dann wird die Dialektik mißbraucht. Denn sie ist täuschend, wenn solche Dialektik die durchaus undialektische Realität, die durch Bezeugung besteht und eindeutigen Gehorsam fordert, annehmbar oder verstehbar machen soll. Der Widerspruch wird aufgenommen und soll selber zum Kennzeichen der Offenbarungsrealität werden. Dialektik ist denkmethodisch sinnvoll als Vergegenwärtigung von etwas, auf das ich mich nicht berufen kann, aber aus dem ich lebe. Der Mißbrauch der Dialektik geschieht dann, wenn eine objektive Realität, ein objektiver Anspruch fixiert wird, der dann blinden Gehorsam verlangt, und durch sie gerechtfertigt werden soll.

(4) Chiffern sind zwar ins Unendliche deutbar und umdeutbar, als sie selber konkret und bestimmt. Aber sie werden in der Verkehrung zur Leibhaftigkeit gegenständlich dinghaft.

Dialektik als Form der Denkbewegung im Verstehen erhellt das Bewußtsein in der offenen Schwebe. Aber sie wird zum Mittel der Verdunkelung, wenn sie stranden lassen will an Tatsächlichkeiten in Raum und Zeit als dem Absoluten, das Gott sei, und dem man sich nun, ganz undialektisch, zu unterwerfen habe.

Wer dieser Offenbarungsrealität nicht glaubt, dem bleibt im Scheitern seines Verstehens (das nach der Meinung der Theologie dann geschieht, wenn Gottes Gnade für den in ihrem Sinne armen Ungläubigen ausbleibt) nur das Staunen. Ob von »verhüllender Offenbarung« die Rede ist oder in den vielen anderen Wendungen dialektisch gesprochen wird, er kann nirgends die Erfahrung machen. Die Stempelmarke »dialektisch« hilft so wenig wie im Philosophieren die Stempelmarke »existentiell«.

Ich kann nicht verstehen und wundere mich. Ich möchte verstehen und folge den Bewegungen des Gedankens – vergeblich.

6. Die Bedeutung des Zirkels in Philosophie und Theologie

(1) Offenbarung gibt es nur für den Offenbarungsglauben. Dieses Glaubenkönnen wird als Gnade durch den sich offenbarenden Gott gegeben. Ut credamus, Deus dedit (Augustin). Daß sie gegeben ist, ist aber wieder Glaube.

Wir hörten von Theologen, daß Christus die Sakramente »tatsächlich« eingesetzt hat. Was aber ist eine »Tatsache«, wenn sie nicht aufzeigbare Realität, sondern nur durch Glauben bezeugbare Offenbarung ist?

Im Scheitern meines Verstehens stehe ich vor einem in sich geschlossenen Kreis, der die, die nicht in ihn eintreten, abstößt: je nachdem als arme verlorene Heiden, als Ungläubige, als Ketzer. Der Kreis des Offenbarungsverstehens ist auch für sich selbst geschlossen. Wer glaubt, tritt durch den Glauben, der ihm nach seinem Bewußtsein durch Gottes Gnade zuteil wird, in diesen Kreis ein, und damit aus der übrigen Menschheit heraus.

(2) Aber geschieht nicht derselbe Zirkel in aller Philosophie? Jede Chiffer, die den Grund aller Dinge, das Sein im ganzen zur Sprache bringt, vollzieht notwendig einen Zirkel. Was auch immer »das Letzte« sein soll, immer kann das, was nichts vorher und nichts außer sich hat, weil nicht durch ein Anderes, nur durch sich selbst begründet werden. Daher Spinozas Formel causa sui. Das ist der Zirkel in einfachster Form. Unterschieden sind die Zirkel nach ihrem Gehalt, ob die göttliche Substanz Spinozas, ob der »Geist« Hegels, ob die Materie, die das Gehirn hervorbringt, das Materie erkennt, stets ist an entscheidender Stelle der Zirkel. Er ist universal in aller Philosophie.

(3) Der Zirkel liegt auch im Gedanken der Chiffer. Sprache, dieses Sinnliche, Akustische, in der Schrift Optische ist uns als Träger von Bedeutung jeden Augenblick selbstverständlich und doch das große allumfassende Geheimnis unseres denkenden Daseins. Wir sind als sinnliche Wesen der Sprache bedürftig, ergreifen in der Sinnlichkeit der Sprache vermöge ihrer Bedeutungen ein Spirituelles und bezeugen durch jeden Akt des Sprechens uns als nicht nur sinnliche Wesen. Die Chiffern aber nennen wir nur eine Sprache. Sprache ist für sie ein Gleichnis. In der Tat sind die Chiffern über das Geheimnis der Sprache hinaus ein neues Geheimnis. Wie wir in der Sprache das Spirituelle überhaupt ergreifen, so umkreisen wir in den Chiffern die Transzendenz.

Die Sprache der Chiffern hat Realität nur als diese Sprache, die leibhaftig gehört und erblickt wird. Nicht Realität aber ist der, der spricht, ist nicht einmal dieses Verhältnis von Chiffer und Bedeutung. Die Chiffer ist Sprache, aber nicht die eines Sprechenden.

Das Grundverhältnis im Chiffernsein ist also derart, daß es selber nur durch eine Chiffer auszusprechen ist. Die Chiffer ist das Sein des transzendenten Bedeutens, das nur dies und nicht Bedeuten von Anderem ist. Chiffer als Sprache benannt ist selber nur die Chiffer des Chiffernseins. Im Hören und Aneignen der Chiffern geschieht der Aufstieg zum Wirklichen hin, wenn Existenz sie hört und darin zu sich selbst kommt. Was gemeint ist, kann nicht durch eine Bestimmung begriffen, aber im Gebrauch der Mitteilung erfahren werden. Beim Definieren bewegen wir uns in Zirkeln, von Zirkeln zu Zirkeln. Dieses Sichdrehen in Kreisen ist endlos. Es ist für den Verstand lächerlich.

Die sich stets erneuernden Zirkel lassen die Bodenlosigkeit des nur Denkbaren offenbar werden, solange keine Existenz aus ihrem Ursprung antwortet. Oder umgekehrt dieser letzte Zirkel: In der Bodenlosigkeit, uns auffangend im unbegreiflichen Aufgefangenwerden, gelangen wir zum Ursprung.

(4) Die Zirkel der Philosophie und des Offenbarungsglaubens sind sinnverschieden. Jeder Zirkel muß, sofern er bewußt wird, auch durchbrochen werden. Die philosophischen Zirkel durchbrechen sich durch Eintritt in neue Zirkel bis zur Erfahrung der Bodenlosigkeit im Denkbaren. Der Zirkel des Offenbarungsglaubens endet auf dem Boden des Handgreiflichen. Die philosophischen Zirkel lassen verdampfen und führen zurück in den Ernst der Existenz hier und jetzt als selbstverantwortlich in seiner Unruhe ohne abschließendes Wissen woher und wohin. Der Zirkel des Offenbarungsglaubens ist in sich zufrieden, schließt sich in seiner Erlösung ab auf den Boden seiner Realität.

Die Sinnverschiedenheit des Zirkels des Offenbarungsglaubens und des philosophischen Zirkels gibt einen Unterschied kund, der bis in die Wurzel der Existenz zu gehen scheint:

Der Mensch des Offenbarungsglaubens legt seine Existenz selbst in diesen Zirkel und schließt sich ab. Der Offenbarungsglaube ist dann eine »uneinnehmbare Burg«. Das bedeutet: er bricht die Kommunikation mit anderen Menschen ab. Aber diese Glaubenden sind doch Menschen wie wir. Man möchte mit ihnen reden bis in das

Innerste, das Sprache werden kann. Aber es bedeutet viel mehr: Die uneinnehmbare Burg schließt sich nicht nur ab, wenn ihre Besatzung sich in der Welt als ohnmächtig erkennt, sondern in ihr sind die Kräfte verborgen, die die Welt für diesen Glauben erobern wollen.

Der philosophierende Mensch braucht die Zirkel als unumgängliches Mittel des Denkens, durch das er dem Undenkbaren Gegenwärtigkeit schafft, seiner existentiellen Erfahrung einen Raum öffnet. Er erleuchtet mit ihnen das Nichtwissen dadurch, daß sie als Zirkel sich aufheben, aber nicht zu nichts. Denn im Verschwinden des Gegenständlichen wird durch die Bewegung des Denkens das gegenwärtig, was seine Wirklichkeit als Erfüllung der Existenz gewinnt. Dem Philosophieren sind alle Zirkel dazu da, durchbrochen zu werden. Es schließt sich weder in seinen gedachten Gebilden noch in seiner existentiellen Wirklichkeit ab, sondern bleibt offen ins Unendliche, nirgends endgültig geborgen als in seiner unabschließbaren, auf Transzendenz bezogenen Freiheit. Es kennt sich nicht als »uneinnehmbare Burg«.

7. Von der Interpretation der Chiffern

(1) In der Religions- und Mythengeschichte, in der beschreibenden Ordnung der Mythen und Symbole, in ihrer Auffassung nach psychologischen Motivationen und soziologischen Bedingungen ist ein unermeßliches Material ausgebreitet. So zeigt sich eine endlose Welt für die Betrachtung, in neutralem Zusehen. Man gibt allem seinen Platz, findet in den verbreiteten Parallelen die gleichen allgemeinen Erscheinungen. Der existentiell ergreifende Charakter der Chiffern geht verloren in der Allgemeinheit der Begriffe. Aber noch in ihnen atmet ein Rest des ursprünglichen Lebens. Es ist unerläßlich, sich auf diesem Wege zu informieren, wie etwa über die Osteologie bei einer Lehre vom menschlichen Körper.

Wenn aber dies Ganze nicht bloß Sammlung uralter und fortdauernder Illusionen sein soll, woher dann das Urteil über die Wahrheit, die in solchen Erscheinungen begegnet? Gewiß nicht aus neutraler Betrachtung, sondern aus einem Dabeisein, das selber betroffen ist. Der Sprung zwischen Betrachtung und Aneignung führt aus dem Wissen von dieser Welt der Chiffern zu einem Leben in ihrer Welt.

In beiden Fällen sprechen wir von Interpretation der Chiffern.

Diese kann entweder eine nur rationale, psychologische, soziologische Deutung der vorhandenen Chiffern erstreben, oder sie kann eigenes Erfahren und Fortdenken in diesen Chiffern sein. Beides läßt sich zwar grundsätzlich unterscheiden, aber in der Durchführung der Interpretation nicht trennen. Was als objektive Erforschung der Mythen und Symbole auftritt, kann in der Tat eine Form der Aneignung werden.

(2) So ist es in der modernen psychologischen Auffassung. Man deutet seit der Romantik, seit Eduard von Hartmann, seit Freud aus dem »Unbewußten«.

Das »Unbewußte« ist ein negativer Begriff, orientiert am Bewußten. Was es sei, wird erschlossen. Von seiner Struktur und den Vorgängen in ihm werden Hypothesen entworfen. Über deren Brauchbarkeit für psychologische Erkenntnis kann nur bei bestimmten Forschungen, nicht im allgemeinen entschieden werden.[1]

Wird aber das Unbewußte verwandelt in eine positive Substanz, dann wird alles in sie hineingenommen. Im Unbewußten entdeckt man eine Welt, die schließlich als die eigentliche Wirklichkeit gilt. Die Auffassung vollzieht eine Psychifizierung der Realität, ist von vornherein Metaphysik. Wenn das Unbewußte die Wirklichkeit selber ist, dann geschieht allein dort, was eigentlich und wirksam geschieht. Das Bewußte ist nur Oberflächenerscheinung, der Schaum auf einem tiefen Ozean des Unbewußten, Zeichen oder Symptom für das, was dort geschieht, ohne eigene Macht als höchstens die der Störung des an sich unwiderstehlichen Geschehens. Der Psychologe begreift es und kann das Denken und Verhalten lehren, wodurch das Dasein des einzelnen Bewußtseins sein Glück findet im Einklang mit dem Unbewußten.

Träume, Wachphantasien, Werke der Dichtung und Kunst, die Mythen der Völker, Wahnbildungen der Geisteskranken deuten sich gegenseitig, indem sie alle aus dem einen Grund des Unbewußten als parallele Erscheinungen aufgebaut werden.

Während es sinnlos wäre, das Unbewußte zu leugnen (es ist der negative Begriff von all dem, was nur das gemeinsam hat, nicht Bewußtsein zu sein), ist es sinnvoll, sich nicht täuschen zu lassen von der Umwendung eines negativen Begriffs in einen positiven, insbesondere nicht von der jeweiligen Konstruktion der Vorgänge, Stufen, Schwellen und Inhalte des Unbewußten.

Die mit der Psychoanalyse erwachsene Interpretation von Mythen und Symbolen ist faktisch ihre Restitution im wissenschaftlichen Gewande. Sie kann der Sache nach keine Wissenschaft sein. Sie dient zur Befriedigung so mancher sich verloren fühlender moderner Seelen. Soweit der Einfluß auf Mythologen, Archäologen, Religionshistoriker, Literaturwissenschaftler

[1] Meine »Allgemeine Psychopathologie«, siebente Auflage 1959. Springer-Verlag.

reicht, entsteht ein Denken, das zweideutig zwischen Wissenschaft und Gnostik schwankt. Denn diese ganze Denkungsart ist wie eine Wiederholung des Denkens und Sichverhaltens spätantiker Zauberer, Propheten, Sektenstifter. Es begegnet uns ein wunderliches Durcheinander: einmal die Masse materialer Kunde, ein wenig wirkliche Wissenschaft, dann die wissenschaftliche Manier, vor allem aber die Ergriffenheit von einer Tiefe, die Hingerissenheit von dort, und schließlich das überlegene Bewußtsein heller Einsicht in das Wesen der Dinge. Es kann den Eindruck machen, als ob hier aus einem Ursprung, wenn auch befangen, ein aneignendes Lesen der Chiffern stattfände. Dann aber ist der Eindruck, hier tobe sich bei verschüttetem Ursprung aus das Begehren nach ihm, und zwar in einer inhaltlich verworrenen, mit beliebigen Deutungen und Umdeutungen ins Endlose sich ergehenden Bewegung. Es weht uns in der unbestimmt dogmatischen Grundverfassung eine Ratlosigkeit im Denken wie in der Praxis an im Kleide von weiser Ruhe, äußerster Empfindlichkeit für die eigene Geltung, verachtendem Zorn, von einer universalen Aggressivität, die negativ bleibt, weil in ihr nichts verteidigt wird.

Dies ist ein Aspekt moderner Gegnerschaft gegen die Philosophie, ihrer selbst unbewußte, der Rettung bedürftige Pseudophilosophie, weil ihr Denken in der Gestalt der Lehren den Denkenden auf den Weg führt, sich als Existenz preiszugeben und damit die Transzendenz verschwinden zu lassen. Ihre Interpretationen werden zwar zum Teil wissenschaftlich ergiebig, aber erst nach einem mühsamen wissenschaftlich-kritischen Reinigungsprozeß. Durchweg sind sie eine Weise der Aneignung der Chiffern, die die Chiffern selber existentiell auslöscht. Man wird dieses Gegners weder ansichtig noch kann man ihn fassen. Was etwa C. G. Jung, der berühmte Repräsentant dieser heute verbreiteten Interpretationsweise, als er selbst ist, kann kein anderer wissen. Was aber in seiner Lehre und seinen Urteilen auftritt, ist jenes Ungreifbare. Es ist, als ob die ganze Welt der Mythen, Symbole, Spekulationen in einen Sumpf verwandelt würde. Da werden »Organismen« der Archetypen als Weltmächte hingestellt, gnostische Weltdramen entworfen und etwa der Jahwe des Alten Testaments der Psychoanalyse unterworfen. Jahwe wird entlarvt, wie Psychoanalytiker zu entlarven pflegen. Auch sieht man nicht mehr die schöpferische Gewalt in den Visionen der alten Gnostiker und ihrer Nachfolger bis Jacob Böhme und Schelling und noch bis Ludwig Klages, sondern die Manier rationalen, psychoanalytischen Hantierens, mit dem Pochen auf das »Irrationale«. Die wissenschaftliche Psychiatrie geht ebenso verloren wie die Philosophie. Die existentiellen Folgen solchen Interpretierens sind erschreckend. Diese Metaphysik, der das Leben eine Krankheit ist, die durch Psychoanalyse geheilt wird, erlaubt ruinöse Befriedigungen und Rechtfertigungen. Wer sein Dasein als krankes Nervensystem versteht, versteht sich wissenschaftlich unrichtig und zugleich existentiell unwahr.

(3) Die Chiffern haben ihr Gewicht in einer aufsteigenden Reihe: sie werden zuerst kund in ästhetischer Unverbindlichkeit als ein un-

ermeßliches Reich von Bedeutungen – wir gewinnen dann Teil an ihnen in der Betroffenheit – sie erhellen schließlich im Augenblick der wirklichen Situation unsere Existenz.

Alles Interpretieren von Chiffern erweist sich als Zeugnis vom eigenen Erfahren der Chiffern. Ein objektives, neutrales Verstehen der Chiffern gibt es nicht. Der Interpretierende nähert sich den Chiffern erst dann, wenn er in ihnen mitlebt. Es gibt Chiffern nur für mögliche Existenz.

Das zu dem Einzelnen sprechende Reich der Chiffern kann arm und dürftig oder reich und kraftvoll sein. Wer meint, dieses Reich hinter sich gelassen zu haben, täuscht sich. Er ist sich nicht bewußt, was ihm noch Chiffer ist auch dann, wenn ihm die Welt zur vermeintlichen Realität des Wißbaren und zum stumpfen Ernst der Leistungen geworden ist.

(4) Interpretation der Chiffern kann Wahrheit nur gewinnen aus dem Ursprung im Interpreten. Er muß dem Ursprung verwandt sein, aus dem sie entsprungen sind oder in dem sie gehört werden. Der Ursprung ist als solcher nicht geradezu faßbar, sondern mit Begriffen als Signen der Existenz sehr verschieden benannt: der Geist, die bewegende Idee, das absolute Bewußtsein, die Stimmung – der Entschluß, die Wahl, das eigentliche Handeln – die Liebe. Sofern damit Erscheinungen gemeint sind, die als empirische psychologische Realitäten beschreibbar und erforschbar sind, erreicht man nicht, was mit jenen Begriffen als Signen der Existenz getroffen werden soll. Sofern man mit ihnen den existentiellen Ursprung, den Anfang existentieller Bewegung, das Umgreifende meint, sind sie psychologisch nicht zu beschreiben. Was aus ihnen heraus geschieht, das erfahren wir als Selbstwerden. Es bedarf der Kontrolle durch das Bewußtsein, aber mit Hilfe seiner selbst, das sich des Bewußtseins gleichsam bedient. Es bestätigt sich in Erneuerung und Wiederholung seiner Ursprünglichkeit.

Fragen wir: Woher das Wissen unseres Glaubens? Woher die Bewegung unseres glaubenden Chiffern-Denkens? Woher die Prüfung seiner Wahrheit? so weisen die Antworten stets auf das, was erst in der Bewegung des Denkens hell wird, nur dadurch, nicht geradezu als es selber zu uns spricht. Wir reden von innerer Erleuchtung, vom Pneuma, von Umkehr, von Eingebung des Entschlusses, von plötzlich sich einstellender Gewißheit.

Es ist eine Analogie zwischen philosophischem und Offenbarungsglauben. Beide kennen den Ursprung, der sich durch Gründe nicht widerlegen oder beweisen, sondern nur entfalten läßt. Der Grund der Wahrheit läßt sich nicht noch einmal begründen. Aber es ist eine Differenz: Der philosophische Glaube setzt sich ohne Grenze und Abschluß in jeder seiner Bestimmtheiten des Aussprechens der Infragestellung aus (während der existentielle Entschluß zwar in seiner Erscheinung ebenfalls befragbar bleibt, aber als unerschütterliche Gewißheit, als Identität meiner selbst mit mir selbst mich trägt). Der Offenbarungsglaube dagegen wird durch Hören der Worte und der Verkündigung der Heiligen Schrift begründet, hat seinen festen objektiven Wirklichkeitsgehalt, Gott selbst (der Gläubige ist erst dadurch unbeirrbar, nicht schon durch den eigenen Entschluß und die Freiheit seines Wagnisses).

Weder philosophischer Glaube noch Offenbarungsglaube haben eine Analogie zu der Grundform gegenständlichen Erkennens. Dieses gründet sich in Voraussetzungen, die es sich bewußt macht. Dadurch relativiert es die Erkenntnis auf diese bestimmbaren Voraussetzungen hin (die »Hypothesen«, die griechische Sprachform für die gleiche Sache). Diese Voraussetzungen können sich wandeln. Sie können jeweils anders angesetzt werden. Sie sind ihrem Sinne nach niemals Glaubensgehalt. Ihre Erkenntnisse gelten zwingend unter diesen Voraussetzungen. Dagegen ist die »Voraussetzung« des philosophischen und des Offenbarungsglaubens die Erfahrung des Ursprungs. Diese kann nicht formulierbare Voraussetzung werden, aus der dann das übrige rational abgeleitet würde. Das Denken des Glaubens ist in der Schwebe von Bestimmbarkeiten, er selber unbedingt ohne Bestimmbarkeit. Er erscheint immer im Denken und in der Lebenspraxis, im Denken der »Sache« und in der sie denkenden Persönlichkeit.

Das dem Denken des Glaubens Vorhergehende kennzeichnet Tertullian (in der kleinen Abhandlung »Das Zeugnis der Seele«) als das, was dem Menschen als Menschen eigen ist. Die Seele kommt aus der Natur. Nach der Erhabenheit der Natur ist die Autorität der Seele abzuschätzen. Alles ist von Gott gekommen, auch die Natur. Die Seele ist Schülerin, Lehrerin ist die Natur, Lehrmeister der Lehrerin ist Gott. Der Grund des Zeugnisses der Seele geht allem vorher. »Jedenfalls war die Seele vor der Schrift da, die Sprache vor dem Buche... der Mensch an sich vor dem Philosophen und Dichter«. Dieses erste Zeugnis ist wahr: »Glaube nur der Seele. So wird es geschehen, daß du auch dir selbst glaubst.«

(5) Es scheint klar und einfach: Der Ursprung soll sprechen. Das ihn Überdeckende ist abzuwerfen. Aber das Ursprüngliche ist für sich nur da, wenn es bewußt wird. Wird es bewußt, spricht es sich aus. Spricht es sich aus, so unausweichlich in einer Auffassungsweise. Das Ursprüngliche ist als es selbst immer nur im Gebilde eines Denkens und Sprechens. Ein anderer, direkter Zugang täuscht. Betritt man ihn, so gerät man aus klarem Sprechen unversehens ins Raunen.

Aber das Sprechen aus dem Ursprung untersteht der kritischen Frage. Wenn die Auffassungsweise aus dem Ursprünglichen her kommt, bleibt sie von ihm erfüllt. Wenn die Auffassungsweise von nichts mehr erfüllt ist, dann spricht sie nur noch, ohne etwas zu sagen. Was gedachter Begriff, vollzogener Gedanke, wirksame Denkfigur war, das kann zu anschauungsloser, motivloser, existenzloser Rationalität werden. An diese leeren Bewegungen von Begriffen geht daher die kritische Frage aus dem Ungenügen, das vom umgreifenden Ursprung her die bloßen Gedanken nicht mit bloßen Gedanken, sondern mit der Erfahrung des existentiellen Denkens prüft.

Im Denken liegt diese Bewegung: das Ursprüngliche wird erst wirklich durch Bewußtsein, dieses durch Denken; aber das denkende Bewußtsein weckt das Ursprüngliche, das dann über das bis dahin Bewußte hinaustreibt. In dieser Bewegung ist immer von neuem die Wiederherstellung aus dem Abfallen in entleerte Sprechweisen gefordert. Der Aufstieg in das Helle und zugleich Erfüllte, in der Einheit von Denken und Ursprung, ist ein Wiederaufraffen aus dem Sturz. Nur mit diesem Wiederaufraffen gewinnt die Interpretation ihren eigentlichen Sinn.

(6) Mit der Interpretation, welche Aneignung ist, kommt der Ursprung mit dem Ursprung in Fühlung. Teilnahme am Ursprung macht die Beurteilung der Chiffern wahr, in der Teilnahme aber findet auch schon eine Verwandlung statt. Es vollzieht sich ein ursprüngliches Denken, erweckt durch das andere ursprüngliche Denken.

In solcher Interpretation wird unterschieden das, was für die Wirklichkeit der Erfahrung anderer Menschen da war, und das, was den Interpreten selbst ergreift. Das Gewissen der Redlichkeit vertraut sich nur dem an, was es selbst ursprünglich anzueignen vermag.

Von hier wird unser philosophischer und theologischer Betrieb, dem wir angehören, befragt. Das sachlich verstehende Wühlen in dem Erbe einer großen Vergangenheit, als Voraussetzung unumgänglich, kann zu einer überflüssigen Beschäftigung werden. Denn wenn ich mich dem Spiel mit Schönheiten von Kunst und Dichtung und mit spekulativen Gedanken überlasse, wenn ich die Erregung durch dramatische und verwickelte historische Ereignisse erfahre und nichts anderes damit vollziehe und vorbereite, vielmehr darin Genüge finde, dann werde ich bei lebhafter Tätigkeit existentiell zerstreut. Die Aspekte dessen, an dem keine eigene Verantwortung teilnimmt, verführen zu abseitigen Meditationen, die von der gegenwärtigen Realität entfernen und insofern ohne Ernst sind.

Dies Urteil darf nicht mißverstanden werden. Die gelehrte Interpretation, mit der Strenge reiner Wissenschaftlichkeit, ist unerläßlich. Ihr verdanken wir, daß die Quellen der Überlieferung ungetrübt zugänglich werden. Sie lehrt die Herausarbeitung dessen, was als historisch real sich nachweisen läßt und was in den Werken der damals gemeinte Sinn war. Sie leistet eine nur berufsmäßig mögliche Arbeit, die nicht Selbstzweck ist. Denn sie läßt unter der Voraussetzung, daß das historisch Erweisbare nicht umgangen wird, die verwandelnde Aneignung frei, die tiefer dringt als wissenschaftliche Interpretation es vermag. Das Verstehen in Berührung von Ursprung zu Ursprung geschieht auf unberechenbaren Wegen. Augustin konnte nicht Griechisch lesen, verstand aber Plato und Plotin aus Übersetzungen vielleicht besser als alle seine Zeitgenossen. Die gelehrte Interpretation kann die Quellen nicht nur in Editionen und Kommentaren, sondern auch in Übersetzungen bereitstellen. Sie kann das Verstandene auf einfachste Weise hörbar und sichtbar machen. Was sie erforscht, hat seine Bedeutung in dem Maße als es durch Schule und durch eigenes Vorbild der Interpreten die hohen Ansprüche unserer geistigen Ahnen in der Breite der Bevölkerung glaubwürdig werden läßt, und als sie vorbereitet, was nicht existentiell bodenloses historisches Verstehen ist, sondern Aneignung zur Lebenspraxis wird in der gegenwärtigen Welt, dem technischen Zeitalter. Dann erst entsteht nicht nur beschauliche Überlieferung. Dann entfremdet das historische Verstehen nicht mehr der gegenwärtigen Aufgabe, sondern tritt in ihren Dienst.

(7) Die mythischen (anschaulichen) und die spekulativen (begrifflichen) Chiffern haben gemeinsam die ständige Wandelbarkeit. Von Anfang hat der Mensch in mythischen Anschauungen gedacht, in Urbildern, göttlichen Ereignissen und Handlungen, in Gründungen von Welt und Menschen, deren Spiegel und neue Verwirklichung das gegenwärtige Denken und Tun ist. Diese aus der mythischen Urzeit, aus unvordenklicher Zeit überlieferten Anschauungen haben in der Helle

ihres Bewußtseins etwa die griechischen Tragiker angeeignet, sie verwandelnd und vertiefend. Wie sie erleuchteten gleichzeitig den Grund der Welt und der Götter und der menschlichen Dinge die griechischen Philosophen. Sie haben im reinen Denken ihrer Spekulation Gipfel erklommen, die sich der Anschauung entziehen. Ihnen waren die Begriffe selber Chiffern. Es entstand die gleiche Beweglichkeit im aneignenden Deuten und Umdeuten. Die Denkfiguren sind eine Analogie mythischer Anschauungen. Innerhalb dieser Figuren herrscht eine Logik, aber als Ganzes sind sie schwebend wie die mythischen Chiffern.

Die geistige Situation verändert sich, wenn Mythen und Spekulationen in dogmatischem Wissen erstarren, wie es immer schon von Anfang an geschehen ist. Es erlahmen die existentielle Kraft und das ursprüngliche Denken in Chiffern. Die Freiheit verschwindet. Freiheit war auch dann, wenn die ältesten Philosophen zum Teil als geistige Despoten auftraten mit dem Anspruch der absoluten Wahrheit der von den je Einzelnen zuerst und für sie endgültig gewonnenen Einsicht. Der eine schlug gleichsam dem anderen ins Gesicht. Der Zustand im ganzen war das Leben der freiesten Ursprünglichkeit. Als dann die allumfassenden philosophischen Systeme entstanden, die alles vergangene Denken, soweit es in den rationalen Figuren von seinem Ursprung ablösbar war, in sich aufnahmen, da blieben zwar auch sie zum Teil noch beweglich, wie das stoische Denken. Aber die Grundstimmung war ganz anders. Die Chiffern verloren ihre Reinheit. Wie sie in der Leibhaftigkeit versinken, so auch im Gewande des wissenschaftlichen absoluten Wissens von Sachen und Sachverhalten, vom Ganzen und Einzelnen, vom Allgemeinen und Besonderen. Nun konnte man lernen, was doch Wahrheit nur hat für Existenz. Nun sollte als Erkenntnis durch Gründe erzwingbar sein, was seinen Ernst nur hat in der Schwebe für die Freiheit.

(8) Das Reich der Chiffern ist keine Reihe nebeneinander stehender Zeichen. Es gibt Weisen der Chiffern. Gemeinsam ist nur eines, daß sie mehr als Zeichen sind. Denn Zeichen bezeichnen ein Anderes, das auch direkt gesagt, gesehen, gekannt werden kann. Chiffern bedeuten eine Sprache, die nur in ihnen selbst, nicht durch Bezug auf ein Anderes hörbar ist, und deren sprechendes Subjekt selber ungekannt und unkennbar und unerschließbar ist. Aber die Chiffern lassen sich deuten, doch so, daß ihr Sinn unerschöpfbar ist und die Deutung im Grunde durch andere Chiffern geschieht.

Was kann Chiffer sein? Alles, was ist, und was von Menschen hervorgebracht wird, Reales, Vorgestelltes, Gedachtes. Man findet sie in der mythischen, religiös kultischen, sakralen, in der dichterischen und künstlerischen Überlieferung, in der Philosophie.

Hier nur ein Wort über Dichtung und Kunst. Sie bringen in der Anschauung die reinste und herrlichste Chiffernsprache hervor. Sie heben aus der Barbarei heraus und lassen uns menschlich werden. Am reinsten vermochten es die großen Dichter, Aeschylus, Dante, Shakespeare. Sie stehen jenseits der Frage nach Realisierung. Sie sprechen durch ihre Chiffern ergreifend an, weil sie nicht die Leibhaftigkeit meinen wie der dogmatisch fixierte Kult in seinem Glaubensgegenstand.

Wie zu jedem menschlichen Tun gehört auch zur Dichtung und Kunst eine Gefahr. Wahrheit für immer bleibt Platos Kampf gegen die Dichter, der schon bei Hesiod begann, sich von Augustin bis zu Kierkegaard und Nietzsche fortsetzte und analog bei Konfuzius war. Dieser Kampf bedeutet nie die Verneinung der Dichtung, sondern verlangt ihre Lenkung. Warum?

Erstens weil sie verführen kann, schlimmen Antrieben zu folgen, die durch manche Weisen von Dichtung und Musik erregt und gesteigert werden – weil Unwahrheit sich in die anschauende Seele senkt –, weil die Faszination durch die Anschauung als solche erfolgt.

Zweitens weil sie verführt zu »ästhetischer« Haltung, das heißt zum unverbindlichen Anschauen aller Dinge, zum Genuß ihres Soseins, der Gestaltungen und Formungen. Es erwächst die Lust an der Unverbindlichkeit, am Erscheinen aller Lebensmöglichkeiten, der guten wie der bösen.

Diese Unverbindlichkeit ist nur die Entartung der einzigartigen Freiheit im Spiel des »interesselosen« Anschauens, wie sie durch Kunst und Dichtung gewährt wird. Ohne sie bleibt der Mensch im finsteren Ernst, in der Abgeschlossenheit des Dumpfen und der Zwecke, in der Unoffenheit seines Wesens überhaupt.

Das Spiel der Anschauung ist wahr in dem Maße, als das Gesehene zur Chiffer wird. Dann wird alles, das Häßliche und Unheimliche der Natur und des Menschen, die Verbrecher für Dostojewskij, das Dirnenleben für Toulouse-Lautrec zur wahren Chiffer. Das Spiel ist unwahr in dem Maße, als es das bloße Selbstverständnis der Verwahrlosung, die Frechheit des Gemeinen, das chaotische Treiben als Lust an der Verzweiflung im Bilde vollzieht. Man spricht in der Dichtung und Kunst wohl von »Qualität«. Dieser vieldeutige Ausdruck deckt alles, weil er ein bloßes Können der Technik zusammenfallen läßt mit der Transparenz der als Chiffer geschaffenen Gestalten.

Die Verwahrlosung zu ästhetischem Genuß und dessen Ineinsfließenlassen mit der nun gewiß nur vermeintlichen Erfahrung des Offenbarungsglaubens zeigt sich sogar gelegentlich bei Theologen, die vom modernen Ästhetizismus sich einen Augenblick anstecken lassen. So redet ein junger Theologe von Bekenntnisformeln der Reformationszeit als »geschliffenen Wortgebilden«, die uns »Zeichen, Chiffer, Sprache für das eine und eigentliche sind, das aus ihnen von jeher zu sprechen versucht hat: Aussage, Mitteilung, Sprache vom Glauben für Glauben«. Er hört die »in ihren Formeln eingefrorene Musik«. Es ist nicht weit, dann würden auch die biblischen Offenbarungstexte in diesem Sinne genossen werden. Es ist dieselbe Verkehrung, wie der kultisch werdende Genuß von Wortgebilden und Dichtungen im modernen Snobismus.

Eigentümliche, verkannte oder irreführende, selten in der Wahrheit ihrer Größe gesehene Erscheinungen sind Dichter und Künstler wie Hölderlin und van Gogh. Was sie in den Jahren beginnender geistiger Erkrankung an der Grenze menschlicher Möglichkeiten schaffen, ist eine Chiffernwelt, die anders als die der Dichter und Künstler sonst, nicht weniger tief ergreift. Was sie geschaffen haben, ist etwas geistig Objektives, das als Werk und Welt besteht. Zwischen dem, was sie als Einzelne erfahren und vollziehen, und dem, was Völker in Kultus, Mythus, Offenbarung gemeinschaftlich haben, ist eine Analogie, aber auch nur eine Analogie. Denn was ihnen selbst galt, hat eine Weise der Leibhaftigkeit und eine anders als sonst verborgene Sinnhaftigkeit, die nur auf dem Boden des geistigen Krankheitsprozesses möglich sind. Diese Kranken bringen weder Mythus noch Offenbarung, die ihre Wirksamkeit haben in der Gemeinschaft von Völkern. Aber sie bringen Chiffern hervor und sind selber durch ihr ganzes Dasein ergreifende furchterregende Chiffern. Was bei ihnen nur auf dem Boden des Wahnsinns, aber nicht allein durch den Wahnsinn möglich wird, zieht auf eine singuläre Weise an. Unheimlich und glaubhaft sprechen sie aus einer Tiefe, aus der durch sie Unsagbares sagbar wird. Wer nicht menschlich blind ist, kann nicht ohne Entsetzen diese wundersamen Schönheiten sehen. Er kann an deren Tiefen schaudernd teilnehmen, auf eine in der Tat einzige Weise betroffen von Wahrheit sein, hingerissen von der unvergleichlichen Reinheit Hölderlins (zumal unter Lenkung durch die entdeckenden Blicke Hellingraths, des im kongenialen Verstehen ebenso reinen Jünglings). Aber die Wirklichkeit unserer Existenz verbindet sich nicht mit diesen seltenen Dichtern und Künstlern, wenn sie ihnen Raum gibt an der Grenze. Wer mit ihrer Welt leben möchte, muß sich selbst betrügen entweder in ästhetischer Unverbindlichkeit oder in künstlich gemachtem Unfug (wie es nach dem ersten Weltkrieg junge Leute gab, die mit Hölderlin in Kapellen Mysterien feierten)[1].

Philosophie kann Chiffern jeder Herkunft aneignen. Sie bringt selber in ihrer Spekulation Chiffern hervor. Aber keine wahre Philosophie könnte reden, als ob es in Vollmacht, wie aus einem Offenbarungsglauben, geschehe.

(9) Das Reich der Chiffern entzieht sich einer ihrem Wesen angemessenen Ordnung. Ein Entwurf der Welt der Chiffern wird vielmehr zu einer unabschließbaren Beschreibung und Sammlung des historisch Vorgekommenen. Es wird dann äußerlich und neutral ge-

[1] Vgl. meine Schrift »Strindberg und van Gogh«, 1921.

sehen. Es verblaßt zu Unwirklichkeiten und wird zu einem leblosen Herbarium.

Man mag die Chiffern in ihren wirksamen historischen Erscheinungen wahrnehmen (Wissenschaft der Mythologie), je einzelne Gruppen aus eigener Ergriffenheit, sie in gegenwärtige Sprache übersetzend, zeigen (Bachofen). Man mag, die Vielfachheit sondernd, Rangordnungen und Dimensionen der Chiffern unterscheiden, mag sie in ihren historischen Wandlungen in allen besonderen Gestalten vor Augen stellen.

Auf diesen Wegen gewinnt man einen ungemeinen Reichtum an Bildern. Aber aus ihren Ordnungen heraus muß der Sprung in ihre Wirklichkeit erfolgen, die erst bei eigener Teilnahme offenbar wird. Da zeigen sich die Chiffern als ein unendliches Gewebe oder ein vieldimensionaler Raum. Wir denken in diese Räume hinein, je aus gewählten Ansätzen. Sie durchdringen sich in der Entfaltung, ergänzen sich, antworten sich.

Da sie keine Fixierung zulassen, ohne zu erlöschen, sie vielmehr zur Bewahrung ihres Lebens der Schwebe bedürfen, ist philosophisch das Sprechen in Chiffern nur so lange wahrhaftig, als dieses Schwebende bleibt.

(10) Interpretation findet ihre Grenze, wo die Sprache aufhört. Sie vollendet sich im Schweigen. Aber diese Grenze ist selber nur durch Sprache da. Im Gang der sprachlichen Mitteilung wird Schweigen eine Weise des Sprechens. Dieses Schweigen ist nicht Verschweigen von etwas, das ich weiß und sagen könnte. Es ist vielmehr den Miteinanderdenkenden, sich selber und der Transzendenz gegenüber, das an der Grenze des Sagbaren erfüllte Schweigen. Dieses Schweigen ist nicht das Stummsein der Sprachlosigkeit, die nichts sagt, also auch nicht schweigt.

So ist es mit den Chiffern. Wir hören sie gleichsam aus verschiedenen Kreisen her, die sich um die Transzendenz legen. Oder wir sprechen mit ihnen zu ihr hin. Aber die Chiffern sind nie das, was wir in ihnen suchen oder spüren oder erfahren. Daher drängen wir, über sie hinaus zu gelangen in die Tiefe oder in die Höhe, wo auch alle Chiffernsprache aufhört und die Transzendenz im Wissen des Nichtwissens, das heißt in jenem erfüllten Schweigen berührt wird.

Eine Weise, sich dem Denken der Transzendenz zu nähern, ist das Denken des Unendlichen. Es gelingt, Begriffe des Unendlichen aufzustellen, mit ihnen zu operieren, aber immer liegt über sie hinaus das

Unendliche selber. Das Denken versagt, wenn es dies Unendliche denken soll. Es zerbricht und zeigt im Zerbrechen – in Widerspruch und Zirkel – indirekt das Unendliche.

Das Unsagbare, weil Undenkbare ist für uns dadurch da, daß gesprochen und gedacht wird in dem »ich weiß nicht welchem Kampf der Worte« (nescio quae pugna verborum, Augustin). Und dieser Kampf der Worte ist besser durch Schweigen zu hüten als durch Reden in Ruhe zu bringen. Die Interpretation der Chiffern wird diese Grenze ständig gegenwärtig halten.

Das Schweigen an der Grenze des Denkens in Chiffern wird aber nicht wirklich dadurch, daß ich das Denken und Sprechen unterlasse, sondern dadurch, daß ich es zum Äußersten treibe, wo es umschlägt in Schweigen. Alsbald wird es von neuem in der Zeit wieder zum Sprechen treiben.

8. Der zweifache Kampf (um die Reinheit der Chiffernwelt und in der Welt der Chiffern)

Der innere Kampf geht erstens um die Reinheit der Chiffern gegen die Realisierung im Mythos und Offenbarungsglauben, zweitens im Reich der Chiffern selber, in Chiffer gegen Chiffer.

(1) Der erste Kampf geht um die Chiffernwelt als solche, sie zu bewahren und nicht zu verwechseln. Er ist keineswegs der Kampf einer Aufklärung gegen die Wirklichkeit der Transzendenz, sondern das Gegenteil: der Kampf um die Wirklichkeit der Transzendenz gegen ihre Entstellung und Beschränkung.

Philosophischer Glaube und Offenbarungsglaube, beide sprechen von Gott. Der philosophische Glaube weiß nicht von Gott, sondern hört nur die Sprache der Chiffern. Gott selber ist ihm eine Chiffer. Der Offenbarungsglaube meint die Handlungen Gottes im Sichoffenbaren zum Heil der Menschen zu kennen; Gott wirkt hinein in die Welt als ein besonderes Geschehen, sich bindend an Ort und Zeit. Der philosophische Glaube macht mit der biblischen Forderung Ernst: du sollst dir kein Bildnis und Gleichnis machen, und weiß, was er tut, wenn er im Hören und Entfalten der Chiffern die Forderung nicht erfüllt.

Es ist ein Schritt weiter, wenn die Bildhaftigkeit zur Leibhaftigkeit wird. Wir bedürfen als endlich-sinnliche Vernunftwesen der ständigen Selbstüberwindung der, auch nach der Einsicht in sie, doch untilgbaren Neigung zur Objektivierung nicht nur im Bilde, sondern im Leibhaftigen. Diese Selbstüberwindung im Kampf mit dem Gegner, den jeder in sich mitträgt, hat das Ziel, zur Reinheit der Wahrheit in hellerem und damit entschiedenerem und untäuschbarem Ernste zu gelangen.

Diese Selbstüberwindung befreit von den Verhüllungen unserer Daseinsantriebe in die durch Leibhaftigkeit verkehrte Wahrheit, die in Glaubensdogmen fixiert wird. Dogmen können nicht mehr reine Chiffern der Transzendenz sein, es sei denn, sie würden aus der Dogmenhaftigkeit ihrer Form zurückgenommen in die Bewegung des Denkens.

Ist der Offenbarungsglaube unumgänglich gebunden an die Verkehrung von Chiffernsprache in Realität? Der philosophische Glaube kann es zunächst nicht anders sehen. Aber er hat eine Scheu, trotz dieser ihm unausweichlich erscheinenden Einsicht sie für endgültig zu halten. Wenn er auch nicht anders sehen kann, sucht er doch ständig die Äußerungen, Erscheinungen, Folgen des Offenbarungsglaubens mit offen bleibendem Auge wieder und wieder zu befragen. Vor allem sieht er in ihm auch die Wahrheit in Chiffern, die als solche wirksam waren, wenn sie in den Leibhaftigkeiten eingekleidet blieben.

Falsch wäre es nun, den Vorwurf des Atheismus, des Nihilismus und wie sonst die Kategorien lauten, mit denen kirchlich-theologischer Glaube uns benennt, zurückzuschleudern mit der These, durch den Offenbarungsglauben, den ich für mich verwerfe, und der mir wie eine Verletzung der Gottheit erscheint, werde Gott selber verletzt. Gott ist nicht anzutasten und nicht zu verletzen. Nur in dem mir möglichen Bezug auf Transzendenz würde ich vor dieser schuldig, wenn ich dem mir nicht verständlich werdenden Offenbarungsglauben folgte.

(2) Der zweite Kampf geht in Chiffern gegen Chiffern. Dieser Kampf wird in Klarheit erst dann geführt und wird um so wahrer, wenn der erste Kampf um die Reinheit der Chiffernwelt gewonnen ist. Es gibt den Kampf um die Gehalte, die auch in der Form der Offenbarung sprechen. Die Chiffern bleiben, entkleidet ihrer Leibhaftigkeit, von mächtiger Gewalt. Wo immer mit ihnen echt gesprochen wird, da ziehen sie an. Denn sie zeigen und erhellen zugleich das unergründliche Geheimnis.

Der Kampf im Reich der Chiffern beginnt, wenn sie in existentieller Ergriffenheit gehört werden. Dann sind sie nicht nur vieldeutig. Sie entsprechen ursprungsverschiedenen existentiellen Möglichkeiten. Sie stehen in wechselnden Rangordnungen der Nähe und Ferne zur Transzendenz. Manche leuchten auf unserem Lebensweg, andere werden als fremde, dunkle, verführende Sprache verworfen. Chiffern, die für den einen hinreißend sind, wirken auf den anderen abstoßend, wieder andere bleiben gleichgültig. Sie werden verstanden oder nicht gehört. Sie sprechen schon in unserer meditativen Besinnung, aber eigentlich erst im wirklichen Augenblick. Allen Chiffern gegenüber, die nicht in der völligen Unverbindlichkeit bloß zur Kenntnis genommen werden, findet Aneignung und Abwehr statt: der Kampf im Reich der Chiffern.

Der Kampf geht im existentiellen Dabeisein um Wahrheit und Unwahrheit in einzelnen Chiffern, um ihr Gewicht, um ihre Nähe zum Grunde der Transzendenz. Er geschieht auch auf den Wegen des Deutens und Umdeutens in diesem Reich der Sprache, die sich im Raum der uns bestimmenden Mächte bewegt.

(3) Die stillen Kämpfe in den Seelen, nicht ausgesprochen, vielleicht sich selber unbewußt, erfolgen in der Weise des Lebens mit den Chiffern, die überall an uns herantreten. Sie werden flüchtig erfahren oder tief eingeprägt oder beiseite geschoben.

Wesentlich ist der Kampf um die Aneignung dessen, was in der Erscheinung einer großen besonderen Chiffernwelt alle Chiffern durchdringt und führt. Von dieser Mitte her wird die Haltung zu allen Chiffern und der Umgang mit ihnen bestimmt. Es ist nicht möglich, etwa die Welten der griechischen Tragiker, Dantes, Calderons, Shakespeares gleicherweise aufzunehmen. Das kann, legitim an allen gleich unbeteiligt, die reine Literaturwissenschaft. Das kann, illegitim unverbindlich, die ästhetische Lebensverfassung. Wo es aber der möglichen Existenz ernst ist, da mag der Mensch wohl zu allen irgendeine Beziehung zu gewinnen, kann er sich überall durch sie auf eine Weise ergreifen lassen, jedoch der jeweiligen Mitte steht er entweder sich ihr verweigernd gegenüber oder in ihr mitlebend darin. Was aber jeweils diese Mitte oder das durchdringende »Prinzip« sei, mag man auszusprechen versuchen, und trifft es dennoch nicht. Denn wir stehen im Kampf der Mächte, den wir nicht überblicken. Den archimedischen Punkt, von dem alles verständlich, alles an seinem Orte im ganzen wahr und wirklich wäre, könnte nur die Gottheit einnehmen, nicht ein Mensch. Die größte Offenheit des die Mächte spiegelnden Dichters und das weiteste Verstehen des Philosophen reichen nicht aus. Welchen wundersam herrlichen Kosmos von Chiffern auch die wenigen Größten hervorgebracht haben, es ist ein Kosmos im Umgreifenden und nicht selber umgreifend.

FÜNFTER TEIL

Der Kampf im Reich der Chiffern

Einleitung

(1) Die Situation: Das Reich der Chiffern ist kein harmonisches Reich, das uns die Fülle des Seins eindeutig kundgibt.

Wenn manche Chiffern die Ruhe versprechen, so gibt das Wissen vom Ganzen der Chiffernwelt noch keineswegs die Ruhe. Chiffern sprechen gegen andere Chiffern. Höre ich die einen, verleugne ich die anderen. Wenn wir uns in einzelne Chiffern vertiefen, so steht im Hintergrunde dies Reich im ganzen als Reich des Kampfes.

Aber was für ein Kampf ist das? Nicht Daseinskampf, nicht Kampf um Macht, sondern Kampf um die Wahrheit im Ursprung. Dieser Kampf kann sich in Daseinskämpfen gleichsam inkarnieren, und Daseinskämpfe können sich Fahnen holen aus dem Reich der Chiffern. Dann ist der reine Sinn der Chiffern, ihre Bewegung zur Wahrheit der Transzendenz hin und von ihr her, getrübt oder verdorben oder verschwunden.

Der Kampf hört nur auf im Überschreiten der Welt der Chiffernsprache, damit der Welt überhaupt, in das Unsagbare und Nichtsprechende. Dann aber geht uns die Welt verloren.

Oder der Kampf hört auf oder hat noch nicht begonnen, wenn wir alle Chiffern nicht ernst nehmen, sondern sie insgesamt auf einer Ebene des Unverbindlichen, Phantastischen, Reizvollen sehen. Dann aber ist uns das fragende Bewußtsein nach dem Grund der Dinge, ist uns die Transzendenz verloren.

(2) Die Objektivierung der Mächte: Der Kampf in den Chiffern ist bezogen auf Transzendenz. Aber der Einzelne erspürt, daß nicht die Transzendenz selber unmittelbar mit ihm ist und daß sie nicht nur mit ihm ist. Denn sie ist der Grund von allem, seiner selbst so gut wie seines Todfeindes, seiner als Existenz und seiner als Natur, die ihn trägt, aber auch vernichtet. Mit den Chiffern findet ein Kampf des

Wahrheitswillens statt, der auf eine Vielfachheit der Mächte stößt, die wir vergeblich zu begreifen suchen. Denn wir stehen darin und überblicken sie nicht.

Wenn wir sie objektivieren als einen Kampf der Mächte, die in den Chiffern aufeinanderstoßen, so ist diese Objektivierung selber entweder ein Signum: es trifft die Erscheinung unserer Existenz im Dasein, wie diese zur Stätte wird, an der die Kämpfe stattfinden – oder sie ist selbst eine Chiffer von etwas, das in der Transzendenz wurzelt. Der Kampf geschieht so, daß wir selbst, je diese Existenz, die Chiffern wählen, auf die wir hören, daß wir uns in dieser Wahl behaupten, daß wir an besondere Chiffern als absolute verfallen oder daß wir uns in ihnen frei bewegen. Dieser Kampf ist eine Bewegung der sich zu sich selbst bringenden oder zu sich vorangetriebenen Existenz.

(3) Beispiele für Objektivierungen der Mächte: Von jeher ist im Polytheismus eine Objektivierung des Kampfes der Mächte vollzogen, unreflektiert, aber in der Anschauung großartig gegenwärtig. Die Griechen wußten, und wir meinen noch mit ihnen zu wissen, was es heißt, dem Apollo, dem Hermes, dem Dionysos, der Aphrodite, der erosfeindlichen Artemis, der die Ehe schützenden Hera zu dienen und der Athene, dieser übergeschlechtlichen Göttin, nicht geboren, sondern dem Haupt des Zeus entsprungen, der weisen und kämpfenden, der vernünftigen, dieser vielleicht ergreifendsten, mit keiner anderen Göttin in aller Welt vergleichbaren, einzig griechischen Gestalt des Polytheismus. Sie spricht den unbefangenen, reinen Adel im Menschen natürlich und ohne Maßlosigkeit an. Es sind unvereinbare Dienste, aber sie öffnen alle menschlichen Möglichkeiten und geben ihnen ihre Rechtfertigung. Die Götter haben verschiedene Herrschaftsgebiete, sie stellen sich gegenseitig ausschließende Forderungen, gehen nebeneinander her oder stehen im Kampf miteinander. Der Mensch, der dem einen dient, kann den andern beleidigen. Die Griechen haben, was ihnen aus den Mächten zur Gestalt wurde, ohne gedankliche Logik zur wundersamsten Klarheit gebracht und in persönlichen Göttern geheiligt.

Der Polytheismus enthält eine bleibende Wahrheit, der sich auch die monotheistischen Kirchen in ihrer Praxis nicht haben entziehen können. Diese Wahrheit hält heute noch an, ohne den Namen des Polytheismus zu tragen.

Ganz anders sehen moderne Bemühungen aus, ohne Bezug auf Mythen, in gedanklicher Objektivierung nicht eigentliche Mächte zu beschwören, sondern Sinngebilde zu konstruieren. Sie wollen die Situation des Kampfes der Mächte in begrifflicher Form auffassen. Sie werden keine Chiffern. Als Gedankengebilde stehen sie an der Grenze von Wissenschaft und Philosophie. Auch von ihnen seien nur Beispiele genannt.

(a) Für den gewichtigsten Versuch halte ich die Gedanken, welche Max Weber in seiner »Zwischenbetrachtung« über »Stufen und Richtungen religiöser Weltablehnung« niedergelegt hat (Gesammelte Aufsätze zur Religionssoziologie, Band I, Seite 536–573). Er spricht aus der Haltung des wissenschaftlichen Menschen. Daher erhebt er nur den Anspruch, »ein idealtypisches Orientierungsmittel zu sein, nicht eine eigene Philosophie zu lehren«. Sein Thema ist die Weltablehnung. Er zeigt die Richtungen der Weltablehnung in bezug auf die ökonomische, politische, ästhetische, erotische, intellektuelle Sphäre. Es soll sinnhaft klar werden, wie und an welchen Orten innerliche Konflikte von Lebensordnungen möglich und adäquat sind. Nicht aber will Max Weber behaupten, »daß es keinerlei Standpunkt gebe, von dem aus sie als ›aufgehoben‹ gelten könnten«. Seine Konstruktion führt Max Weber unter ständiger Veranschaulichung historischer Erscheinungen durch. Damit zeigt er zugleich den geschichtlichen Charakter dessen, was er hier als einen Aspekt des Kampfes der Mächte darbietet.

Diese Konstruktion der Sinngebilde in der Realität menschlichen Verhaltens stößt, dem Sinn nachdenkend, auf jeweils letzte Voraussetzungen. Sie lehrt die Kämpfenden, denkend zu diesen Voraussetzungen zu gelangen und sich ihrer bewußt zu werden. Sie will die Fragen nach der Konsequenz oder Nichtkonsequenz in der geschichtlichen Verwirklichung dieser Voraussetzungen beantworten.

(b) Der Entwurf des Grundwissens als Lehre von den Weisen des Umgreifenden zeigt erstens einen Kampf innerhalb der Weisen des Umgreifenden durch die Vielfachheit der in ihnen auftretenden Erscheinungen und zweitens einen Kampf der Weisen des Umgreifenden gegeneinander. Die Lehre konstruiert die Idee eines Miteinander der Weisen in Ordnung und Unterordnung, aber auch den Ausbruch einzelner Weisen (des Verstandes, des Daseins, des Geistes usw.) infolge ihrer Verabsolutierung mit dem Anspruch, je als diese zur Führung der anderen berufen zu sein (vgl. den dritten Teil dieses Buches).

(c) Bei der Erhellung der Wahrheit gelangt man vielleicht in dem jeweiligen Horizont des Denkens zu letzten, zunächst unüberschreitbaren Alternativen, etwa zu den Alternativen von grenzenloser oder unter Bedingungen beschränkter Kommunikation, von Offenheit oder Ausschließlichkeit, von Vernunft oder Katholizität (vgl. mein Buch »Von der Wahrheit« S. 832 bis 868).

(4) Objektivierungen der Kämpfe und Darinstehen: Mit dem Denken der Mächte stehen wir nicht außerhalb ihres Kampfes, sondern in ihm. Versuchsweise aus einem Gesichtspunkt die Mächte in Sche-

maten zu objektivieren, bedeutet nicht, wir hätten von einem archimedischen Punkt außerhalb das Ganze wie ein Schlachtfeld vor Augen, an dem wir nicht selbst beteiligt wären. Wir sind trotz aller Energie, rein zusehen zu wollen, immer als Träger der Mächte auch dabei. Wir können nicht spekulativ, wie ein Dirigent die Spieler der Instrumente, so die Mächte leiten, ohne mitzuspielen.

Die Situation ist vielmehr die: Wenn wir erstreben, den Kampf zu objektivieren, als ob wir ihn von fern her überblickten, springen wir zugleich hinein, um mitzukämpfen. Wir müssen zugleich außerhalb und innerhalb sein, uns zugleich betrachtend verhalten und existieren. Wir können wohl eine maximale Distanzierung zu uns und damit Freiheit von uns erstreben. Aber mit unserem Erdenken von Mächten und Schlachtfeldern bringen wir doch jedesmal schon Gebilde hervor, die selber Werkzeuge im Kampfe werden. Jedes Bild von Mächten steht zugleich im Dienst von Mächten. Wir kommen nicht heraus. Erst wenn die Freiheit in der Distanzierung vom Kampf sich verbindet mit der Freiheit des Hineinspringens in den Kampf, gewinnen wir die uns mögliche ganze Freiheit.

Der Kampf der Mächte spielt sich durchweg nicht auf einer einzigen Ebene zwischen klar unterschiedenen Mächten ab. Im Inneren verwirren sich die Fronten. Es ist nicht möglich, auch nur eine Macht bestimmt und substantiell zu fassen. Der Kampf ist von der Art, daß die Mittelpunkte (die Substanzen oder die Subjekte der Mächte) sich zugleich entziehen. Der Kampf kann erscheinen als Vordergrundsgeschehen, das in sinnhaften Zusammenhängen objektivierbar ist. Könnte im Grunde des Kampfes der Mächte ein Eines sein, das alle verbindet?

(5) Kampf und Kommunikation in den Chiffern: Wenn Philosophie im Kampf der Mächte steht, die sie von außen nicht angemessen überblickt, dann erfolgt in diesem Kampf nicht nur Abstoßen, sondern auch Kommunikation.

Wahrheit ist nicht möglich ohne Kampf. Es handelt sich um den schärfsten Kampf, den der Wahrheit um sich selbst. Dieser Kampf ist von einzigartigem Charakter. Wo er seine Reinheit und Tiefe zugleich erreicht, vollzieht er sich ohne Gewalt und Zwang im Dasein. Beim Absinken in den brutalen Daseinskampf hört die Führung durch Mächte auf. Chiffern wie alle geistigen Gebilde werden nur noch als Mittel für Daseinsbehauptung und Machterweiterung, als Schlagworte austauschbar, benutzt. Ein Kampf um Wahrheit findet nicht mehr statt.

Dieser Kampf vollzieht sich in der Hinführung an Grenzen, im Sehenlernen und Hörenlernen, im rationalen Denken, im beschwörenden Aufzeigen der Transzendenz durch Chiffern, im Auslegen der Chiffern. Er vollzieht sich in der Mitteilung, die herausfordert. Es soll zur Sprache kommen, was eigentlich ist, bis das Schweigen selber als erfüllte Sprache wesentlich wird. Gradezu zu sprechen, alles zu sagen, was ich mir selbst zu sagen vermag, nichts zu verschweigen, ist Bedingung dieses Kampfes. Aber auch im besten Gelingen bleibt die Indirektheit, in der das Selbst dem Selbst begegnet.

Wo wir Chiffern hören, sind wir schon beteiligt. Wenn wir beteiligt sind, folgen wir den Gedanken nicht nur logisch, sondern mit unserem Wesen.

Der Kampf in den Chiffern findet immer statt, auch wenn er nicht bewußt wird oder wie etwas Gleichgültiges am Rande steht. Manchmal scheint er ganz vergessen. Oft ist er befangen. Erst unsere ganze Freiheit – durch Distanzierung vom Kampf zugleich mit dem Hineinspringen in den Kampf der Chiffern – hält uns offen, drängt zur Kommunikation, erweitert den Raum des Verstehens ins Unendliche und gibt ihm den Boden in der geschichtlichen Wirklichkeit der Existenz.

Sich gegenseitig in Chiffern zu verstehen, bedeutet eine Kommunikation in Berührung des Transzendenten. Dort ist die innigste Verbindung und die merkwürdigste Feindschaft möglich. Wo Menschen verbunden sind, da bleibt der Kampf um die Reinheit und das Gewicht der Chiffern. Wo Menschen durch Chiffern zwischen sich einen Abgrund sehen, da treibt etwas, den Anderen noch im Verwerfen seiner Chiffern doch zu verstehen, nämlich das Begehren, nicht in dieser oder jener besonderen Sprache, sondern im Ganzen der Bewegung in der Chiffernwelt einmütig zu werden. Hinter dem Kampf in den Sinngebilden verbirgt sich, was die Träger der kämpfenden Mächte vielleicht zusammenhält trotz des entgegengesetzten Augenscheins. Die unaufhebbaren Alternativen können als nur vorläufiges, schicksalhaftes Spiel erscheinen oder gar als Zusammengehörigkeit in einem umfassenden Ganzen, das selber wieder in Chiffern gedacht wird. Aber auch diese Chiffer wird in der Erscheinung der Zeit stets wieder zerschlagen.

Historisch sind die großen geistigen Ordnungen der Chiffern aufgetreten, meistens im organisatorischen Zusammenhang mit soziologischen und politischen Realitäten (so in den alten Hochkulturen, so in China und Indien, so im christlichen Mittelalter), zuweilen als rein geistige philosophische Gebilde (Hesiod); die polytheistische Vielfachheit tritt in Ordnungen zusammen, in denen jeder Gott sein Herrschaftsgebiet hat, der Kampf der Götter in der Folge von Göttergenerationen aufgefangen wird. Die späteren allumfassenden Systeme, deren letzter Gipfel Hegel war, schienen alles, was ist, in einer großartigen, auch die radikalsten Kämpfe noch in sich einordnenden Harmonie zum Bilde werden zu lassen.

In diesen Gebilden wird objektiv, sachlich, unpersönlich erstrebt, was als die eine ganze Wahrheit gilt in der Meinung, alle Menschen würden sich darin zusammenfinden. Aber stets erweisen sich solche Ganzheiten des menschlich Erdachten und Geschauten als beschränkt. Sie werden durchbrochen von Erfahrungen, die in der nie aufhörenden, nie zu vollendenden kämpfenden Kommunikation, diesem Dynamit für alle Systeme, uns erst zur ganzen Weite der Möglichkeiten öffnen in dem Verhängnis der Zeit. Hier erwächst aus der Erfahrung die Einsicht, aus der Einsicht der Wille, uns zwar in dem letzten Motive des Kampfes noch zu verbinden, aber den Kampf selber doch nicht in eine wenn auch noch so großartige Harmonie der Chiffern einzufangen und abzuschließen.

Im Kampf der Chiffern ist kein Fortschritt in Analogie zu den Wissenschaften zu finden. Es gibt die großen geschichtlichen Sprünge des Neuauftretens von Chiffern. Es gibt die Entfaltungen in je einen Chiffernkreis. Es gibt vor allem den Wandel in der Kraft und der Wahrhaftigkeit des Unbedingten.

Wenn daher etwa die Kämpfe der Theologen so gemeint sind, als ob hier in fortschreitender Einsicht eine einzige zum Grunde liegende Tatsache (»einen anderen Grund kann niemand legen, als der von Anfang gelegt ist«) besser im Verstehen des Glaubens erkannt würde, so kann doch von Fortschritt keine Rede sein. Es gibt nur die unaufhörlichen Kämpfe der Glaubenserkenntnis, in denen die von außen nicht übersehbaren Mächte sich gegenüberstehen. Diese werden sich selbst in diesem Glaubensverstehen klarer (wenn es nicht bloß intellektueller Streit ist). Sie stellen ihre Symbole und Bekenntnisse auf.

(6) Liberalität und Dogmatismus: Im Kampf der Chiffern – mögen sie als Theologie oder Philosophie auftreten – sprechen wir von Liberalität und Humanität im Gegensatz zum Dogmatischen, Orthodoxen, Illiberalen, Inhumanen. Es ist der Unterschied des offenen, liebenden Kampfes vom unoffenen, lieblosen Kampf um das Wahre. Im lieblosen Kampf ist dies allein Wahre durch die Offenbarung, eine

Kirche, einen Meister, eine Schule, ein System schon da. Der Kämpfende hat sich ihr als einer in der Welt anerkannten, mächtigen oder als einer noch ohnmächtigen, von ihm geglaubten Instanz unterworfen.

Die Liberalität ist tolerant. Diese Toleranz ist nicht die der Gleichgültigkeit gegen das heimlich Verachtete, das nun einmal so da ist und nicht ausgerottet werden kann. Toleranz ist vielmehr das Ernstnehmen des Fremden, das Hinhören und Sichangehenlassen. Toleranz will das, was in der Zeit nur in der Bewegung des Kampfes in grenzenloser Kommunikation möglich ist, nicht reduzieren lassen auf eine einzige Farbe. Aber auch diese Toleranz wird unter die Frage gestellt: Ist das, was ihr als das eigentlich Freie erscheint, nicht selber doch nur der Ausdruck einer Macht unter anderen Mächten? Unversöhnlich steht doch das Bewußtsein, auf dem Wege und nicht im Besitz der einen einzigen Wahrheit zu sein, dem Bewußtsein des Gehorsams gegenüber, das sich der einen objektiv garantierten Wahrheit, die ihm zuteil geworden ist, für immer unterworfen hat. Toleranz und Intoleranz lassen sich doch nicht vereinigen. Daher der Satz: Die Toleranz selber wird intolerant gegen die Intoleranz. Hier ist zu unterscheiden: Wenn die Intoleranz im Dasein Mittel des Zwangs und der Gewalt anwendet, dann muß die Toleranz gegen diese Weise der Verkehrung des Geistigen in das Gewaltsame ganz und gar intolerant sein (und ist es leider nicht immer gewesen). Im Raum des geistigen Kampfes aber wird die Toleranz nie die Hoffnung aufgeben, im Miteinanderreden den Anderen doch auch kommunikativ aufzuschließen und zu jener Einmütigkeit zu kommen, die, zwar im Fragen bleibend, mit dem verbunden sein läßt, der nicht nur in besonderen Chiffern, sondern in der Grundverfassung zur Chiffernwelt Gegner bleibt.

Diese Einmütigkeit ist da, wenn die Gegner sich gegenseitig das uneingeschränkte Recht zu ihrem Glauben, ihrer Einsicht, ihrer Überzeugung geben. Sie ist möglich, wenn Aussprache ohne Rückhalt gegenseitig erlaubt wird. Denn sonst bleibt der Schleier, der überall in der Welt das Miteinanderleben ermöglicht, indem es zugleich untergraben wird. Die eigentliche Kommunikation wird durch die Konvention erstickt. In dieser Einmütigkeit wollen die Gegner auch ihre Freiheit der öffentlichen Mitteilung, der Angabe von Tatsachen und Denkbewegungen oder ihre Freiheit der Verkündigung nicht einschränken, weder direkt noch indirekt. Sie geben einander nicht nur das äußerlich gesicherte, sondern das innerlich bejahte Recht zum Zeugnis ihrer Existenz. Die Einmütigkeit bedeutet aber auch, sich im Innersten voneinander angehen zu lassen.

Gemeinsam leben wir in dem Raum des Kampfes, der mit den Chiffern erfüllt ist. In diesem geistigen Lebensraum treten immer wieder die unüberbrückbar scheinenden Gegensätze auf. Kein Mensch ist alles. Keine faßliche Wahrheit ist alle Wahrheit. Nichts Greifbares ist absolut. Von dieser Freiheit her gesehen erscheinen alle Ansprüche von Menschen im festen Behaupten, im Bekennen, in endgültig wahren Chiffern wie die Ansprüche von Gefangenen.

Der Illiberale sagt: Daß du nichts Festes behaupten, nicht bekennen willst, das bezeugt deinen Unernst. Bei deiner Haltung kannst du in der Vielfachheit des Möglichen überhaupt nirgends die Wahrheit ergreifen. Du vermagst wahre und falsche Chiffern nicht zu unterscheiden. Der Kampf hat kein Ende.

Die Antwort: In der Tat kann in der Zeit des Lebens der Kampf kein Ende finden. Warum nicht? Es ist zu unterscheiden: die unbedingte Wahrheit, die allein durch die geschichtliche Entscheidung der Existenz ist – und die allgemeine Wahrheit, die in Sätzen des Glaubens ausgesprochen wird.

Die geschichtliche existentielle Wahrheit liegt im Augenblick des Entschlusses und seiner stets wieder ursprünglichen Wiederholung. Diese Wahrheit entzieht sich in ihrer Unbedingtheit der allgemeinen Aussagbarkeit. Chiffern und allgemeine Begründungen können sie erhellen, aber nicht im Kern erreichen. Das Ich als Existenz, ihre Liebe kann nicht gerechtfertigt werden. Sie sind außer Sicht geraten, wenn solche Rechtfertigung versucht wird. Was existentiell wirklich ist, ist nicht nachweisbar und doch Voraussetzung allen Ernstes im Miteinanderreden.

Das allgemeine Bekennen und feste Behaupten scheint den sicheren Halt zu treffen. Durch ihn fühle ich mich stark. Der Inhalt ist nachweisbar durch Überlieferung und gründet sich entweder in Offenbarung oder in einer dogmatischen Philosophie.

Diese Unterscheidung hat zwei Sätze zur Folge: Der Kampf hat ein Ende jeweils in der geschichtlichen Existenz, die aus der Möglichkeit durch ihren Entschluß in die Wirklichkeit getreten ist und den Grund ihres Lebens gefunden hat. Der Kampf hat kein Ende in den Aussagen, Urteilen, Chiffern.

Hier verknotet sich die Diskussion. Der eine sagt: Dein Bekennen und festes Behaupten ist ein Ausweichen vor dem eigentlichen Ernst, die Befreiung von deiner Freiheit. Der andere sagt: Du entziehst dich der Wahrheit dadurch, daß du eine subjektive, unobjektivierbare Wahrheit deiner Existenz in Anspruch nimmst.

Aber ist dieser Gegensatz, bei dessen Aussprache sich jede Seite von der anderen völlig mißverstanden fühlt, doch nur ein Vordergrund? Trifft er nur Abgleitungen? Wir vermögen ihn nicht zu durchstoßen in einer Denkgestalt des Glaubens, in der wir einig wären. Daher spricht auf beiden Seiten mit der Kommunikationsbereitschaft die Verwunderung.

Unüberbrückbar scheint der Gegensatz immer nur dann, wenn er allgemein formuliert wird. Die Wirklichkeit der Menschen fügt sich aber nicht irgendeinem Schema alternativer Begriffe. Der Mensch, der sich zu einem formulierten Prinzip ohne Einschränkung zu bekennen scheint, ist doch immer mehr, als das, was in solchem Akte geschieht.

(7) Unverbindlichkeit und Spiel: Die Vieldeutigkeit und Beweglichkeit der Chiffer führt zur ästhetischen Unverbindlichkeit. Nur wenn die Bewegung aus dem Ursprung der Existenz geführt wird, ist es ernst. Der Vorwurf ist möglich: die Freiheit der Bewegung in Chiffern bezeuge, weil ein absolutes, objektives Kriterium ihrer Wahrheit fehle, daß sie selber solche ästhetische Unverbindlichkeit sei.

Darauf ist zu antworten: Wenn die ästhetische Unverbindlichkeit als Lebensverfassung verworfen wird, so doch keineswegs das unersetzliche Spiel. Wenn ich mich nicht einlasse auf die unendliche Welt der noch unverbindlichen Erfahrung, komme ich auch nicht zum eigentlichen Ernst des Verbindlichen.

Die großen Dichter und Künstler waren ergriffen von dem Ernst, der aus der Transzendenz sie traf. Sie übersetzten ihn in diese Gestalt der Freiheit, hoben Dogmatik und Zwang auf. Sie sprachen in der uns ergreifenden Unmittelbarkeit indirekt. Wir verstehen sie nur, wenn wir ihren Ernst verstehen. Wir sind mit ihnen auf Wahrheit der Transzendenz gerichtet. Aber sie lassen uns frei. Sie bringen uns zur Erfahrung aller Möglichkeiten im Spiel. Sie befähigen uns, im Miterleben Erfahrungen zu machen, als ob wir in unserem Innern selbst für uns ein Schauspiel in unendlichen Verwandlungen vollzögen. Wir werden in der Möglichkeit, was wir damit noch keineswegs wirklich sind oder sein wollen. Wir werden erfüllt mit einer Welt von Anschauungen, die uns als Einzelne ins Unermeßliche des möglichen Menschseins erweitert. Hier liegt eine unersetzliche Quelle unserer Liberalität und Humanität. Denn der Ernst ohne den Raum freien Atmens, den Dichter und Künstler schaffen, wird zu dem dumpfen Ernst ohne Weite und Menschlichkeit.

(8) Über die Chiffern hinaus: Chiffern weisen über sich hinaus auf den Grund der Dinge, auf das, was das »Sein«, das »Nichts«, das »Sein-Nichts«, das »Übersein«, das »vor allem Sein«, das »jenseits allen Seins« heißt, und seit Jahrtausenden im Philosophieren berührt wird.

Vernichtet nicht der Anspruch der Bildlosigkeit der Transzendenz alle Chiffern? Ist nicht erst das Jenseits aller Chiffern allein die Wahrheit?

Jede Chiffer ist nur ein Wegweiser oder ein Licht. Keine Chiffer ist die letzte, nicht die eine und einzige.

Jede Chiffer ist auch Erscheinung, Vordergrund, eine Sprache. Jede bedarf des Bewußtseins ihrer Beschränktheit, um das zu erspüren, was über sie hinaus liegt. Der Kampf der Chiffern ist die Notwendigkeit, die auch verwehrt, daß irgendeine sich zur absoluten macht.

Daher möchten wir über alle Chiffern dorthin gelangen, wo sie verschwinden. Aber selbst für dieses Hinauskommen sind wir wieder auf eine Chiffernsprache angewiesen, eine solche, die in sich selbst schon dieses Verschwinden einschließt.

Meinen wir aber, über die Chiffern hinausgelangt zu sein, so kehren wir doch, solange wir leben, stets in die Erscheinung unseres Zeitdaseins zurück. Vermögen wir in existentiellem Denken mit hellem Bewußtsein vielleicht für einen Augenblick in das Adyton des Undenkbaren, Unanschaubaren, Unaussagbaren zu gelangen, dann fallen wir doch sogleich zurück in die Welt, in der die Chiffern unsere Sprache sind.

Im Kampf der Chiffern bleibt die Unruhe. Keine Chiffer ist genügend, jede wird eine Verführung zu vorzeitiger Ruhe.

Die Ruhe in einer Chiffer wird selber zur Chiffer. Sie ist nicht die Vollendung der Ruhe. Wir kennen die wundersame Ruhe im Augenblick. Aber sie ist als Dauer in der Zeit existentiell nicht möglich.

Wir sehnen uns nach Ruhe, sind immer geneigt, sie in Gedankenlosigkeit oder Vergessenheit oder Trägheit zu finden. Aber mächtiger ist der Wille zur Wahrheit. Er zerschlägt jede Scheinruhe. Er erfährt, daß mit der Preisgabe der Unruhe die Wahrheit der Existenz verlorengeht.

Die Ruhe, die dem Menschen in Wahrheit vergönnt ist, muß ihren

Anker finden im Jenseits aller Chiffern, wo doch kein menschlicher Anker zu halten scheint. Aber von dort her gewinnen unsere Chiffern ihr Licht und ihre Schatten.

(9) Unsere Darstellung: Wir werden uns geschichtlichen Gestalten der Chiffern zuwenden. Wenn wir sie uns aneignen, sind sie im Sinne historischen Wissens vereinfacht. Die Realität des Historischen ist viel verwickelter, sowohl großartiger wie auch trüber.

Man fragt wohl: Was gehen uns die einst lebendigen Chiffern an? Was die wunderlichen Spekulationen? Was die Bilder und Geschichten? Sind sie alle nicht Kuriositäten geworden? Sind sie nicht ärgerlich? Wir widersprechen, denn wir leben und denken in der Erfahrung, daß sie, obzwar verwandelt, so lebendig und wahr sind wie je.

Unsere Darstellung ist von vornherein »interessiert«. Wir möchten in Berührung kommen mit der Wahrheit der Chiffern. Wir suchen nicht den unermeßlichen historischen Tatsachenbereich der Mythengeschichte, der Religionsgeschichte, der Philosophiegeschichte, folgen auch nicht psychologischen und soziologischen Fragestellungen. Uns interessiert die Wahrheitsfrage als solche, und zwar die Frage nach dieser Wahrheit von Chiffern, die man nicht wissen, sondern nur existentiell erfahren kann. In den geschichtlichen Gestalten der Chiffern sind wir aufmerksam auf das, was als mögliche Wahrheit anspricht. Wir verhalten uns also nicht objektiv, d. h. nicht wissenschaftlich, nicht historisch, psychologisch, soziologisch, aber auch nicht subjektiv nach Geschmack und Neigung. Wir treten vielmehr ein in die Betroffenheiten, die überall, wo wir dabei sind, im Denken zu innerem Handeln werden.

Unsere Chiffern haben ihren Grund in der Bibel, in den griechischen Dichtern und Philosophen, in den Gestalten ihrer Aneignungen und Verwandlungen durch die Zeiten. Hinzu kommt das schwer abschätzbare, seit Jahrtausenden erfolgende Zuströmen asiatischer Gedanken. Chiffern versinken in Vergessenheit und können wieder neu in Erscheinung treten.

Mein Versuch, von einigen Chiffern zu sprechen, steht zwar in der gegenwärtigen geistigen Situation, ist aber gerichtet auf die Ewigkeit. Einige Bruchstücke lege ich trotz ihres fragmentarischen Charakters in diesem Teil meines Buches vor.

Wir brauchen für die Darstellung eine Anordnung. Ich vermag nicht, geradezu ein Bild vom Kampf der Mächte zu geben derart, daß eine Reihe von Mächten als Mittelpunkte daständen, die durch die

Chiffern in der Existenz des Menschen ihren Kampf führen. Das hieße, eine Chiffer, die der Mächte, zur absoluten zu machen. Es bedeutete, eine Grunderfahrung zu fixieren in klaren Fronten, die ich trotz der ständigen Kampferfahrung nicht kenne. Fronten, die in einem Augenblick mächtig sich aufdrängen, scheinen sich zu verschieben und zu verwandeln. In dem undurchsichtigen Getümmel die Fronten von »Machtsubjekten« zu konstruieren, würde doch selber nur eine Chiffer hervorbringen. Es wäre eine solche, die den Willen zur Kommunikation durch vorzeitige Absolutheiten lähmen könnte. Diese Konstruktionen könnten nie eine Übersicht, sondern nur Aspekte von Fronten geben, die sich dem denkend Darinstehenden zeigen, der die Mächte erfährt, sich auf sie einläßt, sie zurückstößt, aber nie außerhalb ihrer stehen kann.

Für die Anordnung der Darstellung brauchen wir einen Leitfaden. Im ersten Abschnitt sprechen wir von den Chiffern, im zweiten vom Jenseits aller Chiffern. Von den Chiffern sprechen wir im ersten Abschnitt auf dreifache Weise: erstens von denen, die geradezu die Transzendenz treffen (Gott), zweitens von denen, durch die eine Immanenz als solche auf Transzendenz Bezug gewinnt (Weltall, Geschichte, Logos), drittens gehen wir aus von existentiellen Situationen, die sich in Chiffern erhellen (das Unheil und das Böse).

ERSTER ABSCHNITT: DIE CHIFFERN

I. DIE CHIFFERN DER TRANSZENDENZ

Ich wiederhole noch einmal: Transzendenz ist gegenwärtig, wenn die Welt nicht mehr als das aus sich selbst Bestehende, das an sich Seiende, sondern als Übergang erfahren und gedacht wird. Diese Transzendenz ist der Bezugspunkt für die menschliche Freiheit. Als Freiheit wird der Mensch sich hell in seinem Ursprung, in dem, was über die gesamte Welt, über die Natürlichkeit des Daseins hinaus liegt. Dort ist begründet, was er selbst in seiner Unabhängigkeit von der Welt durch seine Bindung an die Wirklichkeit der Transzendenz sein kann. Sie macht ihm zugleich seine radikalste Abhängigkeit im Sichgeschenktwerden seiner Freiheit von dort her bewußt.

Dieses Bewußtsein, Erfahren und Denken ineins, ist keineswegs selbstverständlich. Es ist geschichtlich aufgetreten. Es hat niemals alle Menschen ergriffen, wird vielmehr bis heute auch verworfen. Leugnung der Transzendenz bedeutet nicht Leugnung von Gott und Göttern. Götter sind geschaut, gedacht, geglaubt als Wesen in der Welt. Auch das Ganze der Welt ist als Gott gedacht worden.

Vor der Transzendenz aber gilt: »Du sollst dir kein Bildnis und Gleichnis machen.« Diese Forderung ist Gott selbst in den Mund gelegt. Dieselbe Forderung entspringt philosophischer Einsicht. Die »negative Theologie« reinigt den Raum der Geburtsstätte, an der der Mensch, weil er den Gottesgedanken durch das »nicht« denkt, die Wirklichkeit Gottes in seiner geschichtlichen Existenz ungreifbar erfährt.

Wie aber in der Bibel, ohne Preisgabe jener radikalen Forderung, doch zugleich die Fülle der auf Gott gerichteten Chiffern in Erscheinung tritt, so ist trotz jener unerbittlichen Forderung der Mensch durch seine Natur als endliches vernünftiges Sinnenwesen dahin gedrängt, im Transzendieren zur Gottheit hin in Chiffern sich zu bewegen, die zwar vergeblich sind, wenn sie die Transzendenz selber wollen, aber doch je auf ihre Weise seinen Weg lenken. Was so unfaßlich, unvorstellbar, allumgreifend ist, kann nur in Chiffern, immer ungemäß und auf unendlich abwandelbare Weise zugänglich werden.

A. Die Grundchiffern der Gottheit

Drei keineswegs zusammenfallende Chiffern der Gottheit sind: Der eine Gott – der persönliche Gott – Gott ist Mensch geworden.

1. Der eine Gott

(1) Der Glaube an viele Götter bezeugt: wir sind zerrissen in Möglichkeiten, die sich ausschließen; wir zerfallen in das Tun und Denken des Unvereinbaren. In Chiffern gesprochen: es gibt viele Mächte, die sich in uns und durch uns bekämpfen. Dagegen wendet sich, nicht überall in der Geschichte gleich klar, selten in großer und menschenprägender Erscheinung der Wille zum Einen.

(2) Die Kraft des Einen bringt mich aus der Zerstreuung zu mir selbst. Ich will mit mir identisch werden. In dem Maße als ich dem Ursprung des Einen verbunden werde, wachse ich in das, was meinem Leben Zusammenhang gibt.

Das Eine ist zugleich für mich in der Einen Transzendenz und in mir als das Eine, dem meine geschichtliche Verwirklichung folgt. Diese Existenz in ihrer Winzigkeit wird die Chiffer jenes unendlichen Einen, das selber Chiffer ist. In meiner Gegenwärtigkeit spiegelt gleichsam das existentiell Eine, soweit es wirklich wird, das unendlich Eine wie einer der unzähligen Wassertropfen die eine Sonne.

Das Eine rückt hinaus in unendliche Ferne, wenn man es fassen will, und gibt ganz nahe meinem Selbstsein die Existenz. Das Eine ist unendlich fern, wenn ich in ihm den Grund alles Seienden suche. Es ist ganz nah, wenn ich mir in meiner Freiheit zum Einen hin geschenkt werde.

In dem Bezug auf das ungeschichtliche, unveränderliche, ewige Eine wird unsere existentielle Verwirklichung in ihrer Geschichtlichkeit, Veränderlichkeit, Zeitlichkeit geborgen dadurch, daß sich jenes Eine als Anspruch zum Einen kundgibt. Das ewige Eine wird Grund und Ziel in der zum Einen ihrer selbst drängenden Existenz.

(3) Das Eine der Transzendenz ist die erfüllte Ewigkeit. Es schließt nichts aus, weil nichts außer ihm ist, sondern alles durch es.

Es ist nicht bedroht. Für das Eine brauchen wir Menschen nicht zu kämpfen. Aber kämpfen müssen wir für uns, daß wir es hören und spiegeln und seine Chiffer werden.

(4) Das Eine wird für mich wirklich nur in der geschichtlichen Ge-

stalt, die andere, unendlich mannigfache geschichtliche Gestalten möglich macht und begehrt.

In der Unbedingtheit geschichtlicher Einsenkung des Einen wirkt der ferne Gott, der alle Weisen der Geschichtlichkeit umgreift, aber von keiner umgriffen wird.

Der Unbedingtheit in der je einen geschichtlichen Existenz entspricht die Nichtabsolutheit jeder geschichtlichen Erscheinung, Gestaltung, Handlung und Sprache.

Je entschiedener das Eine der Transzendenz, desto offener ist die auf sie gerichtete Seele für andere Seelen, desto entschiedener drängt sie zur nie Genüge leistenden Kommunikation von Seele zu Seele. Das unmittelbar unzugängliche Eine wird mittelbar und allein zugänglich durch die Kraft, die es dem uneingeschränkten Willen zur Kommunikation gibt. Ihre Verwirklichung in liebendem Kampf berührt die Wirklichkeit des Einen. Das Eine macht nicht Propaganda für eine Sache, sondern stiftet Kommunikation.

Wo aber im Dasein der Kampf um Daseinsraum unausweichlich ist, da macht das Eine, das alle, auch die Kämpfenden, verbindet, den Kampf »ritterlich«: im Ungenügen, im Horizont des Unbegreiflichen, in der Aufgelockertheit des Unfaßlichen kämpfen die in dies Schicksal Verschlagenen. In der Härte des Sichbehauptens und im Scheitern werden die Kämpfenden zu Liebenden durch das Eine, das sie verbindet.

Ist das leere Phantasie? Es ist, wenn auch selten, wirklich. Es war im Mittelalter eine hohe Idee. In der Antike gab es Ansätze. Heute gibt es die vereinzelten Menschen, die solche Weise des Kampfes begehren und ständig versuchen. Wenn sie auch scheitern, sind sie es, die die menschlichen Dinge innerlich zusammenhalten, wenn sie in der universalen Zerstreutheit und den brüchigen Konventionen zerrinnen und dann äußerlich zur Vereinheitlichung vergewaltigt werden.

(5) Die Chiffer des Einen drängt über alle andern Chiffern hinaus, über die Mannigfaltigkeit der Chiffern in den Grund aller Chiffern, über die Vieldeutigkeit der Chiffern in das fraglos Eine.

Dieses Eine, seit Plato das große Thema der Philosophie, ist nicht das Eine, das dem Anderen gegenübersteht, nicht die Einheit eines Ganzen, die andere Einheiten außer sich haben kann, nicht die Eins als Zahl. Das Eine als Chiffer (das transzendent Eine) wird am Leitfaden solcher Weisen des Einen gedacht, aber geht in der Identifizierung mit ihnen verloren.

Insbesondere: Solange das Eine Chiffer ist, ist es als das numerisch Eine, als Zahl nicht angemessen aufgefaßt. Es ist nicht das quantitativ, sondern qualitativ Eine. In der Äußerlichkeit der bloßen Zahl ist die Chiffer verschwunden. Der Charakter der Zahl ist zweideutig. Er hat den Sinn der Chiffer, die im numerisch Einen die Kraft des Einen der Transzendenz leuchten läßt. Er kann irreführen und wirft dann mit dem bloß numerisch Einen das Verderben des Fanatismus in die Welt.

Ein Beispiel ist der Sinn der einen Liebe zwischen den Geschlechtern:

Die eine Liebe erscheint als Geschenk der Transzendenz, ist dem Willen entzogen, aber durch ihn vielleicht als Möglichkeit vorzubereiten. Niemand weiß, ob seine Liebe diese metaphysisch gegründete ist. Niemand weiß es vom andern. Doch der erhellende philosophische Gedanke mag eine unbegründbar erfahrene und nie verlorene Gewißheit, die der Feststellung sich entzieht, als Möglichkeit bestätigen.

Die eine Ehe (Monogamie) ist gegründet auf den Entschluß zur Treue im gemeinsamen Leben der Zeit. Diese Einheit wird gewollt, daher gewußt und ist als Zahl objektiv feststellbar. Sie gewinnt in der Gesellschaft juristische Form.

Die geschlechtliche Liebe als solche in dem Zauber und Reichtum der Abwandlungen der Erotik ist ihrer Natur nach polygam, ohne andere Verbindlichkeiten als die der Schönheit und der Kunst.

Die Idee der Einheit verwandelt jedes dieser drei Momente zu ihrem Wesen hin, das sie erst in ihr gewinnen, als isolierte aber verlieren. Die monogame Ehe besteht nicht mehr nur an sich, sondern als Folge des metaphysisch Einen (»die Ehen werden im Himmel geschlossen«). Das Eine steigert den Zauber der Erotik, ihn seines polygamen Charakters entkleidend, in der geschichtlichen Einmaligkeit. Die Natur der Geschlechtlichkeit kann eine Verwandlung erfahren, wenn sie von der metaphysischen Liebe durchstrahlt nun erst selber zur Chiffer wird.

Das physiologische Wissen von der Sexualität, das psychologische von der Erotik, das juristische Wissen von der Ehe zeigen Realitäten. Der Sinn dieser Realitäten ist unter der Idee des Einen aufgehoben als je partikularer, der in seiner Verabsolutierung den Menschen vergewaltigt durch die Macht von Sexualität und Erotik, die Lahmheit der Ehe, die Abstraktheit der »platonischen« metaphysischen Liebe. Das Eine läßt die verwirklichte Einheit dieser Momente selber zur Chiffer in der Wirklichkeit werden.

Das numerisch Eine als Zahl wäre nur eine Folge des qualitativ Einen, das selbst qualitativ nicht faßbar ist, aber der existentiellen Möglichkeit nach das ganze Leben in der Zeit in eins zusammengreift, indem die Natur der Chiffer unterworfen wird, die Zahl nur die Folge und nicht die Gewaltsamkeit ist. Die Zahl hat hier keine Beweiskraft. Wo sie äußerlich nicht da zu sein scheint, hat sie vielleicht das Andere verdampfen lassen in einer zu übernehmenden Erinnerung an etwas nicht

Zugehöriges. Wo sie äußerlich da ist, kann sie der Ausdruck einer stumpfen Gewohnheit sein, ohne die Wiederholung der Ursprünglichkeit des Einen »bis ins pianissimo des höchsten Alters« (Max Weber).

Sprechen wir vom Einen, so doch unumgänglich am Leitfaden des Sinns der Zahl. Das Eine hat zwar einzigartige Bedeutung, ist bestimmend für Vernunft und Kommunikation, für Liebe und Treue, für die Konzentration unserer Existenz, für das eigentliche Selbstsein. Aber in der Faßlichkeit von Zahl geht es verloren.

Würde nun das Eine der metaphysischen Liebe aufgefaßt als Zahl, so entstände die Illiberalität im Urteil, das der unverdient Beschenkte und vermeintlich im Besitz Befindliche als allgemeines Gesetz für alle geschlechtlichen Beziehungen ausspräche. Er würde die Erhellung des Einen verkehren in ein Wissen: die Zahl würde zur Gewaltsamkeit des Urteils führen.

In der Vielfachheit der Erotik könnte plötzlich das Eine der immer nur einmaligen metaphysischen Liebe durchbrechen. Nunmehr würde aus dem neuen Ursprung alles verwandelt. Niemand weiß und niemand kann feststellen, ob sich das ereignet. Denn es gibt es nicht als psychologische Realität.

Solche Erörterungen der metaphysisch gegründeten einen Liebe als eines Beispiels für die Chiffer des Einen und des Sinnes der Zahl Eins in ihr zeigen die Unmöglichkeit, das unanschaubare Eine der Transzendenz doch gleichsam anschaulich zu machen.

(6) Die Wahrheit des Einen bleibt in der ihm gehörenden Ferne, in Chiffern wie in Spiegeln sprechend, das Eine für alle, die Zugkraft für jeden Einzelnen, niemandes Besitz.

Das Eine, an dem hängt, was Existenz gewinnt, das Errettende aus dem Sumpf bloßen Daseins, in dem wir alle sind, das Heilvolle auf unserem Wege, wird zum Verderben, wenn es in falscher Gestalt vorweggenommen, als Eines für sich gegen Anderes in Besitz genommen, von Einzelnen und Gruppen von Menschen an sich gerissen, zur Fahne im Kämpfen wird. Die Einheit ist dann nicht mehr Spiegel der Einheit der Transzendenz, sondern die Einheit eines Eigenwillens, der sich Heiligkeit geben möchte.

Das leere, numerisch Eine gewinnt einen Inhalt durch die Verbindung mit der Besonderheit in ihrer Einzigkeit, der einzigen Wahrheit, dem auserwählten Volk, der einen Kirche, der Absolutheit dieses Geschichtlichen, das im Daseinskampf die anderen zwingen will.

Das Eine wird dann der eine Gott als der meine, der ein kämpfender, durch mich kämpfender Gott ist, mir helfend gegen die anderen. Der eine Gott wird eifernd, ausschließend.

Der eine Gott bedeutet Alleinherrschaft, mit dem Inhalt, die Herrschaft einer organisierten Menschengruppe in der Welt zu rechtfertigen.

Das abstrakte Eine, die Zahl, wird als solches negativ. Aber die Zahl verführt, weil immer noch hinter ihr, trotz der Verkehrung in der Welt, die Erhabenheit des Einen steht.

Der Abfall in das endlich Eine, zum bloß Numerischen, zur kommunikationslosen Ausschließlichkeit, in die Armut der Abstraktion des leeren Einen führt zum Fanatismus.

So kann das Hohe durch falsche Rationalisierung in das Niedrige entarten und ihm noch einen falschen Glanz geben. Das abstrakte Eine wird zum numerisch Einen, das in der Welt in Anspruch nimmt, unduldsam sein zu dürfen. Aus der Transzendenz des Einen wird ein Endliches in der Welt. Das Eine wird zur Rechtfertigung des Despotismus. Von den Reichen der frühen Hochkulturen mit ihrem Gottkönig über das Römische Imperium und über den Anspruch, die eine katholische Kirche zu sein, geht die Erscheinung durch die Geschichte. Mit ihr kaum noch vergleichbar und doch in der Form des Einen analog, nunmehr jeder Transzendenz entkleidet, haben wir die Erscheinung vollendeter Unmenschlichkeit erfahren in dem widrigen Übermut, der uns noch in den Ohren klingt: ein Volk, ein Reich, ein Führer.

So wird in der Lüge der Verkehrung das, wovon einst Freiheit, Kraft und Halt der Existenz kam, zur Wildheit des Zerstörens. Denn Verwüstung ist die Folge, wenn das vermeintliche Eine in der Welt vorzeitig ergriffen wird.

(7) Verschwindet nicht der eine Gott, wenn ihm seine Identifizierung mit dem Einen einer Weltwirklichkeit versagt wird?

Man sagt: der Mensch kann nur glauben, wenn er seinen Glaubensgegenstand realisiert. Ein Gott, der nicht der Eine wird im Sinne leibhaftiger Realität, ist für den Menschen, als ob er überhaupt nicht wäre. Er kann nicht geglaubt werden und wird nicht geglaubt.

Diese These ist die Verleugnung des Glaubenkönnens. Der Mensch, der glaubt, realisiert Gott gerade nicht zum Einen in der Welt. Dadurch daß er es nicht tut, scheidet sich der Glaube vom Aberglauben.

Wenn das Gegenständlichwerden der Transzendenz nicht unendliche Sprache, daher schwebend und verschwindend bleibt, dann ist der Gegenstand ein Gegenstand des Aberglaubens. Aberglauben ist die Fixierung des Transzendenten zum Objekt.

Man sagt dasselbe auf andere Weise: Wenn das Eine in der Ferne bleibt, dann ist es wie nicht existent. Es ist das Abstrakte, die Leerheit, das Negative. Der eine Gott ist starr, ohne Leben. Seine negative Einzigkeit ist ohne Inhalt.

So aber spricht nur unser Verstand und unser Sinnenwesen. Sie wollen in ihrer totalen Daseinsgebundenheit gegenständlich wissen und leibhaftig haben, was uns in unserer Freiheit begründet, was unsere Existenz führt, unser Leben erfüllt quer zur Zeit. Dieser Verstand, der sich selber absolut setzt, verkennt das Denken, das, ihn gebrauchend, über ihn hinaus sich dessen vergewissert, worauf es eigentlich ankommt, der Existenz und Transzendenz.

2. Der persönliche Gott

(1) Im Alten Testament ist beides: die Forderung: du sollst dir kein Bildnis und Gleichnis machen und dann die Fülle der Bilder und Gleichnisse des persönlichen Gottes. Wir unterscheiden: Jene Forderung bezieht sich auf die Transzendenz, diese Bilder und Gleichnisse und daher der Gottesgedanke selber sind Chiffern der Transzendenz.

Nur in der Chiffer des persönlichen Gottes steht das Ich des Menschen dem Du Gottes gegenüber. Die Sprache unseres Denkens, befangen in den Zirkeln, verführt dazu, Transzendenz und persönlichen Gott in eins zu setzen. Aber die Persönlichkeit eines Du ist mit der Transzendenz keineswegs identisch.

Wie unser Bezug als Existenz zur Transzendenz wirklich sein kann, das wird in diesem Buch immer wieder, es umkreisend, aber nie eindeutig gedacht. Der Bezug des Ich auf das Du eines persönlichen Gottes ist eine wirksame Form, die in der Chiffernwelt der Bezug auf Transzendenz annimmt. Stellen wir zunächst dar, was in dieser Chiffer geschieht:

Der persönliche Gott schützt und fordert, ist milde und streng, barmherzig und zornig. Er liebt den Menschen und ist gerecht. Der Mensch naht sich ihm vertrauend und fürchtend.

Im Gebet fühlt sich der Mensch von Gott persönlich angesprochen und spricht ihn persönlich an. Er ruft zu ihm in der Not, er dankt, er unterwirft sich seinem unbegreiflichen Willen. Er stellt Fragen, er ringt mit Gott. Er erwartet Antwort und fühlt sich verlassen, wenn er sie nicht hört. Er glaubt seine Weisungen zu vernehmen und geht in dieser Gewißheit seinen Weg. Sich angerufen fühlend gibt der

Mensch Antwort durch sein Denken und Tun. Im Bunde mit Gott möchte er seinen Weg in der Welt suchen zur eigenen Reinheit, im Kampfe gegen die Ungerechtigkeit und bei aktiver Liebe zum Menschen sich noch bei vernichtendem Unheil in Gottes Schutz wissen.

Das Gebet reinigt sich von Magie, von dem Bezwingenwollen der Götter, vom Eigennutz. Der Verzicht auf Gebet von Person zu Person läßt es in anderer Gestalt wiedererstehen als Besinnung in philosophischer Meditation. Dies Analogon des Gebets hat wie das Gebet selber einen wahren Charakter noch nicht in den Konventionen der Gedankenformen und Formeln, sondern erst in der geschichtlichen Einmaligkeit des Ernstes, der sich in der prägenden Kraft des Gedankens bezeugt.

(2) Gelangt der Mensch als Dasein durch Bewußtsein und Denken in das Licht, dann erfährt er seine freie Existenz, sich geschenkt von der Transzendenz. Existenz und Transzendenz werden ihm zu einer einzigen Grundwirklichkeit.

Existenz ist Selbstsein als Personsein. Weil der Mensch sich, er weiß nicht woher, geschenkt weiß, drängt es ihn, sich die Transzendenz selber als Person erscheinen zu lassen. Sie wird ihm zur Chiffer »Gott«, aber ungemäß. Im Besten, das er in der Welt kennt, dem Personsein, wird ihm die Transzendenz doch gleichsam erniedrigt zu dem, was der Mensch ist. Durch das, was der Mensch selber als Person ist, wird er hingewiesen auf das, was mehr als Person, nämlich Ursprung des Personseins des Menschen, keineswegs weniger als Person ist.

Man hat den Ausdruck gebraucht, der persönliche Gott sei eine Schöpfung des Menschen. Der Mensch bringe die Vorstellungen hervor, deren er bedürfe. Solcher Ausdruck ist unzutreffend. Denn die Wirklichkeit kann keineswegs begriffen werden, wenn man die schöpferische Realität des Menschen als einzige und absolute Realität ansetzt. Wir formulieren daher: Die Wirklichkeit ist das Umgreifende, das im Sichhellwerden mit einem Schlage die Objektivität der Chiffer des persönlichen Gottes und die Subjektivität des persönlichen Selbstseins des Menschen zur Erscheinung bringt. Das Umgreifende selber, der transzendente Grund, bleibt verborgen.

Geschichtlich ist zu sehen: Die Chiffern von Göttern und Gott und die Weisen des Menschseins gehören zusammen. Angesichts der griechischen Götterwelt schrieb Schiller: als die Götter menschlicher noch waren, waren Menschen göttlicher. Der eine persönliche Gott der

Bibel in seiner Einzigkeit und Ausschließlichkeit ließ Menschen mit der größten persönlichen Unabhängigkeit im Ringen mit diesem Gott entstehen. Je entschiedener die Persönlichkeit der Götter und des einen Gottes, desto entschiedener wurden die Charaktere menschlicher Persönlichkeiten. Wir meinen in Asien mit den fließenden Gestalten des Göttlichen auch den fließenden Charakter der Menschen zu sehen. Die Chiffern Gottes und der Götter sind nicht beliebige Vorstellungen, sondern im Umgreifenden Wahrheit für wahre Existenz. Noch der mächtige Zorn, im Nichtwissen, vor der Teufelei der Ereignisse, der Dummheit von Menschen, der Sinnlosigkeit der Zufälle, gewinnt seine Klarheit im Umgang mit dem Grund der Dinge durch die Chiffern, in denen die drückende Stummheit vieldeutige Sprache gewinnt.

(3) Was Menschen tun, geschieht überall durch Personen. Verschleiert sich dies, ob in den Anfängen vorhistorischer menschlicher Zustände, ob in allen Zeiten der Geschichte, ob im gegenwärtigen technischen Betrieb, bis zu einem scheinbaren Schlafzustand der selbstvergessenen Menschen, so werden jederzeit Einzelne wach, kommen zum Bewußtsein ihrer selbst, ihrer Freiheit und damit ihrer Verantwortung und dies durch die Chiffern der Transzendenz.

Der Weise des Personwerdens des Menschen kann die Chiffer der persönlichen Götter und des einen persönlichen Gottes entsprechen.

Dieser Vorstellung widerspricht eine andere: Was geschieht, das ist die Wirkung anonymer Kräfte und Mächte, der Gesellschaftszustände und Staatsordnungen, der Zufälle oder der Gesetze des Geschehens. Dadurch werden Menschen in ihrer Daseinsform, Lebensverfassung, Denkweise hervorgebracht. Sie sind Exponenten jener unpersönlichen Ereignisse, oder Werkzeuge des Weltgeistes, der Vorsehung, der Geschichte, des dialektischen Weltprozesses. Schließlich verwandeln sich Menschen in Funktionen von Maschinen, die sie selber – vom technischen Betrieb bis zur Herrschaftsorganisation – hervorbringen, oder vielmehr hervorgebracht haben mit dem Erfolg, darin gefangen, aber zugleich zu den Menschen zu werden, auf deren Dasein in Massen mit beliebig vertretbaren Einzelnen es jener anonyme Prozeß abgesehen hat.

Darin würde der Schlafzustand, die Selbstvergessenheit des Menschen vollendet. Daß dies dennoch nicht möglich ist, hat seinen Grund in dem Umgreifenden, aus dem, uns unvorhersehbar, in der Welt nicht erweisbar, aber bezeugbar, immer wieder durchbricht, was jederzeit in der Gewalt des Äußerlichen, heute im Technischen und Totalitären verloren schien. Kann der Mensch wirklich aufhören, Mensch zu sein?

Wenn der Mensch das Leben mit der verborgenen, schweigenden Transzendenz als Bewegung seines denkenden Lebens gewinnt, dann wird er in diesem Umgang geprägt. Wenn die Chiffer Gott diesem Umgang eine Form gibt, dann werden die Erschütterungen (die sonst nur bald vergessene Schrecken bleiben) in des Menschen eigene Tiefe getragen, werden zu Frage und Trotz, zum Sichbeugen und zur Hingabe (»dein Wille geschehe«). Sie werden zur nicht mehr aufhörenden Bewegung in der Verzweiflung, in der Erfüllung, in der Beruhigung, in neuer Verzweiflung.

(4) Ein direkter Umgang mit der verborgenen Transzendenz ist nicht möglich. Sofern der Mensch sich nicht darauf beschränkt, sich in seinem Sichgeschenktwerden hinzunehmen und in der Verantwortung seiner Freiheit zu existieren, dem Schweigen aber mit Schweigen zu begegnen, vollzieht er seinen Umgang in der Chiffernwelt, hier mit dem persönlichen Gott. Dieser Gott aber ist als Chiffer nicht da durch Auffassung eines Allgemeinen im Begriff der Person Gottes und nicht durch Erfindung persönlicher Gottesgestalten, sondern geschichtlich durch die überlieferten Chiffern, die angesprochen haben und ansprechen. Erst in ihnen erfährt er den Ernst und die Innigkeit und die Macht und das Sichhinwenden noch in der Verzweiflung, wenn er sich nicht, sprachlos, findet in einem gegenstandslosen und unbegreiflichen Vertrauen in die Transzendenz.

Der persönliche Gott ist kein Begriffsgott, sondern geschichtlich in mannigfachen Gestalten. Die persönlichen Götter Indiens und Chinas können von uns wohl als Chiffern in diesen Gestalten verstanden und vorgestellt werden. Sie ergreifen uns wenig, wenn sie auch in ihrer Geschichtlichkeit wahr sind und anerkannt werden. Wir Abendländer haben, auch wenn wir es leugnen, einen wesentlichen Grund unserer Chiffernsprache in der Chiffer des persönlichen einen Gottes der Bibel.

Die vielen Bilder, Zeichen, Erscheinungen, Handlungen dieses Gottes sind Sprache dieses einen persönlichen Gottes und er selbst wieder eine Chiffer der Transzendenz, die, selber schweigend, das Unbegreifliche durch Chiffern des persönlichen Gottes Sprache werden läßt. Dieser Gott gibt sein Wesen kund in Sätzen wie »ich bin, der ich bin« und in seinen Entschlüssen als Gesetzgeber, als Partner im Bunde, als Vater, als Lenker der Geschichte.

Da im Alten Testament die Spannung bleibt zwischen der Transzendenz, die ohne Bilder und Gleichnis wirklich ist, und Jahwe, der in konkreter Leibhaftigkeit sich offenbart, oder da vielmehr dieser Gott beides ist, die unfaßliche, schweigende Transzendenz und der sprechende eine Gott, so neigen wir zu dem Irrtum, Transzendenz und Gott synonym zu gebrauchen. Das Recht dazu liegt in der Einheitlichkeit unseres Bezugs auf Transzendenz, der Irrtum aber in der durch die Identifizierung vollzogenen Aufhebung des Unterschieds von Leibhaftigkeit und Chiffer.

Die Kraft der konkreten Handlung und Sprache Jahwes zugleich mit seiner überwältigenden Ungreifbarkeit, die gestaltlose Gestalt, die Einheit von Transzendenz und persönlichem Gott wird außer in dem zitierten Wort, das von Kant das tiefste Wort der Bibel genannt wurde, in zahlreichen Erscheinungen fühlbar: Das Volk, das Moses auf den Sinai gehen läßt, weiß: der Mensch darf Gott nicht sehen, denn er stürbe auf der Stelle. Moses sieht Gott nur im Rücken, Jesaias nur seine Füße. Gott erscheint im brennenden Dornbusch, im leisen Rauschen des Windes durch die Bäume.

Von der Chiffer des einen persönlichen Gottes ist ursprünglich wesentlich geschichtlich, nicht nur in allgemeinen Begriffen zu sprechen. Pascals berühmtes Wort in seinem mémorial: Der Gott Abrahams, Isaacs und Jakobs, nicht der Gott der Philosophen – trifft das Rechte, wenn er die Kraftlosigkeit des abstrakten Gottesgedankens und die Unerläßlichkeit der geschichtlichen Chiffern meint (daß Pascal ganz anders denkt, erörtern wir hier nicht).

Der abstrakte Gedanke des einen gestaltlosen Gottes seit Xenophanes, Aristoteles kam nicht zur Wirkung. Das geschah nur, wo er aufgenommen wurde vom biblischen Gottesgedanken. Der Gottesgedanke der Philosophie ist erstens ohne Kult. Er ist zweitens nicht ursprünglich verbunden mit dem gemeinschaftlichen Bewußtsein eines Volkes. Er ist drittens ohne Geschichtlichkeit, zeitlos ohne Bezug auf die eigene zeitliche Entscheidung. Ihm fehlte daher die lebendige ergreifende Verbindung der Existenz des Menschen mit dem einen Gott. Er braucht selber die Sprache der Chiffern.

Was bisher historisch geschah, kann sich wandeln, wenn der übergreifende philosophische Gedanke sich mit den geschichtlichen Chiffern verbindet. Die Philosophie braucht selber die Chiffern, wie Plato. Dann wird die unersetzliche Kraft des abstrakten Gedankens ergänzt und erfüllt durch die geschichtliche Chiffer.

(5) Die Chiffer des persönlichen Gottes hatte ihre gewaltige Wir-

kung als leibhaftiger persönlicher Gott, der irgendwo sich aufhält, kommt und geht, seinen Wohnsitz auf dem Sinai, im Himmel hat. Ist die Erfahrung der Wirklichkeit der Transzendenz unmöglich, wenn der persönliche Gott »nur« eine Chiffer ist?

Etwa: Solange der persönliche Gott das Leben des Kindes fraglos begleitete, war die naive, erst im Rückblick erkannte wundersame Geborgenheit. Stellt aber die Frage den persönlichen Gott in Zweifel, so gleich auch die Transzendenz überhaupt: wie kann man noch ruhig sein, wie kann man noch leben, wenn Gott nicht ist?

Wenn der persönliche Gott nicht da ist, daher auch nicht spricht, das Schweigen kein solches ist, in dem jemand schweigt, der auch sprechen wird, ist dann nicht aller Ursprung von Sinn verloren? Verzicht auf die leibhaftige Realität des persönlichen Gottes bedeutet nicht Verzicht auf die Chiffern der Transzendenz. Diese sind nicht verloren, wenn ihr Gegenstand nicht mehr leibhaftig wird wie Dinge in der Welt, sondern Sprache, Ausstrahlung, Erscheinung bleiben (dies alles selber schon in Bildern gedacht).

Nur im Menschen kennen wir Persönlichkeit. Das Personsein ist in der Welt eine einzige, nur menschliche, allen anderem Weltsein gegenüber ausgezeichnete Realität. Personsein aber ist nur als Beschränktsein möglich. Sie bedarf einer anderen Person. Denn Person ist nur mit Person. Allein für sich kann sie gar nicht zu sich selbst kommen.

Die Transzendenz aber ist Ursprung der Persönlichkeit, selber mehr als sie und nicht wie sie beschränkt. Sie als Persönlichkeit gleichsam einzufangen, nimmt ihr, das Umgreifende alles Umgreifenden zu sein.

Mystiker (vor allem Meister Eckhart) unterscheiden Gottheit und Gott (deitas und deus). Gott (deus) ist die Form, in der die überpersönliche unfaßbare Gottheit (deitas) zum Menschen hingewendet ist.

Die persönlichen Götter und auch der eine Gott, wie er jeweils vorgestellt wird, sind mannigfach an Gestalt. Die Gottheit (deitas), die Transzendenz, ist in ihrer Unbestimmtheit, Unbestimmbarkeit auch gestaltlos. Sie ist, gemessen am Persönlichen in der Welt, das, worin alles gründet. Im Chifferndenken sagen wir: Weil sie mehr als persönlich ist, ist sie allein ewig, unveränderlich, daher zwar Ursprung der Zeit, aber selber nicht Zeit, zwar Ursprung von persönlichem Schicksal, von Geschichte, aber nicht selber Schicksal und Geschichte.

Deitas bedeutet nicht weniger, sondern mehr als deus. Wird die deitas zu denken versucht, so gerät sie in allgemeine Kategorien wie

Substrat, Substanz und dergleichen, und schließlich in die allgemeine und leerste Kategorie des ganz Anderen. Sie ist vergeblich gedacht, denn sie entzieht sich, wie aller Gestalthaftigkeit, so auch aller Denkbarkeit. Und doch ist sie die eigentliche Wirklichkeit der Transzendenz.

Wir aber müssen leben in der Spannung: diese eigentliche Wirklichkeit berühren zu wollen und doch in Gedanken und Vorstellung immer nur die Chiffern zu finden. Ein Beispiel ist, wie die Liebe Gottes zum Menschen gemeint wurde. Spinoza, dem Philosophie ein einziger Akt der Gottesliebe ist, sagt, daß, wer Gott liebe, nicht verlangen dürfe, daß Gott ihn wieder liebe. In den biblischen Religionen aber wendet sich die Liebe Gottes dem Menschen zu. Erst die Liebe Gottes zum Menschen erzeugt die Liebe des Menschen zu Gott. Widerspricht sich beides? Wohl nicht: die Reinheit Spinozas in seiner Liebe zu Gott wendet sich der Gottheit (deitas), der Transzendenz selber, zu; das Verlangen, von Gott geliebt zu werden, hält sich an die Chiffer. In der Gottheit ist mehr als Liebe. Zu diesem unbegreiflichen Mehr kann der Mensch Vertrauen haben. Wird er sich aber dieses Vertrauens bewußt, dann spricht er es in Chiffern aus, im Glauben an die Vorsehung, im amor fati.

Die Auffassung als Chiffer erhebt den Anspruch: durch die Chiffer der Persönlichkeit zu dem zu gelangen, was mehr als Persönlichkeit und selber der Ursprung des Persönlichseins im Menschen ist. Die Transzendenz erlaubt gleichsam dem Menschen, in der Chiffer des persönlichen Gottes eine Sprache zu hören. Die Gewißheit der eigentlichen Wirklichkeit, in der Ferne der Transzendenz durch die Chiffer der Persönlichkeit Gottes verstanden, ist das Vertrauen, das die Leibhaftigkeit der persönlichen Gottheit zu entbehren vermag. Der zum Menschsein in der Zeit gehörende Schmerz wird täuschend aufgehoben in den Glauben an den realen, leibhaftigen persönlichen Gott. Der Schmerz wird in Wahrhaftigkeit zur Bewegung in den Chiffern, die paradox enthüllen, was sie zugleich verbergen.

3. Gott ist Mensch geworden

Die mächtige Chiffer des Einen scheint unerläßlich für Existenz, wenn sie die Verkehrungen des Einen durchschaut. Die Chiffer des persönlichen Gottes ist geschichtlich im höchsten Maße wirksam, aber keine Notwendigkeit. Der menschgewordene Gott Christus ist philosophisch unmöglich, während Jesus als einzigartige Chiffer sprechen kann.

Wenn Gott Mensch wird, wenn er sich in einem Menschen inkarniert, wie es bei Indern, Griechen, Christen geglaubt wurde, dann ist die Realität einer menschlichen Persönlichkeit, dieser Mensch Gott. Die Inkarnation Gottes in Jesus scheint ein Fall dieses Typus zu sein; aber sie ist von allen anderen Fällen wesentlich verschieden. Diese Inkarnation ist nicht irgendeine, sondern die des einen Gottes. Sie ist die einzige, alle anderen sogenannten Inkarnationen sind falsche. Spezifisch christlich ist weiter, daß der eine Gott auch nur dieses eine Mal in einen Menschen inkarniert geglaubt und daß diese Inkarnation zur Mitte der Auffassung von Gott, Welt und Mensch wird. Vor allem aber ist christlich: Gott ist nun wirklich leibhaftig in persönlicher Gestalt gegenwärtig, ist ganz Mensch, aber zugleich ganz Gott. Die Vorstellung der Persönlichkeit der Gottheit ist zur leibhaftigen Realität einer menschlichen Persönlichkeit geworden, die Gott ist.

Der Drang des Menschen nach Leibhaftigkeit wird hier wie nirgend sonst befriedigt. Gottes Wirklichkeit ist dem Glaubenden durch die Leibhaftigkeit eines Menschen garantiert.

Daß Gott selbst Mensch wurde, gekreuzigt wurde, leiblich auferstanden ist und sich als Auferstandener lebend den lebenden Jüngern gezeigt und mit ihnen gesprochen hat, ist der Glaube der Apostel im Neuen Testament. Der Glaube an die Wahrheit ihres Zeugnisses ist die Grundlage des christlichen Glaubens.

Was hier geschehen ist, das ist nicht zuerst die Mitteilung von Lehre, Gesetz, Weisung, Führung, sondern zuerst und wesentlich die Offenbarung von Gottes Wesen selber durch seine Handlung, mit der er Mensch wird und in die Welt tritt, sich zu zeigen in niedrigster Gestalt, im äußersten Leiden. Er erfährt als Mensch die vollkommene Verlassenheit, vor dem Tod auch von den Jüngern allein gelassen, und am Kreuz die Verlassenheit sogar von Gott. Das Ende aber ist die leibliche Auferstehung, das Wunder, in dem alles Leiden, das grenzenlose und entsetzliche, aufgehoben ist.

Diese Handlung Gottes gilt dem Glauben als geschichtliche Realität. Die Urgemeinde sah den auferstandenen Christus und von da her zurückinterpretierend im lebendigen Menschen Jesus Gott selbst: Jesus Christus.

Gott als ein wirklicher Mensch, der Mensch und doch nicht Mensch ist, hat Gläubige gewaltig und innig angesprochen. Den anderen war und ist er bis heute »Ärgernis und Torheit«. Ärgernis den einzig von Gott ergriffenen gläubigen Juden wegen der Antastung Gottes in einer ihnen gotteslästerlichen These. Torheit den philosophierenden Griechen, die solcher Glaube nicht weiter berührte, sondern denen er nur als kurios und indiskutabel galt.

Kann auch Christus noch als Chiffer aufgefaßt werden oder nicht? Durch Christus ist die Transzendenz nicht mehr verborgen in der Vielfachheit von Chiffern Gottes, sondern als realer Gott selber offenbar. Eine Ungeheuerlichkeit! Jesus kann als Mensch wie andere Menschen auf jeden als Chiffer wirken. Aber Christus ist als leibhaftig realer Gott nicht als Chiffer geglaubt. Hier ist das Maximum an Leibhaftigkeit Gottes erreicht. Das darf kein ehrliches Denken verschleiern. Jesus als Chiffer oder Jesus Christus als leibhaftiger Gott, das ist zu entscheiden.

Für unser Philosophieren ist es unmöglich, Christus als Chiffer zu denken. Es in Rücksicht auf die Gläubigen zu versuchen, erweist sich uns als vergeblich. In welchem Sinne aber Jesus eine Chiffer ist, das ist die zweite Frage. Lesen wir Kierkegaard (Pseudonym H. H.). Jesus-Christus »sagte selbst, daß Er Gott sei. Das ist genug, hier, wenn irgendwo und irgendje, gilt es auch absolut: entweder – oder, entweder anbetend niederfallen oder mit dabei sein, ihn totzuschlagen, oder ein Unmensch sein, in welchem keine Menschlichkeit ist, der nicht einmal aufgebracht werden kann, wenn ein Mensch für Gott sich ausgeben will«. Wem die Erfahrung der Transzendenz und die Sprache der Chiffern und die Chiffer »Gott« es unmöglich machen, den Glauben an die Menschwerdung Gottes anzunehmen, der entzieht sich keineswegs der Chiffer des Menschen Jesus und denkt:

Erstens: Jesus hat nie gesagt, daß er Gott sei. Das läßt erst Johannes ihn sagen aus dem Begehren des Glaubens, der nicht der Glaube Jesu war: Gott als Menschen zu sehen. Dieses Begehren hat im Abendland immer von neuem von Jesus zu Christus geführt, hat in Asien Buddha und Konfuzius im Laufe der Zeit zu inkarnierten Göttern werden lassen. Diesem Wege müssen wir philosophierend in den ersten Ansätzen, ohne leise Nachgiebigkeit, widerstehen, zumal dort, wo in mimicry dieses historisch großen wirksamen Ereignisses, Menschen vergöttert werden.

Zweitens: Außer der Alternative entweder »anbetend niederfallen« oder »totschlagen« behauptet Kierkegaards H. H. eine dritte Möglichkeit, den »Unmenschen«, der nicht einmal aufgebracht wird, wenn ein Mensch sich für Gott ausgeben will. Als Unmensch wird also angesprochen, wer an dem teilnimmt, was von jeher in der Vernunft philosophischen Glaubens sich gründete und eigentlich menschlich war: Ein Mensch, der sich für Gott ausgibt (was Jesus nicht getan hat), gilt, wo immer er auftritt, für krank. Er ist nicht Gegenstand der Empörung, sondern der Fürsorge. Es gibt nicht das geringste Zeichen, daß Jesus – wie behauptet wurde – als geistig krank angesehen werden müßte (psychiatrische Erörterungen haben sich als gegenstandslos erwiesen).

Drittens: »Mit dabei sein, ihn totzuschlagen«, diese Chiffer, die Jesus, nicht Christus trifft, wirft ein unheimliches Licht in etwas, das vielleicht zu den Grundbedingungen unseres Daseins gehört. Sind wir ständig dabei, die Wahrheit totzuschlagen? Wir wollen es nicht wissen und meinen unter günstigen Lebensumständen, es uns verschleiern zu können. Die Wirklichkeit des Juden Jesus von Nazareth ist unvergleichlich erleuchtend. Sie ist die Chiffer seines Gottesvolkes und der Menschheit, die beide erleiden und tun, was sie zerstört.

Ist eine Bedingung des Daseins die Unwahrhaftigkeit? Ist es aber die Würde des Menschen, diese Bedingung nicht anzunehmen? Lebt man in der Solidarität der Unwahrhaftigkeiten? Ist es aber nicht Bedingung für die Erscheinung des ewigen Sinnes unserer Existenz, daß wir in die Solidarität der Wahrhaftigen gelangen?

Das »Totschlagen« geschieht keineswegs durch den, der den Glauben an die Menschwerdung nicht teilt. Es geschieht durch Menschen, die die Wahrheit nicht hören, nicht festhalten, nicht verwirklichen wollen. Es geschah wie an Jesus so an Sokrates. Es geschieht vielleicht durch jeden von uns in einem Augenblick an sich selber.

Die Chiffer Jesus-Christus gewinnt durch Luthers Unterscheidung der theologia crucis von der theologia gloriae ein außerordentliches Gewicht. Luther (in der vorzüglichen Darstellung durch Theodosius Harnack) hat mit dem ihm eigenen Zorn sich gegen die theologia gloriae des Thomas gewendet und die theologia crucis in den Mittelpunkt gestellt: allein durch das Kreuz führt der Weg zu Gott. Von Gott können wir direkt nichts wissen. Die Vertiefung in seine Herrlichkeit ist Torheit und Ablenkung; das ist leicht und phantastisch. Oder Gott als er selbst in seinem abgründigen Zorn gegen die Sünde wirft den Menschen nur nieder, macht ihn hoffnungslos. Daher hat Gott durch den Mittler, seinen Sohn am Kreuze, dem Menschen gleichsam die Leiter gegeben, auf der er Gott erreicht. Für das Heil der Seele kommt es darauf an, die Nachfolge im Tragen des Kreuzes zu finden; das ist schwer und real. Dann aber bleibt der Mensch nicht verzweifelt. Er findet die Erlösung durch den Glauben an Kreuz und Auferstehung und an die stellvertretende Sühne Gottes durch seinen Mensch gewordenen Sohn für die Sünde des Menschen. Diese Glaubensgewißheit bringt ihm Ruhe und Seligkeit.

Karl Barth ist Luthers Gedanken gefolgt: »Die Versuchung aller christlichen Verkündigung ist ..., zur mehr oder weniger gewaltigen Mitteilung eines unverborgenen Gottes überzugehen. Wer wollte nicht lieber theologus gloriae als theologus crucis sein? Schon aus Menschenfreundlichkeit, um von der Bequemlichkeit nicht zu reden. 99 Prozent von dem, was heute von den Kanzeln auch der Reformationskirchen als ›Evangelium‹ sich vernehmen läßt, ist unter irgendeinem Vorwand und in irgendeiner Wendung theologia gloriae.« Darin will der menschliche Geist mit der ihm eigenen Gewalt »direkt mitteilen statt bezeugen«, er »eilt am Kreuz vorüber« und wird »zum Verräter des Wortes Gottes«[1].

Das Sprechen in der Chiffer des Kreuzes verstehe ich untheologisch so: Jesu Leiden bis in den Tod (das letzte Wort am Kreuz: mein Gott, mein Gott, warum hast du mich verlassen!) war die Folge seiner geistig revolutionären, alles Vorhergehende überbietenden Wahrheit und bezeugte sie. Als Jude, in der Nachfolge seiner großen prophetischen Vorgänger, bestand er darauf, das Unheil des Menschen anzuerkennen, nicht darüber hinwegzugehen, es nicht wegzureden durch irgendwelche mildernde Deutungen. Mit unvergleichlicher Rücksichtslosigkeit enthüllte er und ließ die Welt sich enthüllen. Aber er tat es kraft seiner Liebe aus einem überwältigenden Gottesglauben, selber schon im Reiche Gottes. Er wandte sich gegen die Zufriedenheit der Wohlgeratenen und Erfolgreichen, der Moralischen und der Glücklichen. Er zeigte in der Bergpredigt, deren Verwirklichung in dieser Welt unmöglich ist, wie in dieser Welt Menschen aus dem Reiche Gottes handeln würden. Jesus wurde vernichtet wie Sokrates, weil solche Wahrheit, die keine Rücksicht nimmt, unerträglich ist: den Herrschenden, weil er ihr furchtbares Unrecht entlarvt – den Massen, weil er nicht politisch als weltlicher König durch seine Macht bessere Zustände und das irdische Glück zu schaffen bereit ist, weswegen sie dem Verbrecher Barrabas, nicht Jesus für den römischen Straferlaß den Vorzug geben[2]. Die Wirklichkeit des Menschen Jesus ist eine unvergleichliche, einzige Chiffer der Möglichkeit des Menschen vor seinem Gotte.

Was die Glaubensschöpfung der Apostel und die Kirchenstiftung daraus gemacht haben, ist etwas anderes. Das neue Unheil der Kirche ist, an diesem Jesus, an dieser Wirklichkeit des Menschen vorbeireden und vorbeileben, diese Chiffer des grenzenlosen Leidens an der Wahrheit und durch die Wahrheit verleugnen zu wollen. Was dem Menschen möglich ist, der, Jesu Gottesglauben folgend, in dieser völligen Unbefangenheit und Rückhaltlosigkeit zu leben vermag – dieses Äußerste ließ die Kirche wieder in den Hintergrund treten, erhöhte es zu einer einmaligen Opfertat Gottes, um durch diese den Menschen für die Ewigkeit zu retten, ihn aber von solchem Opfer zu befreien. Wenn er dem kirchlichen Bekenntnis glaubt und gehorsam gegen die Kirche ist, darf er beruhigt sein.

Das ist das Ergreifende, wenigstens als ein Moment, in der Empörung Luthers gegen die theologia gloriae. Aber die wirklichen, vielfach möglichen Wege in der Nachfolge Jesu, von Menschen beschritten, die Ernst damit machten, sind für die Kirche unannehmbar. Doch sie werden von ihr aufgenommen und genutzt, soweit sie sich einordnen lassen in das auf andere Weise großartige Denk- und Lebenssystem der Kirche, indem ihnen die Spitze abgebrochen, das Wesentliche genommen wird. Die Menge der im Gehorsam gegen die Kirche vollbrachten Opfer, die bewunderungswürdigen Verzichtleistungen, die immer wieder auftretenden mutigen Kirchen-

[1] Zwischen den Zeiten, Jg. 7 (1929) S. 439–440.

[2] Vgl. über Jesus die Darstellung in meinen ›Großen Philosophen‹, Band I, S. 186–214.

männer können nicht darüber täuschen (abgesehen von den schrecklichen Realitäten der Kirche durch alle Jahrhunderte), daß hier ein anderer Gehorsam wirkt, ein durch den Halt an der Kirche als der Mittlerin der Gottheit eingeschränktes Wagnis, bei dem man nicht weiß, was stärker ist, die Kraft des Kirchenglaubens oder des Gottesglaubens.

Vielleicht hat Karl Barth recht mit seinen »99 Prozent«. Ich weiß es nicht. Aber auf andere Weise könnte man auch an seinem einen Prozent zweifeln. Die theologia crucis schien wenigstens manchmal verkündet zu werden in einem Stil der Heilsverherrlichung, in einem Ton der Gnadenzufriedenheit, daß es wie eine andere theologia gloriae anmuten konnte (wie bei Luther selber).

Von der theologia crucis und zu ihrer Rechtfertigung sage ich nichts. Durch sie ist der Blick auf die Herrlichkeit der Welt und des Geistes, die vor der Gottheit liegen und nicht die Gottheit sind, dieser zur Gottheit hin beschwingende Blick, nicht zu zerstören. Aber die verborgene Gottheit steht kraft ihrer Wirklichkeit über allen Gegensätzen, auch dem von theologia gloriae und theologia crucis. Etwas anderes ist Vertrauen und Unterwerfung gegenüber dem ganz Unbekannten: »der Herr hat's gegeben und der Herr hat's genommen, der Name des Herrn sei gepriesen« – und Dank. Das ist die Grenze zum philosophischen Glauben.

Zum Abschluß: Was für einen Gott der Mensch glaubend vor Augen hat, dem entsprechend wird er er selbst. Dieser Satz scheint die Gottesgestalten zu subjektivieren und zu einer Sache der Psychologie zu machen. Wo aber es dem Menschen mit der Chiffer Gott ernst ist, da ist ihm die Objektivität so wenig subjektiv wie seine Subjektivität ohne die Objektivität.

Jesaias erschien Gott in einer Vision, in der Erscheinung zugleich sich zeigend und verbergend. Aristoteles wurde das Glück seiner spekulativen Philosophie zum unvollkommenen Abbild der inneren Seligkeit göttlichen Denklebens. Spinoza war Gottes Sein gegenwärtig durch die Helligkeit vorstellungslosen reinen Denkens, ihn selbst ganz durchstrahlend.

Dem in der Spaltung Einsbleibenden von Subjekt und Objekt, auf beide gerichtet, im Sprechen im Übergang das eine vom anderen scheidend, sagen wir: Was für einen Gott der Mensch erblickt, das erzeugt sein Menschsein – oder auch: was ein Mensch als er selbst wird, das wird erleuchtet und geführt von einem Gottesgedanken, dessen Chiffer er erzeugt. All dieses Sprechen bleibt aber in Distanz. Es gibt Methoden des Umkreisens und Verstehens. Es dringt ein und eignet an und wehrt ab.

Der eine Gott – der persönliche Gott – Gott ist Mensch geworden – die drei Grundchiffern der Gottheit sind nicht ohne Denken hörbar. Unsere Vergegenwärtigung selber war schon Denken. Dieses Denken aber setzt sich fort. Es möchte das, was der gegenständlichen Erkenntnis unzugänglich ist, durch »Glaubenserkenntnis« (sei sie philosophische oder theologische) entfalten. Dann erwächst ein Denken, das durch Weiterfragen in der Verzweigung der Chiffern sich Antworten durch neue Chiffern entgegenkommen sieht. Diese Spekulation gleitet zwar ständig ab in leer werdende Begrifflichkeiten, aber, wo sie wesentlich bleibt, hört sie neue Chiffern. Es zeigt sich der Reichtum der Chiffern, das Offenbarwerden dessen, was in ihnen verborgen lag, die Kraft ihrer existentiellen Wirkung im Kampf.

Wir denken stets in Kategorien wie Sein, Wirklichkeit, Realität, Substanz, Materie, Wesen ... und so fort ins Unabsehbare. In der Spekulation werden die Kategorien selber zu Chiffern. Mit ihnen, die immer einen gegenständlichen Sinn haben, transzendieren wir über sie hinaus in das Ungegenständliche, so schon mit den Kategorien des Einen. Spekulativ vergewissern wir uns dessen, was selber doch, immer unangemessen, nur durch Kategorien oder Namen genannt werden kann: Sein, Grund, Ursprung, Transzendenz – Gott. So ist es, wenn die Stoa von Notwendigkeit und Vorsehung spricht, Plato vom Jenseits des Seins, Plotin vom Einen, Spinoza von der Substanz, Hegel vom absoluten Geist.

In seiner Logik hat Hegel in bisher unüberholter Weise die Gesamtheit der Kategorien entwickelt und gezeigt, wie sie in allen Gruppen – und welche in den einzelnen Gruppen nicht – irgendwann in der Geschichte der Philosophie zum Absoluten gemacht wurden. Dann aber meint Hegel die systematische Vollständigkeit der Kategorien, die er gewonnen zu haben glaubt, nicht als Bewußtmachen des Werkzeugs unseres Denkens. Vielmehr vollzieht er selber den die Transzendenz für uns vernichtenden Gedanken, daß das Absolute durch die Gesamtheit der Kategorien gedacht werden dürfe (als die Gedanken Gottes vor der Schöpfung) und gedacht werden müsse.

Durch die Jahrtausende gibt es das Spiel der Kategorien, ihre Wiederkehr in anderen Kombinationen, immer von neuem ursprünglich gedacht die alten Gedanken in endlosen Möglichkeiten ihrer Abwandlung. Deren systematische Aneignung durch Hegel ist eine Befreiung unseres Bewußtseins in dem, was wir spekulativ denkend tun. Aber diese Befreiung legt zugleich in eine neue Fessel durch Hegels Grundgedanken, daß er die Totalität der Kategorien für das angemessene Wissen von Gott hält. Seine geordnete Einsicht schützt zwar vor der immer neu drohenden Übertölpelung durch bestimmte Behauptungen von Gott, die wie Glaubensbekenntnis und philosophische Erkenntnis zugleich wirken. Er verführt aber zum vermeintlich erkannten Gott, den ganz und gar zu kennen dem »Mut der Wahrheit« nicht verschlossen sei.

1. Der Dualismus

Wie die Denkformen uns bezwingen, möchte ich an einem Beispiel von universaler Bedeutung klarmachen.

Wir denken etwa Gott und Welt, Gott und Teufel, Transzendenz und Existenz. Dagegen erhebt sich der Vorwurf, es sei Dualismus; wahr aber könne nur ein Monismus sein.

(1) Die Denkform: Soweit wir überhaupt denken, müssen wir unterscheiden, mich, den Denkenden, vom Gegenstand, dem Gedachten; den einen Gegenstand vom anderen. Ich kann keinen Gegenstand denken, ohne ihn zu unterscheiden, das heißt, ohne ein anderes. Denken heißt, sogleich zwei denken. Ohne zwei zu denken, kann ich nicht eins denken. Daher gibt es in allem Gedachten immer Einheit, Zweiheit, Vielheit. Das heißt: Kein Monismus kann sich aussprechen ohne Dualismus und umgekehrt. Dualismus ist in allem Denken unumgänglich.

(2) Zwei Mächte: Die Transzendenz ist eine. Im Medium der Chiffern aber sind sogleich zwei gedacht. Eine Dualität liegt dann für unseren Gedanken im Grund der Dinge. Die Unterscheidung von Heil und Unheil, von Wahr und Falsch, von Gut und Böse wird nicht nur als ein gültiger Sinn gedacht, sondern in Chiffern zu zwei wirklichen ursprünglichen mit einander kämpfenden Mächten objektiviert, vor allem Gott und Teufel (Zarathustra, Gnostiker, Manichäer, Christen). Dieser Dualismus schaut in objektiven Mächten an, was im Entweder – Oder die existentielle Entscheidung des Menschen aus seinem tiefsten Entschlusse bestimmt.

Unsere Gefangenschaft in den formalen Denknotwendigkeiten zeigt sich dann darin: wer diesen Dualismus leugnet zugunsten der Einheit etwa des einen allmächtigen Gottes, der muß die Zweiheit in ihrer Herkunft aufzeigen. Wie immer man das anstellt, die Zwei wird als Möglichkeit in das Eine zurückverlegt, z. B. als ein Urgrund der Natur in Gott, der als eins selber schon zwei ist – oder als Setzung eines zweiten, von Gott durch Gott unabhängig gemachten Ursprunges eines freien Geistwesens, dessen Entscheidung gegen Gott dann den zweiten Ursprung bedeutet. Auch wenn Gott die Macht über ihn bewahrt, muß doch jenes Etwas, das dieses ermöglicht, für das Denken als ein Anderes in Gott sein.

Nur eine Besinnung auf die formalen Denknotwendigkeiten kann aus dem Irrgarten der hier erwachsenen Diskussionen herausführen, um dann die Motive der gegenständlich unhaltbaren Behauptungen in ihrer eigentlichen Wahrheit indirekt zu eigen zu gewinnen.

(3) Die Realität der Welt und die Wirklichkeit Gottes: Weltliche Realität wird in Leibhaftigkeit erfahren. Sie ist anschaulich. Aus dem denkenden Ergreifen von Gegenständen in der Welt entwickeln sich die Wissenschaften ins Unabsehbare.

Gott ist nirgends in der Welt zu finden, entzieht sich der Leibhaftigkeit und der Anschauung. Seine Wirklichkeit ist nicht Realität in Raum und Zeit. Sein Dasein ist nicht nachzuweisen. Seine Wirklichkeit muß, wenn sie ist, von einem radikal anderen Charakter sein als alle Weltrealität. Aus dem Gottesgedanken entwickelt sich keine Wissenschaft als allgemeingültige Erkenntnis von Gott, die den Gegenstand »Gott« zu erforschen vermöchte. Denn für das Wissen gibt es keinen Gott.

Nun wird das Verhältnis von Welt und Gott (Weltreich und Gottesreich) gegenständlich wie das Verhältnis zweier Welten gedacht (dann Zweiweltentheorie genannt) und damit zugleich verfehlt. Der Gedanke in der Chiffer Gott meint nicht zwei Arten des Seins, die wir sehen, wenn wir denkend außerhalb beider ständen und von diesem utopischen archimedischen Punkt her Gott und Welt erblickten. Es sind nicht zwei Welten, sondern es ist ein Bezug des Wesensverschiedenen (wobei »Bezug«, »Verhältnis« schon wieder vergegenständlichende Kategorien sind). Der Bezugspunkt außer und vor aller Welt für das Bewußtsein der menschlichen Freiheit gerät aber, wenn er durch Chiffern gedacht wird, sogleich in die Schlingen dieser logischen Formen mit ihren Alternativen.

Mit diesen Spekulationen müssen wir uns also in Fesseln geben, die, wenn wir sie durchschauen, uns nicht täuschen, aber uns durch die Denkbewegungen zur Vergewisserung unseres inneren Kämpfens bringen können.

(4) Die Dualität (im Unterschied, im Entgegengesetzten, im Widerspruch) ist Bedingung unseres Denkens, in die alles, was wir denken, hineingezogen werden muß: Das Denken der Existenz aber möchte entweder die Dualität überwinden und zum Einen kommen oder aber die Unerreichbarkeit des Einen aufweisen. Diese Bewegung heißt Dialektik. Sie hat zwei Gestalten:

Entweder runden sich alle Dualitäten im Kreise zur einen Gestalt. Diese Dialektik entwickelt Denkformen der Einheit im Widersprechenden, der Einheit der Polarität, der Geschlossenheit der Gegensätze. Sie weist auf Anschauungen der Wirklichkeit solcher Ganzheiten, sie mutet logisch ein Denken des Widersprechenden als Sichaufheben im Einen zu.

Oder die Spaltung zum Äußersten treibt in die Ungestalt des Nichteinen. Sie führt zu den unüberbrückbaren Alternativen – zur Zerrissenheit der Welt, zur Unfaßlichkeit der mit der Kategorie des ganz »Anderen« getroffenen Transzendenz, zum Entweder – Oder im letzten Grund der Entscheidung im Selbstsein.

Die erste Gestalt vollendet sich in der Harmonie des Ganzen des Seins, die zweite – die Ungestalt – zeigt den Abgrund im Scheitern des Denkens.

Der Kampf ist nicht zu beendigen im Raum des im Denken und Erkennen sich hell werdenden Daseins. Er gehört als solcher zum zeitlichen Leben in unaufhörlicher Bewegung. Er spielt sich ab in der Erscheinungswelt.

(5) Abwandlungen von Formeln für Einheit und Zweiheit aus Welt und Transzendenz: Es gibt geläufige Termini. Pantheismus: die Welt in ihrer Ganzheit ist zugleich Gott, alles ist Gott und Gott ist alles. – Theismus: der persönliche Gott steht der Welt als seiner Schöpfung gegenüber, die er lenkt, und in die er eingreift. – Deismus: Gott ist außerhalb der Welt, hat sie geschaffen, aber kümmert sich nicht weiter um sie. – Panentheismus: Gott steht außerhalb der Welt, aber wirkt und zeigt sich in allem Weltsein, er ist außerhalb und innerhalb zugleich, ist »immanente Transzendenz«.

Solche Unterscheidungen sind Formeln der Aussage in Begriffsschematen. Sie treffen nicht den Gehalt der existentiellen Glaubensverfassung. Sie werden benutzt zu Vergegenständlichungen, indem sie fortfahren zu Beurteilungen, etwa vom Standpunkt eines Pantheismus her: dieser sei monistisch und verdiene daher den Vorzug vor dem Dualismus der Trennung von Gott und Welt. Worauf dann der theistische Dualismus sich dialektischer Sätze bedient, um seinen besseren Monismus zu behaupten, und der Panentheismus eine simplifizierte Synthese von Monismus und Dualismus anbietet.

Aber das alles wird zum Geklapper mit Worten und Definitionen, das leer ist, obgleich es die Geister in fanatische Bewegungen gegeneinander bringen konnte. In solchen Streitigkeiten verschwindet das Chiffersein. Wenn vom Einen in Wahrheit die Rede ist, so als Chiffer, nicht als bloßer Zahl. Wenn unumgänglich zwei gedacht werden, so sind nicht zwei Gegenstände gemeint, sondern ist der ungegenständliche Bezug von Existenz und Transzendenz in der Chiffer einer Zweiheit ausgesprochen. Die Aussage wird sinnwidrig, wenn nebeneinander zwei, Gott und Welt, gedacht und wenn nun weiter die logischen Alternativen vorgebracht werden, entweder eins oder zwei (entweder Monismus oder Dualismus) und dazu die Synthese. Man ist sich nicht mehr der hier benutzten spekulativen Denkformen methodisch bewußt. Der ursprüngliche Gehalt geht durch den Kollaps in die fixierenden Kategorien für den hier nur äußerlich denkenden Verstand verloren.

Wir wenden uns nun weiteren Bruchstücken solcher Spekulationen zu. Dabei sollen wir den Zirkel nicht vergessen, der in allem Chifferndenken liegt, nicht die unumgängliche Verkehrung durch die Objektivierungen zu einem scheinbaren Wissen, nicht die Aufgabe, das leere Nichtwissen durch die scheiternde Spekulation und ihren Kampf in den Chiffern zu einem erfüllten Nichtwissen zu bringen.

2. Die Persönlichkeitsspekulation

(1) Der persönliche Gott

Die Chiffer der Persönlichkeit Gottes, dem der Mensch als Ich dem Du im Gebet begegnet, ist Vorstellung, vielfältig umgedacht. Beginnt das konsequente Nachdenken, dann versiegt jene Quelle zugunsten von Spekulationen.

(a) Steigerung der Persönlichkeit; die Eigenschaften Gottes. – Gott persönlich gedacht hat Affekte des Zorns, der Barmherzigkeit, der Liebe. Er ist gerecht und gütig und wissend und unbegreiflich willkürlich. Gott wird nach dem Muster des Menschen gesehen.

Noch Kant wiederholt diese Steigerung von Gottes, am Menschen abgelesenen Eigenschaften (sie zulassend als Denken in Analogien). Die Existenz vernünftiger Wesen unter moralischen Gesetzen fordert nach Kant die Idee Gottes, ohne die jene Existenz sinnlos würde. Gott ist dann zu denken nicht nur als gesetzgebend für die Natur des kausalen Geschehens, sondern als gesetzgebendes Oberhaupt in einem moralischen Reich der Zwecke. Darum ist Gott allwissend zu denken, damit das Innerste der Gesinnungen ihm nicht verborgen sei. Er ist allmächtig zu denken, damit er die ganze Natur dem moralischen höchsten Zwecke angemessen machen könne. Er ist als allgütig und zugleich als gerecht zu denken. Beide Eigenschaften vereint sind seine Weisheit. Gottes Ewigkeit und Allgegenwart sind in Beziehung auf den Endzweck aller Dinge vorauszusetzen (Kr. d. U. § 86). So wird, was einst im Preisen Gottes der Inhalt war, am Ende in einer »moralischen Teleologie« als sinnvolle Analogie gedacht.

(b) Der Einwand der Anthropomorphie. – Persönlichkeit, so gedacht, ist also nach dem Bilde des Menschen gestaltet. Dafür prägte Feuerbach die Formel: der Mensch schuf Gott nach seinem Bilde. Dies wurde wiederum spekulativ gerechtfertigt: weil der Mensch nach dem Ebenbild der Gottheit geschaffen sei, vermöge er aus sich Gott zu erblicken. Der Mensch, weil er theomorph geschaffen ist, darf Gott anthropomorph erblicken.

Aber Persönlichkeit ist nicht vorstellbar ohne Endlichkeit. Sie begegnet anderen Persönlichkeiten, um überhaupt Person sein zu können. Denn Personen sind sie selbst nur mit anderen Personen. Sind für Gott diese anderen Personen die Menschen, so vollzieht der Mystiker (Angelus Silesius) den Gedanken: »Ich weiß, daß ohne mich Gott nicht ein Nu kann leben.«

Wird dem entgegen Gott als die eine, einzige, sich selbst genügende Persönlichkeit gedacht, so zeigt sich doch immer wieder die Unangemessenheit. Gott wird verendlicht durch Aussagen über ihn als eine Persönlichkeit mit Eigenschaften. Daher der Antrieb, Gott, wenn in der Chiffer der Persönlichkeit, dann in ihr zugleich als mehr als Persönlichkeit zu denken.

(c) Das Erdenken der göttlichen Persönlichkeit. – Es gehört zu den wunderlichsten Bemühungen spekulativer Philosophie, die Persönlichkeit Gottes zur Anschauung zu bringen. Man erzählt, was sie an sich für sie selbst sei, wie sie lebendig im Werden sich entfalte, wie sie ihre Geschichte habe. Zuletzt hat Schelling solche gnostisch-phantastischen Entwürfe gegeben.

Schelling stellt vor die Frage: Entweder ist das Urwesen ein unveränderlich Vorhandenes, ohne Lebendigkeit und ohne persönliches

Wesen, oder es ist im ewigen Sein ein ewiges Werden, ein lebendiges, wirkliches, persönliches Wesen. Und wenn das letztere, dann muß es in Analogie zum menschlichen persönlichen Wesen gedacht werden. So ist Gott etwa Bewußtsein, das aus dem Unbewußten zu sich kommt; er hat den Widerstand in sich; er hat die Natur in sich, und so fort.

Die Alternative gilt nicht in den Chiffern. Der Gedanke von der Unveränderlichkeit Gottes, eine der mächtigen, haltgebenden Chiffern, meint nicht ein unveränderlich Vorhandenes. In der Kategorie der Unveränderlichkeit als Chiffer wird der Sinn auf jene Wirklichkeit gerichtet, die nicht zeitlich, nicht zeitlos, sondern ewig und nicht selber auch persönlicher Gott ist.

Das Erdenken der Persönlichkeit Gottes hat zwei Bedeutungen. Erstens wird der Gedanke der Persönlichkeit in seinem beschränkenden Chiffercharakter begriffen; damit wird er durchbrochen zu dem hin, was mehr als Persönlichkeit ist, zur Transzendenz. Zweitens wird in der Existenz der Persönlichkeit Gottes vielmehr faktisch die Persönlichkeit des Menschen durchdacht; damit steigert sich das Persönlichkeitsbewußtsein des Menschen im Bilde der von ihm gedachten göttlichen Persönlichkeit. Die Prüfung des Bildes, wie weit es erhellend, beschwingend, verderbend, steigernd für den Menschen wird, ist weder eine logische noch erkenntnismäßige, sondern eine existentielle. Schellings Persönlichkeitsdenken ist ein Beispiel, an dem die Zweideutigkeit verhängnisvoll fühlbar wird. Es ist, als ob er mit seinem Gotte sich selber unverbindlich dichtete.

(2) Gottes Allmacht

Der persönliche Gott wird allmächtig gedacht.

Eine begrenzte Allmacht wäre nicht Allmacht. Über den griechischen Göttern, über Zeus stand die Moira, jenes Unpersönliche, das selbst von den Göttern, wenn sie die Schicksalslose auf die Waage legten, befragt wurde. Vor Jahren erzählte in den Abruzzen ein Bauer sein tragisches Geschick und seine Lage Ludwig Curtius. Als dieser ergriffen beim Abschied sagte: Gott wird helfen, war die Antwort: ja, wenn er kann. In dieser Antwort sah Curtius im katholischen Glauben des einfachen Mannes die griechische Moira noch gegenwärtig.

(a) Die Frage der Allmacht war seit der christlichen Antike in der Spekulation lebendig. Hieronymus hatte gesagt, Gott könne zwar alles, aber er könne nicht einer gefallenen Jungfrau die Unschuld zurückgeben, sondern nur die Strafe erlassen. *Petrus Damiani* empörte solche Beschränkung. In seiner Schrift[1] über die göttliche Allmacht (1067) antwortet er: Wenn Gott bewirken konnte, daß eine Mutter sogar nach der Geburt ihres Sohnes Jungfrau blieb, so wird er erst recht bewirken können, daß eine gefallene Frau, die noch gar nicht geboren hat, wieder zur Jungfrau wird.

Aber die Frage wird von Damiani grundsätzlich behandelt, und dabei ist er zu Konsequenzen gelangt, die unüberbietbar keine Absurdität scheuen. Dialektiker (wie im 11. Jahrhundert die der Kirche gefährlichen rationalen Denker genannt wurden, die sich auf das logisch Zwingende gründeten) haben gefragt: Kann Gott nicht nur Rom verschwinden lassen, sondern auch bewirken, daß Rom, das schon existiert hat, nie existiert hat? Antwort Damianis: Wenn die Unmöglichkeit des Ändernkönnens seitens Gottes in bezug auf die Vergangenheit behauptet werde, so müsse sie auch für Gegenwart und Zukunft behauptet werden. Denn es sei nicht nur unmöglich, daß das Gewesene nicht gewesen, sondern auch daß das Seiende nicht da sei und daß das Zukünftige zukünftig nicht sei. Die Anwendung der Dialektik auf Gott mache ihn gleicherweise ohnmächtig für Vergangenheit, Gegenwart und Zukunft. Dagegen aber steht Gottes Allmacht. Sie ist durch Zeit und Raum nicht beschränkt, weil Gott in seiner Ewigkeit alles zugleich wirkt und sieht. Weil Gott ewig ist, gibt es für ihn und in ihm keinen Wechsel. Seine Macht und sein Erkennen sind ein ständiges Können, nicht ein Gekonnthaben oder Nichtgekonnthaben. Nur für uns gibt es Vergangenheit und Zukunft. Was für den Menschen unumgänglich in den Zeitverlauf gebannt ist, das ist für den menschlichen Aspekt auch ein Getanhaben und ein Tunwerden Gottes. Das ewige Tun Gottes zeigt sich für den Menschen, der die Allmacht nur in der Zeitlichkeit auffassen muß, als die Möglichkeit, Geschehenes ungeschehen machen zu können.

Damiani sagt: Die Frage des Dialektikers, ob Gott machen könne, daß Rom nicht nur nicht existiere, sondern nie existiert habe, ist schon als Frage angesichts Gottes verwerflich. Denn der Fragende hat vergessen, daß Gott wirkt und schafft, aber nicht Nichts macht. Der Dialektiker verlangt, er solle aus dem Etwas ein Nichts machen. Gott aber macht aus dem Nichts ein Etwas. Die Wirklichkeit enthält kein

[1] Das Folgende unter Benutzung von Endres, ferner von Faust: Der Möglichkeitsgedanke II, 72 ff.

Ding, das zugleich ist und nicht ist, kein Rom, das existiert und nicht existiert hat. »Was aber in der Wirklichkeit nicht ist, das ist zweifellos ein Nichts. Du verlangst also von Gott, du harter Erpresser, daß er tue, was ihm nicht gemäß ist, nämlich Nichts.« So fährt Damiani in seiner Schrift die bösen Dialektiker an, die durch ihre Fragen die Allmacht einschränken wollen. Aber er antwortet ihnen doch mit den gleichen dialektischen Mitteln.

Über all dies Argumentieren geht Damiani hinaus mit seiner Frage, ob Gott die uns bekannte Welt, die Natur der Dinge, die Seinsweisen und Erkennbarkeiten, den Sinn von Wahrheit als Widerspruchslosigkeit ändern könne. Alles, was ist und gilt, auch der Widerspruchssatz, ist durch Gottes Willen geschaffen. In der Welt ist nichts an sich, nichts absolut. Für uns in dieser Welt gilt zwar jetzt, daß wir, was geschehen ist, nicht ungeschehen nennen können, daß für uns sich widersprechende Sätze nicht dieselbe Sache treffen können. Das liegt aber in unserer geschaffenen Natur begründet, kommt nicht Gott zu. Er kann, wenn er will, dies alles aufheben. Gott, der alles geschaffen hat, daher anders schaffen und ändern kann, steht über allem und außer allem. Er hätte eine andere Logik, eine andere Naturordnung schaffen können. Für ihn kann das, was für uns absurd ist, wahr sein. Gott ist an seine Schöpfung nicht gebunden, kann sie vielmehr durchbrechen. Es gibt keine feststehende Naturnotwendigkeit (wir nennen sie so nur aus Gewohnheit). Die Naturnotwendigkeit, von Gott geschaffen, dient ihm, wie eine Sklavin, und leistet nicht Widerstand, wie ein Rebell. Gottes Wille ist der Grund von allem. Daher zeigt sich auch im Lauf der Dinge ständig das Wunder. Gott durchbricht die Regeln des Naturgeschehens. Gottes Wille entscheidet, was wahr sein soll und was wirklich sein soll. Was in der Weltschöpfung begann: die Schöpfung aus Nichts (gegen den Satz des Naturverlaufs »aus nichts wird nichts«), das bleibt ständig der Grund von allem: Gottes allmächtiger Wille.

Diese Gedanken besagen: wir haben in gläubiger Unterwerfung zu leben; an uns geht der Anspruch, das Denken preiszugeben, wenn es sich um Gott handelt. Nur als ärgerliches Mittel gegen empörende Reden der Dialektiker ist es zu gebrauchen.

Im geschichtlichen Kleide dieser Gedanken spricht ein ursprünglich philosophischer Antrieb. In der Chiffer Damianis, daß wir die von Gott geschaffenen Weisen des Wahrseins und der Erkennbarkeit nicht auf Gott selbst anwenden dürfen, liegt die Einsicht: Das Umgreifende der Transzendenz, durch die wir selbst in unserer Freiheit sind, wird uns fühlbar durch die Chiffer der unbeschränkten Macht in seiner scheinbaren Ohnmacht des Nichtseins.

(b) Gegen die durch Scheitern des Denkens in den Abgrund zeigende Chiffer des Damiani steht die andere milde Chiffer, die sagt: Was zeitlos gültige logische Wahrheit ist, daran ist auch Gott gebunden; Gott kann seine Schöpfung als die von ihm gewollte nicht durch seine Willkür ändern oder durchbrechen wollen; denn er ist kein Tyrann, bindet sich an seinen Willen, täuscht nicht, ist wahrhaftig.

Schon Anselm meinte: Daß Gott Geschehenes nicht ungeschehen machen könne, beruhe nicht darauf, daß er nicht könne, sondern daß er nicht wolle. Er wolle nicht, weil er eine unveränderliche Wahrheit will. Daß Nichtkönnen nicht immer ein Unvermögen bedeute, besage schon der Satz »nicht besiegt werden können«. Daß es für Gott Unmögliches gibt, behauptet dann Thomas. Das für Gott Unmögliche ist das seinem Willen, nämlich dem Willen der Güte Widersprechende, dann aber auch das Widerspruchsvolle und Undenkbare überhaupt, das, was dem Sein widerspricht.

(c) Wir vergleichen die beiden Chiffern: Damianis Chiffer hat einen aggressiven, vernichtenden Klang. Ihr entspricht sowohl die »Heiligkeit« eines totalen Rückzugs aus der Welt wie der Machtwille über die Welt. Mit Chiffern von der Art des Petrus Damiani kann eine Inkarnation als einer der Willkürakte Gottes, die nicht nur unbegreiflich, sondern absurd bleiben, gedacht werden, aber immer nur als eine Möglichkeit Gottes, nicht als eine Möglichkeit menschlicher Auffassung, auch nicht im weitesten Rahmen der Selbst- und Seinsvergewisserung. Die Konsequenz ist, daß diese Möglichkeit von einem Menschen nie realisiert werden kann. Daher bedeutet die Anerkennung eines solchen Absurden die Anerkennung von etwas, das in jedem Sinne von Wahrheit, der Menschen als Menschen möglich ist, nicht zugänglich ist. Das aber hat zur Folge den blinden Gehorsam vor etwas, das faktisch in der Welt als menschliche Weltrealität diesen absurden Anspruch als einen von Gott kommenden erhebt.

Die harmonisierende Chiffer dagegen, indem sie Gott in eine von Menschen begreifbare Ordnung beschränkt, klingt tröstend, beruhigend. Ihr entspricht eine Macht in der Welt, die ihre Gewalt mäßigt, sich selbst ihre Grenzen setzt durch objektiv gültige Ordnungen, seien es sittliche und politische, seien es naturgesetzliche. Ausnahme und Exzeß sind Unwahrheiten, stammen nicht von Gott. Aber woher?

Solche Chiffern kann nur eine Existenz aus ihrer Situation in der Welt jeweils als wahr hören, sie aneignen oder abstoßen. Erst wenn der Chiffercharakter deutlich ist, ist keine rationale oder wie immer geartete Entscheidung in der Alternative notwendig.

Damianis Chiffer erweckt zu allem Äußersten. Sie dringt in eine Tiefe des Grauens, die nur ihr sichtbar wird. Sie verführt zu allem Vernichtenden in der Welt.

Die harmonisierende Chiffer verliert dies Geheimnis. Sie verliert das Ungeheuerliche, das wir im Dasein erfahren, aus dem Blick. Sie verführt zur Beruhigung.

Beide Chiffern setzen den persönlichen Gott voraus. Sie sprechen an, aber alsbald gegeneinander. Ziehen wir eine der beiden vor? Solange der eine persönliche Gott absolut ist und nicht selber zur Chiffer wird, ist eine Entscheidung nötig. Vor der Transzendenz bewegen sie sich im Vordergrunde. Daher sind beide in der Schwebe, wie es Chiffern zukommt.

(d) Erheben diese Chiffern den Anspruch, mehr zu sein, nämlich die Wirklichkeit der Transzendenz selber, so wendet sich dagegen entweder die selber noch beschränkte »Aufklärung«, die Transzendenz wie Chiffer Gott gleicherweise aus dem Spiel läßt und die Welt als das Absolute aus sich selber zu erklären meint, oder eine bequeme rationale Lässigkeit, die zu wissen meint, was Gott nicht kann. Diese beiden sind keine existentiellen Gegner. Entscheidend ist die Gewißheit der Freiheit. Der philosophische Glaube, durch die Erfahrung der Freiheit und des Gewissens erweckt, transzendiert über die Chiffer des persönlichen Gottes zum Grund der Wirklichkeit, die selber er durch Überlieferung mit der Chiffer Gott zu nennen geneigt ist. In diesem philosophischen Glauben meint der Mensch seinen Ursprung in der Transzendenz zu verraten, wenn er seine Freiheit verrät. Der hochgemute Aufschwung in der Freiheit und ihre Last, der man entrinnen möchte, die Härte und die Aufgabe in der Situation der Zeit, die Verantwortung, das Wagnis, dies alles wird dem Menschen hell, der sich seine Lage aus der Erfahrung seiner Freiheit vergewissert.

Er entzieht sich, wenn er, statt im Hören auf die sich gegeneinander stellenden, schwebenden Chiffern den Weg über sie hinaus zu suchen, sich vielmehr einer von ihnen und damit auch einem entsprechend in der Welt fordernden Absoluten unterwirft, sei es der Tyrannei der Willkür, sei es der vollendeten Ordnung. Beides sind Totalitäten, die den Menschen in sich verschließen, nicht seinen Weg offenhalten.

3. Vom Primat des Denkens oder des Wollens in dem persönlichen Gott

Folgt aus dem Denken des Guten von selbst der gute Wille, wie Sokrates dachte (der Mensch kann nicht wissentlich Unrecht tun) oder ist der Wille, selber gut oder schlecht entscheidend und das Denken nur sein Werkzeug? Liegt die Freiheit im Denken des Allgemeinen oder im grundlosen Wollen dieses Menschen hier und jetzt?

Wenn Gottes Persönlichkeit nach dem Bilde des Menschen als erkennend und wollend vorgestellt wird, dann wird die Frage: was ist in Gott zuerst? Wollen oder Denken?

(1) Auf Aristoteles geht es zurück, daß Gott reines Denken ist. Er ist das Sein und die Offenbarkeit des Seins, die Wahrheit selber. Diese Chiffer wird wieder lebendig im christlichen Philosophieren. Die Ideen als die ewigen Gedanken Gottes bedeuten, daß in Gott selber die Wahrheit des Allgemeinen, des Urbilds, des Gesetzes, der Ordnung, des Maßes liegt. Die Vernunft im Menschen und die Erkennbarkeit der Dinge sind die beiden Spuren Gottes in seiner Schöpfung. Gott kann nicht anders als das Wahre und Gute wollen, nicht aus Beschränkung seiner Allmacht, sondern wegen seiner Erhabenheit selber. Denn den Vorrang hat in ihm das Erkennen, nicht der Wille.

Aristoteles hatte gesagt, daß Gott kein Wille eigne, da ihm jedes Bedürfen, jeder Mangel fehle. »Wollen« aber würde bedeuten, daß die Vollendung noch nicht da sei. In Gott aber ist schon alles vollendet. So denkt auch Thomas, der in Gott den ewigen Schöpfungswillen sieht als Folge der göttlichen ewigen Weisheit. Der Wille Gottes bindet sich an sich selber in seiner allumfassenden und alldurchdringenden wahren Erkenntnis.

(2) Dagegen wandten sich andere christliche Denker. Duns Scotus stellt in Gott, der Denken und Wollen ist, seinen freien Willen voran. Alles Wollen ist grundlos. Der Wille will, weil er will. Es ist darum nicht zu fragen, warum Gott so will, wie er will.

Die Kontingenz (Zufälligkeit) in der Welt ist für Duns Scotus nicht abzuleiten aus den causae secundae (den Zweitursachen) wie die Thomisten (in der Aneignung der Lehre des Aristoteles von der Materie) sie dachten. Kontingenz in der Welt ist vielmehr, weil die erste Ursache, Gottes Schöpfungswille, kontingent ist. Diese erste Ursache ist allumfassend, nichts geschieht ohne sie.

Für die Allmacht Gottes ist grundsätzlich alles möglich. Diese potentia absoluta hat zur Schranke nur das eigene Wesen Gottes: sein Gutsein und das logisch Unmögliche. Gott kann vermöge seiner potentia absoluta etwa den bereits verdammten Judas erretten. Nicht aber kann er einen Stein selig oder Geschehenes ungeschehen machen.

Gottes potentia absoluta gibt sich in seinem Schöpfungsakt die Form der potentia ordinata, das heißt: die göttliche Allmacht wirkt sich aus in bestimmten, von Gott gegebenen Gesetzen und Ordnungen.

In der Regel handelt Gott nach seiner potentia ordinata, aber es bleibt denkbar, daß er vermöge seiner potentia absoluta diese Ordnung durchbricht oder ganz aufhebt. In der Tat handelt Gott nicht willkürlich. Aber Duns Scotus macht den Charakter der Tatsächlichkeit als Zufälligkeit bewußt und entkleidet zugleich die Tatsächlichkeit ihrer widrigen Absolutheit durch den Blick auf Gottes potentia absoluta und der darin liegenden Möglichkeiten gegenüber dem bloß Tatsächlichen.

(3) Occam und die Nominalisten steigern den kritischen Gedanken. Occam prüft unser Erkennen und erst dadurch das Wesen der Sache. Von Gott können wir nichts beweisen, weder sein Dasein noch sein Wesen. Wir gelangen zu ihm weder durch Erfahrung noch durch Schlüsse. Die kirchlichen Dogmen allein sagen unserem Glauben, daß und was Gott ist. Diese kirchlichen Dogmen aber können nicht als notwendige Sätze begriffen werden. Sie sind nur Tatsachen. Gott hätte durch seine potentia absoluta ganz andere mögliche Sätze wirklich machen können, z. B. statt: Gott ist Mensch geworden etwa: Gott ist Stein, Gott ist Esel geworden. Es hätte ebenso wie der Sohn auch der Vater und der Geist aus Maria geboren werden können. Die vernünftige Notwendigkeit der christlichen Offenbarung, wie sie seit Anselm zu denken versucht wurde, wird nunmehr radikal bestritten. Entgegengesetztes ist möglich. Gott in der Freiheit seiner potentia absoluta könnte den Haß gegen sich, den Diebstahl, den Ehebruch gebieten, er hätte ohne Buße Sünden vergeben können. Eine jetzt als böse geltende Handlung wäre keine Sünde, wenn sie, von Gott geboten, zur Ehre Gottes dient. Nun ist zwar alles anders, aber nur weil Gott es so wollte.

Occams Sinn geht vor allem darauf, die Tatsächlichkeit der Glaubensinhalte an Stelle ihrer Vernünftigkeit zu setzen. Er will damit den Kirchenglauben nicht erschüttern, sondern stützen. Was Gott gewollt hat, sollen wir als seinen Willen in Gehorsam anerkennen, und nicht kraft unserer Vernunft.

(4) Die Grundform des Gedankens kehrt wieder losgelöst von den früheren, benutzt für andere Motive: es wird in den Willen Gottes verlegt als durch seine Entscheidung erst entstanden, was uns als notwendig, allgemein gültig erscheint. Widerspruchslosigkeit, moralisches Gesetz, Güte gelten nicht schlechthin, nicht absolut.

So wird geleugnet die Allgemeinheit und Notwendigkeit der Naturgesetze. Denn diese sind allein durch Gott, der sie auch ständig im Wunder durchbricht oder durchbrechen kann. Descartes lehrte noch einmal die absolute Freiheit des Entschlusses im Schöpfungsakt Gottes. Aber, sagt er, Gottes Wille entscheidet sich endgültig. Daher verändert er die Naturgesetze nicht und durchbricht sie nicht. Eine Willensänderung wäre seinem Wesen ungemäß.

Descartes hat den Satz von der souveränen Willkür in der Allmacht Gottes seltsam als ein kritisches Werkzeug benutzt. Er denkt die Möglichkeit des Weltschöpfers als eines bösen Dämons, der uns ständig täusche, der uns für wahr halten lasse, was nicht wahr sei. Dann aber setzt Descartes gegen diesen Dämon die Selbstgewißheit meines Seins im Denken, worin auch dieser böse Dämon mich nicht täuschen könne. Auf dem Grund dieser Selbstgewißheit meint er dann zu beweisen, daß Gott unmöglich täuschen könne.

Kierkegaard (Climacus) denkt die allmächtige Freiheit Gottes gegenüber allem Allgemeinen, Gültigen, Denkbaren, Erkennbaren wieder so radikal, daß er von der »religiösen Suspension des Ethischen« spricht. Gott kann von Abraham das Opfer Isaaks fordern, und Abraham kann gehorchen, weil Gott es, gegen alle sittlichen Ansprüche, fordert. Die radikale Unbegreiflichkeit Gottes verlangt den Glauben »kraft des Absurden«.

Erörterungen über das spekulative Problem vom Primat des Willens oder des Erkennens in Gott

(1) Die Frage nach dem Grund der Faktizität

Das Begreifen aus einem Allgemeinen findet seine Grenze an der Faktizität. Daß es ist, wie es ist – daß es geschieht, wie es geschieht –, dieses Faktische nennt man das Irrationale; es wurde früher gesehen als das Wunder. Es ist heute in den Naturwissenschaften, die auf das allgemein Gesetzliche gehen, noch da in den »Konstanten« der Physik.

Die Faktizität wurde gedacht als die Schöpfung aus dem Nichts, als das große Wunder, durch das das All wirklich wurde. Die Schöpfung als der geschichtliche Grund von allem setzt der Ableitung der Dinge aus dem Allgemeinen eine Schranke. Das erste Wunder ist gefolgt von den Wundern der Geschichte, den unableitbaren Sprüngen, von all dem, das nur anzuerkennen ist: so geschah es, so war es, so ist es.

Abstrakt formuliert: Das Reale läßt sich nicht aus dem allgemein Logischen ableiten. Der Übergang von dem Allgemeinen der Idee zur Realität in Raum und Zeit ist unbegreiflich. Noch Hegel läßt mit einer Redewendung, die das Problem überspringt, statt es ins Auge zu fassen, die Idee (die Gedanken Gottes vor der Schöpfung) frei aus sich zur Natur sich entlassen.

(a) Dieser aus dem logischen Denken nicht ableitbare Ursprung aller Dinge wurde von Schelling in seinem philosophischen Grundgedanken ergreifend herausgestellt. Er führte ihn zur Trennung der Philosophie in zwei Philosophien. Die negative Philosophie ist rein rational, leitet ab und konstruiert, die positive dagegen hört das im Ursprung und in der Folge der Zeit unableitbar Entschiedene im geschichtlichen Prozeß der Mythologie und Offenbarung. Dieser Prozeß wird von der positiven Philosophie denkend erzählt und darin für die Gegenwart wiederholt.

Die positive Philosophie geriet aber schnell in die Verkehrung: das Geschichtliche selber wurde als ein allgemein Denkbares behandelt. Es kam in einer Gnosis zur Darstellung, die faktisch unverbindlich war und doch allgemeine Geltung beanspruchte. Schelling war in moderner Denkform vielleicht der erste, der begriff, was der Philosophie, soweit sie notwendig in Begriffen und damit in einer Form des Allgemeinen vorgeht, unfaßlich bleibt. Aber er war auch der erste, der sogleich auf den trügerischen Weg gelockt wurde und ihn beschritt, die Grenze der Objektivierung durch eine neue Objektivierung zu überschreiten. Statt in einer einzigen Philosophie diese Grenze ständig zu berühren, sollte durch eine andere Philosophie, eine neue Philosophie das für den Begriff unzugängliche Land doch mit Hilfe neuer Begriffe betreten werden.

Schelling steht in der Überlieferung des spekulativen Sicheindenkens in Gottes Persönlichkeit. Das Denken hat sich nicht begnügt mit der bloßen Hinnahme von Gottes Willen in der Faktizität des Daseins. Vielmehr wurde weiter gefragt nach dem Grund von Gottes Willen. Damit wurde der Weg einer Philosophie beschritten, die meint, das Geschichtliche selber positiv erforschen zu können. Gnostische Spekulationen sprechen von der Natur in Gott, durch die Gott überhaupt erst Persönlichkeit sei (Schelling) und von dem Ungrund, dessen dunkle Macht den Gang im Werden Gottes bestimme (Jacob Böhme).

Eine manchmal wundersam sublime, manchmal wilde Phantasie gründet sich in Visionen, wesentlich aber auf ein mit Gedanken bohrendes Träumen. Sie faßt eine überschwellende Welt in erfinderische Sprache: eine seltsame Mischung von Anschauung und Denken, Leibhaftigkeit und Abstraktion, Roheit und Tiefe, ein schwärmerisches Denken voll Bildkraft und Unsinn und Unfug. An dieser Quelle zu trinken, scheint wie durch einen Zauber die Vernunft zu rauben, läßt aber, wenn durchschaut, doch nicht los durch Wahrheit, die in diesen Willkürlichkeiten hier und da anspricht. Ein ursprünglich hoher Antrieb, das Unmögliche für die Einsicht greifbar zu gewinnen, ist noch in diesen Verkehrungen fühlbar.

(b) Kierkegaard war einen Augenblick von Schellings Grundgedanken, der vom Allgemeinen auf die Wirklichkeit lenkte, ergriffen, wie nach ihm wohl mancher, der mit Schelling in Berührung kam. Als Kierkegaard aber in der Durchführung bei Schelling die gnostische Objektivierung sah, lehnte er diese als »Gefasel« ab. Kierkegaard machte den ganz anderen Versuch, an die Existenz selbst in ihrer Geschichtlichkeit sich zu wenden. Er tat es nicht durch Lehre eines Allgemeinen und auch nicht durch eine neue Weise eines in der Tat doch wieder Allgemeinen in der Phantasie einer Geschichte der Mythologie und Offenbarung in Gestalten und Begriffen. In einem Versuch, der das Unmögliche möglich machen wollte, fand er die indirekte Mitteilung in der Entfaltung eines Denkens in Denkergestalten. Er beschwor die ewige Bedeutung des Augenblicks, des Entschlusses, der Wiederholung. Statt eines allumfassenden Begriffssystems für alle entwarf er eine Reihe von »gedichteten« Begriffssystemen, die in ihrer Gesamtheit sich an den Einzelnen wenden. Hier im Eigentlichen, Wesentlichen, Geschichtlichen sollte es daher kein Allgemeines geben, unter das subsumiert werden kann, nicht Entschlossenheit, sondern den Entschluß, nicht Geschichtlichkeit, sondern den geschichtlichen Augenblick, überhaupt keine »-heit« und keine »-keit«. Er wiederholte nicht die Verkehrung, die uns immer wieder das eben noch Berührte durch unser eigenes Denken wieder nimmt mit jener verführenden Denkform, die den Duns Scotus aus dem »Hier« die haecceitas machen ließ. Die Lehre kann nur an alle Grenzen des Allgemeinen dringen, kann dies noch in den Formen des Allgemeinen tun, kann das Allgemeine als Werkzeug dieser indirekten Mitteilung gebrauchen. Dann aber gilt es nicht mehr zu lehren, sondern aufmerksam zu machen, zu beschwören.

Kierkegaard wurde damit der Begründer des Gedankens der Geschichtlichkeit (wie wir heute, wieder vermöge jener alten Denkform ins Allgemeine übersetzend und damit irrend, sagen, aber nicht Kierkegaard selber es sagt) als der Grenze des Einsehbaren und als des Ursprungs der Existenz. Er entfaltete das Bewußtsein einer radikal anderen Methode (der indirekten Mitteilung, die ungeplant aus dem Ernst der Gedankenbewegung, aber ohne zwingende Allgemeingültigkeit – vielmehr existentiell bezwingend geschieht).

(c) Dies alles nun kam in den alten Gedanken von dem Primat des göttlichen Willens zur Geltung: Für Gottes Willen gibt es keine Begründung. Die Frage, was Gott hätte tun können oder tun sollen, wird angesichts der Wirklichkeit der Transzendenz sinnlos.

Trotzdem blieb die Frage, was für Gott möglich sei. Entweder wollte man Gottes Willen erkennen als die erhabene Identität von Wille und Erkennen, daher als die grundsätzliche Begreiflichkeit bis an die Grenze des Mysteriums, das nur übervernünftig, nie widervernünftig sei. Oder der Fragende wurde der souveränen Willkür von Gottes Willen ansichtig, der menschlichem Willen widervernünftig erscheint. Vor ihm bleibt nichts als sich nicht nur faktisch unterworfen zu finden, sondern, wenn wir unserer Vernunft in unserer Situation nicht mehr vertrauen, auch gedanklich sich im sacrificium intellectus zu unterwerfen.

Mögen beide Chiffern (totale Vernunft und totale Widervernunft von Gottes Willen) ergreifend sein, der philosophierende Mensch wird niemals der einen oder der andern als der allein wahren folgen. Die totale Vernunft sagt zu viel. Die Fakten des Daseins sprechen täglich eine so schreckliche Sprache dagegen. Die totale Unvernunft sagt ebenfalls zu viel. Daß überhaupt Vernunft in der Welt sei, ist nicht zu leugnen. Der philosophierende Mensch lebt aus der Glaubensgewißheit, daß, wenn die Welt im ganzen weder vernünftig noch vernunftlos sei, dann doch auch Vernunft in der Welt sein solle, und daß ich für mich diese Forderung höre, ihr ohne Einschränkung zu folgen.

(2) Die Kontingenz im Allgemeinen selber

Wenn das Allgemeine, dessen *Grenze* die Faktizität ist, selber noch schlechthin gültig war, so konnte doch weiter die Frage nach der Faktizität im *Grunde* des Allgemeingültigen selber gestellt werden. Gründet das Logische in einem Nichtlogischen? Eine Frage, die im logischen Denken schwindlig macht.

Kant stellt die Frage, aber beantwortet sie nicht. Nachdem er die Möglichkeit unseres allgemeingültigen Erkennens innerhalb der Grenzen möglicher Erfahrung abgeleitet hat aus dem »Ich denke«, der Einheit dieses ursprünglichen Aktes, durch den, was immer uns vorkommt, die Einheit aufgefaßt werden muß, und nachdem er die Bedingung der Anschauung in den Formen von Raum und Zeit und die Bedingung der Gegenständlichkeit in Kategorien wie Substanz und Kausalität vorgefunden hat, bemerkt er: »Von der Eigentümlichkeit unseres Verstandes aber, nur vermittels der Kategorien und nur gerade durch diese Art und Zahl derselben Einheit der Apperzeption a priori zustande zu bringen, läßt sich ebensowenig ferner ein Grund angeben, als warum wir gerade diese und keine anderen Funktionen zu urteilen haben, oder warum Zeit und Raum die einzigen Formen unserer möglichen Anschauung sind.«

Ein anderes Beispiel: Die Bemühungen der modernen Logik haben die im reinen Denken überall, wo das Unendliche hereinkommt, auftretenden Antinomien bemerkt. Dort ist die Frage entstanden: kann die reine Logik des Widersprüchlichen, das immer wieder aufzutauchen scheint, grundsätzlich überhaupt Herr werden zugunsten eines absolut gültigen Allgemeinen oder vollzieht dieses auf eine ebenso reine wie großartige Weise schließlich durch sich selbst sein unumgängliches Scheitern und hellt damit ein Grundphänomen unseres denkenden Bewußtseins auf, das für unser existentielles Bewußtsein folgenreich ist?

Diese Probleme sind vorweggenommen durch die Alternativfrage nach Gottes Wesen: ist Gott in seinem letzten Grunde Denken oder Wollen? Ist in Gott das Erste die in sich notwendige Wahrheit oder die absolut grundlose Willensmacht? Ist das Wahre, das wir logisch zwingend erkennen, das an und für sich Wahre, gültig auch für Gott, oder gehört dieses Wahre zur Schöpfung? Im letzten Falle hätte Gott diese Wahrheit aus der Allmacht seines Willens so geschaffen, wie sie für uns ist und uns als so geschaffene denkende Wesen bindet. Er hätte sie auch anders schaffen können, er wäre also selber nicht an sie gebunden.

Die Antwort lautet entweder: Die Allmacht Gottes liegt nicht in der Beliebigkeit, alles zu tun. Sie liegt in seiner Einheit, Wahrheit und Gutheit. Daher schließt das Wesen seiner Allmacht selber das aus, was unmöglich ist, weil es die Einheit aufheben würde. Unmöglich ist daher nicht nur, was gegen die gesetzmäßige Naturordnung und gegen das moralische Gesetz steht, sondern auch alles das, was mit dem Sein selbst, das Wahrheit ist, die als Widerspruchslosigkeit verstanden wird, unvereinbar ist. Was undenkbar ist, das ist unmöglich.

Oder die Antwort lautet: Gottes Allmacht liegt gerade in der Unbeschränktheit der Willkür seines Wollens. Gottes unbegreiflicher und unbegründeter Wille hat das Begreifliche hervorgebracht und als so begreiflich gewollt. Er hätte auch andere Begreiflichkeit hervorbringen können und kann die geschaffene Begreiflichkeit jederzeit ändern. Zeugnis dessen sind die Wunder, sind die widervernünftigen offenbarten Glaubensinhalte. Zeugnis sind die unumgänglichen Antinomien unseres Denkens und die Unableitbarkeit des Denkens aus einem wiederum begriffenen Allgemeinen.

Diese Alternative ist nie überwunden worden durch Ausarbeitung der einen Seite gegen die andere. In diesem Kampf der Chiffern war der Gegner immer wieder da.

Vergeblich aber waren auch die großartigen Versuche, den Ort zu finden, wo in der Vernunft selber die Wirklichkeit liegt (in der Chiffer: wo Gottes Wahrheit und Gottes Wille eins und dasselbe sind). In diesem Sinne dachte Anselm. In diesem Sinne sucht spekulative Philosophie das Denkbare mit dem Undenkbaren in eins zu bringen

(Plotin). In diesem Sinne ist der Entwurf der Hegelschen Philosophie entstanden: der Begriff und seine Realität sind ihm dasselbe im dialektischen Prozeß; begriffliche Erkenntnis und Wirklichkeitserkenntnis sind eines; denn was vernünftig ist, das ist wirklich, und was wirklich ist, das ist vernünftig.

Unsere wirkliche Situation erlaubt uns nur, alle diese Chiffern in ihrer Kraft zu hören, in ihnen geistig mitzukämpfen, jede in ihrer Beschränkung zu spüren gerade auch da, wo sie allumgreifend sein möchte. Wir dürfen nicht an eine als die absolute verfallen und sie damit aufhören lassen, Chiffer zu sein. Unsere Situation verlangt: Im alternativen Denken bringen wir die Chiffern zur Klarheit und zur Schwebe. Dadurch entsteht uns der von diesen Gestalten und Lichtern erfüllte Raum, in dem wir unsere jeweils konkrete, einmalige Situation erfahren. In dieser Situation vor einem realen Entweder – Oder durch den Entschluß, der als existentieller unwiderruflich ist, uns dem Grund des Seins zu nähern, ist unsere einzige Chance.

Was immer auf diesem Wege wie das Erreichen des Zieles oder die Gegenwart des Ewigen erfahren wird, das ist unsere kostbarste Wahrheit, aber sie selber ist ein geschichtlicher Augenblick. Die Tiefe der in einem solchen Augenblick erfaßten Wahrheit entzieht sich der Verallgemeinerung, der Form der identischen Wißbarkeit für jedermann und alle Zeit.

(3) Existenz und Gottesgedanke

Die Chiffer Gottes und die Existenz des Menschen entsprechen sich. Seine auf Transzendenz bezogene Existenz erreicht nicht diese, aber bewegt sich in der Chiffer. Die Weise, wie der Mensch in den je besonderen Chiffern sich ansprechen läßt, wird Moment seines Lebens. Wie er die Chiffer Gottes denkt, nach diesem Bilde wird er selber.

Wer die souveräne Willkür in Gott denkt, gibt sich unwillkürlich das Recht, ein Spiegel dieser Willkür zu werden. Ihm gilt für seine Erkenntnis das Wunder. Für sein Handeln steht die Möglichkeit offen, in dieser Welt, obgleich er sie zunächst in jenen allgemeinen Ordnungen der Vernunft und des Sittengesetzes gedacht hat, alle Ordnungen im Namen Gottes zu durchbrechen. Zur Ehre Gottes tut er das Böse. Der Sinn kann sich, gottlos werdend, verwandeln: wie durch Gottes Wunder Neues und neuer Anfang in der Welt geschaffen wird, so schafft der Mensch neue Tatsachen, die nicht allgemein verständlich und gültig begründbar sind. Dieses Schaffen der Willkür meint seine Bestätigung aus der Tiefe des Grundes aller Dinge zu finden, entzieht sich damit jeder Diskussion, jeder Kommunikation und erschöpft sich in Gewalt.

Wer dagegen, unter Einschränkung jener Chiffer von Gottes souveräner Willkür, doch in der Transzendenz den ewigen Grund der Geschichtlichkeit seiner Existenz erblickt, der fragt sich in nie vollendeter kritischer Selbstreflexion: Wirkt der übergreifende geschichtliche Grund als Führung meiner Rationalität derart, daß ich sie zwar in ihrer Richtigkeit verletze, aber so, daß er der Rationalität im ganzen erst ihren Sinn gibt? Oder geht mir die Geschichtlichkeit, obgleich ich dieses Wort brauche, vielmehr mißbrauche, verloren im Zurücksinken zu weniger als dem Rationalen? Wird sie zur trügerischen Weihe der elementaren Leidenschaften als solcher, der vitalen Daseinsbehauptung, der Machtgier, des Rausches, wenn diese das Leben eigentlich erst fühlbar zu machen scheinen?

Mit solcher existentiellen Selbstkritik sehe ich den Weg:

Wahre Geschichtlichkeit der Existenz entstellt ihr Denken nicht zur Rechtfertigung eines realen Tuns, nicht zum Bezwingen der Existenz des Anderen. Sie wirft in der Stille der Seinsgewißheit ihren Anker, wenn es ihr vergönnt ist. Dort gilt Gottes Wille nicht als Willkür, ist die Chiffer des Willens selber schon ungemäß. Ich weiß nie und kann nie wissen, was Gott »will«.

Dem Willen setzt sich ein Wille entgegen, trotzend oder sich unterwerfend. Wo die Chiffer »Gottes Wille« in ihrer Beschränkung erfahren wird, da erst werde ich frei von der absoluten Empörung, und bleibe doch betroffen von ihrer Wirklichkeit in Menschen und von ihrer Möglichkeit in mir selbst.

Was ich in der Situation meines Daseins als meinen Sinn ergreife, das mache ich nicht durch die Übersetzung in ein Allgemeines zum absoluten Maßstab. Die leidenschaftliche Seinserfahrung drängt zum Aufschwung in die Freiheit, wo ich offen werde für die Transzendenz. Dort wird die transzendente Wahrheit fühlbar, die verborgen ist in den Chiffern von Gottes Willen, von der Grundlosigkeit seines Willens, von der Fragwürdigkeit des Bestandes alles Geschaffenen einschließlich des uns zugänglichen Wahrheitssinns.

Dort werde ich frei für das ganz Einfache. Das Bewußtsein der eigenen Geschichtlichkeit im grundlosen Grund des Ursprungs macht mich bereit, hinzunehmen das Sosein und es zu übernehmen in der Wahl meiner Selbst.

3. Christusspekulation

Der Glaube der Apostel ist: Gott ist Mensch geworden. Der ferne und verborgene Gott war leibhaftig da. Früher offenbarte er sich durch seine Worte an die Propheten. Jetzt offenbart er sich dadurch, daß er selber Mensch wird, auf Erden wandelt als sündloser Mensch, gekreuzigt wird und aus dem Grabe aufersteht. Diese Handlung Gottes gilt dem Glauben als geschichtliche Realität.

Der Glaube an den Gottmenschen wurde zum Ausgang der Spekulation von früh an über Augustin bis zu Hegel. Die Dogmatik entwickelt das Mysterium. Die Philosophie begriff das geschichtliche Ereignis, die Tat Gottes, aus einer allgemeinen Notwendigkeit.

Eine solche Spekulation ist: Ohne Christus wäre Gott nur fern und fremd, wäre nicht nur hilfreiche Liebe, sondern vor allem Zorn und Schrecken. Daher ist Gott Mensch geworden, um dem Menschen den Weg zu sich zu öffnen. Der Mittler ist selber zugleich Gott und Mensch. An ihn kann der Mensch sich halten.

Eine andere Spekulation ist die *Anselms* in »cur deus homo?« Christus war eine Notwendigkeit nach göttlicher Gerechtigkeit. Die Erbsünde des Menschen in Adam konnte nur durch ein entsprechendes Opfer wiedergutgemacht werden. Aus Liebe für den Menschen opferte sich Gott selbst, um der Gerechtigkeit Genüge zu leisten und den Menschen zu retten.

Für die Christusspekulation der großen Metaphysiker wähle ich als Beispiel *Nicolaus Cusanus*. Sie scheint mir von außerordentlicher Schönheit, Klarheit und Frömmigkeit. Die im Folgenden berichteten Sätze geben nur einen Hinweis:

Das All ist in unendlicher Individualisierung zugleich Schöpfung und Abbild Gottes. Jedes Konkrete ist als dieses Individuum beschränkt, daher unvollkommen. Die Individuen sind kleiner oder größer, nie die kleinsten oder größten.

Würde nun aber das konkret Größte als Individuum gegeben werden, so würde dieses über die ganze Natur des Konkreten hinaussein.

Nur in der Natur des Menschen ist dieses größte Konkrete möglich. Denn die menschliche Natur birgt in sich das ganze Universum, sie ist Mikrokosmos. Die Menschheit existiert konkret aber nur in diesem oder jenem Individuum.

Würde nun ein wirklicher Mensch in der Vollkommenheit sich zeigen, daß er die Vollkommenheit des Universums wäre, so wäre er das Vorzüglichste von allem. Mehr als irgendein anderer Mensch hätte er gemeinsam mit der Gesamtheit alles Seienden.

Wenn es nun unmöglich wäre, daß mehr als *ein* wirklicher Mensch zu dieser Einigung mit dem Höchsten gelangen könnte, so wäre er Mensch in der Art, daß er Gott, und Gott von der Art, daß er Mensch wäre.

Dieser Eine ist für den Glauben, nur für ihn, Jesus Christus. Wer an ihn glaubt, der glaubt auch, daß Jesus Christus einen dem Zwecke höchster Geistigkeit angepaßten Körper besessen habe, nicht auf natürlichem Wege gezeugt sei.

Da Gott uns die Schätze seiner Herrlichkeit zeigen wollte, hat er das ewige Wort, seinen Sohn, der die Fülle von allem ist, uns offenbart. Er tat es, aus Mitleid mit unserer Schwäche, unserem Auffassungsvermögen entsprechend. Das heißt: da wir anders als in sinnlicher, uns ähnlicher Gestalt nicht begreifen können, zeigte er sich uns in menschlicher Gestalt.

Wie aber ist zu begreifen, daß Gott gekreuzigt wurde? Der absichtlich und unschuldig erlittene Kreuzestod des Menschen Christus bedeutete die Vernichtung aller fleischlichen Begierden der menschlichen Natur, Genugtuung und Reinigung.

Im Nichtwissen (docta ignorantia) begreifen wir aber das Höchste durch das Zusammenfallen der Gegensätze: »Das Kleinste fällt zusammen mit dem Größten, die tiefste Erniedrigung mit der höchsten Erhöhung, der schimpflichste Tod des Tugendreichsten mit dem glorreichen Leben.«

Daß Jesus-Christus sterben mußte, hat diesen Grund: »Wäre er nie gestorben, so wäre er sterblich geblieben nur ohne Tod. Von der Möglichkeit des Sterbens mußte er sich aber durch den Tod befreien.«

Wie aber ist die Wirklichkeit Christi wahr? Cusanus sagt: »Die Wahrheit ist, wie sie in der Zeit erscheint, gleichsam ein Zeichen und Bild der überzeitlichen Wahrheit; so ist die Wahrheit des in der Zeit konkreten Körpers ein Schatten der Wahrheit des überzeitlichen Körpers.«

Der Cusaner leitet Christus als Möglichkeit und Wirklichkeit nicht ab aus vernünftiger Einsicht. Denn er ist Gegenstand des Glaubens. Aber unter der Glaubensvoraussetzung wird der Ort seiner Möglichkeit erdacht. Seine Unbegreiflichkeit wird in der coincidentia oppositorum ausgesprochen. Christus ist nicht ein Mittelwesen in einer Stufenreihe, sondern einzig zugleich Mensch und Gott dort, wo die Wahrheit als coincidentia oppositorum widersinnig erscheinen muß.

Cusanus denkt bewußt in Chiffern, Zeichen und Bildern. Sinn und Antrieb dieses Denkens ist der dogmatisch bestimmte Glaube, dann aber mit nicht minderer Energie die philosophische Spekulation. Er hält im Glauben mit Entschiedenheit fest, was er als gedacht doch ganz in die Schwebe der Chiffer bringt, eines der großen Beispiele christlicher Philosophen, die, obgleich sie aus einer ganz andern geistigen Situation sprechen, uns angehen, auch wenn wir den massiven Boden ihres Glaubens nicht betreten.

Die Christusspekulationen der Metaphysiker sind zu verstehen jeweils aus dem Ganzen ihrer philosophischen Sinngebilde. Diese selber haben einen geschichtlichen und übergeschichtlichen Charakter. Alle Spekulationen aber haben im Unterschied von theologischer Dogmatik etwas gemeinsam:

Das spekulative Denken der Inkarnation als einer einsehbaren Notwendigkeit leugnet zwar nicht die geschichtliche Realität Jesu-Christi, aber läßt sie als eine Folge erscheinen.

Für den Bekenntnisglauben aber ist die Realität der Offenbarung Gottes geschichtliches Handeln, das selber nicht begreifbar, sondern in Gehorsam zu erfahren ist.

Die Spekulation denkt eine Chiffer als allgemein einsehbar. Der Offenbarungsglaube meint keine Chiffer, sondern die Wirklichkeit Gottes, die als Realität in Raum und Zeit da war und da ist.

Daher ist zwischen Spekulation und Offenbarungsglaube eine Spannung. Wo es zu voller Klarheit kommt, da verschwindet entweder in der Spekulation die Offenbarung und bleibt nur die nunmehr vieldeutig sprechende Chiffer, oder verschwindet im Offenbarungsglauben die philosophische Spekulation und bleibt nunmehr die eindeutige Unterwerfung unter das Nichtbegreifbare im sacrificium intellectus.

Diese Spannung führt selten zum klaren Kampf. Das theologische Denken sucht vielmehr beides zu verbinden. Die Realität der Geschichtlichkeit des ewigen Gottes soll nicht verloren, sie soll aber doch auch allgemein in der Glaubenserkenntnis begriffen werden.

Der entscheidende Punkt ist: Chiffer oder Realität? Die Realität für den Offenbarungsglauben ist die, daß in der Welt objektiver Tatsächlichkeiten Gott selber dadurch Geschichte ist, daß er eine Folge von Offenbarungshandlungen in der Zeit vollzieht. Diese Realität der Zeitlichkeit des ewigen Gottes, des Unveränderlichen, wird zwar nicht allgemein gültig erkannt, ist aber für den Glauben da. Nun sind die Absurditäten unüberwindbar. Erstens: Realität ist, wenn Realität, doch nachweisbar für jeden Verstand, und nicht Glaubensinhalt. Zweitens: Gott als Transzendenz – »der Ewige« – ist kein werdender Gott, hat keine Geschichte.

Absurdität ist eine Form auch der philosophischen Vergewisserung. Dann ist sie selber in ihrem Sinn methodisch bewußt und als Moment spekulativen Denkens rein geschieden von dem Denken wissenschaftlicher Erkenntnis. Sie ist ein Spiel des Gedankens, dessen Ernst in der Erwerbung von Kräften inneren Handelns liegt, nicht im Bekennen zu ihrer Wahrheit.

Absurdität ist zu befragen – nicht logisch, sondern existentiell –, ob sie eine Sprachkraft hat und welche. Die Antwort erfolgt durch den, der als er selbst in seinem Wesen sich herausarbeitet.

Absurdität wird dann nicht als solche verworfen, sondern nur, wenn sie mit der Unredlichkeit verbunden ist, sie nicht als Absurdität erkennen zu wollen. Die bestimmte, als solche durchschaute Absurdität aber wird nach ihrem Gehalt existentiell angeeignet oder verworfen.

4. Trinität

Im christlichen Glauben ist die merkwürdigste und erstaunlich dauerhafte Chiffer die Trinität: Gott ist einer in drei Personen.

Im Neuen Testament ist von Gott, von Logos (Wort), von Pneuma (Geist) die Rede, aber nicht von der Trinität als der Einheit dieser drei. Der Glaube an die Trinität ist ein spekulatives Gebilde, das als Glaubenserkenntnis selber Gegenstand des Glaubens wurde, daher schon früh im Glaubensbekenntnis festgelegt wurde: »Ich glaube an den einen Gott... Schöpfer aller sichtbaren und unsichtbaren Dinge... an den einen Herrn Jesus Christus, Gottes eingeborenen Sohn ... an den Heiligen Geist, den Lebensspender, der vom Vater und vom Sohne ausgeht.«

Gott ist selber, schon vor der Schöpfung, der Dreieinige. Als diese Dreieinigkeit offenbart er sich in der Welt, erstens als Schöpfer der Welt, zweitens als das Wort (logos), das Fleisch wurde in Christus, drittens als der Geist (pneuma), der sich in die Jünger ergießt und in alle Gläubigen, sie vereinigend in der Wahrheit, auch ohne daß sie gegenseitig ihre menschliche Sprache verstehen. Er ist wirkend gegenwärtig in der Kirche.

Es ist ein historisches Faktum, daß der Glaube an Gott als die Trinität Menschen auf das tiefste bewegt hat und vielleicht heute noch fromme Gläubige unwiderstehlich ergreift. Fragen wir, historisch beobachtend, nach den Quellen oder Motiven dieses Glaubens:

Die *erste Quelle* liegt in den Schwierigkeiten, auf die der Gedanke des Einen Gottes im neutestamentlichen Glauben angesichts des Christus und des Pneuma stieß: Wenn Jesus Christus Gott ist, wie steht es dann mit dem einen Gott? Er muß so gedacht werden, daß er seine Einheit nicht verliert, wenn er Mensch wird. – Wenn ferner das Pneuma (der Heilige Geist) erfahren wird, erfüllend, durch Stiftung transzendenter Gemeinschaft, ist er dann in dieser lebendigen Wirksamkeit der Wahrheit nicht selber Gott? Wie ist der Eine Gott zu denken, wenn er auch in dieser dritten Gestalt da ist?

Die *zweite Quelle* ist eine allgemeine, unendlich sich abwandelnde Form unseres Denkens: der dialektische Dreischritt (das Eine, das Andere und das Verbindende, Thesis, Antithesis, Synthesis). Die Erscheinung aller Dinge, der Seele und des Geistes läßt sich als dieser dialektische Dreischritt deuten. Er liegt in ihnen selber als ihre Natur und in unserer Auffassung.

Die Spekulation der Dialektik sah in allen Sphären des Weltseins das Spiegelbild der Trinität und begriff so aus der Trinität die Schöpfung in ihrer dialektischen Struktur. Im psychologischen Denken, das gegenüber dem existentiellen seiner Natur nach flach ist, läßt sich sagen: zuerst wird durch die Übertragung der von uns (im Logischen, Mathematischen, Physischen, Psychischen, Geistigen, Geschichtlichen) erfahrenen Dialektik aus der Welt auf Gott der Trinität ihre Fülle des Verstehbaren im Mysterium gegeben; dann aber strahlt von dort zurück, was diese gesamte von uns erfahrene Welt als Abbild und Echo der Trinität deutbar macht.

Wie dann die dialektischen Beziehungen in der Gottheit der drei Personen gedacht und veranschaulicht werden, das hat in den Jahrhunderte währenden trinitarischen Streitigkeiten dogmatisch fixierte Ausdrucksweisen wie diese gefunden: Während die Welt von Gott geschaffen ist, ist Christus als eingeborener Sohn, als Logos gezeugt, ungeschaffen, vom Ursprung her bei Gott – geht der Heilige Geist von Gott und Christus aus, wird gehaucht. Die trinitarischen Spekulationen aber sind von einem erstaunlichen Reichtum, Gottes- und Weltinterpretation und Selbstverständnis des Menschen zugleich (der Höhepunkt ist Augustins de trinitate).

Eine *dritte Quelle* war der Antrieb, im Anschauen des Mysteriums Gottes dieses zu erfüllen mit der ewigen inneren Lebendigkeit der drei Personen in der einen Natur der Gottheit. Wir erörterten die Gefahr des Einen, des hinreißenden Gedankens des Einen Gottes in der Bibel, des Einen bei Plotin. Diese Chiffer des Einen ist doch nicht die Zahl Eins (denn die bloße Zahl Eins ist als solche dürftig und verkehrt deren Sinn). Wir sahen die Folgen einer Leerheit des Einen.

Könnten nun die drei gedacht werden, um die Chiffer der toten Zahl aufzuheben? Ist dadurch der Gefahr der inneren Leblosigkeit des Einen Gottes und des äußeren Fanatismus des »abstrakten« Monotheismus zu begegnen? Wenn das aber geschieht, so soll dieses spekulative Gebilde, in dem eins gleich drei gilt, nicht in Zahlen begriffen werden. Diese sind nur ein Leitfaden, der, wenn er für die Sache genommen würde, in der Absurdität der Identität von 1 und 3 verschwindet.

Die erstaunlichen Gebäude des trinitarischen Denkens sind in mannigfachen Stilarten erbaut worden. Eine unermeßliche Gedankenarbeit ist geleistet worden: im Begreifen des Unbegreiflichen, um im Ausbreiten des im sublimsten Denken gewonnenen Sinns die Hingabe an das Mysterium zu vollziehen. Diese Spannung zwischen dem spekulativen Reichtum im denkenden Erhellen und dem dadurch wachsenden Mysterium bezeugt, daß es sich um Glauben und Chiffern, nicht um Erkenntnis handelt.

Woran liegt es, wenn uns diese Chiffer der Trinität, trotz allem Bemühen, sie zu verstehen, nicht anspricht?

Die Chiffer will in das Sein der Transzendenz eindringen. Das innere Leben der Transzendenz in sich selber, vor der Schöpfung, soll in Gestalt der Chiffer Gott als Trinität sichtbar werden. Die Chiffer des »lebendigen Gottes«, der lebendig heißt, weil er eingreift, sich dem Menschen zuwendet, wird durch eine andere Chiffer des lebendigen Gottes, eines göttlichen Lebens in sich selbst ergänzt.

Die Realität der im Denken der Trinität gläubigen Menschen ist eindrucksvoll. Sie besinnen sich denkend auf die Transzendenz, als ob sie eine Sache sei. Sie erkennen auf eine Weise, daß sich ihnen gleichsam der Schleier hebt. Ihr Eindringen in die Transzendenz bedeutet ihnen eine Beglückung im Glauben, die wir zu respektieren haben.

Für uns hat dieses Denken andere Folgen. Sage ich nur kurz, was nicht für alle gilt. Das trinitarische Denken führt uns nicht. Es verhüllt uns den Bezug auf Transzendenz, es ist wie ein sie ungemäß antastendes Spiel.

Als möglicher Existenz im Dasein ist uns aufgegeben, unseren Weg versuchend, fragend, praktisch in der je konkreten Situation als Menschen mit Menschen entscheidend zu finden. Der Sinn dieses Versuchens und Wagens wird unbestimmbar für uns von der Transzendenz her geführt, die schlechthin verborgen bleibt und in den Chiffern nur vieldeutig spricht. Ist Gott als Trinität selber da, im Glauben vermeintlich erkannt, dann versperrt er in solcher Gestalt den Weg, den uns der Bezug auf Transzendenz weist. Ein glanzvolles Mysterium spekulierend und betend zur Mitte zu machen, scheint uns vergeblich und läßt uns die existentiellen Möglichkeiten versäumen.

5. Gottesgedanke und Seinsgedanke

Im Sinne der Realität von Dasein ist Gott nicht da. Das Erdenken des »Seins«, um über Welt, Götter und Gott hinaus in den letzten Grund zu dringen, bleibt ohne Gegenstand. Haben Gottesgedanken und Seinsspekulation etwas miteinander zu tun?

(1) *Anaximander* sagt vom Apeiron, es sei ohne Alter, ohne Tod, und ohne Verderben. *Parmenides* fand die Merkzeichen des Seins: ungeboren, unvergänglich; ganz in seinem Bau und unerschütterlich und ohne Ziel; es war nie und wird nie sein, weil es jetzt ganz ist, eines, zusammenhängend, unteilbar, ganz gleichartig. Von *Plato* ist (im zweiten Teil seines Parmenides) die Dialektik des Seinsdenkens zu einer im ganzen bisher unüberholten Vollendung gebracht. Sie geht durch die Geschichte der Philosophie. Sie ist in den Upanischaden, im Hinduismus und im Buddhismus so ursprünglich wie im Abendland.

Dieses Denken hat seine Mitte in der Sein-Nichts-Spekulation: Das Sein selbst setzt sich radikal vom Nichts ab und wird dialektisch selber als Nichts gedacht. Dies dialektische Denken geht auf das das Sein und Nichts übergreifende Überseiende.

Jenes, das Sein heißt oder Nichts, das Ewige, Vollendete, Sichselbstgenügende, woraus und wohin alles ist, ist nur im Gedachtsein für den Verstand nichts, in der Erfahrung des Umgreifenden aber das eigentlich Wirkliche. Seiner unendlichen Leere dort entspricht die überwältigende Fülle hier (vgl. den Abschnitt »Jenseits aller Chiffern«).

(2) Nun geschieht es in der abendländischen Antike und in Indien, daß die beiden Ursprünge, der Gottesgedanke und die Seinsspekulation sich verbinden: Gott ist das Sein.

In Indien wurden die spekulativen Begriffe zu Göttern, das All-Eine zu Gott; es wurden diese wieder überschritten zurück zu dem, was war und über allem Göttlichen ist. Im Abendland sah Xenophanes das Sein, dem Parmenides folgend, immer gleich, nicht entstanden, ewig und unbewegt; aber dies Eine, sagt er, sei die Gottheit, ein vernünftiges Wesen. Im christlichen Denken brachte Augustin für alle Folgezeit beides, das Sein und die Persönlichkeit Gottes, zusammen. Gott ist das höchste Sein, oberhalb dessen, außerhalb dessen, ohne das nichts existiert. Nichts anderes ist von Gott zu sagen als daß er das Sein selbst sei. Er ist sich selbst genügend. Die beiden Vorstellungen, die ihre Gipfel im Einen des unpersönlichen Seins des Überseins bei Plotin und im lebendigen Gott der Bibel hatten, finden sich als dasselbe. Augustin erklärt: Gott, nach seinem Namen gefragt, wie ein Mensch Gaius, Lucius, Marcus oder anders heißt, antwortete: ich bin. Sein Name ist das Sein selbst. Gehe, sagte er zu Moses, und sage den Kindern Israels: Der ist, schickte mich zu euch.

So hat die Seinsspekulation sich als ein Moment in der Entfaltung des Gottgedankens kristallisiert. Dieses Schema geht durch die Jahrhunderte, bereichert durch aristotelische Motive: Gott ist unbeweglich und unveränderlich, ewig, ohne Teile und ohne Zusammensetzung; er kann nicht nicht sein, sondern ist notwendig; es ist keine Möglichkeit in ihm, die nicht wirklich wäre; seine Wesenheit und seine Existenz sind eins; er hat keinen Gegensatz in sich oder außer sich, daß heißt keine Materie usw.

(3) Der Seinsgedanke trifft die Nähe eines Kraftlosen und zugleich in die Ferne eines Unerreichbaren, etwas Weltunwirkliches. Der Gottesgedanke trifft die Nähe von Macht und Kraft der Persönlichkeit als Weltwirklichkeit.

Wenn der Seinsgedanke dem Gottesgedanken verbunden wird, so bleibt eine Spannung: Für die transzendierende Spekulation übergreift das Sein den persönlichen Gott und alle Chiffern. Vom Gottesglauben aber wird dieses Sein, das eigentliche Sein, das ganze Sein für Gott selbst in Anspruch genommen.

Die Spannung liegt in der Transzendenz, so wie sie für uns zugleich in Chiffern und im Jenseits aller Chiffern gegenwärtig wird. Sie abzuspannen, das hat zur Folge entweder das Absinken in die Leere des unendlichen Nichts des bloßen Seins oder das Absinken in die Eindeutigkeit eines frommen Gottesglaubens, dem Bild und Gleichnis zur Transzendenz selbst werden.

(4) Es ist ein bedenkenswerter Tatbestand: Die Seinsspekulationen (im Sein und Nichts) haben einen einzigen Zauber nicht nur der Befreiung, sondern der Erfüllung. Aber sind sie nicht ein Spiel mit Worten, abhängig von den zur Verfügung stehenden Sprachmitteln? Sind sie wirklich ein Weg in die Tiefe oder sind sie die Verführung zu einem Leerlauf am Gängelband der Sprache?

In Kants opus postumum (XXI, 153) findet sich eine Notiz: »Gott ist nicht ein außer mir bestehendes Ding, sondern mein eigener Gedanke. Es ist ungereimt zu fragen, ob ein Gott sei. Ein verbum personale ist zur Grammatik gehörig.« Das könnte heißen: Das Verbum »sein« gehört in die Grammatik. Sein ist keine Person. Ein verbum personale gibt es nicht. Die Frage ist, was in meinem Gedanken liegt. Im

Gedanken Gottes Gottes Sein zu behaupten, ist nichtssagend, weil das Verbum »sein« allem zukommt, was ich denke. Lasse ich mich von diesem, wenn auch einzigartigen Verbum »sein« verführen, als ob mit ihm schon etwas gesagt sei, so mache ich eine grammatische Angelegenheit zu einer sachlichen. Die Bedeutungsmannigfaltigkeit des Verbums »sein« ist so unendlich wie die Sprache. Die Bedeutung liegt aber in dem, zu dessen Aussage dieses Verbum »sein« benutzt wird.

Wenn mit dem Verbum »sein« operiert wird, als ob mit ihm selber schon etwas gesagt würde, was nicht in der grammatischen Bedeutung aufgehe, dann stehen denkwürdige Wege offen, die in der abendländischen und indischen und chinesischen Seinsspekulation seit Jahrtausenden beschritten wurden. Auf ihnen fand die Meditation in den Grund statt. Hegel suchte, was Sein heißt, in seiner Logik, die ihm identisch mit der Metaphysik war, zu entfalten. Alle Bedeutungen sind ihm im »sein« verborgen, das ihm nicht das abstrakte Allgemeine ist, das in der Copula »ist« nichts weiter wäre als Aussage überhaupt, sondern das noch abstrakte Ganze, aus dem alle Bedeutungen sich zu ihrer Konkretheit entfalten. Die spekulierenden Denker meinen, was sie sagen, durchaus nicht grammatisch, wenn sie sich auch in jedem Augenblick der Sprache und deren Grammatik bedienen.

Wäre jener Satz Kants von uns richtig interpretiert, so würde er die gesamte Seinsspekulation der Jahrtausende aufheben und in Nichtigkeit verdampfen lassen. Dagegen spricht, daß der Aufweis der grammatischen Mittel keineswegs den Gehalt jener Spekulationen für die von ihnen Ergriffenen aufhebt. Die Sprache ist das Mittel, durch das unser existentielles Denken (nicht schon das Verstandesdenken) sich des Wunders des Grundes unseres und allen Daseins vergewissert. Die Entzauberung durch grammatische Einsicht läßt die bezaubernde Wahrheit sich wiederherstellen durch die Wirklichkeit unserer denkenden Erfahrung. Diese Erfahrung ist nicht schon das Wunder der Sprachwirklichkeit, sondern darüber hinaus das Wunder des spekulativen Denkenkönnens.

Dieses ist an die Sprache gebunden, aber nicht durch Sprachanalyse (semantische Analyse) aufzuheben, so wenig wie das Leben aufgehoben wird durch Analyse der chemischen und physikalischen Prozesse, deren es sich bedient und an die es gebunden ist.

Die semantische Analyse hebt den Sinn der philosophischen Spekulation in der Sprache mit Recht auf, sofern mit ihr ein gegenständlich Bestimmtes erkannt werden soll. Damit trifft sie gleicherweise die gehaltvolle Spekulation und die nichtige Spielerei, Wahrheit und Unfug. Wie aber sind beide zu unterscheiden? Nur durch die Erfahrung der existentiellen Bedeutung des Glaubens selber. Diese Erfahrung aber liegt außerhalb dessen, was der Sprachanalyse und Logistik zugänglich ist, es sei denn, daß eine Sprachanalyse wirklich würde, die, indem sie die Sprache methodisch bewußt macht, unausweichlich selber Sprachspekulation würde.

II. CHIFFERN DER IMMANENZ

Das All der Welt im Raum und das Ereignis der Geschichte in der Zeit, beides in eins verschlungen, ist die Realität, in der wir uns finden. Sie sind das Ganze, in dem wir unseren Ort einnehmen. Sie sind die unendliche Fülle des Gegenwärtigen für unsere Sinne, unser Denken, unser leibliches Daseinsbewußtsein. Sie heißen die Immanenz im Gegensatz zur Transzendenz. Da aber in Wahrnehmung, Erfahrung, Erleben, Existieren, das, was real ist, nicht erschöpft ist mit dem, was empirisch erkannt wird, sondern in seiner Gegenwärtigkeit gleichsam durchstrahlt ist, spricht man von immanenter Transzendenz.

Die Unterscheidung der allgemeingültig erkennbaren Realitäten von den nicht rational zwingenden Erfahrungen, die in Gestalten, Bildern, Anschauungen auf andere Weise bezwingend gegenwärtig sind, ist erst klar geworden durch die Reinheit moderner Wissenschaft. Nun unterschciden wir in der Immanenz selber die erkannten oder erkennbaren Dinge von den Chiffern.

Wenn auch zwischen dem Erkannten und den Chiffern eine ständige Beziehung bleibt, das Erkannte als Moment in Chiffern hineingenommen wird, die Chiffern das Wissenwollen bewegen, so werden beide in dieser lebendigen Beziehung nur klar, wenn sie in ihrer Verbindung nicht mehr vermischt werden. Das ist die neue Situation, in der die Chiffern der Immanenz ihren Sinn haben.

Da das Recht der Chiffern der Immanenz nur mit dem Bewußtsein der Möglichkeiten und Grenzen wissenschaftlichen Erkennens hell wird, muß ich in den drei folgenden Abschnitten über die Chiffern des Alls im Raum (der Natur) – die Chiffern des Ganges in der Zeit (der Geschichte) – die Chiffern der denkbaren Ordnung des Weltganzen (der Vernunft) jeweils vorweg von diesen Wissenschaften sprechen.

Es ist kaum nötig zu sagen, daß Raum, Zeit, Vernunft hier zur Ordnung der Darstellung Akzentuierungen bedeuten, nicht eine Trennung. Die drei Momente in den Chiffern der Immanenz sind einander verbunden. Im All der Natur spielt Zeit eine Rolle, in der Geschichte der Raum, in der Auffassung des Logos Zeit und Raum.

A. Die Chiffern des Alls im Raum (»Natur«)

I. Die moderne Naturwissenschaft und ihre Grenzen

(1) Die Reinheit der modernen Naturwissenschaft: Die moderne Wissenschaft fordert, sich rein zu verwirklichen. Sie will das Wissen von der jeweiligen Methode, den jeweiligen Voraussetzungen. Sie erhebt den Anspruch zwingender Allgemeingültigkeit. Sie macht die Erfahrung, daß, was im wissenschaftlichen Sinne allgemeingültig ist, faktisch von allen Menschen, die den Beobachtungen und Gedanken folgen, auch gleicherweise verstanden und anerkannt wird. Ich will wissen, wie ich weiß, was ich weiß. Ich will die Grenzen und den Sinn solchen Wissens begreifen.

(2) Einheit durch Mathematisierbarkeit: »Gott hat alles nach Maß und Zahl geordnet.« Was in Raum und Zeit ist, ist meßbar und zählbar. Diese Realität wird durch mathematische Gebilde erfaßt. Die mathematische Naturerkenntnis ist ausgezeichnet durch Exaktheit (d. h. die Genauigkeit, die allein durch Messen und Zählen möglich ist), zweitens durch einen einzigartigen methodischen Fortschritt, der in der Wechselwirkung von mathematischem Entwurf und Beobachtung Entscheidung auf Entscheidung folgen läßt zum Aufbau der Erkenntnis ins Unendliche hinein. Wir werden belehrt, daß dieser Weg trotz der gewaltigen Erfolge doch erst in seinem Anfang beschritten ist und unabsehbare Chancen eröffnet.

Die mathematischen Gebilde aber werden vom menschlichen Geist als eine ideale Welt, losgelöst von Erfahrung und nicht begründet durch Erfahrung in ihrem zeitlosen Bestehen erfaßt. Eine unabsehbare Welt von Ordnungsverhältnissen der Mannigfaltigkeiten wird ergriffen. In der realen Naturerkenntnis aber ist stets die Frage, welche Mathematik für welche Bereiche gültig ist. Für reale Probleme fehlt etwa zur Zeit die zu ihrer Lösung notwendige Mathematik, die vielleicht einmal gefunden wird. Und es gibt Mathematik, die noch keine reale Verwertung gefunden hat. Die Entwicklung der Mathematik, die ganz aus sich ohne Blick auf Naturrealität erfolgt, zeigt, daß sie in einer nicht voraussehbaren Weise anwendbar wird und dann bestimmte Naturerkenntnisse erst ermöglicht.

Ist aber die Mathematik auch das wirksamste Instrument der Naturforschung, so ist doch die dadurch erkennbare Natur ein begrenzter Ausschnitt des realen Naturseins. Dem mathematischen Naturbilde geht verloren, was wir ursprünglich und unmittelbar Natur nennen, was wir qualitativ erfahren, in den Erscheinungen sehen und als Natur erleben. Es begreift die Natur nur nach ihren quantitativen Seiten und Mannigfaltigkeitsformen. Es findet Zuordnungen manches Qualitativen zum Quantitativen. Es ist begrenzt auf das Leblose und auf das, was überall auch im Lebendigen als Lebloses aufgefaßt werden kann. Auch noch im Leblosen entzieht sich der Mathematik das Qualitative und Gestalthafte, das entweder bisher in die immer einfachen Ordnungen der Mathematik nicht eingefangen wurde oder grundsätzlich nicht einzufangen ist.

Nun ist die Voraussetzung der exakten Naturwissenschaften die Mathematisierbarkeit der Realität. Soweit sie gelingt, bringt sie die zwingenden und wirksamen Erkenntnisse hervor. Wo sie nicht gelingt, heißt es wohl, die Dinge lägen so kompliziert, daß die Mathematik, die bisher entwickelt ist, nicht folgen kann. Aber entscheidend ist erst die Antwort auf die Frage: ist die Gesamtheit des zeitlich-räumlich-materiellen Geschehens grundsätzlich bis ins Letzte mathematisierbar? Oder ist eine Grenze? Die Alternative reicht nicht aus. Sie ist eine unbeantwortbare Frage. An ihre Stelle tritt die Aufgabe des zeitlichen Erkenntnisweges in der Welt: ins Unendliche voranzuschreiten, ohne vom Ganzen der Welt eine Aussage je machen zu können.

Inzwischen aber gibt es umfassende wissenschaftliche Erkenntnismöglichkeiten, die der Mathematik nicht bedürfen. Sie werden durch eine mathematische Naturerkenntnis nicht aufgesogen.

(3) Einheit durch moderne Physik: Große Entdeckungen verführen durch ihren gewaltigen Sprung in das bisher Dunkle, zu meinen, grundsätzlich am Ziel zu sein, wenn auch im einzelnen noch beträchtliche Aufgaben zu lösen wären.

So glaubte man sich am Ziel mit der mathematischen Naturwissenschaft in der Gestalt, wie sie gegen Ende des 19. Jahrhunderts galt. Das wiederholte sich, als nach den Jahrzehnten der »Grundlagenkrisis« ein neues Gesamtbild durch Quantentheorie und Relativitätstheorie in der Atomphysik und Kosmologie wirklich wurde. Was die Materie sei, schien nun endlich klar: nicht die mechanische Bewegung kleinster Teilchen, nicht ein an sich körperliches Material, sondern ein in mathematischen Formeln begreifbares und in komplementären Vorstellungen faßbares Geschehen. Man wußte sich auf dem Wege zur endgültigen Erkenntnis der Ordnung des materiellen Geschehens in der Einheit einer Weltformel, der alle Naturgesetze entspringen.

Es war ein ergreifendes Ereignis, als die Atome, die mit solcher Gewißheit als letzte Elementarteilchen gedacht waren, was durch unermeßliche konkrete Erkenntnis bestätigt schien, dies plötzlich nicht mehr waren. Die Atome zeigten eine innere Struktur. Aus einer kleinen Zahl von Elementarteilchen setzten sie sich zusammen, und die Reihe dieser Atome war aus der Zusammensetzung der Elementarteilchen ableitbar.

Heute gelten die Elementarteilchen in den Atomen (Protonen, Neutronen, Elektronen usw.) als die letzten Teilchen, aus denen die Atome aufgebaut sind, die ihrerseits eine begrenzte Zahl von Teilchen sind, die die Moleküle und damit die Materie aufbauen. Es gilt heute als selbstverständlich (wie einst für die Atome), daß die Erkenntnis bei den letzten Teilchen angelangt ist. Darüber hinaus kann und braucht kein Weg mehr gefunden zu werden.

Wenn wir daran zweifeln, ist das nicht möglich durch Hinweis auf wissenschaftliche Befunde, sondern nur aus dem Sinn der wissenschaftlichen Erforschung der Materie, nämlich ihrer Natur nach ins Unendliche fortschreiten zu müssen. Fragte ich Physiker, ob nicht im Kleinsten noch wieder neue Strukturen sich zeigen würden und jeder endliche Abschluß durch eine neue Unendlichkeit übergriffen werde, so war die Antwort entweder: wir sind offenbar beim Kleinsten, ich wüßte nicht, wie es da noch weitergehen könnte, oder: ich weiß es nicht, die Frage mag zu Recht bestehen, sie ist wissenschaftlich unfruchtbar, solange nicht ein Ansatz zu weiterem Vordringen sich zeigt. Die zweite Antwort leuchtete mir ein.

An dem Tage, an dem ich diese Zeilen schreibe, lese ich von der Entdeckung eines neuen Mesons durch Untersuchungen an der Stanford Universität. Diese Entdeckung habe zu Vorstellungen geführt, die die Protonen nicht mehr als Elementarteilchen ansehen, sondern als Gebilde mit einem Kern hoher Dichte und einer ihn umhüllenden Mesonen-Wolke. Man vermute, daß die bisherigen Elementarteilchen doch nicht letzte einheitliche Teile der Materie seien. Einige der Physiker, heißt es, »vermuten, daß sie vielleicht niemals an eine letzte Materiestruktur herankommen, sondern daß sie immer neue Unterstrukturen in den Elementarpartikeln entdecken«. Mag nun der Untersuchungsbefund und die Folgerung sich bestätigen oder nicht. Daß von Forschern schon so gefragt werden kann, ist das Wesentliche.

Würde man nun aber behaupten, die Materiestruktur sei unendlich ohne letzte Teilchen, so wäre das ebenso eine Voraussetzung wie die These der letzten endlichen kleinsten Teilchen. Es ist eine philosophische, die Kantische, Erkenntnis vom Sinn der Wissenschaft, daß sie ins Unendliche fortschreitet, daß sie aber weder endliche Teile noch unendliche Geteiltheit behaupten darf.

Warum »philosophische« Erkenntnis? Weil sie sich mit wissenschaftlichen Mitteln nicht beweisen läßt. Sie hat einen anderen Ursprung für ihre den Verstand nicht zwingende vernünftige Einsicht. Sie anzunehmen ist zwar insofern eine wissenschaftliche Haltung, weil diese Annahme die wissenschaftlich vorurteilsloseste ist. Aber einen positiven Gehalt hat sie erst durch die transzendentale, nicht wissenschaftlich erzwingbare Kantische Erkenntnis von der Erscheinungshaftigkeit der Welt und unseres Daseins.

Wir erwachen in der Welt als zu ihr gehörende psychophysische Wesen. Aus der Welt erwachsend sind wir aber denkend und existentiell aus einem andern Ursprung. In unserer Freiheit, unserem Verantwortungsbewußtsein, in unserer Erfahrung der Ewigkeit in der Liebe und in der Vernunft begreifen wir uns nicht aus der Welt. In ihr aber als der Erscheinung, in der wir uns zeitlich und räumlich finden, erkennen wir ins Unendliche voranschreitend. Niemals gewinnen wir die Welt, die ihrerseits nicht aus sich selbst begriffen werden kann, als Ganzes zum Gegenstand unserer Erkenntnis.

Wo die Welt als Ganzes vor Augen steht und wir über sie als Gegenstand Aussagen machen, da verfallen wir einer Illusion von absoluter Realität der Welt. Diese Illusion trübt die Reinheit wissenschaftlicher Erkenntnis, sofern sie wissenschaftlich behaupten läßt, was wissenschaftlich nicht zugänglich ist. Sie verwirrt aber und verschleiert unser Seinsbewußtsein und unser Selbstbewußtsein der Freiheit.

(4) Der Sinn der Natureinheit der modernen Physik: Eine Einheit der Natur steht in der grundsätzlichen Einheit der exakten Naturwissenschaften vor Augen. Früher gingen Physik und Chemie und innerhalb der Physik die Untersuchungen der Mechanik, Akustik, Optik, des Magnetismus, der Elektrizitätslehre getrennte Wege. Die Vereinheitlichung begann mit der Erkenntnis der Töne als mechanischer Wellenschwingungen der Luft, weiter der Wärme als mechanischer Bewegung der Moleküle, weiter der Erkenntnis der optischen Strahlen als eines Teilgebietes der elektrischen Strahlungen, sie führte schließlich zur Beziehung der Gravitation zu elektromagnetischen Realitäten. Zuletzt wurden die gesamten Erscheinungen der leblosen Welt gegründet in der Atomphysik[1]. Heisenberg hält die Einheit dieses naturwissenschaftlichen Materiebildes im Prinzip für erreicht. Einst war Naturwissenschaft als eine Einheit auf spekulativer Grundlage gewonnen, jetzt ist ihre Einheit durch empirische Forschung gewonnen. Diese Forschung hat aus ihrer anfänglichen, unumgänglichen Zersplitterung in Teiluntersuchungen zu einer neuen, nunmehr wissenschaftlich gegründeten Einheit geführt.

Die Vorstellung dieser der Wissenschaft sich zeigenden Einheit der Natur ist etwa diese: Der Satz von der Erhaltung der Energie brachte zum ersten Mal eine Einheit in das gesamte Naturwissen. Alle Arten der Energie (mechanische, thermische, chemische usw.) setzen sich ineinander um in quantitativ bestimmten, durch Messungen feststellbaren Verhältnissen. In allen Umformungen der Energie bleibt erhalten die Energie überhaupt. Sie hat in allen besonderen Energien ihre Modifikationen.

Was aber Energie sei, und darüber, welche einzelnen Erscheinungsweisen der Energie es gebe oder geben müsse, weil sie auseinander vollständig abgeleitet wären, darüber gewann man durch die große vereinheitlichende Ansicht noch keine Erkenntnis.

Die modernen Ableitungen der Erscheinungen aus der Atomphysik brachten viel näher heran an die besonderen Eigenschaften der Materie, die selber Energie ist. Statt des einen weitmaschigen Netzes der quantitativen Äquivalenz der Energiearten zieht sich ein viel dichteres Netz mit mannigfachen quantitativen Beziehungen durch die Energie. Es ist – im Gleichnis zu reden –, als ob der Strom der Energie nicht mehr in wenigen ungeheuren Strombetten gemessen, sondern in minutiös, aber regelmäßig verteilten Bewässerungen mit gesteigerter exakter Meßkunst und mathematischer Phantasie verfolgt würde. Was aber das Strömende ist und in sich birgt, das bleibt die Grenze der Erkenntnis. Es ist nach der Seite seiner Meßbar-

[1] Heisenbergs Schriften waren mir durch Klarheit und Besonnenheit lehrreich: »Wandlungen in den Grundlagen der Naturwissenschaft« (in mehreren erweiterten Auflagen). »Physik und Philosophie«.

keiten in allen Umsetzungen erfaßt. Sein Wesen aber ist in der Mannigfaltigkeit, die auf wenige Grundkonstanten des Naturseins zurückgebracht ist, zwar von einer Seite her erleuchtet, aber es selber bleibt im Dunkel. Die Einheit der Energie ist nicht die Einheit der Realität, sondern die Einheit gleichsam eines sich durch sie hindurchziehenden, alles bedingenden Mediums.

Wir fragen weiter nach der Art dieser Einheit.

Zunächst: Wenn die Kluft zwischen der Atomphysik und der konkreten Chemie praktisch bestehen bleibt, die Chemie nicht anders als bisher verfährt (und so auch einzelne Gebiete der Physik), darf man vielleicht sagen: Wie das Wasser im Lebendigen allgegenwärtig ist, ohne es kein Leben stattfindet, es selber aber kein Leben hervorbringt, so ist die allgegenwärtige Grundlage die Materie, ohne die keine Erscheinung ist, die selber aber als das, als was sie in der Atomphysik erkannt wird, diese Erscheinungen in ihren Qualitäten und Gestalten nicht zureichend begreifen läßt.

Dieser Satz wird durch folgendes deutlicher: Der Realitätsbegriff, durch den die Einheit der Natur in der Atomphysik erfaßt wird, trifft nicht die Naturrealität im ganzen, sondern eine spezifische Realität an ihr, deren Universalität dadurch erkauft ist, daß bei solcher Erkenntnis auf die Fülle der faktischen Naturerscheinungen, wie Heisenberg eindringlich zeigte, verzichtet wird; diese bleiben außer dem Bereich der Erklärbarkeit, oder sogar des Fragens. Die Einheit der exakten Wissenschaft trifft nur eine Einheit in der Natur, nicht die Einheit der Natur.

(5) Die Verwandlung der Voraussetzungen zur vorweggenommenen Erkenntnis des Ganzen. – Heisenberg meint, »es sei möglich, die Eigenschaften der Materie überall dort quantitativ zu berechnen, wo nicht die mathematische Komplikation die praktische Durchführung der Aufgabe verhindert«. Der Chemiker nehme bei seinen konkreten Forschungsaufgaben von der Atomphysik keine Notiz, »da die wirkliche Durchführung der atomtheoretischen Behandlung in den meisten Fällen auf unübersteigliche mathematische Schwierigkeiten stoßen würde«. Man darf fragen, woran das liege. Entweder daran, daß die Schwierigkeiten zwar an sich lösbar seien, daß aber die gegenwärtig zur Verfügung stehenden mathematischen Mittel noch nicht ausreichen – oder daran, daß die Aufgabe grundsätzlich unlösbar ist, und zwar entweder weil sie endlos ist oder weil ein Sprung in der Sache selber liegt, der nicht durch quantitative Ableitung überwindbar ist.

Um die Grenzen der Erkenntnis moderner Naturwissenschaft nicht zu vergessen und um nicht in die Verabsolutierung solcher Erkenntnisart und ihrer Ergebnisse zu verfallen, muß man eine Verkehrung im Auge behalten. Wenn man auf Grund der Wissenschaften das Ganze ergreifen möchte, dann drängt sich der Irrtum auf: Die Voraussetzungen einer Forschung, mit denen man wissenschaftlich sieht, wie weit man kommt, verführen unwissenschaftlich, zumal bei großen Erfolgen, dazu, diese Voraussetzungen selber schon als grundsätzlich vorweggenommene Erkenntnis des Ganzen anzusehen. Vorläufig noch letzte Annahmen werden fälschlich für grundsätzlich abschließende Erkenntnis angesehen, so die vollständige Mathematisierbarkeit der Natur, so der Mechanismus der Natur, so die Materiestruktur kleinster Teilchen. Methoden und relative Voraussetzungen werden zur Sache selbst, bestimmte Erkennbarkeiten in unbestimmbaren Horizonten zum absoluten Sein. Das ist wissenschaftlich nicht zu rechtfertigen und philosophisch nicht zu verantworten.

(6) Die Einheit des Lebendigen:

(a) Die Einheit der gesamten Natur würde das Leben in sich schließen. Das Leben wäre eine Modifikation des allgemeinen, sonst leblos genannten Geschehens, aus diesem entstanden und bei fortschreitender Erkenntnis herzustellen.

Die Erforschung des lebendigen Geschehens als eines chemisch-physikalischen hat gezeigt, daß die Gesetze des Anorganischen auch in den Organismen gelten. Sie hat gezeigt, daß organische Stoffe, die man früher als nur vom Leben erzeugbar ansah, aus anorganischen Stoffen synthetisch hergestellt werden können. Sie hat die physikalischen und chemischen Apparaturen gezeigt, die den lebendigen Organismus durchdringen und ihm dienen.

Diese in ihren Resultaten bewunderungswürdige Forschung hat jedoch nie das Leben selber getroffen, sondern die Apparate, die es hervorbringt. Diese selber sind Mittel, nicht das Leben selber.

Die Voraussetzung dieser chemisch-physikalischen Lebensforschung ist, daß solche Forschung unbegrenzt weiterschreiten kann. Dies mit Recht, aber nicht mit Recht, wenn diese Voraussetzung für eine Erforschungsweise des Lebens vorweg zu der grundsätzlichen Erkenntnis vom Lebensganzen erhoben wird, es sei nichts anderes als ein höchst kompliziertes chemisch-physikalisches Geschehen. Dann ist die Erwartung, man werde, wie bisher einzelne organische Stoffe aus anorganischen, so das Leben im ganzen aus leblosem Stoffe synthetisch herstellen können. Was bis dahin höchst komplizierter chemischer Stoff war, wird an einer bestimmten Stelle lebendige organisierte Substanz sein. Der Ausdruck »lebendige Substanz« verschleiert den Sprung zu der unendlichen Zweckmäßigkeit im Bau, in der Gestalt, in den Funktionen des Lebens.

Wir stellen durch naturwissenschaftliche Erkenntnis höchst verwickelte Maschinen her. Aber diese sind endlich. Es ist die Frage, ob ein Lebewesen eine endliche Maschine oder eine unendliche Verwirklichung der zweckmäßigen Zusammenhänge in dem je Einen dieses Lebendigen ist. Die Zweckmäßigkeit eines Baus kann außerordentlich kompliziert in der Herstellung seiner Bedingungen, Teile und Funktionen sein, aber diese Zweckmäßigkeit ist nicht unendlich, sondern mit den Mitteln endlicher menschlicher Erkenntnis auch in ihren Endlosigkeiten durchschaubar. Die Zweckmäßigkeit der Maschine endet an den je kleinsten Teilen, die lebloses Material sind, die Zweckmäßigkeit eines Organismus endet nicht an kleinsten Teilen, aus denen er zusammengesetzt werden könnte, sondern hört bis ins Kleinste, ins Unendliche nicht auf, zweckmäßig zu sein. Wie man für den Grundtatbestand die Formulierungen, je nach der benutzten physikalischen Vorstellungsweise, auch wählt, der Grundtatbestand selber bleibt das Leben als solches.

Die Biologie als Wissenschaft geht daher zwei Wege: jene ergiebige chemisch-physikalische Erforschung der Apparate des Lebens (Biochemie,

Biologie) und die Erforschung der auf diese Weise noch gar nicht zu Gesicht kommenden Lebenserscheinungen, der morphologischen, der Verhaltensweise (Tierpsychologie genannt), der Innenwelt-Umwelt-Verhältnisse, der Geschichte (des Lebens überhaupt und der Entwicklung des einzelnen Organismus). Die Entdeckung vorher nie gesehener zweckmäßiger Formen des anatomischen Baus, der Instinkte, der Entwicklungsreihen, der Gestalten ist eine große Leistung liebender Biologen. Langdauernde Beobachtungen, ingeniöse Veranstaltungen, plötzliches Bemerken haben Lebenswirklichkeiten zur Anschauung und Kenntnis gebracht, die alle Phantasien und Träume überbieten.

Vergeblich hat man das Leben in Kategorien des Leblosen zu fassen gesucht. Vergeblich meinte man es in seiner Mitte zu treffen: wenn etwa in der Entwicklungsgeschichte die Spemannschen Organisatoren eine wichtige Erkenntnis lieferten, sie selber als bestimmte chemische Stoffe erkannt wurden, und das so begriffene Ganze dann doch wiederum nicht das Leben selbst war, sondern ein ihm dienender Apparat.

Das Leben ist etwas ursprünglich Anderes als alles Leblose. Es wird nicht einmal als es selber wahrgenommen mit den Mitteln des Verstandes und der Sinne, die der leblosen Welt angemessen sind. Daher gehört zur Abgrenzung des Lebendigen und zu seiner begrifflichen Erfassung eine gegenüber aller Physik und Chemie neue Anschauungsweise. Mit ihr das durch Beobachtung Nachprüfbare zu zeigen, das Ungesehene, nur Gefühlte sichtbar und denkbar zu machen, ist die Leistung der großen Biologen.

(b) Wenn das Leben in seiner aus dem Leblosen nicht begreiflichen Eigenständigkeit begriffen ist, dann geht die Frage wieder an die Einheit der Welt. Wenn Lebloses und Leben nebeneinander sind, so ist zwar das Leblose eine Bedingung des Lebens, dieses selber aber durch einen Sprung da, der die Naturwelt in zwei Teile zerreißt: die ungeheure Masse des Leblosen und die winzige, fast verschwindende Welt des Lebendigen auf der Erdoberfläche, diesem Stäubchen im Kosmos.

Soll für die naturwissenschaftliche Erkenntnis die Einheit der Natur gerettet werden, so müßte entweder das Leben aus dem Leblosen durch dieses entstehen können, oder das Leblose der Abfall, der Leichnam eines ursprünglich allumfassenden Lebendigen sein, das nur in seinem kleinen Rest auf der Erdoberfläche noch fortbesteht. Beide Vorstellungen haben keinen auch nur wahrscheinlichen Grund ihrer Möglichkeit.

Es ist auch nur ein abstrakter Gedanke, der so vorgeht: Entweder ist das Leben aus dem Leblosen auf der Erde in einem bestimmten Zeitpunkt entstanden oder das Leben besteht von jeher wie die leblose Materie; dann muß es aus dem Weltraum auf die abkühlende Erde in Samen zugeflogen sein. Das letztere ist sehr unwahrscheinlich wegen der das Leben unmöglich machenden physikalischen Bedingungen, also muß das Leben auf der Erde entstanden sein.

Solche Argumentation hat nur recht insofern die Forschung mit allen Mitteln der Paläontologie und Genetik unter der Idee eines Ursprungs und der Entwicklung ins Unendliche fortschreitet. Aber sie irrt, wenn sie unter Voraussetzung der die Möglichkeiten erschöpfenden verschiedenen Thesen nach der Voraussetzung, das Sichwidersprechende sei unmöglich, grundsätzlich über die Herkunft des Lebens aus bloßer Spekulation etwas aussagen will. Hier gilt vielmehr, die Orte und Grenzen nicht aus den Augen zu verlieren, an denen das Wesen des erkennbaren Weltseins offenbar wird: zwar ins Unendliche erkennend fortzuschreiten, aber nicht das Eine und Ganze erfassen zu können. Dieser Grundtatbestand unseres Erkennens in der Welt weist uns philosophisch über die Welt hinaus und verwehrt die Verabsolutierung einer erkennbaren Welt.

(c) Das Leben ist in dem, was es selber ist, unterschieden von dem Leblosen, das sich ihm als Mittel zur Verfügung stellt. Aus ihm bringt das Leben chemische und physikalische Erscheinungen hervor, die ohne es in der Natur nicht vorkommen. Der forschende Mensch kann solche chemischen und physikalischen Erscheinungen, die sonst ohne das Leben nicht da sind, herstellen, ohne damit das Leben zu erreichen oder das Leben herstellen zu können. Wer dies alles vor Augen hat, befragt das Leben selber daraufhin, ob es eine Einheit sei.

Ist das Leben einer Theorie zugänglich, die alle besonderen Erscheinungen des Lebens in diesem einen Ganzen zusammenbringt? Ist das Leben aller Gestaltungen auf ein Prinzip zu bringen?

Ist nicht jedes Leben als je dieser ein Leib, als diese Pflanze, dieses Tier, dieser Mensch handgreiflich da als ein Ganzes? Weiß ich mich nicht selber eins mit meinem Leibe? Trägt man nicht das Bewußtsein dieses Einen als das vitale Selbstgefühl?

Die Fragen fordern Antwort. Eine Antwort, die als wissenschaftliche Antwort und nicht als Chiffer nach anderen, nicht wissenschaftlichen Kriterien zu beurteilen wäre, ist nicht gegeben. Woran liegt das? Das bisher Vorgebrachte ließ sich nicht halten. Die Reinheit unseres Wissens verlangt, daß Gefühle, Ahnungen, Erlebnisse, daß Dichtungen, Visionen, Konstruktionen nicht verwechselt werden mit dem, was biologisch erkannt wird.

Aber es läßt sich darüber hinaus eine grundsätzliche Antwort geben, die den Sinn der Frage nach der Einheit des Lebens klärt: Das Ganze der Einheit eines lebendigen Organismus und das Ganze des Lebendigen in allen seinen Erscheinungen werden nicht Gegenstand einer Wissenschaft. Aber sie sind wahre und mächtige Ideen, die die wissenschaftliche Erkenntnis bewegen, sie führen und ihr die Richtungen geben. Auf dem Wege dieser biologischen Forschung zeigt sich jede gedachte und erkannte Einheit als eine Einheit im Leben, nicht als die Einheit des Lebens. Wird solche Einheit zum Abschluß (als Vergegenständlichung der Idee), so beflügelt sie nicht mehr die ins Unendliche voranschreitende Forschung, sondern lähmt sie im Anschauen eines vielleicht herrlichen, aber als Wissensinhalt falschen, dogmatischen Bildes.

Die eigentlichen Biologen, die mit ihrer Kritik nicht an der Richtigkeit, wohl aber an der Verabsolutierung der chemisch-physikalischen und genetischen Forschungen im Recht sind, und die durch ihre faktischen Forschungen unser wissendes Anschauen außerordentlich fördern, geraten leicht in Gedanken, die wissenschaftlich ergebnislos bleiben oder gar verwirren. Dann bringen sie ihr wissenschaftliches Tun in Verdacht.

Ich wähle ein Beispiel: Woltereck nennt das Leben in jedem lebendigen Individuum »ein endlich-totales Geschehen«[1]. Nun ist das, was wir als Leben von außen erkennen, niemals die Einheit des Lebens. Diese Einheit ist vielmehr ein Unräumliches, nicht direkt Beobachtbares, das jedoch das Lebensgeschehen im ganzen zu lenken scheint. Es ist das »Innen«.

Wie ist dieses Innen zu denken? Woltereck und mit ihm manche andere machen die Voraussetzung, daß dieses Innere, das objektiv gedachte Unräumliche, grundsätzlich dasselbe sei wie das, was wir in unserem eigenen inneren Erleben kennen: die Antriebe, die Gefühle der Lebendigkeit, Erregung, Kraft, das Intendieren auf Ziele. Im Sinne eines erforschbaren Gegenstandes ist jedoch diese Innerlichkeit des Lebens auf keine Weise zu fassen:

Erstens: Was wir innerlich erleben, ist nicht etwa die Innerlichkeit eines Lebensgeschehens, das wir zugleich von außen biologisch wahrzunehmen vermöchten. Was wir innerlich erleben, kann die Wahrnehmung eines Lebensgeschehens in uns, die Wirkung unseres Leibgeschehens auf uns sein, ein vitales Empfinden und Fühlen, aber doch so, daß die »Innerlichkeit« des biologisch erforschbaren Lebensgeschehens im eigenen Leib uns grundsätzlich ebenso fern bleibt wie im fremden, nur von außen beobachteten Leibe. Etwa im Gebiet der Sinnesphysiologie und Sinnespsychologie benutzt der Experimentator seine eigenen Sinnesorgane als ein Objekt, mit dem er Versuche macht, ebenso wie die anderer Versuchspersonen. Die Innerlichkeit als reale Wahrnehmung eines Leibgeschehens und die hypothetische Innerlichkeit allen biologischen Geschehens haben nichts miteinander zu tun.

Zweitens: Wird das Innerliche unseres Erlebens und das Innere des biologischen Geschehens zusammengebracht, so handelt es sich allenfalls um eine Analogie. So ist z. B. das real erlebte »Ich« keineswegs das »Subjekt« des Lebens. Das Ich ist gar nicht das biologische Zentrum. Es ist nicht das, wovon das leibliche Leben tatsächlich dirigiert wird. Ferner ist der erlebte Drang keineswegs zugleich irgendein morphologisch-physiologisches Geschehen. Umgekehrt ist eine Richtung dieses Geschehens nicht als Drang erfahrbar. Schließlich ist Innerlichkeit als Bewußtsein etwas grundsätzlich Anderes als das Innere des Nichträumlichen, Nichtmateriellen, das wir im Wahrnehmen von Typik, Form, Gestalt, Norm oder als Sinn eines Lebensgeschehens erschließen. Wir meinen es vielleicht gradezu wahrzunehmen in Gestalten und Zweckmäßigkeiten. Aber es ist nur, soweit wir diese beobachten. Als ein zugrundeliegend Gedachtes bringt es nichts hinzu.

Drittens: Das Bewußtsein ist keineswegs das zur Bewußtheit gesteigerte biologische Innere. Bewußtsein ist nicht zu begreifen als eine sekundäre, zum Leben hinzukommende, mit dem Leben als solchem von vornherein schon verbundene Daseinsform. Wir erfahren nicht von dem allgemeinen, in allem Leben verborgenen Bewußtsein. Das Bewußtsein ist auch nicht aus dem Leben als einem biologisch erkennbaren Gegenstand zu begreifen. Vielmehr ist ein Sprung zwischen Bewußtlosigkeit und Bewußtsein, und zwar erstens zur Innerlichkeit dieses Erlebens überhaupt, zweitens zum gegen-

[1] Richard Woltereck, Grundzüge einer allgemeinen Biologie, Stuttgart 1932. Ontologie des Lebendigen, Stuttgart 1940.

ständlichen »intentionalen« Bewußtsein, drittens zur Reflexion auf sich selber.

Der Verstand verlangt eine Antwort unter Voraussetzung der Begreiflichkeit aller Dinge. Er verlangt, daß alles, was ist, aus früherem entstanden sei, denn sonst sei es nicht begreiflich. Er nimmt die Begreiflichkeit vorweg, indem er die These verficht: aus dem Leblosen ist das Leben, aus dem Leben das Bewußtsein, aus dem Bewußtsein das Denken und der Mensch entstanden.

Eine Voraussetzung gewinnt ihr Recht, wenn mit ihr reale Erkenntnisse und nicht bloß Spekulationen gewonnen werden, und hat ihr Recht in dem Maße, als es gelingt. Bisher gibt es keinen Ansatz für eine Erkenntnis, daß das Bewußtsein aus dem biologisch von außen erkennbaren Leben erwachsen, und daß dieses Leben rückwärts durch die Innerlichkeit des Bewußtseins erkennbar sei. –

Ich fasse zusammen: Das »von innen« des Lebens ist entweder der Gedanke der Grenze des biologischen Erkennens, oder das »von innen« ist eine Realität, die ein besonderer Gegenstand der Forschung ist, die vom verstehbaren »Ausdruck« und vom »Verhalten« der Tiere ihre Beschreibungen durch Beobachtung und Versuch liefert (und zu erstaunlichen Ergebnissen geführt hat). Aber dieses »Innen«, das im Äußeren sich zeigt, ist nicht das Innere des biologischen Geschehens im ganzen, sondern eine innerhalb des Lebendigen sich zeigende eigentümliche Erscheinungswelt.

Für die Biologie als Wissenschaft gilt die Forderung: Gedanken, die durch keine Erfahrung erfüllbar sind und zu keiner Forschung den Anlaß geben, sind leere Gedanken. Nicht abzuweisen ist die Frage, welche Methode es gäbe, um von dem unräumlichen »Innen« der Organismen eine Kenntnis zu erlangen, die mehr wäre als die Beschreibung der Objektivitäten, die im Raum erscheinen; oder welcher Weg von einer Spekulation dieses Innen zur Untersuchung führe, die zu realen Erfahrungsergebnissen kommt, von denen vorher und ohne sie niemand wußte.

Die Welt und das Leben in ihr, wie sie für uns aussehen, wenn wir wissenschaftlich erkennen, sind Erscheinung, die, selber unvollendbar, so wie sie ist, aus der Tiefe erwächst, aus der auch der Mensch kommt, aus dem Grunde, den der Mensch erspürt über die Welt hinaus. Daher können Gedanken, die naturwissenschaftlich haltlos sind, doch Chiffern sein, die nach ganz anderen Maßstäben zu prüfen sind.

(7) Das eine Ganze der Welt und ihre Zerrissenheit: Das eine Ganze der Welt scheint im All der Sterne real anschaulich vor Augen. Das ist der Kosmos. Von nächster Nähe bis zu fernster Ferne gehen die Beziehungen. Kontinuierlich geht in Raum und Zeit alles ineinander über. Aber so leicht das Wort »Welt« gesagt ist, so selbstverständlich ihr Dasein scheint, so dunkel wird diese Realität im ganzen, wenn man sie deutlich wissen will. Einige Beispiele vom Kosmos:

Das Bild des Kosmos stand einer früheren Gestalt der modernen Wissenschaft vor Augen als der Mechanismus von Massen gleichartiger Materie, die im Raum unregelmäßig verteilt ist. Die Sterne sind wie eine Staubwolke, ein Tanz der Zufälle unter Naturgesetzen, die Atome sind letzte Teilchen, die in Stoß und Druck, in Anordnung und Bewegung alles hervorbringen, was da ist. Kosmogonische wissenschaftliche Vorstellungen bezogen sich auf die Entstehung des Sonnensystems: die Kant-Laplace'sche Theorie, die heute noch nicht aus der Diskussion ausgeschieden ist.

Im Laufe des letzten halben Jahrhunderts ist das Bild des Kosmos in früher ungeahnten Weiten empirisch zur Anschauung gebracht. Die Hunderttausende von Spiralnebeln, deren jeder ein Gebilde von der Art der Milchstraße ist, in der unser Sonnensystem eines unter Milliarden ist, zeigte eine phantastisch anmutende Realität, in Photographien sichtbar. Die wissenschaftlichen kosmogonischen Vorstellungen erstrecken sich jetzt nicht mehr allein auf das Sonnensystem, sondern auf das Weltganze. Die Materie selber hat eine Geschichte ihres Aufbaus der Elemente aus den Urteilchen. Da überall die gleichen Elemente vorkommen, könnte (so errechnet man aus verschiedenen Ausgangspunkten) vor etwa vier bis sechs Milliarden Jahren die Welt mit einer »Urexplosion« entstanden sein, bei der unter Freiwerden ungeheurer Energiemengen die Elemente sich bildeten, die Welt in eine Expansion geriet, die heute noch andauert. Reste der freigewordenen Energie lassen sich auch in den kosmischen Strahlen feststellen, welche durch die endliche Welt des gekrümmten Raumes gegangen von allen Seiten gleichmäßig, in dünnster Verteilung, aber mit einer alle anderen Strahlen gewaltig übertreffenden Energie auf unsere Erde treffen. Solche Bilder sind verwickelter, eindringender, auf mannigfaltigere Tatsachen gegründet als die früheren mythischen kosmogonischen Bilder. Aber doch ist niemals das Ganze der Welt wirklich Gegenstand geworden.

Dies zeigte sich insbesondere bei der Frage, ob die Welt endlich oder unendlich sei. Ihre Endlichkeit schien im Altertum (mit Ausnahme einiger wesentlicher Denker) und im christlichen Weltbild selbstverständlich. Ihre Unendlichkeit, vom Cusaner als Abbild von Gottes wahrer Unendlichkeit gedacht, wurde für Bruno selbständige Unendlichkeit und Zeichen der Göttlichkeit des Alls der Welt selber.

In der modernen Physik ist die Frage nach der Endlichkeit oder Unendlichkeit der Welt grundsätzlich anders geworden dadurch, daß sie als Gegenstand der Forschung wissenschaftlich in einem bestimmten Sinn behandelt werden kann. Die Relativitätstheorie hat die Möglichkeit der endlichen, aber unbegrenzten Welt durch die Hypothese des gekrümmten Raumes gezeigt. Was hier gemeint ist, ist eine aus Messungen erschlossene unanschauliche Realität. Die anschauliche euklidische Welt bleibt für die der menschlichen Praxis zugänglichen Größenverhältnisse als real bestehen. Der reale Raum des Kosmos im ganzen ist zwar nicht mehr der anschauliche Raum, ist daher überhaupt eigentlich nicht Raum, sondern eine mathematische Größe von mehr als drei Dimensionen, deren Realität durch Meßbarkeiten innerhalb unseres anschaulichen euklidischen Raumes bestätigt oder widerlegt wird. Hier verliert die Frage nach der Endlichkeit und Unendlichkeit der Welt ihr dem Cusaner oder dem Bruno eigenes Pathos. Sie ist eine an sich neutrale Angelegenheit objektiver Forschung. Darum aber handelt es sich hier auch eigentlich gar nicht mehr um das Weltganze, sondern um eine Realität im Weltganzen, die die Verteilung der Materie und die Bewegungen dieser Materie betrifft. Die Endlichkeit der Welt ist eine Hypothese, die im Gang der Forschung bestritten, geprüft, von neuem begründet, schließlich vielleicht abgetan oder, als ein Schritt der Forschung, vorläufig beibehalten wird. Anschaulich und leibhaftig und damit erst eigentlich real würde diese Realität, wenn eines Tages derselbe Stern, wie etwa die Sonne, seine Lichtstrahlen von zwei einander entgegengesetzten Seiten zu uns kommen ließe, unmittelbar aus der Nähe und außerdem als winziges, nur durch feinste Instrumente erkennbares Sternchen in schnellster Bewegung auf der der Sonne gegenüberliegenden Seite des Himmels.

Die Frage nach der Endlichkeit oder Unendlichkeit der Welt wäre aber sogar auch dann in anderer, neuer Gestalt – ohne die Raumanschauung – wieder da. Denn die Fragen hören nicht auf: worin läge diese endliche, unbegrenzte Welt? Etwa mit ihren vier Dimensionen in einer Welt weiterer, unendlich vieler Dimensionen? Diese leicht stellbaren Fragen könnten zwar Antwort erst erhalten, wenn sie durch Theorien Ansätze zur Beobachtung zeigen würden. Aber schon als Fragen würden sie die Verabsolutierung einer bestimmten materiellen Welterkenntnis verwehren.

Die Beispiele führen zu der allgemeinen Frage: gibt es überhaupt Erkenntnis von der Welt im Ganzen? Alle bestimmte Erkenntnis bezieht sich doch auf einzelne Dinge, Geschehnisse, Gesetzmäßigkeiten. Was universal ist, betrifft eine Seite der Welt, nicht ihre Realität im ganzen. Alle Gegenstände, und seien sie noch so groß, sind Gegenstände in der Welt, sind nicht die Welt.

Aussagen über die Realität des Kosmos im ganzen können nicht durch Erfahrungen bewiesen werden. Als bloße Gedanken aber zeigen sie ihre Unmöglichkeit dadurch, daß sie zu sich widersprechenden Sätzen, den Antinomien, führen. Kant hat es gezeigt. Aussagen wie: die Welt sei endlich oder unendlich, habe einen Anfang in der Zeit oder keinen Anfang, sind nur in Antinomien möglich. Die Welt kann ohne Widerspruch nicht im ganzen gedacht werden. Wie auch immer die bestimmten Formulierungen und Beweise Kants auf Grund weiterer Erkenntnisse umgeformt werden müßten, sein Grundgedanke stellt sich wieder her.

Der Kosmos schließt in sich die Welt, die wir auf unserer Erde kennen. Das Ganze alles Seienden wird in Weltbildern vor Augen gebracht. Hier ist die Folge der modernen Wissenschaft ein unser ganzes Seinsbewußtsein ergreifender Wandel. Alle früheren Zeiten hatten Weltbilder, wir haben erkennen müssen, daß ein Weltbild, das Anspruch auf Wahrheit und Wirklichkeit als dieses eine Weltbild erhebt, unmöglich ist.

Bindungen in Weltbildern waren die Weltordnung des Mittelalters mit Himmel, Erde und Hölle; war die Hierarchie der Naturgestalten (des Leblosen, des Lebendigen, der Seele, des Geistes), diese kunstvolle Architektonik, in der alles seinen Platz hat. Der moderne astronomische Kosmos schließt in sich unsere Erde, den Reichtum der Erscheinungen, des Lebens, des Menschen. Wird die Realität des Weltganzen als Materie erforscht und diese für das eigentlich Reale gehalten, so muß auch sie alles in sich bergen als Möglichkeit; denn aus ihr müßte durch sie alles entstehen. Dieses materielle Weltganze aber erreicht keine Erkenntnis. Vielmehr läßt die physikalische Forschung ihrem Sinn gemäß alles dies außerhalb ihres Blickfeldes. Sie gewinnt ihre Erfolge dadurch, daß sie diese Ausscheidung vollzieht.

Das letzte physikalisch-astronomische Weltbild war das des Weltmechanismus, der aus sich selbst in seinem gesetzlichen Ablauf als begreiflich galt, diese Weltmaschine, die in Regelmäßigkeit läuft, ohne bedient zu werden, ohne Reparaturen. Heute war es noch einen Augenblick das Bild der aus der Urexplosion sich expandierenden Welt mit ihrer Geschichte der Materie (mit von der Forschung selber nicht akzeptierten spekulativen Vorstellungen etwa vom Nichts als Ausgangspunkt, oder von ständiger Neuschöpfung von Materie).

Folge der modernen Wissenschaft ist, daß die Welt zerrissen ist. Weltbilder sind eine Erscheinung der menschlichen Geistesgeschichte. Sie sind Bilder, die in der Welt durch den Geist des Menschen einst sinnvoll als Antwort auf seine Erfahrung aufgetreten sind. In der Tat waren sie niemals Bilder der Welt, wie sie etwa an sich wäre.

Man hat gestritten, ob die Welt aus einem Prinzip oder aus zweien oder aus vielen sei (und sprach von Monismus, Dualismus, Pluralismus), oder ob sie als ein ursprünglich Ganzes alle jene Möglichkeiten zugleich begreifbar mache (Holismus). Diese Denkversuche entstehen durch Verabsolutierung einzelner Kategorien, die zwar bei der Auffassung von Realitäten in der Welt irgendwo je im Besonderen einen Sinn haben, zur Auffassung der Welt überhaupt aber, als ob man außerhalb ihrer stehe und sie gleichsam mit einem Griffe in ihrem Wesen fassen könnte, untauglich sind.

Der Denker möchte die Welt als ein Ganzes vor sich haben. Wenn er sie nicht mehr als Maschine denken kann, so möchte er sie doch als Gebilde aus einer begrenzten Zahl von Prinzipien entwerfen, erklären, durchschauen. Das aber ist unmöglich für den, der das Wesen des Welterkennens im ganzen des Umgreifenden, in dem wir uns finden, begriffen hat. Die Einheit der Natur liegt nicht in einem Prinzip, aus dem alles abgeleitet und erklärt würde. Dieses Prinzip wäre dann das eine große Rätsel, auf das alle vorher bestehenden Rätsel zurückgeführt wären. In diesem einen Rätsel wäre dann die Einheit der Natur ergriffen. Das aber kann nicht gelingen.

Wenn die Zerrissenheiten der Welt im hellen wissenschaftlichen Bewußtsein ebenso zur Klarheit kommen, wie die immer nur besonderen Einheiten, so vermag keine Spekulation sie für unsere Erkenntnis zusammenzubinden. Dann aber tritt um so entschiedener die Frage auf, in welchem Sinne denn Natureinheit überhaupt noch möglich ist. Denn eine beziehungslose Zerrissenheit ist ebenso unmöglich, wie die Einheit eines erkennbaren Ganzen. Was in absoluter, beziehungsloser Trennung wäre, das wäre für uns nicht mehr auffaßbar. Was immer wir auffassen, müssen wir in Beziehung zu anderem und zu uns auffassen. Es gibt für uns nur eine Welt, in der das, was für uns ist, vorkommt und zu anderem Vorkommenden Beziehungen hat. Erst innerhalb dieser Beziehungen sind die Sprünge, welche, je klarer sie werden, von einer Zerrissenheit zu sprechen zwingen. Die Beziehungen selber aber suchen wir jeweils unter Einheitsideen. Sie durchdringen das Weltganze. Aber sie sind immer Einheiten im Weltganzen. So öffnet sich ein grenzenloser Raum für unser Suchen und Finden von Einheiten in der Welt, die uns jeweils als vermeintlich erkannte oder erkennbare Welteinheit täuschen können. Statt die Einheit irgendwo als einzige und letzte fassen zu können, suchen wir ins Unendliche die Bezüge der Erscheinungen und ihrer Einheiten. In der Offenheit gegenüber dem Ungeschlossenen erfahren wir solche Einheiten zugleich mit etwas wie einem Hindurchschauen durch die Natur, das uns Ausgang wird für die Wege transzendierenden Denkens.

Doch immer wieder verführen besonders die Befunde universalen Charakters, wie die Einsichten in das Wesen der Materie, des Lebens, des Bewußtseins dazu, statt konkrete Erkenntnis partikularer Aspekte der Seinserscheinung zu bleiben, zu vermeintlicher Totaleinsicht in das Sein ausgeweitet zu werden. Wenn universale Perspektiven oder große Vereinheitlichungen erstmals auftreten, ist am heftigsten auch die Verführung zu der Meinung, jetzt habe man das Sein im Grunde erkannt, das Ganze, das Allumgreifende. Aber das Umgreifende ist niemals als ein reales Geschehen vor Augen zu bringen. Niemals wird das Umgreifende selber Gegenstand. Wir retten aber, was für uns ist, nur wenn wir das Umgreifende nicht verlieren, in dem uns die Erkennbarkeiten vorkommen. Dann ist die Ungeschlossenheit der Natur zugleich die Offenheit für Existenz und Transzendenz.

Der Verzicht auf ein geschlossenes Weltbild, erzwungen durch die Wahrhaftigkeit unseres wissenschaftlichen Wissens, hat, zusammengefaßt, folgende philosophische Bedeutung:

Erstens: Wenn die Entwicklungen von Wissenschaften, heute vor allem in der Physik, zu neuen großartigen Vereinheitlichungen bis dahin getrennter Tatsachengebiete geführt hat, dann ist dies stets durch klare methodische Aussonderung geschehen. Es wurde immer deutlicher, daß die Welt für die Erkenntnis ungeschlossen ist. Die durchgehenden Vereinheitlichungen haben zugleich die Welt zerrissen.

Zweitens: Statt von der einen Welt im ganzen eine durch Forschung erwerbbare Erkenntnis zu haben, finden wir ins Unendliche hinein systematische Einheiten. Diese immer besonderen Einheiten des Naturseins stehen unter Führung von einer Einheit des Ganzen her, die wegen der Unendlichkeit des Weges nicht erreichbar ist. Die Welt als Ganzes, sagt Kant, ist nicht Gegenstand, sondern Idee.

Drittens: Der Widerspruch von Zerrissenheit und Einheit fordert im Gang unseres Erkennens beides: die Trennung der Gegenstände durch die Methoden ihrer Erforschung und zugleich das Suchen ihrer Bezüge, oder das fortschreitende Unterscheiden und zugleich das ständige Verbinden. Beides stößt nicht an Grenzen, beides schreitet fort ins Unendliche.

Viertens: Die Fixierung der Welt zu einem erkennbaren Dasein im ganzen, das aus sich besteht, würde die Welt zum »Ding an sich« werden lassen und unsere Freiheit aufheben.

Vorstellungen, Bilder, Gedanken, die ihre wissenschaftliche Gültigkeit nicht erweisen können, sind nicht nichts. Die Reinheit der Wissenschaften macht vielmehr die ursprünglich andere Bedeutung der Chiffern um so klarer und gibt ihnen weiter den ihnen zukommenden unbeschränkten Raum von Wahrheit.

(1) Die Sprache der Natur: Unser Dasein ist täglich mit der Natur selber Natur, unbewußt und bewußt. Wenn wir sehen und hören und mit allen Sinnen ihre Gegenwart erleben, so ergreift uns eine Stimmung. Der Reichtum dieser Erfahrung ist unabsehbar. Er bindet sich an die je einzige Gegenwart dieser Landschaft, dieses Baumes, dieses Tages, dieser Stunde, dieses Ereignisses, dieses Augenblicks. Wenn Bilder der Dichtung und Kunst, durch die unsere je eigene unmittelbare Erfahrung geformt und zu großen Teilen erst ermöglicht wird, zu uns sprechen, so immer noch in einmaliger, individueller Gestalt, die den Typus in sich schließt.

Die Natur in den kosmischen, meteorologischen, elementaren, lebendigen Erscheinungen zieht uns an, sie zweckfrei wahrzunehmen. Man nennt die Verfassung, in der das geschieht, naturfromm, lebensfromm, weltfromm. Es ist, als ob die Erscheinungen »sprächen«. Aber sie bleiben dennoch stumm, geben nicht Antwort. Von ihnen überwältigt, haben Menschen zu allen Zeiten sich auf mannigfache Weise durch Personen angesprochen gefühlt, von einem Dämon, von Naturgeistern (Nymphen, Satyrn, Elfen, Kobolde), von Elementargeistern der Luft, des Wassers, des Feuers. Sie wurden als so wirklich erfahren, daß man Tag und Nacht ihre leibhaftige Erscheinung für möglich hielt, oder daß ein geheimnisvoll ergreifender Ort zu einer Kultstätte wurde. Heute noch binden wir wohl, abgeschwächt und spielend, unsere Seele an Orte und Erscheinungen, wenn sie mit der eigenen Wirklichkeit geschichtlich verknüpft waren. Darin zeigt sich, was von Anfang des Menschseins her war. Die Natur ist nicht losgelöst. Wenn einst Götter und Dämonen in ihr erschienen und durch sie wirkten, so jetzt wundersame, heilende und zerstörende Mächte.

Nun aber die Frage nach der Bedeutung der Chiffern der Natur. Wir lieben die Natur als den Raum unserer menschlichen Kommunikation. Denn die Natur bringt die Steigerung, den Zug in das Große des sinnlich Zugänglichen, den Jubel mit ihr, die Erfahrung ihrer hellen Weiten und dunklen Abgründe, ihrer unendlichen Erfüllung des Daseins. Wenn wir uns in Einsamkeit der Natur hingeben, so geschieht das in Ruhe, weil uns das Band hält zu den Menschen, den Gefährten. Wenn wir uns aber als Vereinsamte in die Natur flüchten, weil das Band zu den Menschen zerrissen ist, dann finden wir weder die eigentliche Natur noch uns selbst. Wir verlieren mit den Menschen auch die Transzendenz. Wir betrügen uns in der vermeintlich reinen, göttlichen Natur. Was wir dann als Glück und Schmerz in der Natur finden, nährt sich aus der Erinnerung oder aus der Erwartung menschlich-kommunikativer Möglichkeiten. Nicht die Natur, sondern die Kommunikation unter Menschen hat den Vorrang. Wir können uns der Natur hingeben, weil wir Menschen miteinander sind.

(2) Die Weltbilder als Chiffern: Die besonderen Naturerfahrungen verstehen sich im Gedanken der Einheit der Natur, des Alls der Welt. Weltbilder, die als Ergebnis der Wissenschaften sich als nicht möglich erwiesen haben, werden Chiffern solcher Einheit.

Ich muß verzichten auf einen Bericht über die großartigen Weltbilder, über das Chinas, dessen ewige Ordnung schön, klar, den Menschen in sich bergend, aus allen Störungen zu sich zurückkehrt – über das Indiens, das das unendlich fruchtbare und zerstörende, die Lust und das Leiden, das grenzenlose Unheil des Vergeblichen und das ewig Sichwiederholende, im ganzen die Sinnlosigkeit zeigt – über das der Stoa, für die die Natur durchdrungen von Vernunft, der Kosmos schön und göttlich, der Gott selber ist – über das mittelalterliche Weltbild, das, sich aus den überlieferten Elementen zusammensetzend, Schönheit und Grauen der Natur in den Schatten des einen Schöpfergottes bringt, der diese Welt, die ein Ende haben wird, geschaffen hat. Das Studium dieser Weltbilder vergegenwärtigt einen unermeßlichen Reichtum. Allgemein läßt sich sagen:

(a) Man denkt in Analogien, Entsprechungen, Sympathien der Erscheinungen. Dies läßt sich endlos fortsetzen, jeweils ins Gegenteilige umwenden, mit eigentümlichen Evidenzen in der Anschauung, aber ohne Kriterien für eine Wahrheit.

(b) Man dringt vor zu Prinzipien als Urkräften, Urbildern, Urphänomenen. Sie zeigen sich fruchtbar in der Zusammenfassung und Ableitung von Erscheinungen. Diese Ableitungen sind »Wandlungen« als Entwicklung aus Keimen, als Umgestaltung der Formen, als Verstehen der Krisen und Wendungen im Geschehen.

(c) Die Ordnung des Kosmos ist Grund und Vorbild der menschlichen Ordnungen, diese ein Spiegel jener. Recht, Staat, Sittlichkeit und die innere Ordnung des Einzelnen zum Aufschwung in das Wesentliche verwirklichen sich mit Hilfe der Anschauung der ewigen Ordnungen des Kosmos.

(d) Die Rationalisierung geht zwei Wege: Wo immer die Bindung an Anschauung und Erleben der Erscheinungen bleibt, da entfaltet sich die Chiffer des Alls. Wo dagegen diese Bindung sich löst zugunsten abstrakter Operationen mit festgelegten Reihen und Gruppierungen vieler Prinzipien, da ergibt sich ein leeres Tun. Wir sehen in der Geschichte diese rationale Spielerei ins Endlose. Es ist wie eine »Wissenschaft« der Verstandesarbeit ohne Forschung, ohne Klarheit der Voraussetzungen, ohne Kritik, von uns her gesehen eine Pseudowissenschaft. Daß diese die Gedankenoperateure außerordentlich befriedigt, ist zu verstehen aus ihrer Gewißheit totaler Einsicht. Aber es steht auch im Hintergrund dieses Mechanismus eines sonderbaren Begriffsrechnens immer noch der Grundglaube in den großen anschaulichen Chiffern des Weltganzen.

Was durch die Geschichte der Völker und Kulturen ging, hat nicht aufgehört, wenn es auch seinen Sinn innerhalb des Ganzen unseres denkenden Erkennens wandelte. Ich erörtere nicht die aufklärerische Naturgläubigkeit der Neuzeit. Eine kurze Bemerkung zu Goethes und Schellings Naturvorstellungen soll unsere Situation andeuten.

Goethes Neigung zu Schellings Naturphilosophie ließ schnell nach infolge seiner Abneigung gegen die voreiligen Entwürfe Schellings von Begriffen ohne Naturerfahrung. Goethe hielt sich ständig an solche Erfahrung in seinen Experimenten, die nicht Experimente in naturwissenschaftlichem Sinne zur Verifikation von mathematischer Theorie durch Messungen sind, sondern zur klaren Vergegenwärtigung der reinen Phänomene als solcher dienen. Darum tat Goethe keinen Schritt in die Leerheit eines Begrifflichen, in die Schelling sich verlor. Goethe und Schelling, beide gründeten sich nicht auf moderne Naturwissenschaft. Beide wollten das, was dieser Wissenschaft entgeht, als eine andere Weise der Erfahrung festhalten und fortentwickeln.

Daß dies nicht nur möglich, sondern gefordert ist, beruht auf dem Bleibenden: Wir leben, was auch immer sich ändere, als Dasein in der anschaulichen Welt, in der wir mit unseren Sinnen gegenwärtig sind und mit den Händen operieren. Es bleibt ein Oben und Unten, Himmel und Erde. Der Drehschwindel ist als Zustand ein Zwischenaugenblick, aus dem wir den Boden wieder erreichen. Der sinnlich qualitative und der noch anschaulich abstrakte euklidische Raum bleibt immer unser

Raum. Dieser bleibt in seiner Gegenwärtigkeit mit allen leibhaftigen Erscheinungen die Chiffer der Natur. Dies Grundphänomen ist durch Wissenschaft nicht aufzuheben, nicht für unwahr zu erklären. Wenn etwa ein hochgebildeter moderner Mensch provozierend sagen konnte, er glaube nicht an Antipoden, so sprach er damit die Unantastbarkeit unserer Umwelt aus, die in allen ihren Zügen zugleich Symbolcharakter hat. Natürlich leugnete er nicht die Erdkugel und die Vorstellung, in der die Antipoden von uns her vorgestellt auf dem Kopfe stehen. Nur ist zu unterscheiden, was leibhaftig und was vorgestellt ist. Die Kugelgestalt der Erde war immer zu erblicken an Schiffen, von denen man am Horizont nur die Masten, nicht den Schiffskörper sah; sie ist heute in Photographien aus großen Höhen wahrzunehmen. Den Erdball als Ganzes wird man einst so wahrnehmen, wie wir die anderen Planeten. Reisen wir um die Erde, so sehen wir durch Verbindung von Uhr und Kalender, daß wir einen Tag verlieren oder gewinnen. Aber all diese Leibhaftigkeit liegt in der Leibhaftigkeit unserer Umwelt, die erst für Raumfahrer durch Aufhebung der Schwere, solange sie in diesem Zustand sich befinden, zu einem Teil aufgehoben ist. Dieser Zustand aber ist keine Daseinsform, so wenig wie der Drehschwindel. Alles vorstellende Wissen und alle Absonderlichkeit leiblicher Zustände löscht die Leibhaftigkeit unseres Daseins nicht aus, sondern verwirrt das natürliche (weil das Leben ermöglichende) Daseinsgefühl des Leibes.

(3) Grundstimmungen im Anschauen der Chiffern der Natur: Das Wissen wird selber zum Anstoß. Das »so ist es« wird zu einem Element der Phantasie, das in Chiffern vor Augen bringt, was nun nicht mehr das Wissen für das Bewußtsein überhaupt, sondern Sprache für Existenz ist. Im Bereich der Natur zeigt sich der Chiffercharakter durch die Stimmung, mit der die Naturanschauung verknüpft ist. Einige Beispiele:

Das All-Eine: Seit Beginn der Philosophie ist das Bewußtsein des All-Einen da, heiße dieses Welt, Natur, Alleben. Man glaubte den einen ganzen Kosmos zu sehen, der in seiner Ordnung alles an seinem gehörigen Platz hat. Man glaubte die eine universale Naturgesetzlichkeit zu erkennen, nach der das eine Weltgeschehen verläuft.

Dieses Ganze wurde gesehen als das immer Gleiche im Werden des an sich ewigen Daseins der Natur noch in der Turbulenz ihrer Bewegung. Es wiederholt sich alles in modifizierten Gestalten. Chaos und Ordnung sind eines in der ewigen Wiederkehr aller Dinge.

Das Ein und Alles ist die Chiffer der Ruhe der denkenden Existenz im ganzen des natürlichen Kosmos. Liebe und Vertrauen im enthusiastischen Aufschwung zum ewigen Jetzt im Kreise der Wiederkehr bringen die Stimmung vollendeter Geborgenheit.

Die gute und die böse Weltschöpfung: Wird die Welt gesehen nicht in der Chiffer ihrer Ewigkeit, sondern in der Chiffer ihres Geschaffenseins, so steht ihr Dasein zwischen Schöpfung und Weltende. Die Chiffer des Geschaffenseins der Welt ist auf zweifache Weise existentiell wirksam geworden:

Die Welt, ursprünglich gut geschaffen, ist durch freie Akte geschaffener Wesen verdunkelt. Sie ist nun Stätte der Bewährung der Seelen. Diese Stätte selber ist zweideutig: vom Ursprung her noch gut, aber zugleich durch jene verhängnisvollen Akte gefallen. Sie ist als gottgeschaffene Welt in herrlichen Ordnungen, gehalten in der Kontinuität aller Dinge. Sie ist als verdunkelte Welt voll Häßlichkeit, Leid und Unheil, zerrissen, aber dies nicht eigentlich. Denn sie wird überwunden vom Schöpfergott selbst, der den Seinen hilft, die in allen Schrecken an ihm als der allein sicheren Wirklichkeit festhalten.

Die andere Chiffer der geschaffenen Welt zeigt diese nur als unheimlich und erschreckend. In ihr herrscht die Diskontinuität, das Plötzliche, das Einbrechen, der Zufall. Nicht geborgen, sondern ausgesetzt fühlt sich der Mensch in dieser Welt. Sie ist für ihn nicht nur fremd, sondern an sich böse. Denn sie ist die Funktion einer Macht, die ihn vernichten will. Die Chiffer der Feindseligkeit des Naturganzen ist von Gnostikern auf die Spitze getrieben: Geschaffen ist die Welt nicht von Gott, sondern von einem bösen Weltschöpfer. Er will die Lichtfunken der von andersher stammenden Seelen fangen und verderben. Die Schönheit und Herrlichkeit der Welt ist nur ein Zauber, der von diesem bösen Weltschöpfer zur Verführung der Seelen diesen vorgegaukelt wird, damit sie der Welt und dadurch ihm, dem Bösen, sich ergeben.

Endlichkeit oder Unendlichkeit der Welt: Beide Chiffern ziehen mächtig an: die Endlichkeit als abgeschlossenes Wissen; die Unendlichkeit als offener Horizont. Dort ist die Aufgabe, sich einzurichten, hier, ins Unendliche weiterzuschreiten. Dort ist im ganzen alles klar, hier im ganzen nichts endgültig klar.

Die Endlichkeit bringt ein bergendes Zuhause in der Welt, als Schöpfung und Stätte für den Menschen. Die Unendlichkeit dagegen gibt der Welt selber eine Eigenschaft der Gottheit, sei es, daß sie gradezu die Gottheit ist, sei es, daß sie als das Abbild der vollkommenen Unendlichkeit Gottes in der bloßen Endlosigkeit der Welt gilt.

(4) Erde und Kosmos: Uralt ist die Vorstellung, wie klein doch die für uns gewaltige Erde sein müsse.

In dem aus der Sumererzeit stammenden Mythus von Etanas Fahrt in den Himmel, getragen vom Adler, um dort das Gebärkraut zu holen, wirft dieser Mensch, Stufe um Stufe aufsteigend, den Blick zurück: immer kleiner werden Land und Meer: das Land wie ein Berg, das Meer wie ein Wasserlauf – dann die Erde wie eine Baumpflanzung, das Meer wie der Graben eines Gärtners, – das Land wie eine Hütte, das weite Meer wie ein Hof – das Land wie ein Kuchen, das Meer wie ein Brotkorb – und schließlich: er sieht die Erde nicht mehr und nicht das weite Meer. Da will er nicht weiter: Mache halt, daß ich zur Erde zurückkehre[1].

Cicero läßt Scipio im Traum an dem Ort in der Milchstraße verweilen, von wo er auf die Planeten, die Sonne und in der Mitte die Erde blickt. Die Erde erschien so winzig klein und auf der Erde nahm das römische Reich den Raum eines Fleckens ein, durch Einöden getrennt von anderen Flecken. Der Gott aber hat »das All« zum »Tempel«[2].

Dante hat wieder dieselbe Vorstellung (Paradies 22, 134 ff), wenn er durch sieben Himmelssphären hindurch zurückblickte auf den Erdball und sie »so kläglich« sah, die Scholle Land, auf die wir so stolz sind, ganz von den Höhen bis zum Meere hin.

Heute haben diese Vorstellungen Realität gewonnen. Doch sonderbar: es bleibt die reale Erfahrung arm gegenüber der Größe der technischen Leistung. Wie die zur Alltäglichkeit gewordenen Flüge auf dem Erdball zwar ein nicht gekanntes reales Raumgefühl großer Höhen und Entfernungen geben, Wolken von oben, die zur geographischen Karte gewordene Erdoberfläche sehen lassen, das ist zwar merkwürdig, erlaubt elementare Lichträume, bei niederem Flug eindrucksvolle Landschaften und früher nicht gekannte Horizonte zu erblicken, aber es ist keine grundsätzlich neue Welterfahrung. Einst

[1] Die Religion der Babylonier und Assyrer, übersetzt von A. Ungnad, Jena 1921, Seite 137 ff.

[2] Cicero. Vom Gemeinwesen, lat. und deutsch von Karl Büchner. Zürich 1952, Seite 341 ff.

erlebten Leute, die mit der Eisenbahn in wenigen Stunden Entfernungen überwanden, für die vorher Tage erfordert waren, oft eine größere Angst vor der Benutzung dieses unheimlichen Verkehrswerkzeugs als heute vor der Benutzung des Flugapparats. Die Raumerfahrung wiederholt sich nur in anderen Dimensionen. Was die »Weltraumflieger« erleben bei Aufhebung der Schwere, bei ihrem Blick auf den Erdkörper und die Sterne, das ist nach ihren Berichten enttäuschend geringfügig. Sie scheinen vielmehr Funktion bei einer technischen Leistung zu sein, als daß sie Erfahrungen des Ursprungs eines grundsätzlich veränderten Raumbewußtseins und eines neuen Umgangs mit dem Kosmos machten. Die Vorstellungen wirken stärker als die Realität. Etana, Cicero, Dante zeigten als Vorstellungen Chiffern, die die Kleinheit unserer Menschenwelt und damit das rechte Maß des Menschseins fühlbar machten. Heute hat sich die Proportion verschoben. Gegenüber den neuen, selber empirisch wohlgegründeten Vorstellungen der kosmischen Dimensionen sind die Flüge in den »Weltraum« zu winzigen Vorgängen in der Welt geworden.

Die Weltraumflüge erreichten gar nicht den Weltraum, sondern nur den Raum innerhalb des Sonnensystems. Darüber hinaus in den Weltraum zu fliegen, wird praktisch unmöglich sein (ganz abgesehen von der Schwierigkeit der Herstellung der künstlichen Lebensbedingungen für ein Dasein von Jahren oder Jahrzehnten im Weltraum). Selbst dann, wenn Raketen Lichtgeschwindigkeit gewinnen sollten (was unmöglich ist), reicht die Lebensdauer von Menschen nicht aus, um auch nur einen kleinen Teil des Weltraums zu durchmessen. Wir leben in einer Welt, die als ganze zu betreten uns für immer verwehrt ist.

Die in der Tat fabelhafte technische Leistung erzeugte eine Phantasie, die so maßlos und grundlos ist wie die Vorstellung von künstlicher Herstellung von Pflanzen und Tieren und Menschen. Diese Phantasie sieht keine Chiffern. Die Unbesonnenheit solchen Denkens bezeugt, daß wissenschaftliche und technische Fortschritte auch erzielt werden können durch Menschen, die als Rädchen in dem im ganzen anonymen Prozeß des ungeheuren technisch-naturwissenschaftlichen Fortschreitens menschlich aufgesogen werden.

Die Erfahrung sinkenden Menschseins läßt die Sorge wachsen, das Ergebnis dieser großartigen Technik könnte in relativ kurzer Zeit alles Leben auf der Erde vernichten, falls der Mensch sich nicht wandelt. Wer aber wirklich lebt, lebt aus der Hoffnung: die Erfahrung des Sinkens treffe nur eine trügerische, augenblicklich aufgedunsene Oberfläche; was der Mensch ist und sein kann, werde sich zeigen durch die Überwindung dieser entmutigenden Erfahrung auf Grund der beschwingenden Erfahrung, die jeder Mensch durch sich selbst, seinen Willen, sein Denken und Handeln, durch die Tiefe seiner Besinnung bezeugt.

(5) Zusammenfassung: Der »archimedische Punkt« außerhalb der Erde ist vom Menschen im ersten Ansatz betreten. Außerhalb des Sonnensystems aber ist er durch Fußfassen auf einem Stern unbetretbar. Außerhalb des Kosmos gibt es ihn ohnehin nicht, nicht einmal für den Gedanken unseres erkennenden Geistes. Denn so weit auch unsere Vorstellungen und Erfahrungen im Raum gelangen, wir bleiben immer in der Welt.

Während aber wissenschaftliche Erkenntnis und technische Vorstellungen die Welt nicht übersteigen und nicht im ganzen erfassen, vermag doch die spekulative Anschauung das Weltall zu erreichen. Wenn auf die Weltbilder wissenschaftlich verzichtet werden muß, bestehen sie in einem anderen Sinn zu Recht. Sie sind Chiffern nicht der Transzendenz, sondern der Natur im ganzen.

Diese Vorstellungen in Chiffern des Weltganzen besagen etwa:

(a) Wird die Vollendung der vernunftdurchdrungenen Welt gedacht (Stoa), so ist diese Welt doch dem Verhängnis des Endes im Feuer (ekpyrosis) überliefert und wird immer von neuem in ewiger Wiederkehr.

(b) Wird der transzendente Schöpfergott zur einzigen Wirklichkeit, so ist die Welt als solche nur im Übergang zwischen Weltschöpfung und Weltende.

(c) Ist das Sein zugleich das Nichts der Ewigkeit, wohin zu gelangen das Heil ist, dann ist die Welt das endlos bleibende Unheil des Scheins. Sie ist Schein für das uneigentliche menschliche Wissen, das in der Tat gerade Nichtwissen des Wesentlichen ist. Sie ist untilgbares Leiden, aber gleichzeitig überwunden im eigentlichen Wissen der Ewigkeit.

Die Chiffern des Weltalls sprechen nicht Tatsachen aus. Wo sie, infolge ihrer je eigentümlich bezwingenden Evidenz als Wissen vom Ganzen behandelt, in der Tat Glaubensinhalt wurden, da beschränken sie auch. Wir wurden befreit durch die Trennung von Tatsache und Chiffer.

Auf Tatsachen – »so ist es« – antworten wir durch ein existentiell erhellendes Denken in Chiffern. Die Tatsachen sind unumgänglich, die Chiffern schwebend.

Tatsachen werden erforscht, Chiffern sprechen aus, was für Existenz sich zeigt.

Die Spannung von Tatsachen und Chiffern verwirrt, wenn beide ineinander gemischt werden, befreit, wenn sie in klarer Trennung ihren Bezug aufeinander gewinnen.

Von den Chiffern gingen die Impulse aus, die dann in den Wissenschaften zu den Forschungen führten, die unabhängig von diesen Impulsen nun ihre eigenständige Geltung haben. Es ist das Interesse der Geschichte der Wissenschaften, diese Ursprünge im einzelnen aufzuzeigen. Der Glaube in Gestalt der Chiffern der harmonia mundi (in der Astrologie), des Lebens der Elemente (in der Alchemie), der gesonderten Existenz von Leib und Seele (in der theologischen Anthropologie) und vieler anderen waren solche Triebkräfte. Deren Sinn bleibt bestehen, auch wenn die Wissenschaft sie ausscheidet. Und die Wissenschaften selber liefern wiederum Daten, die jenen Triebkräften dienen, die die Chiffern des Alls suchen. Weder eine Verwerfung von Tatsachen, noch eine Verwerfung von Chiffern wäre wahr. Wir leben in der Welt, die mehr ist als alles, was in ihr erkannt wird, und die im ganzen durch Chiffern spricht, die miteinander in unaufhörlichem Kampfe liegen. Dieser Kampf hört erst auf, wo sie zu unverbindlichen Beliebigkeiten für das Auge des historischen oder psychologischen Sammlers und Ordners neutralisiert sind.

Exkurs: Pseudophilosophie

Manche Physiker finden bei den zeitgenössischen Philosophen nicht die Philosophie, die sie begehren. Sie machen sich ihre Philosophie selber. Das alles geschieht zu Recht. Denn die Philosophie ist nicht das Eigentum eines Berufes oder Faches. Wir haben nur zu fragen, was uns auf dem Boden der Physik als Philosophie angeboten wird.

Die Physiker besinnen sich auf die Voraussetzungen ihrer wissenschaftlichen Wege. Sie erfahren, daß diese Besinnung selber auf Wege der Entdeckung führt, nämlich dann, wenn durch sie nicht nur eine erkenntnistheoretische oder metaphysische Spekulation erfolgt, sondern wenn durch sie der Entwurf von Theorien möglich wird, die die Eigenschaft haben, durch mathematische Konstruktionen Messungen zu ermöglichen und exakt nachprüfbar zu sein. Ihre Philosophie entwickelt ferner Vorstellungen, die das in den tatsächlichen Erkenntnissen Widersprechende in Zusammenhang bringen. Wert hat dieses Denken in dem Maße, als es die Wege der Wissenschaft erweitert, als es die reale Erkenntnisbedeutung von Begriffen prüft, als es das Bewußtsein der gewonnenen Zusammenhänge klärt. Das alles aber liegt im Rahmen der Wissenschaft selbst. Es bedarf dazu keiner Philosophie und es ist noch keine Philosophie.

Auf dem Boden der modernen Physik ist aber auch etwas ganz Anderes geschehen. Der immer wiederkehrende Anspruch einzelner Wissenschaftsgebiete, die eigentliche Wissenschaft zu vertreten, und der Wissenschaft überhaupt, alle Erkenntnis zu sein, ist in diesem Falle als eine zwar moderne, aber nichtige Denkungsart aufgetreten.

Der sogenannte Positivismus stellt richtige Erwägungen an, soweit er für die Reinheit der Wissenschaft dachte und selber zu ihr gehörte. Er wird Pseudophilosophie, wo er selber seine rationalistische Dogmatik aufstellt. Mit dem Pathos der Wissenschaftlichkeit, in dessen Gewande er seine Thesen vorbringt, trägt er zwar in Analogie zur Wissenschaft, aber nicht wissenschaftlich, leere begriffliche Erfindungen vor. Für die Wissenschaft selber gibt er die sinngebende Macht der Ideen preis, die, auf direkte Weise nicht faßbar, dem eigentlichen Forscher aus der Natur selber als der systematische Zusammenhang der Erscheinung entgegenkommt, man weiß nicht, wie weit.

Auf dem Boden der modernen Physik sind nach immer wiederkehrenden Mustern Begrifflichkeiten der Naturerkenntnis verwendet worden, um zu erkennen, was gänzlich außerhalb ihres Horizontes und ihrer Denkweisen liegt: Freiheit und Schöpfung.

Wenn man auf Grund der nur statistischen Regelmäßigkeit atomarer Erscheinungen, die als solche keine Kausalauffassung ermöglicht, den Schluß zieht, hier liege im Grund der Materie selber die Freiheit verborgen und sei nun physikalisch erwiesen, so ist zu antworten: Die sogenannte Freiheit im Statistischen hat nichts zu tun mit der Freiheit, die wir in uns kennen, ohne sie je erkennen zu können. Wenn die Moralstatistik Erscheinungen behandelt wie Verbrechen, Selbstmord, so hebt sie nicht auf, was Freiheit in jedem einzelnen Täter sein könne. Wenn atomare Statistik, der Form nach vergleichbar, in atomaren Akten die Grenze findet, an der sie nur statistisch denken kann, so führt sie die Freiheit nicht ein.

Wenn man in den Untersuchungen, die auf verschiedenen Wegen einen Anfang der Welt vor einer Zeit in der Größenordnung von etwa fünf Milliarden Jahren errechnet, den Schluß auf eine damals stattgefundene Schöpfung und den Schöpfergott macht, so ist zu antworten: Schöpfung und die Chiffer des Schöpfergottes gibt es für die Physik nicht. Niemals führt sie dorthin. Die Physik kennt kein Ende ihrer Fragen. Sie macht nicht den Sprung in einen anderen Denkraum. Wo jener Ort des Anfangs der Welt extrapolierend erreicht wird, da stößt sie nicht auf Schöpfung, sondern auf eine neue Frage, auch wenn sie noch keinen Weg sieht, weiterzukommen.

Solche Gedanken werden nur dadurch möglich, daß Freiheit und Schöpfung zu bloßen Worten wurden mit Vorstellungen, die den Sinn des Signums der Freiheit und der Chiffer der Schöpfung zerstören. Was in dem Raum des sich erhellenden Glaubens zur Sprache kommt, das soll durch wissenschaftliche Erkenntnis einen Ort in der Realität gewonnen haben.

B. Chiffern des Ganges in der Zeit (Geschichte und Eschatologie)

I. Die moderne Geschichtswissenschaft und ihre Grenzen

(a) Die Wissenschaft der Geschichte erreicht weder den Anfang noch das Ende der Geschichte. Nicht den Anfang: denn sie ist gebunden an die gegenwärtige Realität von Dokumenten, Zeugnissen, Monumenten, Überlieferungen; wo diese fehlen, hat sie keinen Gegenstand. Nicht die Zukunft: denn die Zukunft ist noch nicht Realität; die Geschichtswissenschaft ist auf die Vergangenheit beschränkt. Auch vermag diese Wissenschaft weder zu erforschen, wodurch Geschichte begann, ihren Ursprung, noch ihr Ziel, und ob sie überhaupt ein Ziel habe. Die Geschichtswissenschaft steht mitten in der historischen Realität, je gegenwärtig an ihrem Ort im Gange der Zeit, offen nach beiden Seiten. Sie ist selber Geschichte und ist zugleich ihr eigener Gegenstand.

Die Unvollendbarkeit der Geschichtswissenschaft hat zwei Gründe: Die Unendlichkeit der konkreten Realität; jeder historische Gegenstand bleibt für das verstehend erkennende Eindringen unvollendbar offen. Und das ständige Weitergehen der Geschichte; die Geschichte selber ist nicht am Abschluß.

b) Geschichte ist noch nicht das Geschehen und die Wandlung in der Zeit. Nur uneigentlich spricht man von Geschichte der Natur. Denn die Naturgeschichte ist ein von außen erkennbares, aus Fakten erschließbares, durch lange Zeiten sich wiederholendes Geschehen, dessen Innerlichkeit, wenn sie da ist, unzugänglich bleibt. Geschichte dagegen ist das Geschehen im Medium der verstehbaren Innerlichkeit des Menschen, seiner Bestrebungen, Pläne, Zielsetzungen, seiner geistigen Schöpfungen, seiner politischen Bildungen und Kämpfe, unwiederholbar. Was Naturgeschehen ist, wird geschichtlich erst relevant durch Beziehung auf solche Verstehbarkeiten. Geschichte ist Geschichte des Menschen.

»Verstehen« ist die Grundkategorie in der Auffassung des Geschichtlichen, wie »Kausalität« in der Auffassung der Natur. Dadurch hat die Wissenschaft der Geschichte ihren Reichtum, aber auch als Wissenschaft ihre Grenzen. Denn das Verstehen ist auf andere Weise an die Fähigkeiten der einzelnen Persönlichkeit gebunden als sinnliche Wahrnehmung und kausales Erkennen. Ferner ist alles Verstehen mit einem Bewerten verbunden. Zur Wissenschaftlichkeit bedarf es daher der Einsicht in die eigenen Verstehensgrenzen und der Fähigkeit, im Verstehen die Wertungen zu suspendieren. Dies bedeutet, sich hineinzuversetzen in das Fremdeste, alle Möglichkeiten denkend zu versuchen, seinen eigenen Wirkungswillen im Übergang des Forschens preiszugeben. Schließlich ist die bloße Evidenz eines Verstehbaren zu unterscheiden von der Realität des Verstandenen. Das historische Verstehen verlangt den Nachweis in der Realität der Erscheinung, des in der damaligen Mitteilung faktisch Gemeinten, das Aufzeigen des Ausdrucks. Ein durchgeführtes verstandenes in der Evidenz geschlossenes Singgebilde kommt in der Realität nur angenähert vor. Jede Realität eines Sinns umfaßt zudem mehr als in einem bestimmten Verstehen getroffen wird.

Die Wissenschaft der Geschichte, die die Realität des Sinns erforscht, kann nur den vom Menschen gemeinten oder erfahrenen Sinn treffen. Ein Sinn, den der Auffassende wahrnimmt, der aber ein von niemandem in der historischen Realität selbst gemeinter Sinn war, ist nicht wissenschaftlich erforschbar.

Erforschbar ist nur die Bedeutung von Ereignissen für ein versuchsweise vorausgesetztes Ziel. Dabei zeigen sich die Zweckmäßigkeiten und Zweckwidrigkeiten in einzelnen Zusammenhängen, vergleichbar der Erforschung des Teleologischen und Dysteleologischen im Lebendigen, aber mit dem Unterschied, daß die Geschichte uns nicht wie ein lebendiger Körper eine Zweckmäßigkeit im ganzen zeigt.

(c) Die Geschichtswissenschaft ist gebunden an Methoden je in ihrer Bestimmtheit. Ihre Erkenntnisse beruhen, wie die der Wissenschaften überhaupt, auf solchen Methoden. Deren außerordentliche Entwicklung in der Philologie, die Entfaltung der Kategorien in den Grundwissenschaften des Geistes, der politischen Wissenschaft, der Soziologie, der Wirtschaftswissenschaft ist hier nicht einmal anzudeuten. Das Entscheidende ist, ob die jeweilige Methode klar und bewußt ist, oder ob das Verfahren in Beobachtungen, Formulierungen, Charakterisierungen, Beurteilungen, Erzählungen steckenbleibt.

Der Historiker möchte sehen und zeigen, wie es eigentlich war, und er möchte die Kausalität des Geschehens bis zu ihrer Notwendigkeit erkennen. Beides ist unerreichbar. Aber auf das hin schreitet die Forschung ins Unendliche fort.

Die Darstellung geschichtlicher Wirklichkeiten, Ereignisse, Zustände, Zeitalter, Personen ist je ein Kunstwerk auf wissenschaftlichem Grunde. Sie ist zwar, wenn sie gelingt, in allen Teilen wissenschaftlich begründet, aber im ganzen, in der Wahl des Themas, in der Auswahl der Fakten, in der Anordnung nur durch Motive zu gewinnen, die über die Wissenschaft hinausgehen. Sie müssen mit der Darstellung, die doch als solche erst vergegenwärtigt, zugleich die damit verbundene Beschränkung in Kauf nehmen.

(d) Alle erkennbaren Notwendigkeiten, seien es evidente Sinnzusammenhänge, seien es kausale Unausweichlichkeiten, sind je besondere. Der Ablauf der Geschichte im ganzen hat keine Notwendigkeit. Die Formel »Es mußte so kommen ...« ist kein wissenschaftlich erkennbarer Satz.

Weil die Vergangenheit schon ihr Ergebnis zeigt, entsteht eine Täuschung: Ein Historiker sieht die von ihm für eine Situation in der Vergangenheit gegebene Prognose durch die ihr folgenden Ereignisse bestätigt. Die Geschichte als Wissenschaft kann zwar auf Grund der Quellen manches besser wissen als der einst Lebende, Handelnde, Schaffende, dem diese Quellen nicht zugänglich waren, aber auch dann wird er nur durch Selbsttäuschung ein sich in die Vergangenheit zurückversetzender Prophet.

Auch kann die Wissenschaft keine gültige Prognose machen, sondern nur Möglichkeiten und Wahrscheinlichkeiten entwerfen. Das richtige und falsche Wissen in solchen Prognosen ist ein Moment des Handelns, das selber ein

Faktor des Kommenden wird. Alle Prognose bleibt im Rahmen der schon gegenwärtigen Weisen der Realität und der geistigen Auffassungsmöglichkeiten, die selber ein Resultat der Geschichte sind. Stets bleibt ein Horizont, hinter dem das liegt, was niemand seiner Qualität nach voraussehen konnte. Kein griechischer Historiker hätte voraussehen können, was aus der biblischen Religion an Lebenspraxis, Weltgestaltung, an dem die Menschen bezwingenden Seinsbewußtsein folgen konnte. Die zahlreichen intuitiven Entwürfe Nietzsches über Zukunftsmöglichkeiten – teilweise bestätigt, teilweise unbestätigt – konnten nicht vorwegnehmen etwa die Konstruktion des Prinzips totaler Herrschaft im technischen Zeitalter. Die großen später überraschenden Prognosen erwachsen aus der Auffassung eines in Ansätzen schon Daseienden, das den anderen Zeitgenossen noch nicht bemerkbar wird. Kierkegaards, Tocquevilles, Marx' Prognosen haben diesen Charakter. Aber auch Marx ahnte nichts von totaler Herrschaft.

(e) Die Gegenwart ist für die Geschichtswissenschaft schon wie Vergangenheit. Das wissenschaftlich objektive, dem Sinne nach für jedermann gültige Wissen und der Wille zur Wirkung in die Zukunft liegen in stärkster Spannung. Es ist dieselbe Spannung in aller historischen Auffassung.

Die Verantwortung für die Richtigkeit wissenschaftlich historischer Dokumentation und Erkenntnis, und die Verantwortung für die urteilende Auffassung der Geschichte, die als Auffassung schon Faktor des weiteren Geschehens wird, sind von grundsätzlich anderem Sinn. Die Wahrhaftigkeit des Historikers bindet sich an die Unterscheidung dieser beiden Verantwortungen. Existentielle Unwahrhaftigkeit ist die Folge, wenn er im Gewande der Wissenschaft »als Historiker« faktisch in den auf diesem Wege unverantwortlich werdenden, weil sich nicht offen zeigenden Kampf der Mächte tritt. Der große Historiker tut zwar beides, läßt aber nicht verwechseln und bleibt dann wahrhaftig.

Geschichtswissenschaft hat ein Motiv in dem Willen, durch Wissen ein besseres Leben und Handeln zu ermöglichen. Daß sie dies Motiv während ihres Tuns suspendiert zugunsten reinen Wissens, ist die Würde ihrer Wahrheit. Sie leistet diesen Dienst dadurch, daß sie selber rein wird. Aber damit weiß sie ihre Grenzen.

Die Grenzen der Historie als Wissenschaft lassen für die Auffassung der Geschichte in Chiffern den Raum sich öffnen.

II. Die Chiffern der Geschichte

1. Die Auffassungen des Verlaufs der Gesamtgeschichte

(a) Fortschritt, Entwicklung, ewige Wiederkehr: Die Geschichte ist als Fortschritt, als Entwicklung, als ewige Wiederkehr gedacht. Diese drei Kategorien haben einen Ansatz in der Realität. Den *Fortschritt* gibt es, aber nur im realen Wissen und in der Technik, mit Rückschlägen zwar, aber bisher immer wieder sich fortsetzend. Die *Entwicklung* gibt es als Entfaltung von Gestalten, die innerhalb der

Geschichte Anfang und Ende haben, so die Entwicklungen der griechischen Kunst bis zum Ausgang im Hellenistischen, der neuzeitlichen Kunst seit dem vierzehnten Jahrhundert bis zum Ausgang Ende des achtzehnten Jahrhunderts, des philosophischen Denkens von den Milesiern bis Aristoteles, von Kant bis Hegel und Schelling, von Anselm bis Occam. Die *Wiederkehr* gibt es in Ereignisreihen verwirklichter Zustände, die sich vergleichen lassen, etwa von den Kleinstaaten zu den Imperien.

Was in wissenschaftlicher Auffassungsweise ein partikularer nachzuprüfender, begrenzt gültiger Aspekt ist, das wird durch eine Übertragung auf das Ganze der Geschichte zu Chiffern, die ein geschichtliches Seinsbewußtsein auf mehrfache Weise aussprechen. Aber als Realität sind sie nicht nur nicht beweisbar, sondern widerlegbar.

Der Fortschrittsgedanke läßt mich einen Prozeß fühlen, in dem ich jeweils auf der letzterreichten Höhe stehe und zuversichtlich in die weiter zum Besseren voranschreitende Zukunft blicke. Im Entwicklungsgedanken habe ich meinen Ort in einer Entfaltung des Ganzen, innerhalb dessen der Fortschritt ein untergeordnetes Moment ist. Im Gedanken der Wiederkehr erwarte ich die Wiederholung der Gesamtgeschichte im Kreislauf. Es war alles schon einmal da und wird wieder da sein.

(b) Geschichte durch Lenkung Gottes: Entgegen diesen drei Chiffern steht: Die Geschichte verläuft nach Gottes Vorsehung. Sie ist Erziehung des Menschen nach dem Plane Gottes. Der Mensch handelt im Gehorsam oder Ungehorsam gegen Gott, erfährt daher als Volk und als Einzelner Lohn und Strafe. Er lebt unter Gottes Verheißungen und Drohungen.

Geschichtsschreibung ist dann kritischer Bericht durch Scheidung der guten und bösen Taten (analog verfuhr unter ganz anderen Voraussetzungen die alte chinesische Geschichtsschreibung). Dadurch ist die Geschichtsschreibung Ruf an die Gegenwart zur Verantwortung für die Zukunft (nicht wie bei Solon durch Hinweis auf das immanente Gesetz, nach dem der schlimmen Tat zwar nicht immer sogleich, aber sicher im Gang der Dinge, das Unheil folgt, sondern durch Berufung auf Gottes Willen).

Ist der Plan Gottes als sinnvolle Lenkung der Geschichte endgültig? Kann der Mensch auf die Verheißung rechnen auch in dem Sinne, daß, mag er auch noch so schuldig werden, doch Gott die Geschichte im ganzen zum guten Ziel führt? Nur bei Jeremias meine ich die andere Möglichkeit berührt zu sehen, daß Gott auch alles ausreißen kann, was er gepflanzt hat. Die vorliegenden biblischen Texte aber sind beherrscht von der endgültigen Verheißung. Die Paradoxie bleibt: die Geschichte hängt ab von dem, was Menschen tun – aber diese Geschichte verwirklicht über sie hinweg die Verheißung Gottes.

(c) Gnostische Geschichtssicht: Die Chiffer wandelt sich grundsätzlich, wenn nicht der ewige unveränderliche Wille Gottes die Geschichte lenkt, sondern in Gott selbst, im Sein an sich die Geschichte gedacht wird, deren Ereignisse oder Entschlüsse in den Erscheinungen dieser Welt ihren Ausdruck, ihren Widerhall, ihre Folgen finden. Diese Geschichtsauffassung heißt nach einer ihrer bestimmten historischen Gestalten die gnostische.

Im Übersinnlich-leibhaftigen geschieht, was wir hinzunehmen haben. Von dort kommen die Forderungen, die Akte des Betrugs, des Eingriffes und des Sichentziehens, der Hilfe und der Vernichtung. Wir haben keine Möglichkeit, durch aktives Handeln zu widersprechen, haben keine eigene Freiheit. Nicht wir machen die Geschichte, haben daher keine eigentliche Mitverantwortung. Wir können vielleicht hören und antworten durch Gehorsam oder Revolte. Kritische Fragen werden beantwortet dadurch, daß jene Geschichte des Übersinnlichen selber in sich die Gegensätze birgt der guten und der bösen Mächte. Dann bleibt uns, Partei zu ergreifen. Eine dramatische Welt in Mythen und in daraus erwachsenen begrifflichen Spekulationen und zugleich eine Verdrehtheit und Vergessenheit ergreift uns. Einmal großartig anmutende kosmische Vorstellungen, dann eine ungewöhnliche Häßlichkeit, oft etwas Subalternes in den öden Wiederholungen der Adepten, all dies irgendwo auch von Erfahrungen des Wahnsinns genährt, aber selber gar nicht wahnsinnig, zwingt und bestätigt uns in der eigenen häßlich-qualvollen Verfassung.

Solch gnostisches Ereignisdenken, für das das Transzendente (wenn man dies noch so nennen darf) selber zeitlich ist, geht in beiläufigen Chiffern bis in das moderne Denken: Gott hat sich für eine Zeit zurückgezogen (Strindberg), Gott ist tot (Nietzsche).

(d) Rangordnung: Die Masse des Kosmos ist unvorstellbar groß gegenüber dem kleinen Sonnensystem, dieses gegenüber dem Stäubchen des Planeten Erde. Die bewohnbare Welt ist eine hauchdünne Oberfläche der Erdkugel. Die großen Kontinente werden die überlegenen Mächte gegenüber kleinen Ländern. Die an Zahl großen Völker lassen die kleinen als winzig und daher unwichtig erscheinen. Die

politischen Großmächte saugen die kleinen in sich auf. Die Masse der Menschen ist überwältigend gegenüber dem Einzelnen.

Wir sind preisgegeben: den Kräften, die aus dem Kosmos oder Erdinnern her uns vernichten können, den Großmächten, den Menschenmassen.

Wo in der Geschichte das Quantitative maßgebend wird, nähert sie sich der Naturgeschichte. Eigentliche Geschichte hat das Übermächtige zum Moment, aber nicht als ihr Wesen. Denn die eigentliche Geschichte trifft Qualitatives, das in kleinsten Umfängen erwächst, geschaffen wird, zum Bewußtsein kommt. Zuweilen, selten erreicht es große Menschenmassen und prägt dann als ein Faktor auch die politischen Mächte. Es kann wirkungslos verschwinden und vergessen werden oder fortdauern im unbeachtet Kleinen, aus verborgener Überlieferung erwachsen in einzelnen Menschen oder unberechenbar neu wieder da sein, immer mit der großen Unsicherheit und Ungewißheit, ob ihm vergönnt ist, zu leben und zu wirken.

Juden und Griechen waren sehr kleine Völker. Aus kleinen Bereichen ging in Indien und China aus, was in Verwandlungen und Mißverständnissen zum Eigentum großer Kulturen wurde. Selbst Rom war ein kleiner Ursprung, von dem her ein Geist politischer Ordnung, des Wissens von Macht und Recht, die Mittelmeerwelt in ein Imperium verwandelte, wobei der Geist des Ursprungs schließlich verlorenging.

Aber worin liegt das Qualitative? Mancher Historiker hat es mit dem Erfolgreichen identifiziert. Er dient den siegenden Gewalten und dem Bestehenden, läßt das Gescheiterte unbeachtet, es sei denn als Folie für den siegreichen Prozeß und mit Ausnahme dessen, was vom Siegreichen später als Grund seiner selbst, in welchen Verkehrungen auch immer, angeeignet wird.

Anders die eigentliche Geschichte. Für sie liegt das Qualitative im Großen als solchem, mag es siegreich sein oder scheitern. Was aber Größe sei, das erkennt keine Wissenschaft. Es wird ursprünglich verstanden in Chiffern, durch Sagen, Mythen, Legenden. Wenn für uns heute die wissenschaftlich erforschte und erforschbare Realität für die Wahrhaftigkeit des Blicks unumgänglich ist, so bleibt doch das Große immer noch in Chiffern der Größe vor Augen. Es wird mit wissenschaftlichen Mitteln, aber nicht durch Wissenschaft gesehen.

Solange Historiker nur am Erfolg orientiert sind, treffen sie noch nicht das, was durch die Chiffern der Größe geschichtlich gesehen wird: die Teilnahme der Erscheinungen an der Ewigkeit, ihr übergeschichtlicher Charakter.

Das Große ist die Chiffer der geschichtlichen Immanenz. Es ist auch hier ein Kampf der Chiffern. Die Existenzen führen ihren Kampf in der Kommunikation durch Aufzeigen des Großen, wie und als was sie es sehen. Was groß ist, wird zugleich mit der Existenz der Sehenden offenbar.

Historische Forschung ist der neutrale Boden, auf dem man in bezug auf nachweisbare Realitäten einig werden kann. Nur ziellose historische Forschung kann ohne Anerkennung von Rangordnung Quisquilien nachgehen. Sogar dann findet eine ungewußte Orientierung an einem vielleicht subalternen Gedanken statt, der die Wichtigkeit des erforschten Gegenstandes meint.

Geschichtsauffassung, in geschichtlichen Darstellungen sich mitteilend, betritt das Feld, auf dem die nie endenden Kämpfe um das Ansichtigwerden der Größe, um Würde, um Adel, um Tiefe der Wahrheit, um Glauben stattfinden.

Der selber große Historiker erstrebt hier noch einmal eine andere Wahrheit als die ohne Zweifel gemeinsame wissenschaftliche Richtigkeit. Er möchte alle Weisen der Größe und der Auffassung von Größe verstehen. Die Geschichte ist ihm ebenso sehr Geschichte des schnell Vergänglichen, Scheiternden als nicht minder die des Dauernden, Sichbehauptenden, dessen, was sich in der Wahrheit stehend glaubt. Er möchte sich selber zum Kampffeld werden lassen, ohne in den Kampf einzutreten. Auch das vergessene Große, was immer es sei, will er sichtbar werden lassen. Er will weder der Partei der Siegreichen dienen noch der der Besiegten, nicht den Kirchen und nicht den Ketzern. Aber er macht die Erfahrung, daß das in Vollendung unmöglich ist, wenn auch Großartiges seit Thukydides hier und da erreicht wurde. Er sieht sich trotz allem im Kampf. Seine Selbstkritik wird ihn seiner Beschränkung bewußt werden lassen. Denn würde er jede Weise der Größe sehen, erhellen und zu absoluter Gerechtigkeit gelangen, wäre er über Menschenmaß hinausgewachsen.

Ohne Rangordnung ist keine geschichtliche Auffassung möglich. Ohne Chiffer der Größe keine Rangordnung, ohne Kampf der Chiffern keine wahre Chiffer.

(e) Zufall: Wir sehen in der Geschichte die ungeheure Macht des Zufalls, wenn wir die Ereignisse messen an den Entwürfen menschlichen Planens und an irgendeinem nachträglichen Entwurf ihres Sin-

nes. Planen, selber immer nur innerhalb der Geschichte, ist in der Verwirklichung den Zufällen ausgesetzt. Jeder nachträgliche Sinnentwurf einer Gesamtgeschichte muß die Zufälle sehen, die in der Realität diesen Sinn stören oder fördern.

Wir sehen, daß Menschen die Zufälle zu nutzen wissen, die an anderen unbemerkt vorübergehen. Sie verwandeln den Zufall in Sinn. Nicht der Zufall, sondern dieser Sinn, der ihn ergreift, ist der Herr, aber nur für eine Weile in beschränktem Umfang, für den Betrachter erstaunlich.

Wir sehen Zufälle sich häufen, eine Ereignisfolge ermöglichen, die durch einen Sinn, sei er gut oder böse, so zusammenhängt, als ob sie von einer nicht mehr menschlichen Macht gewollt sei. Angesichts solcher Tatsächlichkeit wird die Chiffer eines Sinnes von Geschichte gesehen, den der Mensch nicht macht, sondern der mit ihm umspringt.

Wer von solchen Zufällen sich getragen fühlt, glaubt an seinen »Stern«, wer nicht, erspürt in ihnen die Merkzeichen des Weges zu seinem Untergang. Wer im Rückblick auf sein Leben die Zufälle in ihrem Sinn, den erst die Folgezeit offenbar werden ließ, zu sehen meint, spürt betroffen die Chiffer einer Führung, oder eines Kampfes von Mächten um ihn.

Wird die Geschichte als ein Gesamtsinn konzipiert, wie in der konkreten Durchführung am großartigsten von Hegel, dann hören Zufälle entweder auf, Zufälle zu sein, weil sie Faktoren des Sinnganzen werden, oder die Zufälle gelten im Sinn solcher Konzeption als das, was nicht zur Geschichte gehört, also unbeachtlich ist. Die Realität der Geschichte in ihrer Ausbreitung in Zeit und Raum vermag nur im Ganzen selber, nicht im Besonderen den Begriffen des Sinnganzen zu gehorchen. So wird bei Hegel die große Masse historischer Realität in der Tat als Zufall beiseite geworfen. Ganze Völker und die meisten Geschehnisse haben mit dem Sinn der Geschichte als der ewigen Gegenwart des Geistes nichts zu tun. Sie sind nur da, und sogar die Menschen, die Geschichte machen, leben, wenn sie ihr Werk getan haben, nur gleichgültig noch fort.

Der Zufall, sei er als historisch entscheidend, sei er als historisch unwesentlich gesehen, wird immer zum Ansatz von Chiffern. Er wird als heilbringendes, mit meinem Willen im Bunde wirkendes Wesen zum Gegenstand, der die Einstimmung des eigenen Lebens und Wollens mit dem Gang der Dinge bezeugt. Er wird als die Inkarnation des Unsinns Gegenstand der Empörung.

Das Kostbarste, dessen wir uns geschichtlich erinnern, ist am meisten dem Zufall preisgegeben. Die Spannung zwischen dem in der Geschichte sprechenden Ewigen und dem Zufall ist erschreckend. Während jenes überzeugend ergreift, scheint dieser alles in Frage zu stellen.

2. Eschatologie

Der Sinn des »Letzten« besagt real den Tod des Einzelnen und das Ende der besonderen Dinge. Als Chiffer spricht die Vorstellung vom »Ende der Welt« (dem Ende aller Dinge überhaupt) und die Vorstellung vom »Ende der Zeit«. Existentiell ist von der Umkehr die Rede, durch die der Mensch aus einer Welt, die zu Ende geht, in eine neue tritt.

(a) Die empirische Realität: Sie ist das in Raum und Zeit durch reale, identisch kommunikable Erfahrung Gewisse, Mögliche, Wahrscheinliche.

So ist der Tod des Einzelnen für jeden das gewisse Ende. So haben Kulturen, Sprachen, Völker, Staaten ihr Ende. Das Ende von allem historisch Besonderen ist gewiß. Die Völker sterben, aber nicht die Bevölkerungen, die in neue Bildungen eingehen.

Das Ende der Geschichte als Übergang des Menschendaseins in einen Zustand bloßer Wiederholung, ähnlich dem Dasein der Tiere, aber geordnet, statt durch Instinkte, durch restlose Funktionalisierung des Menschen in dem alles in sich hineinziehenden technischen Apparat, ist eine beklemmende Vorstellung, deren Realisierung angesichts des Wesens des Menschen und wegen der Bedingungen dieses Funktionierens selber doch unmöglich scheint.

Das Ende des Lebens der Menschheit, aller Tiere und Pflanzen steht heute als reale Möglichkeit vor Augen, weil der Mensch die Macht gewonnen hat, dieses Ende selber herbeizuführen.

Das Ende des Planeten und damit auch allen Lebens auf ihm durch eine kosmische Katastrophe liegt als Möglichkeit sehr fern. Der Untergang des Kosmos liegt außerhalb unseres Horizonts.

(b) Die Chiffern vom Ende aller Dinge überhaupt: Sie sind etwa: Das Ende der ganzen Welt im Feuer (die Ekpyrosis der stoischen Philosophie) und dann die Neuentstehung einer anderen Welt; die Götterdämmerung in den nordischen Vorstellungen und dann das Werden einer anderen Welt und ihrer Götter. Ein Schatten fällt durch solche Chiffern auf unser gesamtes Dasein. Die Proportionen der Be-

deutung der Dinge werden zurechtgerückt. Der Schatten zeigt nicht das Nichts; denn jenseits des totalen Untergangs liegt die Neuentstehung. Aber das Verhängnis wird sich wiederholen. Es sind große, geschichtlich mächtige Anschauungen. Die Welt, in der wir leben, ist und enthält ein Geheimnis, ein Nichtgewußtes und Nichtwißbares. Die Chiffern sprechen, als ob es offenbar geworden sei.

(c) *Die Umkehr:* Einen anderen Sinn hat die Eschatologie aus der Erfahrung der Umkehr des Einzelnen: er tritt aus der Bindung an die Zeitlichkeit in das Bewußtsein der Ewigkeit. Jederzeit ist das Ende und der Anfang, das Ende der zeitlichen Weltlichkeit und der Anfang zeitüberlegener Ewigkeit. In der Umkehr ist es als ob der Einzelne sich als Dasein gleichsam fallen ließe, um als Ewigkeit wiedergeboren zu werden. Was physisch als Tod das Ende ist, das ist ständig der Tod des bloßen Daseins als Quelle der Wiedergeburt des wahren Lebens. In diesem Sinne der Umkehr als eines ständigen Sterbens meint Plato, Philosophieren sei sterben lernen.

In jedem Einzelnen ist die gegenwärtige Wende auch ein Ende. Das Eschaton ist nicht das Weltende, sondern das Ende des früheren Menschen, der wiedergeboren wird, seiner früheren Welt, da ihm eine neue geworden ist. Das Eschaton ist jeden Augenblick da.

(d) Die christliche Eschatologie: Eine Verflechtung fast aller Motive vollzieht sich im Glauben des Neuen Testaments. Der reale Weltuntergang steht diesem Glauben bevor. Es ist ein kosmisches Geschehen. Mit dem Untergang der Welt steht das Reich Gottes bevor, das in ersten Anzeichen schon da ist. Der Glaubende vollzieht die Umkehr (die metanoia), durch die er dem neuen Reiche schon angehört.

Das Bild des kosmischen Geschehens ist mit dem Heilsgeschehen und der Menschheitsgeschichte in eins gedacht. Christus ist die Weltwende. Der Weg geht von der Weltschöpfung zum Fall Adams und zur Befreiung durch Christus bis zum Weltende und Weltgericht. Diesem Bilde ist zugeordnet der Sinn des Opfertodes, der Auferstehung, des unbedingten Ethos, das ohne Rücksicht auf die in kurzer Frist ohnehin endende Welt das Leben der Ewigkeit schon jetzt vorwegnimmt als das Leben allein aus der Liebe mit allen in der Welt selbstzerstörerischen und für die Welt unverantwortlichen Konsequenzen. Man kann nicht ein Moment, etwas das kosmische, das heilsgeschichtliche, das ethische herausnehmen und für sich betonen, ohne das Ganze dieses Glaubens zu zerstören. Dieser Glaube war eine kurze Zeit in Menschen mächtig, bevor er sich schnell verwandelte und in weltangepaßten, weltgestaltenden, welterobernden Impulsen seinen Ursprung zwar verlor, aber doch als bleibende Unruhe durch die Zeiten trug.

(e) Kritische Bemerkungen: Die Bilder eschatologischen Denkens sind Chiffern, also kein Wissen. Sie wurden dogmatisiert und dann im Vertrauen zur autoritativen Mitteilung zugleich gewußt und geglaubt. Während sie als Chiffern existentielle Möglichkeiten ansprechen, verderben sie unsere Freiheit, wenn sie zu leibhaftigen Realitäten sich verkehren.

Vor dem Ende zu stehen, erweckt die Existenz. Die real begründeten Endvorstellungen unserer Tage bringen den Menschen in eine neue Grenzsituation, auf die er durch seine Existenz antworten wird. Andernfalls geht er zu Grunde.

Aber wir können ausweichen durch Verschleierung des Endes. Wir werden dann nicht erweckt und verfallen an den Gang der Dinge.

Oder wir werden nicht als mögliche Existenz, sondern nur zur Daseinsangst erweckt und möchten bloß gesichert werden, was in dem Falle der Atombomben auf diesem Wege unmöglich ist.

Erst wenn die bestimmte reale Endvorstellung Moment der Chiffer des Endes wird, erwacht die Existenz selbst. Dann entsprechen sich Endvorstellung und innere Umkehr. In der Umkehr werde ich mir geschenkt, gleichsam ein anderer in meiner Freiheit.

Die Umkehr wird christlich objektiviert zur Gnade, die mir in dem universalen geschichtlichen Heilsprozeß gegeben wird. Die Frage ist heute, ob das Sichgeschenktwerden einer bestimmten Chiffer oder gar eines leibhaftig zum Menschen gewordenen Gottes bedürfe, oder ob im Raum schwebender Chiffern die Umkehr erst in ganzer Freiheit und Verläßlichkeit erfolge.

Zwei Jahrtausende Christentum und eine noch längere Zeit der Philosophie haben die Umkehr nur in vereinzelten Menschen wirksam werden lassen. Ob die Menschen in der Breite von der eschatologischen Chiffer ergriffen werden können mit einem Wandel der biblischen Religion? Oder ist, auf das Ganze der Geschichte gesehen, die Umkehr, zwar Quelle allen hohen Menschseins, doch für den Gang der Dinge am Ende vergeblich? Keine garantierende Verheißung kann uns Gewißheit verschaffen. Der bloße Verstand bringt uns durch Beobachtung und Wahrscheinlichkeitsdenken in Verzweiflung. Und doch können und brauchen wir ihm uns nicht zu unterwerfen, wenn wir auch die durch ihn aufgewiesene Wahrscheinlichkeit keinen Augenblick vergessen dürfen.

3. *Geschichte als ewige Gegenwart*

Die Geschichte wurde gedacht entweder als einmaliger, unwiederholbarer Gang durch die Zeit oder als Wiederkehr des Gleichen.

Der einmalige Gang: Für immer versinkt, was geschehen ist, in die Vergangenheit; nur in Bruchstücken wird es für eine Weile erinnert. Die Gegenwart ist nur jetzt, durch nichts ersetzbar, wird ergriffen oder versäumt. Die Zukunft ist ein Raum unübersehbarer Möglichkeiten.

Das Gewesene und das Noch-nicht sind nicht eigentlich. Das Gegenwärtige ist selber nicht eigentlich Gegenwart, sondern der stets nur verschwindende Moment der sinnlichen Leibhaftigkeit.

In diesem Ganzen aber erfolgen die unvoraussehbaren Entscheidungen des Menschen und die Sprünge seines Erfahrens im Anschauen, Denken, Glauben. Das bloße Dasein erscheint dem Menschen als zu gutem Teil nichtig, aber in diesem nichtigen Dasein erfährt er durch sein Tun selber das, wovon her erst ihm jene Nichtigkeit bewußt wird.

Der verschwindende Moment im Fließen der Zeit wird übergriffen von dem Augenblick, in dem ein Ewiges offenbar wird. Das geschieht in dem, was wir existentiell nennen, so in der Umkehr, so im Entschluß, so in der Wiederholung der einen ursprünglichen Liebe.

Diese existentielle Erfahrung reflektiert sich in der Chiffer: Geschichtlich erscheint, was ewig ist. Diese Chiffer, dann vom Ganzen der Geschichte sprechend, lautet: Der schicksalsvolle Entscheidungsgang und die ewige Gegenwart sind eines.

Die Wiederkehr des Gleichen: Alles geschieht in unendlichen Kreisen noch einmal. Das verschwindende Jetzt ist ewig, weil es unendliche Male war und sein wird.

Beide Chiffern machen die Ewigkeit im Verschwindenden gewiß. Auch der Entscheidungscharakter des Augenblicks ist beiden gemeinsam: denn die Entscheidung mit dem Bewußtsein: was du jetzt tust, mußt du ewig noch einmal tun, ist selber aufgenommen in die ewige Wiederkehr. Doch sprechen beide Chiffern auf verschiedene, ja entgegengesetzte Weise: der einmalige Gang ist unmittelbar in der Ewigkeit zu Hause, die ewige Wiederkehr erst mittelbar durch eine Kreisvorstellung der Zeit, die durch den Kreis selber die Ewigkeit gewinnt. Der einmalige Gang ragt nur durch die Höhe des Existierens, nicht schon durch das Dasein als solches in die Ewigkeit hinein; die Wiederkehr läßt alles auf die gleiche Ebene des Noch-einmal-Geschehens zusammensinken.

In beiden Chiffern fällt die Frage nach Anfang und Ende hinweg, ohne weiteres bei der ewigen Wiederkehr, in der jeder Augenblick Ende und Anfang zugleich ist. Bei dem einmaligen Gang ist zwar Anfang und Ende, wenn die Chiffer von der zeitlich bestimmten Schöpfung und dem zeitlich bestimmten Weltende hinzukommt. Wohl aber sind Anfang und Ende hinfällig in Vorstellungen, die zugleich spekulativ und anschaulich, wie in Hegels Philosophie, alles Sein als Kreis von Kreisen vor Augen bringen, worin auch die Zeit und die Geschichte vorkommen. Die zeitliche Geschichte ist dann als die Totalität des ewigen Jetzt mit dem einen, einmaligen Geschehen zeitlos, nicht ewige Wiederkehr des Gleichen. Alles ist aufgenommen in das übergreifende Ganze des durch spekulative Dialektik erfaßten Seins.

4. Was gelten uns die Chiffern der Geschichte?

Soweit wir real planen, ist der Erfolg des Planens gebunden an das Wissen von den gegenwärtigen Realitäten. Hier gibt reales Geschichtswissen die Fundierung der Wissenschaft von Politik und Gesellschaft.

Solange wir in dieser Verfassung bleiben, ist unsere Lage: In einer Welt ohne Endziel und ohne Verheißungen ergreifen wir Zwecke, behaupten uns innerhalb der Vorstellungen, die wir uns von unserer Aufgabe, unserem Ziel, unserem Glück, unserem Heil machen, in immer beschränkten Horizonten, stets auch im Irrtum über Realitäten, durch Zufälle gelenkt. Wir lassen uns beherrschen von der mit allen Mitteln aus kalten Interessen oder aus der Selbstgewißheit der eigenen Macht und Berufung organisierten Propaganda. Wir wissen gar nicht, was wir eigentlich wollen. Die Geschichte ist uns ein tumultuarischer Ablauf, vielleicht wie die Erscheinungen des Wetters oder der Hasardspiele in gewissen Regelmäßigkeiten zu erkennen, aber im Konkreten unberechenbar.

Wollen wir wissen, was wir tun, wozu und wofür wir leben und handeln, dann verhalten wir uns zum Geschichtsverlauf nicht nur durch Wissen. Was in dem eben geschilderten Zustand des tumultuarischen Ablaufs die verhängnisvolle Unklarheit in den Vorstellungen von Glück und Heil, in dem Endziel in allen vorläufigen Zielen, durchaus kein Wissen, sondern undurchschaute Illusion war, das wird hell in dem Bewußtsein der Chiffern, in denen wir uns unseres eigentlichen Willens bewußt werden. Prüfen wir unter diesem Gesichtspunkt unsere Darstellung:

(a) Fortschritt, Entwicklung, ewige Wiederkehr bringen die Ruhe einer bloßen Wissensverfassung (sie ist ohne freie Entscheidung der Lebenspraxis jedermann zugänglich). Die Vorsehung Gottes als Lenkung der Geschichte bringt in die Ruhe der Verbundenheit mit Gott (sie beruht auf dem Gott genugtuenden Leben des freien Entschlusses). Die übersinnliche Geschichte, von deren Ereignissen wir ganz und gar abhängig sind, bringt in die Gewißheit mit ständiger Angst (sie beruht auf Hochmut überlegenen, aus der Menge heraushebenden Wissens).

(b) Unsere eigene Vergangenheit, das Geschichtliche, das unsere Gegenwart und unser Wollen bestimmt, ist zwar als einst gewesene Realität endgültig, aber für unsere Aneignung keineswegs endgültig. Das heißt: es bestimmt das, was wir tun dadurch, wie wir es auffassen, beurteilen, zum Vorbild und Anspruch erheben oder zum Gegenbild und als verwerflich erniedrigen. Nichts kann sich allein dadurch, daß es Realität ist, rechtfertigen. Zwar nicht die gewesene Realität, aber ihre Wirkung kann verändert und sie insoweit gleichsam rückgängig gemacht werden. Wir brauchen in dem, was wir sein können, keine endgültige Entscheidung als solche anzuerkennen. Sie bedarf vielmehr neuer ursprünglicher Anerkennung und ist unserer möglichen Verwerfung ausgesetzt. Der Kampf der Ahnen geht in uns fort. Das Siegreiche braucht nicht für immer siegreich zu sein. Es fragt sich vielmehr in den neuen Generationen: worauf in der Geschichte wir uns stützen, welche Menschen wir als Ahnen anerkennen wollen. Der Geist, der durchschaut wird, kann dadurch für uns vernichtet werden. Dann hört seine Wirkungskraft für die Durchschauenden auf.

Die Kritik der Geschichtswissenschaft stellt die Tatsachen fest. Sie läßt die Vieldeutigkeit unangetastet. Der wissenschaftliche Historiker steht, soweit er seine Erkenntnisse mitteilt, nicht im Kampf der Parteien. Im idealen Fall würde der Leser nicht merken, was der Forscher bewundert oder verabscheut, liebt oder haßt.

Nicht wissenschaftlich, aber existentiell entscheidend ist die kritische Beurteilung. Erst diese macht, unter Anerkennung des wissenschaftlich Richtigen, die Geschichte zum Faktor gegenwärtigen Lebens. Diese Beurteilung bedient sich auch der wissenschaftlichen Mittel. Denn ohne diese Mittel des Verstehens und der Erkenntnis der Tatsachen ist eine allgemeine und abstrakte Bejahung oder Verneinung ebenso billig wie blind. Erst im vollen Dabeisein beim Tatsächlichen und bei allen Möglichkeiten seiner Auffassung wird die kritische Beurteilung gegründet. Sie erfährt, daß solche Beurteilung nicht nach einem einzigen Maßstab vollzogen wird. Ihre eigene Beurteilung ist nicht allgemeingültig, bedeutet aber für den Existierenden erst den Ernst des Umgangs mit der Geschichte.

Der Kampf dieser Maßstäbe ist der je gegenwärtige Kampf der Geister. Durch die Völker wird in ihren Krisen die Geschichte gleichsam umgeschrieben. Das geschah bisher fast immer zugleich mit Täuschungen über Tatsächlichkeiten. Tendenzen verschleierten das wissenschaftlich Mögliche. Sie begruben das Wesentliche in dem Wust belangloser Tatsachen. Die Beurteilung aber kann mit Bewahrung aller wissenschaftlichen Wahrhaftigkeit als ein selber geschichtlich schaffender Akt stattfinden, der das ergreift, was diesen Menschen das Leben des Lebens wert, was ihnen Menschenwürde und Adel, was ihnen Chance für das ihnen Beste in der realen Situation ist. Was wir wollen, sehen wir im Spiegel der Geschichte. Durch sie werden wir klar über uns selbst. Der nicht aufhörende Kampf der Maßstäbe aber soll selber ein kommunikativer werden. Durch ihn kommen wir erst zur vollen Klarheit. Wir lernen mit dem Auge des Gegners zu blicken. Die eigene Erweiterung erzeugt Einmütigkeit oder treibt das unvereinbar Scheinende zur höchsten Anstrengung im Hervorbringen der ursprünglichen großen Anschauungen, die sich den Geistern einprägen wollen.

(c) In diesen Kämpfen werden die Horizonte durch die Chiffern ermöglicht. Sie orientieren über die möglichen Blickrichtungen. Sie sind das Licht, das den Raum des historischen Nichtwissens erhellt. Selber vieldeutig steigern sie, ohne neues Wissen, durch allgemeingültige Einsicht das fragende Bewußtsein. Sie erzeugen den Schwung in der eigenen Lebensaufgabe schon allein dadurch, daß ein Bewußtsein von unserer Geschichte im ganzen überhaupt gesucht wird. Wir bleiben nicht hängen in der Verfassung realen Wissens, dem die Geschichte ein im ganzen sinnloses Taumeln durch die Zeiten bleiben muß, eine endlose Mannigfaltigkeit ohne Einheit. Das geschichtliche Wissen wird vielmehr umgriffen durch einen Ernst, der sich entscheidend kundgibt in Urteil, Handeln, Lebenspraxis. Dies geschieht in dem Raum, der seine Helle durch den Glanz der Chiffern hat.

C. Die Chiffer des Logos des Seins

(1) In der Welt zeigen sich Dinge nicht nur in ständig bewegter Verwirrung, sondern auch als erkennbar. Der Mensch findet Ordnungen in allem, was ist, im Kosmos, in Staat und Gesellschaft, in sich selbst. Soweit ist für ihn nicht Chaos, sondern Logos.

In der Logik wird das Denken seiner selbst und des Gedachten bewußt. Es erkennt, was es tut. In Aussagen trifft es die Dinge. Wenn es die Formen der Aussage mit den Formen der Dinge gleichsetzt, nennt es diese Formen Kategorien. Hier öffnet sich ein Raum, der in Logik und Kategorienlehre erkannt wird. Es ist die Immanenz unseres Denkens.

Die Klärungen der Logik und Kategorienlehre werden erst spät zu einem planmäßig fortschreitenden wissenschaftlichen Tun in der Reflexion. Ursprünglich aber und bis heute haben sie ihre Gewalt in einer Überzeugung: der Logos durchdringt und beherrscht die Welt – das Sein ist der Logos – mit dem Erkennen des Logos ist der Grund und das Wesen aller Dinge im ganzen erkannt. Der Logos des Ganzen, die objektive Vernunft, ist eine der großen Chiffern der Immanenz.

(2) Menschen haben von Anfang an auch eine Ordnung der Dinge im ganzen gedacht. In einigen großen, von einander wesentlich verschiedenen Gestalten haben sie als unbefragte Selbstverständlichkeiten durch Jahrtausende große Völker beherrscht. Zum Beispiel:

Der chinesische »Universismus« war das Wissen des Einsseins mit der Grundordnung, dem Tao, das Wissen von den Gegensätzen und von den Sympathien aller Dinge, von den Gleichnissen der einen für die anderen, das Wissen von dieser ewigen Ordnung, die sich aus jeder Störung wiederherstellt, der nichts etwas anhaben kann, der zu folgen das Glück und die Ruhe des Menschen ist.

Die indische Seinserfahrung ist gegründet in der Vorstellung von den endlosen Wiedergeburten der Seelen im Kreis des unerbittlich geschehenden Samsara. In jeder ihrer Wiedergeburten ist die Seele belastet vom Karma aus den guten und bösen Taten ihrer früheren Existenzen. Sie muß je nach Qualität ihres Karma wandern durch viele Gestalten von niedersten Tieren bis zu Göttern, nirgends Ruhe findend, als nur im Hinausschreiten aus diesem Kreisen überhaupt in das Nirwana. Innerhalb des Rades der Wiedergeburten ist das Denken die Weise des Wissens, das vielmehr Wahrheit und Wirklichkeit verschleiert, also ein schlechtes, sich selber nicht durchschauendes Nichtwissen ist. Es kann nur durch ein anderes Denken, in den Bewußtseinsverwandlungen der Meditation, durchbrochen werden zum eigentlichen Wissen, mit dem die Seele den Weg der Erlösung beschreitet.

(3) Sein und Welt als Logos, den das Abendland gedacht hat, werden durch den Vergleich mit jenen asiatischen Analogien (die ihre andere Großartigkeit besitzen) in ihrer Einzigkeit erst recht deutlich. Die Erkenntnis des Logos des Seins heißt Ontologie (das Wort wurde erst spät gebraucht: von Clauberg 1656). In gedachten Seinsbildern hatte der Logos des Seins seine Höhepunkte in Aristoteles, in der Stoa, in Thomas, Leibniz, Hegel. Alles, was ist, hat seinen Ort in dem umfassenden Ganzen. Es ist geordnet in Stufen oder Kreisen. Es gibt überall die Rangordnungen des Seienden und der Werte. Selbst Gott hat seinen Ort.

Diese Gestalten des Totalwissens haben gemeinsam, daß sie dem Sein, dem Dasein, meinem Dasein in der Welt einen Sinn geben, den je einen großen allumfassenden Sinn, in dem alles geborgen ist oder doch den Weg zum Heil finden kann. Aber diese abendländischen Ontologien sind nach ihrem je besonderen Sinn und nach ihren Methoden außerordentlich verschieden.

Aristoteles und Hegel haben gemeinsam, daß das Denken (der nous, der logos) selber schon die Transzendenz ist. Deren Immanenz und Transzendenz sind nicht unterschieden. Das reine Denken ist die Transzendenz. Die Transzendenz hat zwar als Gott ihren Ort, aber sie ist nicht mehr Transzendenz. Denn mit dem Denken und durch es bin ich bei ihr, ihr ähnlich, ihr Abglanz, sie selber. Die großartig reiche Ordnung löst jedes Geheimnis auf. Es gibt keine Verborgenheit mehr. Die Wahrheit und Wirklichkeit selber haben sich enthüllt.

Bei Aristoteles herrscht der rationale Bau in Stufen, das Hinausschreiten von einer Stufe zur andern bis zu Gott, dem unbewegten Beweger. Bei Hegel herrscht die dialektische Form in Kreisen, die Bewegung von Kreis zu Kreis bis zu dem einen alles in sich schließenden Kreis. Bei Aristoteles gibt es nicht die Ordnung des Ganzen in dem Bau eines Systems, das als Werk uns vor Augen stände, sondern die »Erörterung« aller Dinge, wie sie sich zeigen, was sie sind, und wohin sie gehören in Stufenbauten. Bei Hegel ist das philosophische Werk im ganzen zugleich der Bau des einen Systems, aber im Besonderen vollzieht Hegel die verstehenden, in die Tiefe hinter die Erscheinungen dringenden, die Einheit des Inneren und Äußeren in jeder Gestalt herausholenden dialektischen Bewegungen.

Thomas verbindet rationale Verstandesphilosophie aristotelischer Herkunft mit aufs höchste gesteigerter Transzendenz. Hegels dialektische Durchdringung aller Dinge läßt die Transzendenz verschwinden.

Aristoteles und Thomas haben durch die katholische Kirche ihren größten Einfluß; ihr Werk ist als philosophia perennis deklariert. Hegel hat nicht die entsprechende, sondern nur eine teilweise und schnell vorübergehende Wirkung in der protestantischen Theologie gehabt. Leibniz' großes Ordnungsbild blieb als Ganzes vereinzelt.

(4) In der Immanenz stellt der Blick auf die Dinge durch Schau ihres Wesens objektiv fest, was ist und wie es ist und in welchen Ordnungen es gebunden ist.

Dabei wird die Voraussetzung gemacht, daß durch Verfahren, die auf mannigfache Weise angegeben werden, »Sachverhalte« zu finden sind, die allgemeingültig bestehen. Die Arbeit daran beansprucht, wissenschaftlich zwingende Ergebnisse zu haben. Die Struktur der Seinsbereiche, ihr Wesen enthülle sich und werde im Begriff gefaßt. Es gebe eine Wissenschaft der Seinsordnung, die wissenschaftliche Philosophie, nach der Seite des Seins Ontologie, nach der Seite ihres Gutseins Axiologie genannt.

Was ich »Voraussetzung« nannte, gehört aber zugleich zum Inhalt dieser Wissenschaft. Denn die Voraussetzung ist nicht als Annahme gemeint, mit der man es versucht, sondern sie selber wird als Wahrheit »gesehen«. Nur wenn dies zugleich Vorausgesetzte und Gesehene den Blick führt, zeigt sich das Seiende (die Onta) und dessen Ordnung. In je einem Kreis solchen Sehens zeigen sich die zu ihm gehörenden Evidenzen. Aber die Wahrheit des Kreises selber muß von einem anderen Kriterium bestimmt werden: dem der philosophischen, nicht wissenschaftlichen Bedeutung der Kreise selber. Sie können arm, dürftig, leer, sie können gewichtig, reich, erregend sein. Das ist nicht literarisch gemeint, sondern als Bezug auf das wesentliche, eigentlich philosophische, das heißt existentielle Interesse.

Wenn diese »Wissenschaft« nicht in der endlosen Zerstreutheit von Beschreibungen des Gesehenen sich verlieren, sondern zur Einheit einer Wissenschaft gelangen soll, bedarf es einer weiteren Voraussetzung: daß die systematische Einheit der Sachverhalte auf einem einzigen Ursprung beruhe. Diese Einheit muß wiederum gesehen werden. Der größte Kreis schließt sich oder der erste und höchste und unüberschreitbare Ursprung ist erreicht.

Dann führt die Ontologie, die die Ordnung des Seins erblickt, zeigt und darstellt, zu einem System des Seins. Dieses ist der Meinung nach in einer zwingend allgemeingültigen Wissenschaft zu verwirklichen, aber in der Tat nie verwirklicht.

Es gibt mehrere Ontologien. Sie sind wandelbar. Sie scheinen sich gegenseitig auszuschließen und auch zu kombinieren. Einen gemeinsamen Boden haben sie allein dadurch, daß sie von der Möglichkeit des Erkennens des Denkens und Seins im ganzen überzeugt sind. Sie glauben an ein »System des Seins«, gleichsam einen Organismus des Seins, den es, wie sich erwiesen hat, für menschliches Denken nicht gibt. Der gemeinsame Boden selber ist brüchig oder nichtexistent.

Trotzdem bleiben die Ontologien als Chiffern in ihrer Vielfachheit gewichtig. In ihren großen Gestalten stehen sie mit ihrem Anspruch vor uns. Miteinander stehen sie im Kampf wegen ihrer existentiellen Bedeutung. Die rationalen Bewegungen in ihnen sprechen uns an in dem Maße als solche existentiellen Motive fühlbar werden.

(5) Das Anliegen einer »wissenschaftlichen Philosophie« ist in unserem Zeitalter von Husserl als die Rückkehr »zu den Sachen selbst«, zur ursprünglichen Anschauung und zu den aus ihr zu gewinnenden Wesenseinsichten gefordert. In seiner Nachfolge ist eine den Gegenständen nach sehr mannigfaltige Literatur entstanden.

Der Ruf: zurück zu den Sachen selbst! wurde zu dem Ruf: zurück zu den Ursprüngen! Dieser Ruf konnte beschwingen. Aber er war von philosophisch verhängnisvoller Doppeldeutigkeit. Als Forderung ursprünglichen Zusehens und Vergegenwärtigens ist er gut für alle Wissenschaften und auch für die Philosophie. Er befreit zur Unbefangenheit, zum Absehen von Vorurteilen, das heißt von unbedachten Selbstverständlichkeiten. Aber philosophisch wird der Ruf erst, wenn die Ursprünge der Existenz und der für Existenz wirksamen Chiffern gemeint sind. Hier sollen Ursprünge zur Sprache kommen, nicht gesehen und betrachtet werden. Hier soll nicht nur ein Wissen der Kontemplation vollzogen, sondern klarwerden, worin ich durch Kommunikation ich selbst werde. Das geschieht im Medium des Denkens indirekt durch Beschwörung und Anruf.

Die Betrachtung hat ihr unpersönliches Kriterium im Sehen dessen, was als solches noch gleichgültig ist und erst durch das mit ihm vollzogene innere Handeln philosophisches Gewicht erhält. Im beschwörenden Erhellen dagegen wird der Raum offen, in dem Selbst dem Selbst begegnet, umgriffen von den Chiffern der Transzendenz.

Die Einheit wird in keinem Zusehen, keinem Bilde offenbar, sondern nur durch die Verwirklichung im immer noch offenen Ganzen eines Denkens und Lebens.

Der Ruf konnte zum Ende der Philosophie in einem Betrieb von

»Philosophie als reiner Wissenschaft« führen. Er konnte die Philosophie selber neu als Wiederholung beginnen lassen in der Fühlung mit den ewigen Ursprüngen, die in der dreitausendjährigen Geschichte der Philosophie auf so vielfache Weise Sprache gefunden haben.

(6) Erkenntnis reicht soweit als Ordnung in der Welt ist. Nur soweit die Dinge dem Erkennen entgegenkommen, ist Ordnung feststellbar. Im Erkennen liegt der Optimismus: je weiter es fortschreitet, desto reicher und klarer und einfacher die Ordnung.

Ordnung finden zu können, ist die Voraussetzung des Erkennens, welche sich bei jeder faktischen Erkenntnis bestätigt. Aber die Voraussetzung zum Ergebnis des Erkennens zu machen in der These: alle Dinge sind geordnet und daher erkennbar, das ist selber keine zwingende Erkenntnis. Es bleibt die Frage: ist am Ende das Chaos, das solche Ordnungen trägt, wie ein Vulkan die fruchtbarsten Felder?

Die Aufmerksamkeit des Denkens kann dies andere, das Chaos sehen: Vor allem die Welt des Menschen, dann des Lebens überhaupt, schließlich vielleicht das Anorganische ist nicht vernünftig im logischen Sinne. Vernunft kommt in ihnen vor. Die Frage hört nicht auf: Ist viel oder wenig Vernunft in der Welt? Vernunft scheint überall an die Grenze zu stoßen, an der sie ohnmächtig ist. In Hegels Ausdruck: die Realität gehorcht nicht dem Begriff, was für Hegel erstaunlicherweise das Umgekehrte bedeutet: die Realität, die dem Logos nicht gehorcht, ist nichts wert und keine Wirklichkeit. Wirklichkeit und Macht ist nur, was dem Begriffe gehorcht.

Aber gewiß ist, daß wir, wenn wir von Vernunft reden, aus eigener Erfahrung von ihr reden. Vernunft begegnet mir, sie wirkt in mir selber, es gibt sie, daran ist nicht zu zweifeln.

Die Vernunft, die wir als das Band alles Umgreifenden erörterten, begegnet allein im Menschen. Wo diese ist, da steht in ihr immer ein Mensch, der er selbst ist. Daß überhaupt Vernunft sich begegnet, ist die große Garantie, die uns beschwingt, zu leben unter dem hohen Anspruch, in der großen Hoffnung, in der Gewißheit, für sie wirken zu sollen.

Aus allen Weisen der Vernunft, im Naturgeschehen, im lebendigen Dasein, im menschlichen Existieren, auf die Vernunft im ganzen zu schließen, ist ein falscher Schluß. Die Vernunft des Ganzen für selbstverständlich zu halten und sie zu entwerfen – von Aristoteles bis Hegel –, war eine große, an Denkenergie unüberbotene, bewunderungswürdige Leistung. Aber diese Versuche sind in mehrfacher Gestalt da; sie widersprechen einander; sie alle stoßen auf Tatsachen, an denen sie scheitern. Sie haben sich, trotz ihrer großen Fruchtbarkeit im besonderen Sehen, wissenschaftlich im ganzen als Täuschung erwiesen.

Das Totalwissen ist durch die Wissenschaften zerschlagen. Die philosophischen Systeme der Vergangenheit wollten jedoch ein Totalwissen mitteilen. Doch sie waren nicht nur auf einem Irrweg. Sie waren auch keineswegs Begriffsdichtungen. In ihnen liegt die Wahrheit von Chiffern des Erkennens, die nicht unter der Frage nach der Richtigkeit ihrer realen Erkenntnis, sondern unter der Frage nach ihrer Bedeutung für Existenz stehen. Als Täuschung oder als unverbindliche Schöpfung hätten sie gar nicht jene bezwingende Macht haben können, die sie einst als absolute Wahrheit besaßen und heute als Sprache der Chiffern besitzen können.

In der Spannung von Ordnung und Chaos, von Vernunft und Vernunftwidrigkeit versagen alle Chiffern der vernünftigen Immanenz. Ordnung ist nicht nur Ordnung, sondern Ordnung des nie völlig Geordneten. Wir müssen auf Grund unserer existentiellen Erfahrung jede Ontologie als Wissen vom Ganzen durchbrechen. Wohin?

Die erste Antwort ist: Wir gelangen in das Reich der kämpfenden Chiffern, wo jene Gebilde, soweit sie ursprünglichen Gehalt hatten, ihren unersetzlichen Ort, wenn auch unter Verwandlung ihres Sinns, bewahren. Als Chiffern haben sie mit ihrer früheren Absolutheit die Kraft verloren, unser Seinsbewußtsein gleichsam leibhaftig zu bezwingen und damit zu beschränken. Aber sie haben ihre Sprache nicht eingebüßt. Sie sind als Ort auf dem Wege, zur orientierenden Erfahrung ihrer konkreten Anschauung, unumgänglich. Wir sehen und hören sie, um sie aufzunehmen und dann zu überschreiten. Aber sie können nicht überschritten werden, wenn sie nicht selber zunächst für uns gegenwärtig sind. Der Logos wird nicht preisgegeben, sondern begrenzt in seinem Seinsbereich. Die Ontologien sind nicht erledigte Irrtümer, sondern Lichter auf unserem Weg. Kennen wir sie nicht und können wir nicht mit ihnen umgehen, dann verfallen wir ungewußt an irgendwelche ihrer dogmatischen Gestalten. Der Logos als Chiffer der Immanenz wird nicht verworfen, aber in den Schatten eines Mächtigeren gerückt.

Der große Ernst der Existenz, der sich nicht dem Chaos und nicht der Ordnung überliefert, von dem her der Ernst im ordnenden Tun, im Logos, im Ethos, in der Politik, im Recht seinen Ursprung hat, ohne sich selbst in diesen Erscheinungen genügend zu verstehen, lenkt hin zur Transzendenz.

Diese Wirkungen aus existentiellen Motiven haben eine zweite Antwort für unser orientierendes Philosophieren zur Folge. Wir durchbrechen die Ontologien und die ontologische Denkungsart zu einem Grundwissen hin. Das ist der Schritt von der Ontologie zur Periechontologie (vgl. dazu den dritten Teil dieses Buches über die Erhellung des Umgreifenden).

(7) »Grundwissen« ist der Name für eine allbegründende philosophische Bemühung, seitdem Aristoteles von »erster Philosophie« (prote philosophia) sprach (die später den vieldeutigen Namen Metaphysik erhielt). In neuerer Zeit ist viel von Grundwissenschaft, Grundlagenwissenschaft, Fundamentalontologie gesprochen worden. Die Situation bleibt, welche Gestalt auch die Stellung der Aufgabe und die Methode der Antwort annehmen.

Grundwissen hat einen zweifachen Sinn. Erstens ist gemeint das Grundwissen in der Mannigfaltigkeit der Seinsentwürfe, der Ontologien und Weltbilder, die heute zu den großen Chiffern gehören. Zweitens ist ein viel bescheideneres, von uns gesuchtes Grundwissen gemeint, das auf dem Boden der gesamten Überlieferung steht. Es erkennt keinen Gegenstand, sondern erhellt ohne Abschluß die Räume, Ursprünge, Möglichkeiten, innerhalb derer das andere Grundwissen in Chiffern stattfindet. Wir unterscheiden Grundwissen als Ontologie von dem Grundwissen als Periechontologie.

Das ontologische Totalwissen von dem, was ist, verwandelt sich in das bescheidene Grundwissen von dem, worin wir uns finden. Das sich abschließende Totalwissen wird zu einer beweglich bleibenden unabschließbaren Vergewisserung. Das Fundamentalwissen wird zum orientierenden Wissen.

Dieses periechontologische Grundwissen weiß sich selber als den von ihm bis dahin erreichten weitesten Horizont in bezug auf die Form der Erfahrbarkeiten, Denkbarkeiten, Vollzüge. Es erhebt nicht den Anspruch auf inhaltliches Totalwissen. Es fixiert sich nicht selber, sondern hält sich offen. Es meint nicht in der Mitte des Seins zu stehen, sondern in der Mitte, in der wir uns finden. Es steht nicht auf einem absoluten Standpunkt außerhalb, sondern weitet sich aus von dem Innen des Umgreifenden.

Ein Grundwissen ist unumgänglich. Wenn man es meidet, stellt es sich trotzdem, nur unklar, wechselnd und zufällig, im Bewußtsein her.

Es ist die philosophische Entscheidung meiner inneren Verfassung, ob ich ein Grundwissen, das in der Tat eine Chiffer ist, zum bestimmenden, einzig beherrschenden in mir werden lasse, oder ob ich einem Grundwissen des Sichfindens im Umgreifenden den Vorrang gebe. Dann lebe ich in dem unendlichen Raum, in dem Chiffern ihren jeweiligen, aber keinen absoluten Sinn haben.

Dieses Grundwissen als Rahmen ist selber nicht endgültig. In ihm liegt ein Moment des Fortschritts in der Philosophie. Es ist nicht der Fortschritt der Wissenschaften, aber der Fortschritt, der darin liegt, daß den späteren Denker die Gedanken der früheren Denker ansprechen. Er verfügt nicht über sie, wie die fortgeschrittene Wissenschaft über die früher erworbenen Erkenntnisse, aber er kann sich erwecken, in Frage stellen, führen lassen von etwas, das er nicht etwa überwunden hat. Er fühlt sich vielmehr damit aufgenommen in den Chor der Zeitgenossen, durch die das Leben der Philosophie sich verwirklicht. Niemals dürften wir behaupten, wir könnten, was geschichtlich als Denken da war, aufnehmen, und damit in den Besitz des Ganzen, so Gewordenen gelangen. Das vermag die Wissenschaft mit der Geschichte ihrer wissenschaftlichen Erkenntnisse, nicht die Philosophie mit ihrer Überlieferung zu tun. Was wir hören und aneignen oder nicht hören und vergessen, das ist jederzeit unsere Verantwortung. Ihr tun wir nicht allein durch Arbeit unseres Verstandes genug, sondern erst mit unserem Wesen und unserer Lebenswirklichkeit, die uns die Aneignung ermöglicht oder durch sie erzeugt wird.

Im Grundwissen des Umgreifenden bewegen wir uns an der Grenze, an der im Philosophieren selber etwas dem Fortschritt der Wissenschaften Analoges eintritt: als ob wir, wenn auch nur der Form der Möglichkeiten nach, jeweils gleichsam die Summe ziehen, nicht Inhalte sammelnd, nicht eklektisch, nicht die Masse des Gedachten einsetzend in ein nun erreichtes System des philosophischen Wissens, wohl aber im Sinne einer Bewußtheit, die späteren Generationen im Umgang mit den älteren möglich wird dadurch, daß ihnen eine einzige Zeitgenossenschaft entsteht.

(8) Das Grundwissen des Umgreifenden ist keine Chiffer. Denn das Grundwissen dessen, in dem wir uns finden, ist das nie vollendete, vielmehr in der Bewegung bleibende Bewußtsein, das im Denken uns die jeweils mögliche Freiheit gibt. Darin liegt die Schwäche und die Stärke dieses Grundwissens.

Seine Schwäche: Das Grundwissen ist ohne Gehalt, da es nur die

Form aller Gehalte bewußt werden läßt. Es ist Gehalt nur durch das Bewußtsein der Weite der Möglichkeiten.

Es kann nicht hinreißen wie die Gehalte der Chiffern. Es ist nüchtern. Es befriedigt nicht durch große Anschauungen. Von ihm gehen keine großen Emotionen aus, die überwältigen durch eine Führung. Es läßt kein Dogma stehen, keine Fahne, keine Fackel, kein Trommeln. Es kann nicht verführen. Es verweist jeden Menschen auf sich selbst zurück.

Das Grundwissen ist ein Wissen, in dem sich die Räume öffnen, die Ursprünge hell werden, in dem aber noch nichts geschichtlich Konkretes, noch nicht erfüllte Wahrheit, noch nicht Existenz und Transzendenz selber sprechen.

Seine Stärke: Das Grundwissen kann uns die mögliche Weite und Tiefe zeigen, wenn die Ursprünge dessen, wie und worin wir uns finden, ihrer Form nach klarwerden.

Es zu denken ist ein Akt der Vernunft. Es rechtfertigt den Ernst des Umgangs mit den Chiffern, ohne sich an bestimmte Chiffern verfallen zu lassen. Es ist Hervorbringung und Werkzeug der Vernunft.

Seine Stärke liegt in seiner erhellenden Kraft auf dem Wege des Menschen zu sich selbst und zur Transzendenz.

Weil es nüchtern ist, kann es zwar nicht anziehen, aber auch nicht verführen. Die Stärke des Grundwissens liegt nicht in ihm als solchem, sondern in dem Selbst, das es braucht. Das Selbst wird durch die Entschiedenheit der Ursprünge innerlich der Form nach fester. Die Schwäche der Nüchternheit ist seine Stärke: es dient als unentbehrliches Werkzeug dem, der er selbst wird. Es steigert durch Klarheit die Energie des Selbstseins, ohne zu schmeicheln und ohne zu berauschen. Es ermöglicht Wahrheit in jedem Sinne.

Das Grundwissen ist ähnlich dem Medium der reinen Luft, die wir atmen, ohne die wir nicht leben können, die aber als solche keine Substanz ist und die man nicht sieht – oder es ist ähnlich dem reinen Licht, in dem noch kein Gegenstand ist.

Das Grundwissen als Chiffer genommen hätte seinen Sinn verloren. Würden etwa die Weisen des Umgreifenden, deren Gesamtheit sich in einem Schema, unangemessen und vorübergehend, darstellen läßt, zu einem Organismus des Seins, so wäre wieder eine Ontologie entstanden. In der Chiffer eines Ganzen des Seins wäre der Sinn des Grundwissens verkehrt. Würde das Grundwissen als Chiffer eines trotz aller Kämpfe harmonischen Ganzen genommen, so wäre es fälschlich als Ordnung des Seins verstanden, und zudem in dieser Gestalt ohne die Sprachkraft einer Chiffer. Es zeigt in Wahrheit die Möglichkeit der Chiffern und ihres Überschreitens, selber keiner bestimmten Lebenspraxis verschrieben, der Ordnung wie dem Chaos gleicherweise offen.

III. CHIFFERN DER EXISTENTIELLEN SITUATION (DAS UNHEIL UND DAS BÖSE)

Das Gewicht der Chiffern liegt entweder mehr auf der objektiven Seite, wie bei den eben erörterten Chiffern der Transzendenz und der Immanenz, oder mehr auf der Seite der Subjektivität, wie in den folgenden Darstellungen. Wir gehen jetzt aus von den Grenzsituationen, auf die unsere Existenz antwortet mit der Erhellung durch Chiffern. Es wäre zu sprechen von den Chiffern im Blick auf den Tod, den Chiffern angesichts von Gesetz und Liebe, den Chiffern im Selbstverständnis des Opfers. Ich beschränke mich auf ein Thema: das Unheil und das Böse.

Noch einmal sei wiederholt: Das Objektive und das Subjektive sind untrennbar. Das Objektive der Chiffer ist wesentlich nur, wenn es existentiell Gewicht hat; als bloßer Sachverhalt wird es leere Begrifflichkeit. Das Subjektive geht den existentiellen Ursprung an, der im Objektiven der Chiffern sich selber hell wird; als bloß subjektiv wird es Gegenstand eines Psychologisierens.

Nur in der Darstellung der Chiffern wird entweder mehr das objektiv Bedingte in der Chiffer (das man nach einer Seite hin auch einen Sachverhalt nennen kann) betont oder mehr der situationsbedingte subjektive Ursprung.

Chiffern sagen zugleich etwas über die Transzendenz aus und über den, dem sie in solcher Weise begegnet. Der Wahrheitscharakter ist nie ein nur objektiver und nie ein nur subjektiver.

Kein Mensch ist imstande, sein und des anderen Glaubensdenken so zu durchschauen, wie er durchschauen kann, was rational, nur auf eine Sache gerichtet, gemeint ist. Wenn wir alle Chiffern und spekulativen Sprechweisen als Menschenwerk ansehen und daher in der

Schwebe halten, so gewinnt im Menschenwerk doch Sprache, was mehr als der Mensch ist. In seiner Subjektivität selber liegt die Objektivität und umgekehrt. In der Bewußtseinsklarheit (im Unterschied von der inkommunikablen, bewußtseinslosen oder überbewußten Klarheit mystischer unio) ist dieses Denken bezogen auf ein nicht Denkbares, aber vom Denken zu Berührendes. Von dorther wird es erleuchtet.

A. Die Tatbestände des Unheils und des Bösen

Die Tatsachen erstens des Unheils in der Natur, in allem Lebendigen und so im Menschen, zweitens dessen, was der Mensch sich selbst und sie einander antun, sind unerschöpflich. Ich erinnere nur an weniges.

(1) Die Zweckmäßigkeit in den Organismen, in der Einheit von Innenwelt und Umwelt ist, je näher die Wissenschaft sie uns kennen lehrt, ein um so größeres Wunder.

Aber diese Zweckmäßigkeit hat einen erstaunlichen Charakter. Es gibt Insekten, die mit der Sicherheit eines neurologisch kundigen Operateurs durch einen Stich in einen bestimmten Ort des Zwischenhirns von Larven diese lähmen, aber nicht töten, und in diesem noch lebendigen Zustand als unverweslichen Nahrungsvorrat für späteren Verzehr sammeln.

In dem See, an dem wir vielleicht die Harmonie der Natur genießen, findet unaufhörlich ein Kampf des Fressens und Gefressenwerdens statt, in dem, wenn kein Eingreifen von außen erfolgt, ein Gleichgewicht sich wiederherstellt: die gefressenen Arten werden nie restlos verzehrt, sondern wachsen in den gehörigen Mengen zu neuer Nahrung heran. Es ist das Sichererhalten eines Lebensganzen durch eine grausame Zweckmäßigkeit.

In der Natur erfolgen die zweckwidrigen Katastrophen. Herrliche Arten und Gattungen des Lebens sterben aus, sei es, daß sie durch sich selbst in der erworbenen Entwicklungsgestalt lebensunfähig werden, sei es, daß eine Veränderung der Umwelt, der sie sich nicht anpassen können, sie vernichtet. Es gibt Ereignisse wie folgende: Am Strande der Nordsee laufen bei Tauwetter Hunderttausende von Möwen und Seevögeln auf dem Eise. Plötzlich bricht erneut der Frost ein. Die Vögel frieren mit ihren Ständern am Eise fest und flattern, im Drange zur Befreiung, sich alle zu Tode.

Den Menschen befallen durch Naturprozesse Krankheiten. Die organischen Geisteskrankheiten, deren Herannahen manche Kranke mit Entsetzen spüren, lassen den Menschen sich selbst verlieren. Durch Internierung und Pflege werden sie so menschenfreundlich wie möglich behandelt. Wenn die Natur so läuft, kommen sie zu einem großen Teil wieder zu einem Zustand, der wenigstens ihr freies Leben ermöglicht. Vererbung wirkt in gutem und in unheilvollem Sinne.

Es scheint, als würden die großartigen, von der Natur hervorgebrachten Zweckmäßigkeiten von ihr selber wieder untergraben. Naturschöpfungen haben das Verderben in sich selber.

(2) Der Erbarmungslosigkeit der Natur muß der Mensch sich fügen, soweit er ihrer nicht Herr wird. Anders die Erbarmungslosigkeit dessen, was Menschen aus ihrer Freiheit sich selber und einander antun.

(a) In den Kriegen wurden stets Grausamkeiten verübt, die mit dem politischen Kriegsziel nichts zu tun hatten. In den meisten Religionen fanden Menschenopfer statt. Das Abendland kennt die Ketzerverfolgungen, die Inquisition, die Hexenprozesse. Mongolen türmten die Schädelpyramiden aus den hingeschlachteten Bevölkerungen. Totalitäre Staaten töteten Millionen. Bei solchen Massenmorden seitens des 1933 bis 1945 herrschenden deutschen Regimes geschah es, daß jüdische Kinder den Müttern entrissen, dem Entsetzen der Todesangst ausgesetzt und erst nach einer Zeit von Hunger und Qual umgebracht wurden. Menschen zeigten sich zuweilen in der Lust an Grausamkeit, öfters im wegblickenden Gehorsam (»Befehl ist Befehl«) als fähig zur phantasie- und gedankenlosen Funktion in der »Bedienung« der Vernichtungsapparatur von der Verhaftung über den Transport bis zur Tötung. Man würde kein Ende finden in der Schilderung des durch die menschliche Geschichte Gehenden, das uns dort, wo wir selber Zeugen oder wissende Mitlebende waren und daher Mitschuldige wurden, als nie dagewesenes Entsetzen anmutet.

Die Realität des Menschen zeigt sich in der Verwirrung von Glaube und Verbrechen. Mit dem Ruf »Gott will es« begann der erste Kreuzzug, in dem der Enthusiasmus des Sichopferns, um das Grab Christi zu befreien, die Lust des Abenteuers und des Unerhörten, das Bewußtsein, Gott wohlzugefallen, wie es die Segnung durch die Kirche garantierte, sich mit sadistischen und masochistischen Trieben zusammenfanden. Sie erzeugten die Ereignisse, die nach unsäglichen, zugefügten und erlittenen Qualen das Ziel erreichten, als die Kreuzritter in Jerusalem mordend durch Blut wateten und in verwunderlicher Demut vor dem Grabe Christi betend niederfielen (Hegel in seiner nüchternen ironischen Sprache sagte: das Grab war leer, der Sinn war, dies zu erkennen und die dialektische Umkehr zu finden). Ist dieses »Gott will es« je ex cathedra von der Kirche widerrufen? »Gott will es« ist unzählige Male zur Selbstrechtfertigung des Bösen geworden. Es ist selber schon böse, weil niemand Gottes Willen kennt und das vermeintliche Kennen, im Kleinen wie im Großen, unendliches Unheil zur Folge hat. Es ist im Erfolg das gleiche und gleicherweise ungerechtfertigt, wenn heute statt »Gott will es« von den totalitären Mächten gesagt wird: es ist »die Notwendigkeit der Geschichte«. Es ist der Denkform nach gleich, ob als Lohn eine leibhaftige Herrlichkeit im Jenseits oder das Heil der Menschheit im Diesseits, das irdische Paradies als Lohn für alle Leiden und Opfer in Aussicht gestellt wird.

(b) Unser Tun ist die Folge unserer Vorstellungen, Bilder, Orientierungen. Wie diese in kritischer Unterscheidung der Weise ihrer Wahrheit, oder wie sie als verkehrte vor Augen stehen, das erzeugt unsere Lebenspraxis. Wir handeln aus Irrtum über Realitäten, aus dem Wahn eines Glaubenswissens, nur selten aus der kritischen Klarheit im Realitätswissen und aus der bewegenden Kraft wahrer Chiffern. Daher planen Menschen aus dem Wahn einer richtigen Weltordnung eine gerechte Gesellschaft, in der der Staat abgestorben, die Gewalt vergangen ist. Zur Verwirklichung des Planes brauchen sie die äußerste terroristische Gewalt. Menschen, die als nicht fähig gelten oder die nicht willens sind, zu folgen, werden ausgerottet. Aus dem Wahn, daß das Heil allein im Gehorsam gegen die eine katholische Glaubenswahrheit liege, wurde die Ausrottung ganzer haeretischer Bevölkerungen (der Albigenser) vollzogen.

Für den Gang der Dinge ist auf längere Frist entscheidend die Erzeugung und Verbreitung der Vorstellungen und des Wissens. Die Realität scheint zu zeigen, daß dieser geschichtliche Prozeß in der Zeitfolge mehr auf dem Wandel des Wahns als dem fortschreitenden Ergreifen der Wahrheit beruht. Gläubige sprechen sich in Glaubenserkenntnis aus. Philosophen schaffen die Vorstellungen und Denkweisen. Aber nicht sie bewegen die Welt, sondern die Menschen, die sie aufnehmen oder überhören oder im Mißverstand verkehren. Diese entscheiden, was aus jenen Gedanken wird. Die reale Geschichte des menschlichen Denkens scheint ein Gang verkehrenden Unheils zu sein, in dem die großen Wahrheiten in vereinzelten Aufschwüngen ergriffen, aber alsbald vom Strom des Verkehrens überschwemmt werden.

(c) Die Zustände des menschlichen Daseins und die Ereignisse geschehen nicht nach einem überlegten menschlichen Plan. Was aber der Mensch tut, erfindet, plant, arbeitet, hat Folgen, an die er nicht gedacht, die er nicht geahnt hat, und die in der Tat unberechenbar sind. Es ist unheimlich, wie diese Folgen sich vom Menschen loslösen im Gange der Dinge. Es sieht aus, als würden die Personen zu Funktionen eines anderen. Wegen der unvorausgesehenen Folgen, die über das Wollen irgendeines Menschen hinausgehen, aber im Rückblick einen zum Teil aufhellbaren, wenn auch keineswegs ganz durchschauten Zusammenhang haben, spricht man etwa von der Dämonie der Technik. Die technischen, ökonomischen, soziologischen, politischen Entwicklungen scheinen wie Naturereignisse zu geschehen. Aber sie sind doch immer auch die ungewußten Folgen der Gesinnungen menschlichen Tuns. Diese Folgen werden zu den Voraussetzungen für das Leben der Neugeborenen von Generation zu Generation, die ihrerseits, keineswegs auf eindeutige Weise gezwungen, solche Bedingungen frei übernehmen und dadurch befestigen oder wandeln. So scheint die Realität des Menschen als der Gang unberechenbarer soziologischer Entwicklungen von Unheil zu Unheil, von einer Not in die andere, unabsehbar und für den Verstand am Ende hoffnungslos. Wie die Naturschöpfungen scheinen sie von vornherein das Verderben in sich zu tragen. Dahinein fallen das Glück und der Jubel der Menschen, die Erfolge und Herrlichkeiten einzelner Augenblicke, die Größe von Menschen und geistigen Schöpfungen. Im Blick auf sie wird das Schreckliche vergessen. Der Erfolgreiche, der Sieger bestimmt die geschichtliche Erinnerung. Wer jeweils Glück hat und herrscht, legitimiert sich gern durch sein vermeintliches Verdienst, seine Herkunft, seine Leistung, die anderen gingen mit Recht zu Grunde. Wem es schlecht geht, der entwickelt nicht selten das Ressentiment, welches ein Leben im Haß und im Nein erzeugt.

Die Weltgeschichte zeigt vieldeutig ihre wechselnden Aspekte: das Erwachsen der großen Gestalten und Schöpfungen, den Fortschritt des Wissens und Könnens durch Erkenntnisse und Erfindungen, den Wandel der Gesamtzustände, den alles überwältigenden Gang des Zerstörens anscheinend bis zu dem mit wachsender Schnelligkeit sich nahenden Untergang nicht mehr im Einzelnen, sondern im Ganzen.

Die Realität des Daseins der Menschen scheint über alle Freiheit hinaus von einem Verhängnis bestimmt, in dem die Freiheit selber ein Faktor ist, der bewirkt, was sie nicht will.

(3) Der Weg des Menschen führt zum Heil wie zum Unheil. Alles scheint zweideutig, wenn es in Begriffe unseres Wissens gefaßt wird.

»Massen« sind Träger von Wahn oder von Wahrheit, von Niedertracht oder von Aufschwung.

Das »Charisma« ist Wahrheit, wenn es im Vertrauen, das doch ständig sich selbst und den Führer kontrolliert, seinen Grund hat, oder es ist der Zauber des Rattenfängers von Hameln, dem Völker, und wären sie schuldlose Kinder, schuldhaft in den Abgrund folgen.

Der »Rechtsstaat« ist Werkzeug der Gerechtigkeit und der Ungerechtigkeit.

Viele Worte, die die soziologischen Grunderscheinungen treffen, haben einen Klang, der Wert oder Unwert kundgibt. Charismatischer Führer, Prophet etwa haben einen positiven, Demagoge, Sekte haben einen negativen Klang. Soziologische Erkenntnis beginnt damit, von solchem positiven oder negativen Klang abstrahieren zu können. Dann werden sie Begriffe von soziologischen Beziehungen oder Typen, deren Zweideutigkeit zum Wesen der Sache gehört. Die soziologischen Kategorien sind wertneutral, sind geeignet, Realitäten nach ihren typischen Formen zu erkennen, aber um den Preis, daß für solche Erkenntnis das Substantielle verschwindet. Denn dieses ist für die Wissenschaft nicht erreichbar.

Diese Situation hat die Folge der Abneigung gegen solchen Wortgebrauch, aber aus entgegengesetzten Gründen. Charismatischer Führer ist Julius Cäsar, aber auch Hitler. Demagoge ist Kleon, aber auch Perikles. Man möchte Hitler nicht charismatischen Führer, Perikles nicht Demagogen nennen. Man denkt bei den Worten an das Hohe und an das Niedrige, das in ihrem gewohnten Gebrauch mitklingt.

Reinheit der kritisch sich bescheidenden Wissenschaft, die in ihrem Bereich zu relativen Eindeutigkeiten führt, und die philosophische Einsicht in die Zweideutigkeiten aller menschlichen Dinge gehören zueinander. Die soziologischen Kategorien werden mißbraucht, wenn sie zu einer Rechtfertigung dienen sollen. Die Worte aber, die in ihrem vollen Sinn nicht mehr nur Erkenntnisbegriffe, sondern als solche schon erheben oder erniedrigen, substanzerfüllt gemeint sind, bedeuten nicht Erkenntnis, sondern sind schon Chiffern und Kampfmittel.

(4) Es ist kein Ende in der Schilderung des Grauens vor der Realität des Menschseins, so wenig wie in der Schilderung des Grauens vor der Natur.

Aber alle Vergegenwärtigung des Unheils geschieht an einem Maßstab, sei es dem der Herrlichkeit der Natur, sei es dem des Guten im Menschen. Der Maßstab beim Blick auf die Realität des Menschen ist, daß Menschen erst Menschen sind dadurch, daß sie sich verbinden im Raum der Wahrheit.

Der Maßstab ist angesichts der Natur: als ob es eine Natur der Herrlichkeiten ohne die Widrigkeiten, Leben ohne Tod geben könne. Der Maßstab angesichts der Menschenwelt ist: als ob es eine richtige Welteinrichtung als Vollendung und Dauer von Freiheit und Gerechtigkeit und damit den eigentlichen ganzen Menschen geben könne.

(5) Der Blick auf das Unheil verlangt eine Grundunterscheidung: des Übels von dem Bösen. Das eine liegt in der Natur, das andere im Menschen. Jenes entspringt einer blinden Notwendigkeit, dieses einer sehenden Freiheit. Beides als Eines zu behandeln, verdunkelt unsere Erfahrung.

Nur im Menschen sind Natur und Freiheit verbunden. Fragen wir nach dem Ursprung des Bösen im Menschen, so verwirrt sich unser Urteil, wenn wir das, was im Menschen Natur ist, nicht unterscheiden von dem, was aus unserer Freiheit ist.

(6) Die Schilderungen des Unheils, des Übels und des Bösen, führen auf die in allem sich zeigende Grundsituation des Menschen: seit Pascal spricht man von der »condition humaine«.

Unser Begreifen der Grundsituation des Menschen bleibt vorläufig. Mit allen Formulierungen begreifen wir ihre Unbegreiflichkeit. Sie läßt sich nicht auflösen, aber auf mannigfachen Wegen erhellen. Immer wieder ist von der Grundsituation in diesem Buch die Rede. Zur Auffassung des Unheils wähle ich hier einen der Wege:

Jede unserer Verwirklichungen schließt andere Möglichkeiten aus, die vorher noch da waren. Verwirklichung bedeutet Verlust an Möglichkeit. Aus einer Unendlichkeit des Möglichen tritt der Mensch mit seiner Verwirklichung in die Endlichkeit. Diese bringt ihm einen Boden und mit der Beschränkung zugleich den Ausgangspunkt weiterer Verwirklichung. Es ist die Grundsituation, daß als Frage vor jedem steht: kann und will er in der bloßen Möglichkeit bleiben, die unendlich ist, aber auch wie nichts, da sie ohne Wirklichkeit ist, oder muß und will er in die Wirklichkeit eintreten, die immer endlich ist?

Das kann er nur um den Preis, andere Möglichkeiten endgültig verloren zu haben. Kein Mensch kann alles verwirklichen, was in ihm angelegt war.

In dieser Situation befällt ursprünglich die Angst vor der Einschränkung. Man möchte in der unendlichen Möglichkeit vor aller Wirklichkeit bleiben; man sträubt sich daher gegen die Realität.

Ein Ausweg wird gesucht: Im Verwirklichen sollen keine Möglichkeiten verlorengehen. Daher geschieht die Verwirklichung mit dem inneren Vorbehalt, nichts endgültig zu ergreifen, vielmehr in der Realisierung die Realität gleichsam zu verleugnen. Es soll nur ein Versuch sein, den man rückgängig machen kann. Das Leben wird Versuch und Wechsel. Selbstidentifizierung im Wagnis des »für immer und ewig« wird verleugnet. Denn jede Begrenzung wird als Gefängnis erfahren. Was in ihm zurückhalten könnte, wird als Feigheit beurteilt. Das Abenteuer gilt als das wahre Leben, ist die höchste Lust. Gefahr und Wagnis des Todes steigern das Leben. Der Wille zur Bewahrung der unendlichen Möglichkeit verwirft die Bindung in der Wirklichkeit. Er setzt an die Stelle des Verzichts auf Möglichkeit deren unwirkliche Bewahrung im Untergang. Dieser ist im Verschwenden eine Weise, eigentlich zu sein.

Der Wille aber, sich zum Endlichen in der Verwirklichung zu entschließen, der Mut, sich mit seiner Verwirklichung zu identifizieren, nimmt auf sich, daß er sich andere Möglichkeiten versagt und im Sichverweigern gegen sie schuldig wird.

Die Angst vor der Verwirklichung in der Jugend, das Meiden einer eigentlichen Verwirklichung im Spiel des versuchenden Wechsels des Lebens sind die anfangenden Weisen des Lebens in der Grundsituation. Erst der Ernst der Existenz mit seinem Willen zur Wirklichkeit und zur Selbstidentität in dieser Wirklichkeit überwindet dieses Leben, ohne, wenn er es für sich tut, das andere verleugnen zu können.

Diese Grundsituation läßt sich auf folgende Weise weiter erhellen: Da die Verendlichung im Verwirklichen andere Möglichkeiten, weil es sie ausschließt, auch verletzt, tut sie, was von dem preisgegebenen Möglichen her als Schuld gilt. In der Chiffer gesprochen, die wir erörterten: Niemand kann allen Göttern dienen. Weil ich versäume, allen Göttern zu opfern, ihre Forderungen durch mein Leben nicht erfülle, werde ich selber in diesem Versagen mein Ungenügen erfahren. Aber ich erfahre zugleich die Grundsituation, die ein Genügen unmöglich macht. Nicht übersehbar sind die Mächte, die durch Antriebe in uns sich geltend machen. Unter ihnen ist der Drang zur Grenze, an der sie jede Ordnung durchbrechen, sofern Ordnungen verschleiernd, unwahr und tote Gesetzlichkeiten werden. Sie drängen noch über diese Grenzen hinaus, angezogen von etwas Vernichtendem, das jede Ordnung überhaupt, jede Vernunft überwältigt, hineinreißt in die Verneinung von allem zugleich mit der Verneinung seiner selbst, im Opfer für nichts, im Opfer an sich. An der Grenze des Menschen steht: das Gesetz des Tages wird der Leidenschaft zur Nacht nicht Herr. Beide schließen einander aus. Aber sie sind in der Tiefe aufeinander hingewiesen.

Diese Grundsituation des Menschen ist: er kann sich nie wahr und rein, nie vollendet, nie sich selbst genügend erfüllen. Das ist ein Ausgang aller Unbegreiflichkeit. Sie hat zur Folge, daß uns eine Scheu ergreift vor der Größe des Nein, des Nichts, ja, daß uns im Bösen gleichsam eine »Wahrheit« scheint ansprechen zu können.

Aber diese Einsicht, die die Möglichkeit der Anerkennung des anderen einschließt und auf eine Weise der Redlichkeit fordert, wird verkehrt, wenn sie vergißt: In der realen Welt verlangt die Selbstbehauptung unseres Daseins, das jene Mächte vernichten wollen, den realen Kampf gegen die fremden Götter und Teufel. Um diesen realen Kampf einzuschränken und schließlich zu verhindern, suchen die Vernunftwesen aus der Einsicht in die Grundsituation alle Mittel der Kommunikation zu gewinnen.

Dabei droht eine andere Verkehrung. Zwar haben wir uns zu bescheiden vor den Göttern, denen wir nicht opfern. Wir können das andere achten, dem die eigene Verwirklichung sich entzogen hat. Aber uns ergreift die gefährliche Lust, uns allen Göttern und Teufeln zu nahen, doch keinem einzigen zu dienen. Dieses Vielerlei geschieht unter Verrat der Verwirklichung, in der ich mit mir identisch wurde, und dadurch einem Gott, einem einzigen gehorsam blieb. Aber ich respektiere das, was in meiner Verwirklichung mir unmöglich wurde, für andere. Ich gleite ins existentiell Bodenlose. Noch ein Schritt weiter: Vor dem unheimlichen Rätsel des Bösen objektiviere und rationalisiere ich es als solches, das ist und daher fordert. Da es ja doch unser Teil ist, ist es Hochmut des auf sich gestellten Menschen, am Bösen nicht Teil haben zu wollen. Daher ergreife ich das Böse und verwirkliche es selber, aber ohne Konsequenz.

Dann falle ich zurück in die Angst des anfangenden Lebens, in dem die Möglichkeit vor der Wirklichkeit festgehalten wird, aber nun in der bösen Helligkeit des Einverständnisses. Dann wird aus dem Wissen von dem Vielfachen des in jeder Verwirklichung eingeschränkten und im ganzen unvollendbaren Möglichen die bewußte Zerstreuung in dieses Vielfache. Die augenblickliche Verwirklichung bleibt ohne Ernst, weil mit dem Vorbehalt, sie zugunsten einer anderen wieder zu verlassen. Die unverbindliche Teilnahme ohne eigentliche Verwirklichung hält das Leben in der Unentschiedenheit fest, in der alles Berührte auch verraten, Treulosigkeit zum Prinzip wird. Jede Verwirklichung gilt nur als Versuch mit dem Willen, in der beginnenden Wirklichkeit sich doch der Wirklichkeit zu entziehen, den Versuch wieder abzubrechen.

Angesichts der Leidenschaft zur Nacht, der Selbstzerstörung der Vernunft, angesichts der Mächte, die aus dem Grund unseres Seins her alle Verwirklichungen vernichten, müssen wir uns, gegen sie kämpfend, in unserer eigenen Begrenztheit, jene achtend, bescheiden. Nicht aber achten wir die Verkehrung, die im Blick auf jene Tiefen, in die, das Dasein vergeudend, Menschen sich stürzen, die eigene Treulosigkeit rational rechtfertigt. Die verzweiflungsvoll ernste Leidenschaft zur Nacht ist fern den billigen luziferischen Phantasmagorien eines unverbindlichen Lebens.

Wenn aber vor der Leidenschaft zur Nacht, vor der im Bösen scheinenden Wahrheit die Bescheidung ausbleibt, dann entsteht unter Verschleierung der Grundsituation eine wieder andere Verkehrung. Auf dem Wege der Verwirklichung eines sittlichen Lebenszusammenhangs entsteht, aus dem guten Gewissen der Treue in der Beschränkung, die Selbstgerechtigkeit. Der Hochmut des Rechthabens wendet sich gegen das andere, dem es sich versagt hat. In solcher Selbstsicherheit ist das Bewußtsein der Grenze verloren, in der Unbedingtheit des zur Gesetzlichkeit gewordenen Sittlichen ist Offenheit und Vernunft verschwunden. Das eigene Leben unter dem Gesetz des Tages wird von der Wirklichkeit der Leidenschaft zur Nacht nicht mehr betroffen, von der her doch die große Frage kommt, durch die die Grenzen alles Nursittlichen offenbar werden.

Die Grundsituation ist eine Weise der Grenzsituationen, das heißt der Situationen des Menschen, die im Unterschied von den Situationen in der Welt nicht wandelbar sind. Sie sind unausweichlich. Wir können sie nicht überschreiten. Aber von ihnen erschüttert zu werden, wenn wir sie erfahren, bringt uns als mögliche Existenz erst zu uns selbst. Bei ihrer Verschleierung bleiben wir uns selbst und bleibt alles Wesentliche für uns dunkel. Die Größe des Menschen liegt in dem, was er in der Erfahrung der Grenzsituationen wird. Den Adel in dieser Größe zu lieben, ist in Wahrhaftigkeit nicht möglich, ohne den Blick auf die Bedingungen solcher Größe.

Grenzsituationen nennen wir die Unumgänglichkeit von Kampf, von Leiden, von Tod, von Zufall. In unserem gegenwärtigen Zusammenhang ist die Grenzsituation die Unumgänglichkeit der Schuld. Ob der Mensch handelt oder nicht handelt, in jedem Fall wird er schuldig.

B. Woher das Böse?

I. Der Ursprung des Bösen liegt im Menschen

In kausaler und in verstehender Psychologie und Soziologie wird gezeigt, wie aus Antrieben und Umsetzungen, aus dem Unbewußten und im Bewußtsein, aus der Anlage und aus der Umwelt die Erscheinung des Menschen in je besonderen Weisen erforschbar wird[1]. Davon berichte ich hier nicht.

Das Wesentliche ist: All diesem Erforsch- und Wißbaren gegenüber kann der Mensch in dem Bewußtsein stehen, von ihm überfallen zu sein, und sagen: das bin nicht ich; ich will es nicht, ich stimme ihm nicht zu, oder: das bin ich selbst, darin bin ich mit mir identisch, oder: das übernehme ich, ich kann es nicht ändern, ich muß es mir zu eigen machen.

Das ist der Unterschied zwischen dem, wie ich mir als Dasein gegeben bin und dem, was ich aus meiner Freiheit will. Das Böse liegt nicht im Naturgegebenen (hier ist nur Unheil), sondern in der freien Zustimmung. Was mich antreibt, meine Neigungen sind an sich weder gut noch böse. Erst ihre Verwirklichung durch Freiheit macht sie böse oder gut. Das Böse beginnt mit der bloßen Schwäche der Nachgiebigkeit gegen Antriebe. Es steigert sich zu dem Willen, seinen Antrieben in jedem Fall bedingungslos zu folgen. Wenn der Weg von der Haltlosigkeit zu dem selbstmächtigen Willen geht, der sich durch nichts beschränken und binden läßt, dann geht die Freiheit selber auf in den

[1] Meine »Allgemeine Psychopathologie«, 7. Aufl. 1959.

Leidenschaften. Was Freiheit war, wird wieder Gegenstand der Psychologie.

Wenn der Ursprung des Bösen nicht in dem liegt, was psychologisch erforschbar ist, sondern in der Freiheit, dann ist die Frage, ob dies der Psychologie Unzugängliche philosophisch erhellt werden kann. Die bösen Prinzipien der Entscheidungen aus Freiheit sind fühlbar gemacht, gedeutet, gedacht worden. Keiner dieser Gedanken löst das Problem des Ursprungs des Bösen für unsere Erkenntnis.

(a) Prinzip des Bösen wurde der Eigenwille genannt. Erst er vereint die psychologischen Antriebe mit der Freiheit.

Der Eigenwille isoliert. Er wird sich hell bewußt in dem Satze »Ich bin ich selbst allein« (Shakespeares Richard III.). Die Isolierung wird total. Es gibt keine Freundschaft der Bösen, nur einen Bund für Zwecke, unter Bedingungen, mit dem Vorbehalt eines jeden, den anderen vergewaltigen zu wollen, sobald er kann.

Der Eigenwille empört sich gegen gültiges Gesetz und gegen verbindende Vernunft. Es ist eine Analogie zwischen dem Allgemeinen im Eigenwillen und dem Allgemeinen im guten Willen. Der Eigenwille bedient sich auf seinem Wege des Allgemeinen der Wißbarkeiten des Verstandes, scharf berechnend. Der gute Wille bindet sich an das Allgemeine der Vernunft, das er selbst ist. Jenem wird das Allgemeine zur Waffe des Kampfes, diesem zur Verbindung in Gemeinschaft.

Der Eigenwille, sich den absoluten Vorrang gebend, bleibt sich selber dunkel. Nur im Äußersten wird er sich selber hell und kann dann mit Richard III. sagen: »Ich bin gewillt, ein Bösewicht zu werden.« Jetzt verbindet sich mit der blinden Wucht die Helligkeit des Denkens. Der Teufel ist sich selber als solcher durchsichtig. Jede Rücksicht wird abgeworfen, die sonst unbewußt noch den Eigenwillen einschränkt. Dies zu ertragen und durchzuführen, erfordert eine übermenschliche und unmenschliche Selbstmacht der Freiheit im Bösen. Die Helligkeit verlangt eine Selbstdisziplin noch in der maßlosen Leidenschaft. Sie steht in Analogie zur Selbstbeherrschung des guten Willens. Die Macht des selbstdisziplinierten und denkkonsequenten bösen Eigenwillens ist allem halben Gutsein durchaus überlegen. Seine Wirkung stellt das Scheingute bloß und unterwirft es. Der Eigenwille trotzt gegen die Gottheit, die für ihn gar nicht ist. Er verläßt sich allein auf die eigene Kraft. Angesichts des Untergangs überläßt er sich absurden Illusionen oder massivem Aberglauben.

(b) Im Guten selber liegt ein Böses, weil die Selbstreflexion sich unumgänglich auf das Gute richtet. Um gut zu handeln, muß ich wissen, was gut ist. Weiß ich aber mein Handeln als gut, so bin ich schon in dem »Rühmen« (Paulus), das das Gute trübt oder vernichtet. Die Demut, die sich ihrer bewußt wird, ist schon hochmütig. Wer im guten Handeln sich selbst für gut hält, ist schon nicht mehr gut. Wer sich selbst für das hält, was er ist, ist es schon nicht mehr. Es entsteht die Selbstzufriedenheit. Diese setzt den andern herab. Das Gutsein, das niemand wissen und besitzen kann, wird im Umschlag zum aggressiven Moralismus. Kant unterscheidet daher die Zufriedenheit mit meiner objektiven Tat, die berechtigt ist, von der Selbstzufriedenheit, die mich unwahrhaftig macht, da ich meine letzten Motive nie ganz durchschaue.

In China ist die Einsicht in das Unheil der reflexiven Selbstbejahung des Guten mehrfach ausgesprochen (z. B. Liädsi). Wandelt recht, sagt er, aber meidet selbstgerechten Wandel. Ein Selbstzufriedener ist unbelehrbar.

(c) Gibt es den Willen zum Bösen als Bösem? Kant leugnet ihn. Das Prinzip des Bösen, sagt er, liege im Menschen ganz anders. Die bloße Sinnlichkeit, die Antriebe sind als solche weder gut noch böse. Nur der Wille kann gut oder böse sein. Die Frage ist, in welchem Sinne die sinnlichen den moralischen Triebfedern untergeordnet werden. Welche von beiden Triebfedern wird zur Bedingung der anderen? Der Mensch will sehr wohl dem moralischen Gesetz folgen, aber nur unter der Bedingung, daß seine sinnlichen und gesetzwidrigen Antriebe nicht oder nicht zu sehr beschränkt werden. Er sollte aber den sinnlichen Antrieben nur unter der Bedingung folgen, daß sie das moralische Gesetz nicht verletzen. Das ist das Böse, daß er bei der Aufnahme der Triebfedern in seinen Willen eine Umkehrung des Bedingungsverhältnisses vollzieht. »Er macht die Triebfeder der Selbstliebe und ihre Neigungen zur Bedingung der Befolgung des moralischen Gesetzes, während vielmehr das letztere als die oberste Bedingung der Befriedigung der ersteren in die allgemeine Maxime der Willkür als alleinige Triebfeder aufgenommen werden sollte.«

Seinem in den Antrieben herrschenden Glückswillen den Vorrang vor dem in der Vernunft sich zeigenden unbedingten Gesetze zu geben, das ist der Grund des Bösen. Diesen »Hang zum Bösen« nennt Kant das Radikalböse.

Das Radikalböse ist nicht teuflisch. Teuflisch wäre eine »boshafte

Vernunft«, die als »schlechthin böser Wille« das Gesetzwidrige als Gesetzwidriges wollen, den »Widerstreit gegen das Gesetz selbst zur Triebfeder erheben« würde. Aber der Mensch ist kein Teufel. Das Radikalböse, nicht das Teuflische, liegt in jedem Menschen »auch dem Besten«.

Aber woher kommt das Radikalböse? Es hat seinen Ursprung vor der Zeit, außer der Zeit. Es ist in der zeitlichen Erscheinung des Menschen »angeboren«. Aber woher die uneingestandene Maxime, zwar wohl das Gute zu tun, aber nur unter der Bedingung keiner allzu großen Opfer? Das ist für Kant ebenso unbegreiflich, wie die Möglichkeit der ständigen Wiederherstellung der rechten Unterordnung durch die Umkehr der sittlichen Denkungsart.

(d) Das Böse ist durch Freiheit. Was nicht in der Macht der Freiheit liegt, das brauche ich nicht zu verantworten.

Was liegt in der Macht der Freiheit? Zuletzt und zuerst ich selbst für mich selbst, sofern ich *mir selbst durchsichtig* werden oder *mich verschließen* kann.

Es scheint eine paradoxe Frage: Kann dem Menschen die Freiheit schlechthin zugesprochen werden? Ist das Handeln aus Freiheit nach der Vernunft von ihm in jedem Augenblick zu fordern? Es genügt nicht zu antworten, der Mensch sei entweder frei oder nicht, verantwortlich zu machen oder für unmündig zu erklären.

Das Geheimnis der Verschlossenheit ist: Die Freiheit kann verloren werden durch Freiheit. Aber dieses Verlorengehen ist verstehbar, und zwar so, daß die Freiheit aus den Verstrickungen durch innere Umkehr zurückgewonnen werden kann. Dieser Akt der Freiheit, die sich selbst preisgibt, steht nicht in Abhängigkeit von einem biologischen Naturprozeß, der die Freiheit unwiderstehlich vernichtet.

Kierkegaard hat den Ursprung solchen Freiheitsverlustes in einer Tiefe erfaßt, wohin keiner vor ihm gelangt ist. Sein Aufweis der Verschlossenheit und des Offenbarwerdenwollens zeigt den Widerstand des verzweifelten Selbstseins, das weder es selbst noch nicht es selbst sein will und beides nicht sein kann. Ich will mich verbergen, vor mir selber und den andern, tue alles, um nur nicht offenbar werden zu müssen, aber breche vielleicht plötzlich ratlos heraus, verzweifelt mich offenbarend, aber doch diese Offenbarung selber wieder als Vorbau verwendend für die Verschlossenheit, die ich begehre. Es ist der radikale Wille, sich selbst nicht durchsichtig werden zu wollen, der der Ursprung des Bösen wird.

Die Frage ist: Es kann eine falsche Erbarmungslosigkeit liegen im direkten Fordern der Freiheit, die so in diesem Augenblick von einem Menschen wohl in seiner Einsicht begriffen, aber nicht in Wirklichkeit erfüllt werden kann. Es liegt die andere Erbarmungslosigkeit darin, den Menschen in seiner Isoliertheit zu lassen, so daß er sich ständig tiefer verstrickt und es nicht merkt. Alle sprechen mit ihm und keiner sagt ihm im konkreten Augenblick, was ist, die Explosion fürchtend. Die konventionelle Gesellschaft fördert solche verlorene Einsamkeit im Schein allseitigen Verkehrs.

Nur liebende Kommunikation kann Anlaß werden, daß der andere die Umkehr findet zum Sichselbstdurchsichtigwerden. Soweit wir versagen in dieser liebenden Kommunikation, uns selbst nicht genügend durchsichtig und nicht bereit werden zu dem Wagnis des kommunikativen Versuchs, fließt immerfort diese Quelle des Bösen.

II. Der Ursprung des Bösen liegt über den Menschen hinaus

Wenn der Ursprung der Übel in der Welt, der des Guten und Bösen im Menschen liegt, dann ist unsere bisherige Darstellung angemessen. Aber ganz andere Fragen werden laut, die den Menschen seit Beginn der Geschichte erregen, empören, oder ihn sich beugen lassen im Nichtwissen.

Das Übel und das Böse erdrücken ihn von außen und von innen. Sein Widerstreben hilft ein wenig, aber hilft am Ende nicht mehr. Die Fragen nach dem Grunde unseres Unheils treiben über den Menschen hinaus.

Erstens: Daß die Welt im ganzen so ist, wie sie ist, daß Leiden und Schuld da sind, dieses totale Unheil, wer oder was ist dafür verantwortlich?

Der Mensch ist nicht alles. Er hat sich nicht selbst geschaffen. Er selbst ist nicht sein eigener Ursprung.

Liegt die Schuld für das Schuldigwerdenkönnen oder gar für das Schuldigwerdenmüssen des Menschen vor ihm in einem anderen? Wer ist dann schuld? ein übersinnliches Wesen? ein kosmischer Ursprung? etwas durch Gott Geschaffenes? Gott selber?

Darf der Mensch seine Schuld erleichtern, sie abwälzen, sich rechtfertigen, weil nicht er selbst ihr letzter Ursprung sei?

Zweitens: Daß dem bösen Tun zur Strafe das Leid folgt, scheint gehörig. Aber der Tatbestand ist: Es ist keine Entsprechung von gutem

Tun und Glück in der Welt. Guten geht es schlecht, Bösen geht es gut. Wahllos oder zufällig ist der Zusammenhang. Die Sonne scheint, nicht unterscheidend, über Gerechte und Ungerechte.

Wie ist es möglich, daß das Dasein der Menschen so ungerecht gelenkt wird?

Darf der Mensch Anklage erheben gegen den Grund der Dinge: daß er mich schuldig werden läßt – daß er ungerecht ist?

1. Erörterung von Argumentationen

Die Argumentationen haben zwei Ausgangspunkte, die ihrem Sinn eine je bestimmte Richtung und Begrenzung geben.

(1) Wenn ein Gott ist als Schöpfer des Alls, so ist er entweder nicht allmächtig, weil er das Böse nicht verhindern kann, oder nicht allgütig, weil er es zuläßt. Wenn Gott allmächtig ist, ist er nicht gut. Wenn er gut ist, ist er nicht allmächtig. Oder Gott ist nicht allwissend, weil er bei seinem Schöpfungsakt das Unheil nicht voraussah. Der Schluß wird gezogen: Entweder: Es ist überhaupt kein Gott. Denn wenn er wäre, dann wäre die Ungerechtigkeit nicht möglich. Oder: Der Weltschöpfer ist nicht Gott, sondern ein böser Dämon.

In der Bibel geschieht ein Ringen mit dem einen persönlichen Gott, der ein sittlicher Gott und Gesetzgeber, ein zorniger Gott, ein liebender und ein allmächtiger Gott ist. Der glaubende Mensch erhebt Anklage gegen Gott, den Einen, den überweltlichen Schöpfer der Welt aus dem Nichts. Er will begreifen, warum Gott schuldig werden läßt und warum die Ungerechtigkeit die Menschenwelt beherrscht. Der ethische Anspruch des Menschen, ihm von Gott in die Seele gelegt, wendet sich gegen Gott. Solange nicht das Dasein Gottes geleugnet wird, erfolgt das Hadern mit Gott um Gott, der Trotz und die Hingabe.

(2) Wenn aber Gott nicht ist, was ist dann, da doch offenbar nicht Nichts ist? Was auch sei, ob Naturgesetz, Materie, Leben, menschliche Schöpfung, verantwortlicher Wille, immer bleibt dann die Frage: was für eine Wirklichkeit ist das eigentlich?

(3) Die scharfe Unterscheidung ist erst in der Bibel zur Klarheit gekommen. Von ihr her erscheinen die meisten anderen Auffassungen als nicht konsequent durchdacht. Auch wenn von Gott und von einer Lenkung der Welt durch Gott die Rede ist, bleibt doch die hohe Spannung des Ringens mit Gott aus und damit die Schärfe der Gedanken, die vergeblich die Frage beantworten, das Geheimnis offenbar machen, Gott begreifen wollen.

2. *Beispiele von Chiffern des Bösen in der Geschichte*

Sehen wir im Schema, welche Chiffern vor und neben dem biblischen, nichts verschleiernden, alloffenen, im Ringen mit der Gottheit sich verzehrenden Glauben historisch aufgetreten sind.

(a) In Indien war der Mensch sich seines Daseins bewußt im Zusammenhang der Seelenwanderung. Was ich jetzt bin und erleide, mein Unheil und mein Glück, ist die Folge meiner Taten (karma) in meinen früheren Daseinsformen. Im gegenwärtigen Dasein erleide ich Strafe und Lohn und habe die Chance, durch mein gutes Handeln, das heißt: durch meine dem Gesetz dieser Daseinsform gemäße Lebensführung im nächsten Dasein in glücklicherer Gestalt wiedergeboren zu werden.

Aber woher diese Welt? Zu den in Indien verbreiteten Vorstellungen gehören diese:

Die Welt und alles Sein ist durch einen Urakt des Nichtwissens. Welt ist Maya, ist ein Traum der Welt. Diese Verschleierung des Seins durch die Welt gebiert die Gegensätze. Daher ist Lust und Leid, Jubel und Qual. Beides stammt von demselben Isvara, der, als Schöpfer und Regierer und Zerstörer der Welt, selber zur Maya gehört, ein vordergründiger Gott. Er »wirbelt alle Wesen herum, als wären sie durch die Maya an einem Rade befestigt«. Warum schafft dieser Gott die Welt? Er hat kein Motiv, denn er ist allgenugsam. Aber ohne Motiv würde er nicht schaffen. Er hat daher keinen besonderen Bewegungsgrund, sondern treibt ein bloßes Spiel. Schon in den Veden zaubert Indra zum Spiel seine Feinde hervor, um sie dann zu vernichten.

Schiwa schafft tanzend die Welt und zerschmettert »wutentbrannt die Geschöpfe alle«. Krischna, der gütige Welterhalter und Heilbringer, sagt zugleich: »Ich bin die Zeit, welche in ihrem Fortschreiten den Untergang der Welt bewirkt und betätige mich hienieden darin, daß ich die Menschen hinwegraffe.«

Aber das alles ist als Maya durchschaut von den Wissenden, Befreiten und Erlösten (schon in den Upanischaden). In seinem innersten Herzen ist der Wissende Atman. Atman ist »größer als die Erde, größer als der Luftraum, größer als diese Welten ... Dieser ist der Brahma, zu ihm werde ich, von hier abscheidend, eingehen«.

Buddha nannte dieses, das von der Welt her gesehen nichts, aber das eigentliche, weltfreie Sein – Nichts ist, Nirwana.

(b) Im Schiking, dem Buch der chinesischen Lieder, die bis tausend Jahre vor Chr. zurückreichen, sind die Fragen in einfachen Versen rein zum Ausdruck gebracht (übersetzt von V. von Strauß, z. B. Seiten 111, 124, 307, 316, 515): Der hohe Himmel ist unendlich, aber seine Güte gleicht dem nicht. Der milde Himmel zürnt grimmig. Er beachtet, er schont keinen. Er sendet Hungersnot und Sterben. Der sich verschuldet, büßt seine Frevel. »Doch die auch, die sich nicht verschuldet, sie stürzen alle ringsumher.« Wenn die Welt nach ewiger guter Ordnung geht, warum sterben Menschen, die ohne Sitte und Halt leben, nicht gleich? Des Himmels Rat ist nicht zu fassen. Er zeigt uns keine Barmherzigkeit. Ist es recht, daß er uns alle zerschellt? Der hohe Himmel ist verkehrt.

Diese Dichter klagen, aber sie klagen nicht eigentlich an, auch wenn sie selten, wie in den letzten Worten, nach Recht und Gerechtigkeit einen Augenblick einmal fragen. Es ist so! Es sagen und klagen, vielleicht herzzerreißend klagen, das ist ihre Haltung, nicht Empörung.

Die Chinesen haben in der Folge dieses Aussprechen dessen, was ist, dieses Sichverwundern, dieses Klagen wiederholt. Der Historiker Sema-Tsien (erstes Jahrhundert vor Chr.) zeigt das Unheil[1] des Sterbens junger Menschen. Er sieht, wie ein Räuber täglich Unschuldige tötet und doch selber erst in hohem Alter stirbt. Die die Gebote verletzten, verbringen doch ihr ganzes Leben in Vergnügen, Reichtum und Überfluß. »Ich zweifle sehr, ob der sogenannte Weg des Himmels gerecht ist oder ungerecht.«

Aber das ist nicht das letzte Wort dieses Historikers. Wenn er oft von der Nutzlosigkeit des Freimuts und des Heroismus spricht – im traurigen Rückblick auf sein eigenes Geschick[2] – so weiß er doch von den guten Menschen. Er zitiert Konfuzius: Da Reichtum Sache des Zufalls sei, sei es besser für den Menschen, dem zu folgen, was er liebe. Wenn das ganze Geschlecht trüb und schlammig sei, wird erst recht der reine Mensch sichtbar. »Gleiche Lichter widerstrahlen einander, gleiche Arten suchen einander, der vollendete Mensch wirkt.« Wieder aber die Klage: Die Verborgenheit und Vergessenheit edler Menschen: »Die Männer der Berghöhlen, die sich in Zeiten abseits halten von der Welt, Namen solcher Art sind wie begraben, erloschen; wie traurig!« So begründet Sema-Tsien den Sinn seiner Geschichtsschreibung: seine Verantwortung, in den Lebensbeschreibungen Menschen der Geschichte sichtbar zu machen, insbesondere die großen, vollendeten Menschen.

Alles, was im Abendland verwirklicht wurde, ist in Ansätzen auch in dem uns verwandten antiken China da: die Wissenschaft, der Weg der Pflicht, auch wenn er in das sichere Unheil führt, der Heroismus des Unbedingten, die planvolle Organisation, das bewußt politische Denken im Streit der Grundsätze. Was aber zum Typus des allgemeinen Bewußtseins wurde, das ist im Laufe der Jahrtausende nur immer verschiedener vom Abendland geworden. Dieser Typus läßt sich in den Grundzügen charakterisieren:

Welt und Leben werden bejaht in dem Glauben an eine Grundordnung (des tao) in kosmischer Anschauung. Nach jeder Störung stellt sich die Grundordnung wieder her. Der edle Mensch ist im Einklang mit dem All. In diesem Denken gibt es nicht Sünde und Erlösung, sondern »Ergänzung«. Es gibt kein dogmatisches Glaubensbekenntnis, das kämpferisch niedergelegt wird. Es gibt kein tragisches Bewußtsein und die zu ihm gehörende philosophische Denkungsart.

[1] Diether von den Steinen, das 61. Kapitel des Schi-gi. Sinica VIII, 229, 1933.

[2] Übersetzung Chavannes I, Seite LX.

Die Klage ohne Anklage hat ihre Konsequenz als Sichverstehen im Einssein mit dem Naturgeschehen. Der Schmerz macht sich im Aussprechen durchsichtig, ohne Anrufen einer Instanz, ohne Begehren, Ringen und Richten.

(c) Einige Vorsokratiker und viele Philosophen nach ihnen haben in ihren kosmischen Anschauungen gesehen, was die Menschen sind. Was der Mensch erfährt als Gesetzesordnung der Gemeinschaft, vor Gericht, in sich selbst, das dachten diese Philosophen als etwas Vormenschliches, Menschen und Welt Umfassendes. Sie brachten in einer die Denkenden durch Evidenz bezwingenden Objektivität vor Augen, was in der Gegenwärtigkeit nur dunkel, getrübt durch Leidenschaften und Willkür, sich zeigt. Es wird in gewaltigen Anschauungen mit begrifflichen Mitteln die kosmische Geschichte vor Augen gebracht:

Ein Satz des Anaximander läßt eine Anschauung erkennen vom Werden aller Dinge: sie nehmen sich ihr Dasein und tun damit Unrecht gegen anderes Dasein, zahlen einander Buße nach der Ordnung der Zeit, nach Notwendigkeit.

Der philosophische Mythus des Empedokles sieht die Weltzyklen: Liebe und Streit lassen das Weltganze in großen Perioden sich trennen und wieder verbinden. Jedes einzelnen Dinges Schicksal ist nach dem Ort in diesem Prozeß bestimmt.

Der orphische Gedanke einer vorzeitlichen Schuld der Seelen wurde immer wieder und noch von Plotin gedacht: »Der Anfang und das Prinzip des Bösen nun war für sie der tollkühne Hochmut und die Werdelust und das erste Anderssein und das Verlangen, sich selbst anzugehören. Da sie also ihrer Selbstherrlichkeit offenbar froh waren, so verloren sie die Erinnerung, daß sie selbst von dort her stammen.«

(d) Plato ist der erste Philosoph, der in der Offenheit für die Chiffern der Spekulation das vielfach Überlieferte aufnimmt und umgestaltet in seinem eigenen Reichtum an Erfindungen philosophischer Denkgebilde. Keinem überläßt er sich, auch nicht, wenn er sie mit seiner Denkenergie systematisch entfaltet. Aber er ist philosophisch durchdrungen von dem Einen, das von Plato nicht gesagt werden kann, weil er es sich selbst nicht sagen kann, während er von ihm her jene beschwingende Macht hat, die bis heute wirkt. Daher ist es unangemessen, eine platonische Lehre als die eigentliche und zentrale Lehre aufzustellen. Die Lehren sind eine Welt von schwebenden Gebilden, die ihren Sinn haben aus der existentiellen Macht des Einen, die in ihnen sich ausspricht. Daher treffen sie den Mitdenkenden in seiner Existenz. Aber diese Betroffenheit hört auf, wo sie als feststehende Erkenntnis aufgefaßt wurden.

Plato sieht das Böse und das Übel des Menschen und der Welt so, daß er es in keiner Weise zur Gottheit in Beziehung bringen will. Ohne die Spur eines Haderns mit Gott, gibt er auf die Frage: woher? jederzeit die Antwort: »Gott ist schuldlos.«

Die Lehren aber sind, dem Wesen des platonischen Philosophierens entsprechend, mehrfach und keineswegs insgesamt ein in sich systematischer Zusammenhang.

Eine Lehre ist im Timäus als »einleuchtender Mythos« entwickelt: Der

Grund des Bösen wie allen Übels, der Vergänglichkeit, des Unvollkommenen liegt in der Welt als solcher. Denn sie ist von Gott, dem Demiurgen gebildet als das Dasein, das ein Nichtsein, die Materie voraussetzt. Plato erzählt, wie die Welt durch den Weltbaumeister hergestellt wurde. Dieser schaute nach dem Ewigen der Ideen und bildete nach ihnen die Welt als das Schönste von allem Gewordenen, er, der beste von allen Schöpfern. In seiner neidlosen Güte wollte er, daß alles den Ideen so ähnlich als möglich werde, daß alles, soweit als möglich, gut werde, nichts aber ganz schlecht sei.

Doch der gütige Weltbaumeister stieß an eine Grenze: Er fand alles in ungeordneter gesetzloser Bewegung vor. Er führte es aus der Unordnung zur Ordnung. Dabei aber konnte er die Welt nur »nach Möglichkeit« zur Ordnung führen. Denn er bildete sie aus einem Prinzip, das selber nicht Gott, nicht von Gott geschaffen ist. Dies nannte Plato den leeren Raum (chora), ein Nichtseiendes und doch nicht Nichts, die Materie (mit ihr erst später identifiziert). Er bringt aus diesem Stoff durch Formung die Welt hervor, wie der Künstler sein Werk. Vom Stoff her bleibt ein unüberwindbar Mangelhaftes. Dieser fremde Stoff und seine Bewegung heißt Zwang, Notwendigkeit (ananke). Daher ist die Welt eine Mischung von Vernunft und Notwendigkeit, aber so, daß die Vernunft über die Notwendigkeit dadurch herrscht, daß sie sie überredet, das meiste von dem, was entstand, zum Besten zu führen. Solche Notwendigkeit ist also nicht Gesetzlichkeit (die wir mit ihr zu verbinden gewohnt sind), sondern das regellos Veränderliche. Diese Grundlage der Welt ist das Zufällige und das Undurchschaubare (Politikos 271). Aus der Notwendigkeit ist in die Welt eingedrungen das chaotisch Veränderliche, während das ständige Beharren nur den allergöttlichsten Wesen (wie den Sternen) zukommt. Durch ihren Bildner hat die Welt die Schönheit, von ihrer Grundlage her aber stammt alles Widerwärtige und Ungerechte.

Diesem Grundgedanken gibt Plato weiter eine Abwandlung: Der Demiurg läßt die Welt hervorbringen durch die von ihm geschaffene Weltseele. Eine Seele eignet aber auch jener bewegten Grundlage und diese heißt die böse Weltseele. Ihr entspringt das Unheil. Aber im ganzen ist diese Welt doch »ein sinnlich wahrnehmbares Abbild des nur der Vernunft zugänglichen Gottes, sie, die größte und beste, schönste und vollendetste, eine und eingeborene Welt«.

Mit diesen kosmischen Vorstellungen ist Platos Erdenken des Bösen nicht erschöpft. Nach seinen sokratischen Dialogen liegt der Grund des Bösen im Nichtwissen. Denn niemand kann wissentlich Unrecht tun. Dieses »Wissen« aber ist nicht das, was wir Verstandeswissen nennen, sondern das philosophische Wissen, das als Wissen zugleich die Praxis des inneren Handelns ist, das das Böse sich verflüchtigen läßt.

Woher aber das Nichtwissen? Es ist Folge des Daseins der Seele im Körper. Daß die Seele im Körper ist, beruht auf einem Sturz der Seele aus dem reinen Geisterreich. Im Gleichnis wird die vernünftige Seele als ein Zweigespann mit einem gehorsamen und einem störrischen Pferd gedacht: Das heißt: die Verwirrung und Unordnung entsteht durch den Ungehorsam des einen Pferdes.

Schließlich scheinen Plato weder das »Nichtwissen« noch die Gebundenheit an den Körper ausreichend. Es liegt doch für ihn etwas ganz Unfaßliches im Bösen. Es gibt einen »krankhaften Trieb, der sich als Folge alter, ungesühnter Missetaten in den Menschen entwickelt, bald hier, bald dort als Plagegeist sich einstellend« (Gesetze 854 ff.).

Wie immer auch Plato deutet, jede Deutung, so entschieden sie jeweils hingestellt wird, bleibt eine Chiffer. Durch alle Lehren hindurch bleibt identisch einerseits die Unantastbarkeit der Gottheit, andrerseits die Verantwortung des Menschen. In der Chiffer der Wahl des Lebensloses durch die Seelen (Staat 617): »Euer Los wird nicht durch den Dämon bestimmt, sondern ihr seid es, die sich den Dämon erwählen ... Die Schuld liegt bei den Wählenden, Gott ist schuldlos.«

(e) Das tragische Bewußtsein, verwirklicht in der unüberbietbaren Höhe von Aeschylos, Sophokles, Euripides unter Voraussetzung des von ihnen fortentwickelten tragischen griechischen Mythus, in zweiter Höhe von Shakespeare unter den Voraussetzungen der abendländischen, antiken, nordischen, christlichen Überlieferung, ist keine systematische Philosophie. Aber die von diesen einzigen Männern geschaffenen Chiffern der Transzendenz und der Haltung von Menschen sind als solche philosophisch: die Offenheit für die von der Transzendenz her angesprochenen existentiellen Möglichkeiten, die bleibende Frage, der Stolz und die Bescheidung der Freiheit, die Erfahrung der Größe und Wahrheit im Scheitern.

Im Anschauen dieses Scheiterns sehen die im Bewußtsein der eigenen Gefahr Lebenden den Grund der Dinge. Sie erfahren die Grenzen des eigenen Wesens. Sie spüren das Sein in den Chiffern der Ereignisse und der Charaktere und des Denkens, das mit den philosophischen Motiven einbezogen ist in die Denkungsart der Gestalten und der Chöre. Sie gewinnen ihren eigenen Aufschwung durch Entschleierung der Wahrheit und durch Anschauung der Größe des Menschseins in Vorbildern und Gegenbildern. Das eigene Schicksal wird verklärt in dieser Größe.

Die tragische Wirklichkeit muß in dem tragischen Wissen zum Bewußtsein und zur Wirkungsmacht kommen. Achill fordert, wie die Alten sagten, den Homer, das griechische Schicksal die griechischen tragischen Dichter, das Geschick des Menschseins die tragischen Chiffern.

Das Unvollendete und Unvollendbare des Menschseins, seine Brüchigkeit wird offenbar. Es gibt nicht das allein wahre, endgültige Menschsein. Jede Gestalt des Menschen hat nicht nur ihre eigene Grenze. Sie geht am Menschsein selber, an Fehlern, Irrtum, Schuld, an seinem Verhängnis zugrunde.

Im tragischen Bewußtsein gibt es keine Erlösung im Übersinnlichen, das Gnade schenkt. Der unendlichen Vertiefung in das Dasein und der fragenden Erfahrung der Grenzen bei Shakespeare entspricht keineswegs das Tragische bei Calderon, das Vordergrund bleibt vor der Gewißheit des christlichen Glaubens. Das tragische Bewußtsein kennt die Befreiung des Menschen in der Härte und Undurchschaubarkeit der Frage selber, hineingestellt in den Raum unendlich abgewandelter Chiffern der Transzendenz.

Philosophische Gedanken werden Elemente innerhalb der übergreifenden Ereignisbilder der Tragödie. So kommen nicht als Prinzip tragischen Bewußtseins, aber als Denken besonderer Gestalten, auch die philosophischen Gedanken vor, wie die, die das Unheil und das Böse von der Gottheit fernhalten: »Was die Götter auch betreiben, ist niemals böse« (Sophokles), »Wenn Götter etwas Böses tun, sind's Götter nicht« (Euripides).

3. Der Dualismus der guten und der bösen Macht

Die Frage: woher das Böse? hört auf, wenn zwei gleich ursprüngliche Mächte behauptet werden. In Persien wurde von Zarathustra das Dasein begriffen als der Kampf zweier Mächte, von Licht und Finsternis, von Gut und Böse als der Kampf zwischen Ormuz und Ahriman. Die beiden Mächte, Gott und der Teufel, durchdringen, im Kampf miteinander, die Welt. Jeder einzelne Mensch steht in diesem Kampfe auf dem Schlachtfeld der Welt. Er muß vom Teufel erleiden, wogegen Gott ihn nicht schützen kann. Er muß sich entscheiden, ob er Gott helfen will oder dem Teufel. Erst am Ende der Tage wird, auch durch die Mitwirkung des Menschen, die böse Macht besiegt sein, die gute triumphieren, der Teufel ins Nichts versinken, wird mit dem Bösen zugleich das Leiden aufhören. Das Drama der Welt spielt sich ab als Kampf zwischen der lichten und dunkeln, der guten und bösen Macht, bis zum Sieg des Lichten.

Der Dualismus tritt in der Frage nach Gut und Böse immer in irgendeiner Gestalt auf:

In Indien geschah die Lösung der Frage durch den Dualismus zwischen dem endlosen Gang der Welt, dieses endlos wiederholten Lebens und Sterbens im Rade der Wiedergeburten und dem ewigen ruhenden Sein – Nichts, dem traumlosen Schlaf, dem Nirwana.

Im Christentum wurde der Teufel aufgenommen, aber von vornherein als abhängig von der Gottheit gedacht. Doch blieb der Dualismus unterm Schleier theologischer Vereinheitlichung so mächtig, weil seine Chiffer angesichts des Menschen- und Weltunheils evident ist.

Die dualistische Chiffer »Gott – Teufel« geht also durch die Zeiten. Der Mensch ist kein Teufel. Kann sich, nach der Chiffer, der Teufel im Menschen inkarnieren, wie Gott in Jesus-Christus? Wir verleugnen diese beide Chiffern. Der Teufel kann so wenig wie Gott in einem Menschen selbst erscheinen. Wurde solcher Glaube wirklich, so hat Gott nur einmal, im unermeßlichen Leiden und Scheitern siegend, gültig für immer, der Teufel aber vielfach, noch im Triumph dem Wesen nach unterliegend, sich inkarniert. Es kam in den Jahrhunderten zwischen Mittelalter und Neuzeit vor, daß das Nichtglauben an den Teufel (und an die Notwendigkeit der priesterlichen Teufelsaustreibung) für ebenso ketzerisch gehalten wurde wie das Nichtglauben an den menschgewordenen Gott.

Wo das Entsetzliche packt, wird die Chiffer des Teufels immer sprechend bleiben. Daß in aller Realität ein Moment steckt, das teuflisch sich offenbaren kann, bedeutet: Will ich in der Welt leben und in der Welt handeln, muß ich auch mit dem Teufel umgehen. Es heißt aber nicht, die Welt überhaupt sei teuflisch (das ist eine Position mancher Gnostiker). Es heißt auch nicht, daß ich mit dem Teufel paktieren, mit ihm Kompromisse schließen muß. Aber es heißt, daß ich mich in Zusammenhänge begebe, in denen mir der Teufel begegnet, daß ich ihm unterliegen kann, sei es, daß er mich von außen durch andere quält und vernichtet, sei es, daß er in die eigene Seele dringt und sie zum Werkzeug macht.

Je heller das Bewußtsein wird, um so entschiedener wird jedes unbewußte Paktieren mit dem Teufel ausgeschlossen, aber um so entschiedener wird auch das Teuflische auf allen Stufen seiner Verderblichkeit bis zum Entsetzlichsten, das Menschen einander antun, erkannt. Es wird fühlbar schon in den leisen Ansätzen, dann zum Offenbarwerden gezwungen und bekämpft.

So läßt sich in den dualistischen Chiffern sprechen. Sie sind einfach und klar, vermöge des dualistischen Charakters unseres Verstandesdenkens unumgänglich und in konkreten Kampfsituationen des Menschen mit sich selber Wegweiser durch die Einfachheit gegenüber allen Vermischungen, Verschleierungen, Erleichterungen. Aber sie wirken abstrakt und vorläufig und unwahr, sobald der Einheitsgedanke – in der Gestalt des einen Gottes – und seine Chiffern uns ergreifen.

4. Der persönliche Gott unter Anklage

Die nie gelöste Spannung durch die Frage: woher das Unheil und das Böse und die Ungerechtigkeit? wird zu einer unüberbietbaren Kraft gesteigert, wenn zwei Voraussetzungen in der Schärfe des Gedankens festgehalten werden.

Erstens: der Ursprung von allem ist Eines, Ein Sein. Alles Gegensätzliche, sei es dualistisch oder polar, ist sekundär.

Zweitens: Dieses Eine ist der eine persönliche Gott, allmächtig, allgütig, allwissend, Ursprung der ethischen Forderung.

Je machtvoller, persönlicher, ethischer, je ausschließender dieser eine Gott vorgestellt wird, desto leidenschaftlicher wird die Frage. Sie richtet sich von der Person des Menschen an die Person Gottes. Weil der Ursprung von allem in dem persönlichen Urwesen liegt, das die Welt aus nichts geschaffen hat, muß dieses Urwesen die Verantwortung tragen für das, was ist.

Eine »Lösung« gibt es im biblischen Denken als das Aussprechen der Unlösbarkeit, und zwar in zweierlei Gestalt, im Denken Hiobs und in der Prädestinationslehre. Beide denken den persönlichen Gott als übermächtig und als unbegreiflich und unterwerfen sich. Das Ungerechte, das ethisch Unmögliche wird hingenommen als unerforschlich. Es bleibt keine Frage mehr an Gott und keine Anklage.

Aber leicht ist gesagt: es gibt keine Lösung. Schnell fertig ist das einfache Nichtwissen. Der Gehalt dieses Nichtwissens tritt erst zutage dadurch, wie es erfahren wird, wie es durch die Frage, als ob doch Antwort möglich sein müsse und gefordert werde, durchbrochen und dann wiederhergestellt wird. Es bringt immer von neuem in die das Selbst- und Gottesbewußtsein umtreibenden Bewegungen des Gedankens, diese durch Rationalität vergeblich klar werdenden existentiellen Bewegungen.

Hiob[1]

Die These, alles Unheil treffe den Einzelnen und das Volk als Strafe für gottwidriges Verhalten und sei daher gerecht, wurde ständig durch die Tatsachen widerlegt. Die Folgen für die innere Verfassung eines frommen Mannes, der schuldlos das äußerste Unheil erduldet, entfalten sich in Hiobs Geschichte und in der Schärfe der Gedanken, die der rücksichtslos vergegenwärtigten Erfahrung entspringen.

Jahve, der Frömmigkeit seines Knechts Hiob gewiß, hört den Zweifel Satans: Hiob fürchtet dich nicht uneigennützig, es ist sein Vorteil, denn du beschirmst zum Lohn für seine Frömmigkeit ihm Haus und alles, was sein ist. Darauf erlaubt Jahve, daß zur Prüfung Hiobs Satan ihm alles, was er hat, nähme, nur ihn selbst solle er am Leben lassen. So tut es Satan. Hiob verliert alle Kinder, all sein Gut, er-

[1] Die Übersetzung von Gustav *Hölscher:* Das Gedicht von Hiob. Insel-Verlag 1948. Kommentar: Gustav *Hölscher,* Das Buch Hiob. Handbuch zum Alten Testament, erste Reihe 17. Tübingen 1937.

krankt am qualvollen, von den Menschen trennenden Aussatz, aber stirbt nicht.

Im Leiden unwandelbar beugt sich Hiob und spricht: »Nackt ging ich aus dem Mutterleibe, und nackt kehre ich dahin zurück, Jahve hat's gegeben und Jahve hat's genommen, der Name Jahves sei gelobt!« Seinem Weibe, das ihm zumutet: »Fluche Gott und stirb!« antwortet er: »Das Gute nehmen wir von Gott hin, und sollten das Unheil nicht auch hinnehmen?«

Es kommen drei Freunde, ihm ihre Teilnahme zu bezeigen und ihn zu trösten. Sie setzen sich zu ihm Tage und Nächte und schweigen. Dann ergreift als erster Hiob das Wort: Nun geht das Gespräch in den großen Wogen der Reden, ohne eigentliche Diskussion, hin und her. Die Theologenfreunde bringen fromme Sätze und Gründe vor. Hiob erkennt die Unwahrheit im Gebrauch dieser Sätze. Je gewichtiger das, was die Theologen sagen, scheint, desto stärker wird Hiobs Empörung. Statt an die Theologen wendet er sich im Gespräch mit ihnen vielmehr an den schweigenden Jahve, fragend, hadernd, anklagend. Ihm selber will er seine Sache vortragen, aber die Antwort bleibt aus. Da, am Ende, erscheint Gott. Er weist Hiob in die Grenzen seines Begreifenkönnens, gibt den Theologen aber Unrecht. Er verzeiht Hiob und erst auf Hiobs Fürbitte gehen die Theologen straffrei aus. Hiob selbst gewinnt ein neues glückliches Leben, sieht vier Generationen seiner Kinder und Kindeskinder und stirbt alt und lebenssatt. Soweit die Geschichte.

Der Rahmen der Dichtung ist ein Drama von der kindlich fraglosen Frömmigkeit Hiobs über die Vertiefung der Anklage gegen Gott, den er sucht und nicht findet, bis zur Rückkehr in die Frömmigkeit der ursprünglichen Gottesgewißheit. Diese aber ist verwandelt. Wenn es für die anklagende Reflexion keine Lösung gab, ist nun eine Umkehr vollzogen, aus der die Helligkeit der Existenz entspringt, die ohne jene Reflexion nicht eintreten konnte.

Die vorliegende Dichtung ist nicht das einheitliche Werk eines einzigen Dichters. Sogar das Drama als gemeinter einheitlicher Sinn ist fragwürdig. Man hat den Verfasser der aus alten Zeiten stammenden Legende (der Rahmenerzählung) unterschieden von dem Dichter der Anklage Hiobs in den leidenschaftlich strömenden Gesprächen, diesen wieder von dem Verfasser der theologischen Lehrdarlegung des Elihu und von dem Schöpfer der niederwerfenden Ansprache Gottes, der Hiob hinweist auf die unbegreifliche Größe des Kosmos. Es bleiben schließlich einige kleinere für sich eigentümlich schöne Stücke. Die gewaltige Erschütterung Hiobs steht in der Mitte. Aber die Bewegungen der Gedanken sind nicht nur die des Hauptdichters, sondern der weiterdenkenden und dichtenden Juden, denen es auf dies Eine, was Gott sei und tue, als einzig wesentlich ankam. Das Werk ist gleichsam »zusammengeschrieben«, ausgehend von der alten Legende, begründet durch den ersten großen Hiobdichter, fortgesetzt von mehreren anderen. Seine Einheit beruht auf der Grundfrage, auf die fast alles bezogen ist. Lösungen, mit Leidenschaft vertreten, werden darin entwickelt, aber die einzige vom Leser erwartete Lösung bleibt der Natur der Sache nach faktisch aus. Ich versuche eine Ordnung und Deutung der Motive, bei der die Reihenfolge der Texte aufgelöst wird.

Hiob klagt und wünscht den Tod.

Einst, in »den Tagen seiner Blüte«, als er reich, mit seiner großen Familie in hohen Ehren lebte, allen half, die ihm begegneten, da »umfing ihn Gottes Arm«. Nun aber: Aus der Gemeinschaft vertrieben, als Aussätziger draußen in den Schluchten ist er Spott des gemeinen Gesindels, das ihm doch aus dem Wege geht. »Nachts bohrt der Schmerz in allen meinen Gliedern, die Pulse klopfen ohne Ruh und Rast.« Im Schlaf bringen die Träume ihm Entsetzen.

Den Tag verflucht er, an dem er geboren wurde. Denn sein Leben ist nur noch ruhelose Pein. Keine Hoffnung läßt ihn geduldig warten. Hilfe ist ihm überall versagt. Seine Kräfte, die nicht Felsenkräfte sind, schwinden dahin. »Ein Hauch nur ist mein Leben ... Ich bin nicht mehr.« Nur sterben will er. »Ich bin es leid! Ich lebe ja nicht ewig.« »Möchte Gott mich ganz zermalmen.«

Die Theologen wollen Hiob helfen durch richtige Lehre.

Unheil, sagen sie, kommt nur als Strafe Gottes für begangene Sünden. Hiob soll bedenken: Seine Söhne, die umkamen, wurden von Gott gestraft für Freveltat (von der Hiob nichts weiß). Hiob selbst wird gesündigt haben und leidet dafür.

Keinem Guten ginge es wirklich schlecht. Die Bösen aber leiden Qualen alle Tage. Ihr Glück, ihr Jubel dauert kurze Zeit, wenn auch ihr Übermut zum Himmel steigt. Überall sind ihnen Fallen gestellt. Schrecknisse ängstigen sie. Sie schwinden dahin. Nicht einer entrinnt. Es hilft kein Verstecken. Der Himmel wird ihre Schuld enthüllen. Ihr Angedenken bleibt nicht. Kein Sproß bleibt ihnen in ihrem Volke. Ohne Frucht bleibt ihr Leben. Das sind die Strafen der Frevler, der Verruchten, die von Gott nichts wissen.

Woher die Gewißheit dieser Lehre? Die Theologen behaupten, von alters her habe es sich so gezeigt, es sei Tatsache. Dann aber: sie ist von weisen Männern überliefert, ihre Väter haben sie ihnen kundgetan.

Wird ein Einwand erhoben durch Hinweis auf einen bestimmten Menschen, der gut sei und doch leide, so ist die Antwort: Kein Menschenkind kann rein bestehen. Kein Mensch ist vor Gottes Augen gerecht und ohne Fehl.

Verlangt ein Mensch für sich und sein Leiden Antwort von Gott, so muß er wissen: Gott gibt nicht Antwort auf jedes Wort. Er redet einmal für alle Male.

Schließlich aber: Hiobs Unheil ist vielleicht gar nicht Strafe, sondern Mahnung, Prüfung, Anlaß zur Bewährung. »Den Leidenden erlöst er durch sein Leiden, und durch Bedrängnis öffnet er sein Ohr.«

Immer und überall ist die Grundwahrheit: Gott ist gerecht. Es ist unmöglich, daß er Ordnung und Gesetz verdreht.

Hiob antwortet mit dem Bild der Ungerechtigkeit des Menschendaseins.

In der Welt sieht man das Gegenteil jener Lehre: Es geht Gerechten schlecht und Bösen gut, und wahllos auch umgekehrt.

Was die Theologen vom Unheil der Bösen sagen, das ist das Unheil der Menschen überhaupt, der Guten und der Bösen. Das Los der Menschen auf Erden ist Frondienst, Plage von Tagelöhnern. Wie die Wolke vorüberzieht und hinschwindet, so auch das Menschenleben. Wer stirbt, kommt nicht wieder. Er kehrt nicht in sein Haus zurück. Seine Heimat kennt bald nicht seine Spur.

Zelte von Räubern stehen in Frieden. Sie lästern Gott und bleiben unverzagt. Die Bösen jubeln laut, leben mit Paukenschlag und Zither. Sie enden ihr Leben im Glücke, sterben ruhig – und doch sagen sie zu Gott: bleib du uns fern. In Katastrophen haben sie die Oberhand. Niemand wagt, ihnen ihren Wandel vorzuhalten. Niemand vergilt ihnen, was sie tun. Man gibt ihnen ehrenvolles Geleit zur Grabstätte. Für die Unglücklichen aber gilt: »Dem Schaden Hohn, dem Strauchelnden Verachtung! Ein Fußtritt denen, deren Schritt schon wankt!«

Hiobs Klage wird so zur Anklage gegen Gott angesichts der Welt. Gott ist es, der dies alles tut. Er bringt alte Geschlechter zu Fall, entzieht Greisen Urteil und Gedächtnis, mehrt die Völker und vernichtet sie, nimmt den Herrschern des Landes den Verstand – alles wahllos. »Sieh, alles dieses hat mein Auge gesehen.«

»Denk ich daran, ergreift mich das Entsetzen. Ein Schauder packt mich an mit aller Macht. Wie ist es möglich, daß die Frevler leben und werden alt in ungeschwächter Kraft!«

Hiob antwortet durch die Erfahrung seines eigenen Schicksals.

Seine Antwort ist: Es ist nicht wahr, daß ich schuldig bin. Ich habe ein reines Gewissen.

Die Anklage steigert sich. Es ist offenbar: Gott hat das Recht gebeugt. Warum? »Er hat gewollt, wer mag ihm wehren? Er tut, wozu ihn treibt des Herzens Lust.« Es ist Gewalt. Seiner Übermacht kann niemand widerstehen. Hiob fühlt und sieht: Ohne Grund sieht Gott ihn als seinen Feind an. Gott läßt seinen Ingrimm gegen ihn entbrennen. Denn so sieht alles, was Hiob geschieht, aus: Gott macht ihn zum Ziel seiner Angriffe, er schießt seine Pfeile auf ihn, er schickt seine Kampfscharen gesammelt gegen ihn. »Sein Zorn zerriß mich. Meine Hoffnung riß er aus. Er zerbrach mich. All mein Jammer hat mich angepackt.« Vor seiner Gewalt »bin ich erschrocken; denke ich daran, so graut mir fürchterlich«. Der Allmächtige hat seinen Mut gebrochen, betäubte ihn, schloß ihn rings in Dunkelheit. »Vom Weinen ist mein Angesicht gerötet.«

Die Anklage gipfelt in dem Ausruf: »Unschuldig bin ich, achte nicht des Lebens; 's ist einerlei. Ich sag es ohne Zagen: Unschuldig oder schuldig – er verwirft! Wenn jähen Schlages seine Geißel tötet, der Unschuld Angst lacht er in Seelenruh.«

Keineswegs behauptet Hiob seine völlige Sündenlosigkeit, wie die Theologen ihm unterstellen. Er kennt seiner Jugend Schuld. Er spricht von seinen Vergehen – aber warum vergibt Gott sie nicht? Er rechnet sich als Zeugnis seiner Wahrhaftigkeit an: »Hab ich vor Menschen meine Schuld verschleiert?«

Wenn aber von der Schuld im Sinne der Theologen-Freunde die Rede ist, dann heißt es: »Auf meine Unschuld leiste ich nie Verzicht ... Es schämt mein Herz sich meiner Tage nicht.«

Die Theologen geben Hiob Rat, der trösten soll.

Gegen allen Augenschein halten sie fest an der Lehre, daß Leid und Unheil unter Menschen als Strafe entsprechend der Schuld verteilt sind. Diese Lehre soll ihr Trost für Hiob sein. Strafe ist Erziehung oder sie ist Warnung, in jedem Falle Gottes Wohltat. Hiob solle die Zucht des Allmächtigen nicht verachten. Er solle an Gott seine Bitte richten, ihn anflehen um seinen Rat. »Wäre ich wie du, ich würde an Gott mich wenden, der unerforschlich große Dinge wirkt.« Wo

Gott verwundet, heilt er auch. Wenn Hiob treuen Sinn erweise und in seinem Hause kein Unrecht dulde, dann könne er ohne Fehl sein Antlitz heben, werde alle Qual und Mühsal vergessen. Dann werde Hiob schließlich ein neues Heim bauen.

Hiob will Wahrheit.

Die Theologen-Freunde wollen Hiob trösten, indem sie ihn belehren und ihm raten. Weil er die wahre Lehre vergessen hat, klagt er zu Unrecht Gott an und verschlimmert sein Unheil. Wenn er aber die Lehre erkennt und ihr entsprechend sich unterwirft und Gott bittet, dann wird es ihm wohlergehen. Mit solcher Lehre und solchem Rat erzeugen sie Hiobs Empörung.

Wahrheit verlangt Hiob. Belehrt mich, so will ich gern schweigen. Beweiset, was ich Schändliches getan! Eure Rüge beweist mir nichts. Ehrliche und grade Worte allein tun wohl. Nur Wahrheit, nichts andres kann Trost sein. »Wie tröstet ihr mit eitlem Troste! Und eure Antworten sind nichts als Trug.«

Hiob will Kommunikation.

Das Schlimmste in seinem Unheil ist für ihn seine Isolierung. Freunde und Verwandte haben ihn verlassen. Die ihn kennen, gehen ihm aus dem Weg. Niemand besucht ihn. Sein Knecht antwortet nicht mehr seinem Rufe. Bettelnd muß er sich ihm nahen. Sein eigen Weib ekelt sein Atem.

In dieser Lage spricht er die Theologen-Freunde an: »Erbarmt euch, meine Freunde, weil Gottes Hand mich schwer getroffen hat. Wollt ihr mich wie einen Hirsch verfolgen?« Er fleht sie an: Blickt auf mich, ihr müßt ja erstarren, die Sprache muß sich euch versagen. »Schaut doch gerade mir ins Auge, fürwahr, ich lüge euch nicht ins Angesicht.« Stichhaltige Antwort sucht er bei ihnen. Klarheit möchte er im Gespräch mit Menschen finden. Er beschwört sie: Ach höret doch auf meine Worte! Schon das alleine würde Trost mir sein. Habet Geduld mit mir und laßt mich reden. Und meinetwegen höhnet hinterdrein. Wenigstens das Minimum einer Chance von Kommunikation will Hiob: wenn die Freunde ihm nur einmal zuhören.

Hiob will alles wagen für Wahrheit und Gott.

»Es wallt mein Inneres und will nicht schweigen.« Sein eigenes Unheil tritt in den Hintergrund. Er will nur eines: dadurch, daß ihm sein Recht wird, soll das Recht überhaupt bestätigt werden. Es soll Wahrheit sein.

Er spricht zu den Theologen-Freunden, weil ein Mensch nur Menschen zu Gesprächspartnern hat. Aber seine Worte zielen auf Gott. Nicht in erster Linie gegen Menschen geht seine Klage. Zu Gott spricht er, der ihm nicht antwortet, an dessen Dasein er aber nie zweifelt. Er will sagen, was sein Herz quält. »Es komme über mich, was kommen mag ... Ich schlage mein Leben in die Schanze ... Er töte mich!« Nur eins will er: seinen Wandel vor Gott darlegen. »Schon das wird Rettung mir und Hilfe werden: Ein Frevler träte vor ihn nimmermehr.«

Hiob fordert: Zeige meine Frevel und Vergehen mir an! Er erhebt seine Anklage: »Mache mich nicht schuldig, sage mir, warum mein Feind du bist!«

Hiob ruft Gott gegen Gott an.

Ein Rechtsprozeß zwischen Hiob und Gott? Hiob sieht: Dergleichen ist unmöglich.

Wohl hat Hiob gedacht und denkt immer wieder: er will vor Gott treten, »daß zwischen Mensch und Gott den Streit er schlichte«. In diesem Sinne drängen »seine Klageschreie zu ihm, ... Gericht zwischen Mann und Mann zu halten«. Würde nur Gott seine niederzwingende Hand von ihm nehmen, seine Rute wegtun, dann würde sein Herz sich frei vor Gott fühlen, und er »ohne Furcht und Zagen« reden. Aber es kann zwischen Gott und Mensch keinen Rechtsprozeß geben. Nur Mensch und Mensch kann sich vor der Instanz eines Gerichts treffen. Über Gott und dem Menschen ist kein Schiedsrichter.

Daher bewegen Hiob zwei miteinander unvereinbare Motive.

Erstens: Gott, der die Erde erschüttert, Donner und Blitz in der Hand hat, die Berge umstürzt, ohne daß sie es merken, hat gegen den Menschen nicht nur die stärkere Kraft. Er hat alle Kraft, der Mensch, das Geschöpf seiner Allmacht, gar keine. Wie soll er da Gott vor ein Gericht laden können? Die Situation des Menschen Hiob ist eine ganz andere:

Gott hat die Fangnetze rings um ihn gestellt. »Schrei ich: Gewalt, ich finde keine Ohren, finde doch kein Recht.« Es hilft ihm gar nichts. »Ob auch im Recht ich bin, mein Mund verdammt mich, bin schuldlos ich, beschuldigt er mich nur.« Hiob müßte Gott wie seinen Feind um Gnade anflehen, auch das hilft nicht: Gott gibt nicht Antwort, zerschmettert ihn vielmehr im Sturmgebraus, reißt ihm grundlos Wunden über Wunden. »Wer trotzte ihm und bliebe unversehrt?« Darum Hiobs ständig wiederholte, ihn verzehrende Klage und Anklage: »Warum verbirgest du vor mir dein Antlitz, behandelst mich, als ob dein Feind ich sei?« Hiob ist nicht Feind Gottes, aber Gott Feind Hiobs.

Zweitens: Hiob drängt zu Gott als dem gerechten Richter. »O wüßt ich nur, wo man ihn finden könnte!« Das ist das Schreckliche: »Geht er vorbei an mir, ich sah ihn nimmer, zieht er vorüber, nehm ich ihn nicht wahr.«

Keine Enttäuschung am Ausbleiben von Gottes Antwort bringt Hiobs Begehren zum Erlöschen. Mit immer neuer Leidenschaft drängt er, sein Recht darzulegen: »Oh, würden meine Worte aufgeschrieben, o würden eingegraben sie in Erz ... Rufe nur! Ich will dir Antwort geben. Und wenn ich rede, gib Bescheid mir dann, wieviel sind meiner Sünden und Vergehen?« Könnte er sein Zeugnis vor Gott bringen, er ist gewiß: »Ich weiß, daß mein Verteidiger am Leben.«[1] Er ruft Gott, seinen Verteidiger, gegen Gott, seinen Feind, an. Er ist gewiß: Könnte er sein Recht ihm auseinandersetzen, die Beweise ohne Zahl vortragen, Gott würde nicht in seiner Allmacht ihn vernichten, vielmehr ihm recht geben. Das und nicht Willkür wäre die Gnade Gottes. Denn ein Gerechter würde mit Gott streiten und dieser als Richter ihn nicht noch quälen. »Welchen Weg ich wandelte, er weiß es, und prüft er mich, wie Gold geh ich hervor.« Mit einem Male würde Hiob erfahren, was Gott eigentlich plant. (Niemals wird im Hiob-Buch auf den Anfang der Legende Bezug genommen. Diese Legende gibt ja von vornherein Hiob recht: Nicht Gott, sondern Satan fügt ihm alles

[1] Verteidiger (Zunz übersetzt: »der, der ihn annimmt«) wird in der Vulgata mit »redemptor« übersetzt, entsprechend bei Luther: »ich weiß, daß mein Erlöser lebt.« Der Satz wird auf Christus bezogen. Unter dem frommen Betrug, der von den Urchristen her durch das kirchliche Denken geht, ist der vielleicht erstaunlichste (wegen der Unerschütterlichkeit bei den Gläubigen) die Behauptung von den Prophezeiungen des Alten Testaments auf Christus hin. Sogar ein so scharfsinniger und kritischer Denker wie Pascal hält an ihnen fest als »Beweisen«.

Bei Hiob heißt es weiter: »Und nachmals hier auf Erden wird er stehen. Und ob auch diese meine Haut zerschlagen, ledig des Leibes werde Gott ich sehen.« Da ist weder von Auferstehung noch von Christus die Rede, sondern von dem Auftreten des Verteidigers Hiobs auf Erden, der für seine Unschuld eintreten wird. Hiob wird noch nach seinem Tode ihn aus dem Todeszustand heraus sehen in dem Sinne, wie nach verbreiteter unbestimmter Auffassung Tote unter besonderen Bedingungen noch wahrnehmen, was auf Erden geschieht (Hölscher). – Wieder etwas anderes ist, daß in der Dichtung Gott leibhaftig noch dem lebenden Hiob erscheint und zu ihm rechtfertigend spricht.

Unheil zu. Nicht Gott, Satan ist der Feind, den Hiob ständig spürt. Aber Gott hat Satans Handeln zugelassen zur Bewährung Hiobs.)

Des Gottes, der für ihn zeugt, bleibt sich Hiob gewiß trotz des Gottes, den er jetzt als seinen erbarmungslosen Feind ansehen muß. Er wiederholt: »Droben im Himmel hab ich meinen Zeugen und meinen Eideshelfer in der Höh ...« »Wer könnte sonst noch Bürge für mich sein? Denn du verschlossest ihrem (der Menschen) Sinn die Einsicht. Nicht eine einzige Hand rührt sich für mich.«

Das ist für Hiob die Lage: Gott gegen Gott. Gott, der der Wahrheit ihr Recht werden läßt, der Eideshelfer, der Zeuge, der Verteidiger gegen Gott den Despoten, vor dem ihn Angst und Grauen erfaßt.

Hiob will Gott und Wahrheit. Daß beide sich nicht widersprechen, wo sie sich doch so fürchterlich zu widersprechen scheinen, dies zu finden, ist seine einzige Leidenschaft, sein einziger Gedanke.

Nicht Stolz, nicht heroischer Trotz des »ich stehe auf mir selbst allein« ist Hiob eigen. Nein, er weint, er klagt, er schreit vor Entsetzen, aber nicht in Weichheit, sondern kraft seines sittlichen Bewußtseins. Sein Wahrheitsdurst und sein Gottverlangen ineins bringen ihn in die Bewegung seiner so widerspruchsvollen Stimmungen: Lebenswille und Todessehnsucht – Verzweiflung und Vertrauen – Bitterkeit, beißende Ironie, Müdigkeit und unbeirrbares Festhalten an seiner einen einzigen Leidenschaft im Glauben an Gott, den zu fragen er faktisch nie aufhören kann. Ihm gegenüber steht die eintönig fanatische Ruhe des gläubigen Wissens der Theologen, die im Denken ihres Glaubens ihrerseits erfinderisch sind.

Hiobs Grunderfahrung ist: Gott antwortet nicht. Es ist keine Instanz, kein Gericht, kein Schiedsrichter, wenn er sein Recht und die Wahrheit gegen Gott verteidigen will.

Die Realität zeigt ihm Gottes Allmacht als die absolute Macht einer Willkür. Da erscheint ihm Gott als sein Feind, der den Schuldlosen verfolgt, als der Wüterich, gegen den die Ohnmacht des Menschen nicht die geringste Waffe hat. Sagt Hiob diesem Gott die Wahrheit, er hört sie nicht in seiner Allmacht, die nicht mit sich reden läßt.

Das Übersinnliche, Überseiende, Überrationale der Transzendenz wird in der Chiffer des persönlichen Gottes zum Du. Erst auf dieser Ebene, auf der das Übermenschliche menschlich wird, begegnen sich Mensch und Transzendenz in der Sprache. Die Transzendenz wird zum Du, mit dem er reden kann, zu dem er beten kann, von dem er in der Verzweiflung des unbegreiflichen Unheils ein Begreifen heischt.

Dieses mächtige Begehren, in Gottes überwältigender Allmacht die leibhaftige Realität des Du zu gewinnen, war nirgends in der Welt mächtiger als bei den Juden. Von dort her wurde es bestimmend für das Abendland. Die Juden – für die der Dichter des Hiob das größte Beispiel ist – führte das Du zu den verzweifelten Unlösbarkeiten. Die Transzendenz, das ganz Andere, dem Menschen so unvergleichbar wie das Unendliche dem Endlichen, soll als das Du Gottes in Frage und Antwort als Gott selbst im Bereich des Endlichen auftreten. Es soll in endlichen Kategorien – Recht und Unrecht, Gut und Böse – urteilen und selbst in seinem Handeln beurteilt werden. Die Unlösbarkeiten erhalten ihre Schärfe in der Lage des einzelnen, vom Unheil niedergeschlagenen Menschen. Er muß in der umgreifenden Transzendenz das Du sich gleichsam spalten lassen, Gott gegen Gott anrufen. Die Wirklichkeit der leibhaftig gewordenen Chiffer wird gesprengt durch die Unlösbarkeit. Die Leibhaftigkeit wird überschritten. Aber die Chiffer bleibt bestehen als mögliche schwebende Chiffer.

Hiobs Frömmigkeit kann nach den leidenschaftlichen Ausschlägen seines Fragens nach Recht und Wahrheit in Augenblicken sich bescheidend verzichten bis zum einfachen Flehen, Gott möge ihn nicht mehr beachten, nicht verfolgen, nicht quälen, sondern ihn sein Leben in der Abhängigkeit des Menschseins führen lassen: »All meine Dienstzeit wollt ich ruhig harren, bis meine Ablösung gekommen wäre.« Das Ende des frommen Mannes würde dann sein: »Du würdest rufen, und ich gäbe Antwort, du sehntest dich nach deiner Hände Werk.« Doch Hiob sieht: das tut Gott nicht.

Hiob macht die Zweideutigkeit des Verhältnisses Gottes zum Menschen fühlbar.

a) Vor Gott hat kein Mensch recht, vor Gott hat der Mensch immer unrecht.

Diese Sätze können Gott aussprechen als den Despoten oder ganz umgekehrt als den liebend Allmächtigen. Dann vermag ein Mensch – wie Kierkegaard – in allem Unheil, im Sogeborensein, in den Ereignissen, die ihn quälen und vernichten, immer noch die Liebe Gottes zu erfahren. Bei Kierkegaard: Gott gebraucht ihn als »Ausnahme«; dies aber wiederum kann der Mensch nicht erkennen, um sich darauf zu stützen und sein Leben und Tun daraus zu rechtfertigen. Sein Leiden in der Ungewißheit ist selber von Gott gewollt, der im Leidenlassen des Menschen einen Akt seiner Liebe vollzieht.

Gott als Vollstrecker einer sittlichen Weltordnung, vom Theologen glaubend erkannt, das ist nicht Gott. Dagegen richtet sich Hiobs Empörung. Daher ruft er ihnen in wilder Ironie zu: »Fürwahr, ich weiß es, so verhält sich's wirklich! Wie wäre wohl ein Mensch vor Gott im Recht!« Es ist ja sinnlos, mit Gott zu streiten, dem allmächtigen Despoten. Aber in der beißenden Antwort liegt zugleich, was im ganzen des Hiobbuches deutlich ist: Kategorien von Recht und Unrecht, von Sinn und Unsinn hören auf, wo Gott selbst befragt wird.

b) Gott hat den Menschen geschaffen. Der Mensch verdankt ihm sein Dasein. Aber zweideutig ist diese Schöpfung. Wozu vollzog Gott sie, etwa um ein Gebilde zu haben, das er quälen will?

Hiob weiß, daß er, wie jeder Mensch, auch schuldig ist. Aber zu seinen Sünden steht in keinem Verhältnis die Verfolgung, der Gott ihn aussetzt. Er ruft Gott an: Du zählest alle meine Schritte; du willst meine Sünden niemals übersehen; du hältst meine Schuld fest in deinem Beutel versiegelt; du zahlst mir meiner Jugend Sünden heim; du kreisest meiner Schritte Spuren ein; du fahndest nach meiner Übertretung auch wenn du weißt, daß ich nichts verschuldet habe; du willst, wenn ich fehlte, mich belauern, mich nimmer reinigen von meiner Schuld.

Das vermag kein Mensch zu ertragen: Du tilgest aus der Menschen Zuversicht. Wenn Wasserkräfte hartes Gestein zerreißen, dann hält es ein Mensch noch viel weniger aus, wenn Gott ihn ständig verfolgt, ihn quält, ein Spiel mit ihm treibt, wenn er ihn verscheucht wie windverwehte Blätter, ihn jagt wie verdorrte Spreu.

So sinkt der Mensch: Du treibst ihn fort, entstellst sein Angesicht. Schmerz fühlt sein Körper nur noch um ihn selber.

Warum nur tut Gott das? »Warum machst du mich zum Ziel deines Angriffs?« Bringt es ihm Gewinn, Gewalt an mir zu üben? Er selber hat doch den Menschen geschaffen, will er ihn wieder vernichten? Er hat den Menschen aus Ton gebildet, soll er wieder in Staub verwandelt werden? »Mich bildeten und schufen deine Hände; wardst du nun anderen Sinns und tilgst mich aus?« Es ist offenbar: Zwar schenkte Gott die Lebenskräfte, doch »anderes bargst du in deinem Herzen, und diese Absicht kenne ich nur zu gut«.

Und dies geschieht dem Menschen, der doch ein so geringes, so nichtiges Wesen ist. Voll Unruhe sind seine Tage. Wie eine Blume geht er auf und welkt. Er flieht dem Schatten gleich, hat nirgends seine Stätte. Ein gefällter Baum kann aus den Wurzeln neue Triebe wachsen lassen.

Ein Mensch scheidet im Tode dahin, wo bleibt er? Er erwacht aus seinem Schlummer nimmermehr.

Im Blick auf dieses Wesen ruft Hiob: »Was ist der Mensch, daß du sein gedenkst?« Du richtest trotz seiner Nichtigkeit dein Auge auf ihn, daß du ihn vor dich ins Gericht ziehst, stellst ihn immerwährend auf die Probe, suchst ihn heim jeden Morgen.

Die Energie dieser Klagen will die Zweideutigkeit des Verhältnisses von Gott und Mensch offenbaren. Sie ist nicht die Fixierung einer Position des Wissens von Gott und Mensch, aber das leidenschaftliche Verwehren der ruhebringenden Eindeutigkeit des Gedankens.

Gott erscheint selbst, weist Hiob in seine Grenzen und verurteilt die Theologen.

Plötzlich, unvorbereitet erscheint auf den immer wiederholten Ruf Hiobs Gott selber. Gibt er Antwort? Nein, er fragt seinerseits: »Wo warst du, als ich die Erde gründete?« Gott zeigt auf seine Schöpfung, die gewaltige Natur und ihre Herrlichkeit. Es wird ein Bild der Erhabenheit des Alls, wie der Wunderbarkeit aller besonderen Naturerscheinungen entworfen. Nichts davon begreift Hiob. War er bei der Schöpfung dabei?

Hiob muß verstummen. Gott sagt zu ihm: »Wer ist's, der also die Vernunft verdunkelt mit Worten jeglicher Erkenntnis bar?« Und am Ende: »Wird nun der Gegner des Allmächtigen weichen? Der Krittler Gottes, widerspricht er noch? ... Willst du trotz allem doch recht behalten?« Gott wirft Hiob nieder, indem er fragt, worauf Hiob keine Antwort geben kann. Er weist auf seine unwiderstehliche Gewalt: »Donnerst mit deiner Stimme du wie er?« Gott lehnt jede Frage nach Begreiflichmachen und Rechtfertigung ab.

Hiob beugt sich: »Vorschnell war ich ... Einmal hab ich geredet, und nicht wieder.« »Ich habe eingesehen, daß du allmächtig und daß kein Ding unmöglich deiner Hand. Ich redete im Unverstand von Dingen, die mir zu wunderbar und unbekannt ... Nur durch Gerücht hatt' ich von dir vernommen, jetzt aber hat mein Auge dich gesehen.«

Nun aber das Wesentliche: Gott weist zwar Hiob in seine Grenzen zurück; denn er hat gefragt, wohin menschliche Fragen nicht reichen. Aber er tat es aus Wahrhaftigkeit, wenn auch in Anmaßung. Darum verdammt Gott ihn nicht. Die Theologen dagegen verwirft er: »Mein Zorn ist entbrannt ... denn ihr habt nicht recht über mich geredet, wie mein Knecht Hiob.« Hiob hat zwar wissen wollen, was kein

Mensch wissen kann; die Theologen aber haben zu wissen vorgegeben, was kein Mensch weiß. Sie haben dem Hiob als Hochmut vorgeworfen, was seine Wahrheitsliebe war. Gott entscheidet zwar gegen menschlich unbeantwortbares Fragen, verzeiht aber dem Fragesteller wegen seiner Wahrhaftigkeit. Er verdammt dagegen die ein menschlich unmögliches Wissen behauptenden unwahrhaftigen Theologen. Für Hiobs Redlichkeit steht er gegen die Unredlichkeit der Theologen. Nur auf die Fürbitte Hiobs fügt er ihnen nichts Schlimmes zu.

Ist diese Szene als Lösung aufzufassen? Würde jetzt im Glauben gewußt, angesichts des leibhaftigen, donnernden Gottes, so wäre ein neues Dogma da, und zwar ein kurzes, einfach verneinendes, niederschlagendes, brauchbar für die gerade verworfenen Theologen.

Überwindung, nicht Vernichtung der Wahrheits- und Rechtsreflexionen ist der Sinn. Diese Reflexionen erkennt Gott entgegen den Theologen wegen ihrer Wahrhaftigkeit an. Hiob aber führt er im Überschreiten der selber in sich kreisenden und darin erstarrenden Reflexionen dorthin, wo zwar der Gedanke aufhört, aber erfüllt von der Helligkeit, die in der Überwindung der Gedanken, nur durch diese selber, möglich wird.

Gott will Wahrhaftigkeit, nicht blinden Gehorsam. Gott will Freiheit, nicht fraglose Hingabe.

Aber in dem Augenblick seiner Epiphanie erscheint Gott, er selbst gegenwärtig, nur als überwältigend und niederschlagend, wie es vorher schon Elihu in dem Bilde dargestellt hatte: »Von Norden zieht's herauf, ein goldnes Glänzen, Und in den Wolken strahlt es hell und licht; Schreckliche Glorie ist um Gott gebreitet, Ihm aber, dem Allmächt'gen nahn wir nicht.«

Daß Gott in der Tat nicht zu solcher Epiphanie kommt, ist nach Kant – in der Chiffer gesprochen – ein Charakterzug der ewigen Weisheit, die mit dem, was sie uns verweigert, so hilfreich sei, wie mit dem, was sie uns gibt: sie will uns als geschaffene freie Vernunftwesen, nicht als Marionetten, nicht als unterworfene Sklaven.

Die Anlage der Dichtung, ihre Ergänzungen und ihre Redaktion

Die Dichtung ist so angelegt, daß in der Tat nicht Gott, sondern Satan Hiob das Unheil zufügt. Hiob nimmt mit Recht diese feindliche Macht wahr, aber hält sie für Gott. Von der Wette Gottes mit Satan aber weiß er nicht und erfährt er nie. Es ist, als ob der Mythus, in dem Gott das Tun Satans zuläßt zum Zwecke der Prüfung der Frömmigkeit Hiobs, von vornherein schon eine Lösung gebracht hätte.

Das ist aber nicht der Fall. Gemessen an der Tiefe der im Buche Hiob erreichten Frage des Menschseins in der Welt vor der Transzendenz, ist sie eine märchenhafte Lösung, die, wo es ernst wird, nicht mehr wirken kann. Sie wird daher später bis zum Abschluß nicht mehr erwähnt.

Wenn für Gott an der Ursprünglichkeit von Hiobs Frömmigkeit kein Zweifel ist, wenn Hiob dann durch die bis zur Verzweiflung mit Gott ringende Wahrhaftigkeit sich bewährt hat, so erzählt die Legende das neue glückreiche Leben.

Dieser Schluß der Legende kann enttäuschen. Ist nicht doch wieder die Lohn-Strafe-Theorie eingeführt und Hiob belohnt worden? Es ist anders zu verstehen möglich. Das neue Glück ist nicht Belohnung, sondern Folge. Hiob hat nicht einen Augenblick auf das neue Glück hin gelebt und gedacht. Über Lohn und Strafe steht die Frömmigkeit in der nach allem Fragen fraglosen Hingabe an den Ursprung. Der Anfang der Legende, der Sinn der frommen Unterwerfung unter das Geschick Gottes, wiederholt sich am Ende. Der ganze reiche Sinn des Hauptteils der Dichtung ist nicht verloren, aber überschritten. Die Frömmigkeit war die anfängliche, noch nicht gedanklich erhellte, schlichte, reflexionslose Wahrheit und sie ist die schließlich wieder erreichte Wahrheit. Sie selber ist nicht gedanklich begründet, sondern Sprache einer Grundverfassung, die, wenn sie noch einmal sich selbst begreifen möchte, nur als Sich-geschenkt-Werden grundlos erfahren werden kann. Der Mensch bleibt ratlos stehen, wo diese Verfassung ausbleibt. Er kann in der Welt nicht zur Ruhe gelangen, die alle Menschen einschließen und sich auf sich selbst verlassen dürfte.

In dieser Legende sowohl wie in der Entwicklung der Empörung gegen Gott im Suchen Gottes geschieht etwas, das dem tragischen Bewußtsein ganz fern steht. Aber die freundliche Chiffer des glücklichen Endes gehört so wesentlich zu Hiobs Frömmigkeit wie die ins Äußerste sich steigernde Anklage gegen Gott. Es ist dieselbe der Tragik fremde Frömmigkeit wie die die Tragik überwindende Nathans des Weisen bei Lessing.

Die vom denkenden Glauben im Hiob-Buch geschaffene Situation

Ist je vom Menschen zu Gott so gesprochen worden wie im Hiob? Wo ist solche Frömmigkeit vor Gott mit solcher Empörung gegen Gott verbunden gewesen? Kann Empörung selber fromm sein?

Nur die Chiffer des persönlichen Gottes in ihrer Steigerung zum einen, einzigen, allmächtigen Schöpfergott hat es möglich gemacht, wenn dieser in geglaubter Leibhaftigkeit, wenn auch verborgen und unsichtbar, gegenwärtig war. Das Maß der Spannung zwischen Vertrauen und Empörung, zwischen der geglaubten gottentsprungenen sittlichen Weltordnung und der für Wahrhaftigkeit unentrinnbaren Anerkennung der Realität des Gegenteils mußte zum Zerreißen führen, aber nicht der Frömmigkeit, sondern der Leibhaftigkeit der Chiffer. Denn es wurde offenbar: wenn die Chiffer des persönlichen Gottes ihre höchste Macht gewinnt, leibhaftig und absolut wird, scheitert sie.

Ihre Macht liegt in der Leidenschaft, die sie auf Grund dieser Leibhaftigkeit Gottes erregt, wenn der das persönliche Du der Transzendenz nicht als Chiffer, sondern als letzte absolute Instanz glaubende Mensch in der Hoffnung und Erwartung lebt, persönlich angesprochen zu werden von diesem Du, das die eigenen Klagen und Fragen hört und Antwort gibt.

Scheitern aber muß die Leibhaftigkeit der Persönlichkeit Gottes, wenn sie durch ihre Steigerung zum Absoluten zerschlagen wird: Gott zeigt nicht ein Gesicht, sondern mehrere, miteinander nicht vereinbare.

Diese Situation hat das Hiob-Buch verwirklicht. Zu ihr hat es zwei scheinbare Lösungen gegeben:

Erstens die Orthodoxie der jüdischen Gesetzesreligion, die Hiobs Fragen durch Gottes Offenbarungen für gelöst hält und die Dichtung Hiob zu ihrer gegenwärtigen Gestalt redigiert hat. Diese jüdische Gesetzesreligion hat sich nach den Vorstufen, dann seit Esra historisch durchgesetzt und die große prophetische jüdische Religion ihr untergeordnet. Der biblische Glaube der Juden aber war darin nie erschöpft. Denn in den Konservenbüchsen der Gesetzesreligion (wie sich mir gegenüber einmal ein frommer Talmudgelehrter aussprach) bewahren sie den kostbaren Gehalt durch die Zeiten bis zum Ende der Tage, wenn Gott erscheinen wird und die Konservenbüchsen überflüssig macht. Aber dieses Ende der Tage mit dem Erscheinen Gottes ist eine eschatologische Chiffer, die in ihrer Kraft zu versuchen ist, um die durch sie ansprechende Wirklichkeit zu spüren, auf die hin wir leben. Als Prinzip des Lebens in der Welt und als Rechtfertigung der Gesetzesreligion ist sie nicht dem geschichtlichen Menschsein, sondern dem konfessionell Gläubigen überzeugend.

Zweitens die Lösung der Orthodoxie des Christenglaubens, in Form gebracht von ihm anhängenden Juden nach der Hinrichtung Jesu: Der erdrückende Gott in seinem vielfachen Zorn, in den entsetzlichen Schrecken des Weltgeschehens war in seiner Liebe erschienen, die alles Unheil selber erlitt und alles Böse durch die Reinheit seines Menschseins tilgte. Was auch immer Hiobs Anklage enthielt, der Gott, der alles selber litt, war nicht mehr anzuklagen. Der Glaubende entging der vernichtenden Unbegreiflichkeit Gottes, denn Gott, Mensch geworden, begegnete ihm wirklich als Partner, als das Du, der ein Mensch war. Der Weg zu Gott ist auf menschliche Weise, als Weg vom Menschen zum Menschen offen. Aber Jesus ist ein Mensch, der einst lebte, Christus der Gott, der rückblickend von den Gläubigen in Jesus gesehen wurde. Mit Jesus als einem Menschen können wir nur so sprechen, wie mit den Toten überhaupt. Wir lassen sie sprechen, deutend aus ihren Worten und Taten, was sie auf unsere Fragen jetzt sagen würden, aber entbehren ihre wirkliche Antwort. Weil der Gott, der Mensch wurde, als Mensch vergangen ist, ja, nur als vergangener Christus sein kann, brachte diese neue Chiffer »Christus«, wenn sie mehr sein wollte als Chiffer, auch neue Unmöglichkeiten, die in der gedanklich raffiniert entwickelten Theologie in Jahrtausenden nicht beseitigt werden konnten.

Beide Lösungen gehen aus von der biblischen Glaubenssituation. Diese Situation wird im Judentum und Christentum bis heute festgehalten, wo der Glaube in der zerreißenden Spannung lebendig bleibt. Sie zeigt sich in beiden Fällen durch den immer wiederkehrenden Gegensatz von Dogmatik und Freiheit. In diesem Kampf könnte die Freiheit siegen mit der Rückkehr zum persönlichen Du als Chiffer, aber auch dann würde der Kampf der Chiffern nicht aufhören. Das Hiob-Problem bleibt.

Der Kampf zwischen Dogmatik und Freiheit

Dieser Gegensatz durchzieht das Hiob-Buch. Das Gespräch steht unter der Spannung zwischen der theologischen Selbstgewißheit und des erschüttert suchenden Wahrheitswillens Hiobs.

Die Theologen besitzen die reine Lehre. Sie gilt auf Grund der Weisheit der Väter. »Ganz unkundig und Schatten gleich ist unserer Tage Lauf.« Darum ist der einzige Halt der Boden der Überlieferung.

Die Gottvergessenen dagegen sind die Bösen. Sie reißen sich von diesem Boden. Ausgerissen von ihrer Stätte aber wird diese sie verleugnen: ich sah euch nicht! Ihr Hoffen ist wie Spinngewebe. Einem Frommen aber, der in diesem Boden wurzelt, den wird Gott nie verschmähen.

Sie drohen Hiob: Er geht diesen Weg der Gottvergessenen. Er

nimmt die Lehre nicht an. Er hat die Ehrfurcht verletzt. Er hat die andächtige Scheu vor Gott geschmäht. Dein eigener Mund erklärt dich schuldig, weil du deine Worte gegen Gott zu richten wagst.

Ohne Überlieferung der Lehre, aus Eigenem will Hiob Gott begreifen. Welcher Übermut! »Bist als der Menschen erster du geboren? ... Hast du gelauscht dereinst in Gottes Rat? ... Was wüßtest du, das wir nicht alle wüßten!« – Wenn Gott ein Wörtlein wider dich reden wollte, »er lehrte dich der Weisheit Heimlichkeiten; denn dem Verstande sind sie wunderlich.« – »Glaubst du der Gottheit Tiefen zu ergründen ... Willst du behaupten, rein sei deine Lehre?«

Aber Hiob vertritt gerade keine Lehre. Daß die ihm vorgetragene Lehre nicht richtig sein kann, macht er deutlich. In der Tat unterwirft er sich nicht der Überlieferung. Er will nicht Menschenweisheit, sondern Gott selber. Er beansprucht die Ursprünglichkeit seiner eigenen Erfahrung ernst zu nehmen. Nicht an der Theologie ist ihm gelegen, sondern an Gott. Das ist seine Revolte.

Aber sagen die Theologen nicht das gleiche, was am Ende Gott sagt? Die Theologen: warst du im Rate Gottes? – Gott selber: wo warst du, als ich die Erde gründete? Warum unterwirft sich Hiob nicht gleich dem Satze der Theologen, wie er sich doch am Ende Gott unterwirft? Weil der Sinn der Sätze ein ganz verschiedener ist durch ihren Gebrauch: Die Theologen wollen den Boden legen, der Hiob zwingen soll, ihre Lehre anzuerkennen. Hiob will keine Lehre. Gott verwirft zugleich mit der Mahnung an Hiob, seine, des Menschen, Grenzen nicht zu überschreiten, ganz anders und radikaler die Lehre der Theologen. Die Theologen meinen die Unterwerfung unter die menschliche Autorität, die sich als Wahrheit Gottes ausgibt; Gott meint die Verfassung der Bescheidung in der Freiheit des menschlichen Suchens. Bei den Theologen wird das Wort von der Unerforschbarkeit Gottes wie ein Satz des dogmatischen Wissens gebraucht, mit dem sie niederschlagen, wer der autoritativen Lehre widerspricht; wie Hiob das Wort von Gott hört, wird es zugleich zur Befreiung von dem theologischen Wissen und von der Anmaßung des eigenen Wissenwollens. Die Dogmatik der Theologie zerbricht vor den Tatsachen; Hiob, sofern Ansätze zu einer anderen negativen Dogmatik auftreten, irrt sich über seinen eigenen von Gott in seine Grenzen gewiesenen Willen. Bei den Theologen ist das dogmatische Wissen das erste und gültige; bei Hiob ist die Verwandlung seines Fragens in Lehre die Verführung zum Selbstmißverständnis.

Der Kampf zwischen Hiob und den Theologen ist wie der Kampf zweier inkarnierter Mächte, deren Ursprung im Grunde der menschlichen Möglichkeiten liegt. Die Schärfe der Auseinandersetzung wird vom Dichter auch in den persönlichen Figuren so gestaltet, daß sie wie ein Urbild wirkt dessen, was im Kampf mit Theologen bis heute, wenn auch abgeschwächt und unernster, wiedererkennbar ist. Die gegenseitige Verständnislosigkeit scheint auf dem Bewußtsein der Bedrohung des Sinns der eigenen Existenz zu beruhen und wird daher auf beiden Seiten mit einer Leidenschaft geführt, die der Dichter in ständig sich wiederholenden Beschimpfungen, in einer auf beiden Seiten ganz verschiedenen Verfassung, zum Ausdruck kommen läßt. Wir hören den uns gewohnten Klang hier zum erstenmal in der Geschichte.

Die Theologen: »Beleidigenden Vorwurf muß ich hören« – »Achtet man uns wie unvernünftige Tiere?« – »Recht behalten soll der Lippenheld? Soll dein Geschwätze Männer schweigen machen? Solltest du spotten dürfen unverschämt?« – ». . . solch luftiges Wissen . . . bläht seine Lunge auf mit Wind«, es sind »Redereien ohne Nutzen«.

Hiob: »Wie lange wollt ihr meine Seele quälen, mit Worten mich zermalmen um und um!« – »Wahrhaftig, ihr seid mir gescheite Leute und mit euch wahrlich stirbt die Weisheit aus.« – »Leidige Tröster seid ihr allzumal! Ist windigen Geschwätzes nun ein Ende?« – »Ihr seid mir nur betrügerische Pfuscher ... Wollt ihr Gott zu Gefallen Falsches reden, parteiisch des Allmächtigen Sache führen? Wollt ihr ihn täuschen, wie man Menschen täuscht?« Hiob droht seinerseits: »Nehmt in acht euch vor dem Racheschwerte! Denn über Ungerechte kommt sein Zorn«, ja, er verflucht sie: »Des Frevlers Schicksal treffe meine Gegner.«

Empörung und Verachtung sind auf beiden Seiten, aber nicht gleicher Art: die Empörung des Fanatismus, der am Dogma hält, und die Empörung des freien, der Transzendenz zugewandten Glaubens, der Wahrheit will. Gibt es einen Standpunkt über beiden, von dem aus die Entscheidung möglich wäre, wer recht hat? Es gibt keinen, den beide anerkennen würden. Der Mensch muß wählen auf seine Gefahr hin. Vielleicht sagt man: in der Zeit ist für die Freiheit der Gegenpol der Dogmatik zur Erzeugung ihres Selbstbewußtseins, zum Begreifen des eigenen Wagnisses, zum Erwecken aus dem Selbstverlust unentbehrlich. Doch das ist gesagt vom Standpunkt eines Zuschauens (eines nicht beteiligten Unphilosophen, der die Position göttlicher Überlegenheit des Wissens einnimmt.) Im Zuschauen geschieht die Lähmung des Ernstes.

Als das Schlimmste erfährt Hiob, daß seine Theologen-Freunde mit ihm reden, ohne eigentlich mit ihm zu reden. Ihre Lieblosigkeit versetzt sich nicht in seine Situation, sondern redet abstrakt. In seiner Qual ruft er ihnen ironisch zu: »Auch ich verstünde wohl wie ihr zu reden, wäre eure Lage nur der meinen gleich«, und fährt fort, dann wollte er schöne Worte vor ihnen drechseln, wollte mit seinem Munde sie ermutigen, stärken sollte sie seiner Lippen Trost, wehleidig würde er den Kopf über sie schütteln, und an seinem Mitleid es nicht fehlen lassen.

Die Theologen-Freunde, selbstgewiß in ihren Lehren, sind erbarmungslos ohne innere Teilnahme an dem einzelnen Menschen in seiner Unheilserfahrung. Sie leben eine Frömmigkeit ohne Erschütterung, im Gottesglauben auf Grund der Lehre der Väter zufrieden, ohne Hiobs fromme Leidenschaft. Sie wollen geborgen bleiben. Im Bewußtsein, mit der Menge der Glücklichen und Glückbegehrenden zu gehen, wenden sie sich gegen ihn: »Ein Tor, der sich selbst zerreißt in seinem blinden Zorn! Soll deinethalb die Erde sich entvölkern?«

Hiob sucht den unendlichen Trost, den Menschen durch das Dasein mit den anderen Menschen als Schicksalsgefährten vor der Transzendenz finden. Für ihn versagt der andere Trost, der aus einer Verkündigung, einer Verheißung durch eine mit dem Anspruch der Einsetzung von Gott auftretende lehrende Autorität kommt.

Er vermag die gewaltige Sprache der Chiffern zu hören und selber zu sprechen. Wo sie aber sich verleiblichen, da durchbricht die als Menschenwerk erkannten Dogmen seine Leidenschaft der Wahrheit ineins mit dem Glauben an Gott. Denn er drängt nicht zum Menschenwerk, sondern zu Gott selbst.

Die wahre, aber noch nicht fragende Frömmigkeit des Anfangs der Dichtung kann nicht identisch wiederkehren. Der Dichter des Hiob denkt den Gott, der Wahrheit will, nicht blinden Gehorsam – den Gott, der Freiheit will und Hingabe, aber nicht fraglose Hingabe in der Unterwerfung unter eine Instanz und Lehre in der Welt.

Hiobs Hingabe an Gott stellt der Dichter in der Chiffer der großen Schlußszene dar. Wenn Gott selber durch Hinweise auf die für Menschen unbegreiflichen Wunder seiner Schöpfung Hiob zur Selbstbescheidung bewegt, so ist es Gott, der spricht. Was der Dichter Gott sagen läßt, das ist nicht in Lehre von Theologen zu verwandeln. Die

Chiffer, die der Dichter hinstellt, die Chiffer der Niederwerfung Hiobs durch Gott, darf ohne Störung des Sinns nicht zur Forderung seitens einer Autorität in der Welt werden. In ihr spricht das innere Handeln des glaubenden Hiob im Zusichselbstkommen, immer von neuem geboren aus Frage und Trotz. Sie beendigt diese Bewegung nicht durch ein nun selber dogmatisch gewordenes Wissen des Nichtwissens, das leicht hingesagt und in der stumpfen Fraglosigkeit des Nichtmehrdenkens enden kann. Die Chiffer steigert die Bewegung des Wissens zur Erfüllung im umgreifenden Nichtwissen. Aber eine Chiffer (ob Gedanke oder Bild) kann weder als Wissen noch als Leibhaftigkeit festgehalten werden, sondern bleibt schwebend und verschwindend in der Bewegung unseres zeitlichen Vorstellens.

Die Lehre von der Praedestination

Historische Einleitung

(a) Mit Paulus (der einige Wendungen dem Hiob entnimmt) beginnt ein ergreifender Gedanke, der in Gottes Liebe selig und zugleich in Gottes Zorn verzweifelt macht. Er sagt (Römer 9): Ehe die Kinder geboren werden und weder Gutes noch Böses getan haben, sind sie, was sie sind, durch Gottes freie Wahl. Diese Wahl kann nicht geändert werden durch Verdienst des Menschen. Was er ist, ist er für immer. Er hat keinen freien Willen, der es durch gute Werke zu ändern vermöchte. »Ist denn Gott ungerecht? Das sei ferne! Denn er spricht zu Moses: Welchem ich gnädig bin, dem bin ich gnädig. So liegt es nun nicht an jemandes Wollen oder Laufen, sondern an Gottes Erbarmen. ... So erbarmt er sich nun, welches er will, und verstockt, welchen er will. So sagst du zu mir: Was beschuldigt er denn uns? Wer kann seinem Willen widerstehen? Ja, lieber Mensch, wer bist du denn, daß du mit Gott rechten willst? Spricht auch ein Werk zu seinem Meister: Warum machst du mich also? Hat nicht ein Töpfer Macht, aus einem Klumpen zu machen ein Gefäß zu Ehren und das andere zu Unehren? Deshalben, da Gott wollte Zorn erzeigen und kundtun seine Macht, hat er mit großer Geduld getragen die Gefäße des Zorns, die da zugerichtet sind zur Verdammnis, auf daß er kundtäte den Reichtum seiner Herrlichkeit, an den Gefässen der Barmherzigkeit, die er bereitet hat zur Herrlichkeit, welche er berufen hat, nämlich uns.«

Was Paulus in großartig schrecklichen Gleichnissen ausgesprochen hat, wurde im christlichen Glaubensdenken bis heute festgehalten.

Augustin hat die Unfreiheit des Willens, die Prädestination durch Gott, in der Tiefe erfahren und durchdacht. Leidenschaftlich erneuert wurde die Lehre von Luther (de servo arbitrio) und vollends dogmatisiert und in die Mitte des Glaubens gestellt von Calvin.

Es handelt sich nicht um die Vorausbestimmung des Weltganzen durch den Schöpfergott, sondern um die Vorausbestimmung der ewigen Verdammnis oder ewigen Seligkeit jedes einzelnen Menschen. Es liegt nicht am einzelnen Menschen, was aus ihm wird, sondern entweder an Gottes Zorn, der als einen Verdammten schafft, wen er will, oder an Gottes liebendem Erbarmen, das den begnadeten Menschen schafft, dem er sich zuwendet, so daß dieser Mensch sich ihm zuwenden kann.

Die ewige Seligkeit ist das Jenseits, das »Nach-dem-Tode«. Diese Welt hier, dieses kurze Leben sind selber nichtig. Die einzige, alldurchdringende Sorge ist die Ewigkeit. Sie ist durch Gottes Gnadenwahl gegründet, durch Gottes Zornwahl verwehrt.

Wahl, diese Kategorie der Freiheit des Menschen, wird also in Gott gelegt. Gott wählt den Menschen, nicht wählt der Mensch Gott. Die Erwählten sind die Seligen. Der Mensch kann von sich aus Gott nicht einmal suchen. Er kann sich ihm nicht zuwenden. Gott selbst muß zuerst sich ihm zugewandt haben.

Daß der Mensch selbst etwas vermag, sich etwas verdankt, daß er Verdienst haben kann, ist für diesen Glauben unmöglich. Der leiseste Ansatz des Auf-sich-selber-Stehens des Menschen auch Gott gegenüber (gedacht gegen Augustin von den Pelagianern), bedeutet Verletzung der Allmacht Gottes. Gott allein ist frei.

Dieser Gedanke führt rational zu Widersprüchen. Wenn die Prädestination allein bestimmt, dann gibt es keine Freiheit des Menschen. Die Folge ist: der Mensch ist auch nicht schuldig; aber der Glaube hält an der Schuld des Menschen fest. Derselbe Gedanke anders: Der Mensch, der böse ist oder gut, ist dieses in jedem Falle durch Gottes Willen, gnädig oder gnadenlos vorausbestimmt; doch der Mensch ist schuldig. Gott hat im Zorn den gnadenlosen Menschen geschaffen, aber er fordert von ihm, sich dem von Gott mitgeschaffenen Bösen zu widersetzen. – Die Prädestination besagt: Ohne Gottes Willen kann das Böse und das Ungerechte nicht sein. Aber der Glaube sagt: Gott ist gut und gerecht. – Durch Gottes Willen ist das Böse so notwendig wie das Gute. Wäre das eine nicht, so auch nicht das andere. Christus wäre nicht ohne Judas.

Ungemein verwickelt sind die rationalen Wege dogmatischen Denkens, die den Widerspruch entweder aufheben oder durch seine energische Betonung die Unbegreiflichkeit Gottes herausstellen, um dadurch erst recht die gläubige Annahme des rational Absurden zu fordern.

Ein kleines Beispiel der endlosen rationalen Bemühungen: Um den Widerspruch in Gottes ursprünglichem Willen aufzuheben, wird unterschieden seine Wahl vor oder nach dem Fall Adams, (in supralapsarischer oder infralapsarischer Zeit). Erst infralapsarisch gibt es die Gnadenwahl in der nunmehr durch die Erbsünde zerrütteten Welt. So aber wird die Frage nur an einen andern Ort verschoben, nämlich den der Sünde Adams, an dem dieselben Schwierigkeiten auftreten.

Im Calvinismus ist das Dogma in unüberbietbarer Härte zu rationaler Konsequenz geführt.

Es ist kein Ringen des Menschen um seine Sittlichkeit als Weg zur Ewigkeit möglich, kein Ringen mit Gott erlaubt um das Ungeheure. Ich bin für den Stand der Gnade oder der Verworfenheit von ewig her vorbestimmt. Gottes unbegreiflicher, schrecklicher Ratschluß (das decretum horribile) ist der Ursprung, dem jeder Einzelne sich zu beugen hat. Durch sein sittliches Handeln und seinen Willen zum Glauben kann er den ewigen Ratschluß nicht ändern. Es ist so, das ist alles. Ich erfahre die totale Abhängigkeit von Gott, ob ich gut oder böse bin.

Aber nach calvinistischem Dogma kann niemand wissen, wozu er bestimmt ist, zum Gefäß der Gnade oder des Zorns Gottes. In meinem Leben kann ich dadurch, daß ich gut handle, mir nur die Symptome dafür verschaffen, daß ich im Stande der Gnade bin. Auch Erfolge durch meine Arbeit, mein Wohlergehen in der Welt sind Symptome des Gnadenstandes, sofern ich nur auf jeden Genuß von Erfolg und Wohlergehen in innerweltlicher Askese des tätigen, am Gang der Dinge teilnehmenden Lebens völlig verzichte. Die höchste innere und äußere Anspannung ist notwendig, um dieser Zeichen des Gnadenstandes einigermaßen gewiß und doch nie eigentlich gewiß sein zu können. Bis zum letzten Augenblick des Lebens können immer noch die Zeichen der Verworfenheit auftreten. Und auch im besten Falle ist die Ungewißheit nicht zu überwinden, obgleich ich glauben soll, zu den Erwählten zu gehören.

Nur im Calvinismus ist dieses rationalisierte Dogma hier sofort zum wesentlichen Moment der gesamten Lebensverfassung geworden.

Es ist nicht mehr die fromme Chiffer für das Unbegreifliche, sondern die konsequente Rationalisierung der Unbegreiflichkeit. Es ist nicht mehr fromme Hingabe, sondern die Angst, die ein Leben führen läßt, durch das ich doch gar nichts ändern kann. Das Dogma spricht hart und erbarmungslos aus, was seit Paulus, Augustin, Luther ein Moment der Grundverfassung vor Gott war. In der rationalen Vollendung und dem Abschluß zum Dogma ist verlorengegangen, was uns als Wahrheit in der Chiffer anspricht. Diese ist zu sehen im Umkreis zusammengehörender Chiffern.

Ausgangspunkte in unserer Erfahrung

(1) Ich bin empirisch, was ich bin, durch meine Herkunft, meine Eltern, durch die Begabungen und Mängel meiner Anlage, durch Reichtum und Armut meines Geistes; ich bin es durch die Situation in der Welt, die Lebensbedingungen in meiner besonderen einmaligen Situation. Diesem, was ich bin, wie ich mir in der Welt gegeben bin, stehe ich gegenüber mit der Frage meiner Freiheit: was kann ich ändern? was muß ich in einem andern Akt meiner Freiheit als unumgänglich übernehmen?

(2) Bin ich überhaupt frei? Sage ich zu mir: »Ich bin frei«, so heißt das: was ich werde, liegt auch an mir; ich werde, was ich bin, durch das, was ich in der Welt mit mir tue. Aber ich werde in der Zeit, was ich ewig bin: dies ist die Paradoxie des Sprechens von dem, was als Erscheinung in der Zeit an sich schon ist, aber nur in der Zeit durch Freiheit zur Erscheinung kommt. Dies wird ausgesprochen durch den Spruch »Werde, was du bist!«, wenn er bezogen ist auf das, was ich ewig bin und nie weiß.

Wird aber der Spruch bezogen auf meine Naturanlage, die sich entfaltet, dann sage ich zu mir, stolz oder trotzig: »Ich bin nun einmal so.« Der schreckliche Satz bedeutet: Im Blick auf das empirische Gegebensein alles dessen, was ich als Dasein bin, verleugne ich, daß ich frei bin. In diesem vermeintlichen Müssen aber verbirgt sich der Wille: ich wehre alle Forderungen und alle Verantwortung ab; ich bin nicht bereit, mit mir selber, mich ergreifend, umzugehen, mich mir selber und dem Andern zu offenbaren in dem Sinne, daß Offenbarwerden inneres Handeln, Wandlung, Umkehr werden kann.

(3) Nun aber die weitere Frage: Wenn ich frei bin, bin ich dann frei durch mich? Ich kann mir ausbleiben. Und dann: Ich kann nicht allein durch meinen Willen meine Freiheit erfüllen. Was ich bin, bin

ich nicht durch mich. Ich werde in meiner Freiheit, im Freisein selber und seiner Erfüllung, mir geschenkt. Ich will, aber ich kann nicht wollen, daß ich will. Ich will etwas, aber in dem, was ich will, komme ich mir in der Liebe, gleichsam von anderswoher, entgegen, worin ich mich erst eigentlich als mich selbst weiß.

(4) Die Freiheit selber ist Notwendigkeit. In der höchsten Freiheit liegt das Bewußtsein: Ich will nicht anders, weil ich nicht anders kann. Ich bin es selbst. Es gibt keine Wahl. Ich komme zu mir in dieser Notwendigkeit, die ich selbst bin. Diese Notwendigkeit kommt nicht von außen und nicht von innen als ein Zwang, sondern als das, womit ich identisch bin, weil ich durch diesen Willen mich in meiner Ewigkeit erfahre, weil ich es in der Welt für immer will, es nie verleugnend.

Die Erfahrung der Notwendigkeit in der höchsten Freiheit, die Erfahrung, die in der paradoxen Formel sich ausspricht: es wird in der Zeit entschieden, was ewig ist, diese Erfahrungen sind weder realempirisch noch logisch-gegenständlich. Die Ähnlichkeit von Formeln täuscht über die totale Sinnverschiedenheit.

An unserem Beispiel: Mit dem Satz: »Ich bin nun einmal so« behauptet sich ein empirisches Dasein im Trotz des Soseins.

Der Satz der höchsten Freiheit: »ich kann nicht anders« besagt kein Sosein, keine Naturnotwendigkeit, sondern die Notwendigkeit dessen, was mein Dasein als Werkzeug braucht, nämlich meiner selbst vor der Transzendenz.

(5) Notwendigkeit der Freiheit ist nicht Naturnotwendigkeit. Die Notwendigkeit des Naturgeschehens ist Gegenstand unserer Erkenntnis. Durch solches Erkennen vermögen wir unsere Abhängigkeiten von der Natur zu gestalten: natura serviendo vincitur, und zwar durch Technik dem Anorganischen gegenüber, durch Pflege dem Biologischen gegenüber, durch Psychologie der Natur des Menschen gegenüber.

Im Erkennen selber liegt ein Moment der Freiheit. Verabsolutiere ich aber die Naturnotwendigkeit, die ich ins Unendliche erkenne, zur Wirklichkeit an sich, dann denke ich: Im Einssein mit der Naturnotwendigkeit bin ich nichts anderes als eine verschwindende Welle im unendlichen Flusse der Zeit. Dann habe ich, mich selbst total miteinbeziehend, die mögliche Erkenntnis überschritten und mich falscher Erkenntnis unterworfen.

Ganz anders die Notwendigkeit der Freiheit. Freiheit kommt in der erkennbaren Natur nicht vor (oder, was dann Freiheit genannt wird, hat nicht den Sinn der Freiheit, von der wir sprechen). Sie kommt auch im Menschen, soweit er Gegenstand biologischer und psychologischer Erkenntnis wird, nicht vor.

Unterworfen der Naturnotwendigkeit bin ich abhängig von der Welt. Im Aufschwung meiner Freiheit werde ich unabhängig von der Welt, aber erfahre die ihrem Sinn nach unvergleichliche Abhängigkeit von der Transzendenz. Der Unterschied ist radikal: Die Naturabhängigkeit bedrängt oder befördert mein Dasein, läßt es entstehen und zerstört es, ruft mich gleichsam auf zum Kampf und zum Einverständnis mit ihr. Die Abhängigkeit von der Transzendenz aber bringt mich zu mir selbst, gibt mir meine Freiheit, macht mich mit mir selbst identisch.

(6) Der mehrfache Sinn von Freiheit und Notwendigkeit kommt widersprüchlich zum Ausdruck, wenn wir treffen wollen, worum es sich existentiell handelt.

Freiheit ist erstens objektiv die Freiheit des Handelns im Gegensatz zum Gezwungenwerden durch körperliche Fesseln, durch seelische Erpressung, Bedrohung, durch körperliche Foltern. Sie ist zweitens die Freiheit des Sichaussichselbstentfaltens, Aussichselbstbewegens im Gegensatz zur Beschränkung durch soziologische und politische Gegebenheiten und durch die bestimmten Situationen. Sie ist drittens die Freiheit des Wollens als Wahlfreiheit im Gegensatz zur Unfreiheit etwa durch geistige Erkrankung (als psychologische Willensfreiheit im Sinne des Strafgesetzbuchs, die ein Kriminalist als normale Bestimmbarkeit durch Motive ›im Unterschied von geistigen Krankheitszuständen‹ charakterisierte).

Einen grundsätzlich anderen Sinn hat die Freiheit, die nicht eine nachweisbare Realität in der Welt ist, obgleich sie das Welt- und Selbstverwandelnde im Menschen ist. Ihre Wirkungen, nicht sie selber, sind erkennbar. Die Freiheit ist philosophisch »fühlbar zu machen« (Kant), aber kein Gegenstand der Erkenntnis. Der Unterschied im Gebrauch des Wortes »Freiheit« ist so groß wie der von Gegenständlichkeit und Ungegenständlichkeit, von Dasein und Existenz: Einerseits sein Gebrauch für die Auffassung von Weltrealitäten, andrerseits sein Gebrauch für das Transzendieren über die Weltrealität zur Existenz des Selbstseins. Zwischen beiden ist ein Sprung. Der Sinn der Kategorie verwandelt sich. Wir unterscheiden daher Kategorien des Gegenständlichen von Kategorien (Signen) der »Freiheit«.

Aber von der existentiellen Freiheit sprechen wir bildlich durch

Worte, die die reale Freiheit in der Welt meinen. Dadurch entstehen im Gebrauch ständige Verwechslungen. Wir sind in der Mitteilung, die ohne Gegenständlichkeiten nicht vollziehbar ist, gezwungen zu einer Rede, in der sich immer wieder alles verwirrt, wenn der Sprung vergessen ist zwischen der gegenständlichen Kategorie und dem, was mit Kategorien über Kategorien hinaus mit neuen »Kategorien« berührt wird.

Zur Freiheit gehört der Gegensatz der Freiheit, die empirische Notwendigkeit, mit der sie im Kampfe steht. Sagt man: Gott allein ist frei, nicht der Mensch, so wäre zu antworten: Freiheit Gottes hat nur einen Sinn, soweit er in der Chiffer einer menschlichen Person gedacht wird. Es gilt vielmehr: nur der Mensch kann frei sein im Sichherausarbeiten aus den bleibenden Gebundenheiten. Absolute Freiheit ist ein sinnwidriger Begriff.

Zur Freiheit gehört aber auch die Einheit mit der Notwendigkeit. Notwendigkeit ist dann nicht mehr die Kategorie des empirischen Geschehens oder der logischen Denkkonsequenz, sondern die in dem Geschenktwerden durch Transzendenz vollendete Freiheit. In ihr gibt es kein Müssen durch ein Anderes, kein Müssen des psychologischen Geschehens, sondern es ist das seine eigene Ewigkeit erfahrende Müssen.

Freiheit ist existentielle, nicht eine zu beobachtende Erfahrung.

(7) Wo Freiheit ist, ist Verantwortung, und wo Verantwortung ist, da gibt es Schuld.

Mit folgenden Argumentationen wird die Schuld abgewehrt: In der Realität des Erkennbaren gibt es keine Freiheit. Für das, was getan wird und was ich selber tue, ist kausal haftbar zu machen das andere, durch das ich in der Welt bedingt bin. Erstens: So wie ich als dieser, so seiender, geboren bin, das ist allein verursacht durch Vererbung. Zweitens: So wie ich geworden bin, das ist allein verursacht durch die soziologischen Verhältnisse. Durch beides, die je bestimmten Vererbungszusammenhänge und die je besonderen Umstände bin ich, was ich bin, und handle so wie ich handle. Jene haften, ich habe keine Schuld.

Mit solchen Argumentationen verbinden sich merkwürdige Gedanken. Etwa: Ich wollte nicht geboren werden, ich hatte nicht die Entscheidung darüber, als was ich geboren wurde. Und vielleicht weiter: ich wollte mein Leben nicht, ich bin nicht für es verantwortlich, ich bin nicht mit ihm einverstanden, ich werfe es fort. Das heißt aber: die Freiheit, die geleugnet wurde, ist wieder eingeführt als ein absolutes Ich, das vorher nicht befragt war und jetzt nicht will. Oder etwa: Die Verhältnisse machen mich. Mich kann ich nicht ändern, wohl aber die Verhältnisse. Diese, besser gestaltet, werden wünschenswertere Menschen hervorbringen. Das heißt: die Freiheit, die geleugnet war, ist wieder eingeführt als die Freiheit zur aktiven Veränderung der soziologischen Bedingungen. Entsprechend wird die Unfreiheit der Vererbung durch die Freiheit der Züchtung überwindbar gedacht.

Die die Freiheit wegdenkenden Gedanken lassen sie doch in gedankenloser Form unausweichlich wieder auftreten. Diese Freiheit hat die Verantwortung für das, was sie denkt und tut. Daher kommt es darauf an, daß zuerst zu klarem Bewußtsein gelangt: Es kommt irgendwo und irgendwie auf mich selbst an. Was an mir liegt, zu tun oder nicht zu tun, dafür trage ich die Verantwortung und habe ich die Schuld.

Nun aber ist wieder von Unfreiheit die Rede. Obzwar frei in der Welt, bin ich in dem Ursprung meiner Freiheit abhängig von der Transzendenz, die mich geschaffen, ins Dasein gerufen, in die Welt geworfen hat. In solchen Wendungen kommt das Gemeinte durch Chiffern zur Sprache.

Wenn ich frage, ob ich durch mich selbst frei oder nicht frei bin, dann ist in einem ganz andern Sinn als in der Welt von Freiheit die Rede. Der Widerspruch: ich bin frei und ich bin unfrei ist unauflöslich, wenn die Unvergleichlichkeit des Sinns der beiden Begriffe von Freiheit vergessen wird.

In der Welt sage ich: ich bin frei und daher schuldig, in bezug auf den Ursprung sage ich: ich bin unfrei und doch schuldig. »Unfrei« bin ich in transzendenter Abhängigkeit meines Freiseins selber, schuldig bin ich in diesem Freisein.

(8) Der Prädestinationsgedanke steht in einem Kreis von Chiffern, die als amor fati, Verhängnis, Vorsehung, Karma, Moira vielfache Sprache haben.

Solange das Leben nur als endliches Dasein in bezug auf sein Glück sich vollzieht, ist die Existenz unerweckt. Mit dem Erwachen der Existenz wird über Glück und Unglück hinaus das Schicksal im amor fati ergriffen.

Das Schicksalsbewußtsein begnügt sich nicht, gegenstandslos sich in sich selbst zu vertiefen. Die Existenz fragt: warum ist Schicksal und warum ist dies mein Schicksal? Antworten in Chiffern:

Das *Verhängnis*, unbestimmt von woher, gibt und entzieht, läßt Atempausen und überfällt. Es wird vorgestellt als Nachwirkung des Fluchs in der Familie, als Heimsuchung der Schuld an Kindern und Kindeskindern, als ein Nichtentrinnenkönnen und Unschuldig-schuldig-werden.

Die *Vorsehung einer Weltvernunft* ist eine Lenkung, durch die, was immer mir zustößt, seinen Sinn und Ort hat. Sie benutzt Glück und Unglück zur Erziehung und Bewährung. In ihrer Gewißheit erwächst eine Gelassenheit, geborgen in einem Sinnganzen, eine Rechtfertigung des amor fati.

Die indische Vorstellung des *Karma* gründet in der Seelenwanderung. Was ich jetzt bin und erfahre, ist Folge meines früheren Lebens in anderen Daseinsformen. Was ich jetzt tue, ist die Saat meines Lebens für spätere Geburten. In diesem gegenwärtigen Leben habe ich keine Chancen, es zu verbessern, glücklicher zu gestalten, wohl aber die Chance, durch ein rechtes Leben im kommenden Dasein auf höherer Stufe wiedergeboren zu werden. Ich klage niemanden an, denn ich erleide die Folgen meines eigenen Tuns.

Die griechische *Moira* ist die letzte Transzendenz, vor der die Götter zu immanenten Wesen werden. Sie wurde gedacht als die unbestimmte Tiefe der unpersönlichen Entscheidungen über den Gang der Menschen- und Götterschicksale. Später wurde sie rationalisiert und stand als Weltgesetz im Gegensatz zum Chaos, als sittliche Weltordnung im Gegensatz zur sittlichen Indifferenz bloßen Geschehens, als Notwendigkeit im Gegensatz zum Zufall, als Gerechtigkeit gegenüber der Willkür, als die Bestimmtheit der einzelnen Ereignisse gegenüber der Beliebigkeit. Die Götter, denen der Kult gilt, sind ihr unterworfen. Sie selbst hat keinen Kult.

(9) Wenn der persönliche Gott die Quelle des Schicksals ist, dann folgt der Gang der Dinge und mein Leben nicht einer blinden Macht, nicht einem Notwendigen, nicht einem spekulativ erdachten Sichereignen, nicht einem automatischen Mechanismus, nicht dem Zufall. Der Wille des Einen persönlichen Weltschöpfers ist der Grund von allem, was ist und geschieht. Dann erst treten die Fragen auf, die im Hiob und im Prädestinationsgedanken Antwort und keine Antwort finden.

In diesen Fragen und den antwortenden Chiffern liegt Wahrheit. »Ich bin nichts, Gott ist alles«, dieses Seinsbewußtsein gilt in bezug auf den letzten Ursprung. Wird es falsch, wenn die Chiffer Gott Leibhaftigkeit annimmt? Entzieht sich das, was das Seinsbewußtsein des Grundes aussprechen möchte, durch die Leibhaftigkeit der Person Gottes? Bleibt es wahr, wenn die Chiffer Gott auf das Unsagbare weist, das alles ist?

Wenn nicht die Chiffer, sondern Gott als leibhaftige Person gemeint ist, dann verkehrt sich der Satz »ich bin nichts, Gott ist alles«

in den Ausdruck von Unterwürfigkeit und Knechtschaft und untilgbarer Angst.

Ganz anders die Frömmigkeit, die zwar nur in Chiffern sich mitteilen kann, aber die in den Chiffern sprechende Wirklichkeit selber doch nicht leibhaftig und nicht gegenständlich werden läßt. »Es ist genug, daß Gott ist« besagt dann in der Chiffer jene Nichtigkeit des Menschen, wie der noch in jedem Unheil bleibende Satz des frommen Juden: »Der Ewige, unser Gott, ist einzig.«

Je mehr die Chiffer rationalisiert oder leibhaftig wird, desto weniger spricht sie den freien Menschen in Wahrhaftigkeit untäuschbar an.

(10) Das Prädestinationsdogma in seiner Vollendung, unter Aufhebung des Chiffernseins seiner Vorstellungen, gewinnt einen existentiell zweideutigen Charakter.

(a) Wenn dem persönlichen Gott das decretum horribile zugeschrieben wird, so ist Gott in solcher Persönlichkeitschiffer verschwunden. Es bleibt nur die Willkür eines Tyrannen. Solange die Chiffer unpersönlich und überpersönlich die Erhellung des absoluten Dunkels vergeblich vollzieht, ergreift sie durch Wahrhaftigkeit.

(b) Die Chiffer führt zum Blick in den Abgrund. Sie kann abgewehrt, aber nicht vernichtet werden. Das Dogma dagegen macht erstarren vor Entsetzen, aus dem es nur den Ausweg des angstvoll maßlosen, in Aktivität sich verzehrenden, der Besinnlichkeit unfähigen Suchens nach Symptomen der eigenen Erwähltheit gibt. Das Dogma ist nicht mehr als Chiffer die Bewegung des Fragens und Antwortens, sondern ein vernichtender Schlag.

Das Leben unter solchem Druck kann von heroischer Unbedingtheit sein. Es geht die unerhörtesten Wagnisse ein und leistet die größten Opfer, doch mit dem Wissen der Vergeblichkeit, des eigenen Heils in der Erwähltheit gewiß zu werden. Als bloßes Symptom der Erwähltheit verlieren die Taten und die Erfolge ihren Glanz. Das Leben vollzieht sich in einem grauen Dämmer der verbotenen Lebensfreude. Musik, Dichtung, Geist gelten als Verführung, Wissenschaften werden anerkannt als Mittel zum Erfolg der Weltgestaltung, verlieren aber ihren eigentlichen Erkenntnissinn. Die Chiffer hingebender und liebender Frömmigkeit angesichts des Unbegreiflichen verkehrt sich in den fanatischen Glauben des lieblosen Rationalisierens.

(c) Das Bewußtsein, zu den Erwählten zu gehören, was doch trotz Ungewißheit geboten ist zu glauben, erzeugt in der Gemeinde der Heiligen in der Demut vor dem schrecklichen Gott den Stolz einer

Aristokratie, der bösartig ist, weil er immer recht hat. Die Kraft des Handelns, mit Gott, für Gott, durch Gott ist unermeßlich gesteigert, nicht angefochten durch Bedenken. Denn ich tue alles mit Gott zu seiner Verherrlichung, nicht für mich. Die sittliche Unbedingtheit, begründet im Glauben an Gottes Willen, nicht in der sittlichen Vernunft, kann selbst das Unsittliche als Gottes Willen vollziehen. Die Unbegreiflichkeit des Grundes vereint sich mit dem praktischen, zweckhaften Rationalismus. Der Hexentrank aus Mischung von Demut, Fatalismus, Aktivismus, Fanatismus erzeugt das Menschenwidrige.

5. Die Chiffer des Sündenfalls

Plato, den meisten antiken Philosophen bis Plotin, der Bibel ist gemeinsam der Grundgedanke: Nicht von Gott kommt das Übel und das Böse. Biblisch aber ist die Radikalität des Gedankens: Da Gott Einer ist, da in der Welt nicht dualistisch zwei Götter, Gott und der Teufel, herrschen, entspringt das Übel und das Böse aus dem von Gott aus dem Nichts Geschaffenen: Gott hat den Menschen frei geschaffen. Die Freiheit wäre nicht Freiheit, wenn sie sich nicht für oder gegen Gott entscheiden könnte. Gott will die freie Zustimmung zu sich, nicht blinden Gehorsam, sondern hell sehende freie Unterwerfung.

Dem Denken Asiens und des Abendlandes ist gemeinsam, daß Vorstellungen auftreten, durch die die Unstimmigkeit alles uns Gegenwärtigen begreiflich wird. Wie liegt im Grund der Dinge, was gegenwärtig ist und was wir erfahren? Die Antworten: Eine Grundverkehrung ist dadurch, daß überhaupt Dasein ist (Indien). Im Sein hat sich ereignet, was zu der Verkehrung des Seienden geführt hat (Gnosis). Ständig geschieht, was die Unangemessenheit des vielfach Seienden zum eigentlichen Sein zur Folge hat (Plato, Plotin).

Der Ernst, dem diese Vorstellungen entsprungen sind, ist für uns so gültig wie je: die Grundverwunderung vor der Welt, in der wir uns finden, und vor uns selbst, was wir sind, mit der Folge nicht nur für unser Seinsbewußtsein, sondern für unsere Lebenspraxis.

Keine Philosophie schließt vor dieser Grenze die Augen. Wie sie in das Ungeheure blickt, gründet den Denkenden selber. So abweichend die Philosophien sind in der Vorstellung der Chiffern und in der Erscheinung der ihnen zugehörenden Lebenspraxis und in der Existenz, sie bleiben doch verbunden durch einen gemeinsamen Ausgangspunkt der Erfahrung und des Ziels. Wir beschränken uns im Folgenden auf die biblischen Chiffern.

(1) Urtypus des verkehrten Freiheitsgebrauches, den jeder Mensch von neuem vollzieht, ist der Mythus vom Sündenfall: die freie Entscheidung als Ursprung des Menschseins, wie es heute ist.

Diese Ursprungsentscheidung ist entweder vom Menschen selbst getroffen (in Adam), oder von geschaffenen Wesen, die vor den Menschen schon sich gegen Gott empörten und ihrerseits den Menschen verführten. Durch Gott sind freie Wesen geschaffen und damit auch die Möglichkeit, durch freie Tat sich gegen ihn zu empören, selber wie Gott sein zu wollen. Dieses Ereignis wird mythisch erzählt und in spekulativen Begriffen nachgeformt. Wesen einer vorzeitlichen Welt taten, als abfallende Engel oder Dämonen, etwas, was dann die Möglichkeit oder Unausweichlichkeit unseres eigenen Bösen zur Folge hatte. Diese Ereignisse hatten das Unheil in der Welt zugleich mit dem Bösen aus unserer Freiheit entstehen lassen. Das objektive Unheil des Leidens in der Welt und die subjektive Freiheit zum Bösen haben einen gemeinsamen Grund. Das Übel und das Böse sind zwar wesensverschieden, aber das eine ist das Echo des andern.

Historische Beispiele:

In der Gnosis wurde der Abfall von Engeln gedacht. Ihr Eigenwille kehrte sich von Gott ab. Sie wollten selber Gott sein. Ein solcher böser Engel schuf die Welt. Weil durch einen bösen Weltschöpfer entstanden, ist diese Welt ganz und gar böse. Die Lichtfunken in den Seelen, die mithineingerissen wurden, müssen vom bösen Weltschöpfer ständig getäuscht werden. Zu ihrer Befreiung gelangt, vom guten, fernen, fremden Gott gesandt, der Heilbringer, seinerseits die bösen Engel täuschend, unerkannt in diese Welt. Er bricht in die Welt ein als das ganz Andere, selber weltlos, die Lichtfunken der Seelen rettend.

Der christliche Mythus erzählt den Gang der Dinge von der Weltschöpfung über Adams Fall zur Erlösung durch Christus bis zum Weltende und Weltgericht. Christus als Gottessohn, als Heilbringer gesandt, hat wie die Engel die Möglichkeit der göttlichen Selbständigkeit. Er aber wählt, im Unterschied zum Fall der Engel, in der Versuchung durch den Teufel den Gehorsam gegen Gott.

Origenes gibt eine Abwandlung: Durch die Freiheit entstehen die vielen Stufen unter den Geistern von den guten Engeln bis zu den Teufeln. Der Mensch ist nicht heilig genug, um Engel, nicht böse genug, um Teufel zu werden. Aber auch er hat in der Vorzeit seine Freiheit im Eigenwillen mißbraucht. Dafür ist er zur Strafe in den Leib geworfen. Seine körperliche Materie ist die Strafe. Sie ist durch ihre Grobheit das Kennzeichen des Gefallenseins. Die guten Engel haben eine leichte und feine Materie.

Scotus Eriugena gibt eine andere Abwandlung: Der Mensch hat sich von Gott abgewendet und sich auf sich selbst gestellt. Daher verlor er sein Sein in der Ewigkeit Gottes. Er muß nun in Raum und Zeit an bestimmten Stellen da sein. Die Materie, einst selber geistig, ist jetzt körperlich geworden. Die Einheit des Seins ist durch den Abfall des Menschen zerrissen. Jetzt ist alles geschieden, Gott und Welt, Geist und Materie, Gattung und Individuum, Mann und Weib.

In jedem dieser Mythen läßt Gottes Allmacht einen anderen Gott zu und doch nicht zu. Die Antinomie von Allmacht Gottes und Unabhängigkeit der Freiheit von dieser Allmacht ist die immer wiederkehrende Paradoxie.

Von den Deutungen des Sündenfalls geht die eindrucksvollste auf das Wort Gottes im Mythus zurück: Adam ist geworden wie unser einer. Er kann gut und böse unterscheiden. Das heißt: Das Wesen des Menschen, denken zu können, Wissen zu erwerben, ist schon im Ursprung Ungehorsam, Auflehnung. Gerade das, wodurch er sich in der Welt hilft, ohne das er nicht da sein kann, was seine Größe und seine Kraft ausmacht, hat hier seinen Ursprung.

Des Menschen Situation ist diese: Wo er sich bewußt wird, sieht jeder neue Mensch sich von Anfang an in Einschränkungen seines Daseins, Widerständen gegenüber, der Not ausgeliefert, ständig angewiesen auf andere Menschen. Er ist für sein Dasein tätig, er bringt seine Umwelt hervor.

Schon das erste Bewußtwerden der Welt und meines Tätigseins führt zum Urteilen: Es sollte etwas anders sein, als es ist. Ich sollte etwas anderes tun, als ich getan habe. In solchen Urteilen unterscheide ich zwischen Gut und Schlecht (das natürliche Dasein und Geschehen betreffend), Gut und Böse (das Handeln aus Freiheit betreffend).

Diese Deutung hat ihre Grenze darin, daß alle Beurteilungen als Übel und als Böses einen Maßstab verlangen. Es ist ein Allgemeines, an dem ich urteilend messe. Zwar sind diese Maßstäbe mit dem Menschen als Menschen da, aber denkend kann der Mensch der Beschränktheit dieser Maßstäbe sich vergewissern. Sie sind nicht absolut, wenn auch für ihn unumgänglich und als ethische unbedingt. Mit ihnen dringt er in den Ursprung, der umgreifend und mehr ist als alle Maßstäbe, mit deren Hilfe er ihn in der Chiffer begreifen will.

(2) Die Chiffer des Sündenfalls und der Vertreibung aus dem Paradies zeigt die Herkunft der Leiden, Nöte und der Aufgaben unseres gegenwärtigen Zustandes. Die Folgen des Sündenfalls lassen erfolgreiche Tätigkeit gegen die Not in der Welt, zur Besserung der Lage zu. Es zeigt sich die eigene Kraft des Menschen und seiner Selbsthilfe im Gehorsam gegen Gottes Gebote. Die Chiffer der Erbsünde

aber nimmt alle Hoffnung. Der Erbsünde kann nur begegnet werden durch Gott selbst und seine Gnade.

Buddha lehrt die Selbsterlösung des Menschen durch eigene Kraft, zeigt den Weg und gibt das Vorbild. Er hilft dem Menschen, sich selbst zu helfen.

Ganz anders die Lehre der Erbsünde. Hier findet der Mensch keinen Weg. Er kann sich nicht helfen. Er braucht die Gnade Gottes. Diese aber wird nicht gewonnen durch Denken und Einsicht, sondern durch den Glauben, der, selber nur durch Gnade gegeben, uns als Glaube die Erfahrung der erlösenden Gnade bringt. Erst der Glaube selber macht die totale Verlorenheit bewußt, aus der die Erlösung durch den Glauben befreit.

Wenn von Erbsünde, Gnade, Rechtfertigung, Versöhnung die Rede ist, so setzen solche Begriffe eine besondere Auffassung der menschlichen Grundsituation voraus. Was in der Erfahrung und im Denken der Grundsituation jedem Menschen verstehbar ist, wird hier überschritten. Das Sehen der Situation selber ist schon Glaube. Denn sie ist unverständlich. Nur für den Offenbarungsgläubigen ist sie hell. Es ist ein in sich geschlossener Glaubenskreis: durch Gnade wird der Glaubende sich erst als Sünder erkennbar und zugleich wird ihm die Rettung geboten in der Versöhnung mit Gott. Wer nicht in diesen Kreis eintritt, der muß in diesen Glaubensgegenständen täuschende Realisierungen sehen: die mit der Existenz des Menschen sich zeigende totale Schuld wird zur substantiellen Erbsünde; die Chiffer der Unsterblichkeit wird zur Auferstehung der Leiber zum Jüngsten Gericht; der Mensch Jesus als eine prophetische Gestalt, die wie keine andere revolutionär hineinleuchtet in die unermeßliche Größe des Unheils, in die Tiefe der Liebe, in die Radikalität der notwendigen Umkehr, wird zum Christus als der realen Inkarnation Gottes. Wer aber in diesen Glaubenskreis nicht einzutreten vermag, der ist doch auch von den Chiffern in ihm noch angesprochen. Sie bewegen ihn zur kritischen Besinnung auf sich selbst. Etwa so:

(a) Die anklagende Stimme: du bist, was du geworden bist durch deine Freiheit – du hast getan, was du getan hast – du kannst büßen, aber nicht tilgen – muß schaudern machen. Die Stimme des Einverständnisses mit sich: ich liebe und bin mit mir identisch in meiner Liebe, in der ich für immer ich selber bin – kann beschwingen. Dort hasse ich mich, hier liebe ich mich.

Es ist nicht Selbstgerechtigkeit, wenn der Mensch von sich verlangt, was er kann. Wohl aber ist es Selbstgerechtigkeit, zu meinen, aus sich durch sich allein Umkehr, Liebe, gutes Handeln hervorbringen zu können.

Die Erbsünde können wir als Chiffer im ganzen uns nicht zu eigen machen, weil sie alles in die Gnadenerwartung legt, unterstützt durch die kirchlich garantierte Verheißung. Aber in dieser Chiffer liegt trotzdem die Wahrheit des Anspruchs der Umkehr, der zum Menschen als Menschen gehört, und des Bewußtseins des Sichgeschenktwerdens, er weiß nicht woher und nicht wie.

Die Chiffer der Erbsünde bedarf der Ergänzung durch die Chiffer des eingeborenen Adels. Diese ist wiederum als Totalchiffer abzuwehren, weil sie alles in meine Kraft legen und das Schuldhafte verkleinern würde. Aber in dieser Chiffer liegt die Wahrheit der Forderung, gehorsam zu sein dem, was ich eigentlich sein kann, zu dem ich in der Umkehr gelange.

Beide Chiffern verführen: Die Erwartung der Gnade allein durch den rechten Glauben macht sittlich passiv, sie kann gestatten, im Sündigen »tapfer« zu bleiben infolge der Gnadengewißheit. – Die Erwartung des Guten aus dem mir eingeborenen Adel kann sittlich verwirren, in der Verkehrung, etwas sei gut, weil ich es tue, und kann gestatten, mit mir zufrieden zu sein, wie ich nun einmal bin kraft meines in jedem Falle edlen Soseins.

(b) Der Gedanke der Erbsünde spricht an als Chiffer des Nicht-in-Ordnung-Seins, das der Mensch im Erwachen zu sich selbst schon vorfindet. Im Umgang mit sich sieht er sich von Anfang an in Widerstände verwickelt, sieht er sich einem von ihm erkannten Versagen doch immer wieder preisgegeben. Als Existenz muß er kämpfen in der Spannung zwischen der Verfallenheit, die er immer schon in sich vorfindet, und der Freiheit, die es ihm selbst anheimstellt, daß er sich herausreißt und umkehrt.

Diese Chiffer läßt ihn spüren, daß er zwar auf sich selbst angewiesen ist, daß er aber im Aufschwung durch Freiheit sich selbst geschenkt weiß. Die Chiffer demütigt ihn, wenn er auf sich stolz sein will.

Aber diese Chiffer verführt ihn, wenn er zur Gnade seine Zuflucht nimmt: »ich bin nun einmal so«, und Gnade! Gnade! ruft. Denn nichts kann er von realer Gnade als faktischem Eingriff von außen erfahren. Nichts kann er durch Objektivierung eines Heilsprozesses, der ihm von außen zuteil wird, erwarten. Nur soweit die Chiffer die Freiheit selbst ermutigt und zum Äußersten ihrer Möglichkeiten drängt, bleibt sie wahr. Wenn sie dem Menschen zur Entspannung verhilft, er in der »Gnade« sich beruhigt, wird sie verderblich. Dann wird die einzelne, allein greifbare Schuld gering geachtet, um in der ungreifbaren Totalschuld sich zu beruhigen. Denn wer kraft der Chiffer der Erbsünde als Sünder im ganzen lebt, hat die Neigung, sich der Anerkennung der ganz bestimmten Schuld hier und jetzt zu entziehen. Statt die Reinigung in sich selbst zu vollziehen, soll eine »Rechtfertigung durch den Glauben« gelten. Statt im Handeln sein Dasein zu rechtfertigen, wird er, im Gewande der Demut vor Gott, stolz auf seine Glaubenstat, seine totale erbsündige Schuld anerkannt zu haben. Mit Gott ist er versöhnt. Kein Mensch darf ihn wegen der Bagatellen weltlicher Einzelschuld beurteilen.

Die Chiffer einer möglichen »Versöhnung« mit Gott kann bei aller Täuschungsgefahr trotzdem vielleicht ihre Wahrheit haben. Im verzweifelten Schuldbewußtsein hat sie eine Kraft der Aufrichtung, der Neugeburt aus dem totalen Zusammenbruch, weil in der vernichtenden Endgültigkeit wieder Möglichkeit eröffnet wird.

(c) Etwas Unangemessenes behält die Chiffer immer dann, wenn sie Realitäten verdeckt.

Wahrhaftigkeit muß darauf bestehen, daß Unheil, Elend, Not in ganzem Umfang anerkannt werden. Wahrhaftigkeit verlangt, daß die Befreiung von Schuld nicht anders erwartet werde als durch Sühne und verläßliche Haltung in dieser Welt.

Verzeihung gibt es zwischen Menschen. Es ist dieser wunderbarste Akt menschlicher Kommunikation: das Unrecht wird von beiden Seiten (obgleich es in Art und Maß noch so verschieden sein mag) anerkannt. Aus der Liebe geboren, die hellsichtig in ihrer Wahrhaftigkeit nichts übersieht, gründet die Verzeihung neue liebende Kommunikation. Nicht zu tilgende Folgen der Schuld bleiben. Aber die Schuld ist nicht mehr absolut, sondern aufgenommen in das durch den guten Willen in der Kommunikation erweckende Eine, Vereinende. Aber sich von Gott anders verzeihen zu lassen als dadurch, daß Menschen sich verzeihen, das wäre Flucht vor den Menschen und sich selbst zu Gott und selber gottlos. Auch ist es Lebenden nicht gegeben, in Vertretung von Toten, die nicht mehr verzeihen können, den Lebenden zu verzeihen, die nur selber tun können, was ihnen die Chiffer der Hoffnung ewiger, in der Welt nicht zugänglicher Verzeihung der Toten sprechend werden läßt.

Versöhnung durch den Glauben an den objektiven Heilsprozeß, den Glauben, durch Christi Opfertod und Auferstehung erlöst zu sein, ist philosophisch unbegreiflich, wenn sie als »Rechtfertigung allein durch den Glauben« (Paulus, Luther) gemeint ist. Unsere völlige Unbetroffenheit im Nichtverstehen läßt nur übrig die Betroffenheit von der Tatsache, daß Menschen so sprechen. Nicht einmal als Chiffer vermag ich mir diese »Rechtfertigung« zugänglich zu machen. Wie kann Glaube an etwas, das in einem Bekenntnis durch Aussagen über ein objektives Ereignis niedergelegt wird, ein Verdienst sein? Wo Offenbarungsrealität nicht einmal mehr als mögliche Chiffer spricht, da ist eine unheimliche Grenze fühlbar.

Die Beunruhigung durch diese Grenze kann mit einer existentiellen Verflachung in der Auffassung der Versöhnung nicht aufgehoben werden. Diese ist Grund und Abschluß der Hegelschen Philosophie. Es ist eine begriffene und im Begreifen vollzogene Versöhnung, in der alle Negativität zwar aufgenommen ist, aber als überwunden gilt. Hegel weiß zu viel und wird dadurch unglaubwürdig. Diese im Wissen durchschaute Versöhnung ist keine.

Ganz anders ein Vertrauen, das sich nicht begründen kann, das ich nicht weiß. Es scheint scheitern zu müssen, wenn etwa Menschen in unheilbare Geisteskrankheit versinken, wenn die »nach Gottes Ebenbild« geschaffene »unsterbliche« Seele auf Erden lebendig zerstört wird durch die Natur. Muß es nicht scheitern, wenn der Freiheit des Menschen Handlungen entspringen, wie etwa in unserer Zeit der Mord von sechs Millionen Juden und heute angesichts der Möglichkeit der Selbstvernichtung der Menschheit. Aber es kann sich, erstaunlich, immer wieder herstellen. Vertrauen worauf und wozu?

Die Sprache reicht nicht dahin. »Vertrauen«, das Wort selbst ist schon zu viel. Der verborgene Gott und dies grundlose Vertrauen gehören zusammen – für ein Wissen nie erreichbar, in keinem Glaubensinhalt zu bekennen.

6. Verzicht auf die Schuldfrage?

Die Schuldfrage geht an den Menschen. Ihm gegenüber auf die Schuldfrage zu verzichten zugunsten einer allgemeinen Notwendigkeit, das bedeutet: was er ist und tut, ist nicht durch ihn selbst, sondern durch ein naturnotwendiges Geschehen, in dem Denken und Entscheidung nur Naturerscheinungen sind, angedeutet schon im Tierreich, in hellem Bewußtsein zutage getreten beim Menschen.

Vor vierzig Jahren fand bei einer Gerichtsverhandlung in Norddeutschland folgendes Gespräch statt. Angeklagter: Ich bin so geboren, wie ich bin, ich mußte so handeln. Darum darf ich gerechterweise nicht verurteilt werden. Richter: Ich stehe in dem notwendigen Zusammenhang der Natur der Rechtsprechung, im Besitz der Macht, den Spruch des Rechtes durchzuführen. Daher muß ich Sie so notwendig verurteilen, wie Sie notwendig gehandelt haben. – Der Richter wollte offenbar sagen: In solchen Sätzen irren wir uns beide. Wir sind Menschen, beide auf Freiheit gegründet. Wie Sie für Ihre Handlung bin ich für die meine verantwortlich, nämlich für die Erfüllung meines Amtes, das das Recht gemäß der gegebenen Gesetze durchführen soll.

Ein Mensch kann für sich der Schuldfrage nicht ausweichen. Etwas ganz Anderes ist es, die Schuldfrage zu übertragen auf den Grund des Seins, wenn dort die Transzendenz vorgestellt wird nach Analogie der menschlichen Person.

Durch die Chiffer des persönlichen Gottes wird die Frage nach der Schuld der Transzendenz für die Welt, für das Unheil und das Böse, bis zum Äußersten gesteigert. Der Mensch, in höchster Empörung, stellt sich im Denken auf sich selbst. Trotz seiner totalen Ohnmacht behandelt er sich noch im Scheitern als die geistige Macht seiner Überlegenheit über Gottes amoralisches, vernunftwidriges, inkommunikatives Wesen.

Wäre die Transzendenz selber von dem Charakter der Persönlichkeit, statt daß Personsein eine ihrer Chiffern in der Sprache des Menschen ist, dann würde sie nicht zu rechtfertigen sein. Daher ruft der Mensch nach anderen Chiffern, um diese Beschränkung aufzuheben, gelangt dabei aber in andere Beschränkungen.

Dort, wo die Frage nach der Schuld der Transzendenz aufhört, sollen in neuen Chiffern Leiden und Schuld des Menschen als Notwendigkeit begriffen werden.

Dieser Verzicht auf die Anklage gegen die Transzendenz gewinnt aber nur dann existentielle Kraft, wenn er zuvor jene Empörung und ihren Ausdruck in der Chiffernsprache erfahren hat. Andernfalls wird der Verzicht zu einer Verharmlosung. Mit der Spannung durch das Ungeheure ist der ganze Ernst verschwunden.

Wir wenden uns diesen Chiffern zu, die ansprechen und Unwillen erregen können. Es handelt sich um zwei Fragen. *Erstens:* Was ist das Wesen des Unheils und des Bösen? Welche Notwendigkeit aus dem Ursprung der Dinge bringt es hervor? Mit welchen begrifflichen Chiffern wird es spekulativ aufgenommen in den Sinn des Seienden? Und *zweitens:* Was wird aus dem Bösen? Welche Bedeutung hat das Unheil und das Böse in der Welt?

(1) Was ist das Böse und woher ist es?

Es wurde unterschieden das Unheil der Welt (das physische Übel) von dem Unheil, das durch uns selbst wirklich wird (das moralisch Böse). Beides ist zu erfahren.

Das Wesen des Übels und des Bösen aber ist spekulativ gedacht worden als das, was seinen Grund hat in dem metaphysischen Charakter alles Seienden.

(a) Alles, was ist, ist vermöge seines besonderen Seins beschränkt. Die *Endlichkeit* aller Dinge bedeutet ihre Unvollendung. Ihre Vollendung ist nur eine partikulare, die anderes ausschließt. Ihr Sosein ist ein Mangel gegenüber dem Allsein. Alles Endliche ist in seiner möglichen Vollkommenheit zugleich unvollkommen.

(b) Alles, was ist, steht in *Gegensätzlichkeiten.* Weil alles Positive an das Negative, das Sein an das Nichts gebunden ist, gibt es das Gelingen und das Übel, das Gute und das Böse. Sie sind die notwendige Erscheinung jenes Grundtatbestandes. Daß das Nichts eine Weise des Seins hat, weil kein Sein ohne Nichtsein ist, hat Plato (Sophist, Parmenides) im Denken entfaltet.

In der Gegensätzlichkeit gründet, was für uns ist und was wir sind. In mythischen Chiffern treten die Gegensätze als zwei Grundmächte auf. Sie werden erblickt im Physischen als Licht und Finsternis, in der Menschengemeinschaft als Aufbau und Vernichtung, im Handeln als Gut und Böse. Alle Gegensätze scheinen ineinanderzuspielen und werden sich gegenseitig zur Deutung. Sie werden vorgestellt als kosmische Mächte. Gott und sein Reich des Lichts und des Heils, der Teufel und sein höllisches Reich des Dunkels und der Qual. Bis in die Gestalten des Lebendigen sind sie wahrnehmbar: Dort Adler, Löwe, Lamm, die nützlichen Tiere, die heilsamen Pflanzen – hier Schlangen, Kröten, Spinnen, das Ungeziefer, giftige Pflanzen. Es ist ein bis in alle Gegensätzlichkeiten sich verzweigendes dualistisches Anschauen zweier Urmächte.

In der Welt ist das Negative Bedingung des Positiven, das Böse Bedingung des Guten. In einer Chiffer: für das, was in der Welt von Gott kommt, ist der Teufel unumgehbar.

(c) Unter den Gegensätzen hat einen Vorrang der von *Sein und Nichts.* Das Übel und das Böse sind aufgefaßt als das Nichtseiende im Seienden. Sie werden durch die Kategorie des Nichtseins wunderlicherweise zwar nicht vernichtet, aber zum Verschwinden gebracht.

Origenes (nach Urs von Balthasar) interpretiert das Apostelwort: »die Ungerechten aber gelten gleichsam als nichts bei Gott«. Der Apostel, sagt Origenes, scheint »nicht seiend« nicht das zu nennen, was in keiner Weise Dasein hat, sondern vielmehr das Böse. Das heißt: Nichts Böses wird von Gott gekannt. Er kennt nicht das Böse, nicht sofern er mit seinem Wissen nicht alles umspannen und erfassen kann, sondern sofern es seiner Erkenntnis unwürdig ist. Origenes meint, daß in diesem Sinn Gott nicht alles weiß. Gott weiß die Sünde nicht und der Sünder kennt Gott nicht. Christus sagt: »Weichet von mir alle, ihr, die ihr Böses getan, ich kenne euch nicht.« Und Paulus: »Wer aber nicht erkennt (nämlich Gott), wird auch nicht erkannt« (nämlich von Gott). Das Böse ist ohne Gottes Gegenwart. Gott erfüllt die Welt, er wohnt in seinem Werk, aber nicht im Bösen. Analog schreibt Pseudo-Dionysius Areopagita: Wie die Sonne das Licht ausstrahlt, so Gott das Gute. Er erleuchtet zuerst die Geister, dann alle Stufen der Geschöpfe bis zur Materie. Das Böse ist nur »Auslassung des Guten«, nur ein Nichtsein, kein Sein.

(2) *Der Sinn des Leidens und des Bösen:* Wenn das Böse als nicht eigentlich seiend gilt, dann wird seine Wirkung in Anschauungen vorgestellt, die es zweideutig machen. Das Scheinsein des Bösen wird in seiner Auswirkung gezeigt. Unter der Lenkung einer höheren Macht erfüllt es gute Zwecke. Als Nichtsein dient es dem Sein. Was so bei Plato begann, bei den Stoikern ausführlich entwickelt, durch Plotin neu und reich vergegenwärtigt wurde, dann ins christliche Denken überging, das ist eine Antwort auf die Frage nach dem Sinn des Übels und des Bösen. Wenn dann das Böse nicht als eigene Seinsmacht gilt, hört doch der Kampf nicht auf. Da in der Welt eine Fülle des Guten und des Bösen liegt, ist, wie Plato sagt, »die Folge ein unaufhörlicher Kampf, der einer fast übermenschlichen Wachsamkeit bedarf«.

Wenn die Philosophen die gute Wirkung des Bösen zeigten, so geschah das grundsätzlich, nicht für den besonderen Fall im einzelnen. Der Grundgedanke ist der der Lenkung aller Dinge durch Gott. Zunächst ist (so bei Plato) alles Gute durch Gottes Schickung (ist theia moira): Das Erdenken des wahren Staats durch den Philosophen führt seine Wirklichkeit noch nicht herbei. Das geschieht nur, wenn in der unendlichen Zeit irgendwann die theia moira sie bringt. »Die Tugend ist nur durch Fügung Gottes verliehen, wem sie zuteil wird.« Der schöpferische Wahnsinn des Dichters ist Gabe der Gottheit.

Die Lenkung aller Dinge wendet das Übel und das Böse zum Guten. Es ist nicht nur unheilvoll, sondern hat gute Folgen:

Das Leiden ist Erziehung, der Mensch wird vor Trägheit und Schlaffheit bewahrt (Plato).

Das Leiden ist Prüfung und Bewährung. Der Gute wird sich – nach der Lehre der Stoiker – im Leiden bewußt, daß es ihn eigentlich gar nicht trifft.

Das Leiden ist Strafe. Strafe aber ist ein Gut, an sich und als abschreckendes Beispiel (Plato). Wird jedoch geleugnet, daß das böse Tun Leiden zur Folge habe, da es doch den Gerechten und Ungerechten unterschiedslos zufalle, so gilt die Vorstellung (bei Stoikern, bei Spinoza): das böse Tun trägt die Strafe in sich selber. In der Ewigkeit getilgter Zeit gewinnt das Gute wie das Böse Lohn und Strafe nicht nachher, sondern durch das Tun selber.

Nun aber das Böse: wird es auch als Mittel zum Guten gedeutet? Das Böse wirkt in den Leidenschaften. Plato sagt: Großes, sei es böse oder gut, geschieht nur durch Kraft der Leidenschaft. Jesus neigte sich zu den Sündern. Thomas schrieb: Auch die Bösen können Wunder tun. Hegel: Nichts Großes ist ohne Leidenschaft geschehen. Pascal: Es gibt Böses, zu dem ebensoviel Seelengröße gehört wie zum Guten. Die Leidenschaft ist zweideutig. In ihr kann die Helligkeit der Vernunft strahlen oder das Dunkel überwältigen. Es kann gefragt werden, ob die Tiefe des geistigen Schöpfertums verknüpft sei mit dem Bösen, ob das Absurde eine unumgängliche Wurzel des Glaubens, ob eine Blindheit Bedingung von Tat und Schöpfung sei.

Schließlich werden wir aufgefordert, zur Beurteilung des Übels und des Bösen den Blick auf »das Ganze« zu richten. »Der Erhalter des Weltalls berechnet alles so auf das Heil und die Vollkommenheit des Ganzen, daß auch jeder einzelne Teil nach Möglichkeit leidet und tut, was ihm zukommt.« Alles Werden hat nur jenes Ganze zum Ziel. »Das Ganze ist nicht um deinetwillen da, sondern du um des Ganzen willen.« Der Mensch ist Eigentum der Götter, ihr Spielzeug, Gott verfährt wie ein Brettspieler mit den Seelen (Plato, Gesetze).

(3) *Die Wirklichkeit des Bösen:* Wie auch immer das Böse als ein eigentlich Nichtseiendes gedacht wird, als Endlichkeit, als Materie, als Sinnlichkeit, als ein bloßer Schatten, als eine in der Harmonie sich auflösende Disharmonie, gegen alles dieses besteht der Ernst der Existenz auf der Behauptung: Das Böse ist wirklich. Es ist nicht nur Grenze, es ist Verneinung als Zerstörung. Was zerstört, muß etwas sein. Das Nichts, das nicht ist, kann auch nicht zerstören. Indem es zerstört, ist es. Das Böse ist nicht Mangel an Sein, sondern selber Sein.

Eine Grenze, ein Nichtsein ist keine Kraft der Wirklichkeit. Als Nichtsein gedacht ist das Böse von vornherein überwunden, ist in allem Unfug eigentlich harmlos. Das Böse aber ist eine gewaltige, vielleicht übermächtige Kraft im zerstörenden Kampf. Dieses Böse ist Wille. Ein Wille, losgelöst, auf sich stehend und gegen die Vernunft der Dinge gerichtet, ist der machtvolle Widersacher an sich, ein Haß, der sich aus sich selbst nährt und nicht ein vorübergehender Schatten der Liebe ist.

Wenn in begrifflichen Chiffern aufgewiesen wird, daß das Übel und das Böse nicht eigentlich seien, sondern nur aus der Endlichkeit, aus der Gegensätzlichkeit, aus dem Nichtsein entstehen, hört die Frage nicht auf. Wenn jene Begrifflichkeiten das Wesen aussprechen, das im Seienden liegt, warum ist dann dieses Seiende überhaupt, das das Übel und das Böse mit sich bringt? Wenn die Schuldfrage aufhört im Jenseits von Gut und Böse, wo liegt dann die Schuld, daß das Seiende mit dem Guten und Bösen überhaupt da ist? Wenn das Böse nicht eigentlich ist, wo liegt der Grund dieses Scheinseins?

Jene begrifflichen Wesensdeutungen vermögen nicht die Grundverfassung der Existenz zu treffen: Es liegt etwas in mir, das entscheidet; ich weiß mich verantwortlich, darum muß ich in irgendeinem Sinne frei sein; ich werde schuldig. Was oder wer ist schuld daran, daß ich frei bin im Sinne des Schuldigwerdenkönnens, des Schuldigwerdenmüssens? Das ist nicht mehr eine Wesensfrage des Soseins, sondern eine Wirklichkeitsfrage nach dem Grund der Freiheit.

Im unabgeschirmten Blick auf die Wirklichkeit aber fordern wir von uns: Das Schaurige des realen Unheils, des Übels und des Bösen soll nicht verschleiert, die Herrlichkeit des Guten, des Glücklichen und des Großen soll nicht verleumdet werden. Beide aber stehen im Kampf, wie er uns Menschen bewußt wird.

Geschieht dieser Kampf – in Chiffern gesprochen – vom Unvordenklichen her in eine nicht absehbare Zukunft, hell in diesem Zwischenaugenblick des Menschseins? Oder hat er einst begonnen durch ein Ereignis des Seins mit der Weltentstehung und wird sein Ende haben mit dem Ende der Welt?

(4) Jenseits von Gut und Böse: Das Böse und das Gute würden verschwinden, wenn wir im Transzendieren das Sein im Grunde erreichen könnten. Nur weil wir dies nicht können, bleibt das Böse im Gegensatz zum Guten. Nur von einem »Jenseits von Gut und Böse« her könnte dem Bösen das Sein abgesprochen werden, damit aber auch dem Guten. Nur hier wäre auf die Frage nach dem Wesen des Bösen die Antwort: das Böse ist gar nicht, aber auch nicht das Gute.

Denn hier gibt es keine Gegensätze. Hier sind alle Gegensätze überwunden in dem Undenkbaren, das, sobald wir davon sprechen, sogleich wieder in Gegensätzen sich zeigt.

Das Böse ist für uns in der Erscheinung der Zeit. Das Böse und das Gute sind gar nicht, wenn die Dinge von der überpersönlichen Transzendenz her gesehen werden könnten. Aber wir täuschen uns, wenn wir auch nur im Ansatz von dorther zu denken versuchen. Wir können im Äußersten nur dorthin denken.

C. Betrachtung und Praxis

Chiffern der Herkunft des Bösen gelten nicht allgemein als Sachverhalte, sind Gedanken, die eine innere Verfassung des Denkenden zur Klarheit bringen oder erzeugen. Diese Gedanken denken wir nicht neutral, wie sachliche Hypothesen.

Die Chiffern sprechen in urbildlichen Formen die je eigene Existenz an. Es zeigen sich Wege, an die als Möglichkeiten die Existenz gebunden ist. Wir sind mit verantwortlich für uns selbst durch die Weise, in der wir die Chiffern denken.

Die feinsten begrifflichen Entwicklungen können ihre Bedeutung haben, wenn im rationalen Gedanken keine intellektuelle Spielerei stattfindet, sondern die Praxis des Denkenden sich versteht. Diese Praxis ist:

(1) Die Erfahrung der »inneren Verfassung«, der »Grundstimmung«, des »Lebensgefühls«: Das mit solchen Worten Gemeinte ist nicht eindeutig ein und dasselbe. Es entzieht sich der treffenden Aussage. Es ist kein Gegenstand der Psychologie. Die innere Verfassung zeigt sich nicht als solche, sondern nur mit den von ihr vollzogenen Objektivierungen. Sie kann auf vielfache Weise genannt werden: das ursprünglich Erfahrene – das, was ich in allen Weisen des Umgreifenden bin – das Umgreifende, das ich selbst bin – die mögliche Existenz – die Mitwissenschaft mit der Schöpfung – das Pneuma – die Inspiration. Ist es gegenwärtig, so erscheint es in den Bewegungen meiner Seele, widerstrahlend aus den Chiffern.

(2) Das innere Handeln: Es erzeugt mit dem Denken oder erweckt mit ihm ein in mir sich Befestigendes, wenn auch immer Labiles, das trägt und führt.

(3) Das Handeln in existentiellen Beziehungen: Es ist die Kommunikation von Existenz zu Existenz. Es ist in der Welt der alle Zwecke übergreifende Sinn. Es ist mein Gang des Schicksals als das Spiel von Frage und Antwort im Umgang mit den Ereignissen.

1. Ernst und Unernst

(1) Philosophische Darlegungen sind, wie wissenschaftliche Erkenntnisse, als Analyse von Sachverhalten und Beschreibung von Erscheinungen vielleicht brauchbar, aber selber noch nicht wesentlich. Sie sind es erst zusammen mit der Wirklichkeit der Existenz, der sie dienen.

So ist es mit den Chiffern. Lassen wir sie vorüberziehen in historischer Betrachtung und sachlicher Darlegung, so stellen wir Materialien bereit. Es ist eine Neutralität in der Ordnung alles Gewesenen möglich. Aber etwas ganz Anderes ist die Aneignung zu eigener Sprache durch Bezug auf gegenwärtige Existenz.

Derselbe Unterschied wie der zwischen ethischer Beurteilung (seitens des Zusehenden) und ethischer Entscheidung (in der eigenen Praxis) ist der zwischen den Chiffern (sofern sie objektiv erörtert werden) und der Wirklichkeit der Existenz, für die die Sprachkraft dieser Chiffern Wirkung hat. Die Betrachtung ist wichtig nur im Zusammenhang mit dem Erhellungswillen der wirklichen Existenz.

(2) Ein Einwand gegen die Chiffern sagt: Wir Menschen möchten das Absolute haben, möchten die Transzendenz in die Endlichkeit der Zeit einschließen, in bestimmter Gestalt ergreifen und besitzen. Was sollen uns Chiffern, wenn wir sie nicht als Halt für Denken und Handeln befestigen? Sie gewähren uns nicht, was wir suchen und wessen wir bedürfen. – So spricht, wer das dem Menschen Unmögliche begehrt und der entrinnen möchte in die Täuschung der Leibhaftigkeiten.

Ein anderer Einwand lautet: Sind die bestimmten Chiffern nicht als solche schon beschränkend, so etwa der Dualismus von Gott und Teufel oder der unter Anklage stehende Eine persönliche Gott? Sie beschränken nicht, wenn ihr Chiffercharakter bewußt bleibt. Sie sind durch die Formen der unserem Bewußtsein unumgänglichen Gegenständlichkeit angemessen der Existenz in der Zeit. Sie erhellen den übersinnlichen Raum seiner Umwelt. Sie erlauben nicht die Lässigkeit des Sichabfindens und Gehenlassens. Sie treiben hinaus aus jeder endgültigen Beruhigung in der Zeit. Sie verlangen einen Kampf des

Menschen in sich selber. Sie erlauben ihm nicht, sein Herz zu befestigen, nicht, es im Panzer zu sichern. Sie bringen ihn in den Ernst des Kampfes mit dem Bösen in sich zugleich mit dem Ernst der Transzendenz, die keine Zuflucht erlaubt außer an der Grenze des Kämpfens in dem Bewußtsein der allumgreifenden Transzendenz selber. Die schwebenden Chiffern weisen den Weg, aber bringen nicht die Ruhe.

Das Bewußtsein des Chiffercharakters dieser Vorstellungen und Gedanken verwehrt die Erleichterungen und steigert den Ernst.

(3) Es geht ein Gegensatz durch die Geschichte des Denkens. Die einen scheinen das Böse wegzudenken: im Grunde ist alles, was ist, in Ordnung und gut. Die anderen behaupten die Ursprünglichkeit des Bösen: es hat seine eigene absolute Wirklichkeit, unbegreiflich woher. Die meisten denken unentschieden: das Böse ist zwar irgendwie, ist aber doch auch nicht eigentlich da.

Wenn das Böse in harmonisierenden Gedanken sein Gewicht verliert, dann wird die Unentschiedenheit im systematischen Denken durchgeführt. Es geschieht dann nur ein Wegdenken und Wegreden, sowohl der Tatsachen wie des existentiellen Ernstes.

Man sucht Auswege aus dem Ernst des Bösen und Guten. Der fraglos bleibende Leichtsinn des selbstverständlichen Lebens scheint so schön. Die Anstrengungen des Erkennens werden selber zu Mitteln der Flucht vor dem Ernst.

(4) Auf keinem Wege kommen wir zum endgültigen Wissen, was und woher das Böse, und wie es zu überwinden sei. Wir möchten eine endgültige Antwort und ihren Trost: für das Unheil, das uns und andere trifft und jeden Augenblick treffen kann; für das Böse, das wir selber tun, von dessen Schuld wir befreit werden möchten. Und wenn der Trost ausbleibt, möchten wir in die Verzweiflung stürzen, etwa in der Chiffer des Endgerichtes am Jüngsten Tage, oder in der Anschauung des totalen Untergangs der Menschheit, oder in Mephistos Triumph: alles, was ist, ist des Untergangs wert; es wäre besser, daß nichts wäre.

(5) In jenem »jenseits von Gut und Böse«, das nicht die Preisgabe des Menschen in der Welt an die wilden Mächte seines Naturseins bedeutet, sondern gleichsam jener Ort ist, von dem her der Ernst des Menschen jenseits aller Chiffern seinen letzten Ursprung hat. Dort hört das Denken auf. Von dort her ist keine Sprache hörbar.

Wird für die Freiheit der Weg zu einem Ziel erleuchtet, so fällt zugleich auf den Weg der Schatten der Nichtigkeit. Dies zu erfahren, führt zum höchsten Ernst der Existenz, der die hochmütige Absolutheit nicht zuläßt, während er seine ganze Kraft in sein Tun legt.

Wer philosophierend diesen Weg betritt, setzt sich der Gefahr aus, das Schwergewicht in der Welt zu verlieren. Denn das den Ernst steigernde Bewußtsein der Transzendenz »jenseits von Gut und Böse« kann umschlagen in den totalen Leichtsinn, der gar nichts mehr ernst nimmt, zum Unsinn und zur Existenzlosigkeit wird. In der Täuschung, den Ausweg aus der Welt gefunden zu haben, verliert der Mensch sich in die Skurrilität, wird in der Welt zum Hanswurst, zum Verrückten, zum Verbrecher, und zwar im Glauben, bei jener letzten Wahrheit zu sein.

2. Die Bedeutung der rationalen Konsequenz und Inkonsequenz

Konsequenz und Inkonsequenz

Widerspruchsfreie Konsequenz eignet nur drei Deutungen des Bösen: der Karmanlehre Indiens, dem Dualismus Zarathustras, der Prädestinationslehre Calvins. Die Konsequenz bezwingt durch die unerbittliche Härte. Wer so zu wissen glaubt, lebt ohne Weichheit, ohne Erleichterung der Lage, aber in den drei Fällen bei ganz verschiedener Grundverfassung.

Der Nachteil dieser konsequenten Bildungen ist, daß jede auf einer Voraussetzung beruht: der Seelenwanderung, den zwei Urmächten, dem schrecklichen Ratschluß (decretum horribile) Gottes. Jeder dieser drei Grundgedanken ist unbegreiflich. Klar ins Auge gefaßt, aus der Selbstverständlichkeit herausgehoben, bedacht wird er sehr fragwürdig. Nur als unbefragter Glaubensinhalt oder im trotzigen Glaubenwollen kann er sich behaupten.

Die Voraussetzung selber ist eine je verengte Unbegreiflichkeit, die als bestimmte scheinbar begriffen ist. In der Tat aber ist sie der Machtspruch, der allem Fragen ein Ende setzt, indem er Unterwerfung verlangt.

Bei der jeweils gegebenen Voraussetzung sind die Gedanken wegen ihrer logischen Konsequenz befriedigend. Weil dabei aber der Mensch wie in eine Zwangsjacke des dem Gehalt nach unfundierten Logischen gerät, ist das logisch Konsequente existentiell unerträglich. Die Absolutheit seines logisch verkleideten Machtspruchs wird existentiell unwahr.

Die logische Konsequenz bei keineswegs evidenten Voraussetzungen hat zwei Folgen: erstens den Fanatismus der Glaubenserkenntnis und damit die Wunderlichkeit der höchst unbequemen Glaubenspraxis, zweitens das Bequemmachen der Existenz durch die Gedankenlosigkeit in der Endgültigkeit eines rational, mit großer intellektueller Anstrengung entfalteten Gedankengebildes.

Gegen beide Folgen steht das eigentliche Menschsein, das sich als Weg und Möglichkeit versteht, in der Zeit unvollendbar. Auf ihm werden durch Inkonsequenz und Widersprüchlichkeit die Zwangsjacken der Glaubenserkenntnis abgeworfen. Wenn die Voraussetzungen absurd sind, ist durch diese Methode die Befreiung vorläufig möglich, bis die Voraussetzungen selber als feststehende preisgegeben und in Chiffern verwandelt werden. Es zeigt sich die tiefere Wahrheit gegen die rationale Eindeutigkeit der Konsequenzen aus existentiell unhaltbaren Glaubensvoraussetzungen. Die im Nichtwissen gegenwärtige Wahrheit durchbricht die Glaubensdogmen. Vermöge der sie auflösenden Kraft der rationalen Konsequenzen gewinnen sie den Charakter der Chiffern in der ihnen eigenen Schwebe. In dieser Verwandlung werden sie für die Freiheit der Existenz der Reichtum der immer verschwindenden Sprache der Transzendenz.

Verzweiflung im rationalen Ausdruck: Iwan Karamasoffs »Empörung«.

Dostojewskij hat in seinem Iwan Karamasoff den Menschen gedichtet, der, die Welt betrachtend, seine Empörung in rationaler Konsequenz bis zum Äußersten ausspricht, aber in der Praxis sich nicht in ihr halten, die praktischen Konsequenzen nicht zu verwirklichen vermag.

In dem Gespräch mit seinem christusgläubigen Bruder Aljoscha sagt Iwan: Um einen Menschen lieben zu können, muß er sich verborgen halten, denn kaum zeigt er sein Gesicht, so ist die Liebe auch schon verschwunden. Man kann seine Nächsten nicht lieben, höchstens noch die Fernsten. – Was ich leide, kann ein anderer doch nie erfahren. Auch willigt ein Mensch nur selten ein, einen anderen als Leidenden anzuerkennen. – Die Leiden der ganzen Menschheit sind unermeßlich. »Ich bin ein Liebhaber und Sammler gewisser Tatsachen und hebe aus Zeitungen und Büchern eine gewisse Art von Geschichten auf. So diese: Ein Säugling auf den Armen seiner zitternden Mutter, um sie herum die eingedrungenen Türken. Sie liebkosen das Kleine, lachen, um es zu erheitern; der Säugling lacht mit. Da hält ein Türke seine Pistole vor das Köpfchen des Kleinen. Der Knabe streckt die Ärmchen dem blanken Ding entgegen, und plötzlich drückt der Künstler den Hahn ab, ihm grade ins Gesicht und zerschmettert ihm das Köpfchen.

Iwan zieht die Summe seiner Beobachtungen: Auf Absurditäten steht die Welt, und ohne sie würde auf ihr vielleicht überhaupt nichts geschehen. Ich weiß, was ich weiß! Ich begreife nichts, und ich will jetzt auch nichts begreifen. Ich will bei der Tatsache bleiben.

Nun aber das Entscheidende: Nach meinem armseligen, irdischen, euklidischen Verstande weiß ich nur das eine, daß es Leiden gibt, Schuldige aber nicht. Schuldlos sind vor allem die Kinder.

Man spricht von der ewigen Harmonie. Aber: Wenn alle leiden müssen, um damit die ewige Harmonie zu erkaufen, so sage mir doch, was das mit den kleinen Kindern zu tun hat. Darum danke ich von vornherein für jede höhere Harmonie. Ist sie doch keine einzige Träne jenes gequälten kleinen Kindes wert. Und wenn die Leiden der Kinder zur Ergänzung jener Summe von Leid, die zum Kauf der Wahrheit erfordert ist, hinzugerechnet werden müssen, so behaupte ich im voraus, daß die Wahrheit diesen Preis nicht wert ist. Ich will keine Harmonie, aus Liebe zur Menschheit will ich keine.

Iwan will Vergeltung und die Vergeltung nicht irgendwo und irgendwann in der Unendlichkeit, sondern noch hier auf Erden, so daß ich sie selbst sehen kann. Will ich doch nicht dazu gelitten haben, um mit meinen Verbrechen und meinen Leiden für irgendeinen anderen die zukünftige Harmonie zu düngen.

Gibt es in der ganzen Welt ein Wesen, das verzeihen könnte, das das Recht hätte, zu verzeihen, fragt Iwan. Aljoscha, der Gläubige, weist noch angesichts aller Greuel, wie der Kindermorde, auf Christus, der alles verzeihen kann, da er sein unschuldig Blut für alle hingegeben hat.

Gott aber ist für Iwan weder eine beunruhigende Frage noch eine bergende Wirklichkeit. Ich habe schon vor langer Zeit beschlossen, sagt er, nicht mehr darüber nachzudenken, ob der Mensch Gott oder Gott den Menschen geschaffen hat. Für Iwan ist nichts gewiß als Tatbestände, logische Schlüsse und eine Abschätzung der Dinge nach einsehbarer Gerechtigkeit.

Angesichts der wirklichen Welt ergibt sich für Iwan: er kann nicht einwilligen, an ihr teilzuhaben, in ihr zu leben. »Ich brauche Vergeltung oder ich vernichte mich.« Aber Gott? »Ich erkläre, daß ich Gott einfach und einwandlos akzeptiere. Nicht Gott akzeptiere ich nicht, sondern die von ihm erschaffene Welt akzeptiere ich nicht. Ich werde mich deutlicher ausdrücken: Ich bin wie ein Säugling überzeugt, daß die ganze beleidigende Komik der menschlichen Widersprüche wie ein armseliges Trugbild verschwinden wird, und daß schließlich im Weltfinale im Moment der ewigen Harmonie etwas dermaßen Kostbares geschehen und erscheinen wird, daß es für alle Herzen ausreicht. Schön, mag das alles erscheinen und sein, ich aber akzeptiere das nicht und will es auch nicht akzeptieren! Nicht Gott ist es, den ich ablehne, Aljoscha, ich schicke ihm nur die Eintrittskarte zurück.« Das ist Empörung, antwortet Aljoscha.

In der Tat nimmt sich Iwan nicht das Leben. Er zieht nicht die praktische Konsequenz seiner aus der Empörung geborenen Theorie. »Ich will leben.« Seine Wendung »darum beeile ich mich, solange es noch Zeit ist, Maßregeln zu ergreifen«, scheint zwar die Alternative: Vergeltung oder Selbstvernichtung festzuhalten, verschiebt aber die Ausführung in die Zukunft.

Warum? »Bis zu meinem dreißigsten Jahre, das weiß ich unerschütterlich, wird meine Jugend alles besiegen, jede Enttäuschung, jede Verzweiflung, jeden Widerwillen vor dem Leben. Ich habe mich oftmals gefragt: Gibt es wohl in der Welt eine Verzweiflung, die diesen rasenden, wütenden und vielleicht unanständigen Lebensdurst in mir besiegen könnte?« Grund sei »die Kraft, die alles aushält, die Kraft der Karamasoffschen Gemeinheit«.

Aber dieser Lebensdurst Iwans hat einen anderen merkwürdigen Aspekt: »Ich lebe, wenn auch wider die Logik. Mag ich auch an die Ordnung der Dinge nicht glauben, so sind sie mir doch teuer, die klebrigen hellen Blättchen, die sich im Frühling an feuchten Ästen lösen, teuer ist mir der hohe blasse Himmel, teuer gar mancher Mensch.« Es sind die Schönheiten, für die nach Beobachtungen der Psychiater auch Menschen Sinn haben, die mit der Diagnose moral insanity klassifiziert werden.

Iwans fragende Formel lautet: Das Leben mehr lieben als den Sinn des Lebens? Unbedingt – antwortet Aljoscha – vor der Logik muß man das Leben liebgewinnen ... unbedingt muß es vor der Logik geschehen, nur dann werde ich auch den Sinn des Lebens begreifen. Aljoschas »vor der Logik« ist das Entscheidende. Beide Brüder sind darin einig. Aber was ist dieses »Vorlogische«? Wer das sagen könnte, hätte alle Wahrheit. Iwan sagt »Karamasoffsche Gemeinheit«, Aljoscha sagt: »Christus«.

Dostojewskij dichtet in Iwan die logische Konsequenz und ihr Scheitern am Vorlogischen in der Praxis. Iwans weltverneinende These erwächst aus Empörung in bloßer Betrachtung. Sie hält in der Praxis nicht stand. Denn Iwan beurteilt, aber er tut nichts. Als er dann durch Nichtstun – in der großartigen Dichtung Dostojewskijs – an der Ermordung seines Vaters mitschuldig wird, kann er es nicht ertragen. Er wird wahnsinnig. Die Karamasoffsche Gemeinheit und deren Maxime »alles ist erlaubt« versagen am Gewissen, das wegen der Passivität schuldig spricht.

Wahrheit soll anerkannt werden, das ist das große Prinzip in Iwans Empörung. Aber dieses Prinzip muß den Sinn der Empörung selber auf ihre Wahrheit hin befragen.

Wir lassen uns ergreifen von den Argumenten Iwans und von der Rücksichtslosigkeit seiner Wahrheit. Wir kennen die Erfahrung, in der wir wohl fragen: Ist die Welt verrückt oder bin ich verrückt, oder beide? Wir kennen die Hoffnungslosigkeit von Situationen oder doch ihre überwältigende Drohung bis zu dem Augenblick scheinbar endgültiger Ausweglosigkeit. Wir kennen den Zwang zur Lüge, der das ganze Dasein zu durchdringen scheint und unter dem wir mitlügen. Wir nehmen teil an der Rebellion gegen Lüge, es sei mit der Welt in Ordnung, gegen den nichteingestehenden »ruchlosen Optimismus« (Schopenhauer), und an dem Hohn Voltaires (im Candide) auf »die beste aller möglichen Welten«.

Kaum ein Mensch, der Wahrheit will, wird behütet sein vor diesem Gang nicht nur der Gedanken, sondern der in ihnen sich aussprechenden inneren Verfassung. Plötzlich vielleicht geschieht in früher Jugend die Umwendung und bedarf der lebenwährenden Wiederholung. Glauben wir wirklich, was in der Empörung gesagt ist, auch wenn alle Tatsachen stimmen? Wir hören den falschen Ton im Rationalen; wir spüren Unwahrheit in der so leidenschaftlich die Wahrheit für sich beanspruchenden Empörung. Wir fühlen in der eigenen Gemütsverfassung, die sich an sie hingegeben hatte, etwas, das wir nicht eigentlich selbst sind. Die Prüfung vollzieht sich nicht durch Logik allein, sondern mit der eigenen Existenz, die aus unserem Grunde den Wahrheitsanspruch stellt.

Bei dieser Prüfung wird eine philosophische Einsicht vorausgesetzt: Alle Aussagen, ob Tatsachenberichte, logische Folgerungen, Glaubensbekenntnisse und alles Tun, stehen unter der Forderung der Wahrheit, die nie endgültig als Ganzes in Gestalt von Sätzen zum Besitz wird. Jedem Satz gegenüber ist eine Distanz notwendig, aus der die Prüfung stattfindet. Diese geschieht zwar unter Nutzung aller rationalen Mittel, aber entscheidend erst durch etwas, das, selber nicht rational, uns im Verhältnis zu uns selbst bestimmt. Es verwehrt, daß wir verfallen an das, was nicht wir selber sind. Kant nennt es die Aufrichtigkeit.

3. Aufrichtigkeit

(1) »Daß« – schreibt Kant –, »was jemand sagt, wahr ist, dafür kann er nicht jederzeit stehen, denn er kann sich irren, dafür aber, daß sein Bekenntnis wahrhaft sei, kann und muß er stehen – denn dessen ist er sich unmittelbar bewußt.« Der wesentliche Unterschied ist dieser: Vergleiche ich meine Aussage mit dem Objekt, so prüfe ich mit dem Verstande. Vergleiche ich dagegen meine Aussage mit mir als Subjekt, mit dem, was ich glaube oder eigentlich meine, so prüfe ich mit dem Gewissen. »Wer sagt, er glaube, ohne vielleicht auch nur einen Blick in sich selbst getan zu haben, ob er sich in der Tat dieses Fürwahrhal-

tens bewußt sei, der lügt.« Denn er gibt etwas anderes vor, als wessen er sich bewußt ist. Diese Lüge ist »die ungereimteste, sofern sie vor Gott, der das Herz kennt, erfolgt«. Sie ist die frevelhafteste, weil sie den Grund jedes sittlichen Vorsatzes, die *Aufrichtigkeit,* untergräbt. Es ist die »tief im verborgenen liegende Unlauterkeit, mit der der Mensch sogar die inneren Aussagen vor seinem eigenen Herzen zu verfälschen weiß«.

Auf die Frage: kann das Gewissen irren? sind also zwei Antworten zu geben: irren kann ich mich in bezug auf den Inhalt, sofern es urteilt; daher kann ich mich irren mit dem Urteil, in der Sache recht zu haben. Dann aber: »in dem Bewußtsein, ob ich in der Tat glaube, recht zu haben, kann ich mich schlechterdings nicht irren«. Hier ist »ein irrendes Gewissen ein Unding. Gäbe es ein solches, so könnte man niemals sicher sein, recht gehandelt zu haben, weil selbst der Richter in der letzten Instanz noch immer irren könnte«. Das ist einfach. Aber in dieser Einfachheit liegt die unermeßliche Schwierigkeit.

Da die Gewißheit des Gewissens den Irrtum in der gemeinten Sache nicht ausschließt, ist die sich fortsetzende Prüfung der Frage in der Zeit unabschließbar. Diese Prüfung heißt Gewissenhaftigkeit. Sie ist in der Sache nie am Ende. Kant sagt: Die formale Gewissenhaftigkeit vollzieht sich in der Wahrhaftigkeit des Denkens, die materiale Gewissenhaftigkeit in der »Behutsamkeit, nichts auf die Gefahr hin, daß es unrecht sei, zu wagen«.

Aber diese schöne und einfache Lösung: erst in der Gewißheit meines nicht irrenden Gewissens, dann in der nicht abzuschließenden Gewissenhaftigkeit und Behutsamkeit, genügt nicht.

(2) Die erste an diese Lösung auf Grund der Kantischen Aufrichtigkeit zu richtende Frage ist diese: Existenz muß in der Zeit sich entscheiden. Sie kann nicht beliebig fortfahrend in Behutsamkeit prüfen. Die Zeit zwingt. Die Existenz kann nicht warten. Zwar ist ihr aufgegeben, das Wißbare zu wissen, Tatsachen und Gründe behutsam zu prüfen, die aus dem Umgreifenden sprechenden Chiffern zu hören. Ihre Gewissenhaftigkeit treibt sie, aus dem Endlosen das Wesentliche zu erfassen, das Prüfbare zu ergreifen, das Umgreifende zu spüren. Denn nur das hellste Bewußtsein kann den Raum bilden, in dem Existenz zum Entschluß gelangt, in dem sie, sich gewiß werdend, übernimmt und hervorbringt. Aber sie muß handeln, bevor die doch immer noch fortzusetzende Prüfung abgeschlossen ist. Steht Kants Forderung, aus materieller Gewißheit nichts auf die Gefahr hin, daß es

unrecht sei, zu wagen, nicht im Widerstreit zur Situation der Existenz des Menschen in der Zeit?

In bezug auf die gegebenen Realitäten ist jede Kenntnis unzureichend. Im Allgemeinen gibt es Argumente und Gegenargumente ins Endlose. Die Existenz aber muß je im Augenblick entscheiden. Sie nimmt vorweg, was vielleicht erst einer unendlichen Erkenntnis am Ende der Zeiten einsichtig und offenbar sein könnte.

Die Existenz muß wagen. Sie bleibt noch in der Entscheidung, im Entschluß auf dem Wege des Hörens auf das, was geschieht.

Sie weiß sich trotzdem in ihrer Freiheit verantwortlich. Durch ihr Handeln als solches ist sie notwendig in Gefahr, Unrechtes, Heilloses zu tun. Ihr Nichthandeln im Geschehenlassen der Dinge aber macht sie mitverantwortlich für das, was geschieht. Sie muß in jedem Falle auf sich nehmen, daß sie schuldig wird.

Wie ist das merkwürdige Wort Goethes zu verstehen: der Handelnde ist immer gewissenlos, nur der Betrachtende hat Gewissen? Wohl so, daß der Handelnde, der Existierende gleichsam den Knoten durchhaut, weil er zeitlich jetzt zu verwirklichen hat. Der Betrachtende aber unterschiebt ihm eine Situation, in der er zur Untersuchung eine endlose Zeit zur Verfügung hätte und grundsätzlich zur endgültigen wissenden Einsicht des Rechten kommen könnte. Das billige Gewissen eines beurteilenden Zuschauens (von dem Goethe spricht) ist etwas anderes als das unbedingte Gewissen (das in dem Satz Goethes nicht diesen Namen trägt) des Handelnden, das im Wissen und Tun aus einer unlösbaren Spannung wohl zur Gewißheit, nicht aber zur Sicherheit des Wissens vom Rechten kommen kann. Daher bleibt Existenz, je entschiedner ihr Gewissen ist, desto bescheidener in bezug auf Sicherheit. Denn in der Gewißheit, ohne die ich existentiell keinen Schritt tun kann, habe ich nicht die Sicherheit.

Der nur Betrachtende, der ins Endlose, als ob keine Zeit sei, Prüfende, ist existentiell ohne Ernst. Der Mensch als mögliche Existenz kennt den Entschluß, damit das Wagnis der Schuld. Er verwirklicht. Zu ihm gehört die Entschiedenheit der Praxis. Daher läßt Dante die Unentschiedenen, die Lauen, die weder gut noch böse waren, in der Vorhölle. Sie sind dem Paradies fern und nicht einmal der Hölle würdig. Sie sind nirgendwo. Selbst die Kraft im Bösen kann besser sein als die leidenschaftslose Zweideutigkeit endloser Reflexion. Der Böse kann noch gut werden; die Nivellierung des Unernstes ist fast hoffnungslos.

(3) Die zweite an jene Kantischen Sätze zu richtende Frage ergibt sich auf folgende Weise: Die Aufrichtigkeit ist die Wahrhaftigkeit mir selbst gegenüber. Kant findet ihren Halt in der letzten nicht täuschenden und nicht täuschbaren Instanz in mir. Aber ist diese Instanz ihrer selbst absolut gewiß? Ist auch für sie noch ständige Prüfung möglich und notwendig? Es wäre die Prüfung dieser letzten Instanz durch sich selbst. Keine andere Instanz in der Welt ist anzurufen.

Fragen wir von hierher nach der Aufrichtigkeit oder Wahrhaftigkeit in Glaubensbekenntnissen: Kant sieht die Möglichkeit der Aufrichtigkeit der Aussage als unbezweifelbar. Aber die Frage ist: Kann der wahrhaft Glaubende, in der Aufrichtigkeit sich prüfend, noch behaupten, er glaube dies oder jenes Sagbare. Gilt nicht vielmehr: Ich weiß nicht, ob ich glaube, wenn ich aufrichtig bin. Was ich glaube, wird in meinem wirklichen Leben vorweg getan, bestätigt, verstanden und bleibt auch hier noch der absoluten Feststellung in der Aussage entzogen.

Es ist im Glauben wie im Handeln: Die innere Prüfung, die letzte Instanz selber ist noch auf dem Wege, in der Zeit unvollendbar. Glaubend und handelnd muß ich mich in jedem wesentlichen Augenblick entscheiden, aber dennoch mich ins Unendliche in der Prüfung halten.

(4) Kehren wir noch einmal zurück zur Haltung angesichts des Unheils und des Bösen. Wir sahen die Empörung und sahen den Gedanken einer Harmonie des Ganzen. Aber ist Empörung nicht mit Unaufrichtigkeit verbunden, wenn sie sich selber absolut setzt? Und ist die Verwerfung der Empörung nicht unaufrichtig, wenn sie die in der Sprache der Empörung liegende Wahrheit überhört? Ist der Harmoniegedanke nicht unaufrichtig, wenn er verschleiert? Und ist die Verwerfung der Harmonie nicht unaufrichtig, wenn sie die Harmonie in der Welt als nichtig behandelt?

Eine logisch widerspruchslose und durch die gesamten Tatsachen bestätigte Lösung der Frage nach dem Unheil und dem Bösen hat sich als nicht möglich erwiesen. Jede Konstruktion des Seins in einer Chiffer des Ganzen scheitert, wenn sie beansprucht, dieses Ganze zu begreifen. Es bleibt nur das Begreifen der Unbegreiflichkeit.

In der Welt ist die geheimnisvolle Teleologie des Lebendigen, ist die Schönheit und Herrlichkeit der Dinge, und ist zugleich die Dysteleologie, ist das Häßliche, Widerwärtige, Entsetzliche.

In der Welt ist auch die Vernunft und die Möglichkeit der Existenz des Menschen, und ist zugleich die Widervernunft und das Versinken der Existenz.

In der Welt ist die Größe des Menschen, wie sie gesehen wurde in der Größe der Helden, Denker, Dichter, Heiligen, und zugleich seine Kleinheit und Niedrigkeit.

Wir haben kein Recht, über die Welt zu richten, weil wir sie im ganzen nicht kennen. Wir sind darin, wir gehen in ihr unseren Weg mit dem Anderen, wir greifen über sie hinaus. Da wir die Welt im ganzen nicht überblicken können, urteilen wir über das Ganze immer zu Unrecht.

Unaufrichtig ist es, in der Welt einverstanden zu sein, unaufrichtig auch das Gegenteil.

(5) Große geschichtliche Grundhaltungen sind ausgezeichnet durch die unendliche Bewegung: die chinesische Klage ohne Anklage, die griechische Tragödie und die Shakespeares, Hiobs Scheitern im Ringen mit Gott. Es sind Gedankenbewegungen des Unvollendbaren. Diese Schritte auf dem Wege sind Momente der Vergewisserung, nicht die Wahrheit schlechthin in der abgeschlossenen Form eines Gedankengebäudes oder einer dichterischen Gestalt. Die chinesische Klage vollendet sich in keiner Erkenntnis. Shakespeares Tragödien weisen über alles von ihm Gestaltete hinaus. Das Buch Hiob hat kein Ergebnis.

(6) Die Aufrichtigkeit in der Bewegung der Gewißheit bei objektiver Ungewißheit, dieser Grund der Wahrhaftigkeit ist gebunden an das Eine, ohne das sie ins Bodenlose fiele. Weil die Wahrhaftigkeit nur durch Bezug von allem auf alles, nichts auslassend, nichts vergessend sich verwirklichen kann, ist sie untrennbar von der Führung durch das Eine. Dieser unausdenkbare Gedanke des Einen ist der Ursprung des Hinausdrängens und Hinausgetriebenwerdens über jede vorzeitige Einheit. Wahrheit in ihrer Vollendung wäre unüberschreitbar. Wahrheit für uns ist in ihrer Unvollendbarkeit nicht zu binden an einen noch so großartigen gedachten Gegenstand, nicht an das Eine, das ich hätte, sondern ist angewiesen auf das Eine, das mich trägt, ergreift, zu sich zieht.

ZWEITER ABSCHNITT: JENSEITS ALLER CHIFFERN

Unter den Chiffern der Bibel findet sich Gottes Verbot: du sollst dir kein Bildnis und Gleichnis machen! Obgleich das Verbot nicht durchgeführt werden kann, bleibt die Einsicht in die Wahrheit der Forderung.

Das Ewige, das Unzerstörbare, das Unveränderliche, der Ursprung, das Umgreifende alles Umgreifenden ist weder in der Anschauung noch im Gedanken zu fassen.

Dieses aber, der Grund von allem, was ist und was wir sind, ist im Sinne unseres gegenständlichen Wissens Nichts. Wenn es mit Kategorien wie Sein, Grund, Ursprung, Ewigkeit, Unzerstörbarkeit, Nichts getroffen und mit diesen Worten benannt wird, so ist es, in diese kategorialen Chiffern gefaßt, doch schon verfehlt worden.

Das im Denken immer Verfehlte ist aber nicht die gleichgültige Grenze, das, wohin kein Auge und kein Gedanke reicht, was uns also nichts anginge, sondern es geht uns so sehr an, daß von dort her erst alles, was ist und was wir sind, transparent wird.

Das Transzendente, das selber keine Chiffer ist, auf das wir aber in der Sprache vieldeutiger Chiffern bezogen sind, das nicht denkbar ist und doch gedacht werden muß, ist ebenso Sein wie Nichts.

Wenn es im Nichtweiterdenkenkönnen, im Nichtwissen, in vollkommener Gestaltlosigkeit und Sprachlosigkeit für uns doch wirklich ist, so werden wir selber verwandelt. Diese Verwandlung aber geht zuletzt und vom Anfang her den einen oder anderen Weg: entweder um in der Welt durch Praxis, als Existenz im Raum der vieldeutigen Chiffern, den Sinn des Lebens als den Weg dorthin zu verwirklichen – oder um aus der Welt herauszutreten, unmittelbar in das Jenseits aller Chiffern zu gelangen. Jenes erste geschieht mit der Erhellung des das Eigentliche immer noch zugleich verdeckenden Bewußtseins, dieses zweite soll geschehen in der Verwandlung des Bewußtseins selber durch dorthin aufsteigende meditative Versenkung.

Von dem im Sprechen sogleich Verschwindenden doch zu sprechen, ist paradox. Geschichtlich gelangt es zu uns in großartigen Erscheinungen des Denkens, auf die wirklich zu hören und in die selbst denkend hineinzugelangen, nicht nur unseren Verstand voraussetzt, sondern unsere Existenz selbst.

Von diesen existentiellen Denkerfahrungen im Undenkbaren möchten wir reden. Wir entwickeln sie aus der Natur dieses Denkens unter Bezug auf geschichtliche Beispiele. Was in ihnen begegnet, kann als wunderlich fremd und als selbstverständlich nah anmuten. Es kann als ein ironisches Spiel mit dem Leeren erscheinen und als Sprungbrett zur eigentlichen Erfüllung.

Wir reflektieren auf diese immer scheiternden Gedanken. Es ist mit ihnen wie ein Flattern um eine nicht erreichte Mitte des Lichts oder auf die unendliche Ferne der Transzendenz hin.

Der Gedanke soll sich in den leeren Raum wagen. Nirgends ist ein Halt. Kein Boden trägt ihn, und schließlich scheint auch die Luft zum Atmen zu schwinden. Aber dieses Flattern kann zum Fliegen werden, durch Methode und Disziplin, und durch Führung von dem nicht Erfaßten her.

Wenn diese Gedanken als Gedanken ein Ziel im Sinne eines Wissens in der Welt nicht erreichen, so lassen sie doch im Denken eine unersetzliche Erfahrung gewinnen. Wir erspüren, was durch sie mit uns vor sich geht oder gehen kann.

1. Die Unmöglichkeit, Gott zu erkennen, und die Unumgänglichkeit, ihn zu denken

Der Mönch Gaunilo sagte gegen Anselms Gottesbeweis: Die Vorstellung von dem Höchsten und Größten könne ein Mensch überhaupt nicht haben. Ich weiß nicht, was Gott ist, und kann ihn auch aus einem ihm etwa verwandten Begriff des Höchsten und Größten nicht erschließen, von dem ich ebensowenig eine Vorstellung habe, weder eine richtige noch eine falsche. Gegen Gaunilo weist Anselm hin auf die tatsächliche Gegenwärtigkeit Gottes im Gemüte der Menschen und auf die gesamte Schöpfung als eine Analogie für die Vorstellung des Schöpfers.

Der Satz, von Gottes Wesen und Dasein gebe es keinerlei vernünftige Erkenntnis, verweist, wenn der Glaube an Gott vorausgesetzt wird, auf Offenbarung.

Gegen den leer lassenden Denkverzicht Gaunilos und gegen die dazugehörende Methode (später etwa Occams), die Vernunft niederzuschlagen durch Autorität der Offenbarung, gehen wir auf dem Wege Anselms und anderer großer Philosophen, wenn wir Erörterungen unter folgender Voraussetzung anstellen:

Die Frage ist: Kann der Abgrund zwischen dem Menschen und der Transzendenz in Formen des Denkens übersprungen werden? Die Antwort ist: Obgleich die von jenen Denkern in der Chiffer Gott gemeinte absolute Transzendenz ihr gegenständliches Erkanntwerden zum Erlöschen bringt, gibt die Einsicht in die Unmöglichkeit der Erkenntnis der Transzendenz das Recht zu den Versuchen, den Sinn der Chiffern von ihr zu rechtfertigen und damit die Gestalt dieser Chiffern den Kriterien der philosophischen Wahrheit zu unterwerfen.

(1) Der Abgrund zwischen Endlichkeit und Unendlichkeit

Sage ich: Gott ist das Unendliche, so denke ich Gott in einem Begriff, der zugleich eine Vorstellung und Denkbarkeit Gottes ausschließt. Denn weil jede Vorstellung endlich ist, ist von dem, was über alles Endliche hinaus ist, keine Vorstellung möglich.

Der alte Satz lautet: Zwischen dem Unendlichen und Endlichen ist kein Verhältnis. Die Versuche, die Unendlichkeit Gottes als Unendlichkeit zugänglich zu machen, müssen vergeblich sein. Sie sind aber in dieser Vergeblichkeit nicht nichtig, etwa auf den Wegen der mathematischen Unendlichkeit (a), der unendlichen Möglichkeit (b), der Unendlichkeit der Welt (c).

(a) Die Unendlichkeit wird durch Begriffe des Unendlichen dem mathematischen Operieren zugänglich. Aber über jede Bestimmbarkeit des mathematischen Unendlichen hinaus liegt das unbestimmbare Unendliche. Dieses erst ist das Unendliche der Gottheit. Die Mathematik wird des Unendlichen, das man ihr Grundproblem genannt hat, bei aller Vertiefung des Gedankens, und trotz der Entdeckung der operativen Möglichkeiten durch sie, keineswegs im ganzen Herr.

Die Unendlichkeit als vollendete Unendlichkeit erweist sich stets wieder als Undenkbarkeit. Denn alle denkbare Unendlichkeit wird wieder überschritten durch die Bewegung ins Unendliche. Die Aufgabe des Fortgangs ins Unendliche schließt sich nicht ab in der endgültig erreichten absoluten Unendlichkeit selber.

(b) Wenn die Unendlichkeit nicht als vollendete, sondern als unendliche Möglichkeit gedacht wird, so scheint Gott in seiner Unendlichkeit das unendliche Vermögen, die Unerschöpfbarkeit des Werdens und Schaffenkönnens, zu sein.

Die Großartigkeit dieser Vorstellung täuscht, wenn mit ihr die Transzendenz getroffen werden soll. Die Vorstellung des Aristoteles, der die unendliche Möglichkeit in der der Materie dachte, ist umgekehrt zu der unendlichen Möglichkeit Gottes.

Aber die Transzendenz soll als die vollendete Unendlichkeit gedacht werden, in deren Undenkbarkeit die unendliche Wirklichkeit und unendliche Möglichkeit koinzidieren. Die ewige Vollendung der absoluten Transzendenz umgreift das unendliche Werden der Bewegung dieser Welt, die Schöpfung und die unendliche Möglichkeit von Weltschöpfungen, und auch die wunderliche Chiffer eines werdenden Gottes.

(c) Die Unendlichkeit der Welt, als vollendete weder erfahrbar noch denkbar, scheint als unendliche Möglichkeit denkbar. Alles Reale ist endlich. Was immer wir als Gegenstand finden, ob die Zahl der Sandkörner am Strand (die Sandzahl), oder die Zahl der Sterne, oder die Zahl der Atome, mag die Zahl auch noch so groß, nur mit Hilfe mathematischer Zeichen aufschreibbar sein, mag sie praktisch unendlich groß sein, sofern kein Mensch sie in seinem Leben abzählen könnte, auch wenn er ständig zählen würde, sie ist doch endlich. Wird nun für die Erscheinungen der Welt in der unendlichen Zeit die unendliche Möglichkeit gedacht, so ist dieser unbestimmte Gedanke die Aussage des Offenseins in die Zukunft. Er ergreift keine Wirklichkeit. Die Möglichkeit des unendlichen Weltwerdens Gott zu nennen, läßt ihn in einen Weltgedanken zusammenschrumpfen, die Transzendenz verlieren.

Wird die Unendlichkeit der Welt aber als wirklich vollendete gedacht, so gerät man in Widersprüche (in die Kantischen Antinomien, die sich je nach Lage der wissenschaftlichen Erkenntnis in abgewandelten Formen wiederherstellen). Sie entspringen der Situation, daß wir die Welt als Ganzes nie zum Gegenstand haben, sondern nur in der Welt ins Unendliche forschen können.

Wird die Unendlichkeit der Transzendenz in bestimmten Kategorien ausgesagt, dann wird die Transzendenz verschleiert in mathematischer Spekulation, in unendlicher Möglichkeit eines werdenden Gottes, in dem widerspruchsvollen Gedanken einer vollendeten unendlichen Welt.

Das Scheitern jedes bestimmten Gedankens von Unendlichkeit zur Erfassung der Unendlichkeit der Transzendenz, ist aber ein Weg, dieser nur um so klarer gewiß zu werden. Das Denken selber verwehrt aus existentiellen Antrieben sein Sichverlaufen in Sackgassen, wenn es der Transzendenz sich vergewissern möchte. Die partikular richtigen, im ganzen falschen Gedanken sind nicht nichtig, weil in ihrer Überwindung erst hell wird, was sonst bewußtlos und hinfällig bleibt.

(2) Das Wiederaufheben der Chiffern (die negative Theologie)

Nicht nur als Unendlichkeit, vielmehr in keiner Kategorie ist die

Transzendenz angemessen zu denken. Nennen wir die Transzendenz Gott, so gilt, wie für die Beziehung von Endlichkeit zur Unendlichkeit, der Satz: zwischen Gott und Mensch, zwischen Gott und Welt als Gegenständen und Denkbarkeiten gibt es kein Verhältnis, wenn wir auch sagen, der Mensch stehe als Existenz in bezug auf Transzendenz.

Wenn kein Verhältnis, so war die Meinung, bestehe doch eine Art von Verhältnis, die Analogie, zwischen Gott und Welt und die nächste zwischen Gott und Mensch, und zwar durch das Geschaffensein selber. Was ist, kann als Gleichnis, Abbild, Analogie zu deuten versucht werden, der Reichtum Gottes im Reichtum der Welt sich spiegeln. Wenn die mathematisch gedachten Unendlichkeiten, die unendlich gedachte Welt als Wirklichkeit oder Möglichkeit auch nicht die Unendlichkeit Gottes sind, so ist doch die Endlosigkeit der Welt Abbild der Unendlichkeit Gottes (Cusanus), die endlose Zeit Abbild der Ewigkeit (Plato).

Und doch bleiben Gott und Welt, Gott und Mensch einander ganz unähnlich. Jede Objektivierung Gottes in einem Gedachten läßt Gott selbst dem Denken entschwinden. Wie immer von Gott gesprochen wird, die frommen Denker überfällt das Unangemessene darin. Aber sie werfen nicht alle Gottesgedanken einfach fort. Sie bewahren sie im Wissen des Nichtwissenkönnens. Dieses wird selber eine Form des Gottesgedankens in der sogenannten negativen Theologie.

Augustin: Der große christliche Denker begreift es grundsätzlich. »Alles kann von Gott gesagt werden, und nichts wird angemessen von Gott gesagt.« Daher ist noch am ehesten das Allgemeinste wahr im Sprechen von Gott: er ist das höchste Sein, das Sein, über dem, außer dem und ohne das nichts ist. Daß Gott das Sein ist, besagt alles und besagt zugleich nichts, weil es völlig bestimmungslos bleibt. »Gott ist unaussagbar, leichter sagt man von ihm, was er nicht ist, als, was er ist.« »Wenn du begreifst, so ist es nicht Gott.«

Die Form des Sagens wird daher für Augustin das Sagen, das sich selber aufhebt. Wenn Gott gedacht werden soll, muß er in Kategorien gedacht werden, weil wir nur in Kategorien denken können. Wenn daher Gott, der in keiner Kategorie steht, in Kategorien gedacht wird, muß sogleich paradox das Kategoriale rückgängig gemacht werden. Daher sagt Augustin: »Wir erkennen Gott, wenn wir können, als gut ohne die Qualität der Güte, als groß ohne die Quantität, als Schöpfer ohne Bedürfnis nach einem Geschaffenen, als über allem thronend ohne örtliche Lage, als überall ganz seiend ohne örtliche Bestimmtheit, als ewig ohne Zeit, als Schöpfer der veränderlichen Dinge ohne Veränderung seiner selbst.«

Thomas: Der große ordnende Denker, der möglichst alle Gedanken von Gott aufgenommen, sie in ganzer Fülle entwickelt hat, hat auch die negative Theologie sich zu eigen gemacht: Zwar läßt sich von Gott unendlich viel aussagen, sofern ihm von allem Geschaffenen etwas zukommt wegen der Herkunft vom Schöpfer, aber wieder nichts aussagen wegen der Unähnlichkeit des Geschaffenen mit dem Schöpfer. Daher muß, was von Gott positiv gesagt sein könnte, wieder negiert werden: Gott ist kein Körper, keine Materie, kein Lebewesen, aber auch: kein Geist, keine Person. Er hat ein Leben, das kein Leben ist, einen Zorn, der kein Zorn ist, Barmherzigkeit und Liebe, die nicht Barmherzigkeit und Liebe sind. Daher das Hin und Her der bejahenden und verneinenden Aussagen.

Insbesondere ist in Gott nicht zu unterscheiden das Allgemeine der Kategorie von der Wirklichkeit, die unter sie fällt. In ihm ist eins und untrennbar essentia (allgemeines Wesen) und existentia (einmalige Wirklichkeit). Weder geht seinem Wesen seine Existenz vorher noch seine Existenz seinem Wesen. Gott ist keine Gattung und ist keine Art, kein Allgemeines und kein Individuum, sondern alles in einem, das Einzig-Allgemeine. Er ist deitas und deus. Er ist Individuum nicht im Unterschied von anderen, sondern das eine Individuum, das nichts außer sich hat, darum nicht mehr eigentlich Individuum. Er ist das Individuum als die konkreteste Fülle, aber diese als Wirklichkeit des Allgemeinen.

Man kann von Gott sprechen, wie man will, und muß doch immer verfehlen, was in keine Bestimmung eingeht und durch alle Bestimmungen erst mittelst ihrer Verneinung getroffen wird. Darum sagt Thomas: »Was Gott selbst sei, bleibt uns immer verborgen. Und dies ist die höchste Erkenntnis, die wir in diesem Leben von ihm haben können, daß wir erkennen, Gott sei über allem, was wir von ihm denken.«

(3) Zusammenfall des Entgegengesetzten (coincidentia oppositorum): Cusanus

(a) Cusanus denkt zunächst wie die negative Theologie: Zum Unaussprechlichen der Gottheit verhält sich die Entfaltung in Bildern und Gedanken wie das Endliche zum Unendlichen. Wenn die Entfaltung nicht als Bild gemeint ist, sondern als Gott selber, dann entsteht der Götzendienst. Denn Götzendienst ist es, wenn man dem Bilde erweist, was nur der Wahrheit zukommt. Daher sind die negativen Aussagen unerläßlich. Während alle affirmativen Aussagen von Gott unangemessen sind, sind erst die negativen wahr. Ohne sie würde Gott als Geschöpf verehrt.

Damit aber ist Cusanus nicht zufrieden. Er findet in unserem Denken selber eine Form des Transzendierens. Unser endliches Denken ist gebunden an Gegensätze. Wenn es denken soll, was über allen Gegensätzen ist, dann scheitert es an den Gegensätzen. Aber durch dieses methodisch vollzogene Scheitern wird die Transzendenz getroffen. Eine logische Sprache dringt, sich selbst preisgebend, über das Logische hinaus. Unermüdlich durchdenkt er den Grundsatz: weil Gott jenseits aller Gegensätze steht, koinzidieren die Gegensätze in Gott. Die bloße Verneinung des Endlichen und aller endlichen Aussagen von Gott, die negative Theologie, läßt das Gedachte nur fallen. Die Einsicht in das Wesen des menschlichen Denkens und der Gegenstände menschlicher Denkbarkeit als gespalten in Gegensätze erlaubt den denkenden Aufschwung zu Gott in den Gestalten der Undenkbarkeit, der coincidentia oppositorum.

Der Grundsatz ist einfach: Gott ist, was er ist, ohne allen Gegensatz. Weil er unendlich, ohne Schranken ist, ist er die Einheit der Gegensätze. Von ihm muß alles bejaht und alles verneint werden. Er ist alles und zugleich nichts von allem. Keine Bestimmung kommt ihm zu, die ihn zu einem Etwas machte, dadurch zu einem Besonderen und Beschränkten. Dieser Grundsatz wird durchgespielt durch die Kategorien, vermittelst derer von Gott gesprochen wird.

(b) Zum Beispiel: Wird Gott gesucht mit der Frage, ob er sei oder nicht sei, dann wird er nicht gefunden. »Die beste Antwort auf die Frage, ob Gott sei, ist daher, daß er weder ist noch nicht ist, und daß er nicht-ist und nicht ist. Doch ist auch sie noch Mutmaßung, da die aller-präziseste Antwort für Verstand und Vernunft unerreichbar ist.«

Die Einheit ist der Vielheit entgegengesetzt. Diese Einheit kommt Gott nicht zu. Gottes Einheit müßte eine solche sein, der keine Vielheit entgegengesetzt werden kann. Mag auch die Einheit ein mehr entsprechender Name des Größten sein als die Vielheit, sie steht dennoch von dem wahren Namen des Größten unendlich weit ab.

Gott ist alles ohne Anderssein (alteritas), ist das »non aliud«. In den Dingen der Welt ist Einheit mit Andersheit verbunden, daher die Endlichkeit. Gott ist jene absolute Einheit ohne Andersheit. Gott ist das Nichtanderssein, dem weder das Andere noch das Nichts entgegensteht, da er auch dem Nichts vorhergeht, und es definiert. Er, der dem Werdenkönnen vorhergeht, kann nicht anders werden. Was immer man an Gott ausweisen möchte, Gott ist nicht Dieses, denn Dieses kann ein Anderes werden, Gott aber nicht.

In Gott ist auch kein Gegensatz von Können und Sein (Möglichkeit und Wirklichkeit). Beide sind in ihm eins, das possest (das Können-sein). Er ist, was er sein kann. Er ist das unendliche Seinkönnen, aber so, daß Möglichkeit und Wirklichkeit dasselbe sind. Er ist frei von der Möglichkeit, anders zu werden, als er ist. Alles kann anders werden, nur Gott nicht. Er ist das »Könnensein«, weil er alles wirklich ist, was er sein kann.

Gott ist das Größte und das Kleinste. Er muß das Größte sein, denn er umfaßt alles, und das Kleinste, denn er ist in allem.

Die Unendlichkeit Gottes: Sie steht nicht dem Endlichen als das Andere gegenüber, dann wäre sie selber endlich. »Du bist, o Gott, das Ende deiner selbst, weil du bist, was du hast. Du bist somit das unendliche Ende, weil das Ende deiner selbst. Du wirst nicht durch ein anderes Ende begrenzt, sondern durch dich selbst.« Er ist also nicht die bloße Abwesenheit des Endes in der Endlosigkeit, sondern vollendet. Aber er ist vollendet als Unendlichkeit, die alle Endlichkeit in sich schließt, statt sich gegenüber zu haben.

(c) Wenn die Wahrheit der Aussagen von Gott in der Aussage von Koinzidenzen der Gegensätze liegt, dann geht das Sprechen von Gott vor sich um den Preis, selber stets eine Undenkbarkeit (im Sinne des Verstandesdenkens) zu enthalten.

Cusanus aber sagt, daß trotz Verneinung aller Bestimmungen (in der negativen Theologie) und trotz Scheiterns der Bestimmtheit in der coincidentia oppositorum der menschliche Geist von der absoluten Einheit des unendlichen Gottes gerade dadurch »die präziseste Gewißheit hat, so daß er ganz in ihr und durch sie tätig ist.«

(d) Im Denken auf Gott hin gewinnen die Kategorien für die menschliche Vernunft eine eigentümliche Qualität: Keine Frage nach Gott kann der Geist aufwerfen, ohne das schon vorauszusetzen, was er fragt: Die Frage, ob die Einheit sei, setzt ihr Sein voraus – was sie sei, ihr Wesen – warum sie sei, den Grund – zu welchem Ziele, das Ziel von allem. Was also bei allem zweifelnden Fragen immer schon vorausgesetzt wird, muß das Gewisseste sein.

Daher muß auf jede mögliche Frage über Gott allererst geantwortet werden: Die Frage ist ungemäß, denn die Frage setzt voraus, daß in bezug auf das Gefragte sich nur der eine der Gegensätze bewahrheiten lasse. Das aber ist bei Gott nicht der Fall.

(e) Des Cusanus Denken bescheidet sich, indem er den einen Grundgedanken in großartiger Einfachheit in der reichen Entfaltung vollzieht. Er ergrübelt nicht die Gottheit in jener absoluten Transzendenz, verzichtet auf den Bilderreichtum der spekulativen Mystik, die sich dort ansiedeln möchte. Seine Bilder stehen unter der Bedingung, daß keine Verletzung des Abstands von Mensch und Gott erfolgt, daß keine Zwischenglieder und Vermittlungen sich einschleichen, daß ein Erkennen der Gottheit selbst außer in dem einen präzisierten Denken des Undenkbaren nicht versucht wird.

Die Reinheit, Nüchternheit und Einfachheit des Cusanischen Denkens geht den Weg durch die Welt unter spekulativ erhellendem Himmel. Es vollzieht keine polemische Abwehr der mystischen unio, die ihn der Welt entziehen würde, aber es ist faktisch unbereit für sie. Auch ist es nicht bereit zum Eindenken in die Natur Gottes, als ob dort Fuß zu fassen wäre, zur direkten Überspringung des Abstandes zwischen Endlichem und Unendlichem. Nur eines ermöglicht den indirekten Sprung dorthin: das formale Transzendieren in der Reinheit der Begriffe, die in der coincidentia oppositorum ihre Bestimmungen aufheben.

Cusanus denkt dorthin, wo alle Denkbarkeit, Bestimmbarkeit, Vorstellbarkeit aufhört, wo das ist, was eigentlich ist und zugleich nichts ist.

(4) Die überschreitenden Gedanken und die Existenz

Im historischen Rückblick das kurze Schema: Wir sehen den Glauben an viele Götter in der Welt. Wir sehen den Glauben an einen Gott, der als Schöpfer der Welt gegenübertritt. Wir sehen den Blick auf einen unpersönlichen Grund, der über aller Welt und über allen Göttern und über dem einen Gott steht: es ist das Sein, das Nichts ist, das beides und keines von beiden ist.

Die Stufenfolge oder Rangordnung, in der das Übersteigen des Gottesgedankens und dann wieder die Identifizierung dessen, wohin überstiegen wurde, mit Gott hat überall ähnliche Formen (bei sehr verschiedenem Gehalt). Die Struktur der Überordnung über Götter und Gott läßt sich wiedererkennen.

Bei den Babyloniern gab es eine Sternordnung über den Göttern. In China übergriff alles, was ist, das tao. Tschuang-tse sagt: »Die Menschen sehen im Himmel ihren Vater und lieben ihn persönlich; wie viel mehr müssen wir das lieben, was höher ist als der Himmel« (nämlich das tao)!

In Indien zeigt die Bhagavadgita das vor allen Göttern und vor dem Gottsein unpersönliche Eine und dessen Offenbarung in persönlichen Aspekten.

Bei Shankara ist der Punkt außerhalb, die absolute Transzendenz gedacht als das Brahman, dem die Maya, der Zauberschein des Daseins, entspringt. Dieses Dasein hat zum Herrn den einen Gott, Ishvara, der seinerseits durch Schöpfung die Welt hervorbringt. Die Maya schließt in sich Gott, Götter und Welt.

Der Form der Überordnung nach läßt sich das Brahman und das Nirwana Indiens, das Agathon, das Jenseits des Seins Platos, das Eine Plotins vergleichen.

Solche Vergleiche aber (wenn unser barbarisches Nebeneinanderstellen der Formen ohne Rücksicht auf deren Gehalt einen Augenblick erlaubt ist) zeigen, daß die bloße Form des Überschreitens, Vorordnens, Überordnens an sich noch fast nichts besagt. Denn wenn man Begriffsformen in ihrer Ähnlichkeit für das Wesentliche hält, gerät man in ein leeres Spiel. Dabei ergeben sich Unterscheidungen und Kombinationen in endlosen Abwandlungen. Aber es kommt auf die Unterscheidungen an, in denen ursprüngliche Entscheidungen sich verstehen, die diese Gedanken durch existentiellen Vollzug erst den Gehalt einer Sprache gewinnen lassen.

Fragt man etwa: Kann die Transzendenz in eines fallen zugleich mit Gott und mit dem Sein-Nichts des unpersönlichen, überpersönlichen Grundes? so ist zu antworten: Solche Kombination von Denkweisen besagt nur dann etwas, wenn ein ursprüngliches Existieren in dieser Kombination seine Sprache findet, die dann gerade nicht mehr als Kombination recht verstanden wird. Nur existentiell und damit geschichtlich wird die Transzendenz erfahren, und dies der Möglichkeit nach in allem Geschehenden und Gedachten. Nur im geschichtlichen Augenblick ist, was als Ausgesagtsein nicht mehr ist.

Das Gemeinsame des Gottesgedankens und der Seinsspekulation, die in Gedanken der negativen Theologie, der coincidentia oppositorum, überhaupt in allen Weisen des formalen Transzendierens[1] sich treffen, ist immer nur dieses: Es kann keine Kategorien der Transzendenz geben. Kategorien sind Denkbestimmungen in der Welt. Im Durchbrechen der Kategorie durch das Denken der Kategorien in Formen der Undenkbarkeit (coincidentia oppositorum, Widersprüch-

[1] Vgl. meine »Philosophie« Band III.

lichkeit, Zirkel, Tautologie) kann ein Transzendieren vollzogen werden, dessen Sinn nicht im Gedachten, das vielmehr scheitert, sondern in dem liegt, was dadurch erweckt wird. Alle diese Gedanken erstreben ein Wissen im Nichtwissen und darin eigentliche Einsicht. Sie verwerfen alle Bestimmungen der Transzendenz, von allgemeinsten Kategorien wie Identität, Gleichheit, Sein, Etwas bis zu Vorstellungen von Persönlichkeit und Leben. Transzendenz, die über alle Erscheinung des Endlichen hinaus liegt, kann nichts von all dem zukommen, auch nicht die Freiheit, die selber zum Existieren in der Welt gehört und darüber hinaus ihren Sinn verliert. Daher muß das Denken der Transzendenz ganz und gar scheitern. Immer spricht dieses Denken wieder etwas aus. Es sagt: das Eine, oder es sagt: das ganz Andere; jedesmal gebraucht es dann schon wieder eine Kategorie, macht die Transzendenz rational und endlich.

(5) Gleiches wird nur von Gleichem erkannt.

Nach diesem alten Satz (dem Homoion-Satz) muß das, was wir erkennen, zugleich in uns sein. Wir sind schon das Erkannte oder wir werden ähnlich dem Erkannten. Wir erkennen nur, was wir sind oder sein können.

(a) Dieser Satz ist in seiner Wörtlichkeit absurd. Wir erkennen ja grade das, was nicht wir sind, sondern was ohne uns ist. Das gilt aber nur soweit wir das Subjekt und das Objekt als zwei Getrennte gegenüberstellen. Doch der Sinn jenes Satzes könnte ein anderer sein: Subjekt und Objekt sind in allen Weisen des Umgreifenden, in denen sie durch Spaltung einander gegenübertreten, zugleich aneinander gebunden. Es sind nicht zwei, die sich treffen, sondern Pole einer Spaltung dessen, was als Umgreifendes das erste ist. Dann ist Subjekt Bedingung des Objekts und Objekt Bedingung des Subjekts, keines ohne das andere. Aber beide sind nicht gleich, wie zwei von uns verglichene, uns gegenständliche Dinge. Gleichheit kann hier nur bedeuten die Weise wie sie verbunden sind aus dem Ursprung ihres Einsseins her. Die Einheit bedeutet, daß der Wahrheitssinn verlorengeht, wenn eine Seite, das Subjekt oder das Objekt, von der anderen sich trennt. Das heißt: der Erkenntnisgegenstand ist untrennbar von dem, der ihn erkennt.

In jeder Weise des Umgreifenden ist Bedingung für die Wahrheit der in ihr auftretenden Objektivität, daß die zugehörende Subjektivität da ist, so daß das Ganze des Umgreifenden sich erst in der Spaltung versteht durch die zur Erscheinung kommenden Gegenstände. Daher wandelt der Homoion-Satz seinen Sinn je nach der Weise des

Umgreifenden: Subjekt und Objekt im Bewußtsein überhaupt; Leben und Umwelt im Dasein; Existenz und Transzendenz in der Wirklichkeit meiner selbst.

Der alte Homoion-Satz hat diesen Sinn: Wie immer wir denken, wir denken in der Spaltung, in der ein denkendes, daseiendes, existierendes Subjekt auf ein gedachtes Objekt gerichtet, von ihm getroffen, auf es bezogen ist. Was dadurch gegenwärtig wird, ist das umgreifende Ganze, das nie selber, sondern nur indirekt hell wird durch die Weise, wie denkende Menschen auf Gedachtes gerichtet sind.

(b) Im Umgreifenden des wissenschaftlichen Wissens liegt der Grenzfall vor, daß das Subjekt das bloße Bewußtsein überhaupt ist, das Gegenstände richtig und allgemeingültig erkennt. Dieser Punkt des überall identischen denkenden Subjekts überhaupt ist in den realen Subjekten unermeßlich verschieden durch Fülle der Inhalte, durch Klarheit des Wissens, durch Reinheit. Dieser Punkt des Bewußtseins ist immer da, wo überhaupt gedacht wird. Er durchdringt die gesamte Subjektivität mit seinem Licht, so daß durch ihn jede Weise des Umgreifenden erst hell wird. Was wir sind als Dasein unseres Lebens in einer Umwelt, als schaffender Geist, als Entschluß unserer Existenz, das wird durch dieses die Wissenschaft überschreitende Denken offenbar, indem mit dem Denken des Gedachten der Denkende selber, mit dem Denkenden das Gedachte anders wird. Das Gewußte wirkt auf die Seinsverfassung des Denkenden zurück. Diese bestimmt den Gehalt und die Wahrheit des sonst nur »richtigen« Gedachten. Das Umgreifende selbst aber wird nicht Gegenstand, weder als Objekt noch als Subjekt.

Auch im Erkennen durch das Bewußtsein überhaupt ist dies andere Umgreifende gegenwärtig. Es bestimmt zwar nicht die Richtigkeit, wohl aber das Interesse am Erkennen, etwa die Auswahl der Gegenstände. Das Erkennenwollen um seiner selbst willen, das ursprüngliche Wissenwollen ist selber eine Verfassung der Existenz, die, unter der Voraussetzung, daß es Erkennbarkeit gibt, die Befriedigung am Gewinn zwingender Wißbarkeit hat.

Der Sinn von Chiffern und Seinsspekulation liegt allein in ihrer existentiellen Bedeutung. Sie können wahr nur sein im Zusammenhang mit der Wirklichkeit des Denkenden. Wie dieser liebt, betroffen ist, wählt, handelt, sich verhält, darin zeigt sich ihre Wahrheit.

Wie ich ohne Sinneswahrnehmung keine empirische Feststellung machen kann, so kann ich ohne mögliche Existenz keine Seinswahrnehmung gewinnen. Was in Chiffern und jenseits der Chiffern in Seinsspekulationen gedacht wird, das wird zwar in seiner Unabhängigkeit vom Subjekt gemeint, aber nicht im Raum der empirischen Dinge, sondern in einem ganz anderen umgreifenden Raum. Was so als seiend gemeint wird, das wird nur durch meine ganze existentielle Subjektivität wahr gedacht.

(c) Daraus folgt eine andere Kritik als wie an wissenschaftlichen Ergebnissen. Im spekulativen und im Chifferndenken ist es eine Verkehrung, wenn hier als Sachverhalt zur Entscheidung gebracht werden soll, was allein in der Wirklichkeit der Existenz entschieden wird und von dorther in jenen Objektivitäten seine Mitteilbarkeit und sein Selbstverständnis findet.

Daher verbindet sich mit dem Interesse an Chiffern das Interesse an der Existenz, die sie denkt, an der einmaligen geschichtlichen Form, in der sie auftreten und aus der sie immer nur unter Verlust in allgemein denkbare Lehrstücke heraustreten. Wir suchen nach Wahrheitskriterien, die nicht nur logisch sind. Wie wir empirische Behauptungen durch Aufweis in der Wahrnehmung und durch logische Gedanken prüfen, so möchten wir die Wahrheit der philosophischen Sätze in der Existenz erfahren, aus der sie gesprochen werden. Wir erblicken etwa den Abstand von geistiger Virtuosität und dem Ernst des Dabeiseins, oder den Abstand des äußerlichen Wissens der Lehren von der Aneignung, oder des nicht eigentlich selbst Gedachten von dem Denken, das immer zugleich ein inneres Handeln ist, oder die Gewandtheit des anfühlenden Reproduzierens im Sprechen von der Echtheit des ursprünglich, mit dem eigenen Wesen Angeeigneten.

Diese Kritik ist vor allem Selbstkritik, weil nur im eigenen Selbst die Erfahrung da ist dessen, was mit den Gedanken in mir wird. Reflektierend beurteile ich ihre Wirkung, anerkenne oder verwerfe die Gemütsverfassungen und Gefühle, die mit ihnen in mir auftreten. Ich durchleuchte sie, mache sie mir zu eigen, oder lasse sie zu, oder kämpfe gegen sie.

(d) Der Homoion-Satz besagt eine Grundwahrheit. In der Subjekt-Objekt-Spaltung sind Subjekt und Objekt aufeinander bezogen derart, daß das eine gleichsam Spiegel des anderen ist. Es läßt sich daher kantisch fragen nach der »Identität« der subjektiven Denkformen und der objektiven Gegenstandsformen (der Kategorien und der ontischen Strukturen), oder nach der »Identität« biologischer Daseinsgestalten und Umweltsgestalten, oder nach der »Identität« von Existenz und Transzendenz. In keinem Falle liegt eine reale Identität vor, wohl aber eine bis in den Grund des Umgreifenden gehende unlösbare Bezogenheit.

Für uns in der Zeit bleibt in der Spiegelung die Trennung. Insbesondere ist die Beziehung von Existenz auf Transzendenz als Glaube, nicht als Gleichheit da. Die Chiffern sind das Reich der gegenständlich werdenden Sprache in der Beziehung von Existenz zur Transzendenz. Nun ist aber die Frage: Ist ein Unterschied im Sinne des Homoion-Satzes, im Sinne der »Gleichheit«, wenn es sich um Chiffern oder um das Jenseits aller Chiffern handelt?

Mystiker haben den Gedanken in einer völligen Aufhebung der Subjekt-Objekt-Spaltung ausgesprochen und eine entsprechende Erfahrung mitgeteilt. Gegenstand und Ich sind gleicherweise aufgehoben im Umgreifenden, das die Fülle der Gottheit ist ohne Ich und ohne Gegenstand. Existenz und Transzendenz, Ich und Gott werden eines. Gotteserkenntnis bedeutet, selber Gott zu werden.

Angelus Silesius (1624–1677) sagt: »Ich bin so groß wie Gott, er ist als ich so klein; er kann nicht ohne mich, ich ohne ihn nicht sein.« Und: »So muß ich mich in Gott und Gott in mir ergründen. Und werden das was er ... ein Gott in Gotte sein.«

Ein denkendes Bewußtsein des Selbstseins in der Zeit kann hier nicht folgen. Der Abgrund zwischen Existenz und Transzendenz, zwischen Mensch und Gott ist für es unüberschreitbar, während doch alles philosophische Denken zur Transzendenz hin denkt und von ihr geführt wird. In den erstaunlichen Sätzen, die der Mystiker (übereinstimmend in allen Kulturen) spricht, ist gemeint das Einssein von Ich und Gott, in dem sowohl Ich wie Gott verschwunden sind. Der Mensch, der als er selbst in einer Welt lebt, ist nicht mehr da. In der mystischen unio, der Einheit von Gott und Mensch, in der weder von Gott noch vom Menschen die Rede sein kann, sind Gott und Mensch im Unzugänglichen verweht. Sobald wir aber als Menschen wieder da sind und miteinander reden, ist die Transzendenz das schlechthin Andere, das aber auch in der Kategorie des »Anderen« nicht getroffen wird, sondern allein durch Chiffern eine Sprache gewinnt.

Das Denken des Jenseits aller Chiffern, von Mystikern vollzogen, die aus ihren meditativen, inkommunikablen Erfahrungen doch in der Welt sprechen, ist aber für uns von größtem Gewicht. Wir eignen uns einige historische Gestalten zwar nicht in der Praxis dieser Menschen, aber nach der Seite ihrer in der Welt verstehbaren Gedanken an.

2. Historische Beispiele für das radikalste Überschreiten aller Chiffern

Die negative Theologie wirkt wie ein milder Schatten, der im Abendlande das Licht der herrlichen Chiffernwelt eigentlich nur steigert. In Asien aber ist das Überschreiten nicht nur durch die Energie des Gedankens erfolgt, sondern durch die mit ihm verwirklichte Lebensverfassung und Lebenspraxis. Es geschah so konsequent in eine Tiefe hinein wie vielleicht nirgends sonst unter Menschen. Zweifelhaft ist es, wie viel wir davon verstehen. Aber gewiß ist, daß wir von dort auf eine einzige Weise getroffen werden können und dann auch die Ansätze dazu im Abendlande stärker spüren. Wir sollen die erstaunliche Paradoxie der das Sprechen aufhebenden Sprache verstehen[1].

Die Versuche des Hinausschreitens nicht nur über alle Realität, sondern auch über die Chiffern zum Undenkbaren und darum Unsagbaren dessen, was uns doch trägt und das Umgreifende alles Umgreifenden ist, sind, wo immer sie geschehen sind, von einer wundersamen Kraft. Der Versuch muß zwar jedesmal eine Gestalt annehmen, durch die er in unser Denken treten kann. Aber das geschieht wider seinen Sinn und gegen den Willen dieses Denkens. Es ist darum so sonderbar zweideutig: entweder ist es für einen bloßen Verstand, der gegenständlich etwas erkennen will, ein unverständliches, nichtiges Stammeln, oder es läßt das Nichtgesagte und nie Sagbare offenbarwerden durch die Transparenz dieser rational sinnlosen Gedanken.

Sie machen betroffen in dem Maße, als aus ihnen zugleich eine geschichtliche Person in der Wirklichkeit ihrer Lebensführung und Meditation zu hören ist. Da wir aber in der Überlieferung eine solche Persönlichkeit nur schwach, ja manchmal gar nicht wahrnehmen, können diese Gedanken, die ihrem Sinn nach äußerst abstrakt sein müssen, dünn wirken. Sie können jedoch grade in dieser Abstraktheit ergreifen, wie keine anderen. In unserer Aneignung sind sie wahrscheinlich nicht mehr das, was in ihrer Herkunft lag.

Borobodur:

Das alle Chiffern überschreitende buddhistische Denken hat in Borobodur (auf Java) durch ein gewaltiges Bauwerk am Leitfaden

[1] Vgl. in meinem Buch »Die großen Philosophen« Band I die Kapitel über Nagarjuna und Buddha.

von Bildern, Raumordnungen, Gleichnissen und der Bewegungen des Pilgers in diesem Raum eine ergreifende Veranschaulichung erhalten[2].

In weiter Landschaft unter freiem Himmel erhebt sich eine Terrassenpyramide. In Umgängen und über Treppen steigt der Pilger hinan. Unten sind in unerschöpflichen Reihen von Relief-Plastiken die weltlichen Lebensformen vor Augen. Es erscheinen auf dem Wege die sichtbaren Buddhastatuen in vielen Abwandlungen ihrer bedeutungsvollen Haltungen. Auf dem Gipfel hören alle Bilder auf. Es bleiben Kuppeln und geometrische Formen, bis die letzte Kuppel in den leeren Himmel ragt, der für den Wanderer allein übrigbleibt.

Alles ist Zeichen. Die beglückenden Bilder der reichen Welt unten sieht der Pilger in der Enge der Korridore, deren Außenbalustrade zu Wänden, ihrerseits bildergeschmückt, den Blick in die Weite der Landschaft nicht freigeben. Aber von oben zeigt sich schon die Leere des blauen Himmels.

Erst auf der höchsten der gewinkelten Terrassen vermindert sich die Menge des Bildlichen und weitet sich der Raum. Die bis dahin engen Korridore verlieren die äußere Wand. Diese senkt sich zum kuppelgekrönten Zaun, der bildlos zur einen Seite des Pilgers die formlose Himmelswölbung wachsen läßt.

Denn die oberen quadratischen Umgänge gehören schon nicht mehr der formerfüllten Welt der Sinne an, sondern den Ebenen formerfüllten Schauens. Der Inhalt ihrer Reliefchronik bezieht sich auf den kommenden Buddha Maitrenja, dessen Glanz noch kein sinnliches Auge, nur inneres Gesicht erblickt hat.

Im Bereiche der oberen Kreisterrassen schließlich sind alle Formen bildlicher Darstellung und fortlaufender Ornamente geschwunden. 72 kleinere Kuppeln mit netzartig durchbrochenem Steinmantel liegen um eine große geschlossene Kuppel, die als Gipfel des Bauwerks auf erhöhter Mitte steht. Sie alle ragen als ein Wald von Symbolen des Nirwana in die reine Leere des Himmels. Ihre Spitzen sind nur noch stereometrische reine Formen mathematischen Charakters.

Die durchbrochenen Kuppeln sind noch nicht Zeichen des höchsten Standes jenseits aller Bilder. Denn sie bergen in ihrem Inneren eine Buddha-Gestalt, deren Form dem Auge nur durch ein steinernes Netz-

[2] Nach: Heinrich *Zimmer*, Kunstform und Yoga, Berlin 1926, S. 94 ff. – O. Fischer, Kunstwanderungen auf Java und Bali, Stuttgart 1941, S. 47 ff. – Abbildungen: Karl With, Java, Hagen i. W. 1920 Tafel 1–33.

werk fast entrückt, aber noch sichtbar ist. Sie sind Zeichen einer höheren formlosen Schau, des Vorhofs des Nirwana. Zuletzt überragt alle der einzige massive Kuppelbau, der die Buddha-Gestalt in sich birgt, aber mit rings geschlossener Wölbung dem Auge entzieht.

Zimmer begreift den Sinn des Aufstiegs: Im Pilger wird die innere Bildentwicklung zunächst im Wege der Entfaltung und dann der Einschmelzung des Entfalteten vollzogen. Der Entwicklung der Chiffern folgt die Überschreitung aller Chiffern.

Buddha selber muß, als Chiffer, entschwinden. Auf den unteren Balustraden war er in Nischen dem Auge sichtbar. In den aus Netzwerk gebildeten Kuppeln beginnt er sich zu entziehen. In der massiven Zentralkuppel ist er unsichtbar. Das heißt: Den Symbolen erschauter Formen innerer Gesichte folgen die Abbilder des formlos werdenden Übergangsstadiums (vergitterte Kuppeln) und schließlich die Zeichen entrückten Seins. Oder: aus den Bezirken formerfüllter innerer Schau geht es zum ewigen Nirwana.

Der Sinn der plastisch-architektonischen Darstellung ist es, Gleichnis des Weges zum Undarstellbaren zu sein. Die reine Leere der Ewigkeit, die im menschlichen Bewußtsein in das Ich und die Gegenstände der Formenwelt auseinandergetreten ist, ist das Ziel. Der Weg steigt durch die Gestaltenwelt der Sinne und Gesichte, der freud- und leidvollen Mannigfaltigkeit des reichen Lebens, über das Reich formloser Schau zu dem anfangslosen Nirwana auf. Der Pilger sieht die Fesseln der Unwissenheit, die ihm das eigene Wesen verhüllt, in Ringen abfallen, die als die durchwandelten Terrassen zurückbleiben.

Das Symbol des Buddha-Bildes tritt in dem Bauwerk von den untersten bis zu den obersten Stufen auf: In den dargestellten Buddha-Legenden, die ihn eingesponnen zeigen in Menschenleben und Naturzusammenhang, in den Nischen, in seiner ins Dasein nicht mehr verstrickten Einsamkeit, aber noch deutlich sichtbar, in den vergitterten Kuppeln an der Grenze des Entrücktseins, bis der Buddha im Gipfel dem Auge ganz unfaßbar wird.

Keine Überlieferung zeugt von den Auftraggebern und den Baumeistern dieses wundersamen gewaltigen Werks, kein Dokument von ihren Absichten. Nur dank der Haltbarkeit des Steins sind, beschädigt und verwittert, diese mächtigen Reste erhalten, dem Willen der Erbauer weder entsprechend noch widersprechend. Sie dachten nicht an Zukunft, Dauer und Denkmal, sondern an die Ewigkeit des Nirwana. Sie dachten nicht geschichtlich an Nachkommen, sondern ungeschichtlich an die Weltlosigkeit. Zimmers Deutung ist ihm nur auf Grund von buddhistischen Texten Indiens möglich. Aber diese vermögen uns weder in den unendlichen Besonderheiten der Bilder noch in dem Sinn der einzelnen Terrassen und Treppen und Tore zu informieren. Nur das Ganze scheint klar.

Zur Auffassung dieses buddhistischen Überschreitens aller Chiffern ist folgendes zu bedenken:

Der buddhistische Aufstieg ist keineswegs schon als spekulatives Transzendieren mit dem reinen Gedanken zu gewinnen. Er geschieht durch die Meditation der spezifischen Versenkungsübungen, durch eine Verwandlung des Bewußtseinszustandes. Der Meditierende sondert sich in der Welt ab. Er versteht sich, zurückgekehrt in weltliche Mitteilbarkeit, als das im Nirwana alle täuschende Individualität und alle täuschende Gegenständlichkeit des weltlichen Unwissens verlierende Wesen des unsagbaren, ewigen Sein-Nichts.

Indem alle Chiffern (Bedeutungen) ergriffen und dann abgestreift werden, gelangt der Meditierende nicht an einen Ort, von dem her er noch in der Welt wirken will. Er hat die Welt verlassen. Als was er, von dorther in die Welt zurückfallend, die Welt noch erfährt, das ist ein gleichgültiges Abrollen des Daseins. Dieses hat keine Bedeutung mehr, außer der, in den verhüllenden Zeichen Hinweis werden zu können auf das, wodurch Welt und Bedeutung verschwinden.

Das hier Gemeinte rein spekulativ im allgemeinen Bewußtsein erreichen zu können, ist ein Irrtum. Das Wesentliche ist die wirkliche Erfahrung. Sie ist nur durch die Meditationsübungen als jahrelange Lebenspraxis abseits von der Welt zu gewinnen. Man übersieht zu leicht die Unumgänglichkeit dieser Erfahrungsgrundlage (wie auf andere Weise die Jesuiten nicht zu verstehen sind ohne die prägende Macht der exercitia spiritualia).

Aber es ist die Frage, ob die spekulativen Gedanken der Buddhisten doch auch für uns von Bedeutung sind. Wir nehmen sie als mitteilbare Gedanken in der Welt des allgemeinen Bewußtseins, lösen sie von ihren Wurzeln, die sie in der den Bewußtseinszustand verwandelnden Meditation haben. Wir entbehren der spezifischen, uns unzugänglichen Erfüllungen, die jene Menschen erfahren. Aber wir vollziehen die durch ihre befreiende Operation transzendierenden Gedanken. Als solche werden sie uns unersetzlich. Wir machen die Erfahrung, angesprochen zu werden nicht wie von einer Kuriosität, sondern als von etwas, das uns selbst angeht. Der große Abstand von der originalen Welt der Buddhisten ist dieser: wir benutzen die Gedanken operativ, um zu uns selbst mit der Transzendenz zu kommen; die Buddhisten jedoch suchen ihr Selbst in jedem Sinne ganz zu verlieren.

Den Zustand des vollendeten Buddhisten suchen wir zu veranschaulichen: Die einst erschienenen und die kommenden Buddhas heißen die »allseitig Gütigen«. Sie sind das Allerbarmen in gegenstandloser Liebe, die Erscheinung dessen, der schon im Nirwana zu Hause ist. Sie ist in der Geste darzustellen und im übrigens gleichgültig gewordenen Leben zu verwirklichen, bleibt dem erreichten Wissen von der unterschiedslosen Leere übrig, solange sein Träger noch in der Welt ist. Der Buddhist zwingt sein Wissen und seine Praxis niemandem auf (nur die Buddhisten haben niemals einen Religionskrieg geführt). Er verachtet niemanden, wird nicht zornig, hat erbarmendes Mitleid, ohne selber am Mitleid zu leiden. Er vermag aus der Ruhe der vollkommenen Leere das ganze Weltsein zu »lassen«, dessen Glück und dessen Unheil, all die Wege der Welt in den Wiedergeburten bis zu den Herrlichkeiten des Paradieses, die doch alle noch in Fesseln schlagen, nicht das Nirwana erreichen. Er hilft, indem er den Weg zum Nirwana zeigt, durch Lehre und faktisches Vorbild, nicht durch Forderung. Wer nicht will: alles wird ihm gegönnt. Der Buddhist greift nicht ein, weder durch Gewalt noch durch Widerstand. Frei von der Welt geworden, kennt er weder Gemütsbewegung noch zweckhaften Willen, keinen Stolz und kein Ressentiment, keine Sehnsucht und kein Entbehren, schon gar nicht den alltäglichen Ärger und Zorn der Menschen. Gleichgültig ist er gegenüber dem Tod. Er fürchtet ihn nicht und ersehnt ihn nicht.

Daß dieser menschlich-übermenschliche Zustand hier und da erreicht worden ist, das ist kaum zu bezweifeln. Ohne ihn als Grundlage wären die Texte, die wir lesen, nicht entstanden. Aber diese vollkommene Befreiung von der Welt geschieht um den Preis, allen Sinn, jede Weise möglicher Erfüllung in ihr aufzugeben, das Chiffernsein der eigenen Lebenspraxis und Lebenserfahrung, alle Chiffern überhaupt nicht nur zu übersteigen, sondern vollständig zu verlieren.

Meister Eckhart:

Meister Eckhart deutet in den Vorstellungen der christlichen Theologie. Bei ihm atmen wir in der abendländischen Luft. Seine Ausgangspunkte und seine Formeln sind nicht die buddhistischen. Trotzdem bewegt er sich an der gleichen Grenze, sucht er nach dem, wohin nur zu gelangen ist, wenn alle Chiffern und auch Gott, schlechthin alles überschritten werden.

(1) Eckhart unterscheidet zwischen Deus und Deitas, Gott und Gottheit. Er sagt: »Gottheit und Gott sind so verschieden von einander wie der Himmel von der Erde, auch Gott wird und vergeht.«

(2) Das Sein Gottes erfolgt durch Ausgang (Ausfließen) aus der Gottheit in einem Akt, in dem zugleich Gott (Vater, Sohn und Geist), die Welt und die Zeit da sind. Dieses Ausgehen ist das, wodurch in dem »einfachen Nun der Ewigkeit« geschah, was doch nicht geschah, »nicht in der Zeit, sondern mit der Zeit«. Gleich ewig sind Gott, Trinität und Welt. »Zugleich und auf einmal hat Gott, indem er ward, indem er den Sohn als ihm gleich ewigen und ihm in allem gleichen Gotte zeugte, auch die Welt geschaffen.« Jenes Ausgehen Gottes aus der Gottheit ist etwas ganz Anderes als die Zeugung des Sohnes, die Hauchung des Heiligen Geistes, die Schöpfung der Welt. Vor diesem allen ist es das Ursprüngliche.

(3) Für Eckhart sind zwar Gottheit und Gott auch identisch. Dann wird die Unterscheidung innergöttlich: Gott hat in Ewigkeit nur ein Werk verrichtet, dadurch wurde er Gott. Vorher (das heißt nicht zeitlich, sondern vor der Zeit) ist er Gottheit ohne Werk und Wirken, ohne Persönlichkeit und ohne Welt. Mit der Unterscheidung von Gottheit und Gott dringt Eckhart über Gott hinaus. Die Unterschiede von Gottheit und Gott sind in seinen Formeln vielfach ausgesprochen.

Die Gottheit ist Sein, nicht Wirken. Nicht die Gottheit, sondern Gott wirkt. Erst Gott hat alle Dinge geschaffen, ist aller Welt Vater. Gott gibt es erst, seitdem es Kreatur gibt. Nicht nur hat er sie geschaffen, sondern auch sie ihn. Darum kann es heißen: Daß Gott ist, dessen bin ich eine Ursache; daß Gottheit ist, hat sie von sich selber. Der Gottheit gegenüber liegen Schöpfer und Geschöpf in derselben Sphäre.

(4) Wie vergewissert sich das Denken der Gottheit? Durch Aufheben jeder Denkbarkeit, jeder Unterscheidung, jeder Bestimmtheit.

Zum Beispiel: »Gleichheit« ist von der Gottheit nicht auszusagen: »Wo Gleichheit ist, da ist nicht Einheit, denn gleich ist privativ der Einheit, und wo Einheit ist, da ist nicht Gleichheit, denn Gleichheit verbleibt im Unterschied und Vielheit. Wo es ein Gleichsein gibt, da kann es kein Einssein geben.«

»In der Einheit hat nie der Vater von einem Sohne, noch der Sohn von einem Vater gewußt: denn da gibt es weder Sohn noch Vater, noch heiligen Geist.« Gleichheit ist erst, wo Unterschiedenheit ist. Und wo

Unterschiedenheit ist, da ist nicht jene Einheit, die über alle Bestimmbarkeit hinaus nicht mehr die Kategorie Einheit ist.

Die Gottheit ist dem Denken entschwunden, weil das Denken verlangt in Bestimmungen zu denken, was bestimmungslos ist. Schon Sein, Gott, Schöpfer sind in Kategorien gedacht, die nicht der Gottheit zugehören. Wir müssen alle Bestimmungen überschreiten, auch den Gottesgedanken.

Im Denken denken wir die Seinsheit (essentia) und das Sein (esse, existentia). Wir setzen sie nebeneinander: es sind zwei; und wir denken sie ineinander: sie sind eins. Die Gottheit aber ist weder in ihrer Unterscheidung noch in ihrer Einheit zu fassen.

(5) Mit Gott sind wir nur als sein Geschöpf im Raum unseres Daseins verbunden. Dem Menschen aber steht es offen, hindurch zu dringen dorthin, wo er einst war und wieder sein wird oder vielmehr immer ist, nicht bei Gott, sondern bei der Gottheit. Durch Gott hindurch kann der Mensch hinfinden zu dem, was Gott selber war, bevor er wurde dadurch, daß er ans Werk der Schöpfung ging.

Uns Menschen eignet beides: das Innerste, das eins ist mit der Gottheit, und die Kreatürlichkeit, welche Gott, indem er selber wurde, schuf (ins Dasein brachte). Daher gewinnen wir die Ruhe erst in der Gottheit, nicht in Gott. Ruhe gewinnen wir, wenn wir dem Gewirktsein und damit dem Wirken und Werden absterben, wenn wir nicht mehr auf dem Wege sind, wenn wir zu nichts werden, wenn wir »entwerden«. Dann brauchen wir von Gott und den drei göttlichen Personen nicht mehr zu wissen (denn sie sind immer noch in der Sphäre des Etwas, in der Andersheit und Vielheit). Selig sind wir erst, wo Gott nicht mehr Schöpfer, sondern wo die Gottheit (Einheit und Nichts) ist, dort, wo wir durch alles Sein hindurch auf das treffen, in dem Gott mit der Gottheit und gleicherweise ich in dem Seelenfünklein mit der Gottheit identisch war und wieder sein kann, dort wo Gott noch nicht Person, wie ich noch nicht dieses Ich war.

»Gott entsteht erst da, wo alle Kreaturen ihn ansprechen. Als ich noch in dem Quell der Gottheit weilte, da fragte mich niemand, wohin ich wollte oder was ich täte ... Als ich aber ausfloß, da sprachen alle Kreaturen: Gott ... Alle Kreaturen also reden von Gott. Und warum reden sie nicht von der Gottheit? – Alles, was in der Gottheit ist, das ist Eines, und davon kann man nicht reden.«

»Wenn ich komme in den Quell der Gottheit, so fragt mich niemand, von wannen ich komme oder wo ich gewesen sei. Da vermißt mich niemand – denn dort entwird ja sogar Gott.« Aus »erschaffenem Lichte« werden wir verwandelt werden in den »unerschaffenen Glanz« des göttlichen Wesens und »werden sein, was er ist«. »Edler« ist das »Durchbrechen« zur Gottheit hin als das »Ausfließen« von ihr her. Aber dies Durchbrechen heißt das zu erfahren, was ich selber ungeschaffen, von Ewigkeit her als dieser »Seelenfunke« bin.

Eckharts Denken will die Seele nicht der Gottheit gleich werden lassen. Denn »Gott« und »gleich« und »werden« erlöschen, wo die Einheit von Seelenfünklein und Gottheit ist. Der Schnitt zwischen Welt und Transzendenz ist jetzt nicht mehr der zwischen Welt und Gott; sie beide gehören dem Sein an, das entspringt, indem Gott und Welt zugleich da sind, ein einziges Reich, dem die Dinge, die Menschen und Gott, von einander untrennbar, zugehören. Der Schnitt ist zwischen diesem ganzen Seinsbereich und der Gottheit.

Dies ist der Sprung zwischen dem Kreatürlichen, dem was wir sind als Geschöpfe Gottes, und dem, was wir, ohne Gott, vor Gott, im Grunde der Gottheit sind, der Seelenfunke, das Ungeschaffene, dem wir angehören.

3. Die in den Grund dringende Frage: Warum ist überhaupt etwas, warum ist nicht nichts?

(1) Als Kant unter den vergeblichen Gottesbeweisen auch den von der Notwendigkeit des Seins des Urwesens erörtert, zeigt er, daß unser Verstand unfähig ist, »zu der absoluten Notwendigkeit einen Begriff, oder zu dem Begriffe von irgendeinem Dinge die absolute Notwendigkeit zu finden«. Der Verstand erfährt aber nicht nur sein Unvermögen, sondern kann auch über die für unsere Vernunft so wesentliche Sache nicht beruhigt werden. Darum fährt Kant fort: »Die unbedingte Notwendigkeit, die wir, als den letzten Träger aller Dinge, so unentbehrlich bedürfen, ist der wahre Abgrund für die menschliche Vernunft. Selbst die Ewigkeit, so schauderhaft erhaben sie auch ein Haller schildern mag, macht lange den schwindligen Eindruck nicht auf das Gemüt, denn sie mißt nur die Dauer der Dinge, aber trägt sie nicht. Man kann sich des Gedankens nicht erwehren, man kann ihn aber auch nicht ertragen: daß ein Wesen, welches wir uns auch als das höchste unter allen möglichen vorstellen, gleichsam zu sich selbst sage: Ich bin von Ewigkeit zu Ewigkeit, außer mir ist nichts, ohne

das, was bloß durch meinen Willen etwas ist; aber woher bin ich denn? Hier sinkt alles unter uns, und die größte Vollkommenheit, wie die kleinste, schwebt ohne Haltung bloß vor der spekulativen Vernunft, der es nichts kostet, die eine so wie die andere ohne die mindeste Hindernis verschwinden zu lassen.« (Kr. d. r. V., 2. Auflage, Seite 641).

Kant gibt keine Antwort. Er sieht im Zusammenhang seiner Philosophie ihre Unmöglichkeit. Er verweigert die Antwort, weil er erkennt, daß sie nur durch ein täuschendes Denken möglich ist.

Aber dieses Denken, das spekulative Denken, ist nicht ein zufälliger, aufzulösender Irrtum. Vielmehr gehört es mitsamt der Täuschung zu unserer Vernunftbeschaffenheit. Wir durchschauen es, aber vollziehen es weiter. Wir machen seine Erfahrungen, lassen uns aber nicht mehr betrügen.

Wenn wir mit der Frage den Weg der Spekulation betreten, so erfahren wir das »Schaudern«. Wir können uns des Gedankens nicht erwehren, aber ihn auch nicht ertragen. Wir werden schwindlig.

Dieses Denken aber ist nur Denken, dem »es nichts kostet«, alles durch einen bloßen Gedanken verschwinden zu lassen. Es ist darum ein so billiges, weil es kein Erkennen ist. Das spekulative Denken operiert mit Gegenständen, die keine sind.

Das Denken, das Erkennen ist, erfüllt sich entweder durch empirische Realität, oder es stößt an jene Wirklichkeit, die uns allein in unserer Freiheit aufgeht.

Die biblische Antwort auf die Frage: warum ist nicht nichts, würde sein: weil Gott die Welt geschaffen hat. Darum legt Kant den Gedanken in das höchste Wesen, das diese Schöpfung vollzieht. Das ist die anschauliche Form dafür, daß die Frage, wenn sie anderswohin fortgeschoben wird, immer wieder auftaucht. Das Denken kann dieser Frage nicht entrinnen.

(2) Leibniz (Principes de la nature et de la grâce, 1714) hat aus seinem Prinzip, daß nichts ohne zureichenden Grund geschieht, die Frage schon gestellt: Warum gibt es eher etwas als nichts? denn das Nichts ist doch einfacher und leichter als das Etwas. Seine Antwort lautet: In der Reihe der zufälligen Dinge, der Körper und der Vorstellungen in den Seelen mag man soweit zurückgehen wie man will, man ist um nichts weiter, denn es erhebt sich stets dieselbe Frage: Woher, warum? Der zureichende Grund, der keines anderen Grundes mehr bedarf, muß daher außerhalb der Reihe der zufälligen Dinge

liegen. Er muß der Grund der ganzen Reihe und ein notwendiges Wesen sein, das den Grund seiner Existenz in sich selbst trägt.

Leibniz diente also seine Formulierung der Frage nur zur Wiederholung eines der alten Gottesbeweise. Er denkt nicht daran, die Frage vom Schöpfergott selber noch einmal an dessen eigenes Dasein stellen zu lassen.

Da die Beantwortung der Frage zum Gottesbeweis führt, kann Leibniz auch sofort die zweite Frage stellen und beantworten: Warum sind die Dinge so und nicht anders? Weil aus der höchsten Vollkommenheit Gottes folgt, daß er bei Schöpfung der Welt den bestmöglichen Plan gewählt hat, um in der Einheit die größte Mannigfaltigkeit mit größter Ordnung, das heißt, um die wirkliche Welt als die vollkommenste aller möglichen Welten hervorzubringen.

(3) Was Kant sagte, griff Schelling auf (*13*, 163): »Kants tiefes Gefühl des allem Denken zuvorkommenden Seins« hat ihn, nach Schelling, von dem Sein sprechen lassen, welches vor allem Denken ist: »Wollen wir irgend etwas außer dem Denken Seiendes, so müssen wir von einem Sein ausgehen, das absolut unabhängig von allem Denken ist, dem mit keinem Begriff zuvorzukommen ist, gegen welches das Denken keine Freiheit hat, wie gegen das endliche Sein.« Das ist der große Unterschied: Allem endlichen Sein ist in der Tat mit dem Denken zuvorzukommen, weil es apriori in den Kategorien vorweggenommen werden kann. Ihm ist ferner mit dem Denken zuvorzukommen, weil es als möglich gedacht wird. Denn durch das Auffangen in Möglichkeit wird es denkbar, daß es auch nicht sein könne. Dagegen ist dem unendlichen wirklichen Sein selber nicht zuvorzukommen. Es ist nicht als möglich zu denken. Es ist auch nicht möglich zu denken, daß es nicht sein könne[1].

(4) Die Frage wurde von Leibniz beiläufig mit der Absicht der Wiederholung eines alten Gottesbeweises in neuer Form gestellt und beantwortet. Sie wurde von Kant in ihrem schwindelerregenden Charakter gelegentlich fingiert als Frage, die der Weltschöpfer an sich selber stellt. Kant aber beantwortet sie nicht, weil das Betreten dieser Fragenebene eine Selbsttäuschung menschlicher Erkenntnismöglichkeiten ist, wenn auch eine aus der metaphysischen Anlage des Men-

[1] Vgl. zur Frage meine Schrift über Schelling, Seite 124–130, Verlag Piper 1955. Dort auf Seite 130 ist zu lesen statt »Kants Grundbegriffe« vielmehr »Kants Grenzbegriffe«.

schen immer wiederkehrende, eine zwar wohl durchschaubare, aber nicht aufhebbare Täuschung ist. Die Frage wurde von Schelling unter Verleugnung der Kantischen Denkungsart mit beschwörender Kraft zu einem Angelpunkt des Philosophierens gesteigert. Schelling bleibt nicht wie Kant an der Grenze stehen, sondern gibt Antworten auf die Frage, warum ist nicht nichts, warum ist überhaupt etwas? Zum Beispiel: Nicht das Etwas, sondern das All oder Gott ist die vollgültige Antwort. Das All ist dasjenige, dem es schlechthin unmöglich ist, nicht zu sein, wie das Nichts, dem es schlechthin unmöglich ist zu sein. Dem Nichts ist daher nur das All schlechthin entgegengesetzt, keineswegs aber das Ding, sondern dieses nur beziehungsweise, denn es ist ihm nicht schlechthin unmöglich, nicht zu sein, sondern nur sofern es mit anderen Dingen und im Verhältnis zu ihnen ist. Es ist daher nur Realität mit Nichtrealität gemischt und bloßes Mittelwesen (7, 174)[1].

Frage und Antwort sind bei Leibniz, Kant, Schelling trotz ähnlicher Begrifflichkeiten dem philosophischen Sinn nach ganz verschieden. Eine einfache gedankliche Operationstechnik bei Leibniz, die Erzeugung eines Schwindels am Abgrund durch den klaren und tiefen Gedanken bei Kant, Vergewisserung des ewigen Ja bei Schelling.

Doch der Frage gemeinsam ist bei allen, daß es ihnen um einen philosophischen Gedanken zu tun ist. In der Frage, obgleich sie sprachlich in Begriffen gestellt ist, wird doch einen Augenblick – dem Augenblick des plötzlichen Verstehens – nicht mit Begriffen operiert, sondern durch die Weise, als ob das geschehe, die äußerste Grenze des Erkennens betreten. Was dann an dieser Grenze vollzogen wird, ist eine Grundgewißheit, aber deren Art ist nicht die gleiche: bei Leibniz im Gedanken der Notwendigkeit die Gottesgewißheit, bei Kant im Schwindelzustand die Wegweisung zur eigentlichen Grundgewißheit der Freiheit und des in ihr Gegründeten, bei Schelling aus ursprünglicher Betroffenheit die Toröffnung zum Eindringen in die Gottheit, deren Wesen und Leben erkannt werden soll.

(5) Auf die Frage: warum ist überhaupt etwas? wird mit Recht gefragt: was ist das Sein, das hier gemeint ist? Eine *Schematik* der Seinsgedanken kann etwa in folgenden *historischen* Hinweisen entworfen werden:

[1] Martin Heidegger hat Schellings Frage aufgegriffen, in einer neuen Weise erörtert und zur »Grundfrage der Metaphysik« gesteigert. Darauf hoffe ich vielleicht bei anderer Gelegenheit eingehen zu können.

Was ist das Sein? Es ist und kann nicht nicht sein. Das Nichts ist nicht und kann auf keine Weise sein (Parmenides).

Aber das Nichtsein ist doch auf gewisse Weise, weil alles, was im Werden ist, zugleich ist und nicht ist. Das Sein ist entweder das reine Sein, ewig, unbefleckt, oder das Seiende des Werdens, das Sein und Nichtsein zugleich ist, nicht eigentlich Sein ist, aber am Sein teilhat. Das Verhältnis des eigentlichen Seins zum Seienden (des on zu den onta) wird weiter gedacht als das Verhältnis vom Einen zum Vielen, oder als das Verhältnis von Sein und Erscheinung (Plato).

Das Sein ist keineswegs eindeutig. Was ist, ist nicht das Sein schlechtweg. In vielfachem Sinne wird das Sein ausgesagt. Aber das Sein ist nicht der Gattungsbegriff, unter den die verschiedenen Seinsbegriffe als Arten fallen, sondern es ist das, was durch »Analogie« in allem Seienden ist, weil es Sein ist (Aristoteles).

In den Grund des Seins dringend ist schließlich, was getroffen wird, nicht als Sein auszusagen. Es heißt bei Plato »jenseits des Seins« (epekeina tes usias). Es zeigt sich bei Plotin als das, was nicht zu fassen ist, ohne daß über das Sein hinausgeschritten wird. Jenseits noch der intelligiblen Welt aller Denkbarkeiten liegt das Überseiende, das Eine. Jenseits der körperlichen Dinge liegt das Nichtseiende, die Materie. Das über alles Denkbare Hinausliegende, das Eine und die Materie sind beide gänzlich unfaßlich. Aber sie sind Prinzipien allen Seins. Das Sein ist nicht das Erste. Es wird begriffen aus Überseiendem und Nichtseiendem. Dem Einen und der Materie kommen bei Plotin keine Kategorien zu, da beide jenseits des Denkbaren und damit Aussagbaren liegen. Das Eine wird berührt in der Dialektik des transzendierenden Denkens und erfahren in selten vielleicht einmal vergönnten Zuständen der Ekstase. Die Materie wird berührt im Nichtdenken und Nichtsehen, so wie wir in die Finsternis der Nacht blicken, und wird erfahren in allem Verwirrenden, Fesselnden, Schlechten und Bösen.

Bei Plotin stehen das Überseiende und das Nichtseiende an den entgegengesetzten Polen, zwischen denen alles Seiende liegt. Beide Pole können »Nichts« heißen, aber das eine, weil es über, das andere, weil es unter allem Denkbaren liegt. Wir lassen diese Unterscheidung fallen, wenn wir zur einfachen Entgegensetzung von Sein und Nichts zurückkehren. Dieser Gegensatz wird durch die mystische Erfahrung aufgehoben, deren Denken in Paradoxien scheitert, die auf die Grunderfahrung weisen, welche sich allem Denken entzieht. Angelus Silesius sagt: »Gott ist ein lauter Nichts / Je mehr du nach ihm greifst, je mehr entwird er dir / Er ist ein Nichts und Übernichts, wer nichts in allem sieht, der sieht's.« Von Gott, der über allem ist, kann man nicht sprechen, nur schweigen: »Mensch, so du willst das Sein der Ewigkeit aussprechen, so mußt du dich zuvor des Redens ganz entbrechen.«

(6) Die Frage: warum ist nicht nichts? beruht auf einer Alternative: entweder es ist Sein oder es ist Nichts. Das Sein ist. Warum? Die Alternative verschwindet in der Sein-Nichts-Spekulation: Das reine Sein ist Nichts (Hegel). Hier handelt es sich nicht mehr um Alternative, sondern um *Dialektik*.

Im reinen Sein ist von allen Endlichkeiten, die bestimmt sind, abgesehen. Wo keine Endlichkeit mehr ist, keine Bestimmtheit, da aber ist Nichts.

Wenn Sein als unterschieden vom Nichts gedacht wird, so wäre die Frage: warum ist etwas, warum ist nicht nichts? der Zeiger auf das Sein und zugleich auf das Nichts. Weil beide sich dem Gedanken als untrennbar erweisen, scheitern die Versuche, das eine gegen das andere zu behaupten oder zu verwerfen.

Die Dialektik der spekulativen Bewegung vereint: Im Nichts verbirgt sich das wesentliche Sein – das Nichts selber wird erfüllt als das eigentlich Sein, oder die Dialektik läßt abstoßen: im Ergreifen des Seins wird die entschiedenste Erfahrung, daß nicht nichts ist.

Auf den Wegen dieses Denkens befestigen sich Ontologie und Nihilismus, Seins- und Nichtslehren. Aber diese sind Abstürze, die die lebendige Erfahrung des Seinsdenkens als bloßes Verstandesdenken in Strohhülsen liegen lassen.

Mit der Dialektik treten bei jedem Schritt zugleich die Zweideutigkeiten auf. Der Gedanke zeigt im Umschlag seine Verkehrung. Denn Dialektik ist einerseits die fruchtbare und erleuchtende Bewegung, andrerseits Trug einer spezifischen Sophistik:

Die wahre Dialektik von Sein und Nichts führt in die unumgängliche Bodenlosigkeit als das Geheimnis des unfesten Seins. Sie läßt sich hineinschwingen in die Schwebe, sich hineinwerfen in den Strom, ermutigt das Wagnis. Aber dieselben Gedanken verführen zur absoluten Bodenlosigkeit im Nichts der Unverantwortlichkeit.

Die Leerheit hat ihre Kraft als Erwecken aller Möglichkeiten durch Erregung des Umgreifenden, das allen Gehalt bringt. Aber ihr Gedanke verführt, in der Leere bloßer Möglichkeiten zu verharren, die Leerheit zu genießen, als ob sie schon Wirklichkeit wäre.

Die Sein-Nichts-Spekulation, die das Entgegengesetzte in sich schließt, kann der Aufschwung zum eigentlichen Selbstsein im Spiegel des Denkens werden. Umschlossen von dem Sein, das Nichts ist, und dem Nichts, das Sein ist, befreit von dem bloßen Dingsein, das als solches ohne Grund und Tiefe ist, verwirklichen sich entgegengesetzte Denkbewegungen. Beide sind wahr, wenn sie gegenseitig einander hervortreiben. Beide sind falsch im Verlust ihres Gegenpols. Dann lassen sie versinken entweder in die Verantwortungslosigkeit außer der Welt oder in die blinde Verwirklichung des Daseins in der Welt.

Die magische Anziehungskraft der Dialektik von Sein und Nichts birgt in ihrer Zweideutigkeit Wahrheit und Trug, Wirklichkeit und Zauber.

(7) *Sprachlich* kann man die Worte aufzählen, die auf Sein sich beziehen. Griechisch: on, onta, einai, usia, lateinisch: ens, entia, esse, existentia, deutsch: Sein, Seiendes, Dasein, Wesen. Sie erlauben im Gebrauch Unterscheidungen zu machen. Das Wort Sein als Substantivierung des Infinitivs hat einen merkwürdigen Charakter: Es scheint etwas Einziges zu bedeuten, hat daher ein außerordentliches Gewicht. Aber es ist so unbestimmt, daß es alles bedeuten kann. Es bezeichnet den abstraktesten Begriff, der als der allgemeinste auch der leerste ist, als der umfassendste Gattungsbegriff schlechthin alles Herankommende unter sich fassen läßt. Oder er ist im Sinne Hegelscher Logik der abstrakteste Begriff, der alles in sich birgt, aus dem sich konkret entfaltet, was ist. Er ist dann nicht Gattungsbegriff, sondern Begriff des Ganzen, die allgemeinste Kategorie, aus der als der umfassenden alle bestimmten Kategorien hervorgehen.

Dem Sein entspricht im Satz die Copula »ist«. Sie hat als allgemeine die völlig unbestimmte Bedeutung, die jeweils durch das, was sie im Satze verbindet, erst bestimmte Bedeutung gewinnt.

Sprachlich weist das »ist« in eine weitere Dimension: es heißt »es ist« und »er, sie ist«, und zu diesen letzten gehört: »du bist«, »ich bin«. Wieder ein anderes Wort, das das Sein in der Person betrifft.

Die sprachlichen Erörterungen sind, wenn sie in der Sprachwissenschaft zu sprachgeschichtlichen Erkenntnissen führen, ungemein interessant. Für den philosophischen Gedanken können sie Anlaß zur Aufmerksamkeit werden. Was heißt in der Frage: warum ist überhaupt etwas, warum ist nicht nichts? das »ist«?

Entweder bedeutet es das Sein von »Etwas«, von irgendeinem Seienden überhaupt. Dann ist die Frage eingeschränkt und des philosophischen Schlages beraubt, den sie versetzen kann. Indem von »Etwas« die Rede ist, ist nicht vom Sein, nicht von der Welt, nicht von Gott, nicht von mir selbst die Rede, es sei denn, daß man nivellierend und allen Sinns entleerend dies alles ein »Etwas« nennt. Dann ist die Frage nicht in ihrer Größe formuliert, es sei denn, daß mit dem »überhaupt« sie wieder erreicht würde.

Ob in der Kantischen Fiktion Gott sich fragt: woher bin denn ich?, oder ob von der Welt gefragt wird, woher sie sei, oder ob ich mich frage: woher bin ich, ich könnte auch nicht sein?, so handelt es sich jedesmal um eine andere Seinsfrage: die Frage in der Chiffernwelt, erdacht als Frage eines persönlichen Urwesens (Gottes) an sich selber – die Frage eines denkenden, sich selber wissenden Wesens (des Menschen) in bezug auf das Sein der Welt, das sich selbst nicht weiß – die Frage der denkenden Existenz, dessen, was ich selber bin, an mich als mögliches Selbst.

(8) Frage und Antwort sind Leitfaden, an denen eine innere Verfassung sich klar wird oder erzeugt.

Die Frage findet keine Beantwortung durch Forschung oder zwingende Gedankengänge. Sie ist samt den Antworten leer im Raum der Wißbarkeiten. Sie ist für den Verstand vielleicht ein Spaß, geeignet zum Lachen. Wenn Antworten gegeben werden, so sind diese keine Einsichten, sondern Chiffern. Die Vielfachheit der Chiffern steigert die Frage.

Eigentliche Antwort aber ist erst dort, wo die Frage im Ernst, das heißt mit Betroffenheit gestellt wird, durch die Erfahrung, die ich durch mich selbst in diesem Denken mache: der Zustand des Schwindels, die Erfahrung des Abgrunds der Vernunft, wie bei Kant; – »der Geist, der stets verneint« (Mephisto): »alles, was entsteht, ist wert, daß es zugrunde geht; drum besser wär's, daß nichts entstünde«; – die Verfassung des Ja zum Dasein, zum Sein der besten der möglichen Welten (Leibniz), das »ewige Ja« (Schelling).

Immer scheint es irgendeine Weise der Seinsgewißheit, die sich in dem Gedanken ausspricht. Aber diese Seinsgewißheit ist kein logischer Grund, hat vielmehr selber einen vorlogischen, vitalen oder existentiellen Charakter. Sie muß nicht so sein.

Erfahrungen Geisteskranker pflegt man nicht für wesentlich zu halten. Sie können jedoch etwas mitteilen, was philosophisch Gewicht hat und für den Arzt, dem der Kranke anvertraut ist, erschütternd sein kann (auf die Frage nach der möglichen Seinsbedeutung von Geisteskrankheiten gehe ich hier nicht ein). In Zuständen, die wir nach gewissen Kriterien als pathologisch ansprechen und als solche kennen und wiedererkennen, sagt der erkrankte Mensch etwa: Ich bin nicht, es ist nichts, ich lebe nur als Figurant und muß als solches Nichtleben ewig leben.

Es gibt Zustände des Geistes, die nicht als pathologisch erkennbar sind, in denen eine Gegenwärtigkeit des Seins ausbleibt, zwar nicht, wie eben geschildert, vital, sinnlich, leiblich, materiell, aber im Sinne von Wesentlichkeit: ich bin und alles ist eigentlich nichts, weil nichtig und ganz gleichgültig. Die Frage kann ihre Antwort finden in der Stimmung der Zufälligkeit, die das Nichts selber bedeutet: es ist, was eigentlich nichts ist.

Solchen anderen nicht Seinsgewißheiten, sondern Seinsungewißheiten ist mit Argumenten allein nicht beizukommen. Das Leben der Glaubenslosigkeit und damit der Sinnlosigkeit bedarf der Erweckung durch philosophische Gedanken und die ihnen verbundene Lebenspraxis, bedarf des Schicksals. Vergeblich ist der Versuch, die Grundgewißheit erzwingen, die widersprechenden Zustände des Menschen bezwingen zu wollen durch rationale oder durch philosophisch-spekulative Gedanken als solche.

Hier an der Grenze, wo hell wird, daß wir da sind, daß die Welt ist, daß wir mögliche Existenz sind, da ist mit einem Schlage dieses Bewußtsein selber ein Offenbarwerden des Grundes des Seins. Die beschwörende Frage: warum ist nicht nichts? erzeugt im Schwindligwerden das entschiedenste Seinsbewußtsein und in ihm die geschichtliche Gewißheit des Sichübernehmens der Existenz. Der Mensch sagt zu sich: Es ist nicht Nichts. Es soll sich zeigen, was ist. Es soll offenbar werden. Dazu sagt der in der Reflexion erwachende Mensch zu sich: Ich kann nicht umsonst, nicht für Nichts in dieses Dasein gelangt sein.

Daß das, was hier offenbar wird, nicht identisch ist bei allen Menschen und nicht in allen Situationen und Zuständen des einzelnen Menschen, ist von so großer Bedeutung, daß Philosophie, die das vergißt, an einem wesentlichen Punkte ihres Wahrheitssinnes versagen muß. Es handelt sich hier nicht um ein psychologisches Problem der Beschreibung und verstehenden Deutung, sondern um das Existenzproblem der Kommunikation.

Wie jene Frage: warum ist nicht Nichts? erfahren wird und ob sie überhaupt erfahren wird, ist ein Moment der existentiellen Grundverfassung.

Die Antworten auf die Frage, was das Sein sei und was die Frage bedeute, würden sich wandeln, wenn sie überall in der Form dieses Fragens zur Erscheinung kämen. Das Sein wäre etwa der eine Gott, Atman-Brahman, Nirwana, Tao, das Eine Plotins, die Substanz Spinozas, das Nichts, die Wüste, die Leere, das Chaos. Geschichtlich sind die Erscheinungen, in deren Gedanken das Sein je eigentümlich spricht. Aber immer ist der Mensch die Stätte, an der als jeweiliger Gegenwärtigkeit in allen Weisen des Umgreifenden, das er ist, dies vielfache Offenbarwerden vor sich geht: im Dasein, im Bewußtsein überhaupt, in der möglichen Existenz, im Geist, in der Vernunft.

»Sein« aber ist noch gleichsam eine Chiffer, die, wegen ihrer völligen Leerheit für jede Möglichkeit offen, alle Chiffern überschreitend, berührt, doch nicht erreicht das, was schlechthin transzendent und zugleich ganz gegenwärtig ist. Sein bedeutet etwas, das über alles Bedeuten hinausliegt: die Wirklichkeit selber, das, was mich hält im Ursprung, der ich bin.

(9) Wird in den Grund gefragt (warum ist etwas, warum nicht nichts?), so geschieht das ohne Ausnahme in Kategorien, die allein in den Formen gegenständlichen Wissens für uns sind. Mit ihnen soll denkend getroffen werden, was in ihnen doch nicht aussagbar ist. So ist »Sein« nicht mehr Sein, sondern Übersein, Jenseits allen Seins – so »Grund« nicht mehr Grund, sondern (bei Böhme) Ungrund – »Ursprung« nicht mehr Ursprung, sondern Sprung aus dem Nichts (wie noch in der modernen »Urexplosion«, aus der die Welt entstanden sein soll).

Oder der Gedanke bleibt innerhalb des Bereichs des Seienden, in dem alle unsere Wege endlos weitergehen. Dann sucht er den Abschluß im ersten Sein, im Ursein, im Urgrund, im Ursprung. Dieser Abschluß aber ist auf diesem Wege nicht erreichbar. Daher springt der Gedanke aus der Reihe, indem er nach dem Ursprung nicht des Anfangs der Reihe, sondern der ganzen Reihe fragt. Damit aber ist das Denken des gegenständlich Denkbaren verlassen. Der Umschlag erfolgt in eine andere Dimension, in das Raumlose, Zeitlose, Gegenstandslose.

Dort sind real-empirische Feststellungen oder logische Argumentationen nur Elemente der Mitteilung, nicht als sie selber von Gewicht. Was aber ist dann noch? Die existentielle Erhellung durch Denken in Chiffern und im Überschreiten der Chiffern.

Das spekulative Denken ist gar nicht selbstverständlich. Wer von ihm hört, ist zunächst befremdet. Er bleibt es, solange er nicht den Augenblick erfährt, in dem ihm plötzlich aufgeht, was für das menschliche Denken in der Tat etwas Einziges, Unersetzliches ist.

Die Befremdung führt wohl zur Verwerfung dieser sinnlosen, weil gegenstandslosen Spielerei. Dem plötzlichen Ruck aber wird dieses Denken zu einem Ansatz tiefsten Bewußtwerdens und mit Leidenschaft ergriffen.

4. Das andere Denken

(1) Vergegenwärtigen wir noch einmal den Zustand der Welt und unseres Wissens in einer Chiffer, die nirgends so entschieden wie in Indien ein erfahrener Gedanke war: Alles, was ist, ist Verschleierung. Das Wissen in der Welt, von Gegenständen in der Welt, im zweckhaften Handeln, ist gerade Unwissen, ist der Schleier der Maya. Was von unserem Dasein in der Maya her gesehen Nichts ist, das ist selber die Wahrheit und die Fülle.

Alles Erkennen, zumal auch das wissenschaftliche Erkennen unserer Zeiten, ist ein Erkennen des Scheins, selber zum Schein gehörend, im Kreise des Scheins gefangen. Durch gegenständliche Helligkeit und rationale Klarheit verstärkt sich nur die Verschleierung. Sie ist ein ungeheures Wissen, das gemessen an der Wahrheit eigentlichen Seinswissens vielmehr ein einziges Scheinwissen, ein Unwissen (avidya) ist.

Woher dieser Schleier, diese unsere Daseinsrealität, die doch nicht aus sich, nicht eigentlich Sein ist? War es eine ursprüngliche erste Täuschung? ein geschichtlicher Vorgang, in dem sich verdunkelt hat, was einst hell war? ein Akt des Zaubers täuschender Weltschöpfung? Die Antwort bleibt aus. Oder sie wird in Chiffern gegeben, die gerade das verlorengehen lassen, worum es sich hier handelt, das Überschreiten aller Chiffern.

Die Einsicht in den Zustand unserer Welt und unseres Wissens verlangt ein anderes Denken, das die Verschleierung durchbricht. Es ist, wenn der Ursprung des Scheins sich herleitete aus einer Umwendung, die Umwendung der Umwendung, die Umkehr aus der ersten in die Verdunkelung geratenen Umkehr.

Aber die Vorstellung, daß dies Ganze eine Geschichte des Seins der Welt, unserer selbst sei, die durch einen unbegreiflichen Abfall entstand als Schein, und die sich hält durch den Schein des Unwissens, wird selber vielmehr ungeschichtlich gemeint: die Umwendung und die Umwendung der Umwendung ist das, was zu jeder Zeit, nicht zu irgendeiner Zeit geschieht. Von dort her, wo Wahrheit ist, wird jeden Augenblick der Abfall, dorthin jeden Augenblick die Rückkehr vollzogen.

Die Rückkehr geschieht durch ein anderes Denken, sei es die meditative Bewußtseinsverwandlung, sei es durch spekulatives, zwar mit dem Verstand vollzogenes, aber dem Verstand als solchem unzugängliches Denken.

(2) Jenseits aller Chiffern – wer es gespürt hat, erfährt von dorther eine mächtige, lautlose Anziehungskraft. Er schweigt zunächst, aber er kann nicht schweigen. Denn er will sich klar werden und noch das Schweigen klären, auch wenn dieses sich nach jeder Klärung neu wiederherstellt.

Ich denke das Jenseits aller Chiffern. Aber im Augenblick, wo ich es denke, ist es in der Tat nicht mehr. Es kann nur gedacht werden um den Preis, es dadurch im Denken zugleich zu verlieren.

Das Denken, das es verliert, ist das gegenständliche Denken, ist das Denken am Leitfaden von Vorstellungen und Bildern, das Denken in Bestimmbarkeiten, das heißt in Begriffen, das Denken in Chiffern.

Gibt es ein anderes Denken, das dorthin gelangt? Das wäre ein Denken, das sich selbst aufhebt. Ihm brechen Gedanken und Gegenstände zusammen. Sie werden ihm zu nichts, aber so, daß dadurch in dem Denkenden gegenwärtig wird, was eigentlich und wesentlich und durch sich selbst ist, was nicht für anderes und nicht für uns als ein Gedachtes ist. Aber schon die Worte »eigentlich«, »wesentlich«, »durch sich selbst«, »jenseits des Seins« sind zu viel.

Denn sie und alle überlieferten metaphysischen Bestimmungen sind, indem sie aussagen und nennen, selber schon wieder sogleich Verschleierung. Was das Schweigen aufhebt, klärt es zwar, aber stört es auch. Die Stille, Wort geworden, verliert ihre Tiefe. Asiatische Philosophie hat daher dies gesamte Denken am Ende nur benutzt, um sich selber zu vernichten, und es unermüdlich in diesem Selbstvernichtungsdenkprozeß wiederholt.

Was aber dadurch im Denkenden entsteht, ihm zugänglich wird, im wiederhergestellten Schweigen der Stille sich offenbart, das erwächst nicht schon mit dem sich aufhebenden Denken. Dieses macht nur den Raum frei. Es verfolgt das gegenständliche Denken bis in die letzte Ecke, in die es sich retten und aus der es von neuem hervortreten will. Denn wir möchten wohl in diesem anderen Denken am Ende doch durch Ergreifen des Eigentlichen triumphieren. Dann aber verraten wir es. Was wir wissen wollten, verbirgt sich erst recht. Immer wieder möchten wir es haben, und sei es durch bloßes Nennen, aber indem wir es wieder hineingezogen haben in das Denkbare, verlieren wir es im gleichen Augenblick.

Daher dient dieses mit sublimen dialektischen Mitteln zum totalen Scheitern getriebene Denken im asiatischen Philosophieren nur zur Abwehr und Vorbereitung, ist nicht selber eine Weise der Erfüllung. Diese wird dort auf dem Wege des Meditierens als Bewußtseinsverwandlung gewonnen. Von ihr her und auf sie hin zu sprechen, ist dort der Sinn der begrifflichen Spekulation, des gegenüber dem Verstandesdenken neuen Denkens. Lebenwährende Meditationsübungen sind der Weg und bringen zur Erfüllung jener Wahrheit, vor der alles gegenständlich denkende Wissen nur Unwissen ist.

Asiatische Philosophie nennt sie Leerheit. Auch für unser Denken wird – ohne jene Bewußtseinswandlung – im Transzendieren über alle Chiffern das, was gesucht ist, in der Tat vollkommen leer, weil unser immer gegenständliches Denken es nicht zu erreichen vermag. In seiner Reinheit vom Gegenständlichen ist es für dieses Denken Nichts. Ist es möglich, dort den Anker zu werfen, wo kein Boden, kein Halt, sondern Nichts ist? Für unser denkendes Bewußtsein, das Etwas erkennen will, offenbar nicht. Ein anderes Bewußtsein ist uns unbekannt, weil wir jene Bewußtseinsverwandlungen der Meditation weder vollziehen noch ihnen Glauben schenken.

Aber ist es in unserem hellen Bewußtsein auf dem Wege über das Denken möglich, daß von dorther, wo »Nichts« ist, das Sein ist, unser Dasein in ein anderes Licht gerückt und daß unsere Freiheit, im Raum der Welt und der Sprache der Chiffern, über sie hinaus erfüllt wird ohne Meditationspraxis? Die Frage wird beantwortet durch existentielle Erfahrung, aktiv und passiv zugleich. Die Antwort zeigt sich in der Weise, wie wir mit unserer realen Erkenntnis umgehen, wie wir in der Chiffernsprache uns bewegen, wie unser Bewußtsein, in der Welt zu sein, seinen Zustand erfährt, wie wir überall Maßstäbe auftreten sehen, ohne zu erkennen woher, und eine Führung erfahren, ohne zu erkennen wie.

Dieser Wirklichkeit dient das andere Denken, das Denken der

philosophischen Spekulation, in dem wir mit den Asiaten uns treffen. Es ist das Denken, das sich selbst aufhebt. Dieses, das, von unserer verständigen Auffassung der Dinge her gesehen, eigentlich kein Denken mehr zu sein scheint, da es nichts erkennt, ist selber eine andere Meditation ohne Verwandlung des Bewußtseinszustandes. Es ist in Jahrtausenden so reich entwickelt, wie die Musik. Aber es ist schwerer zugänglich. Wer hineingelangt, macht die einzigen Erfahrungen des spekulativen Denkens. Sie sind dem Anschein nach ohnmächtiger, schwächer, blasser als die massiven Erfahrungen der Versenkungstechnik und der Exerzitien. Aber der Anschein trügt. Die Erfahrung der Spekulation hat gerade wegen ihrer technisch-psychologischen Wirkungslosigkeit ein um so reineres existentielles Gewicht.

Solches Denken kann unwillig machen. Es wird dann – oft zu Unrecht – als ergebnislose Quälerei, oder – manchmal zu Recht – als täuschende Begriffsschieberei des Unernstes erfahren. Aber dieses Denken kann, wo es zündet, hinreißen, weil es im Mitdenken hineinnimmt auf den Gang dorthin, wo das Denken durch das Denken selber aufhört und woher die Führung für den im Denken Befreiten kommt. Es ist das Denken, das in höchster Abstraktion aufhört, abstrakt zu sein, weil es, das Gegenständliche abschüttelnd, existentiell wird.

(3) Ich wiederhole noch einmal: Jede Chiffer begrenzt, macht faßlich, bringt zur Gestalt in Vorstellung und Gedanke. Was immer gedacht wird, steht dem Denkenden gegenüber und dem anderen Gedachten.

Gedachte Chiffern stehen in Kategorien. Mögen diese so übergreifend sein wie etwa Sein, Nichts, Substanz, Sinn usw., sie bleiben Kategorien. Jede Faßlichkeit verengt das Gedachte. Bestimmtheit ist Begrenztheit.

Jenseits aller Chiffern und Kategorien steht die Transzendenz – und dieses Wort Transzendenz ist als Bezeichnung schon wieder unangemessen. Es besagt das Hinausgehen über alle Gegenstände und alle Chiffern, das Überschreiten, das Übersteigen, meint aber nicht den Überschritt, den Überstieg, sondern das, wohin er gelangt und was gerade nicht mehr in der Aussage zu treffen ist. Daher sind hier Aussagen weder treffend noch nichttreffend, sondern Übergang im spekulativen Denken, wie »Gott ist das Sein«, »Gott ist das Nichts«.

Transzendieren bedeutet für uns, sofern wir Menschen sinnliche Vernunftwesen sind, nicht, daß wir auf Chiffern und Kategorien verzichten, sondern daß wir uns von ihnen nicht fangen lassen, indem wir mit ihnen über sie hinausgelangen, aber auch sogleich in sie zurückgleiten.

Ein großer moderner Humanist schrieb: »Ich weiß nicht von Gott, ja, ich kann nicht einmal von ihm aussagen, daß er ist, und dennoch fühle ich mich unaufhörlich in ihm geborgen.« (Ludwig Curtius, Torso, Stuttgart 1957 S. 287).

(4) Man kann von einer *Selbstaufhebung der Metaphysik* sprechen.

Der erste Schritt ist, nachdem sie als objektive Sachmetaphysik entfaltet wurde, ihre Aufhebung, die Kant, der »Alleszermalmer«, vollzog, aber zur Bewahrung ihres Chiffercharakters.

Der zweite Schritt ist, nachdem der Sinn der Chiffern und ihres Kampfes verwirklicht wurde, ihr Überschreiten in das Jenseits aller Chiffern, wie er seit Jahrtausenden getan worden ist.

Die Aufhebung der objektiven Sachmetaphysik geschieht durch den Aufweis der unvermeidlich entstehenden ungewollten und unerkannten Widersprüche, der endlosen Argumentationen ohne Resultat, der typischen logischen Bahnen dieses Irrens und der existentiellen Unverbindlichkeit solchen Wissens.

Das Überschreiten der Chiffernwelt verliert diese Welt nicht, verbietet aber, sich in ihr als der absoluten anzusiedeln.

Das Denken dieses Überschreitens vermag Chiffern aufzulösen, aber nicht hervorzubringen. Oder es bringt sie nur hervor, um sie aufzulösen. Das Spiel der Auflösung scheint dann die Wahrheit selber zu sein.

Die Selbstaufhebung der Metaphysik ist von Buddha und den Buddhisten zum erstenmal in ganzer Radikalität ausdrücklich gedacht. Wir erfahren sogleich die Zweideutigkeit. Dieses Denken findet keine Heimat in der realen Welt und keine Heimat in einer gedachten Welt. Sie findet »Heimat« im Verschwinden und Verschwindenlassen. Diese Selbstauflösung der Metaphysik der Chiffern führt im zeitlichen Dasein zum Nichts.

(5) Aber das zeitliche Dasein ist da. Die vollkommene Selbstauflösung vermag in der Welt nichts mehr zu wollen, zu tun, nichts mehr aufzubauen. Sie kennt nur noch die Gleichgültigkeit und Beliebigkeit und Widersinnigkeit des Nichtigen. Das aber ist für uns so wenig das letzte Wort, daß es vielmehr der Ausdruck einer Möglichkeit ist, der wir mit unserer existentiellen Energie widerstehen.

Denn wir sind nicht nur dem Zufall überlassene, nur der Natur anheimgegebene Wesen, sind nicht umsonst in der Welt. Ein zeitloses »ewiges Reich« ist eine Chiffer, die aber nur in der Welt spricht. Dieses Reich ist nicht eine andere Welt, in die ich flüchten könnte, sondern in dieser Welt selber gegenwärtig. Gründe ich mein Leben auf ein zukünftiges Reich, auf das ganz Andere, anderswo, das mich erwartet, und gründe ich es auf die leibliche Auferstehung, um dort dann dauernd zu leben – lasse ich diese Chiffern also zu Leibhaftigkeiten einer Realität werden –, dann schwindet der Ernst in der Welt für die Welt und damit die Ewigkeit selber. Ich bin nichts, wenn ich nicht in der Welt verwirkliche, was mir hier die Ewigkeit offenbar werden läßt. Denn versäume ich die Welt, so verliere ich auch die Ewigkeit. Maß für unser Weltsein ist zwar das Ewige. Aber was gemessen wird, darf ich nicht preisgeben. Es soll – so ist der paradoxe Ausdruck – im Weltlichen zeitlich entschieden werden, was ich ewig bin, was ewig ist.

Noch im Jenseits aller Chiffern spüren wir Abendländer, uns erziehend durch die Überlieferung von Antike und Bibel, den Anspruch in unserem Dasein, wie es uns gegeben: uns als Existenz zu verwirklichen, erfüllt vom Blick auf Transzendenz.

5. Über die Seinsspekulation

(1) Die gegenstandslose, insofern auch inhaltslose Seinsspekulation wird formal in verschwindenden Abstraktionen gedacht. Da diese jedoch nur für Augenblicke vollziehbar sind, schlagen sie um entweder in die Fülle von Bildern und Gleichnissen, in denen alle begriffliche Bestimmung aufhört, oder in Begrifflichkeiten, die als vermeintliche Sachverhalte dem gegenständlichen Bedürfnis Genüge tun. Solches Denken geht zwischen Leerheit und Gegenständlichkeit hin und her. Statt der unmöglichen Erkenntnis des Seins ist im Denken gleichsam ein Ansprechen des Seins oder ein Angesprochen-werden vom Sein gewonnen. Das Scheitern wird zum Anstoß: Die Stille spricht.

Es gibt auch keinen geschichtlichen Fortschritt solchen Denkens, wohl aber seine Erweiterung und Bereicherung durch Denkmöglichkeiten, in denen immer derselbe Wirbel im Gedachten, der Schwindel im Denkenden und gleichsam die Ordnung von Wirbel und Schwindel jeweils neue Formen gewinnt.

Das spekulative Denken entwirft keine Theorie im Sinne einer wissenschaftlichen Forschung, die dann bestätigt, verbessert oder durch eine neue richtigere ersetzt würde. Aber es gibt den gewaltigen Bestand spekulativen Kreisens in der Geschichte der Philosophie.

(2) Unter *Mystik* versteht man zunächst zwei einander entgegengesetzte Erfahrungen. *Erstens:* Visionen, die aus übersinnlicher Herkunft verstanden werden, *zweitens* die unio mystica der Einung in Ichlosigkeit und Gegenstandlosigkeit, diesen inkommunikablen Zustand, in dem weder Ich und Gegenstand noch Gegenstände untereinander unterschieden, alles eines ist. Mystik nennt man aber *drittens* auch die Seinsspekulation, die mit ihren dialektischen Bewegungen in hellstem Bewußtsein unter Verschwinden alles Gegenständlichen durch das Denken selbst des Seins innewerden läßt.

Die drei Weisen der Mystik stehen im Kampf. Das reine Denken des Seins verwirft die Schwärmerei in Visionen und Ekstasen. Die »heilige« Nüchternheit des Denkens verwirft das Erleben der unio als bloßes Erleben. Die Disziplin methodischer Gedankenvollzüge trennt sich von den Exerzitien einer Bewußtseinsverwandlung in Meditationsstufen.

Jedoch bleibt auch die Beziehung der drei. Die dialektische Spekulation wird zur Interpretation der unio, bedient sich der visionären Inhalte als Gleichnissen. Die Visionen und die unio drängen ihrerseits zum spekulativen Denken, in dem sie sich verstehen.

(3) Die Seinsspekulation spricht sich in rationalen Sätzen aus. Sie ist zu ihrem methodologischen Selbstbewußtsein zu bringen. Aber in der rationalen Reinheit ist sie für sich allein leer. Wenn sie betroffen macht, entbehrt sie doch als solche der gegenwärtigen Erfüllung. In ihrer immer gleichen Rationalität wird sie einförmig.

Daher bedarf die Seinsspekulation der Ergänzung, durch die sie erst ihren Wahrheitscharakter bewährt. Oder sie bedarf eines vorhergehenden Erfülltseins, in dem sie selber nur eine Funktion ist.

Ist diese Ergänzung in Erlebnissen, Bewußtseinszuständen, Visionen gegeben, dann handelt es sich, vom Ernst der Philosophie her gesehen, nicht selten um Zauberei und Wahn, um Selbstgenuß und Selbstvernichtung.

Ist diese Ergänzung die Existenz, so gewinnt diese durch jene Spekulation die Weite des Seinsraumes, in dem sie ihre geschichtliche Einsenkung geborgen sieht dadurch, daß sie sie um so unbedingter und treuer vollzieht.

Während die rationalen Bewegungen als nur solche wie eine rationale Spielerei des Verstandes anmuten und ohne Folgen in das bloße Nichtsein führen, können sie existentiell durch Scheitern des Denkens in eine andere Grundverfassung bringen: durch sie wird der Sinn aller kritisch vollzogenen Erkenntnis und allen Tuns und Handelns in der Welt an die Grenzen seiner Bedeutung gebunden.

(4) Die Seinsspekulation ist wesentlich unterschieden durch die Weise, wie sie ein Faktor der Existenz im Dasein wird. Sie kann sich selbst absolut setzen und als Erfüllung in diesem Leben gewählt werden (um den Preis des Versäumens der existentiellen Wirklichkeit und damit am Ende des Verlustes der Wahrheit dieser Spekulation selber). Sie kann als Zwischenaugenblick erlaubt und zu einer unter anderen merkwürdigen Denkerfahrungen werden. Sie kann, einmal vollzogen, als bleibender Hintergrund des existentiellen Bewußtseins in allen Dingen Maß und Grenze zur Geltung bringen, die Rangordnungen wesentlich werden lassen.

(5) Die Seinsspekulation ist die Erhellung des Nichtwissens an der Grenze und die Aufhebung des verschleiernden die Grenze nicht kennenden Unwissens dadurch, daß sie die Unsichtbarkeit, Undenkbarkeit, Unsagbarkeit des Seins zur Geltung bringt.

Logisch ist dieses Nichtwissen die Überwindung der Zweiheit von Subjekt und Objekt im Denken, von Einem und Anderen im Gedachten auf dem Wege entfalteter Begrifflichkeit hin zum Begriffslosen, Bildlosen, Raumlosen, Zeitlosen, wo alles, Ich und Gegenstand verschwinden.

Dies erfüllte Nichtwissen ist in der abendländischen Welt in großer Dichtung und Philosophie als der Seinsgrund wirksam, der die dichterischen Gestalten und die gedachten Gebilde umfängt. Er macht sie sinnvoll in ihrer Begrenzung. Es geschieht einzig still und indirekt bei Shakespeare und bei Kant. Wird jene Grenze ungefühlt und ungedacht, und erlischt das Licht von ihr her, dann fällt Dichtung in Realismus oder Phantasterei, fällt Denken (auch in so genialen Figuren wie etwa Fichte und Hegel) als Gesamtverfassung zurück in die Enge eines, sei es auch noch so großartigen, bedeutende Inhalte und echtes Wissen und wirksame Spekulation in sich hineinnehmenden Scheinwissens.

6. Verkehrungen der Seinsspekulation

(1) Die Selbstaufhebung der Chiffernwelt vermöge des Durchbruchs der Existenz zur Transzendenz verwirklicht sich nur als ein Grenzprozeß. Im zeitlichen Dasein läßt sie die Grenze nicht überschreiten. Der Denkende bleibt als Dasein und Existenz faktisch im Kampf der Mächte.

In unserem an Leibhaftigkeit und Gegenständlichkeit gebundenen Denken ist der Drang untilgbar, was immer wir an der Grenze spüren, sogleich in die uns faßlichen Formen innerhalb der Grenze einzufangen. Dadurch wird der Sinn des Durchbruchs verkehrt.

Etwas anderes ist es, daß wir nach der Selbstauflösung der Chiffernwelt immer wieder den Schritt in die Chiffern zurück tun müssen. Dieser im Dasein notwendige Schritt ist nur dann nicht Verkehrung, wenn mit ihm der Denkende weiß, was er tut, und an dem unverkehrten Durchbruch einen erleuchtenden Rückhalt hat.

(2) Macht sich das Transzendieren in den letzten Grund der Grundlosigkeit selbständig und zum Endziel, so geht es sich selbst verloren: *Erstens* wird das endlose »weiter«, das notwendig ist gegenüber jeder Fixierung, sinnlos in dem geheimnisvoll sich gebenden Immer noch einmal, als ob bisher der letzte Schritt, die letzte und eigentliche Frage versäumt sei. *Zweitens* geschieht dann die falsche Erfüllung durch Chiffern, die hier grade nicht mehr ihren Ort haben, etwa durch Chiffern irgendeines Handelns oder Lassens, eines Sichzurückziehens und Sichverbergens der Transzendenz oder ihres Öffnens eines Weges zu sich. Dafür gibt es mannigfache Beispiele in dem gnostischen (sowohl europäischen wie asiatischen) Denken. Dann hat das ewige Sein-Nichts etwa wieder seine Geschichte, es läßt Abfall und Unheil zu, es sendet Befreier und Erlöser. Es ist gar von einem Gott die Rede, dessen eigenes geschichtliches Werden sich spiegelt in den großen Epochen der menschlichen Geschichte. Götter werden geboren und sterben. Die Macht des »Seins« ist, dies zu bewirken. Sie sendet das Schicksal des unheimlichen Weltgeschehens. Solches Denken gibt sich kund einmal in formalen Verdünnungen, dann in phantastischen Gebilden, in Sichten der in ihrer Konkretheit gedeuteten faktischen Menschheitsgeschichte (meistens als ein einziger ungeheurer Abfallsprozeß vorgestellt). Es verführt, sei es durch das Geheimnis, sei es im Widerspruch dazu durch die märchenhafte Offenbarkeit, durch dies faszinierende Hin und Her. Nach der jahrtausendealten Überlieferung, die ihre

Erscheinung je nach den Anschauungen, Kenntnissen, Begrifflichkeiten der Zeitalter abwandelt, war Schelling ein neuer Höhepunkt innerhalb des philosophischen Idealismus. Klages scheint mir die letzte aus ursprünglicher historischer Anschauung gewonnene, mit Modernität erfüllte philosophische Gnostik hervorgebracht zu haben.

(3) In der Seinsspekulation sind »Sachverhalte« vielleicht Leitfäden, aber nicht der Gehalt. Die Wahrheit liegt in dem, was den Bezug des Gedachten zum Denkenden umgreift, nicht in der Belanglosigkeit eines flachen Sachverhalts. Der wirkliche spekulative Gedanke ist ein inneres Handeln. Das Sein wird hell, indem ich selbst mich verwandle. Darin, wie das geschieht, wird das Sein sprechend. Diesen Sinn hat das Denken nur in der Bewegung, nicht im Lehrstück. Was der Existenz in diesem Spiel des Gedankens gewiß wird, ist ihr längst aus anderer Quelle gekommen, nicht aus der Einsicht allein, wird aber nur in ihr, nicht ohne sie hell.

7. Der Wille zum Lesen der Chiffern ist der Wille zur Existenz in der Welt

Existenz, in der Welt sich findend, will durch sich in der Welt erfahren, was ist.

Das Undenkbare des Seins vor den Chiffern, dieses Seins, das, da ihm alles mangelt, was in der Welt Realität und Gegenständlichkeit verleiht, von der Welt her gesehen Nichts ist, verwehrt jede Chiffer, wenn diese als solche absolut werden möchte. Es verwehrt in diesem Sinne auch die Absolutheit der Chiffer des persönlichen Gottes. Aber es vernichtet nicht die Chiffern, auch nicht die Chiffer des einen persönlichen Gottes.

(1) Im Transzendieren über alle Chiffern, hinaus nicht nur über die Welt, sondern über die Wirklichkeit unserer Existenz im Dasein, gelangen wir in die große Leere, in das All, das Nichts ist, in die Fülle, die ohne Offenbarung bleibt.

Scheint das einen Augenblick zu gelingen, so verschwinden Ich und Gegenstand, Raum und Zeit. Der für unser Denken und Vorstellen unerfüllbare Raum reinen Lichtes ist erreicht, ohne daß etwas vom Licht getroffen würde. Unserer Zeitlichkeit und Endlichkeit geht der Atem aus. Aus der übermenschlichen Bewußtlosigkeit oder Überbewußtheit kehren wir zurück zu den Chiffern.

(2) Für den Menschen, der jenen überweltlichen Ort einen Augenblick erreicht hat, geht doch sein Dasein in der Welt weiter. Wie ist dieses Dasein dann noch möglich? Es gab die Menschen, die sich abkehrten von der Welt, in Wälder und Wüsten gingen, wo sie starben, wenn nicht Menschen, die sie als Heilige verehrten, ihnen Nahrung gaben und sie sich das gefallen ließen.

Bleibt der Mensch, dem jene weltlose Erfahrung zuteil wurde, in der Welt, so wird seine Erscheinung zweideutig. Wie ist zu unterscheiden das Übermenschliche und der Schwindel? Der Verzicht auf Alles des Einen wegen erzeugt in dem, der so lebt, durch seine Daseinsrealität eine für Andere geheimnisvolle, geglaubte Gestalt oder er wird eine als Zauberer durchschaubare Figur. Aus dem Weg zum höchsten Ziel wird ein Geschäft in der Welt.

Der Gang in das Nichts, in dem das Eigentliche beschlossen liegt, führt aus der Welt hinaus, ohne noch den Rest eines Interesses an der Welt zu bewahren. Aber dieser Gang erfordert, da das faktische Dasein mit Sinnen und Anschauen und Denken weiterläuft, die höchste Anspannung, die erst durch diese selber in das wahre und wirkliche Sichloslassen führt. Oder dieser Gang in das Nichts führt zur Verkehrung: In der Passivität des Sichgehenlassens verliert der Mensch den Ursprung. Statt die absolute Leere des ewigen Nichts als Chiffer zu erfahren, gerät das Denken in einen dieser Erfahrung fernen Zustand einer Betrachtung mit Begriffen, in der eine zur Spielerei gewordene Spekulation als philosophisch gilt.

Es ist wunderlich, wie unerreichbare Wahrheit gleichsam berührt wird, und diese Berührung sich so ganz in Betrug und Selbstbetrug verkehren kann.

(3) Die Wahrheit des endlichen Menschen kehrt aus der Verführung durch das Übermenschliche zurück in die Welt, die ihm nun durchstrahlt ist von dorther, aber in Chiffern spricht. Der Wille zur Verwirklichung in der Welt ist der Wille zum Hören der Chiffern. In Freiheit zu wirken und zu bauen, das erfährt seinen Sinn durch das Strahlen der Chiffern. Das Leben in der Welt wird an jenen letzten Ursprung geknüpft nur durch die Bereitschaft, im weltlichen Tun selber existentiell zu werden durch Empfangen und Hervorbringen der Chiffern. Chiffern werden Realitäten als Sprache, und Realitäten werden Chiffern.

Existenz verweigert die Flucht aus der Welt, aber ihr Dasein in der Welt wird zu dem Lesen der Chiffern in der je eigenen geschichtlichen

Existenz. Daher kehrt sie zurück in die Welt, mit dem Wissen, daß das, was sie sucht, in ihrem zeitlichen Dasein nicht zu erreichen ist außer durch ihre Existenz selber, die in Welt und Zeit, die Chiffern hörend, wirklich wird.

Gegen die Verflüchtigung in die Abstraktion des Einen als Negativen, gegen die Weltleere der mystischen unio stellt sich wieder her die erfüllte Gegenwart der Transzendenz, hörbar in den Chiffern für Existenz. Diese ist frei in der Welt, weil sie gebunden ist im Unbegriffenen, aus dem heraus sie begreift, das sie aber nie hat und nie ist.

(4) In der Situation unseres endlichen Menschseins suchen wir beides: Das frei machende, unangetastete, transzendente Eine und die unendliche Sprache der Endlichkeit.

Das Eine ist uns gegenwärtig in dem unübertragbaren, nicht allgemeinheitlich werdenden Einen der existentiellen Wirklichkeit, die sich als Spiegel erfährt des einzig Einen, das niemand weiß oder besitzt. Wir verlieren diese Möglichkeit, wenn wir uns fesseln lassen durch ein vermeintliches Eines in der Welt als einem absoluten.

Die unendliche Sprache der Endlichkeit kommt zu uns aus der unabsehbaren Welt der Realitäten und der Denkbarkeiten. Wir bewegen uns in der Welt der Endlichkeiten, umgriffen vom unendlichen Sein-Nichts des Überseins, das wir nicht geradezu treffen. Wir verlieren, wenn dies Umgreifende uns stumm wird, die Transparenz der Dinge und geraten in die Endlosigkeit des Gleichgültigen.

Nur der Schein einer rationalen Alternative zwingt zur Wahl zwischen der Verflüchtigung in der abstrakten Spekulation und der Verleiblichung im Aberglauben. Beides wehrt unser Philosophieren ab, um die eigentliche Wirklichkeit nicht zu verlieren auf dem Weg der Existenz in ihrem zeitlichen Dasein. Dieser Weg ist substantiell erleuchtet durch die Chiffern, formal vergewissert und denkend gerechtfertigt durch das Grundwissen.

8. Die Befreiung des Menschen

(1) Die Befreiung geht von den dumpfen wilden Mächten zu den persönlichen Göttern, von den Göttern, die jenseits von Gut und Böse stehen, zu den sittlichen Göttern, von den Göttern zum Einen Gott – und zur letzten Freiheit dorthin, wo der eine und der persönliche Gott als Chiffer erkannt wird. Nenne man diese letzte Befreiung den Auf-

stieg von Gott zur Gottheit, von den Chiffern zu dem, woraus alle Chiffern Sprache werden, es ist die Befreiung aus allen Fesseln der eigenen Vorstellungen und Gedanken hin zur Wahrheit selbst, vor der das Denken still steht.

(2) Diese letzte Befreiung hat wesentliche Folgen:

Ich höre auf, die Chiffer des Gottes, dem ich als dem meinen folge, als den Gott für alle zu beanspruchen.

Ich höre auf, Gott für mein Dasein und meine Interessen, für die Lebensform und für den Glaubensinhalt gleichsam in Besitz zu nehmen und meine Kämpfe in der Welt in das Kleid eines Kampfes Gottes gegen das Gottlose und Widergöttliche zu kleiden, als ob Gott mit mir gegen die Anderen, ich für Gott kämpfe.

Ich höre auf, Gott für die Vernunft zu halten, die meine Vernunft, die menschliche Vernunft ist. Ich höre auf, mich zu verlassen auf etwas, was meinem menschlichen Begehren als das Höchste, Beste und Reinste erscheint.

(3) Die Wege zur Befreiung standen und stehen immer schon offen. Aber der Weg ist an keinem Orte vollendet. Nirgends gibt es den Ort des ständigen Haltes. Einkehr und Besinnung ist uns vergönnt, vor allem und entscheidend: die Erfüllung eines Augenblicks, die Tat – und dann geht es weiter – und: »der Rest ist Schweigen.«

Entgegen dem Augenblick als bloßem Moment, der nur verschwindet, kann der Augenblick, der, Vergangenheit und Zukunft in sich bergend, Vergangenheit und Zukunft überschreitet, in seiner Gegenwärtigkeit zu einem Widerschein der Vollendung werden. Solcher Augenblick ist das Höchste, was beschieden ist, dem je Einzelnen, zu zweien, im Aufschwung einer Gemeinschaft.

Aber er verwandelt sich aus der Freiheit zur Fessel, wenn er objektiv fixiert, als Gewußtsein seiner allgemeinen absoluten Geltung der feste Halt und zum Anspruch an Andere wird. Er muß die Tiefe der geschichtlichen Erinnerung bleiben. Seine Vergewisserung wird zur Ermutigung für immer. Er spricht aus dem je eigenen Leben. Jederzeit gilt: Gegenwärtig leben, weder an Vergangenheit noch an Zukunft sich verlieren. Wenn beide die Gegenwart nicht steigern, verderben sie sie.

SECHSTER TEIL

Befreiung und Freiheit des Menschen heute

Die Geschichte des Menschen ist die Geschichte seiner Freiheit. Wo immer Freiheit erwachsen ist und schon aus ferner Vergangenheit zu uns spricht, da erkennen wir uns wieder in den Schicksalsgefährten des Menschseins, in den Wesen, die uns selbst innerlich verwandt und in der gleichen Grundsituation sind. Wir wissen uns in einer einzigen großen Gemeinschaft, die die Gemeinschaft der Freiheit ist.

Nur soweit wir, innerlich frei, unsere Freiheit aus der Gemeinschaft erfüllen, werden wir in der Bindung erst wirklich frei. Je mehr Freiheit um uns ist, desto mehr sind wir selber frei. Je mehr wir uns preisgegeben fühlen an dunkle Mächte in den Menschen und in jedem von uns in uns selber, desto schwächer wird unser Freiheitsbewußtsein. Dann verwechseln wir Freiheit und Willkür. Wir neigen zur Gewalt, haben Drang zur inneren und äußeren Sicherung mit der Folge, zu gehorchen und zu befehlen, beherrscht zu werden und zu herrschen. Statt als Selbst mit anderem Selbst in Kommunikation frei zu werden, suchen wir, hilflos eingesponnen im Gewebe des Daseins, die Vereinigung nur in Gestalten der Unfreiheit.

Befreiung ist auf dem Wege aus dem Dunkel freiheitswidriger Gebundenheiten, die, wenn wir sie erkennen, wir doch nicht abwerfen können, in das Licht heller Bindungen des Freiseins. Freiheit ist dieser Weg der Befreiung selber. Absolute Freiheit ist ein sich selbst widersprechender Begriff.

Der Weg der Befreiung ist für die Freiheit selber gefährlich. Denn er ist zweideutig, entweder nur Befreiung von etwas (negative Freiheit) oder Freiheit aus einem Ursprung (positive Freiheit). Bloße Befreiung läßt ratlos zurückfallen in Unfreiheit. Befreiung gelingt nur, wenn die Freiheit aus dem Ursprung sich erfüllt und verwirklicht.

1. Auf dem Wege zur inneren Freiheit

Seit dem Anfang der Philosophie und in den neueren Zeiten sind zwei Momente der Befreiung durch helles Bewußtsein zur Wirkung gekommen:

Der Wandel von der Leibhaftigkeit zur Chiffer, schließlich bis zur Grenze des Verzichts sogar auf Chiffern im erfüllten Schweigen; von der Leibhaftigkeit bis zur Sprachlosigkeit führt der ständig zu wiederholende Weg, auf dem die Wahrheit der Wirklichkeit gegenwärtig wird (a).

Der Wandel von der Unmittelbarkeit der naiven Selbstverständlichkeiten durch Reflektion zum universalen methodologischen Bewußtsein (dem Bewußtsein unserer Wege), ist die Weise, wie alles, was wir denken und tun, in die Schwebe gelangt und aufgefangen wird von dem umgreifenden Nichtgewußten (b).

a. Von der Leibhaftigkeit zur Chiffer

Ich fasse noch einmal zusammen:

Chiffern sind Sprache der Wirklichkeit der Transzendenz, nicht die Transzendenz selber. Sie sind vieldeutig, nicht allgemeingültig. Ihre Sprache ist nicht hörbar für unseren Verstand, sondern nur für uns als mögliche Existenz.

Im *historischen Bericht* werden sie zu einem nach verschiedenen Gesichtspunkten äußerlich geordneten Haufen von Phantasien. In der *philosophischen Besinnung* aber, der die Berichte dienen, können wir durch ein mit ihrem Denken sich vollziehendes inneres Handeln uns selbst vorbereiten oder erinnern. Nur in den je geschichtlich *einmaligen Augenblicken* ursprünglichen Vergewisserns und Entscheidens der Existenz können die Chiffern ihre wirklich erhellende Kraft haben.

Das moderne wissenschaftliche Erkennen bringt uns in den ständig wachsenden Besitz von Wissen und Können. Unter dem suggestiven Eindruck dieser Erfolge sieht der unkritische Verstand in dem, was er erkennen und machen kann, alles, was ist. Existenz und Transzendenz sind ihm inexistent, ein Nichts – von dem trunkene Philosophen in Begriffskonstruktionen unverständlich reden.

Überträgt der unkritische Verstand seine Weise des Wissens und Könnens in der Welt auf das Ganze der Welt, dann macht er sich ein vermeintlich wissenschaftliches Weltbild. Die Folge ist die Entzauberung der Welt durch den Wissenschaftsaberglauben.

Ein wissenschaftliches Weltbild gibt es nicht. Zum erstenmal in der Geschichte haben wir heute durch die Wissenschaften selber völlige Klarheit darüber. Früher waren Weltbilder, die das Denken ganzer Zeitalter beherrschen konnten, wundersame Chiffern, die uns heute noch ansprechen. Das sogenannte moderne Weltbild dagegen, begründet auf die Denkungsart, die in Descartes repräsentiert ist, das Ergebnis einer Philosophie als Pseudowissenschaft, hat nicht den Charakter einer Chiffer für Existenz, sondern einer mechanischen und dynamischen Apparatur für den Verstand.

Die Welt, in der wir wissenschaftlich erkennen, und die als Ganzes uns nie zum wissenschaftlichen Gegenstand werden kann, ist für das Erkennen zerrissen, wie sie auch immer unter Ideen von Einheiten, in unendlichem Fortschreiten in sie eindringend, erforscht werde. In kritischer Wissenschaftlichkeit leben wir ohne Weltbild. Existentiell haben wir alle möglichen Weltbilder innerhalb der vieldeutigen Chiffernsprache zur Verfügung.

Wenn ein Theologe (Bultmann)[1] ein modernes Weltbild anerkennt, das nicht rückgängig zu machen sei (da er Wissenschaft und wissenschaftsabergläubische Denkungsart nicht unterscheidet), dann kann er auf den Gedanken kommen, den biblischen Glauben zu entmythologisieren, um Schwierigkeiten für den modernen Menschen aus dem Weg zu schaffen. Seine Meinung ist, das ihm bei seiner Entmythologisierung Übrigbleibende des Glaubens, nämlich des Glaubens an das im Neuen Testament »bezeugte« Heilsgeschehen, sei so zu retten. Seine Entmythologisierung wird nicht zu Ende geführt, weil durch einen Willkürakt seines Glaubens das Heilsgeschehen kein Mythos sein soll. Im ganzen aber raubt uns diese Entmythologisierung alle Mythenwelt, das heißt das Reich der Chiffern überhaupt, nimmt unserer Existenz die Sprache der Transzendenz in ihrem ganzen Reichtum und ihrer Vieldeutigkeit.

Die Aufgabe in der Situation des wissenschaftlich kritischen Denkens einerseits und des Wissenschaftsaberglaubens andererseits ist vielmehr die Verwandlung aller leibhaftigen Mythen in Chiffern als Sprache der Transzendenz. Die Reinheit der Transzendenz, unbefleckt von ihrer falschen Realisierung in der Endlichkeit von Raum und Zeit, wird zum stillen, übermächtigen Umgreifenden, durch das

[1] Karl Jaspers, Rudolf Bultmann, Die Frage der Entmythologisierung, München, Piper, 1954.

wir zu uns selbst kommen. Dann ist das Hören der Sprache der Chiffern nicht Illusion, sondern das Hören transzendenter Wirklichkeit in vielen Sprachen, die einander bedrängen. Die Chiffernwelt ist ein Raum des geistigen Kampfes. In ihr begegnen sich Menschen, die sie selbst werden. Ihre Kommunikation bleibt in Bewegungen, die in Chiffern sich kundgeben – dieses selber wieder in der Chiffer von Mächten gesprochen.

Was der Mensch in den Chiffern hört, das führt ihn zu seinem Adel oder seiner Niedrigkeit. So tief sein Blick in den Grund dringt, so tief wird der Ursprung aus ihm selbst heraus wirksam.

Je klarer wir in der Welt uns orientieren, die Dinge in ihren Bereichen allgemeingültig erkennen und planend machen, um so mehr wird uns das andere heller, wahrer, wirksamer, das Andere, das ohne allgemeingültige Wißbarkeit unser Leben zum Aufschwung im Ernstwerden bringt.

Wir sind endliche, an Sinne gebundene Vernunftwesen. Aus Wahrhaftigkeit müssen wir auf den Besitz der leibhaftigen Realität der transzendenten Wirklichkeit verzichten zugunsten ihrer vieldeutigen Sprache in den Chiffern. Doch müssen wir das Schwergewicht der Wirklichkeit in den Chiffern bewahren. Denn in deren Erfahrung geht es um alles, um die Erhellung von Sinn und Ziel unseres Lebens. Der Ernst wird verläßlicher, wenn er nicht mehr in der Bindung an Leibhaftigkeit sich verkehren kann zu der täuschenden Sicherheit des Sinnlichen. Der Verzicht, der durch des Menschen Wahrhaftigkeit erzwungen wird, öffnet ihm seine höchste Möglichkeit.

b. Von der Unmittelbarkeit zum Bewußtsein methodischen Denkens und zum universalen methodologischen Bewußtsein

(1) Mit unserem Vorstellen, Denken, Machen, Handeln, Schauen, im Ergreifen, im Lassen und in der Hingabe wollen wir zugleich wissen, was wir damit tun oder erfahren.

In den Wissenschaften nennen wir die kritische Vergewisserung methodologisch. In der Philosophie, die alles, was wir sind und sein können und tun, denkend durchdringt, sprechen wir in einem umfassenden Sinn von unserer methodologischen Vergewisserung.

Sie bringt uns in Distanz zu allem, was wir denken, tun, sind. Aber nur wenn wir zugleich ganz dabei bleiben, werden wir in der Distanzierung nicht nur befreit, sondern frei, weil erfüllt aus dem Grunde jener Erscheinungen. Dann senken wir uns reiner und entschiedener ein in das, von dem wir uns distanzieren. Wir werden erst recht mit uns identisch, wenn wir so zur Wahrhaftigkeit über uns und das, was wir tun, gelangen.

Was nur gedacht wird, ohne sich auszuweisen in der Weise seines Gedachtseins, das konnte als Erfindung des Geistes blühen, mußte aber unbemerkt vieldeutig wirken, existentiell gewichtig oder gewichtslos, wahr oder wahrheitswidrig. Was getan wurde, ohne sich seiner bewußt zu sein, das konnte in seiner Unmittelbarkeit groß und bewunderungswürdig sein, führte aber durch seinen Ruhm auf gute wie schlimme Bahnen.

Erst in der Reflexion auf das, was gedacht, denkend getan, gehandelt wurde, erst durch die Klärung des Sinns der Geltung dessen, was wir sagen und hören, werden wir philosophisch wahrhaftig. Wir werden frei von den unbefragten Selbstverständlichkeiten, frei von dem »festen Behaupten«, von dem diktatorischen Denken in Machtsprüchen, frei von dem Zwang der logischen Konstruktion, deren Voraussetzungen nicht bewußt geworden sind. Wir werden befreit aus allen bestimmten Kategorien, aus den Fesseln der Sprache und der eigenen Gedanken. Wir unterwerfen uns keinem Gedanken außer in den stets auffindbaren Grenzen seines Geltungssinnes.

(2) Plato ist der früheste Philosoph, bei dessen Studium wir das methodologische Bewußtsein des Philosophierens gewinnen. Daher die wunderbare Befreiung, die durch ihn bis heute geschehen kann. Plato erwachte aus dem Schlummer der voreiligen Selbstverständlichkeiten, in dem bei der Großartigkeit ihrer spekulativen Visionen die Vorsokratiker blieben – wie Kant aus dem Schlummer erwachte, in dem seit Descartes die Metaphysik und die moderne Naturwissenschaft verhängnisvoll als eines genommen, dogmatisch gedacht wurden.

Wenn Plato im Timäus die Welt in den Gestalten der Dinge und in ihrem Gewordensein konstruiert, so weiß er, daß er keine wissenschaftliche Erkenntnis vollzieht, sondern plausible Geschichten (eikotes mythoi) erzählt.

Wenn er im Staat seinen Staatsentwurf entwickelt, so weiß er, daß er kein Programm aufstellt, wie der Staat richtig zu machen sei. Vielmehr entwirft er das Abbild der ewigen Idee des Staats, das für den Philosophen vor Augen steht, aber nicht absolut verbindlich als diese Staatsgestalt ist. Verbindlich ist vielmehr der Grundgedanke, der in der Mitte der Schrift vom Staate steht: nur wenn Philosophen Könige oder Könige Philosophen werden, kann es einen wahren Staat geben. Daher kann ein wahrer Staat auch nicht durch ein Programm oder die Verwirklichung dieser, wie man es später nannte, Utopie entstehen. Die Methode ist nicht das Machen eines Staats, sondern die Erziehung der Philosophen: die dann, an kein Gesetz und kein Abbild und keinen Entwurf gebunden, aus der Anschauung der Idee selber jeweils das Rechte finden. Daher beginnt Plato in Syrakus nicht mit einem Staatsprogramm, um zu wahrer Gestalt des Staats zu gelangen, sondern mit der Erziehung des Herrschers Dionysios, der zunächst Mathematik lernt, um auf den Weg bis zur schließlichen Anschauung der Idee zu gelangen und dadurch erst fähig zu werden, den Staat zu lenken.

Das gegenwärtige, für uns mögliche methodologische Bewußtsein steht unter weiteren Bedingungen, die Plato nicht kannte:

Erstens: Die moderne universale Wissenschaftlichkeit, in der sich das bei den Griechen Zerstreute in der Idee eines offenen Kosmos der Wissenschaften zusammenfand. Es ist die Aufgabe entstanden, Sinn und Grenzen der eigentlichen Wissenschaftlichkeit klar zu fassen und im Erkennen zu verwirklichen.

Zweitens: Die seit dem 17. Jahrhundert in ununterbrochenem Fortschritt befindliche Natur- und Geschichtsforschung. Die Frage, was eigentlich Realität sei, ist zu einer Grundfrage geworden.

Drittens: Die planmäßige Indienststellung des Forschens für das technische Machen, die die kritische methodologische Frage aufwirft, was zu »machen« ist und was nicht.

(3) Die Frage nach der Methode spielt seit dem 17. Jahrhundert, seit Bacon und Descartes und Leibniz eine beherrschende Rolle. Es war das Suchen nach der Methode, mit der man alles erkennen und alles machen kann, was man will, der universalen und absoluten Methode. Man wollte die schöpferische Methode statt des bis dahin geltenden nachhinkenden logischen Denkens.

Dies aber war keineswegs der Ursprung des heute möglichen methodologischen Bewußtseins. Es befreite nicht durch Offenheit für Möglichkeiten, sondern zwang hinein in die für absolut gehaltene Methode. Außer Sicht blieb die Methodenmannigfaltigkeit, und die Bedeutung jeder Methode als einer besonderen für das immer partikulare Erkennen, mit ihren jeweils bestimmten Voraussetzungen und mit der Grenze ihrer Anwendbarkeit und Geltung.

Erst Kant vollzog die Befreiung, durch die wir in jedem geistigen Akt wissen können, was wir tun. Seine Fragen: was kann ich wissen? was soll ich tun? was darf ich hoffen? was ist der Mensch? werden keineswegs auf derselben Ebene einer einzigen Methode beantwortet, nicht aus dem gleichen Motiv gestellt. Wohl aber gehören alle diese Fragen der einen umfassenden Vernunft im Kantischen Sinne an. Diese Vernunft hat ihre bestimmten Gestalten bis hin zum »Geschmacksurteil«. Wenn wir erkennen, handeln, fühlen, ist uns für unsere Freiheit nicht genug, daß wir es tun. Wir wollen in jedem geistigen Akt zugleich wissen, was darin geschieht, was es bedeutet. Der Philosoph im Künstler bringt das von ihm Geschaffene denkend zur Wahrheit. Nicht eine rationale Reflexion, eine Rechthaberei des Verstandes ist die Instanz, sondern die Vernunft, die in ständiger Selbstkritik das Hervorgebrachte prüft und wandelt an Maßstäben, die ihren Ursprung in der Transzendenz haben, aus der der schaffende Geist geführt wird.

(4) Unser gegenwärtiges methodologisches Bewußtsein sei durch folgende Hinweise charakterisiert:

(a) Wir klären die verschiedenen Wahrheitsbegriffe in ihrer Ursprünglichkeit und ihrer Beziehung auf einander in den Weisen des Umgreifenden. Davon war im Kapitel über das Grundwissen die Rede.

Was auch immer gesprochen, getan, erfahren wird, unterliegt der Sinnerhellung durch dieses Grundwissen. Dieses befreit, läßt den Sachen in ihrer mannigfachen Objektivität ihren dort angemessenen Raum. Es begrenzt sie und hebt sie schließlich in dem Umgreifenden aller Umgreifenden auf. Es stärkt die Verantwortung der Wahrhaftigkeit vor der Wahrheit.

(b) In der philosophischen Möglichkeit des Transzendierens zeigt das methodologische Bewußtsein drei Wege[1]: das formale Transzendieren der Spekulation, die Erhellung der existentiellen Bezüge zur Transzendenz, das Lesen der Chiffernschrift.

Die drei Wege sind verschlungen in der Wirklichkeit der Existenz. Getrennt voneinander werden sie in den methodologischen Interpretationsweisen. Sie sind Angaben der Wege des Denkens und Anschauens, auf denen im Mitgehen die Vorbereitung des Sprunges erfahren werden kann, der selber nur in der Existenz erfolgt. Aus dem Sprung her und zu ihm hin wird gedacht. Der Sprung ist allein in dem Denkakt, der selber Lebenspraxis, und in der Lebenspraxis, die selber Denken ist. Was in keinem philosophischen Wort, keinem losgelösten

[1] Vgl. meine »Philosophie« Band III.

Satz, keinem literarischen Gebilde getan werden kann, das geschieht in der unwiederholbaren Geschichtlichkeit der Existenz. Der andere Flügel muß schlagen, damit der einseitige, lahme Flügelschlag des bloßen Philosophierens Kraft gewinnt.

(c) Das methodologische Denken geht mit dem Verstande vor, der rational analysiert. Ist etwa das Verstandesdenken als methodologisches Denken dem ursprünglichen Denken als kritische Instanz übergeordnet? Hier liegt eine Frage an den Sinn der Reflexion des philosophischen Denkens auf sich selbst.

Durch reflexionslose Identifikation mit sich selbst wird das Denken gefesselt, durch Distanzierung zu sich selber wird es befreit. Aber der Verstand, der die Methoden (außer den eigentlich wissenschaftlichen) allgemeingültig klären will, versteht selber nicht, was eigentlich in dem Denken getan wird, das zwar den Verstand benutzt, aber mehr ist als er, wenn es als Spekulation, als Existenzerhellung, als Lesen der Chifferschrift sich vollzieht. Die Instanz stände unter dem, was sie nicht versteht und doch beurteilt. Aber so ist es in der Tat nicht. Die Distanz wird nicht schon durch den Verstand geschaffen, sondern bedient sich seiner, nicht anders wie das spekulative Denken selber sich des Verstandes bedient. Die methodologische Distanzierung ist ein Akt des Philosophierens selber, nicht einer bloßen ratio, die sich überlegen dünkt.

Die Grenze des methodologischen Bewußtseins liegt dort, wo das Wesentliche nicht mehr objektivierend unter Kriterien dieses Bewußtseins bestimmbar wird. Dieses Wesentliche ist die Transzendenz als solche, ist die Existenz in ihrer jeweiligen Einzigkeit, ist die Einheit von Einzelnem und Allgemeinem des Selbstseins.

(d) Läßt sich das, was nicht objektiv bestimmbar ist, trotzdem erhellen, der Kritik unterwerfen, angreifen, rechtfertigen? Das ist die Frage nach der Möglichkeit der philosophischen Diskussion und Kommunikation und Polemik. Diese Polemik ist ursprungsverschieden von der wissenschaftlichen Polemik, die in der Diskussion schließlich zur Einigung durch das allgemein Bezwingende der Sache führt.

Voraussetzung einer philosophischen Polemik ist der Wille zur Kommunikation, auch dann, wenn er nicht mehr Einmütigkeit, sondern nur wachsende gegenseitige Erhellung anstreben kann. Die Idee einer im Raum der gegenwärtigen Erörterungen nicht erreichbaren Verbundenheit hat die Folge: Nur im ständig besseren Einanderverstehen die Abstoßung zu erfahren, mehr noch: eine über all das, was die gegenwärtige Vereinigung im Kampf der Mächte ausschließt, hinausreichende, fühlbar bleibende und im rechten Kampf fühlbarer werdende Solidarität durch gemeinsame Bürgerschaft in dieser Welt kämpfender geistiger Mächte.

Was bedeutet das unwillige Verweigern des Miteinanderredens? Entweder die Begrenztheit und Ohnmacht des endlichen Wesens oder den grundsätzlichen Kommunikationsabbruch aus dem Bewußtsein einer Wahrheit, die grundsätzlich andere Wahrheit ausschließt. Daß dieser Kommunikationsabbruch selber Unwahrheit sei, ist die Voraussetzung sinnvollen Philosophierens, des philosophischen Glaubens.

(e) Dieser Abbruch verweigert die grenzenlose Erweiterung des methodologischen Bewußtseins. Denn dieses kann immer noch bei schärfsten Gegensätzen den Raum der Mitteilbarkeit wieder gewinnen.

Die Diffamierung des methodologischen Bewußtseins ist eine Form des Abbruchs der letzten Möglichkeit des Miteinander. Es ist falsch, das »Darüberreden« zu verwerfen, weil man mit ihm nicht in dem sich bewege, worauf es doch allein ankäme. In der Tat hat das »darüber« im methodologischen Nachdenken nur Sinn für den, der »darin« ist oder war oder hineingelangen möchte. Anderenfalls ist es allerdings ein beliebiges Darüberreden über etwas, das man nicht durch Dabeisein kennt, außer in sprachlichen Objektivierungen, die man dann als solche, nicht nach dem darin Gemeinten, dem es Gründenden, erfaßt. Das ist ein methodologisches Nichterkennen.

Auch die Diffamierung des methodologischen Eindringens als eines Verfahrens, sogar das Denken zu technisieren und damit die sachliche Einsicht zu lähmen, kann richtig sein, wenn die Methodologie als Apparat zu künstlichem Machen von Erkenntnissen aufgefaßt oder gebraucht wird. Aber die Abschüttlung des zur Wahrheit ständig notwendigen methodologischen Bewußtseins führt zu der immer nur in methodologischer Distanzierung aufzulösenden Unwahrhaftigkeit.

(5) Durch die modernen Erweiterungen des Wissens von Methoden ist der bei Plato lebendige Grundsatz der Befreiung durch methodologisches Bewußtsein nicht verändert worden. Er kann nur noch reiner, noch unerbittlicher vollzogen werden.

Was Jahrtausende lang geschehen ist im Denken, was an Chiffern aufgetreten ist, das können wir aneignen. Der Kampf der in der geschichtlichen Menschheit wirksamen Mächte setzt sich fort. Die Toten sind gegenwärtig.

Wenn bei dieser Aneignung die Wahrhaftigkeit fordert, in der Wiederholung die Verwandlung zu vollziehen, in der Aneignung wir selbst zu werden, dann ist die Voraussetzung das methodologische Bewußtsein.

2. Die Befreiung als ein Faktor im Unheil unserer Zeit

Sind der Verzicht auf die Leibhaftigkeit der Transzendenz und die methodisch reflektierende Distanzierung von der Folge, daß wir nicht mehr glaubend existieren können? Sind wir verloren, weil wir nicht mehr leibhaftig realisierend »glauben«? Führt diese Befreiung nicht, statt zur Freiheit, vielmehr in das Nichts? Ist Ratlosigkeit die Folge und mit ihr der Drang zur blinden Unterwerfung, worunter auch immer?

(a) Der Verzicht auf die Leibhaftigkeit der Transzendenz kann zur Folge haben: auch die Chiffern werden nicht mehr im Ernst als Sprache der Transzendenz gehört. Sie erleuchten nicht mehr den Raum der Existenz. Die Befreiung von der sinnlich beängstigenden oder sinnlich sichernden Leibhaftigkeit läßt die Freiheit nicht mehr den Bezug auf Transzendenz bewahren. Mit der Leibhaftigkeit geht auch die Wirklichkeit der Transzendenz verloren. Die Entzauberung der erkennbaren Welt hat die Tendenz, die Welt überhaupt in Wißbarkeit und Machbarkeit zu verwandeln.

(b) Die Forderung der universalen methodologischen Klarheit kann zur Folge haben: Das uns vom eigenen, damit durchsichtig werdenden Denken distanzierende methodologische Bewußtsein hebt auch die Selbstverständlichkeit gehaltvollen Denkens auf. Es löst uns aus dem Dabeisein heraus und läßt ein Leben im Reden über die Dinge und über das Denken und über die Verfahren, im ständigen Beurteilen übrig. Die reflektierende Distanz mit ihrer Wahrhaftigkeit bringt uns in einen unüberwindbaren Schwindelzustand. Durch die Reflexion wird unsere Substanz verzehrt. Die Befreiung von den Fesseln der Gedanken hebt die Freiheit gehaltvollen Denkens überhaupt auf. Das methodologische Bewußtsein entfremdet alles Denken und Handeln sich selber.

(c) Die geistige Situation und die Daseinssituation scheinen beide heute eine Befreiung zu bedeuten, die zugleich unumgänglich geworden ist. Die durch Wissenschaften entstandene Wissenssituation ist unentrinnbar. Die durch Wissenschaft und Technik sich heute mit unheimlich wachsender Schnelligkeit weiter verwandelnde Daseinssituation ist ebenso unentrinnbar. Die geistigen Folgen unserer modernen Befreiung und die Daseinsfolgen des technischen Zeitalters treffen zusammen.

Aber die Folge ist einerseits ein Machtgefühl bisher nicht gekannten Ausmaßes, andrerseits das Gefühl einer so noch nie bedrückenden Ohnmacht.

Zunächst das moderne Machtgefühl: Mancher denkt: wir sind auf dem Wege, der Natur Herr zu werden. Was wir noch nicht wissen, bald werden wir es wissen. Was wir noch nicht machen können, bald werden wir es können. Schon bemächtigen wir uns des Weltalls; schließlich werden wir vielleicht den Tod abschaffen. Am Ende wird der Mensch den Menschen herstellen, wie er will, damit der vollendete Mensch entstehe.

Politisch scheinen Herrscher totalitärer Staaten keine Grenze ihrer möglichen Macht anzuerkennen. Noch ist das Ziel nicht erreicht. Heute geschehen die unerhörten Machtumwälzungen. Das Drängen der blinden Massen und aller irgendwie Revoltierenden wird in den Bereich der modernen totalen Herrschaft gelenkt, die sie alle versklavt. Die Herrscher, selber Sklaven geworden, verwirklichen eine Macht der Gewaltherrschaft, so groß, wie sie noch nie in der Geschichte war, und gelangen zur Möglichkeit eines Machtanspruches, dem es um die Erdherrschaft geht. Einer wird der Herr der Erde sein. Er wird den Planeten gestalten nach seinem Willen.

Schließlich ist auch geistig ein Herrschaftsgefühl ohne Vorbild erwachsen. Wir kennen das Faktische aller Geschichte wie kein Zeitalter vor uns. Wir verstehen Sinnwirklichkeiten in einem noch nie so weiten geschichtlichen Horizont. Was je groß war, wir sehen es in einem Hochgefühl universalen Verstehens. Alles kann neu gegenwärtig werden.

Damit verbindet sich in totalitären Herrschaftsformen ein anderes Machtgefühl: Was je war, es liegt an uns, ob es weiter wirken wird oder ob es zu Nichts werden wird. Das Ungeheure wird möglich: die geschichtliche Erinnerung zu manipulieren. Der Geist als Werkzeug nimmt auch seine Vergangenheit in die Hand. Er kann sie vernichten, d. h. zum Vergessen bringen. Er kann das Bild der Vergangenheit nach Belieben prägen und umprägen und aufzwingen.

All diesem unerhörten Machtgefühl entspricht heute ein ebenso gesteigertes Gefühl der Ohnmacht: Der Natur, die wir zu bezwingen scheinen, sind wir wie von jeher am Ende völlig preisgegeben. Alle Sicherungen bezeugen und bestätigen die Unsicherheit. Die täglichen Unfälle in der technischen Welt, an Toten mehr fordernd als alle bisherigen Kriege, sind wie die Hekatomben von Menschenopfern, die einst von einigen Religionen, heute in weit größerem Umfang von der Technik verlangt werden. Die Menschen können von Menschen zerstört und verderbt, aber keineswegs zu einer höheren Gestalt gezüchtet werden. Der Tod ist nicht abzuschaffen.

Auch der politischen Macht in ihrer maßlosen Realität antwortet das Gefühl der Ohnmacht. Die blinde Unterwerfung hat eine nie gekannte totale Abhängigkeit zur Folge. Sie dringt bei jedem bis in den letzten Winkel seines Hauses und seiner Seele. Sichaufbäumen bedeutet Selbstvernichtung. Man gehorcht und verliert das Bewußtsein eigenständiger freier Verantwortung.

Der Geist unseres Zeitalters kann erscheinen als der letzte Augenblick des Dahinschwindens aller Größe des Menschen und als das Aufhören der Schöpfung von Werken, während das Maß des technisch Machbaren schnell und unaufhaltsam wächst. Mehr noch: als der letzte Augenblick des Verstehenkönnens dessen, was einst war. Es wird vergessen, weil es infolge des Erlöschens der Fähigkeit des Verstehens nicht mehr wahrnehmbar ist, auch wenn man äußerlich noch so reichliche Kunde von Schöpfungen, Werken und Taten hat. Die Keime des eigenen Schaffens verkümmern in der Dürftigkeit der neuen Umwelt.

Macht ist zu dem geworden, was die vernichtende Ohnmacht aller bedeutet.

(d) Symptom des alldurchdringenden Unheils, seines unklaren Bewußtwerdens ist die unserem Zeitalter eigene Stimmung der Revolte.

Wir haben von Jugend auf gelebt in der inneren Revolte gegen die Bürgerlichkeit, d. h. gegen die Lüge der Konventionen, gegen den Unernst des alles verschleiernden Zustands, aus dem keine Größe des Menschen und nichts Verehrungswürdiges sprach, gegen die landläufige humanistische Bildung, die im selbstzufriedenen Nichteingreifen und ängstlichen Schweigen und billigem Verwerfen eine substanzlose Oberfläche schien. Wir wollten Wahrheit. Aber wir machten die Erfahrung, daß wir selber sie nicht kannten. Es bedurfte des eindringendsten selbstkritischen Bemühens, um auch nur auf den Weg der Wahrhaftigkeit zu gelangen.

Wir fanden die Revolte vor: in großartiger, verwirrender Macht bei Nietzsche, in dem fanatisch ungerecht werdenden sozialen Gerechtigkeitswillen bei Marx, als alle Psychologie ins Existentielle und Metaphysische überschreitende, in die offenbarenden Extreme drängende Gedanken und Gestalten Dostojewskijs, als existentiell unwesentliche, ins Psychologische verlorene, daher ruinöse Entlarvung durch Freud. Wir fanden die Revolte in der über alle anderen hinaus ins Unzugängliche hineinfragenden, in der indirekten Mitteilung das Unmögliche scheinbar möglich machenden Denkweise Kierkegaards.

Das alles waren geistige Vorgänge. In ihnen zeigte sich am Ende die Tiefe der Revolte in einer Unbestimmtheit, die in den Ursprung des Menschen selbst zu weisen schien.

Dazu kam heute die auch faktische Bedrohung des Menschseins: Die Revolten der Völker der Erde gegen Europa haben begonnen, zunächst in Rußland unter Gebrauch und Mißbrauch der Gedanken von Marx, dann bei den meisten nicht abendländischen Völkern. Die Atombombe ist der totalen Verneinung in die Hand gegeben, wenn sie die Menschheit vernichten will.

Alle Weisen der Revolte begannen mit einer Wahrheit. Daher schienen sie alle zusammenzufließen gegen das eine, scheinbar leicht Faßliche, die Lüge und die Ungerechtigkeit und gegen das verlogene Leben im ganzen. Aber es geschah so, daß alle diese Revolten ihrerseits geistig in der Verwirrung unseres Zeitalters und in den banalsten Verlogenheiten ertrinken. Wahrheit oder Lüge, diese Frage dankte ab zugunsten der Gewalt.

In der seelischen Verfassung der Revoltierenden gewann die Oberhand die einfache Lust des »dagegen«, die Lust an der Zertrümmerung als solcher, an der Vernichtung der Tradition, der Ordnungen, der Maßstäbe, die Aggressivität an sich, die Frechheit des Selbstbekenntnisses zum Gemeinen durch Wort und Tat. Die Lust des »wir« in der Gemeinschaft der Substanzlosigkeit erzeugte die Illiberalität, die Intoleranz des Nein aus dem Nichts heraus. Alles soll zu Nichts werden, außer diesem Nein selber.

Wenn die Revolte zum Lebensprinzip wird, sie für das eigentlich Wahre und Freie gilt, dann gerät der Mensch in den Zustand ohne Existenz, in ein Leben ohne Grundsatz. Er versinkt in das zur Gewohnheit werdende Empörtsein. In dieser Atmosphäre schwingen sich die eiskalten Manipulierer der Gewalt zur Herrschaft durch Terror auf. Die einst noch freie emotionale Empörtheit benutzen sie als neues von ihnen provoziertes Mittel, wo sie sie brauchen, und verbieten sie, wo sie zu Schwierigkeiten führt.

(e) Die geistige Situation und die Daseinssituation ist heute das Stehen vor Abgründen. Die Frage ist: was nun?

(1) Können wir uns gegen die ins Nichts führende Revolte in uns und außer uns behaupten? Wenn wir aber uns einem übergreifend Konservativen, traditionellen Glaubensinhalten, Ordnungen und Massen anvertrauen, fallen wir dann nicht zurück in die verworfenen Verschleierungen, in die Konventionen, in die falsche Beruhigung, in das Leben mit Kulissen und Gespenstern, die sich uns vor die Wirklichkeit stellen?

Kann die Revolte nicht verwandelt werden in eine Kraft der Vernunft? Dann würde ein Leben der Wahrhaftigkeit möglich, weder durch die Kulissen traditioneller Konventionen noch durch die Kulissen der Revolte getäuscht. Auf diesem offenen Wege würden wir weder der Verzweiflung im Nein noch der Geborgenheit in einer absoluten Ordnung verfallen. Wir würden die Wirklichkeit, die wir sind und in der wir uns finden, aus sich selbst im Gang des Schicksals sich erhellen lassen. Wir würden im Ja zum Dasein den Weg des Wagens im Nichtwissen, auf Verwirklichung in der Welt ausgehend, unbeirrbar fortsetzen, solange es vergönnt ist.

Jene Ausnahmen des Durchbruches – wie Kierkegaard, Nietzsche –, jene nicht billig lärmenden, sondern mit ihrer Existenz sich bezeugenden, uns mit ihren Erfahrungen erleuchtenden Menschen waren die großen Sichopfernden. Sie zeigten nicht den Weg. Sie sind nicht Vorbild zur Nachfolge, aber die unersetzlich und unablässig uns bis ins Äußerste befragenden, uns in Unruhe versetzenden, uns befreienden Menschen.

Wir möchten die Liberalität gewinnen des Hörens auf alles und zugleich die Entschiedenheit des Kämpfens in konkreten Situationen. Wir möchten die grenzenlose Kommunikation. Im Ja zu diesen Impulsen werden wir von jenen Ausnahmen bedrängt, damit wir nicht in Selbstzufriedenheit gelangen. Es bleiben auch jene Chiffern der Transzendenz, die in ihrer Unheimlichkeit nicht zu hören Unwahrhaftigkeit wäre. Um uns gegen sie zu behaupten, folgen wir anderen Chiffern, ohne in der Chiffernwelt das letzte Absolute anders zu haben als in der Gewißheit des Augenblicks, umgriffen von der Chiffernlosigkeit.

Wo die Revolte nach ihrer Überwindung dann selber ausbleibt, da verfällt für uns die Wahrheit der Realität. Wo die Revolte absolut wird, da geht die Realität zugrunde. Die offene Dialektik ist in der Zeit unumgänglich, um wahr zu bleiben und zugleich leben zu können.

Die Spannung des Revoltierenden und des Konservativen zeigt sich in den Chiffern für beides als unaufhörlicher Kampf. Die Chiffer der Einheit beider würde zur täuschenden Chiffer der dialektischen Harmonie werden.

Im Transzendieren über die Chiffern in das Chiffernfreie zu blikken, wohin zu gelangen uns versagt ist, woher wir aber im Reich der Chiffernsprache, von ihm umgriffen, die Chiffern in ihren Kämpfen und Zweideutigkeiten hören und nicht verstummen lassen, das ist Bedingung unserer Freiheit.

Diese Freiheit ist die Chance unseres Weges in der Welt und unserer Ruhe im Scheitern.

(2) Sind wir verloren, weil wir nicht mehr leibhaftig realisierend, sondern in Chiffern glauben? Ist die Folge das Erlöschen alles denkenden Glaubens? Der Glaube kann eine neue Gestalt gewinnen. Es handelt sich nicht um Preisgabe des Glaubens, sondern seiner nicht für immer gültigen Formen und Inhalte.

Wenn die radikale Befreiung, die wir heute kennen, Freiheit selber vernichten kann, die Folge die existentielle Leerheit ist, dann ist vielmehr die Frage, in welcher neuen Erfüllung wir wir selbst werden. Wenn die Entzauberung der erkennbaren Welt das Erlöschen allen Glaubens zur Folge zu haben scheint, dann ist vielmehr die Frage, wie der Glaube selber seine neue Gestalt gewinnt. Niemand kann sagen, wie er in der Verbreitung unter Menschen aussehen wird.

Es zeigen sich zwei Möglichkeiten. Die Befreiung führt entweder durch den aus Wissenschaftsaberglauben und technischer Überwältigung erwachsenden Nihilismus in das totale Unheil der rational beherrschten Unfreiheit, oder die Befreiung führt aus dem stets gegenwärtigen Ursprung des Menschen zur Freiheit schaffenden Selbstseins.

Was im einzelnen Menschen der höchsten Klarheit, unter Voraussetzung der Situation unseres Wissens und Könnens, möglich ist, wenn dem Anspruch der Wahrheit bedingungslos Folge geleistet wird, das können zunächst nur Einzelne durch ihr Denken, ihre Lebenswirklichkeit bezeugen. Aber kein Mensch, da er jetzt und nur einmal lebt, kann warten. Philosophie muß, trotzdem sie auf dem Wege ist, jederzeit auch schon am Ziel sein. Sie hat ihren Sinn nicht im Gedankenwerk, sondern als Praxis und Denkungsart.

(3) Was dem Einzelnen, was wenigen gelingt oder zuteil wird, das bestimmt heute weniger als je den Gang der Dinge. Daß alle Menschen lesen und schreiben lernen, durch die Mittel des technischen Zeitalters im Verkehr miteinander stehen, Kunde gewinnen können, kann sie alle, und nicht nur eine winzige Minorität, teilnehmen lassen am Denken, Schauen, Handeln der Besten. Die herrlichsten Werke der Vergangenheit, Dichtungen und Kunstwerke, die Leistungen der Gegenwart werden allen zugänglich.

Daher genügt heute nicht, was Einzelne geistig erreichen und existentiell verwirklichen. Wenn auch in ihrem Sein und Tun der Grund liegt dessen, was aus dem Menschen wird, so doch nur, wenn es die Massen erreicht und nicht nur im gegenseitigen Sicherkennen einiger Freunde da ist. Jeder einzelne Mensch lebt unter den Milliarden der Erdbevölkerung und jeder von diesen ist ein Einzelner. Was wird, geschieht durch das, was Widerhall findet, angeeignet und in der Breite verwirklicht wird. Zum erstenmal in der Geschichte ist politisch daher der demokratische (Kant sagt: republikanische) Weg der einzige für die menschlichen Chancen. Die Freiheit des Einzelnen und die politische Freiheit im ganzen treiben einander hervor.

Wenn in der totalitären Welt die politische Freiheit zerstört, die innere Freiheit in einem noch nie dagewesenen Maße bedrängt wird, dann ist die Frage, ob die politische Freiheit, als Bedingung aller Freiheit in der Welt, sich entfaltet und dann ohne Gewalt, die gegen ihr Wesen ist, durch Überzeugungskraft in den Menschen, schließlich aller Menschen verwirklicht wird. In der politisch freien Welt wird heute entschieden, ob Befreiung zur Freiheit führt oder nicht.

Es gibt keine zureichende Antwort durch das Ausdenken eines historisch-soziologischen Verlaufs, keine durch ein vermeintliches Wissen von der Realität der Menschen, wie sie nun einmal sei. Antwort wird zuletzt und allein geben der Entschluß der einzelnen Menschen. Wie der Mensch als Einzelner und in gemeinschaftlichem Willen aus Freiheit seine Freiheit gestaltet, das liegt an ihm.

Jeder ist allein sich selbst der Beweis für das, was möglich und was nicht möglich ist. Dieser Beweis entspringt und gewinnt Kraft in der Kommunikation. Die Wirklichkeiten von Menschen, die sie selbst sind, werden gleichsam eine Garantie für die Chancen.

3. Was der Mensch ist

Daß aus der Befreiung die Freiheit des Menschen hervorgehen könne, wurde geleugnet durch Hinweis auf die Realität des Menschen:

Die überwältigende Mehrzahl, wenn nicht alle Menschen seien, wenn frei auf eigene Verantwortung gestellt, in Wahrheit ratlos und unglückselig. Ruhe fänden sie nur im Gehorsam. Die Anmaßung persönlicher Freiheit führe ins Verderben. Der einzelne Mensch sei zur Freiheit nicht fähig. Der Übermut politischer Freiheit sei immer der Weg zu neuer, härterer Knechtschaft. Die Völker seien zur politischen Freiheit nicht fähig.

In der Tat ist die Vorstellung, die der Mensch sich vom Menschsein macht, ein Ursprung seiner Antwort auf die Situation, der wir uns heute gegenübersehen, auf die Grenzsituationen, wie sie jederzeit an ihn herantreten, auf die Grundsituation, in der er sich findet.

Wissen wir, was der Mensch sei? Dieses Wissen ist vielmehr selber ein Faktor dessen, was aus dem Menschen wird. Das Bild des Menschen ist ein Moment seines zu sich kommenden Wesens. Wie und als was der Mensch sich zum Bilde macht, ist nicht nur Hinnahme eines Gegebenen, sondern auch seine eigene Verantwortung.

Er kann verfallen an das, was er im allgemeinen von sich (anthropologisch, psychologisch, soziologisch) weiß; aber er ist doch stets mehr als er von sich wissen kann. – Er kann verfallen an sein Wissen von sich in der Geschichte; aber er ist ein die Geschichte übergreifendes, in seiner Geschichte der Ewigkeit verbundenes Wesen (a und b).

Er kann sich erschöpft sehen in Chiffern seiner Herkunft und seines darin begründeten Bewußtseins seiner selbst; aber er sieht viele solcher Chiffern, die ihn ansprechen und doch nur Sprache seiner Möglichkeiten sind (c).

Er kann sich als Aufgabe seiner selbst, als die Freiheit sehen, in der er sich geschenkt wird, als das Wesen, in dem noch verborgen ist, was aus ihm durch ihn selber dank der Transzendenz werden kann. Dann gilt ihm ein Bild von sich nie mehr absolut. Vielmehr werden ihm alle Bilder Momente des Bildlosen, als das er durch die Welt geht, bezogen auf die bildlose Transzendenz (d).

a. Der Mensch als Gegenstand der Erforschung seiner Eigenschaften

Man spricht von einer physischen, psychologischen, medizinischen, soziologischen Anthropologie. Was wir sind, soll als Wissen von uns gewonnen werden, die wir Wesen sind, die unter anderen Wesen in der Welt vorkommen.

In psychologischer Forschung war der Mensch als das Leib-Seele-Ganze mit seinen Trieben und eingeborenen Vorstellungen, seinen Ausdruckserscheinungen und seiner Selbstdarstellung. Er war Bewußtsein und sein Unbewußtes. Er war das Wesen, das von außen durch Wahrnehmen sich erfüllt, durch Denken und Fühlen es verarbeitet, durch Wollen und Handeln wieder nach außen wirkt. Er war das, was mit vielfachen Methoden als empirisches Vorkommen in gesunden und kranken Zuständen beobachtet wird.

In soziologischen Anschauungen war er der homo faber, der homo laborans, der homo oeconomicus, der homo politicus usw.

Alle diese Forschungen gehen, geleitet von diesen und vielen anderen Vorstellungen, in die Unendlichkeit der vielfachen Erscheinungen des Menschen. Aber sie haben eine Grenze: der Mensch kann nicht als eigentlich er selbst erforscht werden. Ihm selbst nähert sich die Forschung auf allen diesen Wegen nicht. Keine Forschung überblickt, was der Mensch im ganzen sei.

Der Mensch ist nicht nur ein Gegenstand in der Welt neben anderen. Denn er umfaßt alle Gegenstände, die in ihm gegenwärtig werden (die Seele ist gleichsam alles, sagt Aristoteles).

Der Mensch ist immer noch mehr und zugleich ein grundsätzlich Anderes, als das, was als erkanntes Menschsein begriffen wird.

Jedes Menschenbild hat eine Voraussetzung, unter der der Mensch gesehen und die als Rahmen durch seine Vorstellungen, Beobachtungen, Untersuchungen erfüllt wird. Etwa diese: Der Mensch ist das psychophysische Lebewesen, durch psychologische Notwendigkeiten zur Bildung von Vorstellungen und Gedanken getrieben. Die Kausalität dieses psychophysischen Geschehens ist das Letzte. – Der Mensch ist Produkt der Weltentwicklung, insbesondere der Entwicklung des Lebendigen; das Letzte ist der Kosmos, der all dies hervortreibt. – Der Mensch ist Gemeinschaftswesen. Er ist das, was notwendig ist, damit Gemeinschaft bestehen kann. Die Geschichte der menschlichen Gemeinschaft ist das Letzte und der Einzelne deren Produkt. – Der Mensch ist ein denkendes Wesen. Das Letzte ist sein Wesen, nicht nur da zu sein, sondern zu erkennen, was ist.

Werden die jeweiligen Voraussetzungen absolut, so beschränken sie das Menschenbild. Werden die Voraussetzungen als solche begriffen, so hat jedes dieser Menschenbilder eine relative Bedeutung.

Allen diesen Voraussetzungen gegenüber, deren jede als partikulare Perspektive gelten kann, steht eine andere: Der Mensch steht in bezug auf Transzendenz. Der Mensch »ist das gottschauende Wesen«. Was in der Geschichte der Religionen und im Atheismus gleicherweise greifbar ist, das kann aussehen wie eine Geschichte von Illusionen, die man aus psychologischen Motiven zu erklären und durch Erkenntnis zu überwinden meint. Aber die vermeintliche Illusion kann wohl in jeder besonderen Gestalt, nicht aber im ganzen weggestrichen werden. Man kann sagen, es sei ein Ort des Absoluten, den gleichsam mit seinen Vorstellungen zu besetzen der Mensch, auch wenn er es möchte, nicht vermeiden kann. Aber es handelt sich um mehr als einen Ort, um die Wirklichkeit der Transzendenz. Durch seinen Bezug auf Transzendenz ist der Mensch frei als jeder Einzelne. Aus diesem Ursprung kommen die Entschlüsse, durch die der Mensch seine Geschichte nicht nur als ein Naturgeschehen erleidet, sondern mitbestimmt, ohne daß er weiß, wie und wohin.

b. Der Mensch als Gegenstand in seiner Geschichte

(1) Die Geschichtswissenschaften haben ein unermeßliches Wissen erworben. In früher unzugängliche Jahrtausende hinein haben sie durch Ausgrabungen und Funde den Blick geworfen. So steht heute vor Augen: der Vormensch in den Knochenfunden – der vorgeschichtliche Mensch, der seine Spuren hinterlassen hat, ohne daß wir ihn in seiner Sprache hören – der geschichtliche Mensch, bezeugt durch sprachliche Dokumente, an verschiedenen Stellen der Erde: Babylonien, Ägypten, Indien, China – der Mensch der Achsenzeit (800 – 200 vor Chr.), der gleichzeitig in China, Indien, Persien, Israel, Griechenland den geistigen Grund alles Folgenden legte[1] – das technische Zeitalter, das seit dem 17. Jahrhundert von Europa aus die Welt eroberte – die moderne Verkehrseinheit des Erdballs mit der jetzt beginnenden Weltgeschichte der Einheit der Menschheit im Miteinander oder Gegeneinander oder mit dem Ende der Selbstvernichtung.

Dieser Rahmen umfaßt eine winzige Zeit, gemessen an den Zeiten der Geschichte der Erde und dann des Lebens auf ihr. Die dokumentierte Geschichte wiederum ist eine winzige Zeit, gemessen an der vorhergehenden Geschichte des Daseins von Menschen.

Dieses historische Wissen, im Willen zu dem zwingenden Wissen

[1] Vgl. mein Buch »Vom Ursprung und Ziel der Geschichte«.

moderner Wissenschaftlichkeit, verzichtet auf Entwürfe, die nicht als solche zu neuen realen empirischen Funden Anlaß geben. Es ist ins Unendliche zu vertiefen durch verstehende Deutung des Tatsächlichen – wobei wiederum jeder Schritt des Verstehens empirisch dokumentiert zu werden und in seinem Sinn und seinen Grenzen methodisch bewußt zu werden verlangt. Dieses zeitlich kleine Feld ist offen in eine unermeßliche Vergangenheit, die tatsächlich war, und in eine Zukunft, deren Möglichkeiten unabsehbar sind. In dieser Situation empirischen historischen Wissens muß jenes Bild eines Rahmens der Geschichte im ganzen nicht nur ungeschlossen sein, sondern stets ein vorläufiges Bild in vielfachen Aspekten bleiben.

(2) Ist der Mensch in der Geschichte der gleiche, der unter verschiedenen Daseinsbedingungen nur verschieden zur Erscheinung kommt, oder ist er selber im Wandel, so daß er sich in je anderen Wesen durch den Geist der Zeitalter und Kulturen zeigt? Ist der Mensch als Einzelner der Geschichte untergeordnet, allein durch sie bestimmt, oder ist er geschichtsüberlegen, durch seine Geschichte hindurch einer anderen Welt angehörend? Wer ist der Mensch, der selber alle Gebundenheiten an die Zeitalter und seiner selbst an sein Zeitalter erkennt und damit doch zugleich außerhalb der Geschichte zu stehen scheint?

Seine so verschiedenen Daseinsbedingungen und geistigen Situationen werden durch ihn selber hervorgebracht, ohne daß er es geplant hat. Dann ist er ihnen ausgeliefert und muß sehen, wie er sie auffaßt, gestaltet und meistert, als je einzelner Mensch mit den anderen Menschen in Gruppen und Ordnungen. Der im Ursprung seiner Möglichkeiten sich gleichbleibende Mensch entscheidet, was in den neuen Situationen aus ihm wird dadurch, wie er sie ergreift.

In den Jahrtausenden, die uns zugänglich sind, ist der Mensch nicht anders geworden. Denn wir gehen mit den Menschen aller Zeiten um, als seien sie Zeitgenossen. Das ist die Voraussetzung des geschichtlichen Verstehens. Wären wir nicht Menschen wie alle Menschen, so würden wir die Geschichte des Menschen wie die Geschichte der Natur behandeln müssen, in der wir etwa den morphologischen Wandel von außen erkennen, aber nicht von innen verstehen. Das Gleichbleibende des Menschseins liegt in der einen Zeitgenossenschaft durch die geschichtlichen Jahrtausende. Sie gingen nicht nur uns vorher, sie sprechen noch zu uns.

Die These vom Anderswerden des Menschen bezieht sich auf seine geschichtliche Erscheinung. Die These vom Gleichbleibenden im Menschen bezieht sich auf die eine umfassende Möglichkeit des Menschseins, die das Ungenügen in jeder Erscheinung zur Folge hat.

Die Verschiedenheit der Erscheinung unterwirft uns der Geschichte, die Einheit unseres Wesens durchbricht die Geschichte. Diese Einheit wirft ihren Anker durch die strömenden Fluten der Geschichte hindurch auf den Grund, der, selber ungeschichtlich, die Geschichte trägt.

Es entscheidet das Bewußtsein unseres Menschseins, ob wir die Verwandtschaft als Menschen in aller entsetzlichen Fremdheit doch noch wirklich spüren. Dann verlieren wir die Chance bei dem Einzelnen und bei Allen nicht ganz aus dem Auge. Dann bleibt uns die Kontinuität des Menschseins im Grunde seiner gewaltig wechselnden Erscheinungen gewiß.

(3) Niemand zweifelt, daß heute der Bruch in der Geschichte tiefer geht als je zuvor. In Ansätzen seit der Französischen Revolution ist das Bewußtsein dessen immer stärker geworden[1]. Alfred Weber sah den »Abschied von der bisherigen Geschichte«. Der Wendepunkt ist durch die erstmalig auftretende Möglichkeit der Selbstvernichtung der Menschheit akzentuiert.

Eine neue Grundtatsache, von der alles Zukünftige ausgehen wird, hebe ich heraus. Zu allen Zeiten haben nur wenige Menschen sich zur Klarheit der Einsicht und zu dem Ernst der in ihr gegründeten Lebenspraxis erhoben. Diese wenigen kamen als eine Minorität aus den selber an Zahl schon sehr geringen oberen Schichten. Die große Menge hatte keine Chance, daran teilzunehmen. Es ist nur wenig bekannt, wie sie dachte, sich verhielt, welche Vorstellungen sie beherrschten. Ihre Stimme dringt nicht direkt zu uns, sondern indirekt durch Mitteilung seitens der wenigen. Wir müssen erschließen, was in ihrem Innern vorging. Erst seit dem 18. Jahrhundert haben wir in breitem Umfang direktere Anschauung, aber noch bis in unsere Zeit eine unzureichende im Vergleich zu der Anschauung der herrschenden Schichten und der in ihrem Dasein, Werk und Leben bekannt gewordenen Einzelnen. Es erschien wie eine Entdeckung, als anfangs dieses Jahrhunderts die Enqueten unter Arbeitern begannen. Heute noch ist es eine längst nicht gelöste Aufgabe, von dem Dasein und Denken der vielen in allen Gruppen Kunde zu erhalten.

[1] Vgl. meine »Geistige Situation der Zeit«: den Abschnitt über die »Entstehung des epochalen Bewußtseins«.

Der entscheidende Wandel unseres Zeitalters ist, daß alle Menschen lesen und schreiben lernen. Durch die Mittel der technischen Welt wird allen alles zugänglich, Informationen und Gedanken. Die Ereignisse auf dem Erdball, soweit sie überhaupt in die Publizität gelangen, können allen gegenwärtig sein. Und weiter: Jeder kann teilnehmen an der großen Überlieferung. In billigen Büchern sind die großen Werke der Dichter und Denker zugänglich. Was daraus wird, wissen wir nicht. Zunächst ist die Verwirrung des allgemeinen Geistes, seine Passivität und die Zerstreuung sichtbar. Aber die Chance des geistigen Aufstiegs zur Menschheit, der früher sehr wenigen vorbehalten war, ist außerordentlich, zumal wenn die Schul- und Erziehungsmethoden entstehen, durch die das rechte Verstehen und die geistige Selbstzucht erst verbreitet werden.

Der Wandel unserer Zeit ist zuerst nicht der einer geistigen Verfassung, die dem vorhergehenden Geiste durch Aneignung und Aufhebung in die Gegenwart entspringt, sondern bei allgemeiner Niveausenkung der äußerliche Vorgang der technischen Ermöglichung des geistigen Aufstiegs für alle. Diese befreiende Möglichkeit bringt auch hier keineswegs schon die Freiheit, scheint sie zunächst eher noch mehr zu zerstören.

Die Freiheit aller liegt heute daran, daß sie in der Menge durch ihre Befreiung innerlich erwächst. Es ist kein anderer Weg mehr. Entweder führt er zur Freiheit des Menschen über die Demokratie, die zur Freiheit und Verantwortung aller erzieht, oder zur Knechtschaft, herbeigeführt durch den Mißbrauch der Freiheit sowohl seitens der Bürger wie seitens der Politiker. Dann geht der Weg etwa auch über die Oligarchie einer verantwortungslosen Parteienherrschaft und den Zustand öffentlicher Verlogenheit zur totalen Knechtschaft aller, wie sie noch nie da war, weil es noch nie die technischen Mittel ihrer Verwirklichung gab.

(4) Die übergeschichtliche Zeitgenossenschaft wird zur Grunderfahrung des Menschseins. Was war, ist in der Erscheinung vergangen, als Sprache und Anspruch jederzeit mögliche Gegenwart. Was Geschichte war, geht uns an. Wir leben mit Jahrtausenden, als ob sie ein einziger Augenblick wären. Dieser Augenblick selber aber hat doch wieder seine Erscheinung in unserer Zeit, ist das Eine uns alle Verbindende nur in der Weise je einmaliger Gegenwart, aber als Substanz im ewigen Ursprung.

Blicken wir in die Geschichte der Mythen und Offenbarungen, in die Geschichte der Philosophie und ihrer Spekulationen, in das Ethos der Lebenspraxis, so erfahren wir von Menschen der Vergangenheit, wie sie sich zurechtgefunden haben, wie sich ihnen die Gehalte des Seins im Dasein zeigten, wie sie leben konnten, verzweifelten, ihr Heil fanden. Dann sehen wir, die wir Menschen sind, wie sie, uns selbst zuerst in der Gemeinschaft mit ihnen, und dann erst die Geschichte des Irrens, der Illusionen, der Kuriositäten, die von jeher im Wesen nichts anderes waren als sie auch zu unserer eigenen Zeit sind. Was auch immer wir im Fortschreiten von Wissen und Können an Außerordentlichem gewonnen haben, im Entscheidenden wissen wir es nicht besser als sie, stehen wir mit ihnen unter anderen Bedingungen des Daseins und der geistigen Situation vor denselben Fragen.

c. Der Mensch in Chiffern gedacht

Ein Menschenbild als Weltrealität kann sich nicht schließen. Denn der Mensch, als er selbst durch Freiheit, geht nicht auf in die Realität seines Daseins neben anderen Daseienden in der Welt.

Wir dürfen den wunderlichen Satz wagen: der Mensch selbst als Existenz ist so wenig faßlich wie Transzendenz. Denn Existenz ist nur in bezug auf Transzendenz. In der Weise, wie er Transzendenz in Chiffern erfährt, so erfährt der Mensch sich in seinem Grunde. Wie Transzendenz ist der Mensch als Existenz gleichsam vor der Welt und außer der Welt. Was der Mensch sei, kann daher wie Transzendenz in Chiffern ausgesprochen werden. Wie Chiffern überhaupt sind die Chiffern des Menschseins nicht selber das, von dessen Wirklichkeit sie sprechen. Und sie sprechen vielfach und vieldeutig. Sie werden falsch, wenn sie als Wissen auftreten.

Die Chiffern des Menschseins sind aber von der Einzigartigkeit, daß das, von dem sie sprechen, zugleich wir selbst sind, zu dem sie sprechen. Man könnte meinen, wir wüßten doch nichts besser als das, was wir sind und jeden Augenblick doch von innen und außen feststellen können. Daß das Gegenteil der Fall ist, und daß man sagen kann, nichts sei uns unbekannter als das, was der Mensch, was wir selbst eigentlich seien, hat zur Folge, daß diese Chiffern etwas offenbar werden lassen derart, daß unser Menschsein, auf das sie sich beziehen, angesprochen wird als das selber Getroffene, ohne daß es je in einer solchen Chiffer Genüge findet.

Will man solche Chiffern gruppieren, so kann man sprechen von dem Orte des Menschen unter allen lebendigen Wesen als Chiffer (1), von der Geschichte der Menschheit im ganzen als Chiffer (2), von der Herkunft des Menschen aus seinem nichtempirischen Ursprung als Chiffer (3).

(1) Der Ort des Menschen unter den lebendigen Wesen als Chiffer: Im christlich-mittelalterlichen Weltbild, das durch Thomas denkerisch, durch Dante dichterisch anschaulich vollendet wurde, hat der Mensch seinen Ort in der Stufenfolge der Wesen. Er steht zwischen Tier und Engel. Sein zeitliches Dasein hat er in der Welt, sein ewiges, zukünftiges im Himmel droben oder in der Hölle drunten.

Eine indische Vorstellung sieht Pflanzen, Tiere, die Kasten der Menschen (der Gedanke des einheitlichen Menschseins ist verloren), Dämonen, Götter als Stufenreihe des Lebendigen, aber so, daß die Wesen in Wiedergeburten durch alle hindurchgehen, zum Wurm und zum Gotte werden können. Die Vorstellung löscht den Menschen durch die Nivellierung aus zu einer bloßen Durchgangsgestalt eines Wesens, das dulden, leiden, genießen muß, was je für diese besondere Gestalt des Lebens unabänderlich ist. Der Mensch hat keinen Akzent mehr als ein ausgezeichnetes Wesen.

(2) Die Geschichte der Menschheit im ganzen als Chiffer: Das Endlose des Faktischen führt nicht zum Wissen des Ganzen, sei es der Substanz von Zeitaltern und Kulturen, sei es des substantiellen Ganges durch die Zeiten. Aber die Geschichte der Menschheit im ganzen, empirisch für immer unzugänglich, wird vorgestellt, von ältesten Geschichtsmythen, über den christlichen Gang von der Weltschöpfung bis zum Weltgericht, zu den modernen Anschauungen von Hegel, Schelling und schließlich Spengler.

Es ist zu unterscheiden zwischen Gedanken vom Geschichtsverlauf, die als Hypothesen aufgestellt werden und grundsätzlich durch Erfahrung prüfbar sind (wie es noch Kant meinte) und den geschichtsphilosophischen Gedanken, die sich grundsätzlich dem empirischen Beweis entziehen und den Charakter von Chiffern haben. In den Geschichtsphilosophien geht durchweg beides ineinander, wenn auch etwa in der von Demokrit her kommenden Reihe die empirisch gemeinte Hypothese eines kausal begreiflichen Vorgangs, in der von Hesiod her kommenden Reihe der substantiell gemeinte, unaufhaltsame Totalprozeß im Vordergrunde steht.

Wir scheiden unser historisches Bewußtsein: einerseits das reale Wissen und die grundsätzliche Wißbarkeit der Geschichte, andrerseits die Chiffern der Geschichte. Ein immer erneutes Mühen um die

Reinheit wirklichen Wissens und die Klarheit im Hören der Chiffern, beides ist notwendig, wenn wir aus der existentiellen Verwirrung unserer inneren Verfassung herauskommen wollen.

Für die Vorstellung eines substantiellen Totalgeschehens sind alle geschichtlichen Erscheinungen, die wir beobachten, Zeugnisse oder Symptome oder Momente des Totalgeschehens. Dieses allein bestimmt alles. Was Freiheit heißt, ist selber nur ein Moment dieses Ganzen, das das Absolute ist. Die Geschichte gilt als der Gang Gottes, als Gott selber. Sie ist die höchste Instanz, der sich der Mensch zu unterwerfen hat, weil er ihr schon unterworfen ist.

Der gesamten Geschichtsphilosophie als dem Lesen der Chiffer der Geschichte im ganzen, die ihr einen Sinn verleiht, steht entgegen, was Goethe angesichts der Geschichte im Unwillen über das Absurde berührte, was Schopenhauer metaphysisch grundsätzlich aussprach: die Sinnlosigkeit der Geschichte.

Nun ist in neuerer Zeit eine Gedankenwelt erwachsen, die im Planen und Machen aller Dinge und der Geschichte im ganzen die Geschichtschiffern zu ersetzen meint durch ein wissenschaftliches Wissen, die Chiffer durch ein Totalwissen. In die Praxis übersetzte sich diese Denkungsart zuerst in der Französischen Revolution, als sie jeden geschichtlichen Grund zerstören und aus dem Nichts der menschlichen, planenden Vernunft von Grund aus neu, jetzt erst eigentlich anfangend, das politische Dasein der Menschheit und die Zukunft erbauen wollte. Endgültig gedacht und auf eine neue Weise mit der überwundenen Geschichte wieder verbunden wurde diese politische Haltung auf der Grundlage der Hegelschen Philosophie von Lassalle und Marx. Diese Geschichte wird in die Hand genommen, um die Welt nach der erkannten Notwendigkeit zu formen, analog wie man die Naturwissenschaft für die Technik verwendet. Einst war in der Chiffer Gott Lenker der Geschichte, jetzt ist der wissende Mensch selber der Gott. Er erkennt die Notwendigkeit, die er selber ist, und vollzieht sie. Was gegen sie steht, geht von selbst zugrunde oder wird von der die Notwendigkeit wissenden Gewalt vernichtet. Die Umsetzung dieser Denkungsart in die Praxis hat historisch gezeigt, daß sie nur zerstören kann, daß aber trotz ihrer aus anderem Ursprung, bisher noch, sich etwas wiederherstellt, was außerhalb des Horizonts der Planenden, Machenden, enthusiastisch Gewaltsamen lag.

Chiffer sprach zur Freiheit in der Schwebe. Der Verlust der Chiffern entspricht dem Verlust der Freiheit. Die totale Chiffernlosigkeit des machenden Denkens entspricht der totalen Unfreiheit.

Was aber kann die Chiffer der Geschichte noch bedeuten? Wenn die Frage: wohin gehen die Dinge? durch Erkenntnis im ganzen keine Antwort erfährt, dann bleibt doch die Frage.

Die faktische Zufälligkeit und Sinnlosigkeit im Gang der Ereignisse wird nur eingeschränkt durch partikulare Notwendigkeiten und Sinnhaftigkeiten. Das ist die Situation im politischen Handeln wie für all unser Tun.

Wir sind als Menschen nicht isolierte Individuen. Wir sehen uns aufgenommen von einer uns sinnhaft anmutenden Welt des Menschen, die wir ständig von neuem als sinnhafte hervorzubringen drängen. Das können wir nicht, ohne daß ein alles Einzelne in der Gemeinschaft übergreifender Sinn uns entgegenkommt. Geht dieser verloren, so ist es, als ob wir uns selbst verlieren müßten. Da aber jeder konkret erfahrene Sinn wieder umgriffen wird von Sinnlosigkeit und möglichem Sinn bis zu dem »Sinn« der gesamten Menschheitsgeschichte, so ist es unumgänglich, uns von Chiffern dieses Ganzen, als ob es uns trage, ansprechen zu lassen.

Solche Chiffern sind:

Erstens: die Geschichte ist unabschließbar in der Zeit, daher unvollendbar, nur gewaltsam abzureißen und dadurch zu beendigen.

Zweitens: die Geschichte des Menschen ist die Geschichte der Freiheit.

Drittens: Geschichte ist durch die Ursprungsverschiedenheit der die Menschen bewegenden Mächte, die im Medium der Kommunikation sich angehen und auf das Eine bezogen sind, aus dem die Menschheit geboren wurde. (Dieses Eine wird von den Wissenschaften vergeblich gesucht im Biologischen, in der Sinnverstehbarkeit, in der Sprache.)

Viertens: Das Eine ist transzendent, es ist ebenso Ursprung wie Aufgabe.

Fünftens: Die Geschichte steht jederzeit unmittelbar zur Transzendenz. Zu ihrer Richtung auf die Zukunft ist sie, je ganz gegenwärtig, quer zur Zeit, ist sie das Übergeschichtliche im Geschichtlichen.

Diese fünf Formulierungen sind nur abstrakte Hinweise auf den Raum, in dem die konkreten Chiffern der Geschichte existentiell geprüft und auf eine je besondere Weise angeeignet werden.

(3) *Die Herkunft des Menschen als Chiffer*

Zwei Vorstellungen greife ich heraus:

Prometheus[1]

Erzählung des Mythos: Götter und Menschen sind von gleichem Geschlecht, unterschieden nur als Unsterbliche und Sterbliche. Kein Gott hat die Menschen erschaffen. Sie sind neben den Göttern vom Ursprung her.

Im Weltalter des theogonischen Prozesses wurden die Götter erst zu dem, was sie heute sind. Der Wendepunkt, aus dem der gegenwärtige Zustand der Götter und Menschen hervorgegangen ist, war der große Augenblick, als Zeus die Macht ergriff. Einst vor unendlicher Zeit wurde Uranos durch seinen Sohn Kronos gestürzt, jetzt Kronos durch seinen Sohn Zeus. Die Titanen, das Geschlecht der Uranoskinder, wurden von ihm besiegt, er ordnete nunmehr die Welt, gab allem, was ist, seinen Ort, schuf das neue Gesetz. Die Menschen aber, diese elendesten Wesen, die es gibt, die jämmerlichsten, wollte er vernichten.

Prometheus aber (der Vordenkende), einer der Titanen, gewann eine einzigartige Stellung. Er war zu rechter Zeit, als die anderen Titanen seinen Warnungen und seinem Rat nicht folgten, zu Zeus übergegangen, wurde dessen Berater und Mitordner der Welt, einmütig mit ihm mit Ausnahme eines Punktes. Prometheus sah die Menschen anders als Zeus. Er erkannte zwar wie Zeus ihr jämmerliches Elend, aber er liebte diese elenden Wesen in der Möglichkeit dessen, was sie werden konnten. Daher half er ihnen dadurch, daß er ihnen gab, wodurch sie sich selbst helfen können.

Prometheus allein wagte Zeus entgegenzutreten. Hier lag eine Entscheidung, die das Wesen des neuen Götterreiches traf. Sollten Menschen, diese zunächst elenden, hilflosen Wesen, leben oder nicht? Prometheus wollte, daß sie lebten, und zwar so, daß er ihnen die Mittel gab, sich selbst zu helfen. Die Menschen gewannen eine Selbständigkeit in der Welt, die nicht in Zeus' Plan gelegen hatte. Als den Menschen die Mittel der Selbsthilfe gegeben waren, war selbst Zeus außerstande, sie zu vernichten. Prometheus errang den Sterblichen das Ungeheure, daß sie nicht insgesamt durch Zeus zerschmettert,

[1] Aeschylos, Prometheus; die Zitate nach der Übersetzung von Droysen.

nicht von der Macht des Hades verschlungen wurden. Die Handlung des Prometheus ist eine ursprüngliche, in ihrer Bedeutung nicht überbietbare Auflehnung gegen Zeus.

Was brachte Prometheus den Menschen? Zunächst das Feuer, vor den Blicken des Zeus verborgen, glimmend in einer Staude. Das Feuer ist aber nur der Anfang. Es wird die Menschen künftig tausendfache Kunst (techne) lehren. Prometheus gab ihnen die Techne in jedem Sinne. Vorher wohnten die Menschen eingegraben in der Erde, in sonnenlosen Höhlen. Jetzt lernten sie Hausbau und die Kunst des Zimmerers. Er spannte ihnen ins Zugjoch den Ur, daß er den Pflug zog und dem Leib des Menschen die zu große Bürde abnahm. Er schirrte das Roß vor den Wagen, erbaute das Schiff. Er ließ sie die verborgenen Schätze der Erde finden, Eisen, Erz, Gold, Silber. Er lehrte sie, durch Arzneien die Krankheiten niederzuwerfen. Vorher kannten die Menschen nicht die Zeichen des Jahresablaufs. Was sie taten, war ohne Ordnung. Prometheus deutete ihnen der Sterne Aufgang und Niedergang, lehrte sie die Zahlen, die trefflichste aller Wissenschaften, lehrte sie die Schrift, die Erinnerung, die Mutter aller Kunde der Sagen. Er gab ihnen viele Weisen der Seherkunst. Kurz: »Von mir, Prometheus, kommt dem Menschen alle Kunst« (techne).

Mit all dem war mehr geschehen als die Feuerbenutzung und die vielen Künste. Mit dem Feuer gab Prometheus den Menschen das Licht des Geistes. Einst waren sie Träumer und stumpfen Sinns. Mit offenen Augen sahen sie doch nicht, mit den Ohren hörten sie nicht, das heißt: sie vermochten nicht zu beobachten. Sie vermischten alles blindlings wie die Gestalten eines Traums. Jetzt wurden sie sich bewußt und des Geistes mächtig.

Um das mit solchen gewaltigen, aber doch beschränkten Kräften ihnen bevorstehende Leben möglich zu machen, nahm er ihnen die Fähigkeit, das Geschick vorauszusehen und gab ihnen dafür die blinde Hoffnung.

Deutende Erörterung des Mythos:

(1) Dem Prometheus verdankt der Mensch sein Dasein. Er hat es nur dadurch, daß er nicht wie die Tiere dahinlebt, sondern sich selber hilft. Aber nur dieses eine verdankt er ihm, nämlich die Befähigung, die Natur zu beherrschen, seine Umwelt zu gestalten, rationale Unternehmungen zu wagen. Dagegen gab Prometheus ihm nicht: die Staatsordnung, die Sittlichkeit, das Recht, nicht das Heil der Seele,

nicht die Ruhe der inneren Verfassung, nicht Religion und Philosophie. Er brachte das »prometheische« Wesen des Menschen, nicht das, was erst auf diesem Grunde aus dem Menschen selber werden konnte.

(2) Prometheus trotzt dem Zeus. Zeus schickt ihm erbarmungslos gesteigerte Qualen. Aber Auflehnung und Strafe haben ihre weitere Geschichte.

Zunächst ist Prometheus' Trotz uneingeschränkt. Gern hat er gefehlt, sagt er, gern zum Heil der Menschen sich dieses Leid erzeugt. Er treibt den Trotz ins Äußerste: »Ganz hasse ich all und jeden Gott.« »Mich aber kümmert minder dieser Zeus, denn nichts!«

Will Hermes ihn in Zeus' Auftrag durch die fürchterlichsten Drohungen, die nachher in der Tat verwirklicht werden, zwingen, so ist die Antwort: Das ist vergebene Mühe, wie Wellen, die am Felsen spülen. Niemals wird er aus Angst vor Zeus sich feig gebärden. Niemals entehrt es, vom Feinde solches Leid zu empfangen.

Um Hilfe ruft er niemand an, aber klagend und anklagend wendet er sich zu großen Wirklichkeiten der Natur, die vor allen Göttern ist:

O heiliger Äther! schnell beschwingter Hauch der Luft!
Ihr Stromesquellen! du im Wellenspiel der See
Unzähliges Lachen! Erde, Allgebärerin!
Du allerschauend Sonnenaug', euch ruf ich an!
Seht her, was dulden ich ein Gott von Göttern muß!

Und das letzte Wort:

O Mutter, du heilige Macht! der du trägst
O Äther, der Welt allsegnendes Licht,
Seht welch' Unrecht ich erdulde!

Dieser Trotz unterscheidet sich von allem menschlichen durch zwei unüberwindliche Mächte des titanischen Gottes: Erstens: »Was soll ich fürchten, den zu sterben nicht verlangt?« Nie wird Zeus ihn töten können. Und zweitens: »Klar weiß ich ja voraus all' meine Zukunft.« Er wird seiner Leiden Kelch trinken, »bis einst im Herzen des Zeus Haß und Zorn sich lösen mag!« Prometheus hat schon Uranos und Kronos als Weltherrscher stürzen sehen. Auch Zeus wird stürzen, wenn er sich nicht mit ihm versöhnt, der allein sagen kann, was zur Rettung des Zeus vor diesem Sturz notwendig ist.

Die Frage ist, ob dieser Trotz des Prometheus recht ist.

Der Chor sagt ihm: Ohne Furcht vor Zeus hast du zu sehr den Menschen geliebt. Jetzt könnten ihm die Menschen keine Hilfe bringen, auch wenn sie es wollten. Denn »nimmer von menschlicher Kraft wird Zeus' Gesetz gebrochen«. In der Tat wird Prometheus, der titanische Gott, für die Menschen nicht einmal ein Gegenstand des Kultus, in dem sie ihm ihren Dank bezeugten.

Daher raten ihm Okeanos, die Okeaniden, Hermes mehr oder weniger heftig oder mit klagender Milde, seinen Trotz zu mäßigen. Er will nicht, er will lieber alles leiden.

Nun aber der Ursprung der Wende dieses mythischen Dramas: Nicht nur ist Prometheus im Trotz, auch Zeus ist in seiner Gewalt übermütig. Er wird Anlaß zur entsetzlichen Qual der im Wahnsinn durch die Welt gejagten Jo. Er verkennt seine eigenen Grenzen in dem Unmaß seiner Rache an Prometheus. Zeus und Prometheus, beide haben recht und unrecht zugleich. Dies hat Folgen, weil Zeus selber unter einer anderen Macht steht. Auch er kann dem ihm beschiedenen Los nicht entfliehen. Die Moira ist stärker, die Notwendigkeit.

Der Mythos sieht drei Mächte: Zeus, Prometheus und die Moira. Zeus hat die Gewalt, den Prometheus der entsetzlichsten leiblichen Qual zu unterwerfen, aber nicht die, ihn zu töten. Zeus konnte die Menschen vernichten, aber er kann es nicht mehr, seit Prometheus ihnen ihre Eigenmacht, Denkkraft, Technik, Selbsthilfe gab.

Das mythische Drama führt zu einer Versöhnung zwischen Zeus und Prometheus, die im nicht erhaltenen Schlußteil der Trilogie – dem Befreiten Prometheus – dargestellt sein muß. Zeus wird von Prometheus anerkannt, Prometheus wird nicht weiter vergewaltigt. Beide Götter haben sich gewandelt. Aber das Entscheidende ist: das Menschsein, durch Prometheus' Auflehnung ermöglicht, wird nicht rückgängig gemacht. Es ist zu einem Faktor in der Weltordnung geworden.

(3) Prometheus wird schuldig, weil er dem Menschen Gutes tut. Was den Menschen zum Menschen macht – das Wissen und Können in unbegrenzter Möglichkeit der Entwicklung – ist verbunden mit Schuld.

Der Trotz liegt im Ursprung des Menschen als Akt des Prometheus. In der Selbsthilfe des Menschen spiegelt sich der Trotz des Prometheus und sein ständiges »Trotzdem«. Von vornherein läuft ein Moment des Trotzes im Denken des Menschen und seiner Techne.

Die mythische Chiffer erhellt das Geheimnis, das im Seinsbewußtsein des Menschen, wenn er fragt, gegenwärtig wird. Von nun an lebt jeder Mensch, dem es aufgegangen ist, nicht mehr nur in dem einfachen, schönen, fraglosen Daseinsgefühl, sondern unter immer neu erfahrenen Stößen, in dem Infragegestelltsein seines Daseins.

Daß die Auflehnung gegen Gott durch den Menschen selbst vollzogen sei, scheint in der mythischen Chiffer so ungeheuerlich, daß sie vielmehr durch den titanischen Gott erfolgt, der dem Menschen gegen Gottes Willen seine Gabe bringt. Nemo contra deum nisi deus ipse (ein Satz, den Goethe zitiert – über seine Quelle vermochte ich nichts zu erfahren) besagt vielleicht etwas, was in der Chiffer des Prometheus anschaulich gedacht wurde.

Der Abgrund im Menschsein öffnet sich dem Blick: das Hohe und Mächtige, das gestaltende und handelnde Heldentum, die Würde des Menschen. Aber alles Große im Menschen wird durch Erfahrung und Frage des Menschen selber »fragwürdig«.

Wenn aber die Frage aufgetreten ist, dann soll sie festgehalten werden auf der Höhenlage des Menschseins, auf der sie erwuchs und auf der allein sie angemessen begriffen wird. Dann sinkt die Antwort nicht ab, weder in die Weichlichkeit des Leidens noch in das Ressentiment.

(4) Unter den Umdeutungen und Stimmungsverschiebungen des Prometheus-Mythos gibt es die Umwendung des Grundgedankens. Einst war es nicht elend, sondern gut mit dem Menschen, ins Unheil führte der prometheische Weg. Horaz (Oden 1, 3) schildert den Menschen, der ihn betrat: Dreifaches Erz umschloß des Menschen Brust, der zuerst ohne Furcht das zerbrechliche Boot der wilden See anvertraute. Als er trockenen Auges (fühllos) die wogende See, die Klippen, die Ungeheuer des Meeres schaute, graute ihm nicht vor dem Tode. Gott hatte Land und Meer fürsorglich geschieden, der Mensch läßt freventlich die Schiffe über die Fluten fahren, die er nicht hätte berühren sollen. Vermessen, alles Leid zu ertragen, stürzte er weiter in das Verbotene. Vermessen brachte Prometheus ihm durch Betrug das Feuer. Dädalus wagte sich mit Flügeln in die Luft, Herakles brach in die Unterwelt ein. Nichts ist den Sterblichen zu schwer. In unserer Torheit stürmen wir zum Himmel, und durch unser Verbrechen zwingen wir Zeus, seine zürnenden Blitze zu schleudern.

Horaz dachte das prometheische Unheil noch auf der Höhe des griechischen Mythos. Diese geht verloren in den interpolierten Versen, in denen die Herrlichkeit eines einstigen Menschentums dargestellt wird, die freventlich verlassen sei. Jetzt heißt es: Der Tod, der früher nach Naturgesetz in die Ferne gerückt langsam kam, wird jetzt beschleunigt. Noch tiefer sinkt das Denken in der modernen Wütigkeit gegen die Technik, stumpf geworden gegen den Prometheus-Mythos: schon 1852 sagt ein Philologe zu den interpolierten Zeilen des Horaz: Die Jämmerlichkeit des Menschen sei durch Prometheus nicht beseitigt. Jede Erfindung vom Feuer an bis herab zu den Webemaschinen und Eisenbahnen mehre, während sie die Natur dienstbar macht, die Sünden und Krankheiten.

Der Sündenfall

Gott schuf den Menschen nach seinem Bilde, als Mann und Weib. Er segnete sie und gab ihnen den Garten Eden. In dem Garten stand der Baum der Erkenntnis des Guten und Bösen. Und Gott verbot ihnen, von diesem Baum zu essen: »Denn sobald du von ihm issest, mußt du sterben!« Die Schlange aber verführte die Menschen: »Ihr werdet nicht sterben; sondern Gott weiß gar wohl: sobald ihr davon esset, da werden euch die Augen aufgetan, daß ihr werdet wie Gott, erkennend Gutes und Böses.« Sie aßen den Apfel. Als Gott kam, versteckten sie sich. Gott verfluchte die Schlange und verhängte dem Menschen sein Lebensgeschick: Mühsal sein Leben lang. »Im Schweiße deines Angesichts sollst du dein Brot essen, bis du zum Erdboden zurückkehrst, denn ihm bist du entnommen. Denn Erde bist du und zu Erde mußt du wieder werden!«

Das andere Mythenmotiv ist die Schöpfung von Mann und Weib. Moses 1, 27 wird der Mensch als Weib und Mann geschaffen, 2, 21 f. aber Eva aus der Rippe Adams. In beiden Fällen ist der Sinn: Menschsein ist nicht Alleinsein, sondern zu zweien, in Kommunikation sein. Aber in der einen Fassung wird der Mensch ursprünglich zu zweien geschaffen und die zwei begegnen sich auf gleicher Ebene des Selbstseins. In der anderen Fassung wird zuerst Adam geschaffen und dann erst Eva aus seiner Rippe: denn »es ist nicht gut für den Menschen, daß er allein sei, ich will ihm einen Beistand schaffen, wie er für ihn paßt«. Für solchen Beistand sind die Tiere nicht passend, sondern nur die Frau aus dem eigenen Fleische. Sie war also nicht auf gleicher Ebene, sondern erst nach dem Mann und zum Beistand geschaffen. Die menschenwidrige Unterwerfung des Weibes geschah weiter durch die Darstellung seiner größeren Verführbarkeit und Verführungskraft. und schließlich durch die Erhöhung seiner Strafe: nicht nur die Schmerzen des Gebärens werden ihm auferlegt, sondern: der Mann soll Herr sein über dich! (aus dem Beistand wird die Dienerschaft). Das alles trübt die große, reine Chiffer des Menschseins: Gott schuf den Menschen nach seinem Bilde, nach dem Bilde Gottes schuf er ihn.

Der Mensch, als unsterbliches Wesen geschaffen, muß jetzt sterben. Gott sprach: »Der Mensch ist geworden, wie unsereiner; daß er nunmehr nicht nur etwa seine Hand ausstreckt, und auch von dem Baume des Lebens nimmt und ißt und ewiglich lebt!« Daher trieb Gott die Menschen aus dem Garten Eden, und ließ Cherube mit der Flamme des zuckenden Schwertes den Weg zum Baume des Lebens bewachen.

Die Chiffer des Sündenfalls sagt: der Mensch hat im Ursprung nicht ein gemeines Verbrechen begangen, sondern jenen Ungehorsam, mit dem er seine eigenen, in ihn durch die Ebenbildlichkeit Gottes gelegenen Chancen ergreift. Er kann nun erkennen, aber um den Preis, daß er sterblich wird. Ihm ist die Erde zu unabsehbarer Tätigkeit übergeben, aber um den Preis, dorthin verjagt zu sein in unendlich verzehrende Mühsal. Diese Zweideutigkeit des Menschendaseins, sein ungehorsames Erkennenwollen als Bedingung seiner Größe, läßt diese Chiffer nach der einen oder anderen Seite deuten, zum Unheilsbewußtsein ohne Trost in der Sehnsucht zum Verlorenen, oder zum Enthusiasmus der großen Aufgabe.

Max Weber vergleicht den Schluß von Dantes Divina Commedia – das Versagen der Sprache im wunschlosen Anschauen der Geheimnisse Gottes – mit dem Schluß von Miltons Verlorenem Paradies. Der Erzengel Michael sagt: »Nun füge zu dem Wissen auch die Tat ... und jene Liebe, die die Seele wird von allen Tugenden; dann läßt du ungern nicht dies Paradies, du trägst in dir ja ein viel seligeres.« Mit dieser Ermutigung verlassen Adam und Eva den wunderbar bergenden Garten: »Vor ihnen lag die große weite Welt, wo sie den Ruheplatz sich wählen konnten, die Vorsehung des Herrn als Führerin. Sie wanderten mit langsam zagem Schritt und Hand in Hand aus Eden ihres Weges.«

d. Der Mensch als Aufgabe seiner selbst

Die Frage nach dem Menschen ist mit dem Menschsein selbst gegeben. Sie erfährt unter neuen Daseinsbedingungen neue Antworten. Die Frage würde aufhören, wenn der Mensch als er selbst versinken würde in bloßem Dasein.

Woher kommen wir Menschen? Was ist der gegenwärtige Sinn, was ist das Ziel unseres Lebens, des Einzelnen, der Völker, der Menschheit? Welches sind unsere Möglichkeiten und unsere Grenzen? Was sind wir eigentlich? Welches ist unsere Stellung in der Welt? Was ist unsere jeweils bestimmte Aufgabe?

Die Frage war fast vergessen in der Ruhe der gebildeten, der konventionell-christlichen, der den Ursprung ihrer Freiheit verlierenden und sie verderbenden bürgerlichen Welt. Sogar in einer nur ahnenden, nicht ernst werdenden, daher unfruchtbaren Unruhe blieb sie vergessen. Es genügten die Selbstverständlichkeiten der Tätigkeit und der den Ernst verhindernde Weltschmerz, dessen Typus Schopenhauer war. Auch wurde die Frage fortgeschoben: laßt uns nicht denken, es führt zu nichts! Aber sie läßt sich nicht zum Schweigen bringen. Heute ist die Frage, bedrängender als je, wieder da.

(1) Die Situation der Freiheit ist bewußt geworden:

Hat die moderne Befreiung zur Freiheit geführt? Bisher hat sie keineswegs frei gemacht. Sie hat die Möglichkeit geschaffen, zur Freiheit zu gelangen, aber sie noch nicht verwirklicht.

Es kann vielmehr so aussehen: Die radikalste Befreiung, die wir kennen, die in unserem Zeitalter, kann die Freiheit des Menschen überhaupt vernichten. Was war die Freiheit vor dieser Befreiung? Dorthin möchten wir den Blick gewinnen, um die Möglichkeit zu spüren, diese unreflektierte, gleichsam in ihrer Wahrheit noch träumende Freiheit nach der Befreiung in reinerer Gestalt zurückzugewinnen.

Genügt es, daß Einzelne frei werden, wenn die Völker ihnen nicht folgen konnten und nie werden folgen können? Es genügt nicht nur nicht, es wird immer weniger überhaupt möglich sein. Denn in den früheren, immer noch lockeren Zwangsordnungen konnte der Wille zur inneren Freiheit Einzelner nie erdrückt werden, weil ihnen Raum blieb. Das technische Zeitalter aber vermag diese Erdrückung auch der inneren Freiheit zu vollenden.

Alles liegt daran, daß Freiheit die Freiheit erweckt. Jeder Einzelne kann nur in dem Maße frei werden, als um ihn herum freie Menschen sind. Wenn man zweifelt und meint, die Menschen seien nicht fähig, frei zu werden, so ist die Antwort: Wer auf dem Wege der Freiheit ist, die Transzendenz und sich selbst erfährt, der kann nicht glauben, daß der Weg unmöglich sei. Sein eigenes Leben selber ist ihm das Wagnis daraufhin, daß Freiheit möglich ist. Dieses Wagnis nicht einzugehen, bedeutet, daß jene Einzelnen ersticken, die bisher die Geschichte des Abendlandes sind. Sie gaben ihr die Höhen, bezeugten in Taten, in Schöpfungen und Einsichten, was der Mensch vermag.

Glaube und Freiheit würden gemeinsam erlöschen. Nur miteinander können sie wirklich bleiben. Würde die Selbstzerstörung der Freiheit die Folge der gegenwärtigen Situation sein, so scheint das Ende der menschlichen Geschichte unwiderruflich. Daß dies, solange Menschen leben, nicht geschehe, ist selber ein Glaubensinhalt, kein Wissen.

Es bleibt ein nur abstrakter, selber schon glaubensloser Gedanke, daß nach einer Wüstenwanderung kommender Jahrhunderte und Jahrtausende eine neue andere Geschichte der Freiheit beginnen könnte, wie sie vor sechstausend Jahren begonnen hatte. Aber was für ein gewaltiger Unterschied! Damals begann sie auf dem Grunde eines mythischen Denkens und dem Reichtum der Sprache als der beiden Zeugnisse einer unvordenklichen menschlichen Substanz (die dann in der Geschichte verbraucht worden wäre). Nach der gegenwärtigen Zerstörung würde sie beginnen auf dem Grunde einer substanzlosen Unfreiheit; auf dem Grunde des Arbeitsmechanismus des technischen Zeitalters, der rational dirigierten Arbeit und Freizeit der Unfreien, die mit sich nichts anzufangen wissen; auf dem Grunde eines Menschen und Natur in sich aufzehrenden Produktions- und Konsumtionsbetriebes. Die neue Geschichte ginge von einer dem Sinne nach ganz anderen Unfreiheit aus als die erste. Sie wäre eine wie ein Stahlgerüst einschnürende und die Seele selber in solche Gerüste verwandelnde Unfreiheit, während vor dem prometheischen Zeitalter eine schlummernd erfüllte Unfreiheit lag. Nach der gegenwärtigen Zerstörung wäre der Ausgang von der Unfreiheit einer geschichtslosen rationalen Technik, damals von der Unfreiheit einer unvordenklichen Geschichte.

(2) Der Mensch auf dem Wege zur Wahrheit:

Statt im Genuß der vollendeten Wahrheit stehen wir Menschen auf dem Weg zur Wahrheit im Kampf.

Die Leidenschaften unseres *Daseins* sind Bedingung unserer Lebendigkeit in allen Weisen des Umgreifenden, das wir sind, aber treiben uns ständig in die Irre. Der Verstand des *Bewußtseins überhaupt* ist Bedingung aller Klarheit und Richtigkeit im Relativen, aber verkehrt unseren Wahrheitssinn, wenn er die Wahrheit im ganzen als das Richtige bestimmen will. Der Zauber des *Geistes* ist unerläßlich für den Raum, in dem unsere Phantasie waltet und die Sprache der Erscheinungen hörbar werden läßt, aber verführt in eine ästhetische Scheinwelt. Die Unbedingtheit des *Existentiellen,* in ihrer Geschichtlichkeit immer schon berührt von dem Schimmer des Ausnahmeseins, drängt in die Verlorenheit, in der sie an der Welt scheitert und verschwindet.

Der Kampf um Selbstbehauptung im Dasein durch List und Gewalt, der Kampf im Bewußtsein überhaupt durch begründende Diskussion, der Kampf im Raum des Geistes durch die Gestalten der Phantasie um Rang und Wirkung, der liebende Kampf der Existenzen um das gemeinschaftliche Selbstwerden – immer ist Kampf.

Diese unübersehbaren Kämpfe bedeuten den Weg des Menschen zur Wahrheit. Alle Vollendungen sind Augenblicke und alsbald Ausgang auf den weiteren Weg. Denn in der Zeit kann er kein Ende durch Vollendung finden. Jede Ruhe ist Atempause zur Entwicklung neuer Kräfte.

(3) Der Mensch, ständig auf das Ganzwerden gerichtet, wird kein Ganzes:

Kein Mensch ist alles. Keine in einem Menschen wirklich gewordene Wahrheit ist die ganze und eine Wahrheit.

In der Selbstbesinnung suchen wir Klarheit darüber, wofür und aus welchem Ursprung wir leben, ohne die vollendete Klarheit schon zu erreichen, wenn wir unseres konkreten, geschichtlichen Entschlusses gewiß sind.

Kein Moment der Weisen des Umgreifenden, das wir sind, ist entbehrlich, vielmehr jede Weise unumgänglich. Keines darf zum Losgelösten (Absoluten) werden, das sich nur auf sich selber stellt.

Das Ganze aber ist nicht als der Organismus einer harmonischen Einheit wirklich. Man kann es als solche Einheit nicht begreifen, es sei denn um den Preis der Blindheit vor anderen Faktizitäten und Möglichkeiten.

Wenn aber die Einheit eines Ganzen nicht ist, so doch das Streben zu ihr hin (Vernunft) und die Zugkraft von dem Einen (der Transzendenz) her. Die Vernunft als das umgreifende Band in ständiger Bewegung und das Eine der Transzendenz in unfaßlicher Ruhe begegnen sich, beide gegenstandslos, beide jenseits der Subjekt-Objekt-Spaltung.

(4) Im Wissen vom Menschen erfahren wir unlösbare Unstimmigkeiten:

Die erkennbare Naturnotwendigkeit unseres Daseins und die unerkennbare Macht unserer Freiheit; unseren Drang zur Einsenkung in die Welt und unseren Drang zur Loslösung von der Welt in den Grund unserer Freiheit; die Geschichtlichkeit unserer Existenz, ohne die wir nicht wären, und unsere Überlegenheit über die Geschichte mit der Neigung zur Entgeschichtlichung unseres menschlichen Wesens.

Die Paradoxie des Menschseins zeigt sich in dem vernichtenden Umschlagen auf dem Weg zur Freiheit:

die Befreiung von der Leibhaftigkeit der Transzendenz schlägt um in den totalen Unernst,

die Freiheit in der Schwebe der Chiffern schlägt um in die Bodenlosigkeit des Nichts,

die Freiheit des Wissens schlägt um in die Unfreiheit des Wissenschaftsaberglaubens,

das, was Einzelnen gelungen ist, schlägt um, durch Übersetzung, Verwandlung bei Anderen, in das Gegenteil des einmal Wirklichen und Gemeinten,

die Freiheit des technischen Erfindens schlägt um in die Versklavung durch den Betrieb der Maschinenarbeit,

das politische Freiwerden schlägt um in die äußere und innere Unfreiheit der totalen Herrschaft.

Keineswegs sind alle diese Verkehrungen unentrinnbar. Der Freiheit des Menschen ist es aufgetragen, sich zu bezeugen in der Kraft des Herrwerdens über die selbst erzeugten Unfreiheiten.

Die Frage, ohne die das Wagnis der Freiheit kein Wagnis wäre, bleibt: Ist der Weg des Menschen wie eine Flamme, die sich selbst verzehrt? Wird, weil dies geschieht, sein hoher Aufschwung schließlich der Gang zum Selbstmord des Daseins der Menschheit?

Durch das Jahrtausend, das die Erfahrungen der Juden in den Schriften der Bibel niedergelegt hat, wurde an den Tag gebracht, was, in Spannung mit der griechischen Philosophie und Dichtung, seither die Abendländer bestimmt hat.

Der Mensch ist mehr und grundsätzlich anders als irgendein Lebewesen, und er ist mehr als alles, was er von sich erkennt, wenn er sich zum Gegenstand macht in Anthropologie, Psychologie, Soziologie.

Der Mensch ist als Mensch kein in seiner Art wohlgeratenes Tier mit besonderen Eigenschaften, mit den vorbestimmten, in den Generationen sich wiederholenden gleichen Lebensbahnen. Er ist vielmehr ein im Sinne bloßen Lebens brüchiges Wesen, das zu dem für ihn Höchsten bestimmt ist, zum Wagnis aus seiner Freiheit. Darum kann er keine endgültige sich nur wiederholende Gestalt finden. Er geht durch immer neue Weisen seines Scheiterns den Weg durch die Welt, im hohen Schwung seiner Hoffnung, aber ohne zu wissen wohin.

(5) Die Bestimmung des Menschen:

Diese alte Formulierung meint das Schicksal, das ihm verhängt, und die Aufgabe, die ihm gegeben ist: Das Bewußtsein der Bestimmung bewegt sich in der Polarität zwischen dem Schonbestimmtsein und der Forderung des freien, sehenden Entscheidens.

Das Schonbestimmtsein führt zu den Notwendigkeiten, denen der Mensch unterworfen ist: dem erkennbaren Natursein, der Geschichte, dem in der Ordnung des Kosmos oder des Seins Vorgestellten, dem göttlichen Willen. In jedem dieser Fälle wird der Mensch zur Marionette, entweder der Naturgesetze oder der Geschichte, oder der Vorherbestimmung Gottes, oder des Schicksals (Moira, Weltvernunft, Vorsehung). Der Mensch kann sich nur fügen, unterwerfen, einstimmig mit dem werden, was ohne ihn ist, oder revoltieren, wodurch er vollends nichtig wird.

Die Forderung dagegen bedeutet, daß der Mensch selbst mitentscheidet, was aus ihm wird und aus dem, was im Umkreis seiner Wirkungsmöglichkeit liegt. Was die Aufgabe in concreto ist, kann ihm wohl als »Forderung des Tages«, nie aber endgültig klar werden. Er ergreift die eigene Aufgabe in der Welt aus seinem Glauben inmitten der Menschen, die anderen Glaubens an andere Aufgaben sich binden.

Weil aber der Mensch in seiner Freiheit sich nicht durch sich selbst frei weiß, ist er sich, im Unterschied von der Notwendigkeit, an die er preisgegeben wäre, aus dem Ursprung bewußt, den er in der Chiffer »Notwendigkeit« ausspricht. Diese Notwendigkeit ist weder Gesetz noch Willkür. Sie ist mehr als Notwendigkeit, die nur als Kategorie benutzt wird, um mit ihr als Chiffer das Unbegreifliche seiner Bestimmung zu berühren.

e. Die Zukunft des Menschen in moderner Perspektive

(1) Die Frage nach dem Ende: – Heute verbreitet sich das epochale Bewußtsein, an der Wende zu stehen, nicht einer der bisherigen Geschichtsperioden, sondern der Geschichte überhaupt.

Die Erweiterung historischen Wissens rückt Anfang und Ursprung nur weiter hinaus, ohne daß sie uns zugänglicher würden.

Die Zukunft steht nicht mehr wie bisher als ein Weiterleben gleicher Art vor Augen, sondern als außerordentliche Möglichkeit, die begrenzt ist durch die Drohung der totalen Zerstörung.

Ist die Geschichte ein merkwürdiger kurzer Zwischenaugenblick in der unermeßlichen Erd- und Lebensgeschichte? Ist sie ein zwar großartiger, aber vergeblicher Freiheitsprozeß, sich selber unendlich kostbar, aber zugleich ein sich selbst zerstörender Prozeß hoher Schöpfungen und Augenblicke? Ist die Geschichte von vornherein in ständigem Abfall von dem, was geschehen sollte, und verläuft daher schließlich dieses Abfallen von der Chance der Freiheit in das Ende, in dem das Abfallen zugleich mit dem Dasein des Menschen aufhört?

(2) Wie leben wir mit der Geschichte? – Das historische Wissen unserer Zeit und die Möglichkeit der Information in breitesten Kreisen ist so groß wie noch nie. Was immer von Menschen gedacht und getan wurde, kann, soweit sie sich mitteilten und die Texte erhalten geblieben sind, von uns verstanden, aus der Vergessenheit wieder gewonnen und zur Wirkung gebracht werden. Historisch sehen wir die Vielheit der Selbst- und Weltauffassungen, die jeweiligen Selbstverständlichkeiten, in denen der Mensch sich zu begreifen meinte.

Der moderne Mensch, der sich alle Möglichkeiten der Geschichte geistig zu eigen macht, hat die Chance einer unerhörten Souveränität. Weil jede Auffassung, die Menschen einmal von sich hatten, dem modernen Menschen zur Verfügung steht, vermag er leichter zu einem freien und wahren Wissen von sich zu gelangen.

Aber zweideutig ist wieder diese Befreiung. Der Umgang mit der Geschichte kann allem seine Wahrheit lassen, kampflos genießend zuschauen und die eine ganze Wahrheit im Zusammennehmen aller Gehalte für die Menschheit und jeden Einzelnen suchen. Das ist existentiell unmöglich. Die sogenannte Kultursynthese ist entweder eine ästhetische Vorstellung ohne Verbindlichkeit, oder nur die Gemeinsamkeit zivilisatorischer Technik, oder die nichtige Abstraktion eines Allgemeinen, das im Sichbegnügen mit den Oberflächen nur die Nivellierung bewirkt.

Der existentielle Umgang mit der Geschichte setzt die Kämpfe fort, läßt sie im eigenen gegenwärtigen Bewußtsein sich steigern durch den Spiegel der Geschichte. Er macht nun aber das Neue bewußt, für das der Spiegel ausbleibt. Er läßt unter den gegenwärtigen geistigen Voraussetzungen und materiellen Daseinsbedingungen die Forderung spüren, die ewige Existenz in neuer Erscheinung zu gründen.

(3) Kann der Mensch in der modernen Bodenlosigkeit wieder seinen Boden finden? – Immer mehr Menschen erfahren, aus ihren überlieferten geschichtlichen Bedingungen herausgerissen, die Qual der Bodenlosigkeit. Sie werden haltlos, wandern, nirgends und überall zu Haus, zufällig hin und her gezogen. Sie erfahren die Ungeborgenheit als das nunmehr Natürliche. Emigrantendasein wird zum Typus.

Geschichtlich war das Menschenleben gebunden an Rollen, in denen die Einzelnen ihr Dasein hatten und mit denen sie sich identifizierten. Jetzt spielt der Mensch viele Rollen und ist mit keiner identisch. Die geschichtlich erfüllten Rollen waren zwar geistig längst angenagt und schließlich verzehrt, wenn die Relativität übermächtig wurde. Jetzt aber zwingen die Daseinsbedingungen selber aus jeder Identifizierung mit einer Rolle heraus. Ist das eine ungeheure Befreiung oder eine radikale Zerstörung?

Da der Mensch nicht er selbst sein kann ohne geschichtliche Erfüllung, ohne Kontinuität seines Wesens in der Erscheinung, ist die Frage der Zukunft, in welcher Weise in dem allgemeinen Treiben und Getriebenwerden sich solche Erfüllung für den Einzelnen in seinen persönlichen Gemeinschaften wieder gewinnen läßt.

(4) Vergeblichkeit der Frage nach der Zukunft. – Was die Zukunft birgt, zeigt sich weder einem Wissen im Zusehen zum politisch-soziologisch-wirtschaftlichen Verlauf der Dinge noch im philosophischen Gedanken über das, was sein solle.

Das Zukunftswissen großer Glaubensmächte mußte in der Realität einer völlig anderen Zukunft weichen. Die urchristliche Lebenspraxis des Glaubens, vor dem Weltende, dem Gericht und dem Reiche Gottes zu stehen, wich der politischen Praxis der nicht vorausgesehenen Kirche und dem Bunde des Unvereinbaren, des neutestamentlichen Christus und der Verwirklichung der Kultur. Die historische Konstruktion von Marx wich der Realität der totalen Herrschaft. In diesen wie anderen Fällen erkennt der spätere »Glaube« seine Verkehrung nicht an. Er sieht sie nicht oder deutet sie als nebensächlich weg.

Die Zukunft wird bestimmt durch das, was Menschen auf Grund ihres Wissens planen und durch ihre Entschlüsse, welchen Weg im Labyrinth möglicher Wege sie jeweils gehen wollen.

Wer Realitäten nicht sieht und sie nicht in die Gründe seines Entschlusses aufnimmt, gerät ins Leere. Wer die Freiheit des Entschlusses als entscheidenden Faktor nicht erfährt und nicht anerkennt, der gerät in die Sklaverei unter gemeinte Realitäten.

Was Realität sei, ist die große, gar nicht endgültig zu beantwortende Frage. Daher ist die Zukunft nicht nur ungewiß, sondern für die, die sie erfahren mit dem Wissen traditioneller Erwartungen, durchweg völlig überraschend.

(5) Die Umwendung. – In der Situation, in der dem Menschen alles genommen und er sich selbst in seiner Freiheit preiszugeben scheint, verstrickt ist in das totale Unheil und seine eigene Schuld, ge-

schah von jeher der Ruf zur Umkehr. So war es bei Plato, so war es in allen Phasen der biblischen Erfahrung bis zur Bußforderung des Neuen Testaments (metanoeite).

In neueren Zeiten wurde die Forderung der Umkehr von Kierkegaard erhoben, ohne Rücksicht auf die Welt, allein zum ewigen Heil des Einzelnen. Marx sah die Umkehr in der Welt selber vom Kapitalismus zum Kommunismus als den notwendigen Gang der Geschichte, deren Erkenntnis zugleich die Forderung an jeden Einzelnen war, ihn zu fördern. Der durch seine gewaltigen Leistungen für Marx bewunderungswürdige Kapitalismus erzeugt in sich Widersprüche, deren Aufhebung zum Kommunismus führen. Kierkegaards Umkehr will und schafft keine Zukunft der Menschenwelt, er denkt nur an den Einzelnen und die ewige Seligkeit. Marx' Umkehr ist ein vermeintlich erkannter objektiver Vorgang dialektischen Umschlagens, er denkt nicht an den Einzelnen und sein Gewicht: es gibt keine Einzelnen, sondern nur »Exponenten«.

Nicht die Zukunft, aber die Umkehr des Einzelnen, vieler Einzelner, die in Kommunikation sich finden, ist im Philosophieren zu treffen.

Wir werden uns bewußt, die einzige Stätte in der Welt zu sein, an der Wahrheit und Wirklichkeit sich zeigen. Dies Bewußtsein lenkt uns dorthin, wo Existenz den Ursprung, gleichsam vor Kosmos und Geschichte, erfährt. Dann sind nicht mehr Kosmos und Geschichte das letzte, sondern das, was sich an jenem Orte der Existenz zeigt. Ein unbegreifliches Zutrauen zu dem Grunde vor der Welt macht in aller Daseinsabhängigkeit den Menschen durch seine Existenz seinem Dasein überlegen, weil anderswo geborgen. Diese Überlegenheit hat ihre Vorstufe schon dadurch, daß der Mensch von allem, was ist, das doch sich selbst nicht weiß, wissen kann. Aber die Überlegenheit bezeugt sich erst eigentlich durch die Verantwortung seiner Freiheit.

Dorthin zu gelangen, ist die Umwendung, die heute, wie von je geschehen, nun aber für den Gang der Dinge Folgen, wie noch nie, haben kann. Die Umwendung ist, unter den Bedingungen unseres Zeitalters in neuer Erscheinung, die eigentliche große Möglichkeit.

Wir arbeiten uns heraus aus der Fesselung an die Form objektiven Natur- und Geschichtswissens und aus der Fesselung an die Form der Subjektivität, in der jeder sein Recht als dieses Sosein, als diese Meinung behauptet. Wir arbeiten uns heraus aus der Verabsolutierung von Chiffern, die doch nie die Transzendenz selber sein können.

Die Befreiung durch die ständig erneuerte Umkehr ist nicht mehr nur Befreiung von etwas, sondern selber schon Freiheit des Ursprungs, aus dem wir leben.

Was aus dieser Umwendung, wie sie dem Menschen möglich ist, wird, ist nicht vorherzusagen. Es genügt nicht, gegen alle Schrecklichkeiten, die wir sehen und die uns bevorstehen, uns zu beruhigen durch die Behauptung, der Mensch sei von Natur frei, er könne sich in diesem seinem Wesen nicht ändern, daher werde seine Freiheit sich stets wiederherstellen. Solche Behauptung als vermeintliches Wissen ist selber vielmehr freiheitswidrig. Die unerkennbare Kraft der im Ursprung der Tranzendenz sich gründenden Freiheit kann durch zutrauendes Scheinwissen von der Unzerstörbarkeit der Freiheit gelähmt werden. Dieses Scheinwissen gibt die eigene Freiheit preis, um sich auf die Freiheit anderer zu verlassen.

Das Bewußtsein der vollzogenen Umkehr bringt jederzeit zum eigentlichen Menschsein. In der Situation heute wird sie zum Ursprung der Rettung überhaupt. Sie ist die einzige alles andere in sich schließende Möglichkeit.

Statt uns von Bildern der Zukunft verführen zu lassen, die in optimistischem oder pessimistischem Scheinwissen etwas vorgaukeln, werden wir uns der Verantwortung bewußt. Diese Verantwortung liegt in jedem Alltag, in unseren Impulsen und Gefühlen, in unserer Lebensführung, im Umgang mit Menschen, der Nähe und Ferne zu ihnen, dem Vorziehen und Nachsetzen, in allen den kleinen und großen Entscheidungen, die nicht nur für uns selbst, sondern auch für den Gang der Dinge wesentlich sind. In unseren Vorstellungen vom Menschen, in dem Getroffensein von Chiffern und in den Maßstäben, unter denen sie stehen, und in den letzten Richtpunkten, an denen sie orientiert sind, vollziehen wir Akte der Freiheit, für die wir verantwortlich sind.

4. Hilft die Philosophie?

(1) Daß Befreiung noch keineswegs zur Freiheit als Erfüllung führt, ist offenbar. Die Vergegenwärtigung dieser Erscheinung zeigt noch nicht, was zu tun ist. Sie gibt nicht bestimmte Vorschriften, sagt dem Verstand nicht, wie es zu »machen« sei.

Der Verstand (sei es der von Offenbarungsgläubigen oder von

»Atheisten«) möchte daher viel eher behaupten: Die Philosophie hat das Unheil der Befreiung gebracht, aber nicht die Freiheit. Zwar befreit die Philosophie den Menschen, aber erfüllt seine Freiheit nicht.

Darauf ist die erste Antwort: Philosophie will Wahrheit.

Sie kann nicht verkündigen, nichts Festes, nichts Absolutes als Halt an einer Realität in der Welt zeigen. Sie bleibt in schwebenden Chiffern.

Es gibt ohne Unredlichkeit nicht mehr eine prophetische Philosophie, die ihr Wissen durch vernünftige Einsicht als das allein Wahre, anderes ausschließend, besitzen und lehren könnte.

Was sie als erstes und letztes will, ist Wahrheit, und, da niemand sie besitzt, die Forderung der Wahrhaftigkeit.

Philosophie setzt alles auf die Wahrheit, sogar ohne vorweg zu wissen, was sie sei. Daher von jeher ihre immer wiederholte und immer wieder ursprünglich ergriffene Frage, was Wahrheit eigentlich sei.

Die Philosophie sieht ein: es gibt keine richtige Welteinrichtung; es gibt nicht für den Menschen die eine einzige absolute Wahrheit für alle. Der Mensch ist und bleibt auf dem Wege.

Philosophierend glauben wir, alles werde uns auf den rechten Weg führen, wenn wir wahrhaftig werden; ohne Wahrhaftigkeit aber sei alles verderbt und verloren. Um Wahrheit sich ohne Einschränkung zu bemühen, ist Bedingung des Lebenssinns. Dieses Bemühen verlangt Besonnenheit und Ruhe in der Leidenschaft zur Wahrheit. Denn schon im unkritischen Wahrheitsfanatismus wird sie unwahr und geht verloren.

Wahrheit scheint gegen das, was wir Glück nennen, scheint gegen unsere Wünsche gleichgültig. Sie kann anblicken als strahlende, uns beschwingende Göttin und sie kann das Antlitz der versteinernden Gorgo tragen.

Zur Wahrhaftigkeit gehört Mut. Philosophie lehrt, vor dem Äußersten die Augen nicht zu verschließen. Sie verlangt, im Sehen standzuhalten.

Die zweite Antwort ist:

Jeder wesentliche Gedanke der Philosophie weist über sich hinaus in die Wirklichkeit, die erst den Sinn des Philosophierens erfüllt. Dort geschieht, was als gemeinter Inhalt einer Aussage nicht mehr zu treffen ist.

Das Philosophieren hat gleichsam zwei Flügel, der eine schlägt in der Kraft des mitteilbaren Denkens, in der Lehre eines Allgemeinen, der andere schlägt mit solchem Denken in der Existenz des Einzelnen. Nur beide Flügel gemeinsam gewinnen den Aufschwung.

In der Besinnung wird Klarheit gewonnen für das, was Wirklichkeit nur hat in der Lebenspraxis.

Philosophie führt dorthin, wo jeder Einzelne sich geschenkt wird, nicht durch Philosophie, sondern durch Transzendenz, und wo er durch seine Existenz entscheidet.

Wer einmal aus der Quelle der Philosophie getrunken, Wahrheit gekostet hat, kann sie nie mehr entbehren. Ihre Einsicht kann noch dann helfen, wenn ich mir ausbleibe. Denn ich weiß immer noch durch sie, was möglich ist. Ich habe durch sie Geduld gelernt und Bescheidung, bin aber ständig aufgerufen zur Aktivität, denkend mich vorzubereiten und mich zu erinnern.

(2) Die Frage nach der Hilfe der Philosophie beschwört die Rettung, während sie die Ausweglosigkeit vor Augen stellt.

Wenn in unserem Zeitalter alles zu verfallen scheint unter dem Schleier des technischen Fortschritts, des ins Maßlose wachsenden Lebensstandards, der militärischen Macht – wenn die Wirkung und die Hervorbringung der großen Chiffern ausbleibt – wenn das Licht der Transzendenz in der existentiellen Dunkelheit aufgeklärten Verstandeswissens erlischt – wenn das Dasein zum Teil vergewaltigt, zum anderen Teil der Leerheit preisgegeben, in allem nivelliert wird – wenn der Gang der Dinge einen allgemeinen Betrugszustand erzeugt, eine Verlogenheit oder doch Vergessenheit – wenn die großen Schrecken der Vernichtung bevorstehen durch Atombomben und durch totale Herrschaft und wenn, da die Apparate totaler Herrschaft in mehreren Exemplaren entstehen, diese auch bei Unterwerfung der freien Welt im Zusammenstoß miteinander am Ende doch die totale atomare Vernichtung vollziehen – wenn alle Zeichen dahin deuten, daß wir auf diesen Weg gezogen werden, zunächst zur Wahl zwischen totaler Vernichtung und einem Leben, das nicht mehr lebenswürdig ist, und bei Wahl des letzteren am Ende doch zur endgültigen Rückkehr allen Lebens in das Anorganische – wenn das unsere Perspektive ist, was zeigt sich uns dann am Horizont?

Kann Philosophie helfen? Ist der Mensch nicht schon durch diese Situation, in die er gelangt ist, überfordert, und überfordert die Philosophie, statt ihm zu helfen, durch ihre Klarheit ihn noch mehr?

Wenn er in der Sprache der schwebenden Chiffern in Reinheit den

Ernst erfahren soll, den einst die sinnliche Leibhaftigkeit der Transzendenz erzeugte – wenn er in den sich distanzierenden, auf Wahrhaftigkeit hin prüfenden philosophischen Fragen mit ihnen doch erst recht in der Substanz des eigentlich Wirklichen stehen soll – wenn der Gang der realen Ereignisse ihn mit allen Menschen vor die Alternative stellt, entweder einen leblosen Erdball als Stäubchen im All zu hinterlassen, oder eigentlich Mensch zu werden mit Anderen, die in ihrer Schicksalsgemeinschaft wirklich zu leben und jenes Ende abzuwehren vermögen – wenn ihn das alles überfordert, so tut dies die geistige und reale Situation, in die ihn ein eigenes Denken und Tun, ohne daß er es wollte oder ahnte, gebracht hat.

(3) Kann der Mensch überhaupt hoffen, dieser Situation gewachsen zu sein?

Wer philosophiert, der glaubt, daß es zwar nicht sicher, aber möglich sein müsse, die Aufgabe, vor die ein unerbittliches Schicksal den Menschen durch ihn selber gestellt hat, schließlich zu erfüllen.

Aber er glaubt auch einer Transzendenz. In einem Scheitern, das nicht einfach ein korrigierbares Mißlingen ist, zeigt sich die zeitfreie Ewigkeit, der wir noch in diesem Scheitern angehören, soweit wir in Liebe und Vernunft existieren.

Die Überforderung ist das Schwergewicht, das erdrücken kann. Aber sie kann auch alles hervortreiben an Kräften der Existenz und Vernunft, herausheben aus der Gewichtslosigkeit des Nichtigen. Philosophie erzeugte stets und erzeugt heute die Revolution der Denkungsart.

(4) Philosophieren weist auf Gegenwärtigkeit, gründet in ihr, erfüllt sie.

Nur in ihr wird der Mensch sich geschenkt. Daher die große Liebe zum Gegenwärtigen, die Dankbarkeit zu leben, heute zu leben und zu keiner anderen Zeit.

Der Augenblick ist die einzige Gegenwart des Ewigen – im Unterschied vom verschwindenden Jetzt, das immer nur dahinfließt.

Das, worüber man nicht mehr reden kann, woraufhin zu denken möglich ist, woraus alle Philosophie ihren Gehalt hat, ist als Gegenstand nicht da, als Willensziel nicht zu fordern und nicht zu erreichen.

Das Gegenwärtige ist das Einfache und Unbegreifliche, das in dem mittelalterlichen Vers spricht, den ich zu Anfang schon zitierte:

Ich komme, ich weiß nicht woher,
Ich bin, ich weiß nicht wer,

Ich sterb', ich weiß nicht wann,
Ich geh, ich weiß nicht wohin,
Mich wundert's, daß ich fröhlich bin.

Fröhlichkeit, Freude, wenn sie nicht nur der schöne Lebensjubel vitaler Kraft ist und mit ihr dahinschwindet, wenn sie vielmehr die Gewißheit des ewigen Ursprungs ist, dann ist sie in erfüllter Gegenwärtigkeit, solange wir da sind, immer noch und immer wieder möglich.

Wieder wäre es falsch, dies nun für die einfache endgültige Wahrheit zu halten, die allgemeingültig für alle und als Wirklichkeit in jedem Menschen sei. Philosophierend sehen wir das Andere im Menschen. Wir blicken ins Äußerste, aber überblicken es nicht.

Daß der Mensch, nur der Mensch sich das Leben nehmen kann in hellem, reinem Entschluß, ohne Trübung durch Affekt, vielmehr sich selber treu, darin liegt eine Würde.

Alle Despotien, alle Kirchen, alle Gewalt, die von Menschen über Menschen ausging, den Anspruch erhebend auch auf ihre Seele, haben den Selbstmord perhorresziert: hier bezeugte sich die Freiheit des Einzelnen, des Menschen als Menschen, der sich der Unterdrückung und dem vernichtenden Leiden entzieht. Die Bereitschaft zum Selbstmord macht frei.

Der Selbstmörder hat die Grenze überschritten. Vor dieser Grenze fragen wir, aber am Ende bleiben wir in Schweigen und Ehrfurcht stehen.

Der Würde, sich im Äußersten selbst den Tod geben zu können, steht die andere Würde gegenüber, die dem Menschen durch keine ihm zugefügte Schmach und Schande, durch kein noch so schreckliches Leiden verlorengeht. Ich spreche von Jesus, dem Menschen, nicht von der Chiffer Christus. Diese andere »würdelose« Würde läßt offenbar werden, was wir Menschen eigentlich sind und sein können. Sie zeigt uns unsere Unwahrhaftigkeit, die schon dann wirksam ist, wenn wir das, worin wir unbedingt zu existieren glauben, für das einzig wahre Menschsein, wenn wir unsere Würde für die einzige Würde halten. Was der Mensch sei und sein könne, bleibt, je tiefer die Einsicht gelangt, um so offener. Jesus ließ das Fragwürdige in allen Gesetzen und Ordnungen offenbar werden, zeigte die Kraft der Liebe, bewährte seine völlige Weltfreiheit in dem wahrhaftig erlittenen und nicht stoisch verschleierten Sterben durch die qualvoll lang dauernde Hinrichtung, wie sie von Menschen an Menschen auf mannigfache

Weise durch die Jahrtausende bis heute in unzähligen Fällen vollzogen worden ist.

(5) Die Befreiung durch Philosophie spricht sich in Sätzen aus, die Negationen sind. Diese aber vernichten nicht die Existenz, sondern öffnen ihr den Raum. Das höchste Wissen der Philosophie spricht sich als Nichtwissen aus, das aber nicht das anfängliche, zugunsten des Wissens aufzuhebende Unwissen, sondern das auf dem Grunde allen Wissens, erst an dessen Grenzen sich vollendende Nichtwissen ist.

Soweit Philosophie in ihrem Negieren die Kraft der Befreiung ist, wird sie, kraft der Wahrheit dieser Befreiung, auch der Weg, die Freiheit zu erfüllen.

Sie ist der Weg jedes Einzelnen, auf dem er sich nicht der Verantwortung vor der Wahrheit durch das Bekenntnis eines Glaubensinhalts entzieht. Wissend und fragend bezeugt er sich durch sein Urteil und seine Lebenspraxis in der Kommunikation. Bekenntnis als solches ist eine unwahre Form, weil es die wirkliche Aufgabe des Menschen verschleiert und seiner wirklichen Situation ausweicht.

Eine Grundverkehrung philosophischen Denkens ist, durch betrachtende Erkenntnis schon haben zu wollen, was nur durch eigenes inneres und äußeres Handeln wirklich wird.

Der philosophische Gedanke, wirklich vollzogen, ist schon ein inneres Handeln. Wenn er auch abgleitet in ein bloßes Denken von Etwas, so ist er doch ständig wiederherzustellen.

Aber auch im inneren Handeln allein ist die Freiheit noch nicht verwirklicht. Das geschieht erst in der Kommunikation aller Weisen und Stufen ihrer Möglichkeit.

Philosophie als Lehre kann aufzeigen und hinweisen. Sie kann die Horizonte erhellen und dort über das Wißbare hinaus einen Raum gewinnen durch Denken der Chiffern. Dies ist nur die Befreiung aus der Dumpfheit, aus den Irrungen, aus der täuschenden Unbewußtheit. Jeder einzelne Mensch entscheidet erst durch sein Selbstsein, in dem er sich geschenkt wird, ob er diese Freiheit erfüllt.

(6) Wer sich auf das gründet, was im Philosophieren ihm entgegenkommt, scheint auf etwas zu bauen, das nichts ist. Er hört, die Religion sei es, die Offenbarung, die die Wahrheit sei, allein frei mache. Er sieht sich angegriffen als ein Verruchter oder beklagt in seiner gnadenlosen Armut und Verlorenheit. Ein moderner katholisch gläubiger Humanist, mit Neigung zur Philosophie, aber in resignierter Verfassung, kann schreiben: »Die Philosophie gleicht einem Efeu, der aus

dem Erdreich einer alten Eiche, der Religion lebt, diese, selbst zum Baum erwachsen, umarmt und erstickt, aber mit ihr abstirbt« (Ludwig Curtius, Torso S. 295). Wir widersprechen: Philosophie steht angesichts der Religion und Offenbarung, aber aus eigenem Ursprung. Sie stirbt nicht ab, wenn der Offenbarungsglaube absterben würde. Sie ist älter. Sie ist jederzeit. In dem weiten Sinne der Vergewisserung des Unbedingten, der Erhellung und Erzeugung des Ernstes, der Freiheit im Bunde mit der Transzendenz kann sie selber Religion heißen. Man hat sie, wie ich meine verwirrend, philosophische Religion oder religiöse Philosophie genannt. Sie ist nicht Feind des Religiösen, vielmehr ihm verwandt. Aber sie ist durchaus nicht Säkularisierung der Religion, sondern eigener Ursprung mit dem Ursprung des Menschseins selber.

Sie hilft nicht, wie der Offenbarungsglaube zu helfen verspricht und behauptet. Sie hilft durch die Wahrhaftigkeit einer Denkwelt dem, der in unmittelbarem Bezug auf Transzendenz, sich selbst geschenkt, sich zu helfen vermag.

SIEBENTER TEIL

Können philosophischer Glaube und Offenbarungsglaube sich treffen?

Die Kirchen sind die Organisationen der Glaubensüberlieferung. Was in ihnen geschieht, was und wie sie verkündigen, wie sie ihr Denken formen, wie sie ihre Symbole gestalten, ihren Kultus vollziehen, das ist von größter Bedeutung für das gesamte Abendland. Dort könnte die Wahrhaftigkeit und der Ernst der Einzelnen den Boden einer großen Gemeinschaft haben. Dort könnten, geschart um den Kultus, die Gläubigen, Pfarrer und Theologen bezeugen, wie sie in der Gegenwärtigkeit des Ewigen existieren.

Was aus den Kirchen wird, entscheidet vielleicht das Schicksal des Abendlandes. In dem Maße als kirchliche Dinge zu Kulissen des Lebens werden, in Konventionen als Gewohnheiten zu bloß äußerlicher Wiederholung sich verflachen, nimmt ihre Kraft ab, auch wenn die meisten Menschen Kirchenmitglieder bleiben. Wächst dabei die Unwahrhaftigkeit, so ist vollends der Boden zu jedem Unheil bereitet. Daher die große Sorge um die Kraft und Wahrhaftigkeit des Glaubens in den Kirchen.

Philosophie ist im Unterschied vom Offenbarungsglauben ohne Organisation, ist eine zerstreute Wirklichkeit in Einzelnen, ohne die Macht, die von dem Hintergrund einer Kirche, eines Staats, einer Partei, einer strukturierten Massenbewegung ausgeht. Was Philosophen denken, gilt daher als »privat«. Der Anspruch, in der philosophia perennis zu stehen, mag von ihnen erhoben werden. Er wird nicht anerkannt.

Wer philosophiert, kann es nicht auf Grund einer Vollmacht tun, die ihm von einer Instanz in der Welt erteilt ist. Er tut es auf eigene Verantwortung vor einer Instanz, die er sich selber setzt, indem er sie vorfindet im Philosophieren der Jahrtausende.

Wenn er von Möglichkeiten in den Kirchen spricht, so muß er

wissen, daß ihm keinerlei Vollmacht eingeräumt wird. Aber es liegt in der Natur der Sache, daß er in der Teilnahme an den ernsten Dingen, die in den Kirchen und durch sie geschehen oder nicht geschehen, seine Gedanken dorthin richtet. Denn dort kann zur Geltung gebracht werden, was das künftige Menschsein bestimmt.

Vielleicht kann er einen Raum des Möglichen erblicken und gar für einen Augenblick weiter sehen als das gewohnte Mitmachen mit dem Bestehenden es zuläßt. Vielleicht vermag sein Denken sogar zu helfen, wo ursprüngliche Ergriffenheit Einzelner Klarheit in der Kirche sucht. Vielleicht kann er, wo ein Leben aus sich selber noch dunklem Pneuma in das Licht drängt, ermutigen. Vielleicht gibt er begriffliche Mittel an die Hand, die in dieser denkenden Praxis unumgänglich sind. Vielleicht kann er im Gegenwärtigen eine Vorahnung von möglichem Kommenden bestätigen, wo dieses im Keime schon sich regt.

Ich bin überzeugt, daß die Substanz des biblischen Glaubens in der für sie gegenwärtig bedrohlichen Situation eine so radikale Verwandlung ihrer Erscheinung in Sprache, Verkündigung, Lebenspraxis finden wird, daß diese Verwandlung für die in den überlieferten Formen Gebundenen wie die Zerstörung des kirchlichen Glaubens aussehen kann. Die Kirchen bleiben nur dann überzeugend, wenn sie diese Verwandlung aus der Tiefe biblischen Ernstes vollziehen und wenn dieser in ihnen, die Gehäuse ihrer Dogmen und Institutionen einschmelzend, gegenwärtige Sprache gewinnt.

Wenn ich die Brüchigkeit der modernen protestantischen Theologie zu sehen meine, so erscheint mir diese selber eine Chance. Die Brüchigkeit zusammen mit der grundsätzlichen Glaubensfreiheit des Protestantismus könnte grade hier, in dieser Welt des kirchlich und in der Glaubenspraxis heute schwächsten Christentums, zur neuen Gestalt gelangen.

Alles, was ich sage, ist nur ein Denken ohne Handeln. In der Kirche selber müßte es getan und damit zugleich besser gedacht werden als ich es vermag. Nur praktisch, durch die Verwirklichung in Gemeinschaft, kann in Seelsorge, Predigt, Kultus geschehen, woraufhin das Philosophieren zu denken versucht.

Wie wunderlich ist das Mißverhältnis, wenn ein Einzelner über so große Dinge schreibt! Wie winzig ist des Einzelnen Denken vor dem überwältigenden Strom der menschlichen Geschichte und ihrer geistigen Mächte! Er mag mit seinem Denken in die Weite fahren und in die Tiefe grübeln, seine Erfahrung selber macht bescheiden. Vielleicht hat er die Hoffnung, hier und dort einen Lichtschein zu größerer Helle zu bringen oder alte vergessene Wahrheit in dieser Zeit zu wiederholen.

Es ist immer mißlich gewesen, wenn Philosophen den Theologen dreinreden und ihnen sagen wollten, was sie zu tun haben, als ob Philosophie, der philosophische Glaube, die oberste Instanz allen Glaubens wäre. Ich möchte nur Fragen stellen, Möglichkeiten zeigen, Entwürfe versuchen, erinnern.

Offenbarungsgläubige und Philosophierende können in einzelnen Menschen sich nah sein. Sie können in Lebenspraxis und Urteil faktisch zusammentreffen. Erst der Ton der Glaubensaussagen, die andere Rangordnung der Dinge, die Ausschließlichkeit, der verborgene Abbruch der Kommunikation können entfremden. Der Gläubige auf beiden Seiten hört die Chiffern, aber in dem Ernst, der als solcher das eigentlich Menschliche ist, in Wahrheit verbindet. Der Glaubende, ob philosophisch oder auf Offenbarung sich gründend, möchte nicht streiten, aber sich mitteilen.

1. Die gegenseitige Auffassung von Offenbarungsglauben und philosophischem Glauben heute

Zunächst fasse ich noch einmal zusammen, wie philosophischer Glaube und Offenbarungsglaube über einen Abgrund hin heute zu einander sprechen.

a. Die Auffassung des Offenbarungsglaubens vom Philosophieren her

Wir unterschieden in unserer historischen Darstellung: Propheten verkündeten, was Gott ihnen sagte – Kirchen und Priester erklärten Texte für heilig und für inspiriert und nahmen für sich in Anspruch, sie richtig auszulegen – Apostel bezeugten, daß Gott in Christus auf Erden erschienen sei.

Für alle drei Weisen der Offenbarung muß eine in der Welt hinzukommende Instanz entscheiden: wer echter Prophet war, welche Schriften inspiriert sind, wer Apostel mit gültigem Zeugnis war. Der Offenbarungsglaube muß dieser Instanz folgen. Sonst hat er keinen Halt. Diese Instanz sind am Ende die Kirchen. Das hat Augustin mit jener schon zitierten großartigen Eindeutigkeit ausgesprochen: Ich würde dem Evangelium keinen Glauben schenken, wenn die Autorität der katholischen Kirche mich nicht dazu bewegte.

Wenn aber diese Instanz nicht geglaubt wird, dann hört die Aussonderung der heiligen Schriften aus dem übrigen Schrifttum auf. Dann sind sie hohes Schrifttum wie anderes. Daran kann, was Jahrtausenden – eine wie kurze Zeit! – selbstverständlich war, nichts ändern. Daß Schriften als kanonisch ausgesondert wurden, ist dann selber nur eine historische Tatsache, deren Entstehung sich erforschen läßt und die ihre Parallelen in China und Indien hat. Aber diese Schriften gewinnen durch die Aussonderung der kanonischen faktisch nur für den Offenbarungsgläubigen, nicht für die übrigen Menschen einen anderen Rang.

Sie sind ihrem Gehalt nach jedoch keineswegs hinfällig für den die Offenbarung nicht Glaubenden. Nur ist das Verhältnis zu ihnen ein anderes, freies. Denn nun sind Propheten, Inspiration, Apostel Erscheinungsweisen eines Eintritts von Wahrheit in die Welt. Die Erscheinungsweisen werden in den Chiffern »Prophet«, »Inspiration«, »Apostel« aufgefaßt. Das hat zwei Folgen:

Erstens: Die Chiffer kann anklingen im Selbstverständnis des einzelnen Menschen. So kann etwa das Bewußtsein, Werkzeug eines Umgreifenden zu sein, zu tun und zu denken, was die Transzendenz fordert, in deren Dienst zu sein ich mich zwar nicht weiß, aber als Möglichkeit spüre, eine Chiffer werden, die bescheiden macht. Diese Chiffer kann wahr nur sein, wenn sie als Anspruch des Menschen an sich selbst, nicht wenn sie zur Rechtfertigung des Anspruchs an andere auftritt. Denn nicht dadurch, daß ich mich für ein Werkzeug halte, sondern durch das, was ich tue, was ich einsehe und sage, habe ich zu bewähren, ob es wahr sein kann und welcher Gehalt darin liegt.

Zweitens: Was als Offenbarung auftritt, als Prophet oder als Apostel verkündet, das kann als solches noch nichts gelten. Chiffer ist Möglichkeit, nicht Realität. Daher unterliegt alles, was heilige Absolutheit und bedingungslose Autorität in Anspruch nimmt, der Kritik. Ein jeder hat zu prüfen durch die eigne mögliche Existenz, was der Prophet sagt, was durch Inspiration in die Welt tritt, was der Apostel bezeugt.

Diese Kritik ist nicht – wie Theologen uns glauben machen wollen – Kritik an Gott, nicht törichte Vorschrift des Menschen an Gott, was er könne und nicht könne, sondern Kritik an den Instanzen in der Welt, die die Vollmacht in Anspruch nehmen, im Namen Gottes zu sprechen. Menschen, durch welches Amt, durch welches Glaubensbekenntnis auch immer, bleiben Menschen, die für uns, die wir an Offenbarung nicht zu glauben vermögen, nur fälschlich als Gehorsam gegen Gott verlangen, was Gehorsam gegen ihre Positionen, gegen die Kirche, ein Menschenwerk, wäre.

Das ist kein Urteil über Gott, sondern über menschliche Ansprüche. Was im Offenbarungsglauben zur Erscheinung kommt, ist der Konfessionsstatistik nach nur für eine Minorität der Menschheit, und in dieser Minorität faktisch wieder doch nur für eine zweite Minorität das Wort Gottes selber. Für uns ist es eine Welt von Chiffern, nicht von Gottesrealitäten – ist schwebende Sprache der Transzendenz, nicht reale Handlung Gottes – ist Deutbarkeit möglichen Sinns, nicht Gegenstand des Gehorsams.

Was für den Offenbarungsgläubigen Wirklichkeit ist, das ist es nicht schlechthin. Wir sprechen nicht gegen Gott, sondern gegen den menschlichen Anspruch, Gott zu vertreten. Wir müssen aussprechen, was für uns gilt: – negativ: es gibt keine direkte Realität Gottes in der Welt, das heißt keinen Gott, der in der Welt durch eine ihn vertretende Instanz von Amt, Wort, Sakrament spräche, dem Gehorsam durch Gehorsam gegen diese Ämter zu leisten wäre –, positiv: Gott hat uns geschaffen zur Freiheit und Vernunft, in denen wir uns geschenkt werden, in beiden verantwortlich vor einer Instanz, die wir in uns selbst finden als das, was unendlich mehr ist als wir selbst und nur indirekt spricht. – Wir deuten mit Kant: die göttliche Weisheit ist nicht minder bewunderungswürdig in dem, was sie uns schenkt, als in dem, was sie uns versagt; denn würde Gott in seiner Majestät vor uns stehen, so würden wir Marionetten im Gehorsam und blieben nicht frei als das, als was Gott uns gewollt hat.

Wir erfahren, daß der in der Offenbarungsrealität sich zeigende Gott, am Maßstab des verborgenen Gottes, für uns nicht Gott selbst sein kann. Nicht Gottesleugnung wendet sich gegen Gottesglauben, sondern der verborgene Gott gegen den offenbarten. Das philosophische Bewußtsein von der Wirklichkeit der Transzendenz wendet sich gegen die Realität der Offenbarung.

b. Die Auffassung des philosophischen Glaubens vom Offenbarungsglauben her.

(1) Der Vorwurf: Vom Offenbarungsglauben her gesehen kann ein philosophischer Glaube gar kein Glaube an Gott sein. Bultmann

schreibt[1]: »In der Tat, Gott ist nur entweder hier oder dort richtig verstanden, und vom christlichen Glauben aus ist der humanistische Gottesglaube als Irrtum, als Wahn zu bezeichnen, – sofern er Glaube an Gott sein will.« Ich zitiere diesen Theologen, einen der persönlich tolerantesten, dem man am allerwenigsten den Hochmut, der bei Theologen vorkommt, zuschreiben kann, um zu zeigen, daß es in der Natur der Sache, im Offenbarungsglauben selber liegt, so denken zu müssen, daß sogar ein solcher Mann davon überwältigt wird.

Daher der ständig wiederholte Vorwurf: Das Denken der Transzendenz ist eine nur spekulative Erfahrung. Es bleibt blaß in seiner Abstraktheit. Es ist ohnmächtig in der bloßen Meditation. Denn es ist unwirklich, weil auf Unwirkliches gerichtet. – Wir hören weiter: Dem Offenbarungsglauben ist Gott persönlich. Er steht gegenüber als das Du, mit dem im Gebet die Kommunikation, von Person zu Person möglich ist (während der philosophische Glaube die Persönlichkeit Gottes nur als Chiffer kennt dessen, was Ursprung der Persönlichkeit im Menschen, aber selbst unendlich mehr ist als Persönlichkeit, deren Gestalt ihn beschränken würde). – Der offenbarte Gott hilft in der Welt; er wirkt durch Eingriffe; er ist Ursache des mir erwünschten, heilvollen Geschehens und ist mir Garantie, daß das, was für mich nur wie Unheil aussieht, doch zum Heile ist. Seine Gnade erfahre ich in seinen Handlungen, die mir in meinem Inneren als reale fühlbar werden (während der philosophische Glaube die Vorsehung als Chiffer denkt, deren Deutung im einzelnen geschichtlichen Vorgang ihm rational widersinnig und widerlegbar scheint, aber doch, ohne Wißbarkeit und ohne Realisierung, als Chiffer das sich aufdrängende Geheimnis erleuchten soll). – Für den Offenbarungsglauben ist Gottes Offenbarungsakt das erste; nicht wir suchen Gott. Für den Offenbarungsglauben gilt der Satz von dem vorhergehenden Handeln Gottes im konkreten Tun und Sichereignen (für den philosophischen Glauben gilt solcher Satz nur im ganzen als das Sichgeschenktwerden in einer Welt, die selber nicht das letzte, sondern Erscheinung oder Übergang ist). – Der Gott der Gläubigen ist konkret, nah, der lebendige, der biblische Gott; die Gottheit der Philosophie ist abstrakt, fern, bloß gedacht.

(2) Wir antworten: Der nahe Gott ist für endliche Wesen unerläßlich, aber nur in Chiffern da. Diese sind ihrem Wesen nach viel-

[1] Studium generale Jg 1, S. 74.

fach, daher entsteht der nahe Gott in der Weise des Polytheismus. Dieser wird verschleiert im faktischen Offenbarungsglauben, wenn auch der eine Gott dogmatisch erhalten bleibt. Für den Offenbarungsgläubigen ist unbemerkt der eine Gott, wenn er nahe ist, je in besonderer Gestalt. Der Eine selbst bleibt der ferne Gott, dessen Einssein selber eine Chiffer ist.

Die Chiffern, zur leibhaftigen Realität Gottes geworden, sind alsbald viele Götter, daher unwahr und Gegenstand des Aberglaubens. Sie bleiben mögliche Wahrheit nur in den Chiffern als geschichtliche Sprache des fernen Gottes.

Der ferne Gott, schon als nur gedachter, hält den Raum frei. Er befreit von den leibhaftigen Göttern und Offenbarungen, wenn sie abergläubisch fixiert werden; er befreit von allen Ausschließlichkeiten, Fanatismen, gewaltsamen Akten, die in dem Glauben an den zeitlich-räumlich sich selbst zeigenden Gott verborgen sind.

Der philosophische Glaube will in den nahen Göttern als Chiffern niemals den fernen, allein wirklichen Gott verlieren, dann aber den fernen Gott in den nahen Chiffern lebendig erfahren. Daher bleibt alles Nahe schwebend. Durch das Nahe aber erfolgt auch erst die geschichtliche Einsenkung des Glaubens hier und jetzt.

Wenn der philosophische Glaube für sich die ausschließende Offenbarung verwehrt, sie selber und ihre Gehalte in Chiffern übersetzt, so ist zwar ein Nebengrund die Aufklärung, die auf ihrem Wege weiß, was sie weiß und nicht weiß. Wesentlich aber ist die vom philosophischen Glauben erfahrene Wirklichkeit der Transzendenz selber in ihrer Verborgenheit. Am Maßstab des ihr entsprechenden Gottesgedankens, wie er in den Höhepunkten der biblischen Schriften und in der Philosophie da ist, müßte, wenn eine von Offenbarungsgläubigen gebrauchte Ausdrucksweise von der Philosophie angewendet werden dürfte und könnte, die Behauptung von der Menschwerdung Gottes als Gotteslästerung erscheinen, wie sie dem Menschen Jesus, soweit wir von ihm wissen, erschienen wäre.

Die Wirklichkeit Gottes ist dort am stärksten fühlbar, wo sie durch keine Leibhaftigkeit, kein menschliches Sichnäherbringen verschleiert ist, wo es vielmehr ganz ernst ist mit den biblischen Sätzen: Du sollst dir kein Bildnis und Gleichnis machen – deine Gedanken sind nicht Gottes Gedanken – und wo diese Sätze an der Grenze für die glaubende Existenz noch im Scheitern gelten. Denn Existenz liest zwar die schwebenden und vieldeutigen Chiffern, aber macht sich kein Gottesbild.

Erster Exkurs:

Wenn Philosophie und Offenbarungsglaube miteinander sprechen, sollten sie gegenseitig ihre substantielle Mitte zu erreichen suchen, nicht in den Ableitungen des Anderen dessen Wesen sehen. Wäre das zu erreichen – es ist auf beiden Seiten so ungeheuer schwierig –, so wäre der Bund der Gegner in einer noch nicht vorstellbaren Weise erreicht. Philosophie und Theologie, beide gleiten auf eine ihnen zugehörige Weise ab:

Die Philosophie gleitet ab in das nur noch rationale Sprechen vom höchsten Wesen, das leer, weil ohne existentiellen Grund ist. Sie gleitet ab in die unwirksame formale Gottgläubigkeit – in die agnostische Indifferenz, für die das Nichtwissen Gleichgültigkeit bedeutet, nicht zum Aufschwung bringt – in das Zulassen von Glauben ohne anzuerkennen oder in sein Beiseiteschieben, um dadurch die Freiheit als Willkür in der Welt zu haben.

Die Theologie gleitet ab in die Anpassung der Offenbarung an Plausibilität. Ein Beispiel: Die Propheten »sind der Philosophie darin vergleichbar, daß ihr Geist auf die höchsten Dinge gerichtet ist, darin aber verschieden, daß, was dort auf dem Weg logischer Abstraktion erstrebt (was für eine ahnungslose Auffassung von Philosophie!), hier auf dem Wege der inneren Anschauung (wie bequem!) gefunden und unmittelbar gewiß wird ... dort Denken über Gott, theoretisches Verhalten – hier lebendiges Verbundensein mit dem Objekt der Erkenntnis«. In der Gestalt Jesu »mit ihrer unvergleichlichen Mischung von Hoheit und Demut, höchstem Selbstbewußtsein und selbstverleugnender Barmherzigkeit« (was für ein ungefährlicher, sentimental gesehener Jesus!) sahen die Jünger »das verborgene Antlitz Gottes selbst«, so daß »sie Gott hatten, wenn sie ihn hatten« ... so »setzte sich sein Glaube bei ihnen um in den Glauben an ihn«[1].

So spricht ein konventioneller Glaube, dessen Typus sich in seiner Wohlanständigkeit schwer charakterisieren läßt: In der verwässernden Anpassung ist ihm das Pneuma verlorengegangen. Er ladet jeden ein, dieser freundlich abgemilderten, psychologisch verstehenden, doch so zugänglichen Offenbarungsauffassung zu folgen, um ein Christ ohne sonderliche Spannung sein zu können. Zornig bis zu diffamierenden Reden aber wird er gegen den, der ihm in dieser sich anpassenden Glaubensweise nicht nur nicht folgen, sondern mehr will: die Radikalität sei es des Offenbarungsglaubens, sei es des philosophischen Glaubens und in beiden Fällen die Bezeugung des Ernstes des Gottesglaubens im Urteil über die konkret gegenwärtigen, menschlichen und politischen Dinge und im Handeln aus der Weite, mit der eigenen geschichtlichen Existenz, in der schleierlosen Offenheit, die nur der Glaube ermöglicht.

[1] Hans von Schubert, Kirchengeschichte S. 20 ff.

Zweiter Exkurs:
Vor kurzem kam mir ein Text von Karl Barth zu Gesicht (Dogmatik III, 4, Seite 549 ff., zweite Auflage 1957). Ohne daß mein Name genannt wird, muß ich annehmen, daß jedenfalls auch meine Schriften gemeint sind. Denn es gibt kein Kollektiv, das diese hier zitierten Ausdrücke und Formulierungen gebraucht. Zwischen die im Folgenden kursiv abgedruckten Teilstücke des Abschnitts füge ich einige Bemerkungen ein.

»Allzu oft wird die Vokabel ›Gott‹ ja nur als Deckname für die Grenze alles menschlichen Selbst- und Weltverständnisses gebraucht. Allzu oft sagt man ›Gott‹ und meint mit dieser Chiffer doch nur ein Etwas, nämlich jene inhaltslose, unfruchtbare, im Grunde tief langweilige sogenannte ›Transzendenz‹, die dann statt als echtes Gegenüber, als ganz und wahrhaft Anderes, als eigentliches Draußen und Drüben viel besser als illusionärer Reflex der menschlichen Freiheit, als deren Projektion in einen leeren Raum der Gegenstandslosigkeit interpretiert werden wird.«

Der Aufweis der Grenzen allen Wissens gelingt durch zwingende Erkenntnis. Diese ist gar nicht einfach. Sie wird auch heute noch nicht von den meisten Menschen verläßlich gesucht. Daß die »Vokabel« Gott als Deckname für diese Grenze gebraucht werde, hatte ich bisher nicht wahrgenommen. Der Agnostizismus der Positivisten ist gleichgültig gegen diese Grenze, die ihm nichts anderes bedeutete als die Klarheit darüber, was man wissen und was man nicht wissen kann. Aber diese Klarheit kann andere Folgen haben als jene Gleichgültigkeit. Sie kann, weil ein nie vollendbares und immer begrenztes Wissen sinnlos erscheint, zur Verzweiflung führen. Sie kann aber auch zum Ort einer neuen Besinnung werden und gleichsam zum Sprungbrett dienen. Wohin der Sprung geschieht, das wird aus anderem Ursprung als dem des zwingenden Wissens erfüllt.

Da Chiffer bei Barth nicht in Anführungszeichen steht, scheint auch er die »Vokabel Gott« für eine Chiffer zu halten. Doch diese Vermutung wird kaum richtig sein. In jedem Fall ist der entscheidende Vorwurf gegen meine Schriften, daß ich mit der Chiffer etwas Inhaltloses, Unfruchtbares meine. Dagegen läßt sich nichts sagen. So ist es für Barth, nicht für mich.

Richtig aber ist, daß wohl die Chiffer, aber nicht die Transzendenz ein »Gegenüber« ist. Denn als ein Gegenüber, sei es als Gegenstand des Denkbarseins, sei es als Leibhaftigkeit für die Sinne, ist sie einem Denken, in dem ich lebe, in der Tat verschwunden. Denn sie würde ganz verschleiert sein in solchen Gegenständlichkeiten, ohne die sie für Barth tief langweilig ist. Für mich sind die Chiffern schwebend, ständig neu zu befragen, darin aber die Sprache von der Wirklichkeit der Transzendenz her, die die Wirklichkeit der Existenz trifft. Sie löschen nicht aus in eindeutiger Unterwerfung unter eindeutige Offenbarungsakte.

Der Gedanke eines Gegenüber als »wahrhaft Anderes, als eigentliches Draußen und Drüben« wirkt im philosophischen Denken, als ob es eine Blasphemie der Transzendenz sei.

Barths Interpretation der Transzendenz »als illusionären Reflex der menschlichen Freiheit, als deren Projektion in einen leeren Raum der Gegenstandslosigkeit« bedient sich eines traditionellen psychologischen Geredes, jener »Psychologie«, die nicht zur realen Erkenntnis, sondern zum Diffamieren brauchbar ist.

»Dieser ›Transzendenz‹ ist es durchaus wesentlich, daß sie dem Menschen gegenüber weder einen bestimmten Willen hat, noch ein bestimmtes Werk ausrichtet, noch ein bestimmtes Wort findet, noch auch nur eine bestimmte Macht und Autorität hat.«

Das ist wohl richtig im Sinne der Offenbarung, wie Barth sie versteht. Aber solche Sätze nehmen auch den Sinn von Chiffern unrechterweise fort. Wie diese als schwebende Chiffern eine unersetzliche, wahre und wirksame Sprache sein können, das liegt in der Verantwortung der Existenz in entscheidenden Augenblicken. Diese Sprache ist aber auch stets die Gefahr, durch Realisierung der Chiffern vor der Aufgabe in der Situation, in die der Mensch gestellt ist, auszuweichen zu einem bequemen Bekenntnisglauben einer feststehenden Offenbarung.

»Sie kann ihn weder wirklich binden noch wirklich freimachen. Sie kann ihn weder rechtfertigen noch kann sie ihm Genüge tun. Sie kann ihm weder klarer Sinn noch deutliches Ziel seines Lebens sein.«

Das ist richtig unter der Voraussetzung, daß das Verlangen des Menschen zur Beschränkung, um darin sicher und geborgen zu sein, die große im Menschen vom Ursprung her gegebene Möglichkeit nicht wirklich werden läßt: auf dem Weg, in Bindung und Freiheit, seinen Ernst zu erfahren auf eigene Verantwortung – ferner unter der Voraussetzung, daß er ein Verlangen nach Rechtfertigung hat (was weder notwendig noch zu fordern ist), oder danach, daß ihm Genüge getan werde (was dem Menschen vielleicht nur um den Preis von Illusionen gestattet ist) und daß er ein deutliches Ziel seines Lebens will (das dem Menschen immer nur partikular, nicht im ganzen gegeben ist).

»Ihre Hohenpriester und Propheten werden vielmehr Jedem, der solches von ihr auszusagen sich unterstehen sollte, ganz mit Recht flugs ins Wort fallen mit der Belehrung, daß man von ihr höchstens ›mythologisierend‹ etwas Bestimmtes sagen, ihr Person und Gestalt, Handlungs- und Redefähigkeit oder gar bestimmte Worte und Taten zuschreiben könne, und daß das darum am besten unterlassen werde.«

Ihre Hohenpriester und Propheten? – ach, was für Benennungen werden uns zuteil! Darin scheint mir kein Humor zu liegen, sondern ein Hohn, der aus theologischer Glaubensgewißheit die Philosophie trifft. Zur Sache aber: Nicht die Unterlassung, sondern der Sinn der Aussagen steht zur Frage. Die für den Menschen als endliches, sinnliches Vernunftwesen bleibende Antinomie ist: er soll sich von Gott kein Bildnis und Gleichnis machen, und er kann doch nicht umhin, es jeden Augenblick, in welchem sein Sinn sich zur Transzendenz wendet, zu tun. Es ist unmöglich, dem Widerspruch zu entrinnen. Das zeigt sich schon im ersten Worte: Gott, Transzendenz. Sagen wir »Gott«, so liegt im Wort wesentlich das uns Ergreifende. Sagen wir »Transzendenz«, so liegt im Wort wesentlich das im Denken klar Werdende. Sage ich, Gott sei eine Chiffer der Transzendenz, so wird eine bestimmte Gestalt Gottes, eine persönliche, handelnde, sprechende gemeint. Rede ich von Chiffern Gottes, so ist Gott selber mit der Transzendenz identisch gesetzt. Der logisch irritierende wechselnde Sprachgebrauch hört auf, irritierend zu sein, wenn der Grundsinn all solchen Sprechens gegenwärtig ist. Nicht das Unterlassen der verbotenen Aussagen, sondern im Verbotenen durch Aufhebung der eigentlich radikal verbotenen Fixierung uns zu bewegen, ist die Aufgabe in der Situation des Menschen.

Im Kampf der Chiffern werden wir selbst beflügelt. Das Reich der Chiffern ist ein großes, nicht zu erfindendes, sondern im Verhältnis von Existenz zur Transzendenz seit unvordenklichen Zeiten erwachsenes Reich. Es ist durch die Vielfachheit der zur Sprache drängenden Mächte gar nicht einheitlich und steht doch unter der Idee und Wirklichkeit des Einen. Ohne in diesem Reiche uns zu bewegen und betroffen zu sein, versinken wir in Dumpfheit. Aber dieses Reich selber ist den Trübungen und Verkehrungen ausgesetzt, läßt in seinem Lichtraum uns aufschwingen und von Staubwolken verdunkelt werden.

Die Wendung, »höchstens« mythologisierend könne in diesem Reiche gesprochen werden, verlangt ein anderes nicht mythologisierendes Sprechen. Die Unterscheidungen, die man religionsgeschichtlich zwischen Mythos und Offenbarung und zwischen Weisen des Mythos gemacht hat, heben den einen radikalen Unterschied zwischen Chiffernsprache und empirischer Realität nicht auf. Ich selber habe mich gegen die Entmythologisierung gewendet. Verlangt man das andere Sprechen, so behauptet man unwillkürlich die Gottheit als Realität in ihrer Leibhaftigkeit. Diese Weise der Realität läßt uns im Philosophieren die Gottheit selber und unsere Freiheit verlorengehen.

»›Transzendenz‹ kann eben nichts Anderes, nichts Bestimmteres meinen als dies, daß es hinter und über und als Zukunft vor der menschlichen Tat irgendein Offenes, eine Art Abgrund gebe, in welchen – vielleicht als Weiser, vielleicht als Narr, vielleicht begnadigt, vielleicht gerichtet, vielleicht zu seinem Heil, vielleicht zu seinem Unheil – je und je kopfüber hineinzustürzen des Menschen Bestimmung sei.«

Das scheint eine nicht geistlose Persiflage der philosophischen Denkungsart. Der Sinn der Worte, die Barth gebraucht, ist für uns vermutlich ein anderer als für ihn. Aber die Persiflage reflektiert noch in ihrem ganz verborgenen Spiegel ein wenig von der Unruhe des Menschen, dem das Leben ernst geworden ist. Karl Barth spricht sein Urteil zum Beispiel, wenn von einem historischen, vergangenen Tatbestand die Rede ist. Von einer Sekte in Japan aus dem 15. Jahrhundert, deren dem Protestantismus zum Teil merkwürdig analoge Positionen er vortrefflich beschreibt, sagt er zuletzt: sie bleiben doch arme verlorene Heiden. Sein Urteil über die von ihm charakterisierte Weise, die Transzendenz zu denken, ist kaum verborgen. Die so denken, sind nach Barth vermutlich nicht »Weise, Begnadigte, zum Heil Gelangte«, sondern »Narren, Gerichtete, ins Unheil gelangte arme Menschen«. Welche Menschen, welche Großen, die uns den Weg erleuchtet haben, würden unter dieses Verdikt fallen!

»Und das etwas öde Gebot der Toleranz, d. h. der Unterlassung aller

›Verabsolutierungen‹, in Wirklichkeit: der Vermeidung von positiven Aussagen über ihren allfälligen Gehalt oder ihre allfällige Weisung scheint das einzige relativ Sichere zu sein, was sich aus der Anschauung dieses Gespenstes ergeben kann.«

Das »etwas öde Gebot der Toleranz« läßt sich, wie es scheint, auf dem Grunde dieses Offenbarungsglaubens nicht verstehen. Es ist wahrhaftig nicht öde:

In der Politik ist es der Grund von Rechten und Pflichten, durch die wir heute, unendlich dankbar, leben. Es ist die großartige menschliche Überwindung des unmenschlichen kirchlichen Dogmenglaubens der Zeit der Religionskriege. Wer sich historisch in die Zeiten der Reformation und ihrer Folgen zurückversetzt, in diesen Hexensabbath, zu dem sich der Kampf im Reich der Chiffern verkehrte, wer die Männer hört, die damals mutig und opfervoll der Toleranz den Weg bereiteten, ist noch heute beschwingt.

Innerlich aber ist die Toleranz wesentlich als der Ausdruck des Willens zur Kommunikation. Hier wäre Toleranz als bloße Duldung, wie sie politisch sinnvoll und erreichbar ist, eine Beleidigung. Offensein, sich angehen lassen, anerkennen ist das Wesen dieser Toleranz. »Öde« könnte sie nur sein unter der Voraussetzung, daß allein der theologisch ausgelegte Offenbarungsglaube nicht öde wäre. Die Toleranz ergibt sich nicht aus der Anschauung eines Gespenstes.

Aber was soll das mit dem »Gespenst«? Gespenst heißt eine leibhaftige Erscheinung, die doch nicht real ist, keine Substanz hat, daher nicht greifbar ist und doch materiell anwesend ist. Es ist etwas, das nichts ist, aber doch ängstigt und täuscht. Von Gespenstern zu reden scheint mir daher eher denjenigen vorzuwerfen zu sein, die Gott leibhaftig werden lassen, als denen, die jede Weise von Leibhaftigkeit als eine Trübung der Reinheit Gottes begreifen, es sei denn, daß sie für uns endliche sinnliche Vernunftwesen als Chiffern sprechen. Aber wohin kommen wir, wenn wir in dem für Existenz entscheidenden Punkte uns gegenseitig Umgang mit Gespenstern vorwerfen! Ich weiß, daß ich den wahrhaftigen Offenbarungsglauben, wenn ich ihm Umgang mit einem Gottesgespenst vorwerfen würde, nicht verstehe. Vielleicht versteht der theologische Offenbarungsglaube auch unsere Denkungsart, Erfahrung und Lebenspraxis nicht. Aber das darf nicht das letzte Wort sein.

Ich habe die Sätze Karl Barths abgedruckt als Dokument des heute bekanntesten und angesehensten protestantischen Theologen. Die Philosophie gilt hier wohl eigentlich als ein überflüssiger Unfug. Die Konsequenz wäre, mit philosophierenden Menschen nicht ernsthaft in Kommunikation, sondern allenfalls in eine beiläufige Diskussion mit einem freundlich distanzierenden, aber gelegentlich recht grimmigen Humor zu treten.

2. Die Idee einer Verwandlung der Erscheinung biblischer Religion

Kann der biblische Offenbarungsglaube sich in der Erscheinung verwandeln? Kann das geschehen durch Wiederergreifen seines ursprünglichen Ernstes? Kann seine heute immer schwächer werdende Kraft wiedererstehen?

Die Schwäche kann bestritten werden, mit Recht, sofern es nicht möglich ist, den Glauben in der Innerlichkeit des Einzelnen, in seiner Not und seinem Sterben zu kennen. Man kann nur sein Verhalten, seine Entscheidungen, Urteile, Handlungen in der Welt sehen.

Man sah die Widerstandskämpfer in allen europäischen Ländern, ihren Mut bis in den Tod. Ihr Entschluß zum Kampf entsprang der eigenen Freiheit, keinem Gehorsam gegenüber einer weltlichen Instanz. Wir lesen ihre Worte, in denen sie sich selbst verstehen. Unabhängig von allen Schichten und Gruppen haben nicht nur Christen, sondern Liberale, Sozialisten, Skeptiker und Menschen, die sich als Kommunisten verstanden, den gleichen Opfermut bewiesen, mit der gleichen Ruhe vor dem Tode, mit der gleichen Glaubenskraft, mit der Erleuchtung des Somüssens als ihrer eigentlichen Freiheit.

Wie Menschen ihr Selbstverständnis aussprechen, das kann dem, was sie erfuhren und taten, unangemessen sein. Was in den Widerstandskämpfern die Wirklichkeit ihres Glaubens war, weiß, bei der völligen Verschiedenheit des von ihnen ausgesagten Glaubensinhalts, niemand. Die Glaubwürdigkeit und Angemessenheit der Dokumente meinen wir nur zu sehen angesichts des einzelnen Menschen. Da hören wir den Ton, das ganz Einfache, oder hören auch wunderlich verwickelte Denkwege, Urteile und Begründungen.

Auch was bei biblisch gläubigen Widerstandskämpfern der Ursprung ihres Ernstes war, kann kein anderer Mensch wissen. Juden und Christen haben den biblischen Offenbarungsglauben sterbend bezeugt, ergreifend für die Überlebenden. Gewiß ist, daß unter Zeitgenossen ein Glaubensernst hohen Ranges bezeugt ist, und daß der biblische Offenbarungsglaube keinen Vorrang hatte.

Unsere gegenwärtige Frage aber meint nicht diesen Ernst, der allen Menschen aus jeder geistigen und geschichtlichen Herkunft eigen sein kann, sondern die besondere Welt des biblischen Glaubens als die Überlieferungskontinuität, in der Menschen teilgewinnen an dem Ernst ihrer Ahnen.

Kann der biblische Glaube sich aus seinem Ursprung neu gestalten zu dem reinen Ernst, der nicht im Bekennen, sondern in der Seelenverfassung, im Handeln und in den faktischen Entscheidungen liegt? Zu diesen kann in höchster Gefahr das Bekennen eines »Märtyrers« gehören, nicht aber das gefahrlose, beruhigende, als verdienstvoller Akt gefühlte, oft mit einer verderblichen Aggressivität verbundene Bekennen aller.

Kann das Pneuma wieder eine Macht werden, die Menschen in Gemeinschaft erfahren als gegenwärtigen Ursprung, der in Helligkeit, in Maß und Besonnenheit so ergreift, daß der Mensch als Einzelner sich eins weiß mit dem Umgreifenden, das ihn mit den andern verbindet, als ob die Fülle des Seins in sie ströme?

Nicht eine Verwandlung der Substanz biblischen Glaubens, sondern die Verwandlung ihrer Erscheinung in Glaubensaussagen ist die Aufgabe. Was die Substanz sei, tritt zwar nur durch solche Aussagen in die Mitteilbarkeit. Wo aber diese Aussage sich löst von der Substanz, da erkennt der ursprünglich Glaubende seinen Glauben nicht wieder. Vorstellungsweisen, Denkformulierungen, Chiffern, die unter anderen geistigen Voraussetzungen der geschichtlichen Situation einmal angemessen waren, sind es jetzt nicht mehr. Es ist kein Fortschritt der Substanz, sondern ein Wandel ihrer Einkleidung notwendig, wenn sie selbst sich erhalten soll.

(1) Umgang mit der Bibel

Es gibt eine theologische Sachkunde, erstens in der gewaltigen dogmatischen Arbeit der Jahrtausende, zweitens im historischen Wissen von den Bibeltexten (eingeleitet durch Spinoza, dann weiter entwickelt seit dem 18. Jahrhundert). Es scheint ein Übermut, in dieser Welt von Sachkunde ein Wort mitreden zu wollen, wenn man »Laie« ist und »sachunkundig«.

Aber was hier geschehen ist und geschieht, geht uns alle an. Daher braucht man nicht eine esoterische theologische Wissenschaft, sofern sie als Autorität diktieren will, zu respektieren, außer in dem, was man selber einsieht. Da das Wesentliche einfach ist, kommt es darauf an, daß es getroffen und nicht in der Masse unwesentlicher Kenntnisse ertränkt wird.

(a) Die Bibel ist das Depositum der religiösen, mythischen, geschichtlichen, existentiellen Erfahrungen eines Jahrtausends. Ihre in der literarischen Form ungemein verschiedenartigen Schriften sind im Laufe der Zeiten aus einer viel umfangreicheren Literatur ausgewählt und schließlich als ein zum Kanon erklärtes Ganzes abgeschlossen. Dieser seither durch Jahrtausende geltende kanonische Charakter ist als Ausdruck einer geschichtlichen Bindung von der Bibel nicht mehr abzustreifen, sowenig wie von den entsprechenden indischen und chinesischen Schriften.

Die Entstehung des Kanons Alten und Neuen Testaments durch Auswahl aus den damals vorhandenen und heute nur zum Teil noch erhaltenen Schriften ist trotzdem eine beiläufige historische Folge. Sie ist für die Aneignung des Gehalts unwesentlich. Die Motive dieses historischen Prozesses sind vielfach und kaum zu entwirren, aber ein historisch, nicht sachlich interessantes Thema.

(b) Die Bibel bedarf wie jeder Text des Verständnisses. Dieses teilt sich mit in Auslegung. Aber schon der Text selber teilt ein Verstehen mit. Er bezieht sich gleichsam auf den Grundtext, der in dem gesprochenen und geschriebenen Text schon Auslegung ist. Wo ist die Grenze zwischen Grundtext und auslegendem Text, zwischen dem auslegenden Text und unserer Auslegung dieses Textes?

Theologen haben unterschieden zwischen dem Offenbarungsinhalt, der von Gott und ewig gleich ist, und der Auslegung dieser Offenbarung. Diese, von der theologischen Arbeit vollzogen, hat keinen absoluten Anspruch auf die Wahrheit ihrer jeweiligen Auslegungen. Diese wandeln sich.

Wo aber ist die Sache selbst, die Offenbarung, wo beginnt die Auslegung? Jeder Satz der Bibel ist doch schon Auslegung. Denn er ist zum mindesten Übersetzung in menschliche Sprache und Denkweise. Wir haben die Sache selbst nur immer schon in der Auslegung. Sie ist nicht gradezu, ohne Auslegung, zu treffen.

Dagegen steht zunächst Luther: Das Wort, sie sollen's lassen stahn. Aber Luther unterscheidet in den Worten der Bibel. Er verwirft sogar etwa den Jakobusbrief. Wer unterscheidet zwischen dem Wort, das stehenzulassen ist, und dem, was fragwürdig oder gar verworfen wird?

Dagegen steht ferner jedes in Sätze geformtes Bekenntnis. Aber das Bekenntnis ist doch schon Auslegung. Die von ihm vollzogene spekulativ-dogmatische Auslegung mit Hilfe gnostischen und philosophischen Denkens beginnt schon im Neuen Testament. Und diese Schriftensammlung enthält durchaus mehrfache, nicht auf einen Nenner zu bringende, auslegende Theologien.

Noch einmal: Das Ausgelegte ist für uns nur in den Auslegungen da. Was uns in Texten begegnet, ist solche Auslegung und Auslegen der Auslegungen. Dem entspricht, daß auch die historische Untersuchung des Neuen Testaments an keiner Stelle das Ausgelegte selber ohne schon geschehene Auslegung findet und daß diese Auslegungen dann sich entwickeln, entfalten, in viele Richtungen gehen und ganz verschieden akzentuieren[1].

Wenn die Einheit, die Substanz, das Gleichbleibende der Offenbarung Gottes tatsächlich in keinem Satz, in keiner Verkündigung, in keiner Theologie als es selber da ist, wenn vielmehr alle Sprache Chiffer bleibt, wenn Worte Gottes, Handlungen Gottes, Wille Gottes, selber schon, wenn ausgesprochen, Auslegungen in Chiffern sind, können dann nicht am Ende philosophische Auslegung und theologische Auslegung, die ohnehin von vornherein eine der anderen sich bedienen, sich treffen?

(c) Das denkende Umgehen mit der Bibel und dem, wovon in ihr die Rede ist, ist Vor-Augen-Bringen des dort Gesehenen und Erfahrenen und Gedachten, von den wundersamen alten biblischen Geschichten und den historischen Berichten über die Kundgabe der Propheten und die frommen Lieder und Schriften bis zu dogmatisch gemeinten Sätzen.

Das existentiell interessierte, nicht bloß historisch zusehende Auslegen hebt das Gewicht des von dorther Sprechenden heraus aus der Beliebigkeit bloß historischer Fakten. Die Kraft und Wesentlichkeit der Auslegung entspringt ihrem Ernst und zeigt sich in praktischen Folgen.

Wesentliche Auslegung ist zugleich Aneignen und Verwerfen.

Das Studium lehrt uns den Grund des historischen Wissens. Wir gewinnen Kenntnisse, Vorstellungen, Gedanken. Das historische Verstehen ist ein Mittel der reinen Vergegenwärtigung des Dokumentarischen, zum distanzierenden Sehen dessen, was uns angeht oder nicht angeht.

Aneignen aber ist mehr als historisches Verstehen. Aneignen heißt im Kampf der Chiffern diese zur Sprache eines Wirklichen werden zu lassen. Sie trifft uns, soweit wir existentiell offen sind. Sie wird

[1] Vgl. Rudolf Bultmann, Theologie des Neuen Testaments, Tübingen 1953. Ein ungemein lehrreiches Buch, ebenso gelehrt wie einfach und klar und zuverlässig! Aber der Autor faßt den Sinn des Buches wohl kaum so auf, wie ich es mir, darin lernend, gestatte.

abgewehrt, wenn sie als Sprache eines Unwirklichen oder einer fremden Macht oder als Verführung ins Dunkle, Unwahrhaftige, Böse erfahren wird. Aneignung ist Sache des Einzelnen, der je einzigen unvertretbaren Existenz, die in der Bibel zu der für sie ernstesten Sprache gekommen ist.

Wir studieren die Texte in ihrem historischen Zusammenhang, die Wahrheit aber hören wir zeitlos. Wir erreichen den existentiellen Sinn im historischen Studium, je mehr wir durch das historisch Faktische (an Realität und gemeintem Sinn) das Unhistorische und Überhistorische, das doch kein allgemeiner Begriff und in keinem allgemeinen Denken angemessen gegenwärtig wird, zu eigen gewinnen. Dieses Übergeschichtliche ist das Ewige, in dem kein Fortschritt ist, das in der Zeit erscheint und in unabsehbarer, je ursprünglicher Wiederholung sich erneuert.

Wir müssen uns hüten, dieses Ewige, das jederzeit sprach, nun etwa in der Sprache unserer Zeit als endgültig wahr ausgesprochen zu finden. Ohne uns selbst in unserer Erscheinung je überblicken zu können, wissen wir doch, daß wir als solche Erscheinung geschichtlich sind, auch in unseren Vorstellungen und Denkformen, auch auf dem Grunde einer großen, nie genügend anzueignenden Denküberlieferung.

Wenn wir daher auch vermöge unserer Einsicht uns gegen die Fixierung von Dogmen und Bekenntnisen wehren, so doch in dem Bewußtsein des Bleibenden im Wandel, das stets spricht, aber in keinem Sprechen endgültig vorliegt, in jeder eigentlichen Erscheinung ewig gegenwärtig, in keiner als solcher absolut ist.

Die historische Untersuchung führt als solche keineswegs zum Glauben hin. Sie zeigt die Erscheinungen des Glaubens zwar verstehend, aber gleichsam von außen. Doch sie vergegenwärtigt ein Wissen, in dem die Selbsterhellung des Glaubens sich bewegen kann.

Der Sinn der historischen Erkenntnis der Bibel ist nicht kritische Vernichtung durch Relativierung und Entlarvung, sondern ein Weg zur historisch richtigen und wahren Vergegenwärtigung jener religiösen Erfahrungen, die für uns ihren eigentlichen Sinn erst finden, wenn sie uns ansprechen, von uns angeeignet oder abgestoßen werden.

Der außerordentlich gründlichen Arbeit theologischer Historiker verdanken wir, daß wir die Erscheinungen und Wandlungen des Glaubens und seine heterogenen Motive kennen können. Wenn die historischen Fakten redlich offengelegt werden, finden wir den für Glaubenswahrhaftigkeit unerläßlichen Boden.

Suchen wir aber in historischer Untersuchung den Anfang und Ursprung der neutestamentlichen Offenbarung selber, so ist er nicht zu finden. Wo ist der Ursprung? In Jesus als geschichtlicher Wirklichkeit? Im Glauben der Apostel? In einer Phase, die nach Overbeck als das Urgeschichtliche der Natur der Sache nach für immer unzugänglich ist? Was wir historisch finden, ist noch nicht die Offenbarung, sondern die Realität des lebenden und hingerichteten Jesus. Dann aber ist es nicht mehr Offenbarung, sondern schon Auslegung der Offenbarung.

Für die geschichtliche Herkunft unseres gemeinsamen Denkens ist diese Geschichte nicht zuerst als historisches Wissen da, sondern als die stets wiederholte und stets neue Aneignung. Sie ist gefühlt und bejaht als der Grund des eigenen Wesens. Das historische Wissen kann ebensowohl die Vernichtung dieser geschichtlichen Erfülltheit zur Folge haben (durch die Relativierung von allem) wie ihre Steigerung (durch das Bewußtsein ewiger Gegenwart). Das eigentlich Geschichtliche ist der unendliche Grund, der nicht in eine Doktrin zu einem Allgemeinen aufgelöst wird. Der Grund kann der Substanz seines Wesens entsprechend in der Erscheinung verwandelt, aber nicht als historisch Wißbares restauriert werden.

(d) In der freien Aneignung der Bibel geschieht die Erweckung und Steigerung ursprungsverschiedener Antriebe. Dort finden sich bestätigt kriegerische Lust und die nicht widerstehende Demut des Erleidens, der nationale Gedanke und der Menschheitsgedanke, der Polytheismus und der Monotheismus, das Priestertum und die prophetische Religion. Dort hören wir von Gesetzeserkenntnis und Gotteserkenntnis, von Gerechtigkeit und Liebe. Dort spricht reine Transzendenz und wird die Immanenz des menschgewordenen Gottes verkündet. Es gibt dort Fanatismus und freie Bescheidung. Gott begegnet als Garant für weltliche Zwecke und als reine, zweckfreie Chiffer des Glaubens. Es kommen vor Weltverneinung und Weltbejahung, mystisches Dunkel und heller Glaube, apokalyptische Geschichtsvision und ewige Gegenwart, Verklärung gemeiner Leidenschaften und Reinheit des Lebens, Naturjubel und Askese.

Die Bibel ist reich wie das Leben selber. Sie ist nicht das Dokument eines einzigen Glaubens, vielmehr ein Raum, in dem, bezogen auf die Tiefe des Göttlichen, Möglichkeiten des Glaubens miteinander kämpfen. Sie gewinnen dabei den höheren Rang, überhaupt ernst zu sein. Sie führen auf die Höhepunkte des Glaubens und sprechen in unersetzlichen Chiffern.

(e) Die Bibel ist voller Widersprüche. Unvereinbare geistige Mächte, Lebensanschauungen, Weisen der Lebenspraxis treffen sich in diesem Buch der Bücher. Im Umgang mit der Bibel ist es wie im Umgang mit dem Leben. Man muß sich in den Widersprüchen bewegen, um teilzugewinnen an der Wahrheit, die nur durch sie heller wird.

Diese Widersprüche haben die Kraft des Denkens durch alle Zeiten herausgefordert, sie zu überwinden durch Deutungen (etwa eines mehrfachen Sinnes von Sätzen) in Ausgleichungen und Kombinationen. Man suchte die widerspruchslose Einheit des Glaubens, hat sie in Theologien vorzeitig behauptet und rational entworfen. Von der christlichen Kirche wurde durch ihre Dogmatik Christus, der Gottmensch, die Einheit, auf die alles bezogen und im Verständnis vergewaltigt wurde (und dieser Christusglaube selber wurde nicht einheitlich, sondern geriet in die dogmatischen Spaltungen). Es gibt weder eine historisch feststellbare noch eine begrifflich fixierbare Mitte des biblischen Erfahrens und Denkens. Darin liegt ein Zug der gewaltigen, lebenerzeugenden, den existentiellen Ernst erweckenden, mit unverlierbaren Chiffern erfüllenden Macht der Bibel.

Auch die Einheit des innerhalb der Bibel besonderen christlichen Glaubens im Neuen Testament ist historisch nicht feststellbar. Es liegt nur der Tatbestand vor, daß an sie geglaubt wurde und dieser Glaube mit der Kanonisierung der ausgewählten Schriften seinen Gegenstand mit den in ihm liegenden Widersprüchen fixierte. Die Einheit sehen wir faktisch nur in der Kirche, in ihrem Willen zur Einheit, in ihrer Realität. Sie wurde das Kristallisationszentrum, unter dessen Entscheidungen sich gnostische Gedanken, stoisches Ethos, griechische Spekulation zusammenfanden, um die biblische Substanz zu durchdringen und zu umspielen.

Ist aber der Wille zur Einheit, der sich im Laufe der Zeit – allerdings unter immer neuen Spaltungen und Abspaltungen – durchsetzte, auch das Zeichen der Einheit dieser Glaubenswahrheit und ihrer einen, einzigen Wahrheit? Keineswegs! Zwar ist die soziologische Ermöglichung einer Einheit durch die Kirche das relativ Dauerhafteste in der Welt, aber dabei wurde die Ursprünglichkeit des Glaubens unter die Bedingung des Kirchenglaubens (des Glaubens an die Kirche als corpus mysticum Christi) gestellt und verwandelt oder vergessen. Die Wahrheit selber aber liegt nicht primär im soziologisch Realen der Kirche und des Glaubens an sie, sondern in der Vielfachheit des Chiffernlesens durch ursprünglich verschiedene Existenzen.

(f) Die Zerschneidung der Bibel in einen jüdischen und einen christlichen Teil, wobei im Alten Testament das Christliche herausgenommen, das andere verworfen wird, im Neuen Testament Nachwirkungen des Jüdischen kritisch ausgeschieden werden, ist ein empörender Akt christlicher Orthodoxie. Durch ihn wurden sogar sachlich nüchterne Forscher veranlaßt, mit idealtypischen Ganzheiten von Judentum und Christentum so zu operieren, daß sie nicht unter gewissen später aufgetretenen Gesichtspunkten ein begrenztes partikulares Licht auf die früheren Erscheinungen werfen, sondern zwei Glaubensmächte konstruieren, die sich ausschließen, wobei den Juden das Beste, was ihnen gehört, abgesprochen wird. Dieser geistige Gewaltakt des Zerschneidens verhindert nicht nur die freie Aneignung im offenen Umgang mit der Bibel, sondern vollzieht durch ein Vorurteil eine historisch und sachlich gleich unwahre Trennung. Altes wie Neues Testament stammen gleicherweise von Juden. Innerhalb des gläubigen Ringens der jüdischen Seele springen alle die sich widersprechenden Möglichkeiten auf. Der Glaube des Neuen Testaments ist nicht weniger dem Judentum erwachsen als das Alte Testament. Jesus war Jude. Auch die Apostel waren ohne Ausnahme Juden. Die Konstituierung von Synagoge und Kirche ist ein historisches Phänomen zweiten Ranges, das für das Getroffenwerden von der Glaubenswahrheit – nenne man sie philosophisch oder theologisch – nicht mehr Gewicht hat als wie es weltliche Institutionen, die sich die Macht einer Heiligkeit geben, besitzen können. Unter ihrer Führung gerät man schnell in die Irre, während das glaubende Leben von Menschen, Familien, Gemeinden die unmittelbare Wirklichkeit ist, mit der in Verbindung zu stehen, in der geboren zu sein, ein Geschenk des Schicksals ist. Der Umgang mit der Bibel ist als solcher noch nicht Teilnahme an einer bestimmten Konfession, sondern Teilnahme am aneignenden Auslegen je aus eigener Freiheit.

Im Anschauen der großen Erfahrungen, die aus der Bibel sprechen, gelangen wir in die Situation, eher zu wissen, wie wir leben, was wir tun. Durch die Bibel werden in uns die Tiefen geöffnet zum Blick in den Grund der Dinge. Denn sie führt zu den Erfahrungen des Äußersten. Sie zeigt die Unbedingtheit des Tuns, das sich opfert, im Bewußtsein eines Bundes mit Gott, in einem Gehorsam, der in wirksamen Chiffern sich jeweils versteht, aber in der Freiheit, die vor der Vielfachheit des Möglichen die Augen nicht verschließt und im ganzen die Vollendung nicht vorwegnimmt.

(g) Nicht protestantische Konfession, sondern Prinzip des Protestantismus ist die Rückkehr über die traditionellen Formen hinweg zum Ursprung. Diesen Ursprung findet er in den Texten der Bibel. Hier ist im Wandel der Überlieferung der bleibende breite Boden. Aber dieser Boden ist nur so da, wie er jeweils verstanden wird.

Für das protestantische Prinzip ist die gelehrte Kenntnis der Texte, ihr Studium, das historische Wissen eine Voraussetzung, um den Glauben am Ursprung verstehend anzueignen. Wir lesen daher die Bibel mit gelehrten Kommentaren, aber gar nicht, um mit dem so zu erwerbenden historischen Wissen und Verstehen zufrieden zu sein, sondern in der Erwartung, auf diese Weise in Wahrheit den realen historischen Boden zu gewinnen, auf dem aus den Texten zu uns spricht, was nun etwas ganz Anderes als historische Bedeutung und Realität hat. Die Autorität liegt nicht im Wort, sondern im »Geist«. Er spricht in der Bibel nur zu dem, dessen Geist diesem Geiste entgegenkommt. Nicht schon das gelehrte Wissen und nicht irgendeine Erkenntnis, sondern erst die Aneignung in der Auslegung erweckt zur gegenwärtigen Wirklichkeit ursprünglichen Glaubens.

(h) In der Auslegung und Aneignung der Bibel besteht ein Unterschied. Die Theologie kennt den ›Schriftbeweis‹, die Philosophie nicht. Beide legen aus, aber die Philosophie so, daß der Bibel kein grundsätzlicher Vorrang vor anderen Texten zukommt.

Wer den ›Schriftbeweis‹ kennt, behält sich praktisch die richtige Auslegung vor, sei es aus eigener Vollmacht (wie Luther), sei es durch die katholische Instanz der Kirche. Andere Auslegungen gelten als falsch. Die Erfahrung lehrt, daß die Streitigkeiten der theologischen Auslegungen endlos sind. Der eigentliche Kampf geht um die Autorität, die die Vollmacht zur richtigen Auslegung hat. Die Selbstgewißheit der neuen Auslegung durch einen Reformator, der für sich die Autorität in Anspruch nimmt, ist Unruhe für die Umwelt, wenn sie darauf hört. Ruhe schafft die stille Gewalt der kirchlichen Autorität. Es ist ärgerlich, der Methode des Kampfes durch Schriftbeweis zu folgen, gleicherweise für sehende Offenbarungsgläubige wie für philosophische Menschen. Es ist ein Schlachtfeld, auf dem zutage tritt, was in solcher Weise des dogmatisch beweisenden Glaubens liegt: die Ketzerverfolgung, Luthers »festes Behaupten«, steriles Bemühen um Glaubenserkenntnis, sophistische Versuche des Ausgleichs des Widersprechenden in der Bibel.

Dieses Widersprechende hat historisch die Folge gehabt, daß entgegengesetzte Glaubensweisen, fast jede Art von Lebenspraxis, fast jeder konkrete Entschluß sich auf die Bibel berufen konnten. Es läßt sich so viel aus der Bibel rechtfertigen, daß man geneigt ist, zu sagen, alles sei in ihr widersprechend. Das ist begreiflich, weil die Bibel eine Sammlung von Schriften ist, deren Entstehung ein Jahrtausend umfaßt.

Wer den Schriftbeweis verwirft, weil ein Verfahren, mit dem man alles beweisen kann, in der Tat nichts beweist, und weil in der Sphäre der Glaubenserhellung Beweise überhaupt sinnwidrig sind, läßt für sich gelten, was ihm in der Aneignung zuteil wird. Er bescheidet sich vor anderer Glaubenswirklichkeit, wird in bezug auf Aussagen nie absolut selbstgewiß. Alle wesentliche Entscheidung liegt für ihn in den Entschlüssen seines Lebens, in der Kontinuität seiner Existenz, in der Erscheinung des Daseins, nicht in Bekenntnisakten und Glaubenssätzen. In der Bibel findet er den Grund sowohl dieser Freiheit wie dieses Ernstes.

Die Autorität liegt nicht im Wort, nicht im Text, nicht in der Bibel, sondern in dem Umgreifenden, was in ursprünglicher Aneignung, im freien Umgang mit der Bibel, subjektiv und objektiv zugleich ist.

(i) Können wir die Offenbarung hören? In jedem Fall ihren Inhalt in menschlicher Sprache, nicht aber dies, daß sie Offenbarung sei.

Es ist zu unterscheiden die Offenbarung und der Offenbarungsglaube. Die Offenbarung, wenn sie wirklich wäre, kennt keine Bedingungen; wenn Gott selbst spricht, dann gibt es keine Instanz, die ihn unter Bedingungen stellen könnte; es bleibt nur Gehorsam. Der Offenbarungsglaube dagegen ist eine Realität unter Menschen; er steht unter Bedingungen.

Wenn die philosophische Erfahrung der Transzendenz sich Gehalte biblischen Glaubens zu eigen macht, dann muß sie die Form des Offenbartseins preisgeben. Kann im Philosophieren biblischer Glaube überhaupt angeeignet werden?

Der philosophisch Glaubende kann den Sätzen Heinrich Barths zustimmen, die dieser gegen ihn zu richten meint: »Welches Gebot der Wissenschaft oder irgendeiner Wahrheitsverpflichtung fordert von einem kritischen Denker, der Erschließung der Wahrheit in dem Sinne Grenzen zu setzen, daß er die Möglichkeiten der Erkenntnis und der ›Erhellung‹ unserer Existenz auf Philosophie, Dichtung, Weisheitslehre aller Art beschränkt, in Ausschluß derjenigen einzigartigen Möglichkeit, die als ›Offenbarung‹ ihre gnoseologische Auszeichnung erfahren hat? Welche Vernunft, welche Strenge der Erkenntnis verbietet dem Philosophen, sich nicht nur aus den Dokumenten der Philosophiegeschichte, der Weltliteratur, der Mystik, der fernöstlichen Religionen seine Belehrung zu schöpfen, sondern auch aus der biblischen Überlieferung, zumal er im Hinblick auf sie die Wahrnehmung macht, daß in ihr die zentralen Probleme der Existenz mit unvergleichlichem Nachdruck zur Sprache kommen? Sache eines freien und offenen Geistes ist es, den Möglichkeiten des Logos keine willkürlichen Grenzen zu setzen und sich demzufolge für das Vernehmen des ›Wortes‹ offenzuhalten, von welcher Ordnung und von welcher Provenienz es immer sein mag«[1].

Nur ist hinzuzufügen: Sich offen halten bedeutet nicht schon Hören in Gehorsam. Es bedeutet Hören im Sinne des Zuhörens mit dem ganzen eigenen Wesen. Aber ausbleiben kann die Weise des Hörens, die Gott selbst zu hören meint in einer Offenbarung. Das Hören der Offenbarung als Offenbarung ist als solches nicht zu begründen. Im Rahmen gnoseologischer Klärung ist sie absolut unbegründbar. Denn sie begründet allein sich selbst. Sie steht nicht in der Reihe der Möglichkeiten von Wahrheitserfahrung. Sie ist daher nicht gnoseologisch ausgezeichnet, sondern kommt im Raum dessen, was gnoseologisch geklärt werden kann, nicht vor. Wo Offenbarung als Offenbarung gehört wird, da beginnt etwas völlig Anderes.

Dieses Andere ist jedoch nicht »verboten«. Verboten ist nur, es durch irgendeinen Logos zu begründen oder zur allgemeingültigen Erkenntnis zu bringen. Wo das versucht wird, wird der Sinn von Offenbarung verletzt, die als solche nur von dem gehört werden kann, dem die Gnade zuteil wird. Und zugleich wird die Möglichkeit des Logos unklar. Philosophisch denken wir in der Wahrhaftigkeit, die das Ungeheure, Unbegreifliche, Alogische und Widerlogische nicht dessen berauben will, was ihm zukommt.

Der Offenbarungsglaube kann bei Aneignung der Bibel ausbleiben. Eine offene Philosophie erhebt den Anspruch an den Denkenden, daß dieses Ausbleiben ihn nicht selbstzufrieden mache. Dagegen ist nicht anzuerkennen, daß bei wahrer Offenheit die Offenbarung als Offenbarung gehört werden müsse.

Die Philosophie, die die Offenbarung als solche nicht hört, kann sich dem Offenbarungsgläubigen nicht unterwerfen. Ebensowenig

[1] Heinrich Barth, Theologische Zeitschrift Bd. 9 (1953), Seite 114.

kann sie sich einer falschen Aufklärung unterwerfen, die sich auf nichts anderes als auf Wissenschaft stützen will. Wenn diese den Vorwurf erhebt, die Philosophie sei Säkularisierung der Theologie, sei verkappte Theologie, so ist die Antwort: Die Philosophie ist zeitlich früher als biblische Offenbarung, sie ist existentiell ursprünglicher, weil jedem Menschen als Menschen zugänglich, sie ist fähig, auch in der Bibel Wahrheit zu hören und sich anzueignen.

(2) Hinweis auf einige Hauptmomente der möglichen Wandlung

Vorauszusagen, welche Glaubensgehalte in Zukunft unter den Menschen wirksam sein werden, ist nicht möglich. Könnte man das in Wahrheit sagen, so wäre es schon die Verwirklichung. Der Einzelne kann nur die Denkungsart seines Glaubens aussprechen, wie ich es in diesem Buche versuche. An dieser Stelle aber spreche ich von drei Verzichten. Sie scheinen mir Bedingung für den kommenden Ernst eines Lebens der Gemeinschaft im Glauben. Wir denken an Menschen, die in unserem Zeitalter geboren werden, daher mit seinem Wissen und seinen Realitäten und seinen unerhörten Erfahrungen leben.

(a) Jesus ist nicht mehr für alle Glaubenden der Gottmensch Christus.

(1) Ich fasse noch einmal zusammen: Die historische Situation im Anfang des Christentums als einer der Gestalten biblischen Glaubens war diese:

Juden haben in ihrer Gotteserfahrung den Grund gelegt. Ihre Bibel ist unsere Bibel. Sie ist von Juden, die nach Jesu Hinrichtung in ihm den Christus glaubten, durch einen Anhang, das Neue Testament, erweitert. Dieser enthält auch die Überlieferung vom Menschen Jesus.

Jesus und seine ursprüngliche Verkündigung ist wahrnehmbar als historische Realität. Wie alle historische Realität, ist auch diese ungewiß in ihren Grenzen. Sie ist der historischen Forschung mit deren Mitteln bis zu einem gewissen Grade zugänglich. In diesen Daten aber ist Jesus für den, der zu blicken vermag und sich ansprechen lassen kann, als einzigartige, unverkennbare Wirklichkeit mit einer über das objektiv rational Nachweisbare hinausgehenden subjektiven Gewißheit vor Augen.

Negativ gewiß aber ist durch die historische Analyse: Jesus hat sich nicht zum Messias, nicht zum Christus erklärt (das »Messiasgeheimnis« ist eine unhaltbare Interpretation).

Jesus hat sich nicht selbst zum Sakrament gemacht. Das Abendmahl als Kulthandlung ist eine Gründung der Apostel.

Jesus hat keine Kirche gestiftet, vielmehr das Weltende als in Kürze, noch für diese Generation bevorstehend zur Voraussetzung seines Lebens und Verkündens gehabt. Die Kirche hat sich langsam, beginnend mit der Apostelgemeinschaft und mit den Gemeindegründungen entwickelt. Jesus ist nicht ihr Stifter. Die Kirche hat mit Jesus zu tun, insoweit er als Christus geglaubt wurde. Dieser Glaube trat erst nach Jesu Hinrichtung auf.

Die Kirchen trugen das Feuer mit, das ihre Verkrustungen und ihre Weltanpassungen wieder und wieder durchbrach. Durch Jesus kommt zur Geltung, was die Kirchen verschleiern, während sie sich auf ihn gründen: die Frage an Schicksal und Möglichkeit des Menschen. Durch die Existenz des Menschen Jesus wurde die Frage in einer nie erreichten Tiefe gestellt aus der Bindung an Gott. Frage zugleich und Antwort lagen in der Verwirklichung eines Menschen, der zu sagen vermochte, was er sah, glaubte, forderte, was er lebte und erlitt.

Die Aufrichtigkeit des Menschen Jesus mißt alle Realitäten an dem eigentlichen Menschsein im Reiche Gottes. Unmittelbar vor dem Weltende sich wissend, ist Jesus selbst schon Zeichen der Wirklichkeit dieses Reiches.

Für Jesus, den letzten der jüdischen Propheten, ihnen verbunden, schwanden dahin der nationale Gedanke, der Gesetzesgedanke, die Organisation von Priestern und Riten, Theologien wurden gleichgültig.

Juden, die an Ungerechtigkeit und Lieblosigkeit unendlich Leidenden, die immer wieder Verfolgten, Gequälten, Gemarterten und Erschlagenen, die, im Bunde mit Gott, in Resten doch immer sich behaupteten, allein kraft ihres Glaubens, ein Wunder der Geschichte, haben in Jesus ihre große, menschliche, sie gleichsam vertretende Gestalt hervorgebracht. Sie vertritt das Menschenschicksal und das jüdische Schicksal in einem.

Jesus als Mensch ist eine Chiffer des Menschseins, die sagt: Wer wie er lebt und denkt und wahr ist ohne Einschränkung, muß durch Menschen sterben, weil die Realität des unwahrhaftigen Menschseins ihn nicht erträgt.

(2) Diese Chiffer aber wird in weiterer Deutung angeeignet:

Die Chiffer des Scheiterns des wahren Menschen wird zur uralten Chiffer des sich opfernden Gottes.

Jesus ist Gottes Sohn, Christus, Gott selber, der aus Liebe den Menschen aus seiner Verlorenheit in der Sünde retten will, sich selbst in Menschengestalt opfernd.

Die Chiffer wird Vorbild zur Nachfolge. Der Mensch gelangt zu seinem ewigen Heil, indem er sich wie Jesus-Christus opfert oder geopfert wird. Das aktive Märtyrerwerden und das passive Erleidenmüssen des Äußersten finden ihre Ruhe in der Anähnlichung an Gottes Tat.

Der Nachfolge aber entzieht sich jeder Mensch, der in der Welt bauen und wirken will. Doch auch ihm wird geholfen. Denn, ohne selbst sich zu opfern oder geopfert zu werden, wird er gerettet durch den Glauben, daß Gott-Christus sich stellvertretend für ihn geopfert hat, gekreuzigt wurde. Er findet seine Rechtfertigung allein durch den Glauben an diese Tat Christi. Erstaunlich: nicht ich bringe das Opfer, sondern der Andere für mich. Er hat mich von dem Äußersten befreit und erlaubt mir in der Ruhe solchen Glaubens zu leben.

Gegen diese Chiffernentwicklung wendet sich die Anschauung des Menschen Jesus selber.

(3) Entscheidend für die Zukunft des biblischen Glaubens ist: den Menschen Jesus zur Geltung zu bringen und seinen Glauben. Dies wird mit ganzer Kraft erst möglich, wenn auf den Christus als eine der besonderen Glaubensformungen in der Bibel verzichtet wird, sofern die Christus-Chiffer sich absolut setzen will.

Aber auch die Nachfolge Jesu ist nicht das allein dem Menschen Gebotene. Wer sich dieser Nachfolge versagt, ist auch keineswegs angewiesen auf jene »Rechtfertigung allein durch den Glauben«. Es ist nicht nur offensichtlich, daß wir und die Gläubigen aller Kirchen der Bergpredigt nicht folgen, sondern mit der von Jesus geforderten Redlichkeit vielmehr eingestehen, daß wir es auch nicht wollen. Daß wir es nicht wollen, beruht auf dem positiven Willen, in der Welt zu lieben, zu wirken, zu pflanzen und zu bauen. Wir wollen den Weg durch die Welt. Da uns kein anderer Weg zur Ewigkeit gegeben ist, als die Existenz in der Erscheinung der Welt, ist gegenüber der außerweltlichen Möglichkeit nur die rückhaltlose Wahrhaftigkeit geboten: nicht zu verwechseln, nichts Halbes zu tun, wohl aber den, der jenen anderen Weg geht, Franz von Assisi und manche andere, zu respektieren.

Mehr noch: geboten ist uns die Orientierung an Jesus, um zu der uns möglichen Wahrhaftigkeit zu kommen. Denn durch unsere Weltwirklichkeit zahlen wir den unumgänglichen Preis. Durch die Orientierung an Jesus werden wir klarer darüber, was wir tun und wollen. Die Chiffer seines Menschseins zeigt, uns unserer grundsätzlichen Grenzen und Unvollkommenheiten bewußt zu werden. Von ihnen befreit uns nicht der Drang zum Märtyrertum, welcher Gestalt auch immer. Es befreit uns auch keine Rechtfertigung, als nur die, die im guten Willen, in der Aufrichtigkeit, in dem bedingungslosen Entschluß zur Wahrhaftigkeit, vor allem aber in der Kraft der Liebe liegt, in der wir uns in der Welt geschenkt werden.

(4) Welche Rolle im biblischen Glauben der Mensch Jesus und der Christus-Gott spielt, ist eine partikulare, im ganzen nicht entscheidende Frage. Gott ist nicht nur auf dem Wege über Christus zu erreichen, wie die Apostel lehren. Zu Gott kommt der Mensch auch ohne den Christusglauben. Wir sind »Christen« auch ohne an Christus als Mensch gewordenen Gott zu glauben. Christen? Der Name ist historisch zu verstehen. Durch eine verwickelte Situation wurde der biblische Glaube in diesen Namen gekleidet. Unter dem Namen des Christentums wurde die biblische Religion zum Grunde des Abendlandes. Es scheint geschichtlich und sachlich recht zu sein, heute auch der christlichen Religion den umfassenderen Namen der biblischen Religion zu geben. Der historische Name der »christlichen Religion« ist, obgleich er so alt ist, verengend und daher irreführend. Nach den Texten, auf die als heilige Texte diese christliche Religion sich gründet, ist sie biblische Religion.

Unter den Verdiensten der Kirchengründer der ersten Jahrhunderte ist das größte vielleicht die Einprägung der Bibel, der ganzen Bibel Alten und Neuen Testaments, in Glauben und Denken und Deuten des Abendlandes. Die Versuche, die biblische Religion auszuscheiden, das Alte Testament ganz zu verwerfen, aus dem Neuen Testament eine Reihe jetzt zu ihm gehörender Schriften fernzuhalten, in der Absicht, ein vermeintlich reines Christentum zu gewinnen, sind damals gescheitert. Sie stoßen bis heute aber hier und dort auf Beifall und konnten sogar die Sympathie Adolf Harnacks finden. Wem es ernst ist mit dem Gehalt biblischen Gottesglaubens, der steht mit Staunen und Schrecken vor diesem Phänomen, in dem heterogene Motive, von liberalistischer Gemütlichkeit über abstrakten Asketismus bis zum Rassenwahn, zu einer giftigen Mischung sich treffen.

(b) Die Offenbarung wird zur Chiffer der Offenbarung

Es ist eine Frage vom Philosophieren her: kann etwa nicht nur der Offenbarungsinhalt, sondern die vom Glauben behauptete Realität der Offenbarung selber zur Chiffer werden? Die Offenbarung wird, soweit unsere Einsicht reicht, dem Philosophierenden nie als Realität begegnen, es sei denn, daß er das Philosophieren preisgibt. Aber ist der Versuch hoffnungslos, die Realität der Offenbarung, die für den Offenbarungsglauben besteht, selber als Chiffer zu verstehen? Die Offenbarung schien uns entweder Realität: dann muß sie selber da sein und braucht kein Zeichen. Oder sie ist gar nicht Realität: dann werden für sie vom Glaubenden Zeichen gefunden. Auch für ihn wäre die Realität nicht selber, sondern in Zeichen und Chiffern da. Noch mehr: Realität wäre nicht im eigentlichen Sinne, sondern als Chiffer gemeint.

Was heißt das, die Offenbarung werde zur Chiffer? Kann eine Chiffer der Transzendenz ihr Gewicht dadurch gewinnen, daß sie als Realität in der Welt leibhaftig erfahren wird mit dem begleitenden Wissen, daß sie nicht Realität in diesem Sinn ist?

Etwa die Vorstellung von Moses auf dem Sinai. Das Ereignis bis in die Einzelheiten hat eine Kraft der Sprache, die fühlbar macht, daß es sich in den zehn Geboten um mehr handelt als um gesetzliche Vorschriften, die abänderbar wären. Woher die einzige Macht der sittlichen Forderung in der Unbedingtheit, hinaus über ihre allgemeine Formulierbarkeit? Die Chiffer der Realität einer Handlung Gottes gibt eine Antwort.

Kinder nehmen solche Chiffern tief ergriffen auf wie Märchen, bei denen die Frage nach Realität und Nichtrealität noch gar nicht in Klarheit gestellt wird. Sie verlieren ihre Wirkungskraft für den Erwachsenen nicht, wenn sie ihnen eindeutig nicht mehr als Realität gelten. Aber die Realität einer erzählten Geschichte von Akten Gottes, eines göttlichen Ereignisses, eines mehr als menschlichen Menschen, bleibt als Chiffer. Ihre Realität ist aufgehoben und doch als Chiffer noch eine Sprache. Was das Wesen der Chiffern ist, die leibhaftige Realität abzustreifen, das wird in der Realität als Chiffer zu dem, was nur paradox sich sagen läßt: eine Realität unter Abstreifung der Realität.

Aber ist solche Auffassung nicht eine der Abschwächungen der Offenbarung? Es ist jedenfalls eine Verwandlung des Offenbarungssinns. Die Offenbarung als Chiffer ist nicht mehr, was der Offenbarungsgläubige in ihr meinte. Der Theologe wäre vom Philosophen jedenfalls dadurch unterschieden, daß er die Chiffer der Offenbarung in ihrer ganzen Mächtigkeit entfalten würde.

Die Paradoxie im Aussprechen ist unaufhebbar: Was im Gehalte der Offenbarungen liegt, würde durch Abstreifung der Offenbarungsrealität reiner und wahrer. Die Offenbarungsrealität als solche würde eine Chiffer von Gottes Gegenwart und dem Gehalte ein außerordentliches Gewicht verleihen.

Wäre es möglich, Offenbarung als solche zur Chiffer werden zu lassen, dann würde eine Wandlung des Offenbarungsglaubens einsetzen. Vielleicht war diese jederzeit auch schon da. Für das allgemeine Bewußtsein unseres Zeitalters scheint sie notwendig. Dann würden Dogmen, Sakramente, Kulte gleichsam in einen Schmelztiegel geraten, der sie nicht vernichtet, aber in andere Formen ihrer bewußten Verwirklichung bringt. Diese würden das Medium werden, in dem der biblische Glaube aus seinem ganzen Ernst, und nicht nur in kultischen, meditativen Befriedigungen und nicht in kirchlicher Geborgenheit und gar nicht mehr in konventionellen Akten, noch einmal seine beschwingende, folgenreiche und glaubwürdige Erscheinung findet. Die Verwandlung würde unter den Bedingungen unseres Zeitalters, seines neuen Wissens und seiner neuen Weltlage, auf eine Weise stattfinden, die in der Natur der Sache liegt. Nicht die Substanz, aber die Erscheinung im Bewußtsein ändert sich. Philosophie und Theologie würden auf den Weg gelangen, wieder eins zu werden.

Ein solches Ziel, so leicht hingesagt, ist nicht Gegenstand eines Planes. Nur mit unbestimmten Hoffnungen kann ein Philosophierender in diese Richtung blicken. Er muß sich dabei bewußt bleiben, daß in der leibhaftigen Offenbarung, deren Leibhaftigkeit ihm selber nur Chiffer ist, für manchen Bekenntnisgläubigen vielleicht ein anderes Geheimnis liegt, das er nicht einmal zu ahnen vermag.

Wenn die Offenbarungsrealität als Chiffer gilt, dann ist sie nicht mehr herausgehoben aus der Chiffernwelt im ganzen. Sie wäre die Chiffer, die die grenzenlose Sehnsucht des Menschen, daß Gott selbst real gegenwärtig würde, einen Augenblick gleichsam als erfüllt ansehen ließe, um sogleich in die Härte und Größe seines geschaffenen Freiseins zurückzutreten, für die Gott unerbittlich verborgen bleibt.

Kein Theologe, so höre ich, kann die Verwandlung der Offenbarung in Chiffer mitvollziehen. Er würde das Fundament seines Glaubens und Denkens zerstören. Die Antwort: Vielleicht können es die heute geltenden Theologen nicht, die nicht selten hervorragende historische Forscher, als Theologen späte Epigonen sind. Sie halten glaubend fest, ohne in ihrer Glaubenskraft noch das Pneuma zu spüren. Vielleicht aber sind zu dieser Wandlung moderne Menschen fähig, die, nicht gewillt, sich ihnen fragwürdigen Glaubensdogmen oder dem landläufigen aufgeklärten Nihilismus zu unterwerfen, aus ihrer wirklichen gegenwärtigen Situation die Chiffern ergreifen.

Wenn Theologen die Verwandlung der Offenbarungsrealitäten in Chiffern nicht mitvollziehen, so erscheint das dem Philosophierenden wie ein ungewollter, seiner selbst nicht bewußter Gewaltakt. Aber er muß sich hüten, hier als wahr zu behaupten, was ihm so scheint, trotz seines Gewißseins, das diese Lage ihm so beunruhigend macht. Er würde dem Vorwurf der Verstocktheit, der vom Offenbarungsglauben uns gemacht wird, mit demselben Vorwurf antworten. Aber der Philosophierende will das, was ihm ein Sichversagen scheint, doch respektieren, da er sich selbst mit seinem Denken nicht der Vertretung aller gewiß ist. Er kann nicht anders als sich selbst zu sagen: Jene Verwerfung der Verwandlung in Chiffern richtet sich nicht nur gegen die Vernunft der Philosophie, sondern gegen den Gottesgedanken selber und die Möglichkeit der freien Existenz. Der Philosophierende möchte die Leibhaftigkeit preisgeben, weil er muß, zugunsten dessen, was von Anfang an auch ohne Leibhaftigkeit im Glaubenden zu allen Zeiten wirksam war. Er möchte die philosophische Denkungsart den modernen Menschen, den Völkern so mitteilen können, daß sie sich nicht bloß dem rationalen Verstande und den psychischen Emotionen ergeben, sondern den Sinn der Chiffern erfassen und durch den Gottesgedanken der Transzendenz sich öffnen, mit allen Folgen, die solche Umkehr hätte.

Können nicht doch in der Idee über einen Abgrund des Wirklichkeitsbewußtseins hinweg Philosophie und Theologie, in diesen Auslegungen des ursprünglichen Philosophierens und des Offenbarungsglaubens, sich treffen?

Voraussetzung ist, daß auf beiden Seiten Klarheit über das gewonnen wird, was mit der Wirklichkeit von Taten und Worten Gottes gemeint ist, und daß die Kraft des Glaubens in der Klarheit und Redlichkeit, ohne Gewaltsamkeit nach innen und außen, standhält.

Falsch ist es gewiß, wenn Offenbarungsglaube der Realität des zwingend Gewußten und Wißbaren ins Gesicht schlägt. Falsch ist es auch, wenn die rationale Endgültigkeit eines Wissens im ganzen behauptet wird.

Der philosophische Glaube und der Offenbarungsglaube könnten sich treffen durch das Bewußtsein, gemeinsam im unergründlichen Gang der Dinge zu stehen, der für den einen gleichsam überwölbt ist von einer Leibhaftigkeit des Geoffenbarten, für den anderen aufgenommen ist im erfüllenden Nichtwissen (wie Plato, Nicolaus Cusanus, Kant über alle Unterschiede zwischen ihnen hinweg es begriffen).

Die beiden Glaubensweisen könnten verbunden sein in dem Bewußtsein jedes Einzelnen, selbst werden zu können in dem, was wir, mit Kategorien die Kategorien überschreitend, unangemessen ansprechen als »Sinn«, als »Heil«, als »das Bleibende im Verschwinden von allem«, als das, was weder zeitlich noch zeitlos, sondern ewig ist.

Es ist das, was, sei es als Offenbarung, sei es als Nichtwissen, die Unruhe in der Zeit erzeugt und mit ihr den Ernst.

Es ist das, was befragt keine Antwort gibt, oder das durch sein Schweigen selber zu fragen scheint, erzittern macht durch Fragen, auf die kein Verstand, kein Glaubensbekenntnis, keine Chiffer eine entsprechende Antwort gibt, oder auf die die Antwort durch den Ernst der Lebenspraxis der Existenz erfolgt, die sich nicht lösen läßt von Chiffern und Leibhaftigkeiten, in denen die Wirklichkeit des Schweigens der Transzendenz nie genügend, nie angemessen aufgefangen ist.

Dieser Ernst müßte sich heute bezeugen und bewähren in unserer versinkenden Welt, die sich übertäubt, so daß der Mensch sich selbst so schwer findet, weil er im Lärm des gewaltigen Leistungsbetriebes und in der Leerheit seiner freien Zeit immer weniger die Wirklichkeit der Transzendenz zu hören scheint.

(c) Die Ausschließlichkeit der dogmatisch bestimmten Glaubenswahrheit fällt.

Ausschließlichkeitsanspruch nennen wir den Anspruch, die einzige, für alle Menschen gültige absolute Wahrheit auszusprechen oder zu sein. Er liegt in dem nicht von Jesus stammenden Worte: »Ich bin der Weg und die Wahrheit und das Leben. Niemand kommt zum Vater denn durch mich.« Er liegt in dem Satz: »Außer der Kirche ist kein Heil« (extra ecclesiam nulla salus).

Der Ausschließlichkeitsanspruch eines Glaubens (sei es Offenbarungsglaube oder irrgeratener philosophischer Glaube) war stets die Quelle von Unfrieden und des Kampfes auf Leben und Tod.

An die Offenbarungsgläubigen geht der Anspruch, mit dem Preisgeben des Ausschließlichkeitsgedankens das Schwert in die Scheide zu werfen (einst real, heute gleichnishaft gemeint). Nicht mehr gilt das Jesus vielleicht zu Unrecht zugeschriebene Wort: Ich bin nicht gekommen, Frieden zu bringen, sondern das Schwert (die Zwietracht). Nur wenn das Gift des Ausschließlichkeitsanspruchs entfernt wird, kann der biblische Glaube eigentlich ernst und damit kommunikativ und friedlich werden, sein Wesen rein verwirklichen.

Damit dieses mit vollem Bewußtsein geschehe, ist die einfache und folgenreiche Einsicht notwendig: Die in ihrer Richtigkeit allgemeingültige Wahrheit ist relativ auf Voraussetzungen und Methoden des Erkennens, aber zwingend für jeden Verstand. Die existentiell geschichtliche Wahrheit ist in der Lebenspraxis unbedingt, aber in der Aussage ohne Allgemeingültigkeit für alle.

Erst wenn die Ausschließlichkeit fällt, kann der Glaube selbst in seiner Erscheinung wahr werden. Dann ist die Reinheit im Kampf der Chiffern, d.h. deren Befreiung von der Einmischung der Daseinsinteressen in ihn möglich. Dann erst wird die Unbefangenheit und Duldsamkeit in diesem Kampf wirklich.

Die Einzigkeit der Offenbarung würde mit ihrer massiven Leibhaftigkeit auch ihre geschichtliche Ausschließlichkeit verlieren. Die eine, einzige, umfassende Geschichtlichkeit von allem, das wir sind und wissen, gründet sich nicht auf Offenbarung, sondern auf das im Menschen Gemeinsame, innerhalb dessen die Chiffern von Offenbarungen geschichtlich verschiedener Herkunft eine mannigfaltige Gestalt haben.

(3) Die mögliche Wandlung der protestantischen Kirchen im Rahmen der Wandlung des biblischen Glaubens überhaupt

(a) Im Grunde des Menschseins selber liegt die Unstimmigkeit. Der Mensch wagt und opfert, aber er weiß nicht, wo das letzte Ziel liegt – er sucht seine Welt zu gestalten, aber aus der von ihm geformten Welt schlägt etwas Zerstörendes gegen ihn zurück – im Frieden vorübergehender kurzer Zwischenzeiten beruhigt er sich und steigert durch diese Selbsttäuschung das hereinbrechende Unheil.

Will er durch seine Redlichkeit die Täuschung zum Verschwinden bringen, so zeigt sich ihm, daß Redlichkeit nur ein Weg, nicht die Wahrheit selber ist. Die Redlichkeit läßt die Wahrheit in ihrer Erscheinung in eine unvollendbare Dialektik geraten.

Die Unlösbarkeit der realen Widersprüche führt in die Ausweglosigkeit, deren letzter Grund uns unbegreiflich ist.

(b) Wie der Grundzustand zum Bewußtsein gebracht und durch

die innere Haltung des Menschen übernommen wird, dafür ist im Abendland die biblische Religion das größte Beispiel.

Die biblische Religion, in ihren höchsten geschichtlichen Augenblicken wie eine Kette von Gipfeln der Wahrhaftigkeit des Menschen, dem sich zeigt, was ist, ob in Jeremias, im Dichter des Hiob, in Jesus, ist ständig im Abfall und in der Wiederkehr.

Die Leibhaftigkeit, in die die Chiffern abglitten, machte eine Daseinsrealität zur absoluten Realität:

Der »Bund« Gottes mit dem auserwählten Volk erzeugte einen kriegerischen Nationalismus (mächtig, enthusiastisch, opfermutig und erbarmungslos im Deborah-Lied).

Die sittliche Forderung Gottes wurde zum äußerlichen inbrünstig befolgten Gesetz.

Das existentielle Wissen von den Grenzen von Mensch und Welt ließ das leibhaftig gemeinte, kurz bevorstehende Weltende erwarten.

Der Mensch Jesus wurde zum Gott Christus.

Wenn in der Praxis die hohen Forderungen des Glaubens nicht erfüllbar waren, so bildete sich eine gleichsam aristokratische Absonderung derer, die die Forderung zu erfüllen entschlossen waren. Im Gesetzesjudentum gab es die Gesetzeskundigen und die die Gesetze bis ins einzelnste und sorgfältigste durchführenden Männer. Die Anderen, die Unwissenden, das Volk hatten keinen Zugang und die Wissenden selber konnten den Ansprüchen nicht genügen.

Im Christentum gibt es die Mönche, die durch ihr Leben erfüllen, was das Volk nicht erreichen kann. Unter ihnen gibt es reine Seelen. Aber es gab auch die mönchische Askese, die aus der Weltverachtung umschlug in den kirchlichen Willen, diese Welt Gott, das heißt dem eigenen Glauben, sich selber zu unterwerfen, zu Gewissenszwang und Welteroberung zu schreiten.

Eignet diesen Erscheinungen, die wir für Ableitungen halten, eine eigene Großartigkeit durch den Ernst, der in ihnen sich bezeugt, so steht es anders mit einer Abfallserscheinung, die durch alle Zeiten geht. In der Lebenspraxis wurde die unbedingte göttliche Forderung angepaßt an die jeweiligen Realitäten der soziologisch-staatlichen Zustände und der psychologischen Durchschnittlichkeit. Das Unerfüllbare sollte in Erfüllbarkeit unter Preisgabe der Wahrheit verwandelt werden. Vergeblich hat das kirchliche Denken in einer als geistige Leistung bewunderungswürdigen Entwicklung den Ausgleich der Unstimmigkeiten im Grunde zu überwinden und aufzuheben versucht. Das kirchliche Denken sucht die Grundantinomien zu systematisieren, in eine überzeugende Harmonie zu bringen. Es will das Übergreifende in der Menschenwelt als die eigene kirchliche Verleiblichung begreifen und als Autorität stabilisieren.

Da das neutestamentliche Christentum mit der Welt nichts zu tun hatte, konnte es in der Welt mit der »Kultur« sich nicht einrichten ohne ständige Widersprüche, Umkehrungen, ohne die im Grunde dieser Situation erzwungene Heuchelei. Nur in Gestalten der Unwahrhaftigkeit konnte diese Religion sich weltlich behaupten. In dieser vielleicht nirgends in der Welt zu solchem Umfang gewachsenen Unwahrhaftigkeit liegt einer der Gründe des Abscheus der Asiaten gegenüber dem christlichen Abendland.

Aus den Antinomien im Grunde der biblischen Religion folgt zugleich die Größe und das Verderben, folgt das Schöpferische des aufs höchste gespannten, sich selber nie genügenden Wahrheitswillens, der noch die Lüge verstehen und durchhellt gleichsam annehmen möchte, und die abgründigste Verlogenheit. Es ist wie nirgends in der Welt der Kampf entbrannt um die Wahrheit aus dem wegen der ungeheuerlichen Unwahrheit in der Erscheinung nur gesteigerten, keine Ruhe lassenden, unerbittlichen Wahrheitsanspruch.

Wie ist von der Heuchelei frei zu werden? Wie kann ohne sie die eigentliche Wahrheit aus der Tiefe sprechen? Zur biblischen Religion gehört von Anfang die Revolution und Reformation. Von den alten Propheten an geht die Auflehnung. Die biblischen Religionen sind einzigartig durch die Spannung: Der gesteigerte leidenschaftliche Wahrheitsanspruch, von Gott selbst ausgehend, bekämpft die im eigenen Bereich ständig wuchernde Unwahrhaftigkeit. In den Auflehnungen steckt die Wahrheit. Aber sogleich tritt in ihnen selber wieder die Unstimmigkeit in neuer Gestalt zutage.

Zur Geschichte der biblischen Religion gehört daher die immer wieder erfolgende Rückkehr in den Ursprung – bei den Propheten, bei Jesus, später durch die immer wieder notwendige Gründung neuer Mönchsorden. Ein Teil der Spaltungen erfolgte durch solche revolutionäre Umkehr. Wenn es dem Bestehenden nicht gelang, die Bewegung auf irgendeine Weise in sich selber aufzunehmen, wurde es vernichtet, oder verschwand, oder es bildeten sich in der Abspaltung erst Sekten, dann neue Kirchen. Das letzte große Ereignis dieser Art war die protestantische Reformation.

(c) Der Protestantismus ist der letzte große Durchbruchsversuch aus der Unwahrheit zum Ursprung. Er führte, ohne anfängliche Absicht, zur Spaltung der abendländischen Kirche, und dann zur weiteren Aufspaltung der abgespaltenen Protestanten. Heute noch gibt der ökumenische Rat der protestantischen Konfessionen dies charakteristische Bild: alle sind einig im Nein zu Rom, aber untereinander stehen sie selber in dem gleichen Sinn dieses Nein. Sie alle schließen sich gegenseitig aus in der Glaubensmeinung. Dies wird kaum verschleiert durch das äußere Faktum des Zusammensitzens und Aneinandervorbeiredens (vgl. *Martin Werner*, Theologische Umschau 1961). Martin Werner führt dies Unheil zurück auf den Glauben an den Gottmenschen Christus (der an die Stelle von Jesus trat). Von katholischer Seite hört man, das Prinzip des Protestantismus müsse am Ende zur Leugnung der Menschwerdung Gottes in Jesus-Christus führen. Das scheint mir richtig. Daher denke ich, es sei eben dies im Protestantismus noch fortdauernde katholische Glaubensprinzip, das ihn überall noch im Katholizismus gefangenhalte. Wie begründet sich solche Beurteilung?

Der Gottmensch ist in der heiligen Kirche als dem corpus mysticum Christi gegenwärtig. Es gilt in vollem Ernste das von mir mehrfach zitierte, erleuchtende Wort Augustins: Ich würde dem Evangelium keinen Glauben schenken, wenn mich nicht die Autorität der gegenwärtigen katholischen Kirche dazu bewegte. Wenn diese Gegenwärtigkeit in den protestantischen Kirchen, die das Sakrament der Priesterweihe abgeschafft haben, aufhört, damit die Leibhaftigkeit faktisch verschwindet, nur noch in der Vergangenheit liegt und nur als Wort bleibt, dann hat diese Gottmenschheit ihren Charakter völlig verändert. Statt sie täglich in der Kirche und der von ihr ausgehenden Erscheinung ihrer Sichtbarkeiten zu erfahren, ist sie zu einem einst Geschehenen geworden. Kierkegaard setzte an die Stelle der Gleichzeitigkeit der leibhaftigen Kirche die Gleichzeitigkeit des einst Geschehenen (Gott wurde Mensch, war da am Kreuze und als Auferstandener). Das ist, wenn die Leibhaftigkeit des Geglaubten gemeint wird, gewaltsam und künstlich. Die Kirche ist für den katholischen Glauben zuerst gegenwärtig, und zwar als Körper Christi. Ihre Leibhaftigkeit erst bezeugt die Vergangenheit, in der Gott Mensch wurde und diese Kirche mit ihren sakramentalen Kräften, Befugnissen, ihrem Schlüssel zum Himmelreich stiftete. Die Kirche mit ihrer Heiligkeit ist leibhaftig. Der Protestantismus hat nur das Wort, die Vergangenheit der Offenbarung, das, am Katholischen gemessen, arme verkümmerte

Wesen. Die Entheiligung der Kirche (Wegfall des Sakraments der Priesterweihe) muß schließlich die Gottmenschheit Christi selber unglaubwürdig machen.

Aber die Verkümmerung des Protestantismus konnte nur durch Selbstmißverständnis seines revolutionären Ernstes geschehen. Er hielt einen ihm innerlich disparaten Katholizismus fest und ließ die Entfaltung seines Durchbruchsprinzips nicht zu. Der Ernst des Protestantismus muß sich vollenden, oder er versinkt in die Nichtigkeit der unredlichen Mimikry des von ihm doch nicht zu erreichenden Katholischen.

Es kann aussehen, als ob die erhofften Verwandlungen nichts weiter als Verzichte wären. Die kritischen Negationen scheinen die Substanz des Glaubens selber zu treffen: Jesus ohne Christus? Glaube ohne Bekenntnis? Kultus ohne magisch-göttliche Einwirkung? Meditation ohne ein auf endliches Glücksverlangen gerichtetes Gebet? Umgang durch Chiffern mit der Transzendenz ohne sie selbst zu haben? Ist nicht alles ein Preisgeben, ohne etwas zu gewinnen?

Was aber ist die Substanz? Sie ist nichts von dem, was man »haben« kann, was einem von einer Instanz in der Welt dargeboten würde, in einer Kirche inkarniert wäre. Zu ihr ist zu gelangen durch Verwandlung, in jedem Einzelnen durch Umkehr. Dieser Ernst ist denkend zum Bewußtsein zu bringen, aber nicht durch Denken schon zu verwirklichen. Wo er aber aus dem Ursprung gegenwärtig ist, vollzieht er die Kritik der Abgleitungen seit Anbeginn. Kritik und Verzicht sind sinnvoll nur aus der Substanz des Glaubens.

Wie aber könnte dieser Ernst in die Erscheinungen kirchlicher Gemeinschaft treten? Ohne solche Gemeinschaft würde er erlöschen. Die Gemeinschaft ist auf die Dauer Bedingung seines Lebens. Der Einzelne als bloßer Einzelner ohne Gemeinschaft ist die für ihn selber erschreckende Ausnahme. Die Gemeinschaft, mag sie Kirche oder Synagoge heißen, ist die unumgängliche Überlieferungsform der Gehalte des Glaubens und des Ethos.

Ist sie auch gebunden an Riten und Liturgien, an Dogma und Bekenntnis? Daß sie dies nicht ist, liegt im Prinzip des Protestantismus, das allein ihm sein Eigenrecht gegenüber der katholischen Kirche verleiht. Die Kirche der Protestanten hat einen anderen Sinn als ihn die der Katholiken hat. Sie ist Gemeinschaft in Institutionen und Formen, die als solche nicht heilig sind, aber in denen vom Glauben gekündet wird.

3. Die Situation nach Kierkegaards Kampf gegen die Kirche

(1) Kierkegaards Kampf

Kierkegaard hat das Christentum des Neuen Testaments ernst genommen: Gott ist Mensch geworden. Die Konsequenzen sind unerbittlich. Kierkegaard ermöglichte den Glauben für den denkenden Menschen als einen Glauben kraft des Absurden. Er entfaltete einen eindringlichen Begriffskreis, der das moderne protestantische Denken, soweit es sich dialektisch nennt, bestimmt hat. Er sah von Anfang an die ungeheure Differenz zwischen diesem neutestamentlichen Christentum und der Realität des kirchlichen Christentums, zwischen Christentum und Christenheit. Ein Jahr vor seinem Tode hat Kierkegaard schließlich gegen die Kirche den in unserem Zeitalter radikalsten Kampf geführt. Denn dieser Kampf nahm seine Rechtfertigung aus dem Innerlichsten des Christlichen selber. Er erklärte die bestehende christliche Kirche für Verfälschung und Verrat des Christentums.

Es handelt sich bei diesem Kampfe nicht um eine späte Abirrung Kierkegaards, sondern um das Ergebnis einer unaufhaltsamen Reife seiner Einsicht. Seine dichtende Konstruktion des Christentums durch dialektisch-theologisches Denken (mitgeteilt vor allem durch die Pseudonyme Climacus und Anticlimacus) hatte diese Konsequenz. Kaum je ist ein solcher Schritt in die Öffentlichkeit des Kampfes so lange, so zögernd, so bedachtsam vorbereitet wie dieser Akt Kierkegaards, der nun, als Kierkegaard sich entschlossen hatte, mit einer Vehemenz ohnegleichen stattfand, in höchster Bewußtheit, der Situation angemessen, den geschichtlichen Augenblick erfüllend.

Kierkegaard stellt die gegenwärtige Realität bloß: Alle nennen sich Christen, das Christentum selber aber ist nicht mehr da. Einer »christlichen« Welt ist zu zeigen, daß sie ganz und gar nicht christlich, sondern eine Täuschung ist. »Nicht ein einziger von uns vertritt das neutestamentliche Christentum in vollem persönlichen Ernst, so wenig wie ich das tue ...«

Kierkegaards erbarmungslose Anprangerung der kirchlich-christlichen Realitäten wiederhole ich nicht. Für ihn ist heute der Pfarrer, jeder Pfarrer und Theologe, eine an sich verlogene, weil unchristliche Figur. Am Maßstab der Forderungen des Neuen Testaments beurteilt er als Lüge: die Konfirmation, die christliche Trauung, das christliche Familienleben, die christliche Kindererziehung.

Nun aber das Merkwürdige und Wesentliche und eigentlich Moderne: Kierkegaard kämpft in diesem Kampf nicht als Christ für das Christentum, sondern als Mensch für die Wahrhaftigkeit. »Ganz einfach: Ich will Redlichkeit ... Ich bin weder Milde noch Strenge – ich bin menschliche Redlichkeit.«

Will die Mitwelt »sich ehrlich, vorbehaltlos, offen, geradezu gegen das Christentum empören, zu Gott sagen: ›Wir können, wir wollen uns nicht unter diese Macht beugen‹ – aber wohlgemerkt, tut man das ehrlich, redlich, vorbehaltlos, offen, geradezu: nun gut, wie merkwürdig es scheinen mag, ich bin dabei: denn Redlichkeit will ich. Und überall, wo Redlichkeit ist, kann ich mitgehen.«

Daher tritt Kierkegaard – trotz der Risiken, die er tatsächlich einging – ausdrücklich nicht als Märtyrer für das Christentum auf: »Für die Redlichkeit will ich wagen. Hingegen sage ich nicht, daß ich für das Christentum wage ... Ich würde kein Opfer für das Christentum sein, sondern weil ich Redlichkeit wollte.«

In dieser Erfüllung seiner Aufgabe fühlte Kierkegaard sich gewiß. »Und mit mir ist der Allmächtige; und er weiß am besten, wie zugeschlagen werden soll, damit man spürt, daß das Gelächter, gebraucht in Furcht und Zittern, die Geißel sein muß – dazu werde ich benutzt.«

Die radikale Wahrhaftigkeit aber ist selber eine Forderung des Christentums (hierin stimmen Nietzsche und Kierkegaard überein): »Da aber das Christentum Geist ist, Nüchternheit des Geistes und Redlichkeit der Ewigkeit, ist natürlich für seinen Polizeiblick nichts verdächtiger als alle phantastischen Größen: Christliche Staaten, christliche Lande, ein christliches Volk, eine – wunderlich! – eine christliche Welt.« In all diesem sieht Kierkegaard »ein ungeheuerliches Kriminalverbrechen verborgen . . . fortgesetzt von Geschlecht zu Geschlecht ... es geht darum, Licht zu bringen, in dieses Jahrhunderte hindurch fortgesetzte ... christliche Kriminalverbrechen, wodurch man scharfsinnig ... versucht hat, das Christentum Stück für Stück Gott abzulisten, und es dahin gebracht hat, daß das Christentum genau das Gegenteil dessen ist, was es im Neuen Testament ist.«

Zu dem, was Kierkegaard sagt und tut, hören wir jederzeit, anfangend in seiner Jugend, auch seine Selbstauffassung. Diese ist ein Element seines Tuns selber und daher für uns von so merkwürdig bezwingendem Charakter:

»Ich bin nur ein Dichter«, sagt er, wenn er von den großartigen Entwürfen der menschlichen Existenzverhältnisse bis zu seiner Konstruktion des Christentums hin spricht. Im Kirchenkampf aber erklärt er: »Ich bin nicht ein Reformator, auch nicht ein spekulativer, tiefsinniger Geist, ein Seher, ein Prophet, nein, ich bin ein in seltenem Maße ausgeprägtes Polizeitalent.« »Ich bin kein Christ – und unglücklicherweise kann ich es offenbar machen, daß die andern das auch nicht sind, ja noch weniger als ich.«

Was war denn Kierkegaard als der, der sich im Kirchenkampf vollendete? Er sagt: »Es gibt in den 1800 Jahren der Christenheit überhaupt nichts Entsprechendes, kein Gegenstück zu meiner Aufgabe ... Denn alles, was bisher an Außerordentlichem dagewesen ist, hat gewirkt in Richtung, das Christentum auszubreiten; und meine Aufgabe ist in Richtung, einer lügnerischen Ausbreitung haltzugebieten.«

»Das einzige Gegenstück ist Sokrates . . . Du edler Einfältiger des Altertums. Du, der einzige Mensch, den ich bewundernd als Denker anerkenne . . . der einzige Märtyrer der Gedanklichkeit unter den Menschen, ebenso groß als Charakter wie als Denker.«

Fragen wir Kierkegaard, den Kämpfer gegen die Kirche: Was soll geschehen? Was kann geschehen? Werden Forderungen von ihm aufgestellt? Niemals hat er Vorschläge zur Reform der Kirche gemacht. Die Forderung ist eine einzige: Redlichkeit. Die Redlichkeitsforderung aber wird im Laufe des Kampfes gesteigert in der Weise, wie das Nein zur Unwahrhaftigkeit zu vollziehen sei. Zuerst verlangte Kierkegaard nur das Eingeständnis der Kirche, daß sie nicht das Christentum des Neuen Testaments vertrete, sondern daß sie eine Abmilderung und Anpassung sei, um die göttliche Lenkung entscheiden zu lassen, ob sie das annehme. Dann hielt er aber auch solches Eingeständnis für vergeblich. Die Kirche ist so völlig unchristlich, daß sie verschwinden muß. Der Staat soll aufhören, die Pfarrer zu bezahlen. Zuletzt ruft er nicht mehr der Kirche, sondern jedem Einzelnen zu (im »Mitternachtsschrei«): »Dadurch, daß Du es bleiben läßt, am öffentlichen Gottesdienst teilzunehmen, wie er jetzt ist (mit dem Anspruch, das Christentum des Neuen Testaments zu sein), hast Du beständig eine, und zwar eine schwere Schuld weniger. Du nimmst nicht daran teil, Gott zum Narren zu halten.«

(2) Kritische Erörterungen zu Kierkegaard

(a) Kierkegaards These vom Christentum des Neuen Testaments trifft wesentliche Züge, aber keineswegs das Ganze des Neuen Testaments und durchaus nicht das Ganze der Bibel. Wie überall in der Bibel, so sind auch im Neuen Testament die Widersprüche. Kierkegaard folgen wir nicht, wenn er den einen Zug – die Menschwerdung Gottes – für das Wesen des Ganzen erklärt. Wir folgen ihm nicht, wenn er das historische Studium des Neuen Testaments verwirft. Dadurch verschließt er den Blick für all das, was seiner konstruktiven Glaubensdichtung nicht gemäß ist.

Wenn Kierkegaards Forderung, dieses Christentum des Neuen Testaments sei das Christentum selber, die biblische Religion selber, nicht anzuerkennen ist, so bedeutet doch die Klarheit seines Zeigens, daß jeder vor die Entscheidung gestellt wird, ob er dies als das Eigentliche des Christentums glauben wolle und könne. Um diese Entscheidung ist nicht herumzukommen. Es gibt kein Mittleres, Halbes. Glaubt er wirklich den Gottmenschen, so ist Kierkegaards konstruierter Weg fast unausweichlich.

Aber die Verwerfung für mich ist nicht die Verwerfung an sich. Sollte Kierkegaard eine mögliche Wahrheit getroffen haben? Dann aber nur für den, der auch die Konsequenzen verwirklicht.

(b) Wer sich entschieden hat, darf sagen: Ich halte den Weg, zu dem Kierkegaard durch die Pseudonyme Johannes Climacus und Anticlimacus verleitet, für einen Irrweg: zum Glauben kraft des Absurden mit einem verführerisch erdachten genialen Kategoriengebäude, mit seiner Konstruktion der Nachfolge Christi im eindeutigen Sinn totaler Weltverneinung. Dieser Weg mündet sinngemäß auch in die totale Verneinung der Kirche, mit der er seinen Kirchenkampf und sein Leben beschloß.

Nur scheinbar läßt sich seine dialektische Theologie von seinem Kirchenkampf trennen.

Lange vor seinem Kirchenkampf, als Kierkegaard es noch für möglich hielt, selber Pfarrer zu werden, forderte es seine Redlichkeit, daß er den christlichen Glauben denkend, dichtend konstruierte als den Glauben kraft des Absurden. Er entwickelte den dialektischen Begriffskreis, der das Unbegreifliche in seiner Unbegreiflichkeit, den Sinn des Glaubens als den eines Absurden erbarmungslos deutlich machte. Diese Konstruktion ist von einer hinreißenden spekulativen Kraft, die aber selber alle überlieferte Spekulation als ein fälschliches Begreiflichmachen verwirft. Es ist die raffinierte, aber nicht unredliche Form, die Leibhaftigkeit des Gottmenschen zu retten.

Erst später im Kirchenkampf machte er mit gleicher Erbarmungslosigkeit deutlich, daß in Kirche und Christenheit eine Verkehrung des Neuen Testaments geschehe, die eine einzige sich selber nicht durchschauende Lüge sei.

In seiner dialektischen Theologie wie im Kirchenkampf, in beiden Fällen ist Kierkegaards Wahrheit seine Redlichkeit. Am Maßstab, der in der Kirche selber durch ihre Bindung an das Neue Testament scheinbar festgehalten wird, zeigt sich die Lüge der Kirche und der Christenheit. Kierkegaard verlangt das Eingeständnis, daß es so sei.

Wenn Kierkegaard recht hätte, so wäre es das Ende des Christentums in der Welt. Wenn der christliche Glaube das ist, als was Kierkegaard ihn konstruiert hat, dann kann ihn vielleicht niemand mehr glauben, wie denn Kierkegaard für seine Person diesen Glauben auch nicht in Anspruch genommen, ihn aber leidenschaftlich begehrt hat.

Wenn protestantische Theologen Kierkegaardsche Begrifflichkeiten für eine moderne, dieser christlich ungläubigen Zeit genugtuende Theologie genutzt haben, aber den Sinn des Kirchenkampfes, der mit diesem Denken unlösbar verknüpft ist, als unbrauchbar abstießen, so scheinen sie durch den existentiellen Widerspruch im Ursprung ihres Denkens ihrerseits eher noch klarer das Ende des Christentums bezeugt zu haben. Denn es ist unmöglich, das begrifflich-dialektische Denken Kierkegaards als eine für den Menschen dieser Zeit geeignete Sprache zu nutzen. In dieser neuen theologischen Sprache – ein wenig wissenschaftlich, ein wenig philosophisch, ein wenig theologisch, ein wenig literarisch –, die gar nicht mehr die Kierkegaards ist, wird seine Dialektik eingelassen, doch der mit diesem Kierkegaardschen Denken unablösbar verbundene Kirchenkampf verleugnet. Man kann in Wahrheit Kierkegaard nicht theologisieren, wenn man die Kirche bejaht.

Kierkegaards Verständnis des christlichen Glaubens habe ich hypothetisch mitzudenken versucht. Aber indem ich den christlichen Glauben so verstehe, muß ich das Verstandene als unglaubwürdig sehen oder doch als etwas, das in meiner Glaubenserfahrung auch nicht im leisesten Ansatz vorkommt. Wenn dieses Verständnis – Climacus nennt es eine »dichtende Frechheit« – mir dann heute von theologischer Seite als christlich entgegengebracht wird, muß ich an solcher Theologie zweifeln. Könnte sie etwa brauchbar sein für eine Theologie nicht mehr eigentlich glaubender moderner Menschen? Verkriechen sich diese in dem von Kierkegaard hergerichteten letzten Schlupfwinkel, um sich in der durch falsche Aufklärung (»Aufklärícht«) und konventionelle Gesellschaft verdorbenen Welt, gegen beide sich wendend, durch eine verzwickte Methode in ihrem gewollten Glauben zu halten? Machen sie wegen der Künstlichkeit von diesem (aber von Kierkegaard ganz und gar nicht so gemeinten) Schlupfwinkel her zur Forcierung solchen Glaubens einen kriegerischen Lärm, entsprechend unserem Zeitalter, in dem überhaupt nur da ist, was Lärm macht? Doch solche Fragen lassen sich allenfalls an den Aspekt einer unpersönlichen allgemeinen öffentlichen Erscheinung, nicht aber an den Glauben irgendeines Menschen stellen. Denn was ein Mensch in Wahrheit glaubt, ist undurchschaubar.

Noch einmal: Ein mit der theologischen Konstruktion Kierkegaards in seiner Unverständlichkeit verstandener, zur Absurdität gezwungener christlicher Glaube, der sich damit in einer modernen Welt gleichsam rechtfertigt, könnte ebenso wie Kierkegaards Entlarvung der Kirchlichkeit das Ende dieses Christentums und dieser Kirche bedeuten.

(c) Dies alles ist nicht leichtzunehmen. Ein Mann wie Kierkegaard, der in der Tat sein Leben eingesetzt hat, der sein Leben gelebt und sein Werk geschaffen hat in einer wie ein Wunder anmutenden Sinnkonsequenz, die am Anfang nicht geplant sein konnte, begabt mit dem Werkzeug außerordentlicher Phantasie und Denkkraft, mit der Fähigkeit, alle Möglichkeiten des Menschen in sich zu erfahren und als Dichter konstruktiv darzustellen, ein solcher Mann kann nicht beiseite geschoben werden.

Solange Kierkegaard lebte, hütete man sich vor ihm. Wer ausnahmsweise auf ihn einging, ob Freigeist oder Bischof, erhielt einen Schlag, der ihn veranlaßte, sich schleunigst durch Schweigen zu retten.

Nach seinem Tode begannen alsbald die beiden großen Verschleierungen des Ereignisses Kierkegaard.

In einer Grabrede, einbrechend in die kirchliche Ordnung der Begräbniszeremonie, wollte ein Mann, Kierkegaards letzte Schriften in der Hand, propagandistisch eine revolutionäre Massenbewegung begründen: der Beginn der immer wiederholten Inanspruchnahme Kierkegaards für Freigeisterei und politische Kirchenfeindschaft, mit der er schlechthin nichts zu tun hatte.

Die andere Verschleierung begann in Schriften Martensens, des Theologen und Bischofs, des jahrzehntelang führenden Kirchenmannes in Dänemark, von hoher philosophischer und theologischer Bildung. Er war Todfeind Kierkegaards, der ihn durch eine großartige Bloßstellung hatte verstummen lassen. Aus der Feder des ihn Jahrzehnte überlebenden Martensen findet man ausführliche kritische Besprechungen von Kierkegaards Werk und Person.

In der Form der Milde und Gerechtigkeit, in der überlegenen Haltung des weisen Kirchenfürsten, verharmloste und zersetzte er Kierkegaards Werk und Erscheinung. Man findet dort schon alle die klugen Argumente, die bis heute gegen Kierkegaard wiederholt werden. Wie sonderbar wird dem Leser Martensens zumute! Kierkegaard stellt vor das Entweder-Oder. Er schafft Klarheit und fordert Entscheidung, nicht im Gedanken, sondern in der Lebenswirklichkeit selber, in der Existenz. Auch wenn diese gegen das von ihm denkend gedichtete Christentum erfolgt, ist sie doch durch ihn, dank ihm, erst hell. Da hört die Gemütlichkeit auf. Martensen aber schreibt in der Haltung überlegener Ruhe. Er beschreibt das so Gefährliche, als ob es eine krankhafte Verirrung sei, die Mitleid und Gelassenheit verdiene. Aber das ist eine späte Rache des siegreichen Kirchenfürsten dem toten Manne gegenüber. Heimlich ist er von Entsetzen ergriffen vor diesem, der sein gesamtes kirchliches Dasein durchleuchtet und als unwahrhaftig, so wie es ist, nackt an den Pranger stellt. Er schluckt sein Entsetzen hinunter und spinnt das Denken Kierkegaards in die Fäden seines philosophisch gebildeten Sprechens ein, in dem es nicht mehr wiedererkennbar ist.

(d) Für uns aber kann es nicht die Aufgabe sein, Kierkegaard zu überwinden. Das ist für den, der ihn versteht, nicht möglich. Kierkegaard ist keine Position, sondern eine Denkungsart. Diese ist unumgänglich, in ihrer Unendlichkeit nicht abschließbar. Wir sollen auf ihn hören, nicht um ihm zu folgen, außer in dem Willen zur Redlichkeit. Wir sollen hören auf das, was durch ihn für immer bleibt, auf den Denker der »existentiellen humanen Grundverhältnisse«.

(3) Ist es heute nach dem Angriff Kierkegaards auf die Kirche noch möglich, in Redlichkeit Pfarrer zu werden?

(a) Kierkegaards Schriften zum Kirchenkampf (Der Augenblick – Letzte Übersetzung von Hayo Gerdes 1959 im Eugen Diederichs-Verlag) halte ich zur Kirchenfrage für das wichtigste Werk unseres Zeitalters. Dagegen sind alle Angriffe seitens der Aufklärung und seitens des marxistischen Atheismus flach. Bei Kierkegaard allein ist der Ernst, der dem Christentum angemessen ist. Jeder Theologe und jeder, der der Frage nach seiner eigenen Christlichkeit nicht ausweichen will, muß diese Schriftensammlung nebst den vorhergehenden Werken (Einübung im Christentum, Krankheit zum Tode, Philosophische Brocken, Abschließende unwissenschaftliche Nachschrift) mit persönlichem Dabeisein studieren. Kann man in unserem Zeitalter noch selbstverständlich »Christ« sein? Wer nicht mehr im traditionellen Sinn »Christ« zu sein, aber im biblischen Glauben zu leben meint, findet bei Kierkegaard die christliche Radikalität getroffen, die man nicht vergessen kann.

Wenn man die Auffassung des neutestamentlichen Christentums und die Nachfolge Christi, so wie Kierkegaard sie meint, für wahr hält – und daß sie im Neuen Testament einen großen Raum einnimmt, ist nicht zu bezweifeln –, so ist das Pfarrerwerden in der Kirche und in dem in der Kirche verkündeten Christentum nicht möglich. Kierkegaards Kampf gegen die Kirche scheint es auszuschließen, noch mit Redlichkeit Pfarrer sein zu können.

Wenn man die Voraussetzungen Kierkegaards, deren Konsequenzen ihm die totale Absage an die Kirche aufzwangen, nicht annimmt, so ist doch nach Kierkegaard es nur noch bei Abschirmung gegen das Denken, daher bei Unernst möglich, Kirche, Pfarrerberuf, Glaubensform in den traditionellen Auffassungen zu bewahren. Infolge des Ereignisses Kierkegaard und seines Denkens wird, falls biblischer Glaube noch weiter in der Welt wirkt, dies wahrscheinlich nur bei einer Erneuerung möglich sein, die, durch Kierkegaard veranlaßt, gegen Kierkegaard stattfindet.

Kierkegaard hilft zwar nicht auf den Weg des biblischen Glaubens, wohl aber zu reinerem, unterscheidendem Bewußtsein. Wer die Kierkegaardsche Auffassung des neutestamentlichen Christentums sich nicht aneignet, wird um so klarer zur Idee einer Reformation im Grunde der Erscheinung des biblischen Glaubens überhaupt geführt. Diese stelle ich mir auf protestantischem Boden vor.

(b) Bei einer historisch-objektiven Betrachtung hat die katholische Kirche als Religion eine viel mächtigere Chance für die Zukunft. Der einheitlichen, weltweiten päpstlichen Führung, den Methoden kirchlich-katholischen Denkens, der das Leben durchdringenden Heiligung der großen Daseinsaugenblicke und des Alltags, der Gegenwart der künstlerischen Herrlichkeit mehr als eines Jahrtausends, der Mannigfaltigkeit des religiösen Tuns, der eindrucksvollen Macht der Ordensmänner und Priester in der geistig begründeten zölibatären Verzehrung ihres Daseins im Glauben, der an der Kirche sich haltenden und doch der kirchlich-politischen Gewaltsamkeit und List fernen katholischen Frömmigkeit, mit der selbst etwas von Philosophie in die Breite der Bevölkerung dringt, all dem gegenüber wirkt der Protestantismus arm.

Was aber auch immer zuungunsten des Protestantismus gesagt werden kann, er hat einen einzigen, alle Mängel aufhebenden Vorzug. Es ist das Prinzip, als das er in die Welt trat: die Möglichkeit, alle Erscheinungen des Glaubens zu durchbrechen zu neuer Verwirklichung aus dem Ursprung. Für den katholischen Blick ist der Protestantismus nur der Weg des Neins. Er gibt eines nach dem anderen preis und endet für katholische Sicht im totalen Verschwinden aller eigentlich religiösen Gehalte: des Gottmenschen, der Auferstehung, des persönlichen Gottes, der Sakramente. Er zerpulvert sich selber durch die in ihm weiter getriebenen Spaltungen. Wenn dieser katholische Blick viele Erscheinungen richtig sieht, so doch gar nicht den wahren, substantiellen Grund des Ernstwerdens im Protestanten. Sein Prinzip legt den Glauben in die persönliche Verantwortung des Einzelnen. Das Protestieren ist die Außenseite des immer zum Ursprung drängenden, sich stets neu findenden biblischen Glaubens. Das Protestieren richtet sich sogar gegen seine eigenen noch im Katholischen verharrenden oder wieder ihm nachgemachten und es doch nie erreichenden Gebilde.

(c) Im protestantischen Prinzip liegt: Der Einzelne steht unmittelbar zu Gott, ohne Mittler. Daher gilt ihm das »allgemeine Priestertum«. Die Freiheit des Gewissens ist unantastbar.

Wo dieses Prinzip herrscht, kommt alles auf den Einzelnen, auf seine innere Glaubensverfassung, seine eigene Verantwortung, seine Verwirklichung an.

Der biblische Glaube muß im Umgang mit der Bibel von jeder Generation, von jedem wieder anfangenden Menschendasein von neuem frei angeeignet werden.

Der Pfarrer spricht in der Gemeinde den Einzelnen an. In den konkreten Lebenssituationen und den politischen Ereignissen bringt er die sittlichen Forderungen und die Chiffern zur Sprache. Er leitet nicht aus Dogmen ab, was zu tun sei, sondern erweckt aus den Ursprüngen die je eigene Urteilskraft und das Gewissen im biblisch erhellten Raum.

Der Pfarrer ist nicht (katholisch) als Amtsfunktion die unpersönliche Vermittlung der Gnaden (ex opere operato), sondern (protestantisch) als diese je einzelne Persönlichkeit verläßliche Verwirklichung seines Glaubens zur Orientierung, Gleicher unter Gleichen, Seelsorger und Denker, unerschütterlich in seiner Redlichkeit.

Das protestantische Prinzip scheint eine Unmöglichkeit zu enthalten. Die Menschen, die Glieder der Gemeinde, die Pfarrer, alle sind maßlos überfordert. – In der Tat ist das protestantische Prinzip selten in einem hohen Maße, nie ganz verwirklicht. Es ist eine große Idee, nicht ein Ideal, das als realisiert gedacht Utopie wäre.

Wo immer Freiheit in Willkür, Gewissensfreiheit in Eigenwillen, biblischer Glaube in Spielerei mit beliebigen Chiffern umschlägt, ist das protestantische Prinzip verloren.

Da dieser Umschlag in uns so leicht erfolgt, ist das protestantische Prinzip von Anfang an praktisch so oft verleugnet worden.

Wer aber sagt, die schwachen und ständig mißleiteten Menschen bedürfen der Autorität Gottes durch deren Stellvertretung in der Welt und der von ihr ausgehenden Zwangsgewalt, der darf nicht vergessen: jede Autorität und jede Gewalt wird von Menschen über Menschen ausgeübt; die Inanspruchnahme Gottes für sich ist stets eine schreckliche, glaubensfremde Verwechslung; dann wird gar Kirchenlästerung als Gotteslästerung beurteilt.

Hier ist zu unterscheiden: Was für das politisch strukturierte Gemeinschaftsleben in Daseinsfragen notwendig ist und im Rechtsstaat, wenn auch stets unvollkommen, geordnet wird, das ist nicht die Glaubenswelt und nicht das Ethos, die beide zu ihrer Wahrheit und Wirklichkeit des Wagnisses der uneingeschränkten Freiheit bedürfen.

(d) Ich kehre zurück zur Frage: Wie kann es heute möglich sein, nach Kierkegaards Klärungen protestantischer Pfarrer zu werden?

Die erste Voraussetzung ist der Glaube, mag er philosophischer oder Offenbarungsglaube sein. Er läßt sich nicht wollen, nicht zeigen, nicht bekennen.

Unerläßlich ist dann die Wahrhaftigkeit. Das Eingeständnis, das Kierkegaard verlangte, ist nicht genug. Ebensowenig bedeutet die allgemeine Erklärung des Ungenügens und der Schuld. Es kommt für die Wahrhaftigkeit vor allem auf die Einsicht und das Eingeständnis in konkreter Situation, in bezug auf bestimmte Handlungen und Unterlassungen, auf bestimmtes Sprechen und Schweigen an.

Glaube und Wahrhaftigkeit vermögen die einfachen Forderungen der Zehn Gebote und die Grundverfassung des »Vater unser« aus dem Ursprung im Mensch als Menschen einzuprägen dem täglichen Dasein, sie zu schützen vor Halbheit und Lässigkeit.

Der Pfarrer erneuert in der Zerstreutheit, zu der das Weltleben verführt, ständig den Blick auf die ewigen Dinge. Er bewahrt und erhellt den Raum, in dem sie durch Chiffern Sprache haben und leuchten. Er sorgt, daß die Einzelnen in dem Raum zu Hause bleiben, wo solche Sprache stattfindet.

Der Pfarrer steht unter dem Anspruch, von ihnen so zu reden, daß sie glaubwürdig sind. Das gelingt ihm nur, wenn er selbst glaubwürdig ist. Nur dann kann er die Bibel so rein zur Sprache bringen, daß sie im Ernst gehört wird.

Dann können sich die Glaubenden auch mit dem gegnerischen Ernst verbinden, mit dem in Gemeinschaft zu treten die Voraussetzung ist, um unter die umgreifende Macht der Transzendenz zu gelangen.

Der Pfarrer soll mitleben und mitwirken in den Überlieferungen. Er soll mit den Einzelnen der Gemeinde als Schicksalsgefährte vor der Gottheit sich wissen, nicht sich über sie stellen.

Daß er auch bereit sein muß, Autorität für die Schwachen zu sein, sie zu halten durch das feste Wort, »Genüge« zu tun den Gaben jeder Stufe und Weise des Menschseins, ohne die Voraussetzung der inneren Gleichheit aller Menschen zu verlieren, bringt ihn in eine verwirrende Situation:

Leicht ist es, sich unter Berufung auf Redlichkeit ihr lieblos zu entziehen, das heißt bei dem Menschen, der noch nicht frei sein kann, seine vollkommene Freiheit vorauszusetzen, ihn zur Freiheit zu zwingen, wo er an die Hand genommen sein will. Noch leichter ist es, die Autorität für sich in Anspruch zu nehmen, Ruhe zu geben durch Versicherungen, deren ein Mensch eigentlich nicht fähig ist, und Gehorsam zu verlangen.

Schwer ist es, die Größe der Aufgabe zu sehen und sie trotzdem festzuhalten, weder durch Blindheit für sie dem Leichtsinn zu verfallen noch sich von ihrem Anspruch erdrücken zu lassen. Nur dann ist der Weg zu finden, auf dem der Beruf nicht zur Unredlichkeit, das Reden nicht zum Theater, das Handeln nicht zum Betrug wird.

Es ist schwer, das ständig Unzureichende sich eingestehen zu müssen. Der Beruf des Pfarrers fordert von ihm, dieser Situation gewachsen zu sein.

Die Aufgabe des Pfarrers wird in der Stille gestellt und erfüllt. Sie ist ohne Lärm. Sie liegt dort, wo im Ursprung die menschliche Existenz sich entscheidet.

Der Pfarrer kann den Mut verlieren vor der Höhe des Anspruchs. Er kann Zutrauen gewinnen nur durch das Maß, in dem er spürt, daß er auf dem Wege ist, den Eigenwillen in sich zu tilgen, die Daseinsinteressen unter unverletzliche Bedingungen zu stellen, zum Opfer bereit zu sein, allen Ästhetizismus und alle Eitelkeit hinter sich zu lassen. Der protestantische Pfarrer hat keinen priesterlichen unpersönlichen Charakter indelebilis. Er selbst, nicht sein Amt ist wesentlich. Er wirkt durch seine persönliche Wahrhaftigkeit, sein Ethos, seine Glaubenskraft.

(e) Die Kirche ist die weltliche Organisation, in der der Umgang der Glaubenden miteinander unter Mitwirkung des Pfarrers stattfindet. In diesem Miteinander wird die glaubende Grundverfassung wachgehalten. Versagt die Kirche, so ist der Einzelne ganz auf sich und seinen Nächsten zurückgeworfen, um allein im philosophischen Glauben zu leben. Dieser muß als solcher ohne die Organisation bleiben, vermöge der die großen Gemeinschaften der Menschen sich konsolidieren. Im philosophischen Glauben kann der Einzelne nur durch die soziologisch ungeformte Überlieferung der großen Philosophen sich finden.

Wird der Ort betreten, das Adyton, das auch ohne die Geländer der Kirchen zugänglich ist, aber durch die Kirchen gleichsam sichtbar offensteht, dann darf ein Mensch, der die Welt nicht verlassen will und faktisch sein Dasein durch diese Welt hat, sich nicht verweigern, heute in der Welt zu leben, wie sie jetzt ist, in die wir hineingeboren sind, die unabsehbarer Verwandlung zugänglich ist. Zur Kirche wird man dann, wie sie auch sei, positiv stehen in dem protestantischen Sinne, an ihrer Verwandlung aus dem immer neu zu ergreifenden Ursprung teilzunehmen.

Wer es wagt, den Pfarrerberuf zu ergreifen, weil er sich berufen glaubt, bezeugt einen im Interesse der Gemeinschaft höchst wünschenswerten Willen. Er trotzt den heute öffentlich geltenden Wertschätzungen. An diesen Pfarrern, nicht an den Theologen liegt es, was aus der Kirche wird. Die theologischen Fakultäten vermitteln Kenntnisse, aber erzeugen keinen Glauben. Sie sind ein dienendes Hilfsmittel für die Pfarrer, die allein über den Gang der kirchlichen Wirklichkeit entscheiden. Was durch Organisation der Kirchen und durch dogmatisches und historisches Wissen entsteht, ist nicht diese Wirklichkeit.

Es ist heute leichtgemacht, Kirchen und Pfarrer zu verachten, sie einzuschätzen als einen Beruf wie andere, der unter Schutz der Standesinteressen zur Pflege bürgerlich-konventionellen, theologisierten Christentums gegen anständige Bezahlung besorgt wird, ehrenwert wie jede andere Tätigkeit, nur mit dem ungeheuren, niederschlagenden und beschwingenden Anspruch, daß man es keineswegs wie andere Berufe mit endlichen Zwecken zu tun hat. Es ist leicht, Nein zu den Kirchen zu sagen und nichts anderes aufweisen zu können, zu meinen, die Menschenwelt könne in ihrer Weltlichkeit sich überlassen werden, der Bezug des Menschen auf das Transzendente, das in diesem Ursprung begründete Ethos komme von selbst.

Da die Kirchen die große Aufgabe haben, sind sie aber, wenn sie diese ganz verfehlen, eher von Gefahr. Dann wäre es vielleicht besser, wie Kierkegaard es zuletzt aussprach, daß sie verschwinden. Vielleicht halten sie jetzt nur eine gewaltige Täuschung aufrecht, die schlimmer ist als vor dem Nichts zu stehen. Vor dem Nichts könnte die große Besinnung und aus ihr der Glaube entspringen, der im Abendlande wieder aus dem biblischen Grunde erwachsen würde in einer noch einmal völlig verwandelten Gestalt.

Das alles sind abstrakte Erörterungen, die nur umkreisen, welche Aufgaben Menschen, wenn sie heute im Ernst Pfarrer werden, vorfinden und die sie ergreifen können. Solche Erörterungen können die Besinnung veranlassen, aber nicht sagen, was geschehen soll.

(4) *Konfession und biblische Religion*

»Christentum« ist ein historischer Begriff, kein Bekenntnisbegriff. Die Realität des Christentums hat unscharfe Grenzen, umfaßt eine außerordentliche Mannigfaltigkeit sich bekämpfender und ausschließender Konfessionen, die eine verwunderliche Energie auf die Feststellung ihrer »Unterscheidungslehren« verwendet haben.

Ich spreche daher von »biblischer Religion« oder von »biblischem Glauben«. Man hat den Ausdruck bestritten: es gibt keine biblische Religion, es gibt jüdische, katholische, protestantische, lutherische, calvinistische, anglikanische, islamische Religion. Ich denke im Sinne des Cusanus das Gegenteil: una religio in rituum varietate. Die historischen Kleider der Konfessionen sind für die darin Geborenen von Kraft und Bedeutung, für ihre Geschichtlichkeit nicht gleichgültig. Aber sie sind nicht als in dieser Gestalt absolute Wahrheiten anzuerkennen, zu denen sie von allen Konfessionen erhoben wurden. Entscheidend ist »die unsichtbare Kirche«! Die sichtbaren Kirchen haben Gewicht, Wahrheit und Wert in dem Maße als sie an jener unsichtbaren teilhaben, die niemand für sich allein und ausschließend beanspruchen darf.

Wenn der biblische Glaube in den Konfessionen seine mannigfachen historischen Gestalten hat, so ist doch die Identität des einen lebendigen Glaubensgehaltes nicht in einer Definition auf einen Nenner zu bringen. Der Gottesglaube erfährt das Seinsgewicht der Transzendenz in solchem Maße, daß der Satz möglich ist: Gott ist es, worauf allein es ankommt. Aber dieser Gottesglaube spricht in dem unendlichen Reichtum der Chiffern der gesamten Bibel. Die Konfessionen sind mehr als Konfessionen. Jede birgt der Potenz nach den ganzen biblischen Glauben in sich. Obgleich die Konfession historisch unerläßlich scheint, wird doch jede Konfession (auch die katholische) durch ihren biblischen Glauben zugleich gesprengt. Die eigentlich Glaubenden reichen sich quer durch alle Konfessionen die Hände.

Das protestantische Prinzip der Befreiung im biblischen Glauben hat sich nicht verwirklicht. Vielmehr ist es durch die Erzeugung vieler neuer »Katholizismen« (in Kirchenansprüchen, Lehren, Liturgien, Titeln) verschleiert. Der wahre und geschichtlich wirksame Aufschwung des Protestantismus im unbedingten Ernst der glaubenden Lebenspraxis, etwa in der »innerweltlichen Askese«, hat sich verbunden, aber braucht nicht verbunden zu sein mit einem fanatischen Dogmatismus.

Historisch betrachtend kann ich alle konkreten Christlichkeiten als Erscheinungen innerhalb des umfassenden, selber nicht definierbaren und nicht idealtypisch als Ganzes konstruierbaren Christentums verstehen. Aneignend kann ich mir diese geschichtlich besonderen Gestalten, in die Schwebe gebracht, zur Orientierung werden lassen.

Das protestantische Prinzip faßt in sich: Teilnahme an der biblischen Religion in den geschichtlichen Kleidern von Konfessionen – immer wieder neues Sichergreifenlassen vom Ursprung – kommunikative Verbundenheit der Glaubenden quer durch alle Konfessionen – Liberalität in bezug auf die geschichtlichen Kleider – lebendiger Kampf in der Sprache der Chiffern – Bewährung durch Lebenspraxis.

4. Unvereinbarkeit von Offenbarungsglauben und philosophischem Glauben oder eine Möglichkeit des Sichtreffens?

Können diese beiden Glaubensursprünge nicht zur Kommunikation in der Geschiedenheit gelangen, so bleiben auch Theologie und Philosophie, sich ausschließend, getrennt.

Die ursprüngliche Einheit der griechischen Religion und Philosophie wurde nicht aufgehoben, als einzelne Denker aus der Quelle lebten, die erst durch sie selbständig zu fließen begann. Die Einheit wurde, ungeplant, aber entschieden, nur im Abendland, etwa seit dem dreizehnten Jahrhundert, aufgehoben. Es geschah einerseits durch die priesterlichen Machtansprüche der kirchlichen Autorität, als sie das Denken selbst zu kontrollieren forderte, andererseits durch die Macht der Wahrheit in der Existenz selbstverantwortlicher Einzelner. Heute könnte das Ziel sein nicht die Vereinheitlichung, nicht autoritäre Lenkung von einer Seite oder einer übergeordneten Instanz her, sondern allein der Wiedergewinn der einst fraglosen Einheit durch die nunmehr bewußte Einheit der Unterschiedenen in der Kommunikation der sich immer auch abstoßenden Pole.

(a) Erinnern wir uns, wodurch Offenbarungsglaube und philosophischer Glaube getrennt sind:

Getrennt sind sie durch die Weise ihrer Selbstbegründung aus ihrer Herkunft: entweder aus der Offenbarung oder aus dem im Medium der Vernunft geschehenden Sichgeschenktwerden des Einzelnen, das ihm hell wird durch seine Teilnahme an der philosophischen Überlieferung.

Getrennt sind sie durch die Weisen des Gottesdienstes, dort in der Form einer gemeinschaftlichen Liturgie der sakramental vergegenwärtigten Heilsgewißheit, hier in der Form der philosophischen Besinnung.

Getrennt sind beide durch den Sinn ihres Sprechens von der Transzendenz: Für den Offenbarungsglauben ist diese das Andere, das ihm von außen kommt, und dessen Garantie durch seine Leibhaftigkeit in der Welt in heiligen Kirchen, Gegenständen, Handlungen, Personen, kanonischen Schriften da ist. Für den philosophischen Glauben gibt es in der Welt keine Sicherheit von objektivem und allgemeinem Charakter, vielmehr ist er angewiesen auf das Innerste des Innen, wo die Transzendenz als Wirklichkeit sich fühlbar macht oder ihm ausbleibt.

(b) Der Unterschied des Beschwörens der Transzendenz in der Philosophie von der Verkündigung in der Predigt:

Philosophische Beschwörung der Transzendenz und Predigen sind auf das gleiche bezogen. Der Unterschied ist: jene Beschwörung ist freie kritische Bewegung in Chiffern, diese Predigt ist gebundene Verkündigung der Offenbarung. Dort ist Vollmacht allein durch die eigene Verantwortung des einzelnen Menschen, der er selbst sein kann; hier ist Vollmacht durch Stiftung der Kirche und das übertragene Amt.

Der philosophisch Glaubende kann nicht predigen. Denn er hat nichts zu verkünden. Daher ist die Predigt in der Kirche ihm mit Recht verwehrt. Nur der Ordinierte ist ausgestattet mit kirchlicher Vollmacht zur Predigt.

Erst wenn in der Kirche die Verkündigung den Charakter von Offenbarungsrealität, Dogma und Bekenntnis abstreift, das heißt, wenn sie selber zur Beschwörung der Chiffern würde, dann würde der Widerstreit zwischen Theologie und Philosophie verschwinden. Das aber ist eine Verwandlung, die heute in allen Kirchen utopisch aussieht und in der Tat vielleicht das aufheben würde, ohne das eine Kirche nicht sein kann: die geschichtliche Vollmacht selber als Element des Glaubens. Die Frage wäre, ob die Sprache der Chiffern den Ernst der Existenz nicht schwächen, sondern steigern könnte, und ob die Vollmacht als selber geschichtliche Chiffer und nicht als Anspruch der Allgemeingültigkeit für alle Menschen ihre Tragkraft zu behaupten vermöchte. Es würde Sache der Freiheit des Einzelnen, wie er geschichtliche Vollmacht und Predigt erfährt, wenn in der Existenz des Pfarrers die rational nicht bestimmbare Einheit von Vollmacht und Schwebe wirklich wird.

Werden die Kirchen von innen heraus diese Wandlung hervorbringen? Vielleicht nur dadurch würden sie den wahrhaften, noch verborgenen Kräften in den modernen Menschenmassen verbündet. Sie würden mit der Härte der Sprache der Realität, mit der Kraft der Liebe und mit der Führung durch die Vernunft den praktischen Ernst erwecken, der die Welt bewegen könnte angesichts der heute äußersten Drohungen. Sie würden in den Einzelnen die Existenz befreien, deren Glaube »Berge versetzen« kann. Sie würden die Welt nicht schlafen lassen, sondern durch Wahrheit der Freiheit die tiefsten Antriebe geben, um Gerechtigkeit und Frieden zu verwirklichen.

Wenn aber der Ernst außerhalb der Kirchen nur in der persönlichen Freiheit des Einzelnen gewonnen wird, so ist er heute noch, trotz der

Kraft für den Einzelnen, zur Unwirksamkeit in der großen Gemeinschaft aller verurteilt. Seine Erscheinung in der Welt verweht, als ob sie nichts sei. Der philosophische Glaube wird noch nicht zur sichtbaren, mächtigen, öffentlichen Erscheinung. Er bleibt bisher in der Verborgenheit persönlicher Kommunikation.

Der Gang der Dinge wird immer noch auch durch die Formung der Glaubenskräfte seitens der Kirchen und ihrer Dogmatik mitbestimmt. Versagen diese, wie es heute aussehen kann, dann verfällt die Welt zunächst an den Wissenschaftsaberglauben, damit an den Unglauben überhaupt und an die Unfreiheit. Daher soll die Philosophie leisten, was sie vermag, damit ihre Vernunft in das Glaubensdenken der Kirchen eindringe, damit dieses selber glaubwürdig für alle und zu der Stätte werde, an der die wissenden Menschenmassen, jeder Einzelne in ihnen, die innere Zustimmung aus ihrem menschlichen Wesen finden und ihre Antriebe für Lebensführung und Entschlüsse gewinnen.

Warum unsere Unruhe wegen der philosophischen Beschwörung und der theologischen Verkündigung? Weil die Chiffern zu uns sprechen, aber auch stumm bleiben können, so daß wir vor der Leere außer uns und in uns erschrecken – oder weil bestimmte Chiffern übermächtig werden und alle anderen verdunkeln – vor allem aber, weil erst im Kampf der Chiffern die Tiefen des Grundes sich zeigen, in denen Existenz auf Transzendenz bezogen ist und die Führung des Lebens gefunden wird.

(c) Der verschiedene Sinn von Freiheit und Autorität:

Ich gehe aus von einer extremen Deutung. Alles Dasein und jede Existenz ist gefährlich. Ist die Gefahr etwa größer auf dem Wege des Philosophierens als auf dem des Offenbarungsglaubens? Ja, antwortet der Großinquisitor bei Dostojewskij: die Menschen können nicht frei sein. Jesus, der einst die Freiheit brachte und jetzt wieder erscheint, wird von ihm verhaftet. Gegen Jesus sagt der Inquisitor: Die Menschen, diese armen, von Leidenschaften gejagten, an ihre Willkür verfallenen, sich selbst zerstörenden Wesen können sich nicht helfen. Die Menschen brauchen das Gängelband. Wer sie der totalen Herrschaft unterwirft, bringt ihnen ihr Glück auf dem einzig möglichen Weg. Sie sind von ihrer Freiheit befreit, von der Verantwortung, vom Zweifel, vom Denken.

Dies Herrschaftsprinzip als Bedingung des Menschenglücks hat einen allgemeinen Sinn. Ob es der Offenbarungsglaube ist, der die Gestalt des Dogmas angenommen hat, oder eine Ideologie, wie die des Marxismus, ist unter diesem Gesichtspunkt gleichgültig. Würde Marx heute in Rußland oder China erscheinen, auch er würde verhaftet.

Nur die Unterworfenen müssen an die Wahrheit glauben, nicht die Herrschenden. Diese üben ihre Herrschaft, sich selbst verleugnend, im Namen Gottes oder der Geschichtsnotwendigkeit oder der Naturnotwendigkeit.

Wo immer aber solche Herrschaft zur Erzeugung des Glücks aller (außer für die wissenden Herrschenden, die auf Glück und Glauben verzichten müssen) stattfinden würde, da könnte dieses Glück in der Realität gar nicht erreicht werden. Die Voraussetzung der Notwendigkeit solcher Herrschaft für das Wesen der Menschen rechtfertigt, ohne öffentlich ausgesprochen zu werden, das Regime der Despoten für diese selber. Aber in solcher Herrschaftsweise sind weder Menschenglück noch freie Glaubensschritte des Menschen auf seinem Wege, noch Bestand einer Daseinsordnung möglich.

Gegen die Theorie des Großinquisitors steht entscheidend die Tatsache, daß es doch immer Menschen sind, die herrschen. Die Herrschenden selber sind Wesen von jener Art, die nach der Voraussetzung der Herrschaft bedürfen, weil sie nicht frei sein können.

Die dem Idealtypus der Theorie entsprechende Verwirklichung sieht etwa so aus: Der Anspruch in der Welt, im Gehorsam gegen eine Herrschaft als im Gehorsam gegen Gott oder gegen die Geschichte leben zu sollen, geht nicht von Gott oder von der Geschichte aus, sondern von Menschen. Diese brauchen in der Realität ihrer Herrschaft weder an Gott noch an die Geschichte zu glauben oder können doch ihren Glauben in der Praxis vergessen. Sie sehen die jeweiligen Realitäten daraufhin an, wie sie ihnen zur Gewinnung, Erweiterung, Stabilisierung ihrer Macht dienlich sein können, und welche von ihnen dieser Macht gefährlich sind. Sie formulieren jeweils die Anwendung ihres Glaubens als Parteilinie oder als unfehlbare Kirchenentscheidung. Ihre Berufung auf eine ihnen erteilte Totalvollmacht wird tatsächlich von vielen geglaubt. Dieser Glaube wird gesteigert durch die Gewißheit, mit bei der faktischen Macht und Gewalt zu sein, die da ist oder kommen wird. Der enorme Zulauf zur Kirche, nachdem durch Konstantin das Christentum Staatsreligion geworden war, ist dafür ebenso kennzeichnend, wie das Faktum, daß fast alle zu Kommunisten (in Deutschland zu Nationalsozialisten) werden im Augenblick, wo die totale Herrschaft siegt. Der Anspruch des ausschließenden Glaubens in Verbindung mit der Gewißheit, bei der Macht zu sein, ist ein schauriger Tatbestand, der in gewissen Zeiten der Geschichte infolge der Summierung von Torheit, Feigheit vor der Wahrheit, Ungerechtigkeit, Willkür wie eine Sturmflut auftritt und alles überschwemmt. Aus der Verzweiflung an der selbstverschuldeten geistigen und politischen Anarchie erfolgt der Sturz in den blinden, totalen Gehorsam. Er ist der Todfeind des Menschen, der mit der totalitären Ordnung, soweit sie gelingt, (mit dem technischen Zeitalter schien ihr Gelingen möglich) auch die Chance von Freiheit, Wahrheit, Gerechtigkeit nimmt.

In der Tat beruht all unser Tun darauf, was wir von den Menschen, und das heißt von uns selbst, erwarten. Wer am Menschen verzweifelt, verzweifelt an sich selbst. Verachtung des Menschen ist Verachtung seiner selbst.

Wenn wir nicht dieser Verzweiflung und nicht dieser Verachtung verfallen, so leben wir durch Hoffnung, dieses nach Auffassung von Griechen trügerische Geschenk aus der Büchse der Pandora.

Ohne Trug ist die Hoffnung nur, soweit sie sich bewährt durch Einsicht in die Realitäten, sich nichts verschleiert, keine Utopie zuläßt. Nur die Weite unseres Bewußtseins läßt uns klarwerden, wo wir stehen und wofür wir leben und wirken und sterben wollen. Die Wahrheit der Hoffnung bezeugt sich in der Lebenspraxis mit den Entscheidungen in konkreten Situationen.

Ohne Trug ist Hoffnung auch nur dann, wenn wir sie nicht für Gewißheit, nicht einmal für Wahrscheinlichkeit halten, sondern auf sie hin zu leben wagen, weil solches Leben unserer würdig und transzendent gegründet sein kann.

Zur Hoffnung gehört, im geschichtlich-politischen Sichverhalten und Denken, als die größte, daß der Mensch frei sein könne.

Der Freiheitsgedanke aber begründet eine Hoffnung nur dann, wenn die Vieldeutigkeit der Freiheit in klarem Wissen gegenwärtig, wenn die Verwechslungen der Freiheit jeden Augenblick erkannt werden, wenn die Bindung der Freiheit an Autorität und der Autorität an Freiheit sich verwirklicht.

Welche Rolle spielt der Offenbarungsglaube in der Freiheit? Gehört der weltliche Autoritätsanspruch, daher faktisch auch Macht, Zwang, Gewalt zum Offenbarungsglauben? Keineswegs. Zwar ist kein Zweifel, daß der Offenbarungsglaube sich einst mit der Gewalt verbunden hat. Vielleicht war in Zeiten der Entartung politischer

Macht (einerseits in Anarchie, andrerseits in Despotismus) die relativ beste Weise, in der Ausweglosigkeit den Geist zur Geltung kommen zu lassen, der Versuch, die Ordnung politischer Gewalt auf den Offenbarungsglauben der Bibel zu gründen. Denn in der Organisation der religiösen Gewalt wurde doch durch die Bibel als die Heilige Schrift auch deren Gehalt mitgetragen, der immer wieder Quelle der Freiheit wurde. Fehlt solcher Gehalt, wie in den Schriften von Marx und Engels, dann ist der Sinn des Glaubensgehorsams (im Marxismus) fälschlich als Gehorsam gegen die Wissenschaft aufgefaßt. Die terroristische Gewalt und dann die unter deren Drohung funktionierende Zwangsorganisation werden verwirklicht auf Grund des Wissenschaftsaberglaubens, nicht auf Grund eines Glaubens des Menschen, der seine Freiheit selber im Ursprung der Transzendenz erfährt und so erst eigentlich frei sein kann.

Aber eine Ablehnung des Offenbarungsglaubens darum, weil seine Vertreter während langer Zeit und zum Teil auch heute noch ihn als Mittel der politischen Macht benutzen, ist nicht notwendig. Der Offenbarungsglaube ist als solcher apolitisch. Er trägt in sich die Möglichkeit der menschlichen Freiheit.

Aber ein ganz anderer Unterschied bleibt zwischen Offenbarungsglauben und philosophischem Glauben, nämlich in der Weise ihrer Hoffnung. Die Hoffnung auf Grund etwa der in der Auferstehung offenbarten Wirklichkeit Christi oder offenbarter Verheißungen ist etwas radikal Anderes als die Hoffnung auf Grund der der philosophischen Vernunft sich zeigenden Wahrheit.

(d) Ist die endgültige Abstoßung zwischen Offenbarungsglauben und philosophischem Glauben aus der Natur der Sache notwendig?

(1) Schopenhauer schrieb: »Keiner, der religiös ist, gelangt zur Philosophie; er braucht sie nicht. Keiner, der wirklich philosophiert, ist religiös: er geht ohne Gängelband, gefährlich, aber frei.« Übrigens: »Religion ist Metaphysik für das Volk.« Umgekehrt kann man von theologisch protestantischer Seite hören: die Philosophie sei nicht ernst zu nehmen, sie sei überflüssig und eigentlich ein Unfug. Aus den derart eingenommenen Positionen hört man den Ton der Verachtung des Gegners. Die Abstoßung ist die heftigste.

Zweideutig läßt sich sagen: »Wenn ich glaubte, würde ich nicht philosophieren.« Soll das heißen: es wäre besser, ich könnte glauben? – oder soll es heißen: gut, daß ich philosophiere, sonst versänke ich in dem an sich unphilosophischen Glauben? – oder soll nur von einem

Standpunkt außerhalb gesagt werden: Glaube und Philosophie sind nicht miteinander verträglich? Jenen Satz könnte ich mir in keinem Sinne zu eigen machen.

Oft sind Auswege gefunden, die die Offenbarung und die Vernunft abschwächten. Man kann alle kirchlichen Ordnungen befolgen, an Sakramenten teilnehmen, und doch seine philosophische Freiheit in einer unausgesprochenen, alle miteinander verbindenden Skepsis sich vorbehalten. So aber konnte man allzuleicht sich auch täuschen, der Offenbarungsgläubige über seine bewahrte Freiheit, der vermeintlich philosophisch Freie über die ihn lenkenden Gängelbänder.

Diese gesamte Ebene des Sichabstoßens in der Koexistenz, des Sichvereinigens ohne Entschiedenheit ist dem Ernst der Sache nicht angemessen. Weder die schroffe Alternative, gedacht unter dem Unstern eines philosophischen oder eines theologischen Fanatismus, noch die konzilianten skeptischen oder freundlich-feindlichen Ausgleichungen sind überzeugend.

Noch einmal stellen wir die Fragen:

Kann der Offenbarungsgläubige, wenn die Offenbarung für ihn wahr, weil wirklich für ihn da ist, überhaupt eine andere Wahrheit gleichen Ranges, auf gleicher Ebene ihr begegnend, anerkennen? Es ist doch unmöglich, weil Gott selbst für ihn spricht.

Muß der philosophisch Glaubende nicht zur Einsicht kommen, daß Offenbarung Gottes unmöglich sei, und daher grundsätzlich die Offenbarung als Illusion verwerfen?

Welche sind die gemeinsamen Voraussetzungen gegenseitiger Anerkennung? Der Offenbarungsgläubige müßte aus der Tatsache, daß die Mehrheit der Menschen ihm nicht folgt, die Möglichkeit erschließen, daß das, was für ihn absolut, weil Offenbarung Gottes selber ist, nicht für alle Menschen verbindlich sei. Er darf verkündigen, aber nicht erwarten, daß die Andern seinem Glauben folgen.

Der philosophisch Glaubende aber müßte den ihm fremden Glauben als aus anderem Ursprung kommende mögliche Wahrheit anerkennen, auch wenn er ihn nicht zu verstehen vermag. Er müßte der Verführung widerstehen, die ihn durch sein Denkenkönnen, wenn es das Bewußtsein seiner Grenzen verliert, zu der vermeintlichen Einsicht treiben will, Offenbarung sei absolut unmöglich, weil sie für ihn nicht möglich ist.

Für beide haben ihre je eigenen Voraussetzungen etwas für sie Unwiderstehliches. Es bedarf der ganzen kritischen Energie der Vernunft, um in der eigenen Unbedingtheit die Grenzen zu sehen und festzuhalten.

(2) Ein Zeichen dieser Möglichkeit ist, daß auf beiden Seiten die Verachtung umschlagen kann in ein Bewußtsein des Mangels gegenüber dem Andern: Wie schön wäre es, so glauben zu können, daß Gott gegenwärtig ist in der Welt, er leibhaftig mir hilft (aber – sagt der Philosophierende – ich kann das nicht glauben und habe nur gleichsam ein Heimweh). Wie schön wäre es, so aus dem Ursprung, wie der Philosoph, denken zu können und dadurch die Ruhe in der Transzendenz zu finden (aber – sagt der Offenbarungsgläubige – mir gelingt dies Denken nicht und an gewissen Grenzen verbiete ich es mir, da es stören könnte, woraus ich glaubend lebe). So zeigt sich, daß der Mensch als Einzelner zu beiden Weisen des Glaubens die Möglichkeit in sich erfährt.

Daß es dem, der auf der einen Seite steht, geschehen kann, den eigenen Glauben angesichts des anderen fragwürdig zu finden, ist ein Ereignis, das der Offenbarungsgläubige »Anfechtung« nennt. Es ist dem philosophisch Glaubenden, in einem anderen Sinn, nicht weniger gefährlich. Unbekannt ist es nur den gedankenlosen Aufklärern und Positivisten, den konventionell, ob kirchlich oder nicht kirchlich Lebenden in ihrer dumpfen Selbstsicherheit.

Den Offenbarungsgläubigen ergreift die Anfechtung, wenn er die Offenbarung in ihrer konkreten Gestalt, infolge der bezwingend quälenden Macht des Philosophierens, nicht mehr eigentlich glauben kann: nicht die Verheißungen Gottes, nicht die Menschwerdung Gottes, nicht die Auferstehung Christi, nicht die Kirche als corpus mysticum Christi, nicht die Sakramente. Die Anfechtung wird überwunden durch die tatsächlich gegenwärtige, mit der von Beginn des eigenen Bewußtwerdens an erfahrenen und eingeprägten Wirklichkeit Gottes im Gottesdienst, im Gebet, in der täglich begegnenden Heiligkeit der kirchlichen Erscheinungen. Gott selber scheint die Anfechtung zu überwinden.

Der philosophisch Glaubende kennt die Anfechtung nicht weniger. Es ist unendlich schwer, vor der verborgenen Transzendenz in der Ungewißheit zu leben, das Sichausbleiben zu ertragen, das Nichtliebenkönnen, die Leere des Nichtglaubens, wenn sie überfallen. Wie befreiend wäre es dann, wenn Gott selbst sich zeigte, die absolute Sicherheit böte und mich an der Hand führte! Wie ziehen die Leibhaftigkeit im kirchlichen Gottesdienst, die Heiligung des Lebens, die

Durchdringung des Kosmos, der Landschaft, der Umwelt, des menschlichen Tuns durch das kirchlich bestätigte Heilige an! Die Redlichkeit zwingt, es nicht ästhetisch zu genießen, sondern scheu beiseite zu treten, zu verzichten. Aber der Zauber ist so groß, daß er nur durch die bedingungslose, von der Transzendenz auferlegte Wahrhaftigkeit als Anfechtung erkannt und überwunden werden kann.

Die Überwindung der Anfechtungen bringt beide Seiten, wenn sie ehrlich sind, dazu, den Glauben des anderen anzuerkennen.

Wird die Anfechtung des Offenbarungsgläubigen durch die Klarheit angesichts der für ihn wirklichen Offenbarung überwunden zur Ruhe vor dieser Wahrheit, so wird die Folge eine offene und tiefe Menschlichkeit sein. Denn was für den Glaubenden ihm geschenkte Gnade ist, das erwartet er nicht als Willensakt von den anderen. Er zeiht sie nicht mehr der Verstocktheit bösen Willens. Er verlangt nicht mehr, daß alle dasselbe glauben. Wenn aber in der Überwindung der Anfechtung eine Gewaltsamkeit gegen sich selbst durch Glaubenwollen und damit eine Unredlichkeit stattfand, dann ist, unberechenbar wo und wann, eine Gewaltsamkeit gegen andere die Folge. Gewaltsamkeit ist schon der Wille zum Glauben, ist die Bereitschaft zum blinden Gehorsam gegenüber der gegenwärtigen heiligen Kirche, zur fides implicita. Von nun an wird das Leben zur Verschlossenheit. Im Grund des eigenen Wesens zwingt sich der Verschlossene, ohne sich selbst dabei durchsichtig zu sein. Er will nicht weiter denken und fragen. Einen Felsen hat er dorthin gelegt, der nicht zu bewegen, kaum zu berühren ist. Dort wird die Kommunikation zum Menschen abgebrochen durch das ganz Andere. Wem es genügt und schon die tiefste Befriedigung gewährt, in seinem Sinne für seinen Gott offen zu sein, der kann nicht mehr bedingungslos für die Kommunikation mit Menschen offen sein. Die Überwindung der Anfechtung entrückt, so scheint es, dem Wagnis, mit Menschen zu existieren.

Wird die Anfechtung des philosophisch Glaubenden durch die Gegenwärtigkeit der alle Weisen des Umgreifenden verbindenden Vernunft überwunden, so wird die Folge eine nicht passiv tolerante, sondern betroffene Neigung zu dem wirklich und ernsthaft Offenbarungsgläubigen sein. Wenn aber in der Überwindung eine rationale Gewaltsamkeit des Verstandes lag, dann ist die Folge eine Gewaltsamkeit dieses Verstandes in allen Dingen. Eine intolerante Verachtung im Schleier gleichgültiger Toleranz ist eine unmenschliche Unbetroffenheit vor dem Ernst des Menschen. Sie selber ist die Unwahrhaftigkeit, die die Vernunft im rationalen Verstand untergehen läßt.

Die für unser kommunikatives Miteinander entscheidende Frage bleibt daher: Ist das gegenseitige Sichanerkennen möglich? Ist es möglich, daß der Offenbarungsgläubige dem in seinem Sinne Ungläubigen zwar mit dem Schmerze an dem Ausbleiben der Gnade für den Andern, doch mit uneingeschränkter Achtung vor ihm und seinem Wege begegnet? Ist es möglich, daß der philosophisch Glaubende, zwar mit dem Schmerze, im Offenbarungsgläubigen nicht eigentlich den Schicksalsgefährten in der für ihn undurchdringlichen Situation des Menschen zu gewinnen, doch mit gleicher Achtung ihm begegnet in der Bereitschaft zum immer wieder erneuerten Hören seiner Erfahrung und zum Bunde für alle menschlichen Aufgaben in dieser Welt?

Können beide im Dasein zusammenwirken, ohne unwahrhaftig zu werden, ohne Hintergedanken?

Ursprünglich verschiedene Weisen der Lebenspraxis und des zu ihnen gehörenden Glaubens schließen sich in der Tat aus: sie können nicht im selben Menschen verwirklicht werden. Sie schließen sich aber nicht aus, wenn sie durch verschiedene Menschen in der Welt sich begegnen. Jede Geschichtlichkeit kann die andere in ihrem existentiellen Ernst lieben und sich ihr in einem Übergreifenden verbunden wissen.

NAMENREGISTER

Bloße Literaturhinweise oder Namennennungen sind eingeklammert. Mythische Gestalten werden im Sachregister unter dem Stichwort »Mythos« aufgeführt.

SACHREGISTER